K-IFRS 고급회계

Advanced Accounting

김용식

박영사

고급회계를 출간하면서 가장 중점을 두었던 부분은 독자들에게 '빈틈없는 고급회계'를 전달하고자 한 것이다. 다른 교재에서 다루고 있는 내용뿐만 아니라 다루고 있지 않더라도 중요하다고 생각되는 내용을 최대한 교재에 담으려고 노력했다. 특히나 고급회계는 '최상위'의 과목이기 때문에 더더욱 빈틈이 있어서는 안 된다고 생각한다.

'빈틈없는 고급회계'의 특징은 다음과 같다.

Chapter를 구성하면서 어느 부분을 먼저 배워야 그 다음 부분을 이해하기 수월한지 고려하여 Chapter의 순서를 정하였다. 그 예로 연결회계를 먼저 배치하고 지분법회계를 그 다음에 배치했다. 지분법회계를 한 줄 연결(one-line consolidation)이라고 하는데, 하나의 회계처리에 연결회계의 모든 것을 담아야 하기 때문이다. 따라서 연결회계를 이해한 후에 지분법회계를 배우는 것이 훨씬 용이하다.

각 Chapter의 도입에서 학습목표와 핵심내용을 제시하였다. 학습목표를 제시함으로써 해당 Chapter에서 어떠한 내용을 배우게 되는지 전달하고자 하였다. 그리고 핵심내용을 제시함으로써 해당 Chapter의 주제를 회계기준에서 어떻게 규정하고 있는지, 왜 중요한지 등을 전달하여 독자들이 학습방향을 스스로 설정할 수 있도록 하였다.

본문에서 다양한 상황에 대한 회계처리를 기술한 뒤에 이것을 요약한 표를 제시함으로써 독자들이 여러 가지 상황에 대한 회계처리를 정리하는 데 도움을 주고자 하였다. 또한 시각적 이해를 돕기 위해 그림이나 도표를 최대한 이용하였다.

국제회계기준에서 제시하는 사례들을 이해하기 쉽도록 정리하여 본문에 수록하였다. 국제회계기준이 원칙중심의 회계기준이기 때문에 상세한 규정을 두는 대신에 다양한 사례들을 제시하고 있다. 따라서 본문의 내용과 부합하는 사례들을 독자들이 이해하기 쉽게 사례나 예제 형식으로 수정하였다.

Chapter를 끝내기 전에 'M&A in History'와 'Knowledge is power!'를 수록하였다. 'M&A in History'에서는 벤츠와 크라이슬러의 M&A, 현대자동차와 기아자동차의 M&A 등 역사상 의미 있는 M&A 사례를 전달하였다. 'Knowledge is power!'에서는 물적분할과 인적분할의 차이, 의결권을 과반수 보유하나 힘을 가지지 못하는 경우 또는 의결권의 과반수를 보유하지 않고도 힘을 가지는 경우의 사례 등을 전달하였다.

각 Chapter를 마무리하면서 해당 Chapter를 요약하는 'Summary & Check'를 제시하였다. 이를 통해 중요한 내용을 다시 한번 상기함으로써 학습한 내용을 정리하는 데 도움을 주고자 하였다. 또한 'O× Quiz'를 통해서 해당 Chapter의 내용을 정확하게 이해하였는지를 스스로 체크하도록 하였다.

'Multiple−choice Questions'과 'Short−answer Questions'에서는 최근의 공인회계사와 세무사 1차 및 2차 기출문제를 제시하였다. 고급회계를 통해서 학습한 내용을 바탕으로 기출문제를 풀어 봄으로써 독자들이 문제를 해결할 수 있는 능력을 키우면서 자신감을 갖도록 하였다.

마지막으로 대학공개강의 KOCW(www.kocw.net)를 통해서 본서의 전체 내용을 저자가 직접 강의한 동영상을 모든 독자들이 필요할 때마다 수강할 수 있도록 하였다. 교재를 출간하면서 독자들이 저자의 강의를 접할 수 없다는 점이 아쉬웠는데, 고급회계의 동영상제작으로 독자들에게 수강의 편의성을 제공하였다.

본서를 통해서 독자들이 '빈틈없는 고급회계'를 배우고, 이를 바탕으로 IFRS 회계전문가로 날개를 달기를 바라는 마음 간절하다. 그리고 저자의 간절한 바람이 독자들에게 전달되길 바란다.

2024년 3월 낙산 아래에서 저자 씀

CONTENTS
목 차

PART 01   사업결합

CHAPTER 01
사업결합의 기초

PART 02   연결재무제표

CHAPTER 02
연결재무제표의 기본원리

CHAPTER 03
연결재무제표의 작성

CHAPTER 04
내부거래와 미실현손익

CHAPTER 05
소유지분의 변동

CHAPTER 06
다양한 지배구조

CHAPTER 07
연결재무제표의 기타사항

PART 03   **특수회계**

CHAPTER 08
관계기업과 공동기업에 대한 투자

CHAPTER 09
환율변동효과

CHAPTER 10
파생상품회계

본 QR코드를 스캔하면
OX Quiz, Multiple-choice Questions,
Short-answer Questions 해답을
확인할 수 있습니다.

사업결합

학습목표

- 사업결합의 개념을 이해한다.
- 사업결합의 회계처리를 이해한다.
- 단계적으로 이루어지는 사업결합을 이해한다.
- 사업결합의 기타사항(사업결합 거래여부, 측정기간, 후속 측정)에 대해 이해한다.

사업결합(business combination)은 일반적으로 M&A(merger and acquisition)라고 하는데, 합병(merger)은 피취득기업의 자산과 부채를 취득기업에게 이전하는 형태의 사업결합이고 지분취득(acquisition)은 피취득기업의 의결권 있는 주식을 취득기업에 이전하는 형태의 사업결합이다. 합병과 지분취득의 가장 큰 차이점은 합병은 피취득기업의 실체가 소멸되지만, 지분취득은 피취득기업의 법적 실체가 그대로 유지된다는 점이다.

본장은 K-IFRS 제1103호 '사업결합'에서 규정하고 있는 사업결합에 대한 개념, 사업결합의 회계처리 및 다양한 상황에서의 사업결합을 다루고 있다. 이를 통해서 합병과 지분취득의 개념적 차이 및 후속적인 회계처리에 대해 심도 있게 학습해 보자.

1. 사업결합의 기초

1.1 사업결합의 의의

　사업결합(business combination)이란 취득자가 하나 이상의 사업에 대한 지배력을 획득하는 거래나 그 밖의 사건을 말한다. 여기서 지배력을 획득하는 기업은 취득자가 되고, 지배력을 획득한 대상이 사업이나 사업들은 피취득자가 된다.

　사업(business)이란 고객에게 재화나 용역을 제공하거나, 투자수익(예: 배당금 또는 이자)을 창출하거나 통상적인 활동에서 기타 수익을 창출할 목적으로 수행되고 관리될 수 있는 활동과 자산의 통합된 집합을 말한다. 사업은 **투입물**(input)과 그 투입물에 적용하여 **산출물**(output)의 창출에 기여할 수 있는 **과정**(process)으로 구성된다.

> ① **투입물**: 하나 이상의 과정이 적용될 때 산출물을 창출하거나 산출물의 창출에 기여할 수 있는 경제적 자원
> ② **과정**: 투입물에 적용할 때 산출물을 창출하거나 창출에 기여할 수 있는 모든 시스템, 표준, 프로토콜, 관례 또는 규칙
> ③ **산출물**: 투입물과 그 투입물에 적용하는 과정의 결과물로 고객에게 재화나 용역을 제공하거나, 투자수익을 창출하거나 통상적인 활동에서 기타수익을 창출하는 것

　사업은 보통 산출물이 있지만, 활동과 자산의 통합된 집합이 사업의 정의를 위해서 산출물이 반드시 요구되는 것은 아니다. 사업의 정의에서 식별된 목적을 위하여 실행하고 운영하려면 활동과 자산의 통합된 집합에는 두 가지 필수 요소, 즉 투입물과 그 투입물에 적용하는 과정이 필요하다. 사업에는 매도자(피취득자)가 해당 사업을 운영하면서 사용한 모든 투입물과 과정을 포함할 필요는 없다. 그러나 사업으로 보기 위해서는, 활동과 자산의 통합된 집합은 최소한 산출물을 창출하는 능력에 유의적으로 함께 기여하는 투입물과 실질적인 과정을 포함해야만 한다.

　활동과 자산의 특정 집합이 사업인지 여부는 시장참여자가 그 통합된 집합을 사업으로 수행하고 운영할 수 있는지에 기초하여 결정한다. 그러므로 특정 집합이 사업인지의 여부를 파악할 때, 매도자(피취득자)가 그 집합을 사업으로 운영하였는지 또는 취득자가 그 집합을 사업으로 운영할 의도가 있는지는 관련성이 없다.

　지배력(control)이란 투자자가 피투자자에 관여함에 따라 변동이익에 노출되거나 변

동이익에 대한 권리가 있고, 피투자자에 대한 자신의 힘으로 변동이익에 영향을 미칠 능력이 있는 경우 지배력이 있다고 한다. 지배력에 대해서는 제2장 '연결재무제표의 기본원리'에서 자세히 설명한다.

1.2 사업결합의 동기

사업결합의 동기는 크게 가치극대화 동기와 성장극대화 동기로 구분할 수 있다. 가치극대화 동기는 시너지효과 관점에서 효율적인 자원배분을 통한 기업가치를 극대화하기 위해 사업결합을 한다는 것이다. 성장극대화 동기는 기업가치의 극대화보다는 경영자 자신의 효용을 위해, 즉 주주의 부(wealth)보다는 경영자 자신을 위해 사업결합을 한다는 것이다.

사업결합의 동기를 나타내면 다음 그림 [1-1]과 같다.

🍃 그림 1-1 사업결합의 동기

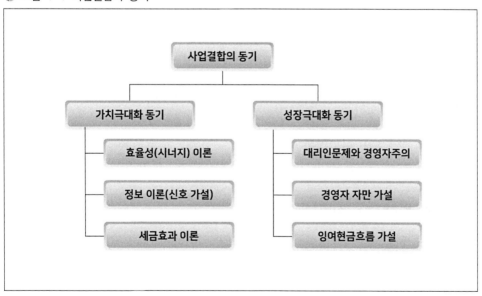

(1) 가치극대화 동기

1) 효율성(시너지) 이론

효율성 이론은 사업결합을 통해 결합기업의 영업활동들을 효율적으로 재구성하여 기업가치를 증가시킬 수 있다는 것이다. 시너지를 발생시키는 효율성 이론은 영업시너지, 재무시너지 및 경영다각화로 나누어 볼 수 있다.

① **영업시너지:** 영업시너지는 사업결합으로 노동력과 자본설비를 보다 효율적으로 사용함으로써 발생할 수 있다. 규모의 경제는 기업규모가 커짐에 따라 단위당 비용이 감소함으로써 실현된다. 따라서 영업시너지는 낮은 산출량 수준에서는 불가능하며 일정규모의 산출량 범위 내에서만 가능하다.

② **재무시너지:** 재무시너지는 사업결합으로 자금조달능력을 높이거나 자본비용을 낮춤으로써 발생할 수 있다. 사업결합으로 기업규모가 커짐에 따라 대규모의 증권발행이나 차입능력을 향상시킬 수 있다. 또한 자본조달능력의 향상은 차입금 등 타인자본의 사용에 대한 비용을 낮추는 역할을 하므로 자본비용을 감소시킬 수 있다.

③ **경영다각화:** 경영다각화는 내부성장기회의 한계에 도달한 경우 현재의 사업분야보다 수익성이 있는 사업분야로 진출하기 위해서 사업결합을 한다는 것이다. 기업의 자원을 수익성이 낮은 사업에서 수익성이 높은 사업으로 효율적으로 이전시킴으로써 기업가치를 증가시킬 수 있다.

2) 정보 이론(신호 가설)

정보 이론 또는 신호 가설은 사업결합과정에서 생성된 기업에 관한 새로운 정보에 의하여 기업가치가 재평가된다는 것이다. 즉, 사업결합과정에서 피취득기업의 가치가 과소평가되었다는 정보를 투자자들에게 전달함으로써 피취득기업의 가치를 정확하게 평가하도록 한다.

3) 세금효과 이론

세금효과 이론은 사업결합을 통해서 세제상 혜택을 얻고자 하는 것이다. 즉, 지속적인 적자로 이월결손금을 안고 있는 기업을 사업결합함으로써 이월결손금 공제에 따른 법인세 부담을 줄이는 혜택을 누릴 수 있게 된다.

(2) 성장극대화 동기

사업결합에 대한 성장극대화 동기는 대리인문제(agency problem)에서 비롯된다. 대리인문제란 기업의 소유와 경영이 분리되어 있을 경우 주주와 경영자 간의 이해가 상충됨으로써 발생하는 문제이다. 즉, 경영자들이 사업결합을 하는 동기는 기업가치나 주주의 부(wealth)의 극대화가 아니라 경영자 자신의 보수 또는 승진과 연결되어 있는 기업규모 또는 매출액규모를 증대시키기 위한 것이다.

1) 대리인문제와 경영자주의(managerialism)

기업의 기존 조직체계와 시장의 메커니즘이 대리인문제를 해결하지 못할 때에는 사업결합이 외부적 통제장치로서 작용한다는 것이다. 즉, 대리인문제가 심각한 기업을 대상으로 공개매수[1]나 위임장 경쟁[2]을 통해 외부의 경영자들이 현 경영진과 이사회를 우회하여 해당 기업의 주식을 획득한다는 것이다.

2) 경영자 자만(hubirs) 가설

사업결합과정에서 경영자가 지나친 자만심과 자기과신 등으로 피취득기업의 평가에 있어 지나치게 낙관적인 전망을 한다는 것이다. 즉, 피취득기업을 낙관적으로 평가할수록 이전대가가 높아지게 되고, 사업결합으로 인한 취득기업의 이득은 줄어들게 된다. 이것은 많은 연구를 통해서 사업결합에 대한 계획을 공표한 후에 취득기업의 주가는 떨어지고, 피취득기업의 주가는 높아지는 결과로 확인할 수 있다.

3) 잉여현금흐름 가설

잉여현금흐름 가설은 많은 현금흐름을 가진 기업의 경영자들은 현금흐름을 배당 등

---

1) 공개매수(tender offer)란 특정 기업의 주주들에게 공개적으로 지분을 인수하겠다고 제안하는 것이다. 인수자 측에서는 대량의 주식을 일시에 매수해서 현 대주주와 지분경쟁에서 우위를 점하기 위해 대량의 주식을 일시에 사들이고자 공개매수를 이용한다. 반대로 현 대주주 측에서는 적대적 인수합병이나 경영권을 방어하고자 지분율을 높이기 위해 공개매수를 이용하기도 한다.
2) 위임장 경쟁(proxy contest)이란 둘 또는 그 이상의 적대적인 관계에 있는 개인 또는 그룹(예를 들면, 현 경영진과 그에 반대하는 외부대주주) 간에 주주의 위임장을 더 많이 받기 위해 벌이는 경쟁을 말한다. 경쟁의 목적은 주로 자기가 지지하는 이사를 선임하여 기업의 지배권을 획득하기 위한 것이다.

의 형태로 주주에게 지급해야 하지만, 자신의 이익을 위해서 배당하지 않을 때는 사업결합의 대상이 된다는 것이다. 이 가설은 현금흐름이 많고 성장기회가 제한적인 업종의 기업들을 대상으로 한 차입매수(LBO: leveraged buy-out)[3] 등을 설명하는 데 도움이 되는 것으로 평가받고 있다.

1.3 사업결합의 유형

사업결합의 유형을 합병 및 지분취득으로 구분할 수 있다.[4] 일반적으로 사업결합을 M&A(merger and acquisition)라고 하는데, 합병(merger)은 피취득기업의 자산과 부채를 취득기업에게 이전하는 형태의 사업결합이고 지분취득(acquisition)은 피취득기업의 의결권 있는 주식을 취득기업에 이전하는 형태의 사업결합이다.

합병 중에서 **분할합병**은 피취득기업의 일부 사업에 대한 자산과 부채를 취득기업에게 이전하는 형태의 합병이다. **흡수합병**은 피취득기업의 자산과 부채 전부를 취득기업에게 이전하는 형태의 합병이다. 따라서 피취득기업은 법적으로 소멸하게 된다. **신설합병**은 결합참여기업 모두의 자산과 부채 전부를 새롭게 신설된 기업에게 이전하는 형태의 합병이다. 따라서 사업결합에 참여하는 기업들은 법적으로 소멸된다.

지분취득은 결합참여기업 중 한 기업이 다른 기업 주식의 전부 또는 일부를 취득하여 지배력을 획득하는 형태의 사업결합이다. 이러한 형태의 사업결합은 합병과 달리 피취득기업의 법적 실체가 그대로 유지되며, 취득기업과 피취득기업 간에 지배-종속 관계가 형성되므로 경제적 단일 실체로 본다. 따라서 지분취득의 경우에는 지배-종속 관계에 있는 기업들을 하나의 경제적 단일 실체로 보고 **연결재무제표**(consolidated financial statements)를 작성해야 한다.

---

3) 차입매수(leveraged buy-out)란 자금이 부족한 취득기업이 피취득기업의 자산을 담보로 금융기관 으로부터 자금을 차입하여 사업결합하는 것을 말한다.

4) 사업결합은 다음과 같은 경우를 포함하여 법률상, 세무상 또는 그 밖의 이유로 다양한 방법으로 이루어질 수 있다(1103:B6).

　① 하나 이상의 사업이 취득자의 종속기업이 되거나, 하나 이상의 사업의 순자산이 취득자에게 법적으로 합병된다.

　② 하나의 결합참여기업이 자신의 순자산을, 또는 결합참여기업의 소유주가 자신의 지분을 다른 결합참여기업 또는 다른 결합참여기업의 소유주에게 이전한다.

　③ 결합참여기업 모두가 자신의 순자산을 또는 모든 결합참여기업의 소유주가 자신의 지분을 신설된 기업에게 이전한다(롤업(roll-up) 또는 병합거래(put-together transaction)).

　④ 결합참여기업 중 한 기업의 이전 소유주 집단이 결합기업에 대한 지배력을 획득한다.

사업결합의 유형을 나타내면 다음 [그림 1-2]와 같다.

🍃 그림 1-2 사업결합의 유형

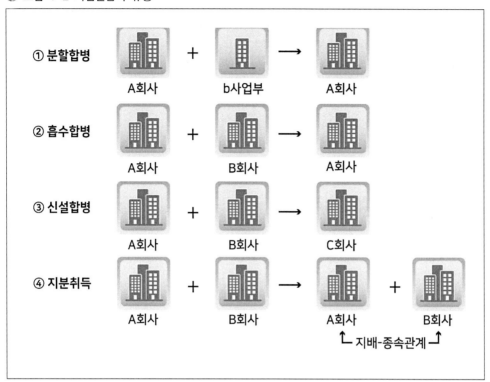

1.4 사업결합 기준서의 적용범위

K-IFRS 제1103호 '사업결합'은 사업결합의 정의를 충족하는 거래나 그 밖의 사건에 적용한다. 다음 경우에는 이 기준서를 적용하지 아니한다.

① 공동약정 자체의 재무제표에서 공동약정의 구성에 대한 회계처리
② 사업을 구성하지 않는 자산이나 자산 집단의 취득
③ 동일지배하에 있는 기업이나 사업 간의 결합

공동약정(joint arrangement)이란 둘 이상의 당사자들이 공동지배력(joint control)을 보유하는 약정을 말한다. 따라서 공동약정의 참여자들은 어느 누구도 단독으로 지배력

을 가지고 있지 못하므로 사업결합에 해당하지 않는다. 공동약정에 대해서는 제8장 '관계기업과 공동기업에 대한 투자'에서 자세히 설명한다.

사업을 구성하지 않는 자산이나 자산 집단을 취득한 경우에 사업결합의 정의를 충족하지 못하므로 사업결합에 해당하지 않는다. 이 경우에는 단순히 자산 또는 자산 집단을 취득한 것처럼 취득일의 상대적 공정가치에 기초하여 회계처리한다.

동일지배하에 있는 기업이나 사업에 관련된 사업결합은 같은 당사자가 모든 결합참여기업 또는 사업을, 사업결합 전·후에 걸쳐, 궁극적으로 지배하고 그 지배력이 일시적이지 않은 사업결합을 의미한다. 따라서 동일지배하에 있는 기업이나 사업 간의 결합에서는 지배력의 변경이 발생하지 않으므로 사업결합 기준서를 적용하지 않는다.

2. 사업결합의 회계처리

사업결합은 취득법(acquisition method)을 적용하여 회계처리한다.[5] 취득법은 다음의 절차를 따른다.

① 취득자의 식별
② 취득일의 결정
③ 식별할 수 있는 취득 자산 및 인수 부채의 인식과 측정
④ 이전대가의 측정
⑤ 영업권 또는 염가매수차익의 인식과 측정

2.1 취득자의 식별

취득자(acquirer)는 피취득자(acquiree)에 대한 지배력을 획득하는 기업을 말하며, 피취득자란 취득자가 사업결합으로 지배력을 획득한 대상 사업이나 사업들을 말한다. 취득자를 식별할 때 결합참여기업 중 누가 지배력을 획득하였는지 여부로 판단하는

---

5) 사업결합 회계처리에는 지분통합법(pooling of interest method)과 취득법(acquisition method)이 있다. **지분통합법**은 결합참여기업 중 어느 기업도 취득자가 되지 아니하고 결합참여기업이 사업결합 후에도 동일하게 지속되면서 결합된 실체에 내재된 위험과 효익을 상호분담하는 것처럼 회계처리한다. 따라서 결합참여기업의 자산과 부채를 장부금액으로 회계처리한다. **취득법**은 취득자가 피취득자의 순자산을 매수하거나 다른 방법으로 순자산에 대한 지배력을 획득하는 것처럼 회계처리한다. 따라서 사업결합을 취득거래로 보고 취득하는 자산과 부채를 공정가치로 회계처리한다.

데, K-IFRS 제1110호 '연결재무제표'의 지침을 적용한다. 만약 K-IFRS 제1110호의 지침을 적용하여도 결합참여기업 중에서 취득자를 명확히 파악하지 못한다면, 다음 내용을 검토하여 결정한다.

① 현금이나 그 밖의 자산을 이전한 기업 또는 부채를 부담하는 기업
② 지분을 발행하는 기업
③ 유의적으로 큰 결합참여기업(예: 자산, 수익, 이익 등으로 측정)
④ 새로운 기업이 지분을 발행하여 설립된 경우에는 앞서 언급한 지침을 적용하여 취득자로 식별. 단, 새로운 기업이 현금이나 그 밖의 자산을 이전하거나 부채를 부담하는 경우 취득자가 될 수 있음

1) 자산을 이전하거나 부채를 부담하여 이루어지는 사업결합

현금이나 그 밖의 자산을 이전하거나 부채를 부담하여 이루어지는 사업결합의 경우에 취득자는 현금이나 그 밖의 자산을 이전한 기업 또는 부채를 부담하는 기업이다.

2) 지분을 교환하여 이루어지는 사업결합

주로 지분을 교환하여 이루어지는 사업결합의 경우에 취득자는 지분을 발행하는 기업이다.[6]

3) 상대적인 크기 고려

취득자는 다른 결합참여기업이나 결합참여기업들보다 상대적 크기(예: 자산, 수익, 이익으로 측정)가 유의적으로 큰 결합참여기업이다. 다만 기업이 셋 이상 포함된 사업결합에서, 결합참여기업의 상대적 크기뿐만 아니라 특히 결합참여기업 중 어느 기업이 결합을 제안하였는지도 고려하여 취득자를 결정한다.

4) 새로운 기업이 설립된 경우

만약 사업결합을 이루기 위하여 새로운 기업이 지분을 발행하여 설립된 경우에는 사업결합 전에 존재하였던 결합참여기업 중 한 기업을 앞서 언급한 지침을 적용하여 취득자로 식별한다. 이와 반대로, 새로운 기업이 현금이나 그 밖의 자산을 이전하거나 부채를 부담하는 경우 취득자가 될 수 있다.

---

6) 역취득에 대해서는 보론에서 자세히 설명한다.

2.2 취득일의 결정

취득자는 취득일(acquisition date)을 식별해야 하며, 취득일은 피취득자에 대한 지배력을 획득한 날이다. 취득자가 피취득자에 대한 지배력을 획득한 날은 일반적으로 취득자가 법적으로 대가를 이전하여, 피취득자의 자산을 취득하고 부채를 인수한 날인 종료일이다. 그러나 취득자는 종료일보다 이른 날 또는 늦은 날에 지배력을 획득하는 경우도 있다. 예를 들어, 서면합의로 취득자가 종료일 전에 피취득자에 대한 지배력을 획득한다면 취득일은 종료일보다 이르다. 취득자는 관련된 모든 사실과 상황을 고려하여 취득일을 식별한다. 따라서 취득일은 다음과 같이 결정한다.

> 취득일 = 종료일*과 지배력을 획득한 날 중 이른 날
> * 종료일: 취득자가 법적으로 대가를 이전하여, 피취득자의 자산을 취득하고 부채를 인수한 날

2.3 식별할 수 있는 취득 자산 및 인수 부채의 인식과 측정

(1) 인식원칙

취득일 현재 취득자는 영업권과 분리하여 식별할 수 있는 취득 자산, 인수 부채, 피취득자에 대한 비지배지분을 인식한다. 식별할 수 있는 취득 자산과 인수 부채의 인식조건은 다음과 같다.

> ① 자산과 부채의 정의 충족
> ② 사업결합 거래에서 교환한 항목의 일부

1) 자산과 부채의 정의 충족

식별할 수 있는 취득 자산과 인수 부채는 취득일에 '재무보고를 위한 개념체계'의 자산과 부채의 정의를 충족해야 한다. 예를 들어, 피취득자의 영업활동 종료, 피취득자의 고용관계 종료, 피취득자의 종업원 재배치와 같은 계획의 실행에 따라 미래에 생길 것으로 예상하지만 현재의 의무가 아닌 원가는 취득일의 부채가 아니다. 그러므로 취득자는 그러한 원가를 부채로 인식하지 않으며, 다른 기준서에 따라 사업결합 후의 재무제표에 인식한다.

2) 사업결합 거래에서 교환한 항목의 일부

또한 식별할 수 있는 취득 자산과 인수 부채는 별도 거래의 결과가 아니라 **사업결합 거래에서 취득자와 피취득자 사이에서 교환한 항목의 일부**이어야 한다. 만약 취득자가 피취득자에게 지급한 대가에 사업결합으로 교환한 항목의 일부가 아닌 금액이 포함되어 있다면 이를 **별도 거래로 회계처리**한다. 별도 거래의 회계처리에 대해서는 본장 4절에서 자세히 설명한다.

취득자가 인식의 원칙과 조건을 적용하면 **피취득자의 이전 재무제표에서 자산과 부채로 인식하지 않았던 자산과 부채를 일부 인식**할 수 있다. 예를 들면, 취득자는 피취득자가 내부에서 개발하고 관련 원가를 비용으로 처리하였기 때문에 피취득자 자신의 재무제표에 자산으로 인식하지 않았던 브랜드명, 특허권, 고객 관계와 같은 식별할 수 있는 무형자산의 취득을 인식한다.

(2) 측정원칙

취득자는 식별할 수 있는 취득 자산과 인수 부채를 **취득일의 공정가치**(fair value)로 **측정**한다. 이때 공정가치란 측정일에 시장참여자 사이의 정상거래에서 자산을 매도할 때 받거나 부채를 이전할 때 지급하게 될 가격을 말한다. 다음의 특정 식별가능한 자산도 공정가치를 고려하여 측정한다.

> ① 현금흐름이 불확실한 자산(평가충당금)
> ② 피취득자가 리스제공자인 경우의 운용리스 대상 자산
> ③ 취득자가 사용할 의도가 없거나 그 밖의 시장참여자가 사용하는 방법과 다른 방법으로 사용할 의도가 있는 자산

1) 현금흐름이 불확실한 자산(평가충당금)

취득일 현재 사업결합에서 취득일의 공정가치로 측정된 취득 자산에 대하여 별도의 평가충당금은 인식하지 않는다. 미래현금흐름의 불확실성의 영향을 공정가치 측정에 포함하였기 때문이다. 예를 들어, 취득한 수취채권을 취득일의 공정가치로 측정하고, 취득일에 회수 불가능하다고 보는 계약상 현금흐름에 대하여 별도의 평가충당금 또는 기대신용손실에 대한 손실충당금은 인식하지 않는다.

2) 피취득자가 리스제공자인 경우의 운용리스 대상 자산

피취득자가 리스제공자인 경우에 취득자는 운용리스의 대상인 건물이나 특허권과 같은 자산을 취득일의 공정가치로 측정할 때 해당 리스조건을 고려한다. 따라서 취득자는 시장조건과 비교할 때 운용리스의 조건이 유리하든 불리하든 별도의 자산이나 부채를 인식하지 않는다.

3) 취득자가 사용할 의도가 없거나 그 밖의 시장참여자가 사용하는 방법과 다른 방법으로 사용할 의도가 있는 자산

경쟁력 있는 지위를 보호하기 위하여, 또는 그 밖의 이유로 취득자가 취득한 비금융자산을 활발히 사용하지 않으려 하거나, 최고·최선으로 사용(highest and best use)하지는 않으려 할 수 있다. 예를 들어, 취득자가 취득한 무형자산을 다른 기업이 사용하는 것을 막음으로써 그 무형자산을 방어적으로 사용하려고 계획하는 경우가 이에 해당할 수 있다. 그렇지만 취득자는 처음에 그리고 후속 손상검사를 위하여 공정가치에서 처분부대원가를 뺀 금액(순공정가치)을 측정할 때에도 비금융자산의 공정가치를 적절히 평가할 수 있다는 전제하에 시장참여자가 최고·최선으로 사용한다고 가정하여 측정한다.

(3) 무형자산의 인식

무형자산으로 인식하기 위해서는 **식별가능성, 자원에 대한 통제 및 미래 경제적 효익의 존재**라는 3가지 조건을 충족해야 한다. 따라서 취득자가 사업결합에서 취득한 식별할 수 있는 무형자산은 영업권과 분리하여 인식하고, 식별할 수 없는 무형자산의 가치는 영업권에 포함한다.

1) 식별할 수 있는 무형자산의 인식[7]

취득자는 사업결합에서 취득한 **식별할 수 있는 무형자산**을 영업권과 분리하여 인식한다. 무형자산은 분리가능성 기준이나 계약적·법적 기준 중에 하나의 기준을 충족하는 경우에 식별할 수 있다.

① 계약적·법적 기준: 계약적·법적 기준을 충족하는 무형자산은 피취득자에게서 또는 그 밖의 권리와 의무에서 이전하거나 분리할 수 없더라도 식별할 수 있다.

---

[7] 식별할 수 있는 무형자산의 사례는 보론에서 자세히 설명한다.

🗁 사례 1 계약적 · 법적 기준을 충족하는 무형자산(제1103호 B32)

〈경우 1〉
피취득자는 원자력 발전소를 소유하여 운영한다. 그 발전소를 운영하는 라이선스는 취득자가 그 발전소에서 분리하여 매각하거나 이전할 수 없더라도 영업권과 분리하여 인식하는 **계약적 · 법적 기준을 충족하는 무형자산**이다. 취득자는 운영라이선스와 발전소의 내용연수가 비슷할 경우에, 라이선스의 공정가치와 발전소의 공정가치를 재무보고 목적상 하나의 자산으로 인식할 수 있다.

〈경우 2〉
피취득자가 기술특허권을 소유한다. 그 특허권을 국내시장 밖에서 독점적으로 사용할 수 있도록 라이선스하고, 그 대가로 미래 해외 수익의 일정 비율을 받는다. **기술특허권과 관련 라이선스 약정**은 서로 분리하여 실무적으로 매각하거나 교환할 수 없더라도, 각각 영업권과 분리하여 인식하는 계약적 · 법적 기준을 충족한다.

---

❷ **분리가능성 기준:** 분리가능성 기준은 취득한 무형자산이 피취득자에게서 분리되거나 분할될 수 있고, 개별적으로 또는 관련된 계약, 식별할 수 있는 자산이나 부채와 함께 매각 · 이전 · 라이선스 · 임대 · 교환을 할 수 있음을 의미한다. 취득자가 매각, 라이선스, 교환을 할 의도가 없더라도, **취득자가 매각, 라이선스, 그 밖의 기타 가치 있는 것과 교환할 수 있는 무형자산은 분리가능성 기준을 충족한다.** 취득한 무형자산은 바로 그 형태의 자산이나 비슷한 형태의 자산과의 교환거래에 대한 증거가 있는 경우에 그러한 교환거래가 드물고 취득자가 그 거래와 관련이 있는지와 무관하게 분리가능성 기준을 충족한다. 예를 들어, 고객과 구독자 목록은 자주 라이선스 되므로 분리가능성 기준을 충족한다. 피취득자가 자신의 고객목록은 다른 고객목록과 특성이 다르다고 여기더라도, 고객목록이 빈번하게 라이선스 된다는 사실은 일반적으로 취득한 고객목록이 분리가능성 기준을 충족한다는 것을 의미한다. 그러나 **사업결합에서 취득한 고객목록이 비밀유지조건이나 그 밖의 약정 조건에서 고객에 관한 정보를 매각, 리스, 그 밖의 교환을 할 수 없도록 금지한 경우에는 분리가능성 기준은 충족되지 않는다.**

또한 피취득자나 결합기업에서 개별적으로 분리할 수 없는 무형자산이 관련 계약 또는 식별할 수 있는 자산이나 부채와 결합하여 분리할 수 있다면 분리가능성 기준을 충족한다.

📁 사례 2 분리가능성 기준을 충족하는 무형자산(제1103호 B34)

〈경우 1〉
시장참여자가 예금부채와 관련 예금자관계 무형자산을 관찰할 수 있는 거래에서 교환한다. 그러므로 취득자는 예금자관계 무형자산을 영업권과 분리하여 인식한다.

〈경우 2〉
피취득자는 등록 상표와 그 상표를 붙인 제품의 제조에 사용하고 문서화하였지만 특허를 얻지 않은 기술적 전문지식을 보유한다. 상표 소유권을 이전하기 위하여 과거 소유주는 자신이 생산한 제품이나 용역과 동일한(구별할 수 없을 정도의) 제품이나 용역을 새로운 소유주가 생산할 수 있도록 필요한 그 밖의 모든 것도 이전해야 한다. 특허를 얻지 않은 기술적 전문지식은 피취득자나 결합기업과 분리되어 있음이 분명하고 관련 상표를 매각할 경우에 팔리기 때문에 분리가능성 기준을 충족한다.

---

2) 식별할 수 없는 집합적 노동력

취득일 현재 식별할 수 없는 무형자산의 가치는 영업권에 포함한다. 예를 들어, 취득자는 취득한 사업의 운영을 취득한 날부터 계속할 수 있게 해주는 현존하는 집합적 노동력(assembled workforce)인, 종업원 집단의 존재에 가치가 있다고 볼 수 있다. 집합적 노동력은 숙련된 종업원의 지적 자본을 나타내지는 않는다.[8] 따라서 **집합적 노동력은 영업권과 분리하여 인식하는 식별할 수 있는 자산이 아니기 때문에 그에 귀속될 만한 가치가 있다면 그 가치를 영업권에 포함**한다. 왜냐하면 집합적 노동력의 가치만큼 이전대가를 더 지급하기 때문이다.

또한 취득자는 취득일에 자산의 요건을 충족하지 못한 항목에 귀속될 만한 가치도 있다면 그 가치도 영업권에 포함한다. 예를 들어, 취득자는 취득일에 피취득자가 미래의 새로운 고객과 협상 중인 잠재적 계약에 가치가 있다고 볼 수 있다. 취득일에 그러한 잠재적 계약(potential contracts) 그 자체는 자산이 아니기 때문에 영업권과 분리하여 인식하지 않는다.

식별할 수 있는 무형자산과 식별할 수 없는 무형자산을 요약·정리하면 다음 〈표 1-1〉과 같다.

---

8) 집합적 노동력은 취득일로부터 취득자가 취득한 사업의 운영을 지속할 수 있도록 하는 기존 종업원의 집합을 말한다. 따라서 (사례 2)의 〈경우 2〉에서 언급한 기술적 전문지식과 같은 분리가능성을 충족하지 못하므로 집합적 노동력을 영업권과 분리해서 인식하지 않는다.

☑ 표 1-1 무형자산의 식별가능성 여부

구 분		무형자산
식별가능	계약적·법적 기준 충족	• 발전소를 운영하는 라이선스 • 기술특허권
	분리가능성 기준 충족	• 예금자관계 무형자산 • 특허를 얻지 않은 기술적 전문지식
식별불가능		• 집합적 노동력 • 잠재적 계약

(4) 취득 자산과 인수 부채의 분류 및 지정

취득일에 취득자는 후속적으로 다른 기준서를 적용하기 위하여 **식별할 수 있는 취득**
자산과 인수 부채를 분류하거나 지정한다. 이러한 분류나 지정은 취득일에 존재하는 계
약 조건, 경제상황, 취득자의 영업정책이나 회계정책 그리고 그 밖의 관련 조건에 기
초하여 이루어진다. 예를 들어, 특정 금융자산과 금융부채를 상각후원가나 공정가치
로 측정되도록 분류하거나, 파생상품을 위험회피수단으로 지정하거나, 내재파생상품
을 주계약에서 분리해야 하는지를 평가하는 경우이다.

취득 자산이나 인수 부채의 분류나 지정에 다음의 두 가지의 예외가 있다.

> ① 피취득자가 리스제공자인 경우의 리스계약을 K-IFRS 제1116호 '리스'에 따라 운용리스나 금융
>   리스로 분류
> ② 특정 계약을 K-IFRS 제1104호 '보험계약'에 따라 보험계약으로 분류

리스계약이나 보험계약은 취득일에 존재하는 요소보다는 그 **계약의 개시 시점**(또는
조건을 변경한 때)의 **계약 조건과 그 밖의 요소를 기초로 분류**한다. 따라서 사업결합 전에
피취득자가 리스제공자로서 체결한 리스계약이나 보험계약은 사업결합에 따라 분류
가 변경되지 않는다.

(5) 인식원칙 및 측정원칙의 예외

인식원칙과 측정원칙에 대하여 일부 제한적인 예외가 있다. 인식원칙의 예외인 경
우 앞서 언급한 인식조건뿐만 아니라 추가 인식조건을 적용하거나 다른 기준서의 요
구사항을 적용하여 인식한다. 또한 측정원칙의 예외인 경우 취득일의 공정가치가 아
닌 금액으로 측정한다.

1) 인식원칙의 예외: 우발부채

K-IFRS 제1037호 '충당부채, 우발부채 및 우발자산'에서 경제적 효익이 있는 자원을 유출할 가능성이 높지 않거나 금액을 신뢰성 있게 측정할 수 없는 경우에는 충당부채로 인식하지 않고, 우발부채로 구분하여 주석으로 공시하도록 규정하고 있다.

그러나 K-IFRS 제1103호 '사업결합'에서는 과거사건에서 생긴 현재의무이고 그 공정가치를 신뢰성 있게 측정할 수 있다면, 취득자는 취득일 현재 사업결합에서 인수한 우발부채를 인식한다. 그러므로 K-IFRS 제1037호와는 달리 해당 의무를 이행하기 위하여 경제적 효익이 있는 자원이 유출될 가능성이 높지 않더라도 취득자는 취득일에 사업결합으로 인수한 우발부채를 인식한다.[9]

2) 측정원칙의 예외

① **다시 취득한 권리**: 취득자가 사업결합 이전에 자신이 인식했거나 인식하지 않았던 하나 이상의 자산을 사용하도록 피취득자에게 부여했던 권리를 사업결합의 일부로서 다시 취득할 수 있다. 그러한 권리의 예로는 프랜차이즈 약정에 따라 취득자의 상표명을 사용할 권리나 기술라이선스 약정에 따라 취득자의 기술을 사용할 수 있는 권리가 있다.

시장참여자가 공정가치를 측정할 때 계약의 잠재적 갱신을 고려하는지와 무관하게, 취득자는 무형자산으로 인식하는 **다시 취득한 권리의 가치를 관련 계약의 남은 계약기간에 기초하여 측정**한다. 다시 취득한 권리는 계약갱신을 고려하지 않고 잔여계약기간이 종료되면 소멸되므로 변형된 측정방법을 사용하는 것이다.

다시 취득한 권리에서 생기는 계약상 조건이 같거나 비슷한 항목에 대한 현행 시장거래의 조건과 비교하여 유리하거나 불리할 경우에 취득자는 **정산차손익을 인식**한다.[10]

② **주식기준보상거래**: 취득자는 피취득자의 주식기준보상거래와 관련한 또는 피취득자의 주식기준보상을 취득자 자신의 주식기준보상으로 대체하는 경우와 관련한 부채나 지분상품을 취득일에 K-IFRS 제1102호 **'주식기준보상'의 방법에 따라 측정**한다.[11]

---

9) 우발부채의 미래 발생가능한 불확실성을 고려할 때 K-IFRS 제1103호 '사업결합'에서 경제적 자원의 유출가능성이 높지 않더라도 우발부채를 인식하도록 한 것은 결합참여기업 중에서 취득자의 정보비대칭적 상황을 고려한 것이라고 판단된다.

10) 본장 4.1절 '기존 관계를 사실상 정산하는 거래'에서 자세히 설명한다.

③ **매각예정자산:** 취득자는 K-IFRS 제1105호 '매각예정비유동자산과 중단영업'에 따라 취득일에 매각예정자산으로 분류한 취득 비유동자산(또는 처분자산집단)을 **공정가치에서 처분부대원가를 뺀 순공정가치로 측정한다.**

3) 인식원칙과 측정원칙 모두의 예외

① **법인세:** 취득자는 사업결합으로 취득 자산과 인수 부채에서 생기는 이연법인세 자산이나 부채를 K-IFRS 제1012호 '법인세'에 따라 인식하고 측정한다.[12] 취득자는 취득일에 존재하거나 취득의 결과로 생기는 일시적 차이와 피취득자의 이월액이 잠재적으로 법인세에 미치는 영향을 K-IFRS 제1012호에 따라 회계처리한다.

② **종업원급여:** 취득자는 피취득자의 종업원 급여 약정과 관련된 부채(자산인 경우에는 그 자산)를 K-IFRS 제1019호 '종업원급여'에 따라 인식하고 측정한다.[13]

③ **보상자산:** 사업결합에서 매도자(피취득자)는 취득자에게 특정 자산이나 부채의 전부 또는 일부와 관련한 우발상황이나 불확실성의 결과에 대하여 계약상 보상을 할 수 있다. 예를 들어, 매도자(피취득자)는 특정한 우발상황에서 생기는 부채에 대해 일정 금액을 초과하는 손실을 취득자에게 보상할 수 있다.

취득자는 보상대상항목을 인식하면서 동시에 보상대상항목과 같은 근거로 측정한 보상자산을 인식하는데, 보상대상항목이 공정가치로 측정된 자산이나 부채와 관련되어 있다면 취득자는 취득일의 보상자산을 공정가치로 측정하여 인식한다. 이 경우 공정가치로 측정한 보상자산의 경우 회수가능성으로 인한 미래현금흐름의 불확실성의 효과가 이미 공정가치 측정에 포함되었으므로 별도의 평가충당금은 인식하지 않는다. 그러나 보상대상항목이 공정가치로 측정되지 않으면 보상자산도 공정가치로 측정하지 않으며, 이 경우에는 보상금액에 대한 계약상 제약과 보상자산의 회수가능성에 대한 경영진의 검토를 반영하여 평가충당금을 인식한다. 따라서 보상자산은 인식원칙과 측정원칙 모두의 예외를 인정하는 항목이다.

---

11) 본장 4.2절 '종업원이나 이전 소유주에게 보상하는 거래'에서 자세히 설명한다.

12) 예를 들어, 피취득자가 인식하지 않았던 공제가능한 세무상 결손금을 K-IFRS 제1012호 '법인세'에 따라 이연법인세자산으로 인식할 수 있다.

13) 예를 들어, K-IFRS 제1019호 '종업원급여'에서는 퇴직급여 중 확정급여제도하에서 기말 확정급여 채무를 보험수리적 가정을 반영한 현재가치로 측정하여 인식한다.

④ **피취득자가 리스이용자인 경우의 금융리스:** 피취득자가 리스이용자인 경우에 K-IFRS 제1116호 '리스'에 따라 식별되는 리스에 대하여 취득자는 사용권자산과 리스부채를 인식한다. 취득자는 금융리스 인식 면제 대상인 경우(단기리스 또는 소액 기초자산 리스)에는 사용권자산과 리스부채를 인식하지 않아도 된다.

취득자는 취득한 리스가 취득일에 새로운 리스인 것처럼 나머지 리스료의 현재가치로 리스부채를 측정한다. 취득자는 리스부채와 같은 금액으로 사용권자산을 측정하되, 시장조건과 비교하여 유리하거나 불리한 리스 조건이 있다면 이를 반영하기 위하여 다음과 같이 조정한다. 따라서 피취득자가 리스이용자인 경우의 리스는 인식원칙과 측정원칙 모두의 예외를 인정하는 항목이다.

> · 리스부채 = 나머지 리스료의 현재가치
> · 사용권자산 = 리스부채 + 유리한 리스 조건 − 불리한 리스 조건

단, 앞서 설명한 것처럼 피취득자가 리스제공자인 경우에 취득자는 시장조건과 비교할 때 운용리스의 조건이 유리하든 불리하든 별도의 자산이나 부채를 인식하지 않는다. 취득자가 운용리스의 대상인 건물이나 특허권과 같은 자산을 취득일의 공정가치로 측정할 때 이미 해당 리스조건을 고려하기 때문이다.

식별할 수 있는 취득 자산 및 인수 부채의 인식과 측정을 요약·정리하면 다음 〈표 1-2〉와 같다.

☑ 표 1-2 식별할 수 있는 취득 자산 및 인수 부채의 인식과 측정

구 분	인식원칙	측정원칙
원칙	① 자산과 부채의 정의 충족 ② 사업결합 거래에서 교환한 항목의 일부	· 취득일의 공정가치로 측정
해당 원칙의 예외	· 우발부채	· 다시 취득한 권리 · 주식기준보상거래 · 매각예정자산
두 원칙 모두의 예외	· 법인세 · 종업원급여 · 보상자산 · 피취득자가 리스이용자인 경우의 금융리스	

📖 예제 1 식별할 수 있는 취득 자산 및 인수 부채의 인식과 측정

20×1년 초에 A회사는 B회사의 자산·부채 취득을 통해 사업결합하였다. 취득일 현재 B회사의 식별할 수 있는 순자산의 장부금액과 공정가치는 다음과 같다.

재무상태표

B회사			20×1년 1월 1일 현재		(단위: 원)
과목	장부금액	공정가치	과목	장부금액	공정가치
유 동 자 산	30,000	33,000	부　　채	60,000	60,000
유 형 자 산	50,000	52,000	자　　본	40,000	
무 형 자 산	20,000	24,000			
자　　　산	100,000		부채및자본	100,000	

<추가사항>

① 취득일 현재 B회사의 무형자산 장부금액에는 포함되어 있지 않으나, 진행 중인 신기술개발 프로젝트가 있다. A회사는 해당 프로젝트가 무형자산의 정의를 충족한다고 판단하였다. 해당 프로젝트의 공정가치는 ₩6,000이며, 재무상태표의 공정가치에 포함되어 있지 않다.

② 취득일 현재 B회사가 충당부채의 인식기준 중 다른 기준은 충족하였으나 자원의 유출가능성이 높지 않아 인식하지 않은 소송 관련 금액의 공정가치는 ₩2,000이다. 또한 B회사의 기존주주들은 이와 관련하여 A회사에 보상하기로 하였으며, 보상대상항목과 같은 근거로 측정한 보상자산의 측정금액은 ₩1,500이다.

③ A회사는 사업결합으로 B회사에게 라이선스한 기술사용권을 다시 취득하였다. B회사 재무제표상 무형자산은 기술사용권에 해당한다. 기술사용권의 잔여 계약기간에 기초하여 측정한 공정가치는 ₩23,000이며, 잠재적 갱신기간에 기초하여 측정한 공정가치는 ₩24,000이다.

④ 취득일 현재 B회사가 인식하지 않은 세무상 결손금이 있다. K-IFRS 제1012호에 따라 이에 대한 이연법인세자산을 ₩4,500으로 측정하였다.

⑤ B회사가 리스계약의 리스이용자로서 나머지 리스료의 현재가치로 측정한 금액이 유형자산(사용권자산)과 부채(리스부채)의 공정가치에 동일하게 포함되어 있다. 취득일 현재 리스조건은 시장조건과 비교하여 불리하며, 불리한 리스조건의 공정가치는 ₩2,000이다.

⑥ 취득일 현재 B회사의 현존하는 집합적 노동력의 공정가치는 ₩18,000이다.

물음

A회사가 취득일 현재 인식할 B회사의 식별가능한 순자산의 공정가치를 계산하시오.

풀이

자산의 공정가치		₩118,000
재무상태표상 공정가치	₩109,000	
① 신기술개발 프로젝트	6,000	
② 보상자산	1,500	
③ 다시 취득한 권리(₩23,000 - 24,000)	(1,000)	

④ 이연법인세자산	4,500	
⑤ 사용권자산의 불리한 리스조건	(2,000)	
부채의 공정가치		(62,000)
재무상태표상 공정가치	₩60,000	
② 우발부채	2,000	
식별가능한 순자산의 공정가치		₩56,000

❶ 집합적 노동력은 영업권과 분리하여 인식하는 식별할 수 있는 자산이 아니기 때문에 그에 귀속될 만한 가치가 있다면 그 가치를 영업권에 포함한다.

2.4 이전대가의 측정

(1) 일반적인 이전대가

사업결합과정에서 이전대가(transferred consideration)는 피취득자에 대한 지배력을 획득하기 위해 취득자가 피취득자의 이전 소유주에게 지급한 대가로 공정가치로 측정한다. 그 공정가치는 취득자가 이전하는 자산, 취득자가 피취득자의 이전 소유주에 대하여 부담하는 부채와 취득자가 발행한 지분의 취득일의 공정가치 합계로 산정한다.

> 이전대가 = 이전하는 자산의 공정가치 + 부담하는 부채의 공정가치
> + 취득자가 발행한 지분의 공정가치

취득일에 공정가치와 장부금액 간에 차이가 있는 취득자의 자산과 부채(예: 취득자의 비화폐성자산 또는 사업)를 이전대가에 포함할 경우에 취득자는 이전한 자산이나 부채를 취득일 현재 공정가치로 재측정하고, 그 결과 차손익이 있다면 당기손익으로 인식한다.

그러나 때로는 이전한 자산이나 부채가 사업결합을 한 후에도 결합기업에 여전히 남아 있고(예: 자산이나 부채가 피취득자의 이전 소유주가 아니라 피취득자에게 이전됨), 따라서 취득자가 그 자산이나 부채를 계속 통제하는 경우에는 당해 자산과 부채를 취득일 직전의 장부금액으로 측정하고 차손익을 인식하지 않는다.

이전대가의 측정을 요약·정리하면 다음 〈표 1-3〉과 같다.

☑ 표 1-3 이전대가의 측정

구 분	이전대가의 측정
이전대가가 결합기업에 남아 있지 않는 경우	이전한 자산이나 부채를 취득일 현재 공정가치로 재측정하고, 그 결과 차손익이 있다면 당기손익으로 인식
이전대가가 결합기업에 남아 있는 경우	취득자가 계속 통제하고 있는 자산과 부채를 취득일 직전의 장부금액으로 측정하고 차손익을 인식하지 않음

🗁 예제 2 이전대가의 측정(1)

20×1년 초에 A회사는 B회사의 자산·부채 취득을 통해 사업결합하였다. 취득일 현재 B회사의 식별할 수 있는 자산의 공정가치는 ₩100,000이고 부채의 공정가치는 ₩80,000이다.

물음 ....

1. A회사가 이전대가로 A회사의 보유 토지(장부금액 ₩50,000, 공정가치 ₩70,000)를 B회사에 이전하였다. 단, 사업결합 후 A회사는 이전한 토지에 대하여 통제하지 못한다. A회사가 취득일에 해야 할 분개를 하시오.

2. (물음 1)과 관계없이 B회사에 이전한 토지가 사업결합 후 A회사에 계속 남아 있고, A회사가 이전한 토지에 대하여 계속 통제를 한다면 A회사가 취득일에 해야 할 분개를 하시오.

풀이 ....

1. A회사가 이전한 토지에 대하여 통제하지 못하는 경우

(차변)	토　　　　　　　지	20,000❶	(대변)	처　분　이　익	20,000

(차변)	자　　　　　　　산	100,000	(대변)	부　　　　　　　채	80,000
	영　업　권	50,000		토　　　　　　　지	70,000

　❶ ₩70,000 – 50,000 = ₩20,000

2. 이전한 토지가 사업결합 후 A회사에 계속 남아 있고, A회사가 이전한 토지에 대하여 계속 통제하는 경우

(차변)	자　　　　　　　산	150,000❶	(대변)	부　　　　　　　채	80,000
				토　　　　　　　지	50,000❶
				염　가　매　수　차　익	20,000

　❶ 토지의 장부금액 ₩50,000을 이전대가와 취득하는 자산에 각각 포함시킨다.

(2) 조건부 대가

취득자가 피취득자에 대한 교환으로 이전한 대가에는 조건부 대가 약정으로 생긴 자산이나 부채를 모두 포함한다. **조건부 대가**(contingent consideration)란 특정 미래 사건이 발생하거나 특정 조건이 충족되는 경우에 피취득자에 대한 지배력과의 교환의 일부로 피취득자의 이전 소유주에게 추가로 자산이나 지분을 이전해야 하는 취득자의 의무를 말한다.

취득자는 이전대가에 포함되는 조건부 대가를 **취득일의 공정가치로 인식**한다. 취득자는 금융상품의 정의를 충족하는 조건부 대가의 지급의무를 K-IFRS 제1032호 '금융상품: 표시' 문단 11[14]의 금융부채와 지분상품의 정의에 기초하여 금융부채 또는 자본으로 분류한다. 취득자는 특정조건을 충족하는 경우에는 과거의 이전대가를 회수할 수 있는 권리를 자산으로 분류한다.

사업결합 이후에 조건부 대가를 취득일의 분류에 따라 **금융부채로 분류하는 경우에는 공정가치로 재측정하고 그 차액을 당기손익으로 인식하지만, 자본으로 분류하는 경우에는 공정가치 변동액을 인식하지 않는다.**

---

14) 금융상품이란 거래당사자 어느 한쪽에게는 금융자산이 생기게 하고 거래상대방에게 금융부채나 지분상품이 생기게 하는 모든 계약을 말한다(1032:11).
   금융자산은 다음의 자산을 말한다.
   ① 현금
   ② 다른 기업의 지분상품
   ③ 다음 중 어느 하나에 해당하는 계약상 권리
     ㉠ 거래상대방에게서 현금 등 금융자산을 수취할 계약상 권리
     ㉡ 잠재적으로 유리한 조건으로 거래상대방과 금융자산이나 금융부채를 교환하기로 한 계약상 권리
   ④ 기업 자신의 지분상품(이하 '자기지분상품'이라 한다)으로 결제하거나 결제할 수 있는 다음 중 하나의 계약
     ㉠ 수취할 자기지분상품의 수량이 변동 가능한 비파생상품
     ㉡ 확정 수량의 자기지분상품을 확정 금액의 현금 등 금융자산과 교환하여 결제하는 방법 외의 방법으로 결제하거나 결제할 수 있는 파생상품
   금융부채는 다음의 부채를 말한다.
   ① 다음 중 어느 하나에 해당하는 계약상 의무
     ㉠ 거래상대방에게 현금 등 금융자산을 인도하기로 한 계약상 의무
     ㉡ 잠재적으로 불리한 조건으로 거래상대방과 금융자산이나 금융부채를 교환하기로 한 계약상 의무
   ② 자기지분상품으로 결제하거나 결제할 수 있는 다음 중 하나의 계약
     ㉠ 인도할 자기지분상품의 수량이 변동 가능한 비파생상품
     ㉡ 확정 수량의 자기지분상품을 확정 금액의 현금 등 금융자산과 교환하여 결제하는 방법외의 방법으로 결제하거나 결제할 수 있는 파생상품

조건부 대가의 분류를 요약·정리하면 다음 〈표 1-4〉와 같다.

☑ 표 1-4 조건부 대가의 분류

구　분		분　류
과거의 이전대가를 회수할 수 있는 권리		자산
이전대가에 포함되는 지급의무	• 금융자산을 인도하는 경우 • 인도할 자기지분상품의 수량이 변동 가능한 비파생상품 등	부채
	• 인도할 자기지분상품의 수량이 확정된 비파생상품 등	자본

(3) 지분만의 교환으로 사업결합하는 경우

취득자와 피취득자(또는 피취득자의 이전 소유자)가 지분만을 교환하여 사업결합을 하는 경우에 취득자 지분의 취득일 공정가치를 사용한다. 그러나 취득일에 피취득자 지분의 공정가치가 취득자 지분의 공정가치보다 더 신뢰성 있게 측정되는 경우가 있다. 이 경우에 취득자는 이전한 지분의 취득일 공정가치 대신에 **피취득자 지분의 취득일 공정가치**를 사용한다. 이를 요약·정리하면 다음 〈표 1-5〉와 같다.

☑ 표 1-5 지분만의 교환으로 사업결합하는 경우 공정가치

구　분	공정가치
일반적인 경우	취득자 지분의 취득일 공정가치
피취득자 지분의 공정가치가 취득자 지분의 공정가치보다 더 신뢰성 있게 측정되는 경우	피취득자 지분의 취득일 공정가치

🗀 예제 3 이전대가의 측정(2)

> 20×1년 초에 A회사는 B회사의 자산·부채 취득을 통해 사업결합하였다. 취득일 현재 B회사의 식별할 수 있는 자산의 공정가치는 ₩100,000이고 부채의 공정가치는 ₩80,000이다.

물음 ....

1. A회사는 이전대가로 B회사의 기존주주에게 B회사 보통주 1주당 A회사 보통주 1주를 발행·교부하기로 계약하였으며, B회사의 발행주식수는 100주이다. A회사 보통주의 주당 공정가치는 ₩500이고, B회사 보통주의 주당 공정가치는 ₩700이다. A회사 주식의 공정가치가 더 신뢰성 있게 측정된 경우와 B회사 주식의 공정가치가 더 신뢰성 있게 측정된 경우에 A회사가 사업결합일에 해야할 분개를 하시오.

2. (물음 1)과 관계없이 A회사는 이전대가로 20×1년 말에 A회사의 20×1년 시장점유율이 10%를 초과하면 초과하는 시장점유율 1%마다 A회사의 보통주 10주를 발행·교부하기로 계약하였다. 20×1년 초 현재 A회사는 20×1년 말에 발행할 주식수를 80주(주당 공정가치 ₩500)로 추정하였다. A회사가 사업결합일에 해야 할 분개를 하시오.

풀이 ....

1. 지분만의 교환
① A회사 주식의 공정가치가 더 신뢰성 있게 측정된 경우

(차변)	자 산	100,000	(대변)	부 채	80,000
	영 업 권	30,000		자 본	50,000❶

❶ 100주 × ₩500 = ₩50,000

② B회사 주식의 공정가치가 더 신뢰성 있게 측정된 경우

(차변)	자 산	100,000	(대변)	부 채	80,000
	영 업 권	50,000		자 본	70,000❷

❷ 100주 × ₩700 = ₩70,000

2. 조건부대가(자기지분상품의 수량이 변동되는 경우)

(차변)	자 산	100,000	(대변)	부 채	80,000
	영 업 권	20,000		조건부대가(금융부채)	40,000❶

❶ 인도할 자기지분상품의 수량이 변동되는 계약이므로 금융부채로 분류한다.
따라서 80주 × ₩500 = ₩40,000

....

(4) 대가의 이전 없이 이루어지는 사업결합[15]

취득자는 때로 대가를 이전하지 않고 피취득자에 대한 지배력을 획득한다. 이러한 결합의 경우에는 사업결합 회계처리방법인 **취득법을 적용**한다. 이러한 상황에는 다음과 같은 경우 등이 있다.

> ① 피취득자의 자기주식 취득
> ② 피취득자의 소수거부권[16] 소멸
> ③ 계약만으로 이루어진 사업결합

---

15) 대가가 없이 이루어지는 사업결합은 연결재무제표를 작성한다.

16) 소수거부권(minority veto rights)이란 대주주가 일방적으로 의사결정하는 것을 방지할 수 있도록 소액주주가 대주주의 의사결정에 거부를 행사하는 권리이다.

1) 피취득자의 자기주식 취득

대가가 없이 이루어지는 사업결합의 예로 기존 투자자(취득자)가 지배력을 획득할 수 있도록 **피취득자가 충분한 수량의 자기주식을 다시 사는 경우**가 있다. 즉, 피취득자가 자기주식을 충분히 취득하여 기존 투자자(취득자)가 의결권의 과반수 보유하여 지배력을 획득하게 하는 것이다.

2) 피취득자의 소수거부권 소멸

피취득자 의결권의 과반수를 보유하고 있는 **취득자가 피취득자를 지배하는 것을 막고 있던 소수거부권이 소멸한 경우**가 있다. 이것은 취득자가 실질적인 지배력을 획득하게 하는 상황이다.

3) 계약만으로 이루어진 사업결합

취득자와 피취득자가 계약만으로 사업결합하기로 약정한 경우에 취득자는 피취득자에 대한 지배력과 교환하여 대가를 이전하지 않으며, 취득일이나 그 이전에도 피취득자의 지분을 보유하지 않는다. 계약만으로 이루어지는 사업결합의 예로는 단일화 약정으로 두 개의 사업을 통합하거나 이중 상장기업[17]을 설립하는 경우 등을 들 수 있다. 계약만으로 이루어지는 사업결합에서 취득자는 이 기준서에 따라 인식하는 피취득자의 순자산 금액을 피취득자의 소유주에게 귀속한다. 즉, 피취득자에 대한 지분 모두가 비지배지분에 속하게 되더라도 취득자가 아닌 그 밖의 참여자들이 가지고 있는 피취득자의 지분은 사업결합 후 취득자의 연결재무제표에서 비지배지분이다.

2.5 영업권 또는 염가매수차익의 인식과 측정

취득자는 취득일에 측정한 식별할 수 있는 취득 자산 및 인수 부채의 순액과 이전대가를 비교하여 영업권 또는 염가매수차익을 인식한다. 이때 이전대가가 식별할 수 있는 취득 자산 및 인수 부채의 순액보다 크다면 영업권을 인식하고, 그 반대라면 염가매수차익을 인식한다. 이를 요약·정리하면 다음 〈표 1-6〉과 같다.

---

17) 이중 상장기업(dual listed corporation)은 두 개의 기업이 하나인 것처럼 경영되지만, 각각 다른 나라에 설립되어 그 나라의 주식시장에 상장된 기업을 말한다.

☑ 표 1-6 영업권 또는 염가매수차익 인식

구 분	인 식
식별가능한 취득 자산과 인수 부채의 순액 < 이전대가	영업권
식별가능한 취득 자산과 인수 부채의 순액 > 이전대가	염가매수차익

(1) 영업권

영업권(goodwill)이란 개별적으로 식별하여 별도로 인식할 수 없으나, 사업결합에서 발생하는 미래 경제적 효익을 나타내는 자산을 말한다. 영업권은 개별적으로 식별불가능하기 때문에 특정 사업을 매수하는 사업결합의 경우에만 인식한다.[18]

취득자는 취득일 현재 다음의 금액을 영업권으로 인식하고, **영업권을 무형자산으로** 분류한다.

①이 ②보다 클 경우 그 초과금액
① 다음의 합계금액
  ㉠ 이전대가의 공정가치
  ㉡ 피취득자에 대한 비지배지분의 금액
  ㉢ 단계적으로 이루어지는 사업결합의 경우에 취득자가 이전에 보유하고 있던 피취득자에 대한 지분의 취득일의 공정가치
② 취득일에 측정한 식별할 수 있는 취득 자산과 인수 부채의 순액

(2) 염가매수차익

염가매수차익(gain from bargain purchase)은 위에서 규정한 ②가 ①보다 클 경우 발생하며, 취득자는 취득일에 그 차익을 **당기손익으로 인식**한다.

염가매수차익을 인식하기 전에 취득자는 **모든 취득 자산과 인수 부채를 정확하게 식별**하였는지 재검토하고, 이러한 재검토에서 식별한 추가 자산이나 부채가 있다면 이를

---

18) 내부적으로 창출한 영업권은 자산으로 인식하지 아니한다. 미래경제적효익을 창출하기 위하여 발생한 지출 중에는 무형자산의 인식기준을 충족하지 못하는 경우가 있다. 그러한 지출은 대부분 내부적으로 창출한 영업권에 기여한다. 내부적으로 창출한 영업권은 원가를 신뢰성 있게 측정할 수 없고 기업이 통제하고 있는 식별가능한 자원이 아니기 때문에(즉, 분리가능하지 않고 계약상 또는 기타 법적 권리로부터 발생하지 않기 때문에) 자산으로 인식하지 아니한다(1038:48~49).

인식한다. 재검토하는 목적은 취득일 현재 사용할 수 있는 모든 정보를 고려하여 관련 측정치에 적절히 반영하였는지 확인하기 위해서이다.

📂 예제 4 영업권 또는 염가매수차익의 회계처리

20×1년 초에 A회사는 B회사의 자산·부채 취득을 통해 사업결합하였다. 취득일 현재 B회사의 식별할 수 있는 자산의 공정가치는 ₩100,000이고 부채의 공정가치는 ₩80,000이다.

물음 ·······

1. A회사가 B회사의 기존주주에게 발행·교부한 A회사 보통주의 액면총액이 ₩10,000, 공정가치가 ₩17,000일 때 A회사가 취득일에 해야 할 분개를 하시오. 단, B회사의 식별할 수 있는 자산·부채 의 공정가치는 적절하게 측정되었다고 가정한다.

2. (물음 1)과 관련하여 B회사의 식별할 수 있는 자산·부채의 공정가치를 재검토한 결과, 자산의 공정 가치가 ₩10,000만큼 과다하게 측정되었다고 가정하여 다시 답하시오.

풀이 ·······

1. (차변)　자　　　　　산　100,000　(대변)　부　　　　　　채　80,000
　　　　　　　　　　　　　　　　　　　　자　　본　　금　10,000
　　　　　　　　　　　　　　　　　　　　주 식 발 행 초 과 금　7,000
　　　　　　　　　　　　　　　　　　　　염 가 매 수 차 익　3,000❶
　　❶ ₩17,000(이전대가) − 20,000(식별가능한 순자산의 공정가치) = (−)₩3,000(염가매수차익)

2. (차변)　자　　　　　산　90,000　(대변)　부　　　　　　채　80,000
　　　　　영　　업　　권　7,000❶　　　　　자　　본　　금　10,000
　　　　　　　　　　　　　　　　　　　　주 식 발 행 초 과 금　7,000
　　❶ ₩17,000(이전대가) − 10,000(식별가능한 순자산의 공정가치) = ₩7,000(영업권)

2.6 영업권의 후속 회계처리

　사업결합과정에서 인식한 영업권에 대해서 상각하지 않고, 손상징후가 없더라도 매년 그리고 손상징후가 있을 때마다 손상검사를 통해서 손상차손을 인식하도록 하고 있다.[19] 영

---

[19] IASB는 일정기간 동안 영업권을 상각할 경우, 이는 취득한 영업권의 소비량을 자의적으로 추정한 것에 불과하다고 지적하였다. 그리고 취득한 영업권의 소비를 반영하기 위해 상각한다고 해서 정

업권은 식별할 수 있는 자산이 아니므로 개별적으로 손상검사를 하지 않고, **현금창출단위**[20] 수준에서 손상검사를 한다.

(1) 현금창출단위에 배분

손상검사 목적상 사업결합으로 취득한 영업권은 취득한 날부터 사업결합의 시너지 효과에서 혜택을 받게 될 것으로 예상되는 각 **현금창출단위**나 **현금창출단위집단**에 배분한다. 이는 그 현금창출단위나 현금창출단위집단에 피취득자의 다른 자산이나 부채가 할당되어 있는지와 관계없이 진행된다. 영업권이 배분되는 각 현금창출단위나 현금창출단위집단은 다음 두 가지 요건을 모두 충족해야 한다.

① 내부관리 목적상 영업권을 관찰하는 기업 내 최저 수준이어야 한다.
② K-IFRS 제1108호 '영업부문' 문단 5[21]에서 정의한 바와 같이 통합 전 영업부문보다 크지 않아야 한다.

사업결합한 회계연도 말 이전에 사업결합으로 취득한 영업권의 최초 배분을 완료할 수 없는 경우에는 취득한 날 다음에 처음으로 시작되는 회계연도 말 이전에 그 영업권의 최초 배분을 완전히 끝마쳐야 한다.

(2) 영업권을 배분한 현금창출단위의 처분

영업권을 배분한 현금창출단위 내의 영업을 처분하는 경우에 **처분하는 영업과 관련된 영업권은 처분손익을 산정할 때 그 영업의 장부금액에 포함**한다. 기업이 처분되는 영업과 관련된 영업권을 더 잘 반영하는 다른 방법을 제시할 수 있는 경우를 제외하고는, 현금창출단위 내에 존속하는 부분과 처분되는 영업의 상대적인 가치를 기준으로 측정한다.

보로서 유용한지에 대해 의문을 제기하면서 영업권을 임의의 기간 동안 정액법으로 상각하면 유용한 정보를 제공할 수 없다고 결론을 내렸다(1036:BC131E).

20) 현금창출단위(cash generating units)란 영업권이나 공동자산이 배분된 최소 현금창출단위집단을 말한다.

21) 영업부문은 다음 사항을 모두 충족하는 기업의 구성단위를 말한다(1108:5).
    ① 수익을 창출하고 비용을 발생(동일 기업 내의 다른 구성단위와의 거래와 관련된 수익과 비용을 포함)시키는 사업활동을 영위한다.
    ② 부문에 배분될 자원에 대한 의사결정을 하고 부문의 성과를 평가하기 위하여 최고영업의사결정자가 영업성과를 정기적으로 검토한다.
    ③ 구분된 재무정보의 이용이 가능하다.

📂 사례 3 영업권을 배분한 현금창출단위의 처분(제1036호 86)

> A회사는 영업권을 배분한 현금창출단위의 일부였던 영업을 ₩100에 매각하였다. 현금창출단위
> 의 존속하는 부분의 회수가능액은 ₩300이다. 현금창출단위 내에 존속하는 부분을 처분되는 영
> 업의 상대적인 가치와의 기준으로 다음과 같이 측정한다.
> · 처분하는 영업의 상대적인 가치 = ₩100 / (100 + 300) = 25%
>
> 현금창출단위에 배분한 영업권을 자의적인 기준에 따르지 않는 한 해당 현금창출단위보다 더 낮
> 은 수준의 자산집단과 관련되거나 식별할 수는 없으므로, 현금창출단위에 배분한 영업권 중
> 25%는 매각하는 영업의 장부금액에 포함한다. 따라서 현금창출단위에 포함된 영업권이 ₩60이
> 라면, 매각하는 영업의 장부금액에 포함되는 영업권 금액은 다음과 같이 계산한다.
>
> · 처분하는 영업권 금액 = ₩60 × 25% = ₩15

(3) 손상차손의 인식

　현금창출단위의 회수가능액이 장부금액에 미달하는 경우에는 손상차손을 당기비용으로 즉시 인식한다. 손상차손은 다음과 같은 순서로 배분하여 현금창출단위에 속하는 자산의 장부금액을 감액한다.

> ① 현금창출단위에 배분한 영업권의 장부금액을 감액한다.
> ② 현금창출단위에 속하는 다른 자산에 각각의 장부금액에 비례하여 배분한다.

　현금창출단위의 손상차손을 배분할 때 개별 자산의 장부금액은 다음 중 가장 큰 금액 이하로 감액시킬 수 없다. 이러한 제약 때문에 특정 자산에 배분하지 않은 손상차손은 현금창출단위 내의 다른 자산에 각각의 장부금액에 비례하여 배분한다.

> · 손상차손 = 장부금액 − 회수가능액
> · 회수가능액 = 다음 중 가장 큰 금액
> 　① 순공정가치(공정가치에 처분부대원가를 뺀 금액)
> 　② 사용가치(미래현금흐름의 현재가치)
> 　③ 영(₩0)

(4) 손상차손환입의 배분

매 보고일마다 영업권을 제외한 자산에 대해 과거 기간에 인식한 손상차손이 더는 존재하지 않거나 감소되었을 수 있는 징후가 있는지를 검토하고, 징후가 있는 경우에는 해당 자산의 회수가능액을 추정한다. 이때 현금창출단위의 회수가능액이 장부금액을 초과하면 손상차손환입을 당기수익으로 즉시 인식한다.

영업권에 인식한 손상차손은 후속 기간에 환입하지 아니한다.[22] 영업권을 제외한 현금창출 단위의 손상차손환입은 현금창출단위를 구성하는 자산들의 장부금액에 비례하여 배분하고, 이 장부금액의 증가는 개별 자산의 손상차손환입으로 회계처리한다. 현금창출단위의 손상차손환입을 배분할 때 개별 자산의 장부금액은 다음 중 적은 금액을 초과하여 증액할 수 없다.

· 손상차손환입 = Min(①, ②) - 장부금액
① 회수가능액
② 과거기간에 손상차손을 인식하지 않았다면 현재 산정되어 있을 상각후 장부금액

📖 예제 5 현금창출단위의 손상

12월 말 결산법인인 A회사는 사업결합과정에서 영업권 ₩50,000을 인식하였고, 이를 현금창출단위인 사업결합한 사업부에 모두 배분하였다. 20×1년 말 현금창출단위를 구성하는 개별 자산의 장부금액은 다음과 같다.

과 목	상각후 장부금액
토　　　　지	₩800,000
건　　　　물	1,000,000
기　계　장　치	600,000
영　　업　　권	50,000
합　　　　계	₩2,450,000

물음

1. 20×1년 말 현금창출단위의 회수가능액이 ₩2,100,000으로 측정되었을 때, A회사가 해야 할 분개를 하시오.

---

[22] 영업권에 대해 손상차손환입을 인식하는 것은 내부적으로 창출한 영업권을 인식하는 것과 실질이 같기 때문에 영업권에 인식한 손상차손을 후속 기간에 환입하지 않는 것이다.

2. 20×2년 말 현금창출단위의 회수가능액이 ₩2,079,000으로 측정되었다. 각 자산의 20×2년도 감가상각비를 인식한 후 장부금액과 손상차손을 인식하지 않았다면 산정되었을 장부금액은 다음과 같다. A회사가 해야 할 분개를 하시오.

과 목	상각 후 장부금액	손상치손을 인식하지 않았다면 산정되었을 장부금액
토 지	₩700,000	₩800,000
건 물	840,000	950,000
기 계 장 치	350,000	365,750
합 계	₩1,890,000	₩2,115,750

3. (물음 1)과 관계없이 20×1년 말 현금창출단위의 회수가능액이 ₩2,100,000이고 건물의 회수가능액이 ₩680,000으로 개별적으로 추정가능할 때, A회사가 해야 할 분개를 하시오.

풀이 ....

1. 현금창출단위의 손상차손 = ₩2,450,000 - 2,100,000 = ₩350,000

   〈손상차손의 배분〉

과 목	손상전 장부금액	손상차손 배분❶	손상후 장부금액
토 지	₩800,000	₩(100,000)	₩700,000
건 물	1,000,000	(125,000)	875,000
기 계 장 치	600,000	(75,000)	525,000
영 업 권	50,000	(50,000)	-
합 계	₩2,450,000	₩(350,000)	₩2,100,000

   ❶ 손상차손 ₩350,000 중 ₩50,000을 영업권에 우선 배분한다.
     나머지 손상차손 ₩300,000을 토지, 건물, 기계장치의 장부금액에 비례하여 배분한다.
     · 토지 손상차손 = ₩300,000 × (800,000 / 2,400,000) = ₩100,000
     · 건물 손상차손 = ₩300,000 × (1,000,000 / 2,400,000) = ₩125,000
     · 기계장치 손상차손 = ₩300,000 × (600,000 / 2,400,000) = ₩75,000

(차변) 손 상 차 손	350,000	(대변) (토지)손상차손누계액	100,000
		(건물)손상차손누계액	125,000
		(기계장치)손상차손누계액	75,000
		영 업 권	50,000

2. 현금창출단위의 손상차손환입 = ₩2,079,000 - 1,890,000 = ₩189,000

   〈손상차손환입의 배분〉

과 목	환입전 장부금액	환입액❶	환입후 장부금액	한도초과 추가 환입❷	추가 환입후 장부금액
토 지	₩700,000	₩70,000	₩770,000	₩8,750	₩778,750
건 물	840,000	84,000	924,000	10,500	934,500
기 계 장 치	350,000	35,000	385,000	(19,250)	365,750
합 계	₩1,890,000	₩189,000	₩2,079,000	₩0	₩2,079,000

❶ 손상차손환입 금액을 환입 전 장부금액에 비례하여 배분한다.
· 토지 손상차손환입 = ₩189,000 × (700,000 / 1,890,000) = ₩70,000
· 건물 손상차손환입 = ₩189,000 × (840,000 / 1,890,000) = ₩84,000
· 기계장치 손상차손환입 = ₩189,000 × (350,000 / 1,890,000) = ₩35,000

❷ 기계장치의 환입 후 장부금액이 한도액 ₩365,750을 ₩19,250만큼 초과하므로 토지와 건물의 환입 후 장부금액에 비례하여 추가 배분한다.
· 추가 토지 손상차손환입 = ₩19,250 × (770,000/1,694,000) = ₩8,750
· 추가 건물 손상차손환입 = ₩19,250 × (924,000/1,694,000) = ₩10,500

(차변) (토지)손상차손누계액   78,750   (대변) 손 상 차 손 환 입   189,000
        (건물)손상차손누계액   94,500
        (기계장치)손상차손누계액 15,750

3. 현금창출단위의 손상차손 = ₩2,450,000 − 2,100,000 = ₩350,000
〈손상차손의 배분〉

과 목	손상전 장부금액	개별자산 손상차손 배분액❶	기타자산 손상차손 배분액❷	손상후 장부금액
토 지	₩800,000	-	-	₩800,000
건 물	1,000,000	₩320,000	-	680,000
기 계 장 치	600,000	-	-	600,000
영 업 권	50,000	-	₩30,000	20,000
합 계	₩2,450,000	₩320,000	₩30,000	₩2,100,000

❶ 회수가능액이 추정가능한 개별자산(건물)에 손상차손을 먼저 배분한다.
❷ 나머지 손상차손 ₩30,000을 영업권에 배분한다.

(차변) 손 상 차 손   350,000   (대변) (건물)손상차손누계액   320,000
                                        영   업   권   30,000

2.7 취득 관련 원가

취득 관련 원가는 취득자가 사업결합을 이루기 위해 사용한 원가이다. 그러한 원가에는 ① 중개수수료(예: 자문·법률·회계·가치평가·그 밖의 전문가나 컨설팅 수수료), ② 일반관리원가(예: 내부 취득 부서의 유지 원가), ③ 채무증권과 지분증권의 등록·발행 원가 등이 있다. 취득자는 취득 관련 원가에 대하여 **원가를 사용하고 용역을 제공받은 기간에 비용으로 회계처리**한다. 다만, 채무증권과 지분증권의 등록·발행 원가는 각각 사채발행비와 주식발행비에 해당하므로 해당 증권의 발행원가에서 직접 차감하여 인식한다. 따라서 취득 관련 원가가 지출되어도 영업권이나 염가매수차익의 최초인식금액은 영향을 받지 않는다. 이를 요약·정리하면 다음 〈표 1-7〉과 같다.

☑ 표 1-7 취득 관련 원가의 회계처리

구 분	회계처리
① 중개수수료(예: 자문 · 법률 · 회계 · 가치평가 · 그 밖의 전문가나 컨설팅 수수료)	비용
② 일반관리원가(예: 내부 취득 부서의 유지 원가)	
③ 채무증권과 지분증권의 등록 · 발행 원가	해당 증권의 발행원가에서 직접 차감

    한편, K-IFRS 제1103호 '사업결합'에는 피취득기업의 자산 취득과 관련한 취득부대비용(예: 취득세)에 대해 언급하고 있지 않다. 취득부대비용은 자산의 개별취득과 관련하여 발생하는 직접관련원가이므로 해당 자산의 최초 인식금액에 가산하는 것이 타당하다.

📖 예제 6 취득 관련 원가의 회계처리

> 20×1년 초에 A회사는 B회사의 자산 · 부채 취득을 통해 사업결합하였다. 취득일 현재 B회사의 식별할 수 있는 자산의 공정가치는 ₩100,000이고 부채의 공정가치는 ₩80,000이다. A회사가 이전대가로 B회사의 기존주주에게 발행 · 교부한 A회사 보통주의 액면총액이 ₩20,000, 공정가치가 ₩25,000이다.
> 한편, A회사는 사업결합과 관련된 다음의 현금을 지출하였다.
>
> | 내 용 | 금 액 |
> | --- | --- |
> | 법률자문수수료 | ₩3,000 |
> | 사업결합담당부서 일반관리비 | 2,000 |
> | 신주발행비용 | 1,000 |
> | 취득 유형자산에 대한 취득세 | 2,500 |

물음 ··

A회사가 취득일에 해야 할 분개를 하시오.

풀이 ··

(차변)	자 산	100,000	(대변)	부 채	80,000
	영 업 권	5,000		자 본 금	20,000
				주 식 발 행 초 과 금	5,000

(차변)	지 급 수 수 료	3,000	(대변)	현 금	8,500
	일 반 관 리 비	2,000			
	주 식 발 행 초 과 금	1,000			
	유 형 자 산	2,500			

3. 단계적으로 이루어지는 사업결합

3.1 이전대가

취득자가 취득일 직전에 피취득자의 지분을 일부 보유하고 있는 상황에서 피취득자에 대한 지배력을 획득하는 경우, 이를 **단계적으로 이루어지는 사업결합**(business combination achieved in stages)이라고 한다. 예를 들어, A회사가 B회사 지분의 30%를 보유하고 있는 상황에서 B회사의 나머지 지분인 70%를 추가로 매수하여 B회사에 대한 지배력을 획득한 경우 이를 단계적으로 이루어지는 사업결합이라고 한다.

단계적으로 이루어지는 사업결합에서 취득자는 이전에 보유하고 있던 피취득자에 대한 지분을 취득일의 공정가치로 재측정하고, 그 결과 차손익이 있다면 당기손익 또는 기타포괄손익으로 인식한다. 즉, 기존보유지분을 사업결합일에 처분하고 다시 일괄 취득한 것으로 보아 이전대가를 산정하며 이를 **일괄법**이라고 한다. 단계적으로 이루어지는 사업결합의 이전대가는 다음과 같이 계산한다.

> 이전대가 = 취득일 직전 보유한 지분의 공정가치 + 취득일에 추가 취득한 지분의 취득원가

3.2 취득일의 회계처리

(1) 취득일 직전 보유한 지분의 회계처리

취득일 직전 보유한 지분을 FVOCI금융자산으로 선택하여 분류한 경우에는 이전의 보고기간에, 취득자가 피취득자 지분의 가치변동을 기타포괄손익으로 인식하였을 수 있다. 이 경우 기타포괄손익으로 인식한 금액은 취득자가 이전에 보유하던 지분을 직접 처분하였다면 적용할 기준과 동일하게 인식한다. 즉, FVOCI금융자산으로 선택하여 가치변동으로 인식한 기타포괄손익은 취득일에 당기손익으로 재분류할 수 없다.

단계적 취득의 경우 취득일에 취득자의 회계처리는 다음과 같다.

〈취득일 직전 보유한 지분의 공정가치 측정〉
① FVPL금융자산으로 분류한 경우
　(차변)　 F V P L 금 융 자 산 　×××　(대변)　금융자산평가이익(PL)　×××
　또는
　(차변)　 금융자산평가손실(PL)　×××　(대변)　 F V P L 금 융 자 산 　×××

② FVOCI금융자산으로 분류한 경우
　(차변)　 F V O C I 금 융 자 산 　×××　(대변)　금융자산평가이익(OCI)　×××
　또는
　(차변)　 금융자산평가손실(OCI)　×××　(대변)　 F V O C I 금 융 자 산 　×××

〈사업결합 회계처리〉
　(차변)　자　　　　　　　산　×××　(대변)　부　　　　　　　채　×××
　　　　　영　　업　　권　×××　　　　　자　본　금　등　×××
　　　　　　　　　　　　　　　　　　　 F V P L 금 융 자 산 　×××
　　　　　　　　　　　　　　　　　　　(FVOCI금융자산)

(2) 취득자의 지분을 발행·교부하는 경우 회계처리

　한편, 취득자가 취득일 직전에 보유하던 피취득자의 지분에 대해 취득자의 지분을 발행·교부하는 경우에는 취득일에 해당 지분의 공정가치를 자기주식으로 분류하고, 직전에 보유하던 피취득자 지분의 장부금액과의 차이를 당기손익 또는 기타포괄손익으로 인식한다. 이때 회계처리는 다음과 같다.

〈취득일 직전 보유한 지분에 대해 취득자의 지분을 발행·교부〉
① FVPL금융자산으로 분류한 경우
　(차변)　자　기　주　식　×××　(대변)　 F V P L 금 융 자 산 　×××
　　　　　금융자산평가손실(PL)　×××　　　　　금융자산평가이익(PL)　×××

② FVOCI금융자산으로 분류한 경우
　(차변)　자　기　주　식　×××　(대변)　 F V O C I 금 융 자 산 　×××
　　　　　금융자산평가손실(OCI)　×××　　　　　금융자산평가이익(OCI)　×××

📖 예제 7 단계적으로 이루어지는 사업결합

20×1년 초에 A회사는 B회사 지분의 10%를 ₩6,000에 취득하였다. 이후에 A회사는 20×1년 10월 1일에 B회사의 자산·부채 취득을 통해 사업결합을 하였다. A회사는 이전대가로 나머지 90% 지분을 소유하고 있는 B회사의 기존주주에게 A회사 보통주 90주(액면금액 ₩45,000, 공정가치 ₩63,000)를 발행·교부하였다. 20×1년 10월 1일 현재 식별할 수 있는 B회사의 자산과 부채의 공정가치는 각각 ₩100,000과 ₩50,000이다. 또한 취득일 직전 A회사가 보유한 B회사 지분 10%의 공정가치는 ₩8,000이다.

물음

1. A회사가 기존에 취득한 B회사의 지분 10%를 FVPL금융자산으로 분류하였을 경우, 20×1년 10월 1일에 사업결합과 관련하여 해야 할 분개를 하시오.

2. A회사가 기존에 취득한 B회사의 지분 10%를 FVOCI금융자산으로 분류하였을 경우, 20×1년 10월 1일에 사업결합과 관련하여 해야 할 분개를 하시오.

3. (물음 1)에서 A회사가 기존에 취득한 B회사의 지분 10%에 대하여 A회사의 보통주 10주를 발행·교부하였을 경우, 20×1년 10월 1일에 사업결합과 관련하여 해야 할 분개를 하시오. 단, A회사의 보통주 10주의 액면금액은 ₩5,000이고, 공정가치는 ₩7,000이다.

풀이

1. 기존 보유주식을 FVPL금융자산으로 분류한 경우

① FVPL금융자산 공정가치 측정

(차변) F V P L 금 융 자 산   2,000   (대변) 금융자산평가이익(PL)   2,000❶

❶ ₩8,000 - 6,000 = ₩2,000

② 사업결합 회계처리

(차변) 자   산 100,000   (대변) 부   채   50,000
       영   업   권   21,000❷   자   본   금   45,000
                                             주 식 발 행 초 과 금   18,000
                                             F V P L 금 융 자 산   8,000

❷ 이전대가 = ₩8,000(취득일 직전 보유한 지분의 공정가치) + 63,000(취득일에 추가 취득한 지분의 취득원가)
           = ₩71,000
   ₩71,000 - 50,000(식별가능한 순자산의 공정가치) = ₩21,000(영업권)

2. 기존 보유주식을 FVOCI금융자산으로 분류한 경우

① FVOCI금융자산 공정가치 측정

(차변) F V O C I 금 융 자 산   2,000   (대변) 금융자산평가이익(OCI)   2,000❶

❶ ₩8,000 - 6,000 = ₩2,000. 단, 기타포괄손익을 당기손익으로 재분류할 수 없다.

② 사업결합 회계처리

(차변)	자　　　　　　산	100,000	(대변)	부　　　　　　채	50,000
	영　　업　　권	21,000		자　　본　　금	45,000
				주 식 발 행 초 과 금	18,000
				F V O C I 금 융 자 산	8,000

3. 기존 보유주식에 대하여 A회사의 보통주를 발행 · 교부한 경우

① 자기주식으로 계정대체

(차변)	자 기 주 식	8,000	(대변)	F V P L 금 융 자 산	6,000
				금융자산평가이익(PL)	2,000

② 사업결합 회계처리

(차변)	자　　　　　　산	100,000	(대변)	부　　　　　　채	50,000
	영　　업　　권	20,000		자　　본　　금	50,000❶
				주 식 발 행 초 과 금	20,000❷

　❶ ₩45,000(90주 액면금액) + 5,000(10주 액면금액) = ₩50,000
　❷ ₩63,000(90주 공정가치) + 7,000(10주 공정가치) − 50,000 = ₩20,000

4. 사업결합 거래의 일부에 해당하는지의 판단

사업결합회계를 적용하기 위한 인식원칙 중에서 식별할 수 있는 취득 자산과 인수 부채는 별도 거래의 결과가 아니라 사업결합 거래에서 취득자와 피취득자 사이에서 교환한 항목의 일부이어야 한다고 언급하였다.

취득자와 피취득자는 사업결합 협상을 개시하기 전에 기존 관계나 그 밖의 약정이 있을 수 있으며, 협상하는 동안에 사업결합과 별도로 약정을 맺을 수 있다. 이러한 각각의 상황에서 취득자는 취득자와 피취득자(또는 피취득자의 이전 소유주)가 사업결합으로 교환한 항목의 일부가 아닌 금액, 즉 피취득자에 대해 교환된 부분이 아닌 금액을 식별한다. 이는 별도 거래(separate transactions)로서 사업결합의 이전대가에서 제외한다. 별도 거래는 관련 기준서에 따라 회계처리한다.

사업결합회계를 적용하지 않는 별도 거래의 예는 다음과 같다.

① 취득자와 피취득자 사이의 기존 관계를 사실상 정산하는 거래
② 미래 용역에 대하여 종업원이나 피취득자의 이전 소유주에게 보상하는 거래
③ 피취득자나 피취득자의 이전 소유주가 대신 지급한 취득자의 취득관련 원가를 피취득자나 피취득자의 이전 소유주에게 변제하는 거래

4.1 기존 관계를 사실상 정산하는 거래

사업결합을 고려하기 전에 취득자와 피취득자 사이에 어떤 관계가 존재할 수 있는데, 이를 기존 관계(pre-existing relationship)라고 한다. 취득자와 피취득자 사이의 기존 관계는 계약적(예: 판매자와 고객, 라이선스 제공자와 라이선스 이용자) 또는 비계약적(예: 원고와 피고)일 수 있다.

사업결합으로 기존 관계를 사실상 정산하는 경우에 취득자는 다음과 같이 측정한 정산차손익을 인식한다. 만약 취득자가 사업결합 이전에 관련 자산이나 부채를 인식하였다면 동 금액을 차감한 후의 금액을 정산차손익으로 인식한다.

〈계약관계〉
· 정산차손익 = Min(시장조건보다 유리하거나 불리한 금액, 계약상 정산금액)
　　　　　　 − 취득자가 계약관계와 관련하여 인식한 자산 또는 부채

〈비계약관계〉
· 정산차손익 = 공정가치 − 취득자가 비계약관계와 관련하여 인식한 자산 또는 부채

📖 예제 8 계약관계의 정산(제1103호 사례 IE54~57)

A회사는 5년의 공급계약에 따라 B회사로부터 고정요율로 전자부품을 매입하고 있다. 현재 이 고정요율은 A회사가 다른 공급자에서 이와 비슷한 전자부품을 살 수 있는 요율보다 높다. A회사가 공급계약을 중도에 해지하면 ₩700의 위약금을 지급해야 한다.

A회사는 공급계약 기간이 아직 3년이 남아 있는 상태에서 B회사를 취득하고 이전대가로 현금 ₩5,000을 지급하였다. 취득일 현재 B회사 순자산의 공정가치는 ₩5,000인데, 여기에는 A회사와 B회사 간에 맺은 전자부품 공급계약의 공정가치 ₩800이 포함되어 있다. ₩800 중 ₩300은 이와 같거나 비슷한 항목(판매노력, 고객관계 등)의 현행 시장거래가격에 상당하는 가격이기 때문에 시가(at market)를 나타내며, 나머지 ₩500은 이와 비슷한 항목의 현행 시장거래가격을 초과하기 때문에 A회사에게 불리하다. 단, A회사는 사업결합 전에 그 공급계약에 대한 충당부채 ₩600을 인식하였다.

물음 ···

A회사가 사업결합 회계처리를 할 때, 별도 거래와 사업결합 거래에 대해 해야 할 분개를 하시오.

풀이

〈별도 거래 회계처리〉

(차변) 충　당　부　채　600　(대변) 현　　　　금　500
　　　　　　　　　　　　　　　　　　　정　산　이　익　100❶

　❶ Min(₩500(불리한 금액), 700(위약금)) − 600(충당부채) = (−)₩100

〈사업결합 회계처리〉

(차변) 순　　자　　산　4,200❶　(대변) 현　　　　금　4,500❷
　　　　영　　업　　권　300
　❶ ₩5,000(식별가능한 순자산의 공정가치) − 800(기존 공급계약의 공정가치) = ₩4,200
　❷ 이전대가 = ₩5,000 − 500(별도 거래에 배분된 금액 제외) = ₩4,500

A회사가 기존 관계와 관련한 금액을 과거에 재무제표에 인식했었는지가 기존 관계의 사실상 정산에 따른 차손익으로 인식할 금액에 영향을 미칠 것이다. 기준서에 따르면 A회사가 사업결합 전에 그 공급계약에 대한 부채 ₩600을 인식했다고 가정한다. 그 상황에서 A회사는 취득일에 그 계약의 정산에 따른 차익 ₩100(그 계약에 대한 손실로 측정될 ₩500에서 종전에 인식한 ₩600의 손실을 뺀 금액)을 당기손익에 인식한다. 즉, A회사는 인식한 부채 ₩600을 사실상 ₩500으로 정산함에 따라 ₩100의 차익이 생긴다.

만약 A회사가 사업결합 전에 전자부품 공급계약에 대한 충당부채를 인식하지 않았다고 가정한다면 별도 거래에 대한 회계처리는 다음과 같다.

〈별도 거래 회계처리〉

(차변) 정　산　손　실　500❶　(대변) 현　　　　금　500
　❶ Min(₩500(불리한 금액), 700(위약금)) = ₩500

4.2 종업원이나 이전 소유주에게 보상하는 거래

(1) 조건부 지급 약정

종업원이나 피취득자의 이전 소유주에 대한 조건부 지급 약정(arrangements for contingent payments)은 약정의 특성에 따라 사업결합의 조건부 대가이거나 아니면 별도의 거래이다. 취득 약정에 조건부 지급 규정이 왜 포함되었는지, 약정제안자가 누구인지, 그리고 그 약정의 체결 시점이 언제인지를 이해하면 그 약정의 특성을 평가할 때 도움이 될 수 있다.

🗁 사례 4 종업원에 대한 조건부 지급 약정(제1103호 사례 IE58~60)

B회사는 10년 계약으로 특정 후보자를 새로운 최고경영자로 임명하였다. 계약에 따라 계약 만료 전에 B회사가 매각되면 그 후보자에게 ₩500을 지급해야 한다. 8년이 경과한 후 A회사가 B회사의 자산·부채를 취득하여 사업결합하였다. 취득일에 최고경영자는 여전히 B회사에 고용되어 있으며, 기존 계약에 따라 추가로 ₩500을 지급받을 것이다.

이 사례에서 B회사는 사업결합을 협상하기 전에 고용약정을 체결하였으며, 그 합의의 목적은 최고경영자의 용역을 획득하는 것이었다. 그러므로 주로 A회사나 결합기업에 효익을 제공하기 위해 계약을 체결했다는 증거는 없다. 따라서 ₩500을 지급할 부채는 사업결합 거래의 일부로 회계처리한다.

그러나 B회사는 사업결합을 협상하는 중에 A회사의 제안에 따라 최고경영자와 이와 비슷한 합의를 할 수 있으며, 그 약정의 주된 목적은 최고경영자에게 퇴직급여를 제공하려는 것일 수 있다. 이때 그 약정은 B회사의 이전 주주가 아닌 주로 A회사나 결합기업에 효익을 줄 수 있다. 이 경우에 A회사는 최고경영자에게 지급할 부채를 별도 거래로 사업결합 후 재무제표에 회계처리한다.

(2) 대체보상

대체보상(replacement awards)은 취득자가 피취득자의 종업원이 보유하고 있는 보상을 취득자의 주식기준보상으로 교환하는 것을 말한다. 사업결합과 관련한 주식선택권이나 그 밖의 주식기준보상의 교환은 K-IFRS 제1102호 '주식기준보상'에 따라 주식기준보상의 조건변경으로 회계처리한다. 취득자가 피취득자의 보상을 대체하는 경우에 취득자의 대체보상에 대한 시장기준측정치의 전부나 일부는 사업결합의 이전대가 측정에 포함할 것이다.[23]

그러나 사업결합의 결과로 피취득자 보상이 소멸할 수 있는 상황에서, 취득자가 보상을 대체할 의무가 없더라도 대체하는 경우에 대체보상의 시장기준측정치의 전체를 사업결합 후 재무제표에 보수원가(remuneration cost)로 인식한다. 즉, 그러한 보상의 시장기준측정치는 사업결합의 이전대가 측정에 포함하지 않는다.

이를 요약·정리하면 다음 〈표 1-8〉과 같다.

---

23) 사업결합 후의 근무용역에 귀속하는 가득되지 않은 대체보상 부분으로서 사업결합 후 재무제표에 보수원가로 인식하는 부분은 대체보상의 총 시장기준측정치에서 사업결합 전의 근무용역에 귀속하는 금액을 뺀 금액과 일치한다. 그러므로 취득자는 대체보상의 시장기준측정치가 피취득자 보상의 시장기준측정치를 초과하는 금액을 사업결합 후 근무용역에 귀속하고, 그 초과분을 사업결합 후 재무제표에 보수원가로 인식한다. 취득일 전에 종업원이 피취득자 보상을 가득하기 위한 근무용역을 모두 제공하였는지와 무관하게, 대체보상에 사업결합 후 근무용역이 필요한 경우에는 대체보상의 일부를 사업결합 후 근무용역에 귀속한다(1103:B59).

☑ 표 1-8 대체보상 회계처리

구 분	회계처리
취득자가 보상을 대체할 의무가 있는 경우	사업결합의 이전대가에 포함
취득자가 보상을 대체할 의무가 없는 경우	사업결합 후 보수원가로 인식

📂 사례 5 대체보상(제1103호 사례 IE61~71)

다음의 각 경우는 독립적이다.

⟨경우 1: 가득기간 완료 및 추가 근무용역 제공 요구하지 않음⟩
A회사는 취득일에 B회사의 ₩100(시장기준 측정치)의 보상에 대하여 취득일에 ₩110(시장기준 측정치)의 대체보상을 부여하였다. 대체보상에 필요한 사업결합 후 추가 근무용역은 없으며, B회사의 종업원들은 취득일 현재 피취득자 보상에 필요한 모든 근무용역을 제공하였다.
따라서 사업결합 전 근무용역에 귀속하는 금액은 취득일의 B회사 보상의 시장기준 측정치 ₩100을 사업결합에서 이전한 대가에 포함된다. 사업결합 후 근무용역에 귀속하는 금액 ₩10은 대체보상에 필요한 사업결합 후 추가 근무용역이 없으므로, A회사는 사업결합 후 ₩10을 보수원가로서 재무제표에 즉시 인식한다.

⟨경우 2: 가득기간 완료 및 추가 근무용역 제공 요구⟩
A회사는 B회사의 종업원이 사업결합 전에 이미 4년의 가득기간을 완료한 B회사의 주식기준보상과 교환하여 사업결합 후 1년의 추가 근무용역을 요구하는 대체보상을 부여하였다. 이 두 보상 모두 취득일의 시장기준 측정치는 ₩100이다.
따라서 사업결합 전 근무용역에 귀속하는 부분 ₩80(= ₩100 × 4 / 5년)은 사업결합 전 가득기간에 귀속하며 사업결합에서 이전한 대가에 포함한다. 나머지 ₩20은 사업결합 후 가득기간에 귀속하며 A회사의 사업결합 후 1년의 가득기간에 걸쳐 재무제표에 보수원가로 인식한다.

⟨경우 3: 가득기간 미완료 및 추가 근무용역 제공 요구하지 않음⟩
A회사는 B회사의 종업원이 취득일 현재 총 4년의 근무용역 중에서 2년을 아직 제공하지는 않은 B회사의 주식기준보상과 교환하여 사업결합 후 대체보상에 필요한 추가 근무용역은 없다. 이 두 보상 모두 취득일의 시장기준 측정치는 ₩100이다.
따라서 사업결합 전 근무용역에 귀속하는 부분 ₩50(=₩100 × 2 / 4년)은 사업결합 전 가득기간에 귀속하며 사업결합에서 이전한 대가에 포함한다. 나머지 ₩50은 대체보상에 필요한 사업결합 후 추가 근무용역이 없으므로, A회사는 사업결합 후 ₩50원을 보수원가로서 재무제표에 즉시 인식한다.

⟨경우 4: 가득기간 미완료 및 추가 근무용역 제공 요구⟩
A회사는 B회사의 종업원이 취득일 현재 총 4년의 근무용역 중에서 2년을 아직 제공하지는 않은 B회사의 주식기준보상과 교환하여 사업결합 후 1년의 추가 근무용역을 요구하는 대체보상을 부여하였다. 이 두 보상 모두 취득일의 시장기준 측정치는 ₩100이다.

따라서 사업결합 전 근무용역에 귀속하는 부분 ₩50(= ₩100 × 2 / 4년*)은 사업결합 전 가득기간에 귀속하며 사업결합에서 이전한 대가에 포함한다. 나머지 ₩50은 사업결합 후 가득기간에 귀속하며 A회사의 사업결합 후 1년의 가득기간에 걸쳐 재무제표에 보수원가로 인식한다.
* 총 가득기간 3년과 B회사 보상의 원래 가득기간 4년 중 긴 기간이다. 더 긴 기간을 사용하는 이유는 가득기간은 모든 특정 가득조건을 충족하는 기간이므로, 보수적으로 평가하기 위해 더 긴 기간을 사용하는 것이 타당하다.

4.3 취득 관련 원가를 피취득자나 피취득자의 이전 소유주에게 변제하는 거래

앞서 설명한 2.7절 '취득 관련 원가'에서 취득자가 사업결합을 위해서 중개수수료, 일반관리비 및 채무증권과 지분증권의 등록·발행 원가 등 다양한 취득 관련 원가를 지급한다. 취득자가 지급한 취득 관련 원가를 회계처리하더라도 영업권이나 염가매수차익의 최초인식금액은 영향을 받지 않는다.

그러나 취득자가 지급해야 할 취득 관련 원가를 피취득자가 대신 지급하게 하고, 그 만큼 이전대가를 더 지급하는 방식으로 사업결합 계약을 체결할 수도 있다. 만약 피취득자에게 지급한 취득 관련 원가를 포함한 모든 대가를 이전대가로 회계처리한다면 비용으로 인식했어야 할 금액만큼 영업권을 과대 표시할 수 있다. 따라서 피취득자가 대신 지급한 취득 관련 원가를 변제하는 금액이 이전대가에 포함되어 있다면, 이는 사업결합 대가가 아니므로 별도 거래로 구분하여 회계처리해야 한다.

취득 관련 원가의 변제 여부에 따른 회계처리를 요약·정리하면 다음 〈표 1-9〉와 같다.

☑ 표 1-9 취득 관련 원가의 변제 여부에 따른 회계처리

구 분		회계처리
취득자가 지급하는 경우		사업결합 거래에서 발생한 비용 등으로 회계처리
피취득자가 지급하는 경우	이전대가에 취득 관련 원가를 변제하는 금액이 포함되어 있지 않은 경우	피취득자의 비용 등으로 회계처리
	이전대가에 취득 관련 원가를 변제하는 금액이 포함되어 있는 경우	별도 거래로 구분하여 회계처리

📖 예제 9 취득 관련 원가를 변제하는 거래

> 20×1년 초에 A회사는 B회사의 자산·부채 취득을 통해 사업결합하였다. 취득일 현재 B회사의 식별할 수 있는 자산의 공정가치는 ₩100,000이고 부채의 공정가치는 ₩80,000이다. A회사가 이전대가로 B회사의 기존주주에게 현금 ₩25,000을 지급하였다.
> 한편, B회사는 사업결합과 관련된 다음의 현금을 지출하였다.
>
> | 내 용 | 금 액 |
> |---|---|
> | 법률자문수수료 | ₩3,000 |

물음 ···

1. 이전대가에 B회사가 지출한 취득 관련 원가를 변제하는 금액이 포함되어 있지 않은 경우에 A회사가 취득일에 해야 할 분개를 하시오.

2. 이전대가에 B회사가 지출한 취득 관련 원가를 변제하는 금액이 포함되어 있는 경우에 A회사가 취득일에 해야 할 분개를 하시오.

풀이 ···

1. 이전대가에 B회사가 지출한 취득 관련 원가를 변제하는 금액이 포함되어 있지 않다면 B회사가 지급한 취득 관련 원가(법률자문수수료)를 B회사의 비용으로 회계처리한다.

〈사업결합 회계처리〉

(차변)	자　　　　　산	100,000	(대변)	부　　　　　채	80,000
	영　　업　　권	5,000		현　　　　　금	25,000

2. 이전대가에 B회사가 지출한 취득 관련 원가를 변제하는 금액이 포함되어 있다면 B회사가 지급한 취득 관련 원가(법률자문수수료)를 별도 거래로 구분하여 회계처리한다.

〈사업결합 회계처리〉

(차변)	자　　　　　산	100,000	(대변)	부　　　　　채	80,000
	영　　업　　권	2,000		현　　　　　금	22,000❶

　❶ ₩25,000 − 3,000 = ₩22,000

〈별도 거래 회계처리〉

(차변)	지 급 수 수 료	3,000	(대변)	현　　　　　금	3,000

5. 측정기간과 잠정금액

5.1 측정기간

측정기간(measurement period)은 사업결합에서 인식한 잠정 금액을 사업결합 후 조정할 수 있는 기간이다. 측정기간은 취득자에게 취득일 현재 다음 사항을 식별하고 측정하기 위하여 필요한 정보를 획득하는 데 소요되는 합리적인 시간을 제공한다.

> ① 식별할 수 있는 취득 자산, 인수 부채, 피취득자에 대한 비지배지분
> ② 피취득자에 대한 이전대가(또는 영업권 측정에 사용한 그 밖의 금액)
> ③ 단계적으로 이루어지는 사업결합에서 취득자가 이전에 보유하고 있던 피취득자에 대한 지분
> ④ 결과적으로 생긴 영업권 또는 염가매수차익

5.2 잠정금액

사업결합에 대한 첫 회계처리를 사업결합이 생긴 보고기간 말까지 완료하지 못한다면, 취득자는 회계처리를 완료하지 못한 항목의 **잠정 금액**(provisional amounts)을 재무제표에 보고한다. 측정기간 동안에 취득일 현재 존재하던 사실과 상황에 대하여 새롭게 입수한 정보가 있는 경우에 취득자는 취득일에 이미 알고 있었다면 취득일에 인식한 금액의 측정에 영향을 주었을 그 정보를 반영하기 위하여 취득일에 인식한 잠정금액을 소급하여 조정한다. 측정기간 동안에 취득일 현재 존재하던 사실과 상황에 대해 새로 입수한 정보가 있는 경우에 취득자는 취득일에 이미 알고 있었다면 인식하였을 추가 자산과 부채를 인식한다. 측정기간은 취득한 날부터 1년을 초과할 수 없다.

취득자는 식별할 수 있는 자산(부채)으로 인식한 잠정금액의 증가(감소)를 영업권의 감소(증가)로 인식한다. 측정기간에 취득자는 마치 사업결합의 회계처리가 취득일에 완료되었던 것처럼 잠정 금액의 조정을 인식한다. 그러므로 취득자는 재무제표에 표시한 과거 기간의 비교정보를 필요한 경우에 수정하며, 이러한 수정에는 처음 회계처리를 완료하면서 이미 인식한 감가상각, 상각 또는 그 밖의 수익 영향의 변경 등이 포함된다.

측정기간이 종료된 후에는 K-IFRS 제1008호 '회계정책, 회계추정의 변경 및 오류'에 따른 오류수정의 경우에만 사업결합의 회계처리를 수정한다.

측정기간 동안 잠정금액에 대한 회계처리를 나타내면 다음 [그림 1-3]과 같다.

● 그림 1-3 측정기간 동안 잠정금액에 대한 회계처리

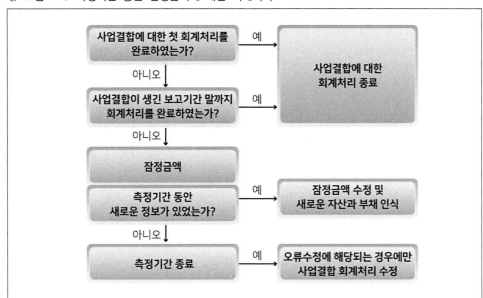

📖 예제 10 측정기간 동안 잠정금액에 대한 회계처리

12월 말 결산법인인 A회사는 20×1년 7월 1일에 B회사의 자산·부채 취득을 통해 사업결합하였다. 취득일 현재 B회사의 식별할 수 있는 순자산의 장부금액과 공정가치는 다음과 같다. A회사는 이전대가로 B회사의 기존주주에게 A회사 보통주(액면금액 ₩50,000, 공정가치 ₩70,000)를 발행·교부하였다.

재무상태표

B회사		20×1년 7월 1일 현재			(단위: 원)
과목	장부금액	공정가치	과목	장부금액	공정가치
유 동 자 산	30,000	33,000	부 채	60,000	60,000
투 자 자 산	35,000	40,000	자 본	40,000	
기 타 자 산	35,000	40,000			
자 산	100,000		부채및자본	100,000	

<추가사항>
① A회사는 B회사의 투자자산에 대해서 독립적인 가치평가를 하려고 했으나, 20×1년도 재무제표 발행을 승인하기 전까지 가치평가를 종료하지 못하여 불가피하게 잠정인 공정가치로 ₩40,000을 인식하여 재무제표를 발행하였다.
② A회사는 20×2년 4월 1일에 B회사의 투자자산에 대한 독립적인 가치평가를 종료하였으며, 취득일에 공정가치는 ₩45,000이다.

물음 ···

1. A회사가 취득일에 사업결합과 관련하여 해야 할 분개를 하시오.

2. 20×1년 말에 영업권과 기타자산으로 구성된 현금창출단위의 회수가능액이 ₩50,000으로 하락하였다고 가정하고, A회사가 결산일인 20×1년 12월 31일과 가치평가 종료일인 20×2년 4월 1일에 해야 할 분개를 하시오.

3. (물음 2)와 관계없이 20×1년 말에 영업권과 투자자산으로 구성된 현금창출단위의 회수가능액이 ₩50,000으로 하락하였다고 가정하고, A회사가 결산일인 20×1년 12월 31일과 가치평가 종료일인 20×2년 4월 1일에 해야 할 분개를 하시오.

풀이 ···

1. 〈취득일〉

(차변)	유 동 자 산	33,000	(대변)	부 채	60,000
	투 자 자 산	40,000		자 본 금	50,000
	기 타 자 산	40,000		주 식 발 행 초 과 금	20,000
	영 업 권	17,000❶			

   ❶ ₩70,000(이전대가) − 53,000(식별가능한 순자산의 공정가치) = ₩17,000

2. 〈20×1.12.31.〉

| (차변) | 손 상 차 손 | 7,000❶ | (대변) | 영 업 권 | 7,000 |

   ❶ (₩40,000(기타자산) + 17,000(영업권)) − 50,000 = ₩7,000

〈20×2. 4. 1.〉

| (차변) | 투 자 자 산 | 5,000❷ | (대변) | 이 익 잉 여 금 | 5,000 |

   ❷ ₩45,000 − 40,000 = 5,000(증가). 투자자산 증가분만큼 취득일에 영업권은 ₩5,000 감소한 ₩12,000이다. 따라서 20×1년 말에 인식할 손상차손은 ₩2,000(= ₩40,000(기타자산) + 12,000(영업권) − 50,000)이므로 전년도에 인식한 손상차손을 ₩5,000만큼 감소시키기 위해 이익잉여금을 대변에 회계처리한다.

3. 〈20×1.12.31.〉

| (차변) | 손 상 차 손 | 7,000❶ | (대변) | 영 업 권 | 7,000 |

   ❶ (₩40,000(투자자산) + 17,000(영업권)) − 50,000 = ₩7,000

〈20×2. 4. 1.〉

| (차변) | 투 자 자 산 | 5,000❷ | (대변) | 영 업 권 | 5,000❷ |

   ❷ ₩45,000 − 40,000 = 5,000(증가). 투자자산 증가분만큼 취득일에 영업권은 ₩5,000 감소한 ₩12,000이다. 따라서 20×1년 말에 인식할 손상차손은 ₩7,000(= ₩45,000(수정된 투자자산) + 12,000(영업권) − 50,000)이고, 손상차손 인식 후에 영업권 잔액은 ₩5,000이므로 영업권을 추가로 ₩5,000만큼 감소시키기 위해 대변에 회계처리한다.

6. 사업결합의 후속 측정

K-IFRS 제1103호 '사업결합'에서는 다시 취득한 권리, 우발부채, 보상자산 및 조건부 대가의 후속 측정에 대한 회계처리를 별도로 규정하고 있다.

6.1 다시 취득한 권리의 후속 측정

무형자산으로 인식한 다시 취득한 권리는 그 권리가 부여된 계약의 남은 계약기간에 걸쳐 상각한다. 후속적으로 다시 취득한 권리를 제3자에게 매각하는 경우에는 장부금액과 처분금액 간의 차이를 무형자산의 매각차손익으로 산정한다.

6.2 우발부채의 후속 측정

취득자는 사업결합에서 인식한 우발부채를 처음 인식 이후 정산, 취소, 소멸하기 전까지 다음 중 큰 금액으로 측정한다.

① K-IFRS 제1037호 '충당부채, 우발부채 및 우발자산'에 따라 인식해야 할 금액
② 최초 인식금액에서, 적절하다면 K-IFRS 제1115호 '고객과의 계약에서 생기는 수익'의 원칙에 따라 누적 수익금액을 차감한 금액

6.3 보상자산의 후속 측정

매 후속 보고기간 말에, 취득자는 취득일에 보상대상부채나 보상대상자산과 같은 근거로 인식한 보상자산을 측정한다. 이때 보상금액에 대한 계약상 제약과 보상자산의 회수가능성에 대한 경영진의 검토(보상자산을 후속적으로 공정가치로 측정하지 않는 경우)를 반영한다. 취득자는 보상자산을 회수하거나 팔거나 그 밖에 보상자산에 대한 권리를 상실하는 경우에만 그 보상자산을 제거한다.

📖 예제 11 다시 취득한 권리 · 우발부채 · 보상자산의 후속 측정

> 12월 말 결산법인인 A회사는 20×1년 초에 B회사의 자산 · 부채 취득을 통해 사업결합하였다. 사업결합회계를 통해 인식한 다시 취득한 권리, 우발부채 및 보상자산은 다음과 같다.
>
> ① A회사는 사업결합으로 B회사에게 라이선스한 기술사용권을 다시 취득하였다. B회사 재무제표상 무형자산은 기술사용권에 해당한다. 기술사용권의 잔여 계약기간(2년)에 기초하여 측정한 공정가치는 ₩23,000이다.
> ② 취득일 현재 B회사가 충당부채의 인식기준 중 다른 기준은 충족하였으나 자원의 유출가능성이 높지 않아 인식하지 않은 소송 관련 금액의 공정가치는 ₩2,000이다. 또한 B회사의 기존 주주들은 이와 관련하여 A회사에 보상하기로 하였으며, 보상대상항목과 같은 근거로 측정한 보상자산의 측정금액은 ₩1,500이다.

물음

1. B회사로부터 다시 취득한 기술사용권을 20×2년 10월 1일에 ₩5,000을 받고 외부에 처분한 경우에 A회사가 다시 취득한 기술사용권과 관련하여 20×1년 말과 처분일에 해야 할 분개를 하시오.

2. 20×1년 말에 K-IFRS 제1037호에 따라 소송 관련하여 인식해야 할 금액은 ₩2,400이며, K-IFRS 제1115호에 따른 소송 관련한 수익금액은 없다. 또한 보상자산의 회수가능한 금액을 ₩1,200으로 조정하였다. 20×2년 11월 1일에 패소가 확정되어 ₩2,500을 지급하였으며, B회사의 기존주주들로부터 ₩1,200을 회수하였다. 이와 관련하여 20×1년 말과 패소일에 해야 할 분개를 하시오.

풀이

1. 〈20×1.12.31.〉
   (차변) 무형자산상각비 11,500❶ (대변) 상각누계액 11,500
   ❶ ₩23,000 ÷ 2년 = ₩11,500

   〈20×2.10. 1.〉
   (차변) 무형자산상각비 8,625❷ (대변) 상각누계액 8,625

   (차변) 현금 5,000 (대변) 무형자산 23,000
   상각누계액 20,125❸ 무형자산처분이익 2,125
   ❷ ₩11,500 × (9 / 12개월) = ₩8,625
   ❸ ₩11,500 + 8,625 = ₩20,125

2. 〈20×1.12.31.〉
   (차변) 소송비용 400❶ (대변) 충당부채 400

   (차변) 손상차손 300❷ (대변) 손실충당금 300
   ❶ Max(₩2,400, 2,000 - 0(K-IFRS 제1115호에 따른 누적 수익금액)) = ₩2,400
   ₩2,400 - 2,000 = ₩400
   ❷ ₩1,500 - 1,200 = ₩300

〈20×2.11. 1.〉

(차변)	충　당　부　채	2,400	(대변)	현　　　　　금	2,500
	소　송　비　용	100			

(차변)	현　　　　　금	1,200	(대변)	보　상　자　산	1,500
	손　실　충　당　금	300			

6.4 조건부 대가의 후속 측정

취득일에 존재한 사실과 상황에 대하여 취득일 이후에 추가로 입수한 정보에 따른 조건부대가의 공정가치 변동은 측정기간 동안의 조정으로 간주하여 5절 '측정기간과 잠정금액'에 따라 회계처리한다.

그러나 목표수익을 달성하거나, 특정 주가에 도달하거나, 연구개발 프로젝트의 주요 과제를 완료하는 등 취득일 이후에 발생한 사건에 따른 조건부 대가의 공정가치 변동은 측정기간의 조정이 아니다. 이때 조건부 대가를 자본으로 분류한 경우에는 공정가치로 재측정하지 않으며, 금융부채로 분류한 경우에는 매 보고기간 말에 공정가치로 측정하고 공정가치의 변동을 당기손익으로 인식한다.

조건부 대가 후속 측정의 회계처리를 요약·정리하면 다음 〈표 1-10〉과 같다.

☑ 표 1-10 조건부 대가 후속 측정의 회계처리

구 분		후속 측정의 회계처리
측정기간 동안의 조정인 경우		'측정기간과 잠정금액'에 따라 회계처리
측정기간 동안의 조정이 아닌 경우	자본으로 분류한 조건부 대가	공정가치로 재측정하지 않음
	금융부채로 분류한 조건부 대가	매 보고기간 말에 공정가치로 측정하고 공정가치 변동을 당기손익으로 인식

📖 예제 12 조건부 대가의 후속 측정

12월 말 결산법인 A회사는 20×1년 7월 1일에 B회사의 자산·부채 취득을 통해 사업결합하였다. 취득일 현재 B회사의 식별할 수 있는 순자산의 장부금액과 공정가치는 ₩40,000이다. A회사는 이전대가로 B회사의 기존주주에게 A회사 보통주(액면금액 ₩50,000, 공정가치 ₩70,000)를 발행·교부하였다.

〈추가사항〉
20×2년 12월 31일까지 매출액이 20% 증가하면 A회사는 B회사에게 추가로 대가를 지급하기로 하였으며, 취득일 현재 해당 조건부 대가의 공정가치는 ₩10,000으로 추정하였다.

물음 ....

1. A회사가 취득일에 사업결합과 관련하여 해야 할 분개를 하시오.

2. 20×2년 3월 31일(분기 보고기간 말)에 조건부 대가의 공정가치를 ₩15,000으로 재평가하였는데, 이는 취득일에 존재한 사실과 상황에 대하여 취득일 이후에 추가로 입수한 정보에 따른 조건부 대가의 공정가치 변동에 따른 것이다. A회사가 해야 할 분개를 하시오.

3. (물음 2)와 관계없이 20×2년 3월 31일(분기 보고기간 말)에 조건부 대가의 공정가치를 ₩15,000으로 재평가하였는데, 이는 매출액 20% 증가에 따른 것이라고 가정한다. 조건부 대가를 자본으로 분류한 경우와 금융부채로 분류한 경우에 각각 A회사가 해야 할 분개를 하시오.

풀이 ....

1. 〈취득일〉

(차변)	순 자 산	40,000	(대변)	자 본 금	50,000
	영 업 권	40,000❶		주식발행초과금	20,000
				조 건 부 대 가	10,000

   ❶ ₩70,000(이전대가) + 10,000(조건부 대가) − 40,000(식별가능한 순자산의 공정가치) = ₩40,000

2. 측정기간 동안에 취득일 현재 존재하던 사실과 상황에 대하여 새롭게 입수한 정보가 있는 경우에 그 정보를 반영하기 위하여 취득일에 인식한 잠정 금액을 소급하여 조정한다.

〈20×2. 3.31.〉

(차변)	영 업 권	5,000❶	(대변)	조 건 부 대 가	5,000

   ❶ ₩15,000 − 10,000 = ₩5,000

3. 측정기간 동안의 조정이 아닌 경우(매출액 20% 증가), **자본으로 분류하였다면 재측정하지 아니한다.**
그러나 **금융부채로 분류하였다면 매 보고기간 말에 공정가치로 측정하고 공정가치 변동을 당기손익으로 인식**한다.

〈20×2. 3.31.〉

(차변)	평 가 손 실	5,000❶	(대변)	조 건 부 대 가	5,000

   ❶ ₩15,000 − 10,000 = ₩5,000

보론 ▮ 역취득과 식별할 수 있는 무형자산

1. 역취득

1.1 역취득의 의의

역취득(reverse acquisition)은 피취득자가 취득자의 지배력을 획득하는 형태의 사업결합을 말한다. 역취득은 증권을 발행한 기업(법적 취득자)이 회계목적상 피취득자로 식별될 때 생긴다. 지분을 취득당한 기업(법적 피취득자)은 역취득으로 보는 거래에서 회계목적상 취득자이다. 예를 들어, 역취득은 때로 비상장기업이 상장하기를 원하지만 자신의 지분이 등록되는 것은 원하지 않을 때 생긴다. 이를 위하여 비상장기업은 상장기업이 자신의 지분과 교환하여 비상장기업의 지분을 취득하도록 상장기업과 약정을 할 것이다. 이 예에서 상장기업은 지분을 발행하기 때문에 법적 취득자이고, 비상장기업은 지분을 취득당하기 때문에 법적 피취득자이다. 그러나 **회계목적상 상장기업은 피취득자이고, 비상장기업은 취득자이다.**

1.2 이전대가의 측정

역취득에서 회계상 취득자(비상장기업)는 보통 피취득자에게 대가를 발행하지 않는다. 그 대신에 회계상 피취득자(상장기업)가 보통 회계상 취득자(비상장기업)의 소유주에게 자신의 지분을 발행한다. 따라서 회계상 피취득자(상장기업)의 지분에 대하여 회계상 취득자(비상장기업)가 **이전한 대가의 취득일 공정가치는, 법적 지배기업의 소유주가 역취득의 결과로 결합기업에 대하여 보유하는 지분과 같은 비율이 유지되도록, 법적 종속기업이 법적 지배기업의 소유주에게 교부하였어야 할 법적 종속기업 지분의 수량에 기초한다.** 이러한 방식으로 산정한 지분 수량의 공정가치를 피취득자와의 교환으로 이전한 대가의 공정가치로 사용한다.

예를 들어, A회사의 발행주식수는 100주이고, B회사의 발행주식수는 60주이다. A회사는 B회사의 보통주 1주당 A회사 보통주 2.5주를 발행(즉, A회사는 B회사의 보통주 60주에 대해서 150주를 발행)하고, B회사 주주는 자신들이 보유하고 있는 B회사 주식을 모두 A회사 주식으로 교환하여 A회사 주주와 B회사 주주의 결합기업에 대한 지분율이 각각 40%와 60%라고 가정하자. 이러한 사업결합이 역취득에 해당한다면, 결합기업에 대하여 보유하는 지분과 같은 비율이 유지되도록, 회계상 B회사가 A회사의 보통주 1주당 B회사 보통주 0.4주를 발행(즉, B회사는 A회사의 보통주 100주에 대해서 40주를 발행)한 것으로 회계처리한다. 이러한 상황은 다음 [그림 1-4]와 같다.

⬤ 그림 1-4 역취득의 이전대가

📖 예제 13 역취득의 회계처리(제1103호 사례 IE1~10)

20×6년 9월 30일에 A회사(법적 지배기업)는 A회사의 보통주를 발행하여 B회사(법적 종속기업)를 취득하였으나, 이러한 사업결합은 역취득에 해당된다고 가정한다. 사업결합 직전 A회사와 B회사의 재무상태표는 다음과 같다.

과 목	A회사	B회사
유 동 자 산	₩500	₩700
비 유 동 자 산	1,300	3,000
자 산	₩1,800	₩3,700
유 동 부 채	₩300	₩600
비 유 동 부 채	400	1,100
부 채	700	1,700
자 본 금	300	600
	(발행보통주 100주)	(발행보통주 60주)
이 익 잉 여 금	800	1,400
자 본	1,100	2,000
부 채 및 자 본	₩1,800	₩3,700

〈추가사항〉
① A회사는 B회사 보통주 1주당 A회사 보통주 2.5주를 발행(즉, A회사는 B회사 보통주 60주에 대해서 150주를 발행)하고, B회사 주주는 자신들이 보유하고 있는 B회사 주식을 모두 A회사 주식으로 교환한다.
② 20×6년 9월 30일 현재 B회사 보통주 1주당 공정가치는 ₩40이고, A회사 보통주의 공시되

　　는 시장가격은 주당 ₩16이다.
③ 20×6년 9월 30일 현재 A회사의 비유동자산의 공정가치는 ₩1,500이며, 이를 제외한 A회사의 식별가능한 자산과 부채의 공정가치는 장부금액과 동일하다.

물음 ···

1. 역취득에서 발생한 이전대가의 공정가치를 계산하시오.

2. 회계상 취득자인 B회사가 취득일에 사업결합과 관련하여 해야 할 분개를 하시오.

3. 결합 직후 결합기업의 재무상태표를 작성하시오.

4. B회사의 20×5년도 당기순이익과 20×6년도 연결당기순이익이 각각 ₩600과 ₩800일 때, 20×6년도 주당이익과 비교목적 공시를 위해 재작성된 20×5년도 주당이익을 각각 계산하시오. 단, 20×6년 기초부터 역취득 직전까지 B회사의 유통보통주식수에 변동이 없으며, 가중평균유통보통주식수는 월할로 계산한다.

풀이 ···

1. 법적 형식에 기초한 결합기업에 대한 지분율
   · A회사: 100주, B회사: 150주
   · A회사: 40%(100/250주), B회사: 60%(150/250주)
   따라서 역취득의 결과로 결합기업에 대하여 보유하는 지분과 동일한 비율의 소유지분이 유지되도록 법적 종속기업 지분의 수량(60주)에 기초하여 법적 지배기업의 소유주에게 교부해야 할 지분의 수량은 40주이다.
   · 이전대가의 공정가치 = 40주 × ₩40 = ₩1,600

2. 역취득에 해당하므로 B회사가 다음과 같이 사업결합 회계처리를 한다.

(차변)	유　동　자　산	500	(대변)	유　동　부　채	300
	비　유　동　자　산	1,500		비　유　동　부　채	400
	영　　업　　권	300		자　　본　　금	400❶
				주 식 발 행 초 과 금	1,200❷

　❶ 40주 × ₩10 = ₩400
　❷ 40주 × (₩40 − 10) = ₩1,200

3. 결합기업의 재무상태표

계　정	금　액
유　　동　　자　　산	₩1,200
비　유　동　자　산	4,500
영　　업　　권	300
자　　　　　산	₩6,000

유 동 부 채		₩900
비 유 동 부 채		1,500
부 채		₩2,400
자 본 금	(발행보통주 250주)**❶**	₩1,000
주 식 발 행 초 과 금		1,200
이 익 잉 여 금		1,400
자 본		₩3,600
부 채 및 자 본		₩6,000

❶ 연결재무제표에 나타나는 자본구조(발행한 주식수와 유형)는 사업결합을 하기 위해 법적 지배기업이 발행한 지분을 포함한 법적 지배기업의 자본구조를 반영해야 한다.

4. 주당이익

· 20×6년도 주당이익 = $\dfrac{₩800}{150주 \times (9/12)^{❶} + 250주 \times (3/12)^{❷}}$ = ₩4.57

❶ 20×6년 1월 1일부터 취득일(9월 30일)까지 유통 중인 것으로 보는 주식수(역취득에서 A회사(법적 지배기업, 회계상 피취득자)가 B회사에게 발행한 보통주식수)

❷ 취득일부터 20×6년 12월 31일까지의 유통주식수

· 20×5년도 주당이익 = $\dfrac{₩600}{150주}$ = ₩4

2. 식별할 수 있는 무형자산

취득자는 사업결합에서 취득한 식별가능한 무형자산을 영업권과 분리하여 인식한다. 무형자산은 분리가능성 기준과 계약적·법적 기준을 충족하는 경우에 식별가능하다고 한다. 계약적 기준으로 식별한 무형자산은 계약이나 그 밖의 법적 권리에서 생긴다. 계약적 기준으로 식별한 무형자산이 분리할 수 있더라도 분리가능성이 계약적·법적 기준을 충족하기 위한 필수조건은 아니다. 비계약적 기준으로 지정한 무형자산은 계약이나 그 밖의 법적 권리에서 생기지 않지만 분리할 수 있다.

다음은 사업결합에서 취득한 식별가능한 무형자산에 대한 사례이다. 이 사례 가운데 일부는 무형자산이 아닌 자산의 특성이 있을 수 있다. 취득자는 **자산의 실질에 따라** 이러한 자산을 회계처리해야 한다.

2.1 마케팅 관련 무형자산

마케팅 관련 무형자산은 주로 제품이나 용역의 마케팅 또는 촉진에 사용한다. 마케팅 관련 무형자산의 예는 다음 〈표 1-11〉과 같다.

☑ 표 1-11 마케팅 관련 무형자산

종 류	기 준
등록상표, 상표명, 서비스마크, 단체마크(collective marks) 및 인증마크	계약적
거래표식[trade dress(독특한 색, 모양 또는 포장 디자인)]	계약적
신문 제호	계약적
인터넷 도메인 명	계약적
비경쟁 합의	계약적

2.2 고객 관련 무형자산

고객 관련 무형자산의 예는 다음 〈표 1-12〉와 같다.

☑ 표 1-12 고객 관련 무형자산

종 류	기 준
고객목록	비계약적
주문잔고나 생산잔고	계약적
고객계약 및 관련 고객관계	계약적
비계약적 고객관계	비계약적

2.3 예술 관련 무형자산

예술 관련 무형자산의 예는 다음 〈표 1-13〉과 같다.

☑ 표 1-13 예술 관련 무형자산

종 류	기 준
연극, 오페라 및 발레	계약적
책, 잡지, 신문 및 그 밖의 저술 작품	계약적
작곡, 노래 가사 및 광고용 노래 등과 같은 음악 작품	계약적
그림, 사진	계약적
동영상이나 필름, 뮤직비디오 및 텔레비전 프로그램 등 시각 및 시청각 자료	계약적

사업결합에서 취득한 예술 관련 자산이 저작권에 따라서 제공하는 자산과 같이 계약적 또는 법적 권리에 따라 생기는 경우에는 식별가능하다. 그 보유자는 양도로 저작권 전체를

이전하거나 라이선스 약정으로 부분적으로 이전할 수 있다. 저작권 무형자산과 관련 양도나 라이선스 약정의 내용연수가 비슷하다면, 취득자가 그러한 자산들을 하나의 자산으로 인식하는 것을 금지하지 않는다.

2.4 계약에 기초한 무형자산

계약에 기초한 무형자산은 계약상 약정에서 생기는 권리의 가치를 나타낸다. 고객 계약은 계약에 기초한 무형자산의 한 형태이다. 계약조건상 부채가 생기는 경우(예: 고객 계약의 조건이 시장조건에 비하여 불리한 경우)에 **취득자는 이를 사업결합에서 인수 부채로 인식한다.** 계약에 기초한 무형자산의 예는 다음 〈표 1-14〉와 같다.

☑ 표 1-14 계약에 기초한 무형자산

종 류	기 준
라이선스, 로열티 및 불가침약정	계약적
광고, 건설, 경영, 용역 또는 공급 계약	계약적
건축 허가	계약적
프랜차이즈 합의	계약적
운영권 및 방송권	계약적
관리용역계약(예: 모기지 관리용역계약)	계약적
고용 계약	계약적
시추, 물, 공기, 벌목 및 노선 등에 대한 사용 권리	계약적

관리용역계약(예: 모기지 관리용역계약)**은 계약에 기초한 무형자산에 해당한다.** 관리용역은 모든 금융자산에 내재되어 있지만 다음 중 하나에 해당하면 별개의 자산 또는 부채가 된다.

① 관리용역은 보유하면서 자산을 팔거나 증권화하여 대상이 되는 기초 금융자산과 계약적으로 분리하는 경우
② 관리용역을 별도로 사거나 넘겨받는 경우

모기지대여금, 신용카드 수취채권 등의 금융자산을 관련된 관리용역과 함께 사업
결합에서 취득하는 경우에 내재한 관리용역에 대한 권리의 공정가치는 취득한 금융
자산의 공정가치에 포함되어 있으므로 별도의 무형자산이 아니다.

2.5 기술에 기초한 무형자산

기술에 기초한 무형자산의 예는 다음 〈표 1-15〉와 같다.

☑ 표 1-15 기술에 기초한 무형자산

종 류	기 준
특허기술	계약적
컴퓨터 소프트웨어와 마스크 작업물	계약적
특허받지 않은 기술	비계약적
권원기록부(title plants)를 포함한 데이터베이스	비계약적
비밀 공식, 공정 및 조리법 등과 같은 거래상의 비밀	계약적

M&A in History ✐

벤츠와 크라이슬러의 M&A

1998년 벤츠(당시 다임러벤츠, Daimler-Benz)와 크라이슬러(Chrysler)의 합병 발표 당시 양사는 부품과 기술을 교환하고 구매와 유통망 공동 이용을 통해 다음 해인 1999년 14억 달러의 시너지 효과를 얻을 것이라고 전망했다. 합병 절차가 완료된 1998년 11월 로버트 제임스 이튼(Robert James Eaton) 당시 크라이슬러 회장은 "향후 3년 안에 합병 회사가 세계 최대 자동차 회사가 될 것"이라고 호언장담했다.

이후에 벤츠 CEO를 역임한 디터 제체(Dieter Zetsche)는 이런 판단이 잘못됐음을 시인했다. "고급차와 대중차 시장은 본질적으로 다른 특성을 가졌음에도 시너지 효과를 과대평가했다"고 고백했다.

유럽과 미주대륙이라는 지리적 구분, 대중적인 차와 고급차라는 시장 구분을 통해 양 브랜드를 단순히 발전시킨다는 꿈도 전략적 실패로 귀결됐다. '대등한 합병(Merger of Equals)' 전략이 패착이었다. 존 폴 맥더피(John Paul MacDuffie) 와튼스쿨 교수는 블룸버그와의 인터뷰에서 "다임러크라이슬러는 양사의 역량을 한데 묶으려 하지 않고 서로 간섭하지 않는다는 원칙을 세웠다"고 실패 원인을 분석했다.

벤츠는 크라이슬러를 74억 달러를 받고 미국 사모펀드회사인 서버러스(Cerberus)에 팔기로 했다. 1998년 인수 금액인 360억 달러의 5분의 1 가격이다. 단순 가격만으로 치면 투자 원금의 80%를 날린 셈이다. 다임러크라이슬러 시가총액도 3분의 2로 감소했다.

'천상의 결혼(marriage in heaven)'으로 평가받던 벤츠와 크라이슬러의 합병이 9년 만에 '지상의 이혼'으로 전락한 원인은 뭘까.

블룸버그는 영국 자동차 산업 컨설팅 회사인 AID의 피터 슈미트(Peter Schmidt) 전무의 말을 인용해 다임러크라이슬러의 실패는 출발부터 예고됐다고 보도했다. 1998년 5월 두 회사가 합병을 발표할 당시 슈미트 전무는 '약점끼리의 합병', '분필과 치즈의 결합'(겉모습은 비슷하지만 실상은 완전히 다른 제품의 결합)이라며 결국 실패할 것이라고 날카롭게 꼬집었다.

두 회사의 빅딜이 실패로 막을 내린 것은 고급 이미지의 메르세데스벤츠와 대중적인 크라이슬러의 결합이 갖는 시너지의 한계 때문이라는 지적이 많다. 벤츠의 제조 기술과 크라이슬러의 대량생산 능력 간 결합도 기대만큼 힘을 발휘하지 못했다. 미국 소비자들이 벤츠에 대한 신뢰를 크라이슬러 구매로 연결시키지 않았다는 것이다.

(한국경제 2007년 5월 15일)

Knowledge is power!

물적분할 vs. 인적분할

물적분할이란 기존 회사를 분할하고자 할 때 기존 회사가 지분을 100% 보유한 회사를 신설하는 형태로 이루어지는 회사분할이다. 예를 들어, A회사를 분할하여 B회사를 신설했을 때, B회사의 지분을 A회사가 전부 보유한 형태로 회사가 분할된 것이 바로 물적분할이다. 상법상 물적분할은 기존회사가 지분을 100% 보유한 완전자회사를 신설할 때만 물적분할이 인정된다.

반면에 **인적분할**이란 상법상 회사를 분할할 때, 신설회사의 주주 구성비율이 기존회사의 주주 구성비율과 동일한 것이 바로 인적분할이다. 예를 들어, A회사를 인적분할하여 A회사와 B회사 두 개로 나뉘었다고 하자. 분할 전 A회사의 주주 구성은 갑이 50%, 을이 39%, 병이 11%의 주식을 보유하고 있었다면, 인적분할의 결과로 신설된 B회사의 주주 구성 역시 갑이 50%, 을이 39%, 병이 11%의 지분을 보유하게 되는 것이다.

(나무위키)

물적분할은 모회사가 신설회사 지분을 100% 갖는 수직적 분리라면, 인적 분할은 기존 주주들이 지분율대로 기존 법인과 새 법인의 주식을 나눠 갖는 수평적 분리다. 때문에 주주가치 훼손이라는 비판을 피할 수 있다는 장점이 있다.

물적분할은 모회사가 신설회사의 주식을 100% 소유하기 때문에 기존 사업에 대한 지배력을 유지하고, 신설된 자회사의 상장을 통해 대규모 자금 유치가 가능하다. 그러나 문제는 핵심사업의 물적분할은 기업가치 훼손으로 이어지고, 신설법인이 상장되면 기존주주는 신주를 배정받지 못한다는 점이다. 사실상 대주주의 지배력 강화에 들어가는 비용을 소액주주가 떠안는 구조다.

앞서 LG화학, SK이노베이션, SK케미칼 등이 물적분할로 논란을 일으키자 금융당국은 투자자 보호 대책을 내놓은 상태다. 물적분할에 반대하는 주주에게 주식매수청구권을 부여하고 물적분할 후 자회사 상장 시 심사를 강화하겠다는 게 주요 내용이다. 또 물적분할 추진 기업은 주요사항보고서를 통해 구체적인 분할목적과 기대효과, 주주보호방안 등을 세세히 밝혀야 한다.

반면에 인적분할은 모회사의 주주들이 기존 비율대로 자회사의 지분을 가져가기 때문에 비판에서 비교적 자유로운 편이다. 자회사에 대한 지배권 유지가 어렵다는 한계가 있지만 물적분할에 걸린 규제를 피할 수 있다.

(이코노미스트 2022년 9월 28일)

　물적분할과 인적분할의 차이로 인해서 기업 입장에서 기존회사를 분할하고자 할 때 대규모의 투자가 가능한 물적분할을 선호한다. 그러나 기존주주, 특히 소액주주 입장에서는 분할된 회사에 아무런 지분이 없는 물적분할보다는 기존지분을 보유할 수 있는 인적분할을 선호한다.

　이러한 이해관계의 상충을 완화하기 위해서 SK이노베이션은 물적분할된 SK온이 상장되면 이 회사의 주식을 SK이노베이션 기존주주들에게 SK이노베이션의 시가총액 10% 수준에서 교환해준다고 발표했다.

Summary & Check 🎯

Ⓢ **사업결합의 기초**

- 사업결합(business combination)이란 취득자가 하나 이상의 사업에 대한 지배력을 획득하는 거래나 그 밖의 사건을 말한다.
- 사업결합의 동기는 크게 가치극대화요인과 성장극대화요인으로 구분할 수 있다.
- 가치극대화동기는 효율성(시너지) 이론, 정보 이론(신호 가설) 및 세금효과이론 등으로 설명할 수 있다.
- 성장극대화동기는 대리인문제와 경영자주의, 경영자 자만 가설, 잉여현금흐름 가설 등으로 설명할 수 있다.
- 사업결합의 유형을 합병 및 지분취득으로 구분할 수 있다.

Ⓢ **사업결합의 회계처리**

- 사업결합은 취득법(acquisition method)을 적용하여 회계처리한다.
- 취득자(acquirer)는 피취득자(acquiree)에 대한 지배력을 획득하는 기업을 말하며, 피취득자란 취득자가 사업결합으로 지배력을 획득한 대상 사업이나 사업들을 말한다.
- 취득자는 취득일(acquisition date)을 식별해야 하며, 취득일은 피취득자에 대한 지배력을 획득한 날이다.
- 식별할 수 있는 취득 자산과 인수 부채의 인식조건은 ① 자산과 부채의 정의 충족 ② 사업결합 거래에서 교환한 항목의 일부인지를 충족해야 한다.
- 취득자는 식별할 수 있는 취득 자산과 인수 부채를 취득일의 공정가치(fair value)로 측정한다.
- 취득자는 사업결합에서 취득한 식별할 수 있는 무형자산을 영업권과 분리하여 인식한다.
- 취득일에 취득자는 후속적으로 다른 기준서를 적용하기 위하여 식별할 수 있는 취득 자산과 인수 부채를 분류하거나 지정한다.
- 사업결합과정에서 이전대가(transferred consideration)는 피취득자에 대한 지배력을 획득하기 위해 취득자가 피취득자의 이전 소유주에게 지급한 대가로 공정가치로 측정한다.
- 조건부 대가(contingent consideration)란 특정 미래 사건이 발생하거나 특정 조건이 충족되는 경우에 피취득자에 대한 지배력과의 교환의 일부로 피취득자의 이전 소유주에게 추가로 자산이나 지분을 이전해야 하는 취득자의 의무를 말한다.
- 취득자는 취득일에 측정한 식별할 수 있는 취득 자산 및 인수 부채의 순액과 이전대가를 비교하여 영업권 또는 염가매수차익을 인식한다.

Ⓢ 단계적으로 이루어지는 사업결합

- 취득자가 취득일 직전에 피취득자의 지분을 일부 보유하고 있는 상황에서 피취득자에 대한 지배력을 획득하는 경우, 이를 단계적으로 이루어지는 사업결합(business combination achieved in stages)이라고 한다.

Ⓢ 사업결합 거래의 일부에 해당하는지의 판단

- 별도 거래(예: 기존 관계를 사실상 정산하는 거래, 종업원이나 이전 소유주에게 보상하는 거래, 취득 관련 원가를 피취득자나 피취득자의 이전 소유주에게 변제하는 거래)는 사업결합의 이전대가에서 제외하고 관련 기준서에 따라 회계처리한다.

Ⓢ 측정기간과 잠정금액

- 측정기간(measurement period)은 사업결합에서 인식한 잠정 금액을 사업결합 후 조정할 수 있는 기간이다.
- 사업결합에 대한 첫 회계처리를 사업결합이 생긴 보고기간 말까지 완료하지 못한다면, 취득자는 회계처리를 완료하지 못한 항목의 잠정 금액(provisional amounts)을 재무제표에 보고한다.

Ⓢ 사업결합의 후속 측정

- 다시 취득한 권리(남은 계약기간에 걸쳐 상각), 우발부채(소멸하기 전까지 후속 측정), 보상자산(회수가능성 검토) 및 조건부 대가(측정기간과 잠정금액에 따라 회계처리)의 후속 측정에 대한 회계처리를 별도로 규정하고 있다.

OX Quiz 📝

1   사업은 보통 산출물이 있지만, 활동과 자산의 통합된 집합이 사업의 정의를 위해서 산출물이 요구되는 것은 아니다.

2   대리인문제와 경영자주의, 경영자 자만 가설 및 잉여현금흐름가설은 기업가치극대화 동기와 관련이 있다.

3   합병은 지배-종속 관계에 있는 기업들을 하나의 경제적 단일 실체로 보고 연결재무제표를 작성해야 한다.

4   동일지배하에 있는 기업이나 사업 간의 결합에서는 사업결합 기준서를 적용하지 않는다.

5   새로운 기업이 현금이나 그 밖의 자산을 이전하거나 부채를 부담하는 경우에도 취득자가 될 수 없다.

6   취득자가 인식의 원칙과 조건을 적용하면 피취득자의 이전 재무제표에서 자산과 부채로 인식하지 않았던 자산과 부채를 일부 인식할 수 있다.

7   취득일 현재 사업결합에서 취득일의 공정가치로 측정된 취득 자산에 대하여 별도의 평가충당금은 인식하지 않는다.

8   집합적 노동력은 그에 귀속될 만한 가치가 있다면 그 가치를 영업권과 분리하여 인식한다.

9   과거사건에서 생긴 현재의무이고 그 공정가치를 신뢰성 있게 측정할 수 있다면, 취득자는 취득일 현재 사업결합에서 인수한 우발부채를 인식한다.

10   취득자는 리스부채와 같은 금액으로 사용권자산을 측정하되, 시장조건과 비교하여 유리하거나 불리한 리스 조건이 있다면 이를 반영하기 위하여 조정한다.

11　취득자가 그 자산이나 부채를 계속 통제하는 경우에는 당해 자산과 부채를 취득일 현재 공정
　　가치로 재측정하고, 그 결과 차손익이 있다면 당기손익으로 인식한다.

12　피취득자의 자기주식 취득, 피취득자의 소수거부권 소멸, 계약만으로 이루어진 사업결합 등의
　　경우 취득자는 대가를 이전하지 않고 피취득자에 대한 지배력을 획득한다.

13　사업결합 시 인식한 영업권에 대해서 상각한다.

14　 취득 관련 원가가 지출되면 영업권이나 염가매수차익의 최초인식금액은 영향을 받는다.

15　단계적으로 이루어지는 사업결합에서 취득자는 이전에 보유하고 있던 피취득자에 대한 지분
　　을 취득일의 공정가치로 재측정하지 않는다.

16　취득자가 피취득자의 보상을 대체하는 경우에 취득자의 대체보상에 대한 시장기준측정치의
　　전부나 일부는 사업결합의 이전대가 측정에 포함할 것이다.

17　측정기간 동안에 취득일 현재 존재하던 사실과 상황에 대하여 새롭게 입수한 정보가 있는 경
　　우에 그 정보를 반영하기 위하여 취득일에 인식한 잠정 금액을 소급하여 조정한다.

18　목표수익을 달성하거나, 특정 주가에 도달하거나, 연구개발 프로젝트의 주요 과제를 완료하는
　　등 취득일 이후에 발생한 사건에서 발생한 조건부 대가의 공정가치 변동은 측정기간의 조정
　　에 해당한다.

Multiple-choice Questions 🔡

1 사업결합의 회계처리에 관한 설명으로 옳지 않은 것은?　(CTA 2017)

① 이전한 자산이나 부채가 사업결합을 한 후에도 결합기업에 여전히 남아 있고, 취득자가 그 자산이나 부채를 계속 통제하는 경우에는, 취득자는 그 자산과 부채를 취득일의 공정가치로 측정하고, 그 자산과 부채에 대한 차손익을 당기손익으로 인식한다.

② 취득자가 피취득자에 대한 지배력을 획득한 날은 일반적으로 취득자가 법적으로 대가를 이전하여, 피취득자의 자산을 취득하고 부채를 인수한 날인 종료일이다. 그러나 취득자는 종료일보다 이른 날 또는 늦은 날에 지배력을 획득하는 경우도 있다.

③ 취득자와 피취득자가 지분만을 교환하여 사업결합을 하는 경우에 취득일에 피취득자 지분의 공정가치가 취득자 지분의 공정가치보다 더 신뢰성 있게 측정되는 경우가 있다. 이 경우에 취득자는 이전한 지분의 취득일 공정가치 대신에 피취득자 지분의 취득일 공정가치를 사용하여 영업권의 금액을 산정한다.

④ 과거사건에서 생긴 현재의무이고 그 공정가치를 신뢰성 있게 측정할 수 있다면, 해당 의무를 이행하기 위하여 경제적 효익이 있는 자원이 유출될 가능성이 높지 않더라도 취득자는 취득일에 사업결합으로 인수한 우발부채를 인식한다.

⑤ 공정가치로 측정한 보상자산의 경우에 회수 가능성으로 인한 미래현금흐름의 불확실성 영향을 공정가치 측정에 포함하였으므로 별도의 평가충당금은 필요하지 않다.

2 기업회계기준서 제1103호 '사업결합'에 대한 다음 설명 중 옳지 않은 것은?　(CPA 2022)

① 취득자는 식별할 수 있는 취득 자산과 인수 부채를 취득일의 공정가치로 측정한다. 다만 일부 제한적인 예외항목은 취득일의 공정가치가 아닌 금액으로 측정한다.

② 취득자는 사업결합으로 취득 자산과 인수 부채에서 생기는 이연법인세 자산이나 부채를 기업회계기준서 제1012호 '법인세'에 따라 인식하고 측정한다.

③ 시장참여자가 공정가치를 측정할 때 계약의 잠재적 갱신을 고려하는지와 무관하게, 취득자는 무형자산으로 인식하는 '다시 취득한 권리'의 가치를 관련 계약의 남은 계약기간에 기초하여 측정한다.

④ 조건부 대가를 자본으로 분류한 경우, 조건부 대가의 공정가치 변동이 측정기간의 조정 사항에 해당하지 않는다면 재측정하지 않는다.

⑤ 사업결합에서 인식한 우발부채는 이후 소멸하는 시점까지 기업회계기준서 제1037호 '충당부채, 우발부채, 우발자산'에 따라 후속 측정해야 한다.

3   ㈜세무는 20×1년 7월 1일 ㈜대한을 현금 ₩1,200,000에 흡수합병하였다. ㈜대한이 보유하고 있는 건물(장부금액 ₩430,000, 공정가치 ₩410,000, 순공정가치 ₩400,000)은 취득일에 매각예정비유동자산으로 분류되었다. 취득일 현재 건물을 제외한 ㈜대한의 자산, 부채 장부금액과 공정가치는 다음과 같다. 20×1년 7월 1일 합병시 ㈜세무가 인식할 영업권은?

(CTA 2020)

계정과목	장부금액	공정가치
현 금	₩100,000	₩100,000
매 출 채 권	100,000	100,000
제 품	200,000	240,000
투 자 부 동 산	320,000	250,000
토 지	200,000	300,000
매 입 채 무	50,000	50,000
사 채	170,000	170,000

① ₩0   ② ₩20,000   ③ ₩30,000

④ ₩70,000   ⑤ ₩100,000

4   20×1년 초 ㈜세무는 ㈜대한의 주주들에게 현금 ₩700,000을 지급하고 ㈜대한을 흡수합병하였다. 합병당시 ㈜대한의 자산과 부채의 장부금액과 공정가치는 다음과 같다.   (CTA 2021)

구 분	장부금액	공정가치
자 산	₩3,000,000	₩3,200,000
부 채	2,700,000	2,800,000

한편, 합병일 현재 ㈜세무는 ㈜대한이 자산으로 인식하지 않았으나, 자산의 정의를 충족하고 식별가능한 진행 중인 연구개발프로젝트를 확인하였다. 또한, 해당 프로젝트의 공정가치를 ₩50,000으로 신뢰성 있게 측정하였다. 20×1년 초 ㈜세무가 합병 시 인식할 영업권은?

① ₩250,000   ② ₩300,000   ③ ₩350,000

④ ₩400,000   ⑤ ₩450,000

※ 다음 〈자료〉를 이용하여 5번과 6번에 답하시오.　　　　　　　　　　　　　　　(CPA 2020)

㈜대한은 20×1년 7월 1일을 취득일로 하여 ㈜민국을 흡수합병하고, ㈜민국의 기존 주주들에게 현금 ₩350,000을 이전대가로 지급하였다. ㈜대한과 ㈜민국은 동일 지배하에 있는 기업이 아니다. 합병 직전 양사의 장부금액으로 작성된 요약재무상태표는 다음과 같다.

요약재무상태표
20×1년 7월 1일 현재　　　　　　　　　　　　　　　(단위: ₩)

계정과목	㈜대한	㈜민국
현　　　　　금	200,000	100,000
재 　고 　자 　산	360,000	200,000
사 용 권 자 산 (순 액)	-	90,000
건　　　　물 (순 액)	200,000	50,000
토　　　　지	450,000	160,000
무 　형 　자 　산 (순 액)	90,000	50,000
	1,300,000	650,000
유 　동 　부 　채	250,000	90,000
리 　스 　부 　채	-	100,000
기 타 비 유 동 부 채	300,000	200,000
자 　본 　금	350,000	150,000
자 　본 　잉 　여 　금	100,000	50,000
이 　익 　잉 　여 　금	300,000	60,000
	1,300,000	650,000

〈추가자료〉

다음에서 설명하는 사항을 제외하고 장부금액과 공정가치는 일치한다.

· ㈜대한은 ㈜민국이 보유하고 있는 건물에 대해 독립적인 평가를 하지 못하여 취득일에 잠정적인 공정가치로 ₩60,000을 인식하였다. ㈜대한은 20×1년 12월 31일에 종료하는 회계연도의 재무제표 발행을 승인할 때까지 건물에 대한 가치평가를 완료하지 못했다. 하지만 20×2년 5월 초 잠정금액으로 인식했던 건물에 대한 취득일의 공정가치가 ₩70,000이라는 독립된 가치평가 결과를 받았다. 취득일 현재 양사가 보유하고 있는 모든 건물은 잔존내용연수 4년, 잔존가치 ₩0, 정액법으로 감가상각한다.

· ㈜민국은 기계장치를 기초자산으로 하는 리스계약의 리스이용자로 취득일 현재 잔여리스료의 현재가치로 측정된 리스부채는 ₩110,000이다. 리스의 조건은 시장조건에 비하여 유리하며, 유리한 금액은 취득일 현재 ₩10,000으로 추정된다. 동 리스는 취득일 현재 단기리스나 소액 기초자산 리스에 해당하지 않는다.

· ㈜민국은 취득일 현재 새로운 고객과 향후 5년간 제품을 공급하는 계약을 협상하고 있다. 동 계약의 체결가능성은 매우 높으며 공정가치는 ₩20,000으로 추정된다.

- ㈜민국의 무형자산 금액 ₩50,000 중 ₩30,000은 ㈜대한의 상표권을 3년 동안 사용할 수 있는 권리이다. 잔여계약기간(2년)에 기초하여 측정한 동 상표권의 취득일 현재 공정가치는 ₩40,000 이다. 동 상표권을 제외하고 양사가 보유하고 있는 다른 무형자산의 잔존내용연수는 취득일 현재 모두 5년이며, 모든 무형자산(영업권 제외)은 잔존가치 없이 정액법으로 상각한다.
- ㈜민국은 취득일 현재 손해배상소송사건에 계류 중에 있으며 패소할 가능성이 높지 않아 이를 우발부채로 주석공시하였다. 동 소송사건에 따른 손해배상금액의 취득일 현재 신뢰성 있는 공정가치는 ₩10,000으로 추정된다.

5 ㈜대한이 취득일(20×1년 7월 1일)에 수행한 사업결합 관련 회계처리를 통해 최초 인식한 영업권은 얼마인가?

① ₩40,000　　　　② ₩50,000　　　　③ ₩60,000

④ ₩70,000　　　　⑤ ₩90,000

6 위에서 제시한 자료를 제외하고 추가사항이 없을 때 20×2년 6월 30일 ㈜대한의 재무상태표에 계상될 건물(순액)과 영업권을 제외한 무형자산(순액)의 금액은 각각 얼마인가? (단, ㈜대한은 건물과 무형자산에 대하여 원가모형을 적용하고 있으며, 감가상각비와 무형자산상각비는 월할계산한다)

	건물(순액)	영업권을 제외한 무형자산(순액)		건물(순액)	영업권을 제외한 무형자산(순액)
①	₩187,500	₩108,000	②	₩195,000	₩108,000
③	₩195,000	₩116,000	④	₩202,500	₩108,000
⑤	₩202,500	₩116,000			

※ 다음 〈자료〉를 이용하여 7번과 8번에 답하시오.　　　　　　　　　　　　(CPA 2021)

〈자료〉

· 자동차제조사인 ㈜대한과 배터리제조사인 ㈜민국은 동일 지배하에 있는 기업이 아니다.
· ㈜대한은 향후 전기자동차 시장에서의 경쟁력 확보를 위해 20×1년 7월 1일을 취득일로 하여 ㈜민국을 흡수합병했으며, 합병대가로 ㈜민국의 기존주주에게 ㈜민국의 보통주(1주당 액면가 ₩100) 2주당 ㈜대한의 보통주(1주당 액면가 ₩200, 1주당 공정가치 ₩1,400) 1주를 교부하였다.
· 취득일 현재 ㈜민국의 요약재무상태표는 다음과 같다.

요약재무상태표
20×1년 7월 1일 현재

계정과목	장부금액	공정가치
현　　　　　　금	₩50,000	₩50,000
재 　고 　자 　산	140,000	200,000
유 형 자 산 (순 액)	740,000	800,000
무 형 자 산 (순 액)	270,000	290,000
자　　　　　　산	₩1,200,000	
매 　입 　채 　무	₩80,000	₩80,000
차 　　입 　　금	450,000	450,000
자 　　본 　　금	160,000	
주 식 발 행 초 과 금	320,000	
이 　익 　잉 　여 　금	190,000	
부 　채 　와 　자 　본	₩1,200,000	

· ㈜대한은 ㈜민국의 유형자산에 대해 독립적인 가치평가를 진행하려 하였으나, 20×1년 재무제표 발행이 승인되기 전까지 불가피한 사유로 인해 완료하지 못하였다. 이에 ㈜대한은 ㈜민국의 유형자산을 잠정적 공정가치인 ₩800,000으로 인식하였다. ㈜대한은 취득일 현재 동 유형자산(원가모형 적용)의 잔존내용연수를 5년으로 추정하였으며, 잔존가치없이 정액법으로 감가상각(월할상각)하기로 하였다.
· ㈜대한은 합병 후 배터리사업 부문의 영업성과가 약정된 목표치를 초과할 경우 ㈜민국의 기존 주주에게 현금 ₩100,000의 추가보상을 실시할 예정이며, 취득일 현재 이러한 조건부대가에 대한 합리적 추정치는 ₩60,000이다.
· 취득일 현재 ㈜민국은 배터리 급속 충전 기술에 대한 연구·개발 프로젝트를 진행 중이다. ㈜민국은 합병 전까지 동 프로젝트와 관련하여 총 ₩60,000을 지출하였으나, 아직 연구 단계임에 따라 무형자산으로 인식하지 않았다. ㈜대한은 합병 과정에서 동 급속 충전 기술 프로젝트가 자산의 정의를 충족하고 있으며 개별적인 식별이 가능하다고 판단하였다. ㈜대한이 평가한 동 프로젝트의 공정가치는 ₩90,000이다.

7   ㈜대한이 취득일(20×1년 7월 1일)에 수행한 사업결합 관련 회계처리를 통해 최초 인식한 영업권은 얼마인가?

① ₩240,000   ② ₩260,000   ③ ₩280,000

④ ₩300,000   ⑤ ₩320,000

8   다음의 〈추가자료〉 고려 시, 20×2년 12월 31일에 ㈜대한의 흡수합병과 관련하여 재무상태 표에 계상될 영업권과 유형자산의 장부금액(순액)은 각각 얼마인가?

> 〈추가자료〉
> · 합병 후 ㈜민국의 배터리 제품에 대한 화재 위험성 문제가 제기되어 20×1년 12월 31일 현재 추가 현금보상을 위한 영업성과 목표치가 달성되지 못했다. 그 결과 ㈜민국의 기존 주주에 대한 ㈜대한의 추가 현금보상 지급의무가 소멸되었다. 이는 취득일 이후 발생한 사실과 상황으로 인한 조건부대가의 변동에 해당한다.
> · ㈜대한이 ㈜민국으로부터 취득한 유형자산에 대한 독립적인 가치평가는 20×2년 4월 1 일(즉, 20×1년 재무제표 발행 승인 후)에 완료되었으며, 동 가치평가에 의한 취득일 당시 ㈜민국의 유형자산 공정가치는 ₩900,000이다. 잔존내용연수, 잔존가치, 감가상각방법 등 기타 사항은 동일하다.
> · 자산과 관련한 손상징후는 없다.

	영업권	유형자산(순액)		영업권	유형자산(순액)
①	₩120,000	₩640,000	②	₩280,000	₩630,000
③	₩180,000	₩640,000	④	₩280,000	₩540,000
⑤	₩180,000	₩630,000			

9 ㈜대한은 20×1년 초 두 개의 현금창출단위(A사업부, B사업부)를 보유하고 있는 ㈜민국을 흡수합병(사업결합)하였으며, 이전대가로 지급한 ₩30,000은 각 현금창출단위에 다음과 같이 배분되었다.

(CPA 2022)

구분	이전대가	식별가능한 순자산의 공정가치
A 사 업 부	₩22,000	₩19,000
B 사 업 부	8,000	6,000
합 계	₩30,000	₩25,000

20×1년 말 현재 강력한 경쟁기업의 등장으로 인해 A사업부의 매출이 상당히 위축될 것으로 예상되자, ㈜대한은 A사업부(현금창출단위)의 회수가능액을 ₩13,500으로 추정하였다. 손상차손을 인식하기 전 A사업부에 속하는 모든 자산의 20×1년 말 장부금액과 추가정보는 다음과 같다.

구 분	손상 전 장부금액	추가정보
토 지	₩5,000	순공정가치는 ₩5,500임
건 물	8,000	순공정가치는 ₩6,800이며, 사용가치는 ₩7,200임
기 계 장 치	2,000	회수가능액을 측정할 수 없음
영 업 권	?	

손상차손을 인식한 후, ㈜대한의 20×1년 말 재무상태표에 보고되는 A사업부의 기계장치 장부금액은 얼마인가? (단, ㈜대한은 유형자산에 대해 원가모형을 적용하고 있다)

① ₩1,700   ② ₩1,300   ③ ₩1,200

④ ₩800   ⑤ ₩500

※ 다음 〈자료〉를 이용하여 10번과 11번에 답하시오. (CPA 2023)

〈자료〉

· ㈜대한은 20×1년 중에 ㈜민국의 의결권 있는 보통주 150주(지분율 15%)를 ₩150,000에 취득하고, 이를 기타포괄손익-공정가치 측정 금융자산(FVOCI 금융자산)으로 분류하였다.

· ㈜대한은 20×2년 초에 추가로 ㈜민국의 나머지 의결권 있는 보통주 850주(지분율 85%)를 취득하여 합병하였다. 이 주식의 취득을 위해 ㈜대한은 ₩200,000의 현금과 함께 보통주 500주(액면총액 ₩500,000, 공정가치 ₩800,000)를 발행하여 ㈜민국의 주주들에게 지급하였다. 합병일 현재 ㈜민국의 의결권 있는 보통주 공정가치는 주당 ₩1,200, 액면가는 주당 ₩1,000이다. ㈜대한은 신주 발행과 관련하여 ₩10,000의 신주발행비용을 지출하였다.

· 취득일 현재 ㈜민국의 요약재무상태표는 다음과 같다.

요약재무상태표
20×2년 1월 1일 현재

계정과목	장부금액	공정가치
유 동 자 산	₩150,000	₩200,000
유 형 자 산 (순 액)	1,050,000	1,280,000
자 산	₩1,200,000	
부 채	₩600,000	₩600,000
자 본 금	200,000	
이 익 잉 여 금	400,000	
부 채 와 자 본	₩1,200,000	

· ㈜대한은 합병과 관련하여 만세회계법인에게 ㈜민국의 재무상태 실사 용역을 의뢰하였고, ₩30,000의 용역수수료를 지급하였다. 그리고 ㈜대한은 합병업무 전담팀을 구성하였는데, 이 팀 유지원가로 ₩20,000을 지출하였다.

· 합병일 현재 ㈜민국의 종업원들은 회사 경영권의 변동에도 불구하고 대부분 이직하지 않았다. 이 때문에 ㈜대한은 합병일 이후 즉시 ㈜민국이 영위하던 사업을 계속 진행할 수 있었으며, ㈜대한의 경영진은 이러한 ㈜민국의 종업원들의 가치를 ₩80,000으로 추정하였다.

· 합병일 현재 ㈜민국의 상표명 'K-World'는 상표권 등록이 되어 있지 않아 법적으로 보호받을 수 없는 것으로 밝혀졌다. 그러나 ㈜민국이 해당 상표를 오랫동안 사용해왔다는 것을 업계 및 고객들이 인지하고 있어, 합병 이후 ㈜대한이 이 상표를 제3자에게 매각하거나 라이선스 계약을 체결할 수 있을 것으로 확인되었다. ㈜대한은 이 상표권의 가치를 ₩30,000으로 추정하였다.

10 ㈜대한이 합병일(20×2년 1월 1일)에 수행한 사업결합 관련 회계처리를 통해 인식한 영업권은 얼마인가?

① ₩240,000 ② ₩270,000 ③ ₩290,000

④ ₩300,000 ⑤ ₩330,000

11 다음은 ㈜대한과 ㈜민국에 대한 〈추가자료〉이다.

〈추가자료〉

· 합병일 현재 ㈜대한은 ㈜민국이 제기한 손해배상청구소송에 피소된 상태이다. 합병일 현재 ㈜대한과 ㈜민국 간에 계류 중인 소송사건의 배상금의 공정가치는 ₩20,000으로 추정되고, 합병에 의해 이 소송관계는 정산되었다. ㈜대한은 이와 관련하여 충당부채를 설정하지 않았다.

위 〈자료〉와 〈추가자료〉가 ㈜대한의 20×2년도 당기순이익에 미치는 영향은 얼마인가?

① ₩0 (영향 없음) 　　② ₩20,000 감소 　　③ ₩30,000 감소

④ ₩50,000 감소 　　⑤ ₩70,000 감소

Short-answer Questions

1 20×1년 7월 1일에 ㈜대한은 ㈜민국의 주식 100%를 취득하여 사업결합하고, 다음과 같은 대가를 지급하였다. (CPA 2017)

> · ㈜대한은 ㈜민국의 기존 주주들에게 보통주 100주(주당 액면가액 ₩1,000, 주당 공정가치 ₩2,000)를 발행·교부하였으며, 주식발행비용으로 ₩4,000을 지출하였다.
> · ㈜대한은 ㈜민국의 기존 주주들에게 장부금액 ₩50,000(공정가치 ₩60,000)인 토지를 이전하였다.
> · ㈜대한은 ㈜민국의 주식기준보상(주식결제형)을 자신의 주식기준보상(주식결제형)으로 대체하기로 하였다. ㈜민국이 종업원에게 주식기준보상을 부여한 시점에서의 공정가치는 ₩25,000이며, 취득일에 기업회계기준서(주식기준보상)에 의하여 측정한 금액은 ₩30,000이다.
> · ㈜대한은 20×2년 초에 시장점유율이 특정비율을 초과하게 되면 ㈜민국의 기존 주주들에게 보통주 10주를 추가 발행·교부하기로 하였으며, 취득일 현재 이러한 대가의 공정가치는 ₩18,000으로 추정된다.

취득일 현재, ㈜민국 자산의 공정가치는 ₩300,000, 부채의 공정가치는 ₩100,000이다. 취득한 자산과 인수한 부채의 공정가치와 관련된 추가 자료는 다음과 같다.

> 〈추가자료〉
> 1. ㈜민국은 취득일 현재 새로운 고객과 제품공급계약을 협상하고 있는데, 동 계약의 체결 가능성은 매우 높다. 동 계약의 공정가치는 ₩5,000으로 추정된다.
> 2. ㈜민국의 무형자산 중에는 인터넷 도메인 등 홈페이지와 관련된 무형자산이 ₩50,000 계상되어 있다. 그러나 ㈜대한은 자체적인 홈페이지를 운영하고 있으므로, ㈜민국의 홈페이지를 폐쇄하기로 결정하고 사업결합시 ㈜민국의 순자산 공정가치에 포함시키지 않았다. 이러한 인터넷 도메인 등의 홈페이지와 관련된 공정가치는 ₩25,000이다. 또한 ㈜민국은 고객목록 정보를 데이터베이스 형태로 관리하고 있다. ㈜민국은 이러한 데이터베이스를 구축하는데 ₩40,000을 지출하였으며, 이를 경상개발비로 처리하였다. 동 고객목록 정보의 공정가치는 ₩20,000이다.
> 3. 사업결합 후 ㈜민국의 일부 사업 중단계획에 따라 취득일에 매각예정비유동자산으로 분류한 처분자산집단의 장부금액은 ₩2,000이지만, 동 자산집단의 공정가치는 ₩3,000이고, 처분부대원가는 ₩500이다. 매각예정비유동자산은 취득일의 ㈜민국의 순자산에 포함되지 않았다.
> 4. ㈜민국은 취득일 현재 소송의 피고로 계류중인 사건과 관련하여 패소할 가능성이 높지 않아 충당부채를 인식하지 않았으나, 이의 공정가치는 ₩13,000으로 측정되었다. ㈜민국은 이 소송에 패소하여 손해배상액이 ₩13,000을 초과할 경우 차액을 ㈜대한에게 보상

> 해주기로 하였는데, 보상대상 부채와 동일한 근거로 측정한 보상금액의 공정가치는
> ₩2,000으로 측정되었다.
> 5. ㈜대한은 취득일에 인수한 ㈜민국의 금융부채 공정가치가 확실하지 않아, 잠정적으로
> ₩15,000으로 측정하였으나, 20×2년 중에 동 금융부채의 공정가치가 ₩12,000인 것으
> 로 확인되었다.

(물음 1) ㈜대한이 ㈜민국에게 지급한 이전대가 중 ㈜민국에게 이전한 토지를 ㈜대한이 사업결합 후에도 ① 계속 통제하고 있는 경우와 ② 통제하지 못하는 경우로 나누어 ㈜대한이 취득일에 사업결합과 관련하여 지급한 이전대가를 계산하시오.

계속 통제하고 있는 경우	①
통제하지 못하는 경우	②

(물음 2) ㈜대한이 취득일에 사업결합과 관련한 회계처리를 할 때, 추가자료 1~4 항목들이 ㈜대한이 취득한 순자산 공정가치에 미치는 영향을 계산하시오. (단, 영향이 없는 경우에는 '0'으로 표시하고, 순자산 공정가치가 감소하는 경우에는 금액 앞에 '(−)'를 표시하시오)

항목	순자산 공정가치에 미치는 영향
추가자료1	①
추가자료2	②
추가자료3	③
추가자료4	④

(물음 3) 추가자료5와 같이 잠정금액의 수정이 이루어지는 경우 수정이 이루어지는 시기에 따라 회계처리가 어떻게 달라지는지 간략히 설명하시오.

2 ㈜대한은 20×1년 7월 1일에 ㈜민국의 발행주식 중 10%(100주, 주당 액면금액 ₩1,000)를 ₩120,000에 취득하였다. ㈜대한은 매입한 주식을 기타포괄손익-공정가치 측정 금융자산으로 지정하였다. ㈜대한은 20×2년 2월 1일에 ㈜민국의 자산과 부채를 모두 인수하는 사업결합을 하기로 결정하였다. 사업결합을 진행하기 위해 ㈜대한은 ㈜민국의 자산과 부채에 대해 2차례의 실사(예비실사와 추가실사, 총 ₩600,000 지출)를 수행하였다. 다음의 사업결합 관련 자료를 이용하여 물음에 답하시오. (단, ㈜대한과 ㈜민국은 동일지배하의 기업이 아니며 별도의 언급이 없는 사항에 대한 세금효과는 고려하지 않는다) 다음은 20×2년 2월 1일 현재 양사의 재무상태표와 ㈜민국의 예비실사 결과를 반영한 공정가치 자료이다. (CPA 2018)

㈜대한 재무상태표
(20×2년 2월 1일 현재)

계 정	장부금액
유 동 자 산	₩400,000
유 형 자 산	500,000
무 형 자 산	50,000
기 타 자 산	150,000
자 산 총 계	₩1,100,000
부 채	450,000
자 본 금	400,000
기 타 자 본	250,000
부 채 와 자 본 총 계	₩1,100,000

㈜민국의 자산, 부채 예비실사 결과
(20×2년 2월 1일 현재)

계 정	장부금액	공정가치
유 동 자 산	₩750,000	₩750,000
유 형 자 산	350,000	500,000
무 형 자 산	100,000	100,000
기 타 자 산	100,000	100,000
자 산 총 계	₩1,300,000	
부 채	700,000	700,000
자 본 금	400,000	
기 타 자 본	200,000	
부 채 와 자 본 총 계	₩1,300,000	

〈관련 자료〉

세법상 자산의 임의적인 평가증은 인정되지 않는다. ㈜대한과 ㈜민국의 평균예상세율은 각각 25%와 20%이다. ㈜민국의 주당 공정가치는 다음과 같다.

일 자	20×1. 7. 1.	20×1.12.31.	20×2. 2. 1.
금 액	₩1,200	₩1,400	₩1,500

예비실사를 토대로 ㈜대한과 ㈜민국은 다음과 같이 사업결합대가를 결정하였다.

· ㈜대한은 자사 주식 200주(주당 액면금액 ₩1,000, 교부일의 주당 시가 ₩1,600)와 현금 ₩300,000을 지급하기로 한다.

· 합병 후 1년이 되는 시점인 20×3년 1월 31일에 ㈜대한의 시장점유율이 10%를 초과하면 초과 달성하는 1%당 10주를 추가로 교부하기로 한다. 20×2년 2월 1일(사업결합일)에 예상되는 20×3년 1월 31일의 시장점유율은 15%이다. 따라서 추가 발행될 것으로 예상되는 주식수는 총 50주(주당 액면금액 ₩1,000, 총 공정가치 ₩90,000)이다.

(물음 1) ㈜대한이 20×1년 7월 1일에 취득한 ㈜민국의 주식은 사업결합 회계처리에 어떻게 반영되는지 간략하게 설명하시오.

(물음 2) 20×2년 2월 1일에 ㈜대한과 ㈜민국의 사업결합 직후 다음의 각 항목별 금액을 계산하시오.

계정	금액
영업권	①
부채	②
기타자본	③

(물음 3) 다음은 취득일 이후 새롭게 입수한 정보에 기초하여 확인된, 예비실사 시에 반영되지 못한 ㈜민국에 대한 추가실사 내용이다.

· 유동자산 중 재고자산 진부화로 인한 손상차손을 반영해야 하는 금액은 ₩80,000이며, 회수가 어려울 것으로 판단되는 거래처의 매출채권 금액은 ₩20,000이다. 그러나 동 자산들에 대한 손상차손은 세법상 인정되지 않는다.
· ㈜민국은 서울 시내 주요 쇼핑지역 내에 대규모 영업점을 운영 중이며 운용리스계약을 체결하여 시장 조건의 리스료를 부담하고 있다. ㈜대한은 사업결합으로 ㈜민국의 기존 고객관계를 통해 신규 시장진입을 도모할 수 있다고 판단하였으며 이와 관련된 공정가치를 ₩50,000으로 평가하였다.
· ㈜민국은 사업결합 이전 회계기간을 대상으로 세무조사를 받을 것으로 예상된다. 세무조사가 실시될 경우 예상되는 추징세액은 ₩70,000으로 파악되었으나, 추징세액이 확정될 경우 ㈜민국의 기존 주주는 최대 ₩50,000까지만 보상하기로 하였다.

위의 추가실사 결과가 예비실사 후 계산된 영업권에 미치는 영향을 계산하시오. 단, 영향이 없는 경우에 는 '0'으로 표시하고, 감소하는 경우에는 (-)를 숫자 앞에 표시하시오.

추가실사 내용	영업권조정금액
재고자산 및 매출채권	①
영업점	②
세무조사	③

3   ㈜대한은 20×1년 7월 1일 ㈜민국의 지분 100%를 취득하는 합병계약을 체결하였다. 취득일 현재 ㈜민국의 순자산 공정가치는 잠정적으로 ₩50,000(자산 ₩67,000, 부채 ₩17,000)인 것으로 파악되었다. (단, ㈜대한과 ㈜민국은 동일지배하의 기업이 아니다)   (CPA 2019)

(물음 1) 사업결합과 관련하여 ㈜대한은 ㈜민국의 자산과 부채를 실사하는 과정에서 다음과 같은 항목들이 순자산의 공정가치에 반영되지 않았음을 발견하였다. 이러한 추가항목들을 한국채택국제회계기준 제1103호 '사업결합'에 따라 반영할 경우, ㈜민국의 자산과 부채의 공정가치에 미치는 영향을 평가하시오. (단, 아래 영향평가에서 과목(항목)은 유형자산, 무형자산, 기타자산, 부채 및 영향 없음으로 구분하며, 해당 금액이 감소하는 경우 (−)를 숫자 앞에 표시하시오)

추가 항목	영향평가
(예시) ㈜민국은 진행중인 연구개발 프로젝트가 있다. 취득일 현재 이 프로젝트의 공정가치는 ₩1,000이다.	무형자산 ₩1,000
㈜민국에는 신기술을 개발하는 우수한 연구 인력들이 많이 있다. 이들은 합병으로 인해 더 큰 미래경제적효익을 창출할 것으로 기대된다. 이 연구 인력의 합병 전 공정가치는 ₩1,500이며, 합병 후 공정가치는 ₩3,000으로 측정된다.	①
㈜민국은 생산공정과 관련된 비밀기술을 보유하고 있다. 동 비밀기술은 특허는 받지 않았지만 미래경제적효익을 기대할 수 있으며, 그 공정가치는 ₩500이다.	②
㈜민국은 취득일 현재 새로운 고객과 5년 동안 제품을 공급하는 계약을 협상 중이다. 동 계약의 체결가능성은 매우 높으며, 그 공정가치는 ₩800이다.	③
㈜민국은 취득일 현재 계류중인 손해배상소송과 관련하여 패소할 가능성이 높지 않아 관련 충당부채를 인식하지 않았다. 관련 충당부채의 공정가치는 ₩300이다.	④
㈜민국은 위의 손해배상소송과 관련하여 향후 손해배상액이 ₩300을 초과하는 경우 그 초과액을 ㈜대한에 보상해주기로 하였다. 손해배상충당부채와 동일한 근거로 측정한 보상의 공정가치는 ₩50이다.	⑤
㈜민국은 종업원에게 현금결제형 주식기준보상을 부여하였다. ㈜대한은 합병 후 이를 자신의 주식기준보상(현금결제형)으로 대체하려고 한다. 취득일 현재 한국채택국제회계기준 제1102호 '주식기준보상'의 방법에 따라 ㈜대한이 측정한 금액은 ₩1,500이며, ㈜민국이 측정한 금액은 ₩1,700이다. 한편, 동 주식기준보상의 공정가치는 ₩2,100이다. 동 주식기준보상은 부채의 공정가치 측정에 ₩2,000으로 반영되어 있다.	⑥

(물음 2) 취득자는 사업결합 이전에 자신이 인식했거나 인식하지 않은 무형자산을 사용하도록 피취득자에게 부여했던 권리를 사업결합의 결과로 다시 취득할 수 있다. 이처럼 다시 취득한 권리는 사업결합과정에서 어떻게 인식 및 측정하여야 하며, 그 이유는 무엇인지 서술하시오.

4 ㈜대한은 20×1년 1월 1일에 ㈜민국의 보통주 90%를 취득함으로써 ㈜민국을 흡수합병하였다. ㈜대한과 ㈜민국은 동일지배하에 있는 기업이 아니다. 합병과 관련된 다음 자료를 이용하여 물음에 답하시오.   (CPA 2020)

〈자료〉

1. 취득 자산과 인수 부채에 관한 자료
- 아래의 요소를 제외한 취득일 현재 ㈜민국의 순자산 공정가치는 ₩540,000이다.
- 취득일 현재 ㈜민국이 진행하고 있는 연구개발프로젝트가 ㈜민국의 장부에 인식되어 있지 않다. ㈜대한은 동 프로젝트가 식별가능한 자산에 해당한다고 판단한다. 취득일 현재 ㈜대한은 동 프로젝트에 대한 공정가치를 ₩50,000으로 측정하였다.
- ㈜대한은 ㈜민국의 사업을 지속적으로 영위하기 위해 ㈜민국의 핵심 종업원이 반드시 필요한 것으로 판단하였다. 취득일 현재 ㈜대한은 이러한 집합적 노동력에 대한 가치를 ₩200,000으로 추정하고 있다.
- ㈜민국은 리스이용자로 취득일 현재 잔여리스기간이 3년인 리스계약에 따라 매년 말 ₩83,271을 지급하고 있다. 이러한 리스계약은 시장조건에 비해 매년 말 ₩3,331을 더 지급하는 것이다. 리스계약 체결일에 적용된 내재이자율은 연 10%이며, 취득일에 재측정한 내재이자율은 연 12%이다. 동 리스는 취득일 현재 소액기초자산 리스에 해당하지 않는다.

2. 이전대가에 관한 자료
- ㈜대한은 추가 취득의 대가로 취득일에 자사 보통주 200주(1주당 액면금액 ₩1,000, 1주당 공정가치 ₩3,000)를 신규로 발행·교부하고, 추가로 ㈜대한의 보유 토지(장부금액 ₩200,000, 공정가치 ₩250,000)를 이전하였다. 단, 이전한 토지는 사업결합 후 ㈜대한에 계속 남아 있으며, ㈜대한은 동 토지에 대한 통제를 계속 보유한다.
- ㈜대한은 합병을 위한 추가 취득 이전에 취득한 ㈜민국의 보통주 10주(발행주식 중 10%, 취득 시 1주당 공정가치 ₩1,000)를 보유하고 있으며, 이를 기타포괄손익-공정가치 측정 금융자산으로 분류하고 있다. 취득일 현재 ㈜민국의 보통주 1주당 공정가치는 ₩2,500이다. ㈜대한은 보유 중인 ㈜민국의 보통주에 대해 신주를 교부하지 않았으며, 합병(취득)일에 소각하였다.
- ㈜대한은 20×1년 시장점유율이 특정 비율을 초과하게 되면, ㈜대한의 보통주 30주를 추가로 발행하기로 약정하였으며, 이러한 조건부대가의 취득일 현재 공정가치는 ₩10,000이다.

3. 합병과 관련한 ㈜대한의 추가 지출 내역
- 법률자문 수수료: ₩50,000
- 주식발행비용: ₩10,000
- 건물 소유권 이전비용: ₩15,000

(물음 1) ㈜대한이 20×1년 1월 1일 지출한 취득관련원가(법률자문 수수료, 주식발행비용, 건물 소유권 이전비용)가 각각 사업결합 회계처리에 어떻게 반영(예: 부채인식 등)되는지 간략히 서술하시오.

항목	회계처리방법
법률자문 수수료	①
주식발행비용	②
건물 소유권 이전비용	③

(물음 2) 사업결합을 통하여 취득일에 ㈜대한이 인식할 영업권을 계산하시오. 단, 3기간, 연 이자율 10%와 연 이자율 12%에 대한 정상연금 ₩1의 현가계수는 각각 2.4869와 2.4018이며, 답안 작성 시 원 이하는 반올림한다.

영업권	①

(물음 3) 다른 모든 상황은 상기와 같으나 만약 ㈜대한이 취득일 이전에 보유하고 있던 ㈜민국의 보통주 10주에 대하여 취득일에 ㈜대한의 보통주 10주를 발행·교부하였다고 할 경우, 사업결합을 통하여 취득일에 ㈜대한이 인식할 영업권을 계산하시오. 단, 답안작성 시 원 이하는 반올림한다.

영업권	①

(물음 4) 다음의 〈추가 자료〉를 이용하여 〈요구사항〉에 답하시오.

〈추가 자료〉
1. ㈜대한은 합병 후 ㈜민국을 독립된 사업부(민국사업부)로 운영하고 있다.
2. ㈜대한은 ㈜민국과의 합병 시 인식한 영업권을 현금창출단위에 배분하여 매년 해당 현금창출단위에 대한 손상검사를 하고 있다.
3. 20×1년 말 현재 민국사업부는 A사업부문과 B사업부문이라는 두 개의 현금창출단위로 구성되어 있으며, B사업부문의 20×1년 말 감가상각을 완료한 후 손상차손 인식 전 식별가능한 자산과 배분된 영업권의 장부금액 등에 대한 정보는 다음과 같다.

계정	장부금액	순공정가치	비고
건물 (순액)	₩50,000	₩30,000	잔존내용연수: 5년 잔존가치: ₩0 정액법 상각
토지	100,000	105,000	
기계장치 (순액)	30,000	알수없음	잔존내용연수: 5년 잔존가치: ₩0 정액법 상각
개발비 (순액)	20,000	알수없음	잔존내용연수: 5년 잔존가치: ₩0 정액법 상각
영업권	20,000	알수없음	

4. 20×1년 말 현재 B사업부문 내의 개별 자산에 대해 손상을 시사하는 징후는 없었으나, 경기 침체로 인해 B사업부문의 사용가치에 근거한 회수가능액이 ₩140,000으로 추정됨에 따라 동 현금창출단위의 손상에 대한 회계처리를 적정하게 수행하였다.

5. 20×2년 경기가 빠르게 회복되어 B사업부문의 상황이 크게 호전되었으며, 그 결과 20×2년 말 현재 B사업부문의 회수가능액이 ₩160,000으로 회복된 것으로 나타났다.

〈요구사항〉

B사업부문의 손상회계처리와 관련하여 다음 양식에 제시된 항목의 금액을 각각 계산하시오. 단, 20×2년 중 〈추가 자료〉의 표에 제시된 자산 외에 B사업부문에서 추가 취득한 자산은 없으며, 감가상각비와 손상차손 및 손상차손환입은 개별 자산별로 구분하여 회계처리한다. ㈜대한은 모든 유·무형자산에 대해 원가모형을 적용한다.

20×1년 기계장치에 배분된 손상차손	①
20×2년 기계장치의 손상차손환입	②
20×2년 말 개발비의 장부금액(순액)	③

5 다음 〈자료〉를 이용하여 물음에 답하시오.　　　　　　　　　　　　　　(CPA 2021)

〈공통 자료〉

㈜대한은 20×1년 1월 1일 ㈜민국의 지분 100%를 취득하여 ㈜민국을 흡수합병하였다. 합병 전 ㈜대한의 ㈜민국에 대한 예비실사 결과, ㈜민국의 취득자산과 인수부채의 공정가치는 각각 ₩35,000 및 ₩5,000으로 파악되었다. 합병대가로 ㈜대한은 ㈜민국의 주주에게 현금 ₩40,000을 지급하기로 하였다. ㈜대한과 ㈜민국은 동일 지배하의 기업이 아니다.

(물음 1) 아래의 〈예시〉를 참고하여, 〈공통 자료〉에 아래의 독립된 상황별로 추가 제시내용을 반영할 경우, 각 상황별로 영업권(또는 염가매수차익) 금액을 계산하시오. (단, 염가매수차익인 경우 괄호 안에 금액(예시: (1,000))을 표시하며, 별도의 언급이 있는 경우를 제외하고는 법인세 효과는 무시한다)

다음의 (상황 1)~(상황 5)는 상호 독립적이다.

(상황 1) ㈜민국은 차량 리스계약의 리스이용자로, 잔여기간 동안 리스료의 현재가치 측정금액이 취득자산(사용권자산)과 인수부채(리스부채)의 공정가치에 포함되어 있다. 다만, 취득일 현재 해당 리스조건은 시장조건에 비하여 불리하다. 예비실사 시 불리한 시장조건의 공정가치는 ₩1,000으로 측정되었으며 이는 취득자산에 반영되지 않았다. 한편, ㈜민국이 인식하지 않은 고객목록의 공정가치 ₩3,000이 예비실사 시 반영되지 않았다.

구분	영업권(염가매수차익)
〈공통 자료〉 + (상황 1)	①

(상황 2) 취득일 현재 ㈜민국이 산정한 집합적 노동력의 공정가치 ₩3,000과 ㈜민국이 이전의 사업결합에서 인식한 영업권 ₩1,000이 반영되지 않았다. 또한 ㈜대한은 회계, 법률 자문 수수료로 ₩2,000을 추가로 지출하였다.

구 분	영업권(염가매수차익)
〈공통 자료〉 + (상황 2)	②

(상황 3) ㈜대한은 합병 후 ㈜민국의 일부 사업부를 폐쇄할 예정이며 구조조정비용은 ₩1,000으로 예상되나, ㈜민국은 이를 인식하지 않았다. ㈜대한은 ㈜민국의 매출액이 합병 이후 일정 수준에 미달하는 경우 기존 이전대가의 일부를 반환받을 수 있으며, 해당 권리의 공정가치는 ₩4,000으로 추정되나 해당 거래가 반영되지 않았다. ㈜대한의 합병전담부서 유지비용으로 ₩500이 추가로 지출되었다.

구 분	영업권(염가매수차익)
〈공통 자료〉 + (상황 3)	③

(상황 4) ㈜대한은 사업결합 전 ㈜민국에 부여한 프랜차이즈 권리(잔여 계약기간 2년)를 재취득하였는데, 취득자산에 반영되지 않았다. 해당 권리의 공정가치는 ₩2,000이며, 잠재적인 갱신가능성을 고려할 경우의 공정가치는 ₩3,000이다. 추가로 ㈜대한은 기존 이전대가에 추가하여 ㈜민국의 주주에게 토지(공정가치 ₩3,000, 장부금액 ₩2,000)를 이전하기로 하였다. ㈜대한은 이전하는 토지를 사업결합 후 통제하지 않는다.

구분	영업권(염가매수차익)
〈공통 자료〉 + (상황 4)	④

(상황 5) ㈜대한은 사업결합일 현재 ₩20,000의 세무상 이월결손금을 보유하고 있는데, 과거에는 실현가능성이 높지 않다고 판단하여 이연법인세자산을 인식하지 않았다. 그러나 ㈜대한은 ㈜민국과의 사업결합으로 해당 이월결손금의 실현가능성이 높다고 판단하고 있다. 한편, ㈜대한과 ㈜민국의 적용 법인세율은 각각 20% 및 30%이며, ㈜민국의 자산과 부채의 장부금액과 공정가치의 차이는 없다.

구분	영업권(염가매수차익)
〈공통 자료〉 + (상황 5)	⑤

(물음 2) 기업회계기준서 제1103호 '사업결합'에 따른 ① 조건부 대가의 정의, ② 사업결합일의 조건부 대가의 최초 측정방법 및 ③ 지급의무가 있는 조건부 대가에 대한 회계처리상 분류방법을 간략히 기술하시오.

조건부 대가의 정의	①
조건부 대가의 최초 측정방법	②
조건부 대가 지급의무의 회계처리 분류	③

6　㈜대한은 20×1년 4월 1일에 ㈜민국의 주식과 교환하여 ㈜대한의 주식을 발행함으로써 ㈜민국을 취득하였다. 하지만 동 사업결합은 ㈜민국(법적 피취득자, 회계상 취득자)이 ㈜대한(법적 취득자, 회계상 피취득자)을 취득한 역취득에 해당한다. 아래 〈자료〉를 이용하여 물음에 답하시오.　　(CPA 2022)

〈자료〉

1. 사업결합 직전 ㈜대한과 ㈜민국의 재무상태표는 다음과 같다. ㈜대한의 납입자본은 보통주 60주(액면금액: 1주당 ₩100)로 구성되어 있으며, ㈜민국의 납입자본은 보통주 40주(액면금액: 1주당 ₩500)로 구성되어 있다.

재무상태표
20×2년 12월 31일　　　　　　　　　　(단위: ₩)

계정과목	㈜대한	㈜민국
유　동　자　산	10,000	30,000
비　유　동　자　산	25,000	45,000
자　산　총　계	35,000	75,000
유　동　부　채	7,000	5,000
비　유　동　부　채	13,000	10,000
납　입　자　본	6,000	20,000
이　익　잉　여　금	9,000	40,000
부 채 및 자 본 총 계	35,000	75,000

2. 20×1년 4월 1일에 ㈜대한은 ㈜민국의 보통주 각 1주와 교환하여 보통주 6주를 발행하고, ㈜민국의 주주는 자신들이 보유하고 있는 ㈜민국의 주식을 모두 ㈜대한의 주식으로 교환한다. 이에 따라 ㈜대한은 ㈜민국의 보통주 40주 모두에 대해 보통주 240주를 발행한다.
3. 20×1년 4월 1일 현재 ㈜대한과 ㈜민국의 보통주 1주당 공정가치는 각각 ₩200과 ₩3,000이다.
4. 20×1년 4월 1일 현재 ㈜대한이 보유한 비유동자산의 공정가치는 ₩30,000이며, 이를 제외한 ㈜대한의 식별가능한 자산과 부채의 공정가치는 장부금액과 동일하다.

(물음 1) 사업결합 직후 연결재무상태표에 표시될 다음의 금액을 계산하시오.

영업권	①
납입자본	②
이익잉여금	③

(물음 2) ㈜민국의 20×0년도 당기순이익과 20×1년도의 연결당기순이익이 각각 ₩7,200과 ₩14,250이라고 할 때, ① 20×1년도 주당이익과 ② 비교목적 공시를 위해 재작성된 20×0년도 주당이익을 각각 계산하시오. 단, 20×1년 기초부터 역취득 직전까지 ㈜민국의 유통보통주식수에 변동은 없으며, 가중평균유통보통주식수는 월할계산한다.

20×1년도 주당이익	①
20×0년도에 대해 재작성된 주당이익	②

7 아래의 〈공통자료〉를 이용하여 각 물음에 답하시오.   (CPA 2023)

〈공통자료〉

1. 20×1년 1월 1일에 ㈜대한은 ㈜민국의 발행주식 중 15%(1,500주)를 ₩2,250,000에 취득하고, 이를 FVOCI금융자산으로 분류하였다. 20×1년 12월 31일 현재 ㈜민국의 발행 주식의 공정가치는 주당 ₩1,700이다.

2. ㈜대한은 20×2년 3월 1일에 ㈜민국의 나머지 주식(총 발행주식 중 85%, 8,500주)을 취득하여 ㈜민국을 흡수합병하였다. 20×2년 3월 1일 현재 ㈜민국의 발행 주식의 공정가치는 주당 ₩1,800이다.

3. ㈜대한은 인수대가로 ㈜대한을 제외한 나머지 ㈜민국의 주주들에게 현금 ₩3,000,000과 보유하고 있던 ㈜서울의 주식 3,000주(FVPL금융자산으로 분류, 장부가액 ₩2,000,000, 공정가치 ₩2,500,000)를 지급하고, ㈜대한의 주식 800주(액면총액 ₩4,000,000, 공정가치 ₩5,000,000)를 발행 교부하였다.

(물음 1) 사업결합에서 영업권이 발생한다고 가정할 때, 〈공통자료〉 및 〈추가자료〉를 이용하여 각 〈요구사항〉에 답하시오. (단, 〈요구사항〉은 독립적이다)

〈추가자료 1〉

㈜대한이 인수한 ㈜민국의 토지는 사업결합 시 매각예정으로 분류되었다. 20×2년 1월 1일 및 3월 1일 현재 이 토지의 장부금액 및 순공정가치는 다음과 같다. 이 금액은 ㈜민국의 자산 및 부채 금액에 포함되어 있지 않다.

일 자	장부금액	순공정가치
20×2년 1월 1일	₩2,000,000	₩3,000,000
20×2년 3월 1일	2,000,000	2,500,000

〈요구사항 1〉 상기 〈추가자료 1〉의 사항이 20×2년 사업결합 시 ㈜대한의 당기순이익에 미치는 영향을 계산하고, 그 이유를 기술하시오. (단, 영향이 없는 경우에는 '0'으로 표시하고 감소하는 경우 금액 앞에 (-)를 표시하시오)

당기순이익에 미치는 영향	①
이유	②

〈추가자료 2〉

㈜민국은 20×1년 1월 1일에 개발부서 담당 임원A를 외부에서 영입하였다. 해당 임원A 영입 당시 사업결합에 대한 협상은 시작되지 않았으며, 고용계약에 따르면 총 계약기간은 3년이고 계약기간 중 회사가 매각되는 경우 ₩200,000을 임원A가 지급받기로 되어 있다. 이 금액은 ㈜민국의 자산 및 부채 금액에 포함되어 있지 않다.

〈요구사항 2〉상기 〈추가자료 2〉의 사항이 20×2년 사업결합 시 ㈜대한의 당기순이익에 미치는 영향을 계산하고, 그 이유를 기술하시오. (단, 영향이 없는 경우에는 '0'으로 표시하고 감소하는 경우 금액 앞에 (-)를 표시하시오)

당기순이익에 미치는 영향	①
이유	②

〈추가자료 3〉

㈜대한이 인수대가로 지급한 현금 중 ₩1,875,000은 사업결합과정에서 ㈜민국의 자산과 부채를 실사한 회계법인에게 지급할 수수료를 ㈜민국에서 대신 지급한 것을 ㈜대한이 변제한 것이다.

〈요구사항 3〉상기 〈추가자료 3〉의 사항이 20×2년 사업결합 시 ㈜대한의 당기순이익에 미치는 영향을 계산하고, 그 이유를 기술하시오. (단, 영향이 없는 경우에는 '0'으로 표시하고 감소하는 경우 금액 앞에 (-)를 표시하시오)

당기순이익에 미치는 영향	①
이유	②

(물음 2) 20×2년 1월 1일 및 3월 1일 현재 ㈜민국의 식별할 수 있는 자산과 부채의 장부금액 및 공정가치는 다음과 같다. 단, 상기 〈추가자료 1, 2, 3〉에서 제시된 자료는 포함되어 있지 않다.

항 목	〈20×2년 1월 1일〉 장부금액	공정가치
유 동 자 산	₩2,000,000	₩2,000,000
비 유 동 자 산	3,000,000	4,500,000
유 동 부 채	1,500,000	1,500,000
비 유 동 부 채	2,000,000	2,000,000

항 목	〈20×2년 3월 1일〉 장부금액	공정가치
유 동 자 산	₩3,000,000	₩3,000,000
비 유 동 자 산	2,500,000	4,000,000
유 동 부 채	1,200,000	1,200,000
비 유 동 부 채	2,500,000	2,500,000

상기 〈공통자료〉 및 〈추가자료 1, 2, 3〉의 영향을 고려할 때, 사업결합으로 ㈜대한이 인식할 영업권 또는 염가매수차익을 계산하시오. (단, 영업권이 발생하는 경우에는 '영업권'을, 염가매수차익이 발생하는 경우에는 '염가매수차익'을 금액 앞에 표시하시오)

영업권(또는 염가매수차익)	①

PART
02

연결재무제표

학습목표

- 연결재무제표의 의의와 유용성에 대해 이해한다.
- 피투자자에 대한 지배력을 이해한다.
- 연결재무제표의 작성원칙을 이해한다.
- 연결회계이론을 이해한다.

연결재무제표(consolidated financial statements)는 제1장에서 설명한 지분취득(acquisition)을 통해 피취득기업의 의결권 있는 주식을 취득기업에 이전함으로써, 취득기업과 피취득기업 간에 지배-종속 관계가 형성되어 이 기업들을 하나의 경제적 단일 실체로 보고 작성하는 재무제표이다.

본장에서는 K-IFRS 제1110호 '연결재무제표'에서 규정하고 있는 연결재무제표에 대한 개념, 지배력 및 연결재무제표의 작성원칙을 다루고 있다. 또한 연결회계이론과 국제회계기준의 제정근거를 설명하고 있다. 이를 통해서 연결재무제표의 기본원리에 대해 심도 있게 학습해 보자.

1. 연결재무제표의 기초

1.1 연결재무제표의 의의

제1장에서 언급한 것처럼 사업결합(business combination)이란 취득자가 하나 이상의 사업에 대한 지배력을 획득하는 거래나 그 밖의 사건을 말하며, 사업결합의 유형을 합병 및 지분취득으로 구분할 수 있다.

합병(merger)은 피취득자의 자산과 부채를 취득자에게 이전하는 형태의 사업결합이며, 합병 후에 피취득자의 법적 실체가 소멸하게 된다. 따라서 취득자와 피취득자가 하나의 법적 실체를 구성하게 되며, 법적 실체가 경제적 실체와 동일하게 된다.

그러나 지분취득(acquisition)은 취득자가 피취득자 주식의 전부 또는 일부를 취득하여 지배력을 획득하는 형태의 사업결합이다. 이러한 형태의 사업결합은 합병과 달리 피취득자의 법적 실체가 그대로 유지되며, 취득자와 피취득자 간에 지배-종속 관계가 형성되므로 경제적 단일 실체로 본다. 따라서 지분취득의 경우에는 지배기업과 종속기업들을 하나의 경제적 단일 실체로 보고 연결재무제표(consolidated financial statements)를 작성해야 한다.

합병과 지분취득에 따른 사업결합 후 결합실체를 나타내면 다음 [그림 2-1]과 같다.

🍰 그림 2-1 사업결합 후 결합실체

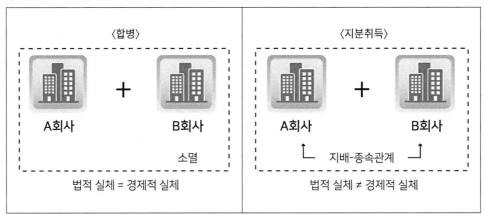

1.2 연결재무제표의 유용성과 한계점

연결재무제표는 법적 실체가 다른 지배기업과 종속기업들을 하나의 경제적 단일 실체로 보고 작성하므로 많은 노력과 비용이 소요된다. 그럼에도 불구하고 **연결재무**

제표를 작성하는 이유는 개별재무제표가 제공하지 못하는 유용한 정보를 제공해 주기 때문이다. 연결재무제표가 제공하는 유용성과 한계점은 다음과 같다.

(1) 연결재무제표의 유용성

① 연결실체의 재무상태와 경영성과 파악

법적 실체가 다른 지배기업과 종속기업들을 하나의 경제적 단일 실체로 보고 작성된 연결재무제표는 연결실체의 재무상태와 경영성과에 관한 정보를 포괄적으로 제시한다. 연결재무제표가 제공하는 전체의 통합된 회계정보를 바탕으로 회계정보이용자들은 연결실체에 대한 합리적인 의사결정을 할 수 있다.

② 개별재무제표의 왜곡표시 제거

연결재무제표를 작성하면 지배기업과 종속기업 간 상호출자 및 내부거래로 인한 개별재무제표의 왜곡표시를 제거할 수 있다. 특히 연결재무제표를 작성하는 과정에서 내부거래가 제거되므로 이익을 조작할 가능성이 감소된다.

③ 지배기업 경영자의 경영관리에 도움

연결재무제표는 연결실체의 재무상태와 경영성과에 관한 정보를 포괄적으로 제시하므로 지배기업의 경영자가 종속기업들을 포함한 연결실체의 재무정책과 영업정책에 대한 의사결정 및 평가를 할 때 유용한 재무정보를 제공한다.

(2) 연결재무제표의 한계점

① 개별회사에 대한 정보 제공의 한계

투자자를 포함한 이해관계자들이 의사결정을 할 때 연결실체에 대한 정보도 이용하지만 개별회사에 대한 재무상태와 경영성과에 대한 정보를 토대로 이루어지므로 연결재무제표의 통합된 수치만으로 개별회사에 대한 의사결정을 하는 데는 한계가 있다.

② 업종과 회계정책의 차이

지배기업과 종속기업들 간에 업종이나 회계정책이 다를 경우, 서로 다른 업종과 서로 다른 회계정책을 통합해서 작성된 연결재무제표의 유용성은 저하된다.

2. 지배력

2.1 지배력의 의의

연결재무제표는 지배기업이 종속기업의 주식을 취득함으로써 사업결합 후 결합기업을 경제적 단일 실체로 간주하여 작성하는 재무제표이다. 지배-종속 관계가 형성되기 위해서는 지배기업이 종속기업에 대해서 지배력(control)을 가지고 있는지 판단해야 하며, 지배력은 다음과 같이 정의된다.

> 투자자는 피투자자에 관여함에 따라 변동이익에 노출되거나 변동이익에 대한 권리(rights)가 있고, 피투자자에 대한 자신의 힘(power)으로 변동이익에 영향을 미치는 능력(ability)이 있을 때 피투자자를 지배한다.

따라서 투자자는 다음 모두에 해당하는 경우에만 피투자자를 지배한다.

> ① 피투자자에 대한 힘
> ② 피투자자에 관여함에 따라 변동이익에 노출되거나 변동이익에 대한 권리
> ③ 피투자자에 대한 자신의 힘으로 변동이익에 영향을 미치는 능력(힘과 변동이익의 연관)

투자자는 자신이 피투자자를 지배하는지 평가할 때 모든 사실과 상황을 고려한다. 위에 열거된 지배력의 세 가지 요소 중 하나 이상이 달라진 사실이 있거나 그러한 상황이 벌어진 경우 투자자는 자신이 피투자자를 지배하는지를 다시 평가해야 한다.

한편, 둘 이상의 투자자가 관련 활동을 지시하기 위해 함께 행동해야 하는 경우 그들은 피투자자를 집합적으로 지배한다. 그러한 경우에는 어떠한 투자자도 다른 투자자의 협력 없이 관련 활동을 지시할 수 없으므로 어느 누구도 개별적으로 피투자자를 지배하지 못한다. 이는 공동지배 상황이므로 연결재무제표를 작성하지 아니한다. 이러한 경우에 각 투자자는 K-IFRS 제1111호 '공동약정', 제1028호 '관계기업과 공동기업에 대한 투자', 제1109호 '금융상품'과 같은 관련 기준서에 따라 다음 [그림 2-2]와 같이 피투자자에 대한 자신의 투자지분을 분류하여 회계처리한다.

● 그림 2-2 투자지분의 분류

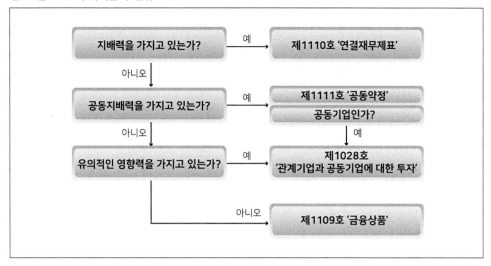

2.2 피투자자에 대한 힘

투자자가 관련 활동, 즉 피투자자의 이익에 유의적으로 영향을 미치는 활동을 지시하는 현재의 능력을 갖게 하는 현존 권리를 보유하고 있을 때 투자자는 피투자자에 대한 힘이 있다. 관련 활동을 지시하는 현재의 능력이 있는 투자자는 지시하는 권리를 행사하기 전일지라도 힘을 가진다. 투자자가 관련 활동을 지시하고 있다는 증거는 투자자가 힘을 가지는지 결정하는 데 도움을 줄 수 있다. 그러나 그러한 증거 자체만으로는 투자자가 피투자자에 대한 힘을 가지고 있는지 결정할 때 확실한 증거가 되지 않는다.

둘 이상의 투자자 각각이 다른 관련 활동을 지시하는 일방적인 능력을 갖게 하는 현존 권리를 보유하는 경우, 피투자자의 이익에 가장 유의적으로 영향을 미치는 활동을 지시하는 현재의 능력이 있는 투자자는 피투자자에 대한 힘이 있다.

다른 기업들이 관련 활동의 지시에 참여하는 현재의 능력을 갖게 하는 현존 권리(예: 유의적인 영향력)를 보유하고 있다 하더라도, 투자자는 피투자자에 대한 힘이 있을 수 있다. 그러나 방어권[1]만을 보유하는 투자자는 피투자자에 대한 힘이 없으며, 피투자자를 지배하는 것이 아니다.

종종 투자자들은 의결권이나 비슷한 권리로 관련 활동을 지시하는 현재의 능력을 가진다.

---

1) 방어권(protective rights)은 당사자에게 방어권과 관련된 기업에 대하여 힘을 갖게 하지는 않지만 방어권을 보유하고 있는 당사자의 이익의 보호하기 위해 설계된 권리를 말한다.

피투자자의 관련 활동을 의결권을 이용하여 지시하는 경우 다음과 같은 세 가지 상황으로 구분할 수 있다.

① 의결권의 과반수 보유로 힘을 가지는 경우
② 의결권을 과반수 보유하나 힘을 가지지 않는 경우
③ 의결권의 과반수를 보유하지 않고도 힘을 가지는 경우

(1) 의결권의 과반수 보유로 힘을 가지는 경우

피투자자의 의결권의 과반수를 보유하는 투자자는 다음의 상황에서 힘을 가진다.

① 의결권 과반수 보유자의 결의로 관련 활동을 지시하거나,
② 관련 활동을 지시하는 의사결정기구 구성원의 과반수를 의결권 과반수 보유자의 결의로 선임한다.

(2) 의결권을 과반수 보유하나 힘을 가지지 않는 경우

투자자는 피투자자의 의결권 과반수를 보유하고 있더라도 그러한 권리가 실질적이지 않다면 피투자자에 대한 힘을 가지지 못한다. 예를 들어, 정부, 법원, 관재인, 채권자, 청산인, 감독당국이 관련 활동을 지시한다면, 피투자자의 의결권 과반수를 보유하는 투자자는 힘을 가질 수 없다.

(3) 의결권의 과반수를 보유하지 않고도 힘을 가지는 경우

다음의 경우는 피투자자의 의결권 과반수를 보유하지 않더라도 힘을 가지는 경우이다.

① 투자자와 다른 의결권 보유자 사이의 계약상 약정
② 그 밖의 계약상 약정에서 발생하는 권리
③ 투자자의 의결권
④ 잠재적 의결권
⑤ ①~④의 조합

① **투자자와 다른 의결권 보유자 사이의 계약상 약정**: 투자자가 계약상 약정이 없으면 자신에게 힘을 부여할 충분한 의결권이 없더라도, 투자자와 다른 의결권 보유자 사이의 계약상 약정으로 투자자에게 힘을 부여하기에 충분한 의결권을 행사할 권리를 갖게 할 수 있다.

② **그 밖의 계약상 약정에서 발생하는 권리**: 그 밖의 의사결정권(예: 영업활동 또는 재무활동을 지시할 수 있는 권리)은 의결권과 결합하여 투자자에게 관련 활동을 지시하는 현재의 능력을 부여할 수 있다. 그러나 다른 권리가 없다면 피투자자가 투자자에게 경제적으로 의존(예: 공급자와 주요 고객의 관계)하고 있다고 해서 투자자가 피투자자에 대한 힘을 가지게 되는 것은 아니다.

③ **투자자의 의결권**: 의결권의 과반수 미만을 보유하는 투자자가 일방적으로 관련 활동을 지시하는 실질적 능력을 가진 경우에는 자신에게 힘을 부여하는 충분한 권리를 가진다. 이때 투자자가 보유한 의결권의 상대적 규모와 다른 의결권 보유자의 주식 분산 정도, 투자자나 다른 의결권 보유자가 보유한 잠재적 의결권, 그 밖의 계약상 약정에서 발생하는 권리, 그리고 과거 주주총회에서 의결된 양상을 포함하여, 결정해야 하는 시점에 투자자가 관련 활동을 지시하는 현재의 능력을 가지고 있는지를 나타내는 추가 사실과 상황 등을 고려한다.

📂 사례 1 의결권의 과반수 미만을 보유 시 힘을 갖는지 여부(제1110호 B43~B45)

〈경우 1〉

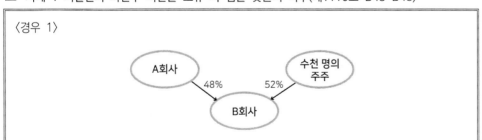

A회사는 B회사의 의결권 48%를 취득하였다. 나머지 의결권은 수천 명의 주주가 보유하고 있으며, 어느 누구도 개별적으로 의결권의 1%를 초과하여 보유하고 있지 않다. 주주들은 서로 상의하거나 집합적으로 의사결정을 하기 위한 어떠한 약정도 없다.
[판단 근거]
다른 주주 보유 지분과의 상대적 규모에 근거하여 A회사가 취득한 의결권의 비율을 평가할 때, A회사의 48% 지분이 B회사를 지배하기에 충분하다는 결론을 내릴 수 있다.

〈경우 2〉

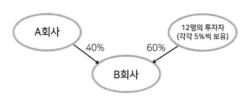

A회사는 B회사의 의결권 40%를 보유하고 있으며 다른 투자자 12명이 각각 5%씩 B회사의 의결권을 보유하고 있다. 주주 사이의 합의에서 A회사는 관련 활동을 지시할 책임이 있는 경영진을 선임하고 해임하며 경영진의 보상을 결정할 수 있는 권리를 부여받았다. 이 합의를 변경하려면 주주의 3분의 2에 해당하는 다수 표결이 필요하다.

[판단 근거]

A회사는 자신이 보유한 의결권의 절대적 규모와 다른 주주 보유 지분과의 상대적 규모만으로 자신에게 힘을 부여하는 충분한 권리가 있는지 결정하기에는 확실하지 않지만, A회사는 **경영진의 선임·해임과 경영진의 보상을 결정할 계약상 권리**가 B회사에 대한 힘을 갖고 있다는 결론을 내릴 수 있다.

〈경우 3〉

A회사는 B회사의 의결권 35%를 보유하고 있다. 다른 주주 3명은 B회사의 의결권을 각각 5%씩 보유하고 있다. 나머지 의결권은 수많은 그 밖의 주주들이 보유하고 있으며, 어느 누구도 개별적으로 의결권의 1%를 초과하여 보유하고 있지 않다. 주주들은 상의하거나 집합적으로 의사결정을 하는 어떠한 약정도 갖지 않았다. B회사의 관련 활동을 결정하는 것은 관련 주주총회에서 의결권 과반수의 승인이 필요하다. 최근 관련 주주총회에서 B회사의 의결권 75%가 투표하였다.

[판단 근거]

충분한 수의 다른 주주들이 A회사와 같은 방식으로 투표하였기 때문에 A회사가 관련 활동을 지시하였는지와 관계없이, 이 경우 최근 주주총회에서 다른 주주들의 능동적인 참여(과거 주주총회에서 의결된 양상)는 A회사가 관련 활동을 일방적으로 지시하는 실질적 능력을 갖고 있지 않음을 나타낸다.

④ **잠재적 의결권**: 지배력을 평가할 때 투자자는 자신이 힘을 갖는지 결정하기 위하여 다른 당사자가 보유한 잠재적 의결권뿐만 아니라 자신이 보유한 잠재적 의결권도 고려한다. 잠재적 의결권은 선도계약을 포함하는 전환상품이나 옵션에서 발생하는 권리와 같이 피투자자의 의결권을 획득하는 권리이다. 잠재적 의결권은 권리가 실질적일 경우에만 고려한다. 실질적인 잠재적 의결권은 단독으로 또는 다른 권리와 결합하여 투자자에게 관련 활동을 지시하는 현재의 능력을 부여할 수 있기 때문이다. 예를 들면, 투자자가 피투자자의 의결권을 40% 보유하고 있고 추가로 의결권의 20%를 취득할 수 있는 옵션에서 발생하는 실질적인 권리를 갖고 있을 때, 이러한 경우가 될 가능성이 높다.

📂 사례 2 잠재적 의결권(제1110호 B50)

〈경우 1〉

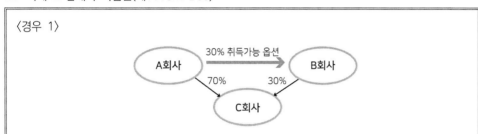

A회사는 C회사의 의결권 70%를 보유하고 있다. B회사는 C회사의 의결권 30%와 A회사가 갖고 있는 의결권 절반을 취득할 수 있는 옵션을 보유하고 있다. 옵션은 2년 동안 깊은 외가격(out of the money) 상태인 고정 가격으로 행사될 수 있고, 향후 2년 동안 깊은 외가격(out of the money) 상태로 있을 것으로 예상된다. A회사는 자신의 의결권을 행사하고 있으며 C회사의 관련 활동을 적극적으로 지시하고 있다.

[판단 근거]

이 경우 A회사는 관련 활동을 지시하는 현재의 능력을 가진 것으로 보이므로 힘의 기준을 충족할 가능성이 높다. 비록 B회사가 추가 의결권을 매입할 수 있는 현재 행사 가능한 옵션을 가지고 있더라도(옵션이 행사되는 경우 C회사의 의결권 과반수가 B회사에 제공), 그러한 옵션과 관련된 계약 조건을 실질적이라고 보지 않는다.

〈경우 2〉

> A회사와 다른 투자자 2명이 D회사의 의결권을 각각 3분의 1씩 보유하고 있다. D회사의 사업
> 활동은 A회사와 밀접하게 관련되어 있다. 지분상품 외에도 A회사는 언제라도 고정 가격(현재 외
> 가격(out of the money) 상태이나 깊은 외가격(out of the money) 상태는 아님)으로 D회사
> 의 보통주로 전환할 수 있는 채무상품을 보유하고 있다. 채무상품이 보통주로 전환된다면, A회사
> 는 D회사의 의결권 60%를 보유하게 되며 A회사는 시너지의 실현으로 효익을 얻는다.
> [판단 근거]
> A회사는 관련 활동을 지시하는 현재의 능력을 자신에게 갖게 하는 실질적인 잠재적 의결권과 더
> 불어 D회사의 의결권을 보유하고 있으므로 D회사에 대한 힘을 갖는다.

2.3 변동이익에 대한 노출이나 권리

투자자가 피투자자에 관여하여 투자자의 이익이 피투자자의 성과에 따라 달라질 가능성
이 있는 경우 투자자는 변동이익에 노출되거나 변동이익에 대한 권리를 가진다. 투자자의
이익은 양(+)의 금액이거나, 부(−)의 금액이거나, 둘 모두에 해당할 수 있다. 이익
의 예는 다음을 포함한다.

> ① 배당금, 피투자자로부터 분배된 경제적 효익(예: 피투자자 발행 채무상품의 이자), 피투자자에 대
>   한 투자자의 투자자산 가치의 변화
> ② 피투자자의 자산이나 부채의 관리용역에 대한 보상, 신용이나 유동성 지원에서 발생한 손실에
>   대한 수수료와 노출, 피투자자의 청산 시 피투자자의 자산과 부채에 대한 잔여지분, 법인세혜택,
>   피투자자에 대한 투자자의 관여에 따른 미래 유동성의 활용
> ③ 다른 지분보유자들이 이용가능하지 않은 이익. 예를 들어, 투자자는 자신의 다른 자산의 가치를
>   높이기 위해 피투자자의 자산과 결합하여 자신의 자산을 이용할 수 있다.

투자자는 피투자자의 이익이 변동되는지와 이익의 법적 형식과 관계없이 약정의
실질에 근거하여 이익이 변동되는 정도를 평가한다. 예를 들면, 투자자는 고정금리를 지
급하는 채권을 보유하고 있다. 고정금리 지급은 채무불이행 위험의 대상이 되고 투
자자가 채권 발행자의 신용위험에 노출되기 때문에 이 기준서의 목적에서 고정금리
지급은 변동이익이다. 변동 금액(즉, 이익이 변동되는 정도)은 채권의 신용위험에 따라
달라진다. 이와 비슷하게 피투자자의 자산 관리에 필요한 고정 성과 수수료는 피투
자자의 성과위험에 투자자가 노출되기 때문에 변동이익이다. 그 변동 금액은 수수료
를 지불할 수 있는 충분한 수익을 창출하는 피투자자의 능력에 따라 달라질 수 있다.

2.4 힘과 변동이익의 연관(본인인지 대리인인지 구분)

투자자가 피투자자에 대한 힘이 있고 피투자자에 관여함에 따라 변동이익에 노출되거나 변동이익에 대한 권리가 있을 뿐만 아니라, 자신의 이익금액에 영향을 미치도록 자신의 힘을 사용하는 능력이 있다면 투자자는 피투자자를 지배한다. 따라서 의사결정권이 있는 투자자는 자신이 본인인지 또는 대리인인지를 결정해야 한다. 대리인인 투자자가 자신에게 위임된 의사결정권을 행사하는 경우에는 피투자자를 지배하는 것이 아니다. 대리인의 예로는 수수료를 지급하고 의사결정권한을 위임한 펀드운용사이며, 펀드운용사는 펀드를 지배하지 않는다.

의사결정자는 자신이 대리인인지를 결정할 때 특히 아래의 모든 요소에 대한 의사결정자 자신, 관리되고 있는 피투자자, 피투자자에 관여하는 다른 당사자 사이의 전체적인 관계를 고려한다.

① 피투자자에 대한 의사결정자의 의사결정 권한의 범위
② 다른 당사자들이 갖는 권리
③ 보상 약정에 따라 받을 권리가 있는 보상
④ 피투자자에 투자한 다른 지분의 이익 변동에 의사결정자가 노출되는 정도

① 피투자자에 대한 의사결정자의 의사결정 권한의 범위: 의사결정자는 피투자자의 목적과 설계, 피투자자가 노출되도록 설계된 위험, 관련 당사자에게 전가되도록 설계된 피투자자의 위험, 피투자자의 설계에서 의사결정자의 관여 수준을 고려한다. 예를 들면, 의사결정자가 피투자자의 설계에 유의적으로 관여한 경우(의사결정 권한의 범위 결정을 포함), 그러한 관여는 의사결정자가 관련 활동을 지시하는 능력을 자신에게 부여하는 권리를 획득하기 위한 기회와 유인이 있었음을 나타낼 수 있다.

② 다른 당사자들이 갖는 권리: 다른 당사자가 갖는 실질적인 권리는 피투자자의 관련 활동을 지시하는 의사결정자의 능력에 영향을 미칠 수 있다. 실질적인 해임권이나 그 밖의 권리는 의사결정자가 대리인임을 나타낼 수 있다.

③ 보상 약정에 따라 받을 권리가 있는 보상: 피투자자의 활동에서 예상되는 이익과 관련된 의사결정자의 보상금액 및 보상과 관련된 변동성이 클수록, 의사결정자가 본인일 가능성이 더 높다.

④ **피투자자에 투자한 다른 지분의 이익 변동에 의사결정자가 노출되는 정도**: 피투자자에 대해 다른 지분(예: 피투자자에게 투자하거나 피투자자의 성과에 따라 보증을 제공)을 갖고 있는 의사결정자는 자신이 대리인인지 평가할 때 그 지분의 이익 변동에서 자신이 노출된 정도를 고려한다. **피투자자의 다른 지분을 갖는 것은 의사결정자가 본인일 수 있다는 것을 나타낸다.**

📂 사례 3 본인인지 또는 대리인인지 구분(제1110호 B72)

〈경우 1〉

의사결정자(펀드운용사)는 현지 법규에서 요구하는 투자 위임장에 기술된 제한적으로 정해진 한도에서 공개적으로 거래되고 규제를 받는 펀드를 설립, 판매, 관리한다. 펀드는 여러 상장기업 지분증권의 다양한 포트폴리오 투자로서 투자자들에게 판매되었다. 정해진 한도에서 펀드운용사는 **투자할 자산에 재량권을 가진다.** 펀드운용사는 펀드에 10%에 비례하여 투자하고 있으며, 자신의 용역 보수로 펀드 순자산 가치의 1%에 해당하는 시장 기준 수수료를 받는다. 이 수수료는 제공한 용역에 상응한다. 펀드운용사는 **자신이 투자한 10% 투자를 초과하는 펀드 손실에는 어떠한 책임도 지지 않는다.** 펀드는 독립적인 이사회를 설치해야 하는 것은 아니고, 설치하지도 않았다. 투자자들은 펀드운용사의 의사결정 권한에 영향을 미칠 수 있는 어떠한 실질적인 권리도 갖고 있지 않지만 펀드가 설정한 특정 한도에서 자신의 지분을 돌려받을 수 있다.

[판단 근거]

비록 펀드운용사는 위임장에서 정한 한도와 규제 요건에 따라 펀드를 운용할지라도, 펀드의 관련 활동을 지시할 현재의 능력을 부여하는 의사결정권을 가지고 있다. 투자자들은 펀드운용사의 의사결정 권한에 영향을 미칠 수 있는 실질적인 권리를 갖고 있지 않다. 펀드운용사는 제공한 용역에 상응하는 시장 기준 수수료를 받으며 펀드에 일정 비율로 투자하고 있다. 그러한 보상과 투자로 펀드운용사가 펀드활동으로 인한 이익 변동에 노출되지만, 이것이 펀드운용사가 본인으로 판단할 정도로 유의적이지는 않다. 따라서 제한된 한도에서 펀드운용사의 의사결정 권한과 펀드의 이익 변동에 펀드운용사가 노출되는 정도를 고려할 때, 펀드운용사가 대리인이며 펀드를 지배하지 않는다는 결론을 내릴 수 있다.

〈경우 2〉

피투자자는 고정금리 채무상품과 지분상품으로 자금을 조달하여 설립되며 고정금리 자산유동화증권의 포트폴리오를 매수한다. 지분상품은 우선 채무투자의 손실을 보전해 주고 피투자자의 잔여이익을 받도록 설계되어 있다. 포트폴리오 내 자산유동화증권[2] 발행자의 채무불이행 가능성과 관련된 신용위험 및 포트폴리오의 관리와 관련된 이자율 위험의 노출을 수반한 포트폴리오 투자가 잠재적 채무상품 투자자를 대상으로 시장에서 거래되었다. 설립 시점의 지분상품은 매수한 자산 가치의 10%에 해당한다. 의사결정자(펀드운용사)는 피투자자의 투자안내서에 기술된 한도 내에서 투자의사를 결정하고 활성 자산 포트폴리오를 관리한다. 이러한 용역에서 펀드운용사는 시

---

2) 자산유동화증권(ABS: Asset-Backed Securities)이란 채권이나 부동산 등 자산을 담보로 증권을 발행하여 자금을 조달하는 금융기법을 말한다.

장 기준 고정급(즉, 관리 자산의 1%)을 수수료로 받으며, 피투자자의 이익이 정해진 수준을 초과하면 성과급(즉, 이익의 10%)을 수수료로 받는다. 수수료는 제공하는 용역에 상응한다. 펀드운용사는 피투자자의 지분 35%를 보유한다. 나머지 지분 65%와 모든 채무상품은 널리 분산되고 특수관계에 있지 않은 많은 수의 제3자가 보유하고 있다. 펀드운용사는 다른 투자자들의 단순 다수결로 이유와 관계없이 해임될 수 있다.

[판단 근거]

펀드운용사는 제공하는 용역에 상응하는 고정급과 성과급을 수수료로 받는다. 보상은 펀드의 가치를 높이기 위한 펀드운용사의 이해관계와 다른 투자자들의 이해관계를 일치시킨다. 펀드운용사는 지분의 35%를 보유하기 때문에 펀드의 활동과 보상의 이익 변동에 노출된다.

피투자자의 투자안내서에 기술된 한도 내에서 펀드운용사는 펀드를 운용하지만 피투자자의 이익에 유의적으로 영향을 미치는 투자결정을 할 수 있는 현재의 능력을 가진다. 다른 투자자들이 갖는 해임권은 널리 분산된 다수의 투자자가 갖고 있으므로 중요시되지 않는다. 따라서 펀드운용사는 피투자자를 지배한다고 결론을 내릴 수 있다.

3. 연결재무제표 작성의무의 면제

지배기업은 모든 종속기업을 포함하여 연결재무제표를 작성하는 것이 원칙이지만, 다음의 조건을 모두 충족하는 지배기업은 연결재무제표를 표시하지 아니할 수 있다(문단 4(1)).

① 지배기업이 그 자체의 지분을 모두 소유한 다른 기업의 종속기업이거나, 지배기업이 그 자체의 지분 일부를 소유한 다른 기업의 종속기업이면서 그 지배기업이 연결재무제표를 작성하지 않는다는 사실을 그 지배기업의 다른 소유주들(의결권이 없는 소유주 포함)에게 알리고 그 다른 소유주들이 그것을 반대하지 않는 경우

② 지배기업의 채무상품이나 지분상품이 공개시장(국내·외 증권거래소나 장외시장, 지역시장 포함)에서 거래되지 않는 경우

③ 지배기업이 공개시장에서 증권을 발행하기 위하여 증권감독기구나 그 밖의 감독기관에 재무제표를 제출한 적이 없으며 제출하는 과정에 있지도 않은 경우

④ 지배기업의 최상위 지배기업이나 중간 지배기업이 한국채택국제회계기준을 적용하여 작성한 공개적으로 사용할 수 있는 재무제표에 이 기준서에 따라 종속기업을 연결하거나 종속기업을 공정가치로 측정하여 당기손익에 반영한 경우

3.1 중간 지배기업

중간 지배기업(intermediate parent)이란 상위 지배기업의 지배를 받으면서 다른 기업을 지배하고 있는 기업을 말하며, 다음 [그림 2-3]에서 B기업에 해당한다.

🍂 그림 2-3 중간 지배기업

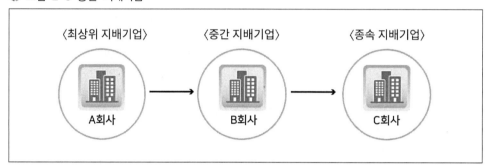

최상위 지배기업인 A회사는 B회사와 C회사를 포함하여 연결재무제표를 작성해야 한다. 일반적으로 중간 지배기업인 B회사 역시 C회사를 포함하여 연결재무제표를 작성해야 하지만, 문단 4(1)의 ①, ②, ③ 및 ④를 모두 충족하는 경우에는 연결재무제표 작성이 면제된다.

3.2 투자(전문)기업(investment entities)

투자기업(예: 부동산투자회사, 일명 리츠)은 다음을 모두 충족하는 기업이다.

① 투자관리용역을 제공할 목적으로 하나 이상의 투자자에게서 자금을 얻는다.
② 사업 목적이 시세차익, 투자수익이나 둘 다를 위해서만 자금을 투자하는 것임을 투자자에게 확약한다.
③ 실질적으로 모든 투자자산의 성과를 공정가치로 측정하고 평가한다.

투자기업은 시세차익이나 투자수익을 얻는 것이 사업목적이므로 **투자자산의 공정가치가 매우 중요한 정보**이다. 만약 투자기업이 투자자산에 대한 지배력을 갖는 경우 연결재무제표를 작성한다면, 연결과정에서 투자자산이 상계되어 투자자산의 공정가치 정보를 제공하지 못하게 될 것이다. 따라서 **투자기업은 연결재무제표를 작성하지 않고 종속기업에 해당하는 투자자산을 공정가치로 측정하여 당기손익에 반영**(당기손익-공정가치 측정

(FVPL) 금융자산)한다. 이는 문단 4(1)의 ④ 중에서 '종속기업을 공정가치로 측정하여 당기손익에 반영하는 경우'에 해당한다.

4. 연결재무제표의 작성원칙

피투자자와의 연결은 투자자가 피투자자에 대한 지배력을 획득하는 날부터 시작되어 투자자가 피투자자에 대한 지배력을 상실할 때에 중지된다. 다음과 같이 투자자는 피투자자의 보고기간 종료일과 회계정책을 일치시켜서 연결재무제표를 작성해야 한다.

4.1 보고기간 종료일의 일치

연결재무제표를 작성할 때 사용하는 지배기업과 종속기업의 재무제표는 보고기간 종료일이 동일해야 한다. 지배기업의 보고기간 종료일과 종속기업의 보고기간 종료일이 다른 경우에 종속기업은 연결재무제표를 작성하기 위하여 지배기업이 종속기업의 재무정보를 연결할 수 있도록 **지배기업의 재무제표와 동일한 보고기간 종료일의 추가 재무제표를 작성한다.**

다만 종속기업이 실무적으로 적용할 수 없다면, 지배기업은 종속기업의 재무제표일과 연결재무제표일 사이에 발생한 **유의적인 거래나 사건의 영향을 조정한 종속기업의 가장 최근 재무제표를 사용하여 연결재무제표를 작성한다.** 어떠한 경우라도 종속기업의 재무제표일과 지배기업의 보고기간 종료일의 **차이는 3개월을 초과해서는 안 된다.** 보고기간의 길이와 재무제표일의 차이는 기간마다 같아야 한다.

예를 들면, 지배기업의 보고기간 종료일이 12월 31일인 경우에 종속기업의 보고기간 종료일이 6월 30일이라면 지배기업의 연결재무제표 작성을 위해서 종속기업이 지배기업의 보고기간 종료일과 동일한 추가 재무제표를 작성해야 한다. 그러나 종속기업의 보고기간 종료일이 9월 30일이라면 종속기업의 재무제표를 추가로 작성하지 않고 10월 1일부터 12월 31일 사이에 발생한 유의적인 거래나 사건의 영향을 반영한 종속기업의 재무제표를 사용하여 연결재무제표를 작성할 수 있다.

4.2 회계정책의 일치

지배기업과 종속기업의 동일한 거래와 사건에 대하여 **동일한 회계정책을 적용하여 연결재무제표를 작성해야 한다.** 따라서 연결실체를 구성하는 기업이 비슷한 상황에서 발생한 비슷한 거래와 사건에 연결재무제표에서 채택한 회계정책과 다른 회계정책을 사용한 경우에는 **연결실체의 회계정책과 일치하도록 해당 재무제표를 적절히 수정하여** 연결재무제표를 작성한다.

예를 들면, 건물에 대하여 지배기업은 재평가모형을 적용하고 종속기업은 원가모형을 적용하였다면 종속기업의 건물에 대하여 재평가모형을 적용한 금액으로 수정한 후 연결재무제표를 작성해야 한다.

5. 별도재무제표

5.1 별도재무제표의 의의

별도재무제표(separate financial statements)란 종속기업, 공동기업 및 관계기업에 대한 투자를 보유하고 있는 기업이 해당 투자지분을 원가법, 공정가치법 또는 지분법 중 하나를 적용하여 표시한 재무제표 말한다.

국제회계기준의 주 재무제표는 연결재무제표이므로 연결재무제표를 작성하는 기업이 추가로 별도재무제표를 작성할 수는 있지만, 작성의무는 없다. 그러나 우리나라의 경우 「주식회사 등의 외부감사에 관한 법률」에 따라 연결재무제표를 작성하는 기업도 별도재무제표를 의무적으로 작성하도록 규정하고 있다.

한편, 종속기업, 공동기업 및 관계기업 참여자로서 투자지분을 소유하지 않은 기업의 재무제표는 별도재무제표가 아니다.[3] 또한 K-IFRS 제1110호 '연결재무제표'에 따라 연결재무제표 작성이 면제되거나 K-IFRS 제1028호 '관계기업과 공동기업에 대한 투자'에 따라 지분법 적용이 면제되는 경우, 그 기업의 유일한 재무제표로서 별도재무제표만을 작성할 수 있다.[4]

---

[3] 한국채택국제회계기준의 공식적인 용어는 아니지만 별도재무제표와 구분하기 위해서 종속기업, 공동기업 및 관계기업 참여자로서 투자지분을 소유하지 않은 기업의 재무제표를 일반적으로 개별재무제표라고 한다.

[4] 공동기업 및 관계기업에 대한 투자를 보유하고 있는 기업이 지분법의 적용이 면제되는 경우 유일

기업이 작성해야 하는 재무제표의 종류를 요약·정리하면 다음 〈표 2-1〉과 같다.

☑ 표 2-1 재무제표의 종류

구 분	재무제표의 종류
지배기업	연결재무제표(주 재무제표)
	별도재무제표 단, 연결재무제표 작성이 면제되는 경우 유일한 재무제표
공동기업 및 관계기업 투자지분을 소유한 기업	지분법 적용 재무제표(주 재무제표)
	별도재무제표 단, 지분법 적용이 면제되는 경우 유일한 재무제표
종속기업, 공동기업 및 관계기업 투자지분을 소유하지 않은 기업	개별재무제표
투자기업	별도재무제표 단, 종속기업에 대한 투자지분을 FVPL금융자산에 반영

5.2 별도재무제표의 작성

별도재무제표를 작성할 때, 종속기업, 공동기업 및 관계기업에 대한 투자자산은
다음 중 하나의 방법을 선택하여 회계처리한다.

① 원가법
② K-IFRS 제1109호 '금융상품'에 따른 공정가치법
③ K-IFRS 제1028호 '관계기업과 공동기업에 대한 투자'에서 규정하는 지분법

위의 방법을 선택하여 적용함에 있어서 **투자자산의 범주별로 동일한 회계처리방법을 적**
용해야 한다. 예를 들면, 두 개의 종속기업에 대해서 동일한 방법으로 회계처리해야
한다.

원가법 또는 지분법을 사용하여 회계처리된 투자자산이 K-IFRS 제1105호 '매각예
정비유동자산과 중단영업'에 따라 **매각예정으로 분류**(또는 매각예정으로 분류되는 처분자
산집단에 포함)**되는 경우 K-IFRS 제1105호에 따라 회계처리한다.** 그러나 K-IFRS 제1109

하게 작성하는 재무제표가 별도재무제표이므로 이때 공동기업 및 관계기업에 대한 투자에 대해 원
가법 또는 공정가치법 중에 하나를 적용한다.

호 '금융상품'에 따라 회계처리하는 투자자산의 측정은 이러한 상황에서 변경하지 않고 그대로 적용하면 된다.[5]

종속기업, 공동기업 및 관계기업에서 받은 배당금은 기업이 배당을 받을 권리가 확정되는 시점에 그 기업의 별도재무제표에 인식한다. 기업이 배당금을 투자자산의 장부금액에서 차감하는 지분법을 사용하지 않는다면 배당금은 당기손익으로 인식한다.

6. 연결회계이론

연결재무제표를 작성할 때 연결실체인 지배기업의 소유주와 비지배주주의 지분을 어떻게 처리하느냐에 따라 실체이론과 지배기업이론으로 구분한다.

6.1 실체이론

실체이론(entity theory)은 지배기업과 종속기업이 법률적으로는 독립된 실체이지만 경제적 단일 실체의 관점에서 연결재무제표를 작성하는 것이다. 따라서 지배기업의 소유주뿐만 아니라 비지배주주를 모두 주주로 간주하여 비지배지분을 자본으로 표시한다. 또한 종속기업의 당기순이익 중에서 지배기업의 소유주 귀속분분만 아니라 비지배주주에게 귀속되는 부분 모두를 연결당기순이익으로 표시한다.

국제회계기준은 실체이론에 근거하여 연결재무제표를 작성하도록 규정하고 있다.

6.2 지배기업이론

지배기업이론(parent company theory)은 주주 중에서 지배기업 소유주의 입장을 강조한다. 즉, 연결재무제표는 지배기업의 소유주가 주체가 되어 작성하는 것이며, 지배기업의 소유주에 대한 정보를 강조한다. 따라서 지배기업의 소유주만이 주주로서 자본으로 표시되고 비지배주주는 주주가 아니므로 비지배지분은 부채로 분류한다. 또한 종속기업의 당기순이익 중에서 지배기업의 소유주 귀속분만이 연결당기순이익으로 표시되고 비지배주주에게 귀속되는 부분은 지배기업 입장에서 부채에 귀속될 비용이므로 연결당기순이익 계산과정에서 차감된다.

---

5) K-IFRS 제1105호 '매각예정비유동자산과 중단영업'에서 제1109호 '금융상품'이 적용되는 금융자산에 대해서 해당 기준서의 적용을 제외하도록 규정하고 있다.

실체이론과 지배기업이론을 비교·정리하면 다음 〈표 2-2〉와 같다.

☑ 표 2-2 실체이론과 지배기업이론 비교

구 분	실체이론(국제회계기준)	지배기업이론
연결재무제표의 성격	지배기업과 종속기업의 경제적 단일 실체의 재무제표	지배기업 소유주의 재무제표
비지배지분	자본	부채
부(-)의 비지배지분	인식	인식하지 않음
비지배주주 귀속 당기순이익	연결당기순이익에 포함	연결당기순이익에서 차감
종속기업의 순자산	전체를 공정가치로 평가	지배기업지분만 공정가치로 평가
영업권	지배기업지분과 비지배지분 모두 인정6)	지배기업지분만 인정
내부미실현손익 제거 (상향거래시)	전액 제거	지배기업지분만 제거

7. 연결재무제표의 종류 및 양식

연결재무제표는 연결재무상태표, 연결포괄손익계산서, 연결자본변동표 및 연결현금흐름표로 구성되며 연결재무제표에 대한 주석을 포함한다. 연결재무제표의 양식은 K-IFRS 제1001호 '재무제표의 표시'의 규정에 따라 작성한다. 여기서는 연결재무상태표, 연결포괄손익계산서, 연결자본변동표 및 연결현금흐름표를 소개한다.

7.1 연결재무상태표

연결재무상태표의 자본을 지배기업의 소유주지분과 비지배지분으로 구분하여 표시하고, 지배기업의 소유주지분을 납입자본, 이익잉여금 및 기타자본구성요소로 구분하여 다음 〈표 2-3〉과 같이 표시한다.

---

6) 제3장 3.1(2)절 '비지배지분의 측정방법'에서 설명한 것처럼 국제회계기준은 영업권에 대해 실체이론과 지배기업이론에 따른 회계처리방법을 선택하여 인식하도록 한다.

☑ 표 2-3 연결재무상태표 양식

연결재무상태표
당기: 20×2년 12월 31일 현재
전기: 20×1년 12월 31일 현재

A회사   (단위: 원)

과 목	20×2년		20×1년	
[유동자산]		×××		×××
현 금 및 현 금 성 자 산	×××		×××	
매 출 채 권	×××		×××	
재 고 자 산	×××		×××	
기 타 유 동 자 산	×××		×××	
[비유동자산]		×××		×××
유 형 자 산	×××		×××	
영 업 권	×××		×××	
기 타 무 형 자 산	×××		×××	
기 타 비 유 동 자 산	×××		×××	
· · ·	×××		×××	
자 산 총 계		×××		×××
[유동부채]		×××		×××
매 입 채 무	×××		×××	
단 기 차 입 금	×××		×××	
유 동 성 장 기 차 입 금	×××		×××	
단 기 법 인 세 부 채	×××		×××	
기 타 유 동 부 채	×××		×××	
[비유동부채]		×××		×××
장 기 차 입 금	×××		×××	
이 연 법 인 세	×××		×××	
장 기 충 당 부 채	×××		×××	
· · ·	×××		×××	
부 채 총 계		×××		×××
지배기업의 소유주에게 귀속되는 자본		×××		×××
납 입 자 본	×××		×××	
이 익 잉 여 금	×××		×××	
기 타 자 본 구 성 요 소	×××		×××	
비 지 배 지 분		×××		×××
자 본 총 계		×××		×××
부 채 및 자 본 총 계		×××		×××

7.2 연결포괄손익계산서

연결포괄손익계산서의 연결당기순이익과 연결총포괄이익을 지배기업의 소유주지분과 비지배지분으로 구분하여 다음 〈표 2-4〉와 같이 표시한다.

☑ 표 2-4 연결포괄손익계산서 양식

연결포괄손익계산서

당기: 20×2년 1월 1일부터 20×2년 12월 31일까지

전기: 20×1년 1월 1일부터 20×1년 12월 31일까지

A회사 (단위: 원)

과 목	20×2년	20×1년
매 출	×××	×××
매 출 원 가	(×××)	(×××)
매 출 총 이 익	×××	×××
판 매 비 와 관 리 비	(×××)	(×××)
영 업 이 익	×××	×××
영 업 외 수 익	×××	×××
영 업 외 비 용	(×××)	(×××)
법 인 세 비 용 차 감 전 순 이 익	×××	×××
법 인 세 비 용	(×××)	(×××)
계 속 영 업 이 익	×××	×××
중 단 영 업 손 익	×××	×××
당 기 순 이 익	×××	×××
기 타 포 괄 손 익		
후속적으로 당기손익으로 재분류되지 않는 항목	×××	×××
후속적으로 당기손익으로 재분류될 수 있는 항목	×××	×××
총 포 괄 이 익	×××	×××
당 기 순 이 익 의 귀 속 :		
지 배 기 업 소 유 주	×××	×××
비 지 배 지 분	×××	×××
	×××	×××
총 포 괄 이 익 의 귀 속 :		
지 배 기 업 소 유 주	×××	×××
비 지 배 지 분	×××	×××
	×××	×××
주 당 이 익		
기 본 및 희 석	×××	×××

7.3 연결자본변동표

연결자본변동표에서 연결실체의 자본의 변동을 지배기업의 소유주지분과 비지배지분으로 구분하여 다음 〈표 2-5〉와 같이 표시한다.

☑ 표 2-5 연결자본변동표 양식

연결자본변동표
당기: 20×2년 1월 1일부터 20×2년 12월 31일까지
전기: 20×1년 1월 1일부터 20×1년 12월 31일까지

A회사   (단위: 원)

구 분	납입자본	이익잉여금	기타자본구성요소	지배기업소유주지분합계	비지배지분	총 계
20×1. 1. 1.(전기초)	×××	×××	×××	×××	×××	×××
회계정책변경누적효과		×××		×××	×××	×××
전 기 오 류 수 정		(×××)		(×××)	(×××)	(×××)
수 정 후 금 액	×××	×××	×××	×××	×××	×××
배 당 금 지 급		(×××)		(×××)	(×××)	(×××)
유 상 증 자	×××			×××	×××	×××
당 기 순 이 익		×××		×××	×××	×××
FVOCI금융자산평가손익			×××	×××	×××	×××
재 평 가 이 익			×××	×××	×××	×××
20×1.12.31.(전기말)	×××	×××	×××	×××	×××	×××
20×2. 1. 1.(당기초)	×××	×××	×××	×××	×××	×××
회계정책변경누적효과		×××		×××	×××	×××
전 기 오 류 수 정		(×××)		(×××)	(×××)	(×××)
수 정 후 금 액	×××	×××	×××	×××	×××	×××
배 당 금 지 급		(×××)		(×××)	(×××)	(×××)
유 상 증 자	×××			×××	×××	×××
당 기 순 이 익		×××		×××	×××	×××
FVOCI금융자산평가손익			×××	×××	×××	×××
재 평 가 이 익			×××	×××	×××	×××
20×2.12.31.(당기말)	×××	×××	×××	×××	×××	×××

7.4 연결현금흐름표

연결현금흐름표에서 종속기업과 기타 사업에 대한 지배력의 획득 또는 상실에 따른 총현금흐름을 별도로 투자활동으로 분류하여 다음 〈표 2-6〉과 같이 표시한다.

☑ 표 2-6 연결현금흐름표 양식(직접법)

연결현금흐름표

당기: 20×2년 1월 1일부터 20×2년 12월 31일까지

전기: 20×1년 1월 1일부터 20×1년 12월 31일까지

A회사 (단위: 원)

구 분	20×2년		20×1년	
영 업 활 동 현 금 흐 름				
고 객 으 로 부 터 유 입 된 현 금	×××		×××	
공급자와 종업원에 대한 현금유출	(×××)		(×××)	
영 업 으 로 부 터 창 출 된 현 금	×××		×××	
이 자 지 급	(×××)		(×××)	
법 인 세 의 납 부	(×××)		(×××)	
영 업 활 동 순 현 금 흐 름		×××		×××
투 자 활 동 현 금 흐 름				
종속기업 취득에 따른 순현금흐름	(×××)		(×××)	
유 형 자 산 의 취 득	(×××)		(×××)	
설 비 의 처 분	×××		×××	
이 자 수 취	×××		×××	
배 당 금 수 취	×××		×××	
· · ·	×××		×××	
투 자 활 동 순 현 금 흐 름		×××		×××
재 무 활 동 현 금 흐 름				
유 상 증 자	×××		×××	
장 기 차 입 금	×××		×××	
배 당 금 지 급	(×××)		(×××)	
· · ·	×××		×××	
재 무 활 동 순 현 금 흐 름		×××		×××
현금및현금성자산의 순증가		×××		×××
기 초 현 금 및 현 금 성 자 산		×××		×××
기 말 현 금 및 현 금 성 자 산		×××		×××

M&A in History ✈

현대자동차와 기아자동차의 M&A

1997년 7월, 기아차는 한여름에도 살얼음판을 걸었다. 이미 여러 대기업들이 줄줄이 부도 처리됐다. 외국 투자자들은 한국 기업에 투자를 중단했고, 오히려 빌려준 돈을 회수하기 시작했다. 또 동남아 화폐가치가 폭락하면서 상황은 더 악화됐다. 그 여파는 우리나라 자동차 산업의 한축을 담당하던 기아차마저 무너뜨렸다.

기아차는 계열사를 절반으로 줄이고, 4천 3백여 명의 인원 감축을 계획했다. 누구도 기아차를 도울 수 없었다. 협력사들도 상황은 악화돼 문을 닫는 곳이 늘었다. 기아차는 현금 일시불로 차를 구입하면 30%를 할인하는 프로모션까지 감행했다. 현금을 확보하기 위함이었지만 쉽지 않았다. 구내 식당에서는 밥이 끊겼다. 회생 가능성은 보이지 않았다.

결국 1997년 10월 기아차는 법정관리에 들어갔고 김선홍 회장은 사태의 책임을 지고 사퇴했다. 기아차의 구조조정은 계속됐고, 노조는 체불임금을 요구하며 파업을 감행했다. 1998년 기아차는 약 6조 6,500억원의 적자를 기록했다. 결국 1998년 6월 기아차의 국제입찰이 확정됐다.

기아차 국제 입찰에는 현대차, 대우차, 삼성차, 포드가 뛰어들었다. 하지만 전부 조건이 맞지 않아, 유찰과 재입찰이 반복됐다. 결국 3차 입찰에서 입찰사무국은 현대차의 손을 들어줬다. 기아차 인수에 가장 열심이었던 삼성차는 가장 낮은 점수로 탈락했다.

현대차는 채권단으로부터 기아차 3조 2,800억원, 아시아차 1조 5,800억원의 부채를 탕감해주고, 2조 5,200억원을 출자로 전환해주는 조건으로 기아차 지분 51%를 취득하고 경영권을 인수했다. 이후 기아차는 22개월 만에 법정관리에서 벗어났다.

(MOTORGRAPH 2015년 7월 14일)

기아차의 이 같은 고속성장에는 △레저용 차량(RV) 등 고수익차종 위주의 신차 개발 △현대차와의 연구개발(R&D)과 플랫폼 통합 등 시너지 효과 창출 △해외시장 강화에 따른 수익성 제고 등이 핵심 요인으로 작용했다.

특히 현대차와 기아차의 통합 시너지 효과는 두 회사의 효율성을 극대화하는 역할을 톡톡히 하고 있다. 양사는 이를 위해 기획, 생산, 마케팅, 연구개발, 품질, 구매, 애프터서비스(AS) 등 7개 부문에서 각 회사의 개별 조직 뿐 아니라 통합 및 조정 역할을 하는 총괄본부를 두고 있다. 우선 연구개발 부문을 통합, 신차 개발시 엔진 및 트랜스미션 등 주요 부품을 공유하고 플랫폼을 줄여 4조 5,000억원 이상의 시너지 효과를 거뒀다. 또한 구매 부문을 통합해 대량 부품 구매를 통한 원가절감으로 가격경쟁력을 한층 높였다. AS 부문 통합은 고객만족서비스를 향상시키는 효과를 가져왔다.

(이데일리 2005년 8월 8일)

Knowledge is power!

의결권을 과반수 보유하나 힘을 가지지 못하는 경우 vs. 의결권의 과반수를 보유하지 않고도 힘을 가지는 경우

의결권을 과반수 보유하나 힘을 가지지 못하는 경우는 투자자는 피투자자의 의결권 과반수를 보유하고 있더라도 그러한 권리가 실질적이지 않다면 피투자자에 대한 힘을 가지지 못한다.

의결권을 과반수 보유하나 힘을 가지지 못하는 사례는 삼성바이오로직스 주식회사에서 살펴볼 수 있다.

연결재무제표의 주석

20×1.1.1부터 20×1.12.31까지

13. 관계기업 및 공동기업 투자주식

(1) 당기말 현재 관계기업 및 공동기업 투자주식의 세부내역은 다음과 같습니다.

회사명	지분율	설립국가	결산월	활동의 성격
· · ·	· · ·	· · ·	· · ·	· · ·
삼성바이오에피스(주1)	50.00%	한국	12월	바이오시밀러 개발 및 상업화
· · ·	· · ·	· · ·	· · ·	· · ·

(주1) 연결회사는 2012년 중 바이오시밀러 개발 및 상업화를 위하여 미국 Biogen Therapeutics Inc.과 합작법인인 삼성바이오에피스를 설립하였습니다. 연결회사는 2015년 이전까지 삼성바이오에피스㈜를 연결회사의 종속기업으로 분류하였으나, Biogen Therapeutics Inc. 가 보유한 삼성바이오에피스에 대한 잠재적 의결권이 실질적인 권리에 해당되고, 해당 약정에 따른 이사회 구성, 주총결의를 위한 의결정족수 등으로 인하여 관련활동을 일방적으로 통제할 수 없어 연결회사는 2015년 중 삼성바이오에피스를 종속기업에서 제외하였습니다. 연결회사와 Biogen Therapeutics Inc.가 체결한 합작계약에 따라 삼성바이오에피스와 Biogen Therapeutics Inc. 등의 회사는 지적재산권에 관한 계약 등을 체결하고 있습니다. 한편, Biogen Therapeutics Inc.는 연결회사의 피투자기업인 삼성바이오에피스의 지분을 50%-1주까지 매입할 수 있는 콜옵션을 2018년 6월 29일 행사하였고, 2018년 11월 7일 주식 매매 거래에 대한 모든 법적 절차를 완료하여 당기말 현재 삼성바이오에피스에 대한 연결회사의 지분율은 50%+1주입니다.

삼성바이오로직스 주식회사는 삼성바이오에피스에 대해 의결권을 과반수 보유하지만, Biogen Therapeutics Inc.가 삼성바이오에피스에 대한 실질적인 잠재적 의결권을 가지고 있고 이것으로 삼성바이오에피스의 관련활동을 일방적으로 통제할 수 없다고 판단하여 종속기업에서 제외하였다.

반면에 **의결권의 과반수를 보유하지 않고도 힘을 가지는 경우**는 투자자와 다른 의결권 보유자 사이의 계약상 약정이 맺어져 있는 경우나 전환상품이나 옵션과 같은 투자자가 보유하고 있거나 다른 당사자가 보유하고 있는 잠재적 의결권을 고려하여 투자자가 힘을 가지고 있는지 여부를 판단한다.

의결권의 과반수를 보유하고 않고도 힘을 가지는 사례는 주식회사 효성에서 살펴볼 수 있다.

연결재무제표의 주석

20×1.1.1부터 20×1.12.31까지

1. 일반사항

· · ·

가. 종속기업현황

당기말 현재 종속기업 현황은 다음과 같습니다.

회사명	지분율	설립국가	결산월	업종
· · ·	· · ·	· · ·	· · ·	· · ·
뉴스타공덕제삼차 주식회사(주1)	-	한국	12월	기타 금융업
뉴스타공덕제사차 주식회사(주1)	-	한국	12월	기타 금융업
· · ·	· · ·	· · ·	· · ·	· · ·

(주1) 자산유동화를 위한 구조화기업 내지 투자신탁으로 소유지분율이 과반수 미만이나 연결회사가 해당 기업에 대한 실질적인 힘과 변동이익에 노출되어 있으므로 지배력이 있는 것으로 판단하였습니다.

주식회사 효성은 뉴스타공덕제삼차 주식회사와 뉴스타공덕제사차 주식회사에 대한 아무런 지분을 가지고 있지 않지만, 계약상 약정 등에서 정한 권리는 해당 종속기업의 이익에 유의적으로 영향을 미칠 수 있는 영업활동 또는 재무활동을 지시할 수 있는 현재의 능력을 부여하기에 충분하다고 판단하였다.

Summary & Check 🎯

ⓢ 연결재무제표의 기초

- 지분취득의 경우에는 지배기업과 종속기업들을 하나의 경제적 단일 실체로 보고 연결재무제표(consolidated financial statements)를 작성해야 한다.

- 연결재무제표의 유용성은 연결실체의 재무성과와 경영성과를 파악하고, 개별재무제표의 왜곡표시를 제거하며, 지배기업 경영자의 경영관리에 도움을 준다는 것이다.

- 연결재무제표는 개별회사에 대한 정보 제공에 한계가 있으며, 지배기업과 종속기업들 간에 업종과 회계정책의 차이가 있는 경우 연결재무제표의 유용성은 저하된다.

ⓢ 지배력

- 투자자는 피투자자에 관여함에 따라 변동이익에 노출되거나 변동이익에 대한 권리가 있고, 피투자자에 대한 자신의 힘으로 변동이익에 영향을 미치는 능력이 있을 때 피투자자를 지배한다.

- 투자자가 피투자자에 관여하여 투자자의 이익이 피투자자의 성과에 따라 달라질 가능성이 있는 경우 투자자는 변동이익에 노출되거나 변동이익에 대한 권리를 가진다.

- 대리인인 투자자가 자신에게 위임된 의사결정권을 행사하는 경우에는 피투자자를 지배하는 것이 아니다.

ⓢ 연결재무제표 작성의무의 면제

- 중간지배기업의 경우 문단 4(1)의 ①, ②, ③ 및 ④를 모두 충족하는 경우에는 연결재무제표 작성이 면제된다.

- 투자기업의 경우 문단 4(1)의 ④에 근거하여 연결재무제표 작성이 면제된다.

ⓢ 연결재무제표의 작성원칙

- 연결재무제표를 작성할 때 사용하는 지배기업과 종속기업의 재무제표는 보고기간 종료일이 동일해야 한다.

- 지배기업과 종속기업의 동일한 거래와 사건에 대하여 동일한 회계정책을 적용하여 연결재무제표를 작성해야 한다.

ⓢ **별도재무제표**

- **별도재무제표**(separate financial statements)란 종속기업, 공동기업 및 관계기업에 대한 투자를 보유하고 있는 기업이 해당 투자지분을 원가법, 공정가치법 또는 지분법 중 하나를 적용하여 표시한 재무제표 말한다.

ⓢ **연결회계이론**

- **실체이론**(entity theory)은 지배기업과 종속기업이 법률적으로는 독립된 실체이지만 경제적 단일 실체의 관점에서 연결재무제표를 작성하는 것이다.
- **지배기업이론**(parent company theory)은 주주 중에서 지배기업 소유주의 입장을 강조한다.

ⓢ **재무제표의 종류 및 양식**

- 연결재무상태표의 자본을 지배기업의 소유주지분과 비지배지분으로 구분하여 표시한다.
- 연결포괄손익계산서의 연결당기순이익과 연결총포괄이익을 지배기업의 소유주지분과 비지배지분으로 구분하여 표시한다.
- 연결자본변동표에서 연결실체의 자본의 변동을 지배기업의 소유주지분과 비지배지분으로 구분하여 표시해야 한다.
- 연결현금흐름표에서 종속기업과 기타 사업에 대한 지배력의 획득 또는 상실에 따른 총현금흐름을 별도로 투자활동으로 분류한다.

OX Quiz 📝

1   사업결합의 모든 경우 취득기업과 피취득기업 간에 지배-종속 관계가 형성되므로 연결재무제표를 작성한다.

2   투자자는 피투자자의 의결권 과반수를 보유하고 있더라도 그러한 권리가 실질적이지 않다면 피투자자에 대한 힘을 가지지 못한다.

3   피투자자의 활동에서 예상되는 이익과 관련된 의사결정자의 보상금액 및 보상과 관련된 변동성이 작을수록, 의사결정자가 본인일 가능성이 더 높다.

4   중간지배기업과 투자기업은 항상 연결재무제표 작성의무가 면제된다.

5   종속기업이 실무적으로 적용할 수 없다면, 지배기업은 종속기업의 재무제표일과 연결재무제표일 사이에 발생한 유의적인 거래나 사건의 영향을 조정한 종속기업의 가장 최근 재무제표를 사용하여 연결재무제표를 작성한다.

6   우리나라의 상장기업의 경우 연결재무제표 작성대상 기업은 별도재무제표를 의무적으로 작성해야 한다.

7   연결재무제표 작성이 면제되거나 지분법이 면제되는 경우, 그 기업의 유일한 재무제표로서 별도재무제표를 작성할 수 있다.

8   실체이론에서는 비지배지분을 부채로 표시한다.

9   지배기업이론에서는 종속기업의 당기순이익 중에서 지배기업의 소유주 귀속분뿐만 아니라 비지배주주에게 귀속되는 부분 모두를 연결당기순이익으로 표시한다.

10   연결현금흐름표에서 종속기업과 기타 사업에 대한 지배력의 획득 또는 상실에 따른 총현금흐름을 별도로 재무활동으로 분류한다.

Multiple-choice Questions 🔳

1   연결재무제표의 유용성과 한계점에 관한 설명들이다. 내용이 가장 적절하지 않은 것은?

(CPA 2010)

① 연결재무제표는 연결대상이 되는 기업들을 하나의 경제적 실체로 파악하므로, 지배기업만의 재무상태와 경영성과를 표시한 재무제표를 작성할 때보다 종속기업을 이용한 지배기업의 이익조정이 용이해진다는 한계점이 있을 수 있다.

② 지배기업과 종속기업은 경제적으로 단일 실체이다. 따라서 지배기업의 경영자가 연결실체를 총체적으로 파악하고 경영자원을 활용하기 위해서는 연결대상 전체의 재무상태와 경영성과에 대한 정보인 연결재무제표가 유용할 수 있다.

③ 연결대상 기업의 범위를 경제적 실질에 맞게 규정하지 못한 경우 또는 연결대상이 되는 개별 기업들의 업종이나 회계처리방법 등이 서로 다른 경우 연결재무제표가 제공하는 정보는 왜곡될 수 있다.

④ 채권자나 법적인 계약당사자, 과세당국 등 개별기업의 이해관계자들에게 연결재무제표만을 제공하는 경우에는 정보의 유용성에 한계가 있을 수 있다.

⑤ 지배기업은 종속기업의 재무정책과 영업정책을 결정할 수 있으므로 지배기업만의 재무상태와 경영성과를 표시한 재무제표는 이해관계자가 지배기업을 평가하는 데 한계가 있을 수 있다. 따라서 연결재무제표는 지배기업과 종속기업으로 구성된 경제적 실체의 재무상태와 경영성과를 평가하는 데 유용할 수 있다.

2   다음은 투자자의 피투자자에 대한 지배력에 관한 설명이다. 옳지 않은 것은?

(CPA 2014)

① 투자자가 피투자자에 대한 지배력을 갖기 위해서는 지배력의 세 가지 요소인 피투자자에 대한 힘, 피투자자에 대한 관여로 인한 변동이익에 대한 노출 또는 권리, 그리고 투자자의 이익금액에 영향을 미치기 위하여 피투자자에 대하여 자신의 힘을 사용하는 능력을 모두 가져야 한다.

② 둘 이상의 투자자들이 각각에게 다른 관련활동을 지시하는 일방적인 능력을 갖게 하는 현존 권리를 보유하는 경우, 투자자 어느 누구도 개별적으로 피투자자를 지배하지 못한다.

③ 투자자가 피투자자에 대한 의결권 과반수를 보유하고 있더라도 그러한 권리가 실질적이지 않다면 피투자자에 대한 힘을 가지지 않는다.

④ 투자자가 피투자자 의결권의 과반수 미만을 보유하더라도 일방적으로 관련활동을 지시하는 실질적 능력을 가진 경우에는 힘을 가질 수 있다.

⑤ 대리인인 투자자가 자신에게 위임된 의사결정권을 행사하는 경우에는 의결권의 과반수를 행사하더라도 피투자자를 지배하는 것으로 볼 수 없다.

3   연결재무제표의 작성에 관하여 옳지 않은 설명은?   (CPA 2017)

① 지배기업은 종속기업에 대해 지배력을 획득하는 시점부터 지배력을 상실하기 전까지 종속기업의 수익과 비용을 연결재무제표에 포함한다.

② 지배기업은 비슷한 상황에서 발생한 거래와 그 밖의 사건에 동일한 회계정책을 적용하여 연결재무제표를 작성한다.

③ 종속기업에 대한 지배력을 상실하지 않는 범위에서 지배기업이 종속기업 지분을 추가로 취득하거나 처분하는 거래는 자본거래로 회계처리한다.

④ 종속기업이 누적적 우선주(자본)를 발행하고 이를 비지배지분이 소유하고 있는 경우, 지배기업은 종속기업의 배당결의 여부와 관계없이 해당 주식의 배당금을 조정한 후 종속기업 당기순손익에 대한 자신의 지분을 산정한다.

⑤ 지배기업이 종속기업에 대한 지배력을 상실하게 되면 그 종속기업과 관련하여 기타포괄손익으로 인식한 모든 금액을 당기손익으로 재분류한다.

4 연결재무제표 작성에 관한 다음 설명 중 옳지 않은 것은?　　(CPA 2018)

① 종속기업이 채택한 회계정책이 연결재무제표에서 채택한 회계정책과 다른 경우에는 연결실체의 회계정책과 일치하도록 종속기업의 재무제표를 적절히 수정하여 연결재무제표를 작성한다.

② 보고기업은 당기순손익과 기타포괄손익의 각 구성요소를 지배기업의 소유주와 비지배지분에 귀속시킨다. 다만 비지배지분이 부(-)의 잔액이 되는 경우에는 총포괄손익을 모두 지배기업의 소유주에게 귀속시킨다.

③ 종속기업의 취득에서 발생하는 영업권에 대해서는 이연법인세부채를 인식하지 않는다.

④ 연결현금흐름표 작성시 종속기업에 대한 지배력의 획득 및 상실에 따른 총현금흐름은 별도로 표시하고 투자활동으로 분류한다.

⑤ 지배력을 상실하지 않는 범위내에서 종속기업에 대한 지분을 추가로 취득하거나 처분하는 현금흐름은 연결현금흐름표에서 재무활동으로 분류한다.

5 연결재무제표에 관한 설명으로 옳지 않은 것은?　　(CTA 2018)

① 투자기업의 지배기업은 자신이 투자기업이 아닐 경우에는, 종속기업인 투자기업을 통해 지배하는 기업을 포함하여 지배하는 모든 종속기업을 공정가치로 측정하여 당기손익에 반영한다.

② 지배기업은 비슷한 상황에서 발생한 거래와 그 밖의 사건에 동일한 회계정책을 적용하여 연결재무제표를 작성한다.

③ 지배기업은 비지배지분을 연결재무상태표에서 자본에 포함하되 지배기업의 소유지분과는 구분하여 별도로 표시한다.

④ 지배기업이 소유한 종속기업 지분이 변동되더라도 지배기업이 종속기업에 대한 지배력을 상실하지 않는다면, 그것은 자본거래이다.

⑤ 피투자자와의 연결은 투자자가 피투자자에 대한 지배력을 획득하는 날부터 시작되어 투자자가 피투자자에 대한 지배력을 상실할 때에 중지된다.

6 취득자가 하나 이상의 사업에 대한 지배력을 획득하는 거래나 그 밖의 사건을 사업결합이라고 한다. 다음 중 사업결합에서 피취득자에 대한 지배력을 획득하는 기업인 취득자에 대한 설명으로 옳지 않은 것은 어느 것인가? (단, 제시된 예의 모든 보통주는 의결권이 있으며, 의결권의 과반수를 소유하는 경우 지배력을 갖는다고 가정하라) (CPA 2011)

① ㈜TK는 ㈜JY의 보통주 60%를 20×1년에 취득하였으며, ㈜TK는 20×2년 1월 3일에 ㈜SJ의 보통주 40%를 취득하였다. 20×2년 2월 1일에 ㈜JY가 ㈜SJ의 보통주 50%를 취득하는 경우 ㈜TK는 20×2년 2월 1일에 ㈜SJ의 취득자가 된다.

② ㈜TK는 ㈜EH의 보통주 45%를 20×1년에 취득하였으며, ㈜EH의 보통주 20%를 소유하고 있는 ㈜JY와 법적 구속력을 갖는 약정을 맺고 20×2년 1월 1일부터 ㈜JY가 보유하고 있는 ㈜EH의 보통주 의결권을 대리하여 행사하기로 하였다. 따라서 ㈜TK는 20×2년 1월 1일에 ㈜EH의 취득자가 된다.

③ ㈜TK는 20×1년에 ㈜KR의 보통주 50%를 취득하였으며, 20×2년 3월 2일부터 ㈜KR의 보통주로 전환할 수 있는 주식매입권을 20×2년 2월 1일에 취득하였다. ㈜KR의 보통주로 전환될 수 있는 ㈜TK의 주식매입권을 포함하여 ㈜KR의 보통주로 전환될 수 있는 모든 금융상품이 전환되는 경우 ㈜TK가 ㈜KR의 보통주 80%를 보유하게 된다. 따라서 ㈜TK는 20×2년 2월 1일에 ㈜KR의 취득자가 된다.

④ ㈜TK는 20×1년 2월 1일에 ㈜EJ의 보통주 40%를 취득하였으며, ㈜EJ의 보통주 취득과 함께 ㈜EJ의 이사회 구성원 중 60%를 임명하거나 해임할 수 있는 권한을 부여받았다. 따라서 ㈜TK는 20×1년 2월 1일에 ㈜EJ의 취득자가 된다.

⑤ ㈜TK는 20×1년 2월 1일에 ㈜ES의 보통주 50%를 취득하였으며, 20×1년 2월 1일에 다른 주주와의 법적 구속력을 갖는 약정에 의해 ㈜ES의 재무정책과 영업정책을 결정할 수 있는 능력을 위임받았다. 따라서 ㈜TK는 20×1년 2월 1일에 ㈜ES의 취득자가 된다.

7 다음 중 연결재무제표와 별도재무제표에 대한 설명으로 옳지 않은 것은 어느 것인가?

(CPA 2011)

① 당기순손익과 기타포괄손익의 각 구성요소는 지배기업의 소유주와 비지배지분에 귀속된다. 그러나 비지배지분이 부(-)의 잔액이 되는 경우 총포괄손익은 지배기업의 소유주에 전액 귀속된다.

② 별도재무제표는 지배기업, 관계기업의 투자자 또는 공동지배기업의 참여자가 투자자산을 피투자자의 보고된 성과와 순자산에 근거하지 않고 직접적인 투자지분에 근거한 회계처리로 표시한 재무제표이다.

③ 동일한 보고기간종료일에 작성된 지배기업의 재무제표와 종속기업의 재무제표를 사용하여 연결재무제표를 작성한다. 지배기업의 보고기간종료일과 종속기업의 보고기간종료일이 다른 경우, 종속기업은 실무적으로 적용할 수 없지 않다면 연결재무제표를 작성하기 위하여 지배기업의 재무제표와 동일한 보고기간종료일의 재무제표를 추가로 작성한다.

④ 연결재무제표를 작성하기 위하여 사용되는 종속기업 재무제표의 보고기간종료일이 지배기업 재무제표의 보고기간종료일과 다른 경우에는 지배기업 재무제표의 보고기간종료일과 종속기업 재무제표의 보고기간 종료일 사이에 발생한 유의적인 거래나 사건의 영향을 반영한다. 어떠한 경우라도 종속기업의 보고기간종료일과 지배기업의 보고기간종료일의 차이는 3개월을 초과해서는 안된다. 보고기간의 길이 그리고 보고기간종료일의 차이는 매 기간마다 동일하여야 한다.

⑤ 지배력을 상실하지 않는 종속기업에 대한 지배기업의 소유지분 변동은 자본거래로 회계처리한다. 이러한 상황에서 지배지분과 비지배지분의 장부금액은 종속기업에 대한 상대적 지분변동을 반영하여 조정한다. 비지배지분의 조정금액과 지급하거나 수취한 대가의 공정가치의 차이는 자본으로 직접 인식하고 지배기업의 소유주에게 귀속시킨다.

8   기업회계기준서 제1110호 '연결재무제표'에 관한 다음 설명 중 옳은 것은?   (CPA 2021)

① 투자자가 피투자자 의결권의 과반수를 보유하는 경우 예외 없이 피투자자를 지배하는 것으로 본다.

② 지배기업과 종속기업의 보고기간 종료일이 다른 경우 실무적으로 적용할 수 없지 않다면 종속기업은 연결재무제표 작성을 위해 지배기업의 보고기간 종료일을 기준으로 재무제표를 추가로 작성해야 한다.

③ 투자자가 시세차익, 투자이익이나 둘 다를 위해서만 자금을 투자하는 기업회계기준서 제1110호상의 투자기업으로 분류되더라도 지배력을 가지는 종속회사에 대해서는 연결재무제표를 작성해야 한다.

④ 투자자는 권리 보유자의 이익을 보호하기 위해 설계된 방어권으로도 피투자자에 대한 힘을 가질 수 있다.

⑤ 연결재무제표에 추가로 작성하는 별도재무제표에서 종속기업과 관계기업에 대한 투자지분은 지분법으로 표시할 수 없다.

연결재무제표의 작성

학습목표

• 내부거래를 제거해야 하는 이유를 이해한다.
• 연결조정분개와 연결정산표에 대해 이해한다.
• 종속기업의 현금배당에 대한 연결조정분개를 이해한다.
• 부(-)의 비지배지분을 이해한다.

지배기업의 종속기업의 지분을 100% 취득한 경우에는 비지배지분이 나타나지 않지만, 100% 미만으로 취득한 경우에는 비지배지분을 측정·인식한다. 비지배지분(non-controlling interests)이란 종속기업에 대한 지분 중 지배기업에 직접이나 간접으로 귀속되지 않는 지분을 말한다. 국제회계기준에서는 실체이론에 따라 비지배지분을 연결재무상태표에서 자본항목으로 표시하고, 여기에 귀속되는 이익도 연결포괄손익계산서에서 연결당기순이익으로 표시한다.

본장에서는 K-IFRS 제1110호 '연결재무제표'에서 규정하고 있는 비지배지분에 대한 개념, 비지배지분을 중심으로 한 연결조정분개를 다루고 있다. 이를 통해서 연결재무제표의 작성원리에 대해 심도 있게 학습해 보자.

1. 내부거래를 제거해야 하는 이유

지배기업과 종속기업의 법적 실체는 다르지만 단일의 경제적 실체로 보아 연결재무제표를 작성한다. 연결재무제표를 작성할 때 지배기업과 종속기업의 자산, 부채, 자본, 수익 및 비용을 단순히 합산하는 것이 아니라 **연결조정분개**(consolidation adjustment journal entries)라는 과정이 필요하다. 연결조정분개가 필요한 이유는 **지배기업과 종속기업 간의 단일의 경제적 실체 내에서 발생한 거래를 실질적인 거래로 볼 수 없기 때문이다.** 연결재무제표의 작성절차를 나타내면 다음 [그림 3-1]과 같다.

🍰 그림 3-1 연결재무제표의 작성절차

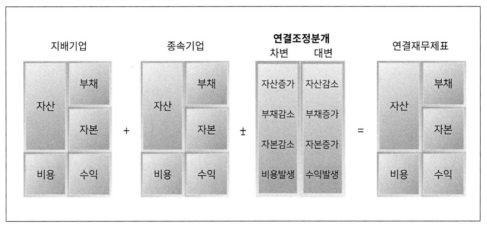

예를 들어, 지배-종속 관계에 있지 않은 A회사가 B회사에 ₩1,000을 투자한다고 가정한다면 A회사와 B회사가 각각 다음과 같이 회계처리할 것이다. 그리고 A회사와 B회사 간의 별도의 거래이므로 개별회사의 재무제표를 작성할 때 제거할 필요가 없다.

〈A회사의 회계처리〉					
(차변) 투 자 자 산	1,000	(대변) 현	금	1,000
〈B회사의 회계처리〉					
(차변) 현 금	1,000	(대변) 자 본 금	1,000

그러나 A회사가 B회사에 ₩1,000을 투자함으로써 지배-종속 관계가 형성된다고 가정한다면 A회사와 B회사가 각각 다음과 같이 회계처리할 것이다. 또한 지배기업과

종속기업 간의 거래는 실질적인 거래로 볼 수 없기 때문에 A회사가 B회사를 포함한 연결재무제표를 작성할 때 다음과 같이 연결조정분개를 통해서 내부거래를 제거한다.

〈A회사의 회계처리〉

 (차변) 종 속 기 업 투 자 주 식 1,000 (대변) 현   금 1,000

〈B회사의 회계처리〉

 (차변) 현   금 1,000 (대변) 자 본 금 1,000

〈연결조정분개〉

 (차변) 자 본 금 1,000 (대변) 종 속 기 업 투 자 주 식 1,000

---

2. 비지배지분이 없는 경우 - 100% 취득

2.1 지배력 취득일의 연결

지배기업이 종속기업의 지배력을 취득할 때 종속기업투자주식의 취득원가가 종속기업 순자산의 공정가치보다 더 큰 경우에는 그 차이를 **영업권**(goodwill)으로 인식한다. 반대로 종속기업 순자산의 공정가치가 종속기업투자주식의 취득원가보다 더 큰 경우에는 그 차이를 **염가매수차익**(gain from bargain purchase)으로 인식한다. 이를 요약·정리하면 다음 〈표 3-1〉과 같다.

📈 표 3-1 영업권 또는 염가매수차익 인식

구 분	인 식
종속기업 순자산의 공정가치 < 종속기업투자주식의 취득원가	영업권
종속기업 순자산의 공정가치 > 종속기업투자주식의 취득원가	염가매수차익

앞서 설명한 것처럼 **취득일에 연결재무제표상 종속기업의 자산과 부채를 공정가치로 평가한 금액으로 인식한다.** 따라서 종속기업의 자산 및 부채의 장부금액과 공정가치가 다를 경우 장부금액과 공정가치 간의 차이금액을 다음과 같이 연결조정분개에 반영한다. 장부금액과 공정가치 간의 차이금액을 연결조정분개에 반영하는 이유는 연결재무제표를 작성하면서 종속기업의 장부금액은 이미 반영되어 있기 때문이다.

중요한 점은 종속기업투자주식과 종속기업 자본을 상계하는 연결조정분개는 지배력 취득일 뿐만 아니라 그 이후에 연결조정분개를 할 때에도 동일한 금액, 즉 지배력 취득일 시점의 금액 으로 한다는 것이다.

지배력 취득일에 종속기업투자주식과 종속기업 자본을 상계제거하는 연결조정분 개는 다음과 같다.

〈종속기업투자주식과 종속기업 자본의 상계제거〉

① 종속기업 순자산의 공정가치 < 종속기업투자주식의 취득원가

(차변)	자 본 금	×××	(대변) 종 속 기 업 투 자 주 식	×××
	자 본 잉 여 금	×××		
	이 익 잉 여 금	×××		
	재 고 자 산	×××*		
	유 형 자 산	×××*		
	영 업 권	×××		

* 공정가치와 장부금액 간의 차이금액을 반영한다.

② 종속기업 순자산의 공정가치 > 종속기업투자주식의 취득원가

(차변)	자 본 금	×××	(대변) 종 속 기 업 투 자 주 식	×××
	자 본 잉 여 금	×××	염 가 매 수 차 익	×××
	이 익 잉 여 금	×××		
	재 고 자 산	×××*		
	유 형 자 산	×××*		

* 공정가치와 장부금액 간의 차이금액을 반영한다.

2.2 취득일 이후의 연결

(1) 영업권과 염가매수차익의 조정

제1장 2.6절 '영업권의 후속 회계처리'에서 설명한 것처럼 사업결합 시 인식한 영 업권에 대해서 상각하지 않고, 손상징후가 없더라도 매년 그리고 손상징후가 있을 때마다 손상검사를 통해서 손상차손을 인식하도록 하고 있다. 영업권은 식별할 수 있는 자산이 아니므로 개별적으로 손상검사를 하지 않고, 현금창출단위 수준에서 손상검사를 한다. 그리고 현금창출단위의 회수가능액이 장부금액에 미달하는 경우에는 손상차손을 당기 비용으로 즉시 인식한다.

```
〈당해연도 영업권 손상차손의 인식〉
  (차변) 손  상  차  손   ×××   (대변) 영      업      권   ×××
```

한편, 과년도에 영업권에 대한 손상차손이나 염가매수차익을 인식했다면 이는 더 이상 당해연도의 손익이 아니므로 당해연도 연결조정분개에서는 **이익잉여금에서 조정한다.** 당해연도 및 과년도 영업권에 대한 손상차손과 과년도 염가매수차익에 대한 연결조정분개는 다음과 같다.

```
〈당해연도 및 과년도 영업권 손상차손의 인식〉
  (차변) 손  상  차  손   ×××*  (대변) 영      업      권   ×××
         이  익  잉  여  금   ×××**
     * 당해연도 영업권에 대한 손상차손 인식
    ** 과년도 영업권에 대한 손상차손 인식

〈과년도 염가매수차익의 인식〉
  (차변) 염 가 매 수 차 익   ×××   (대변) 이  익  잉  여  금   ×××*
     * 과년도 염가매수차익을 취소하고 이를 이익잉여금으로 인식한다.
```

(2) 공정가치와 장부금액 간의 차이조정

지배력 취득일에 종속기업 순자산의 공정가치와 장부금액이 일치하지 않는 경우, 그 차이를 연결조정분개에 반영하였다. 따라서 취득일 이후 기간에 해당 자산 또는 부채에 변동이 있다면 그 **변동을 연결조정분개에 반영**해야 한다. 왜냐하면 종속기업의 개별재무제표에는 자산 또는 부채가 장부금액 기준으로 계상되어 있으므로 그 변동도 장부금액 기준으로 회계처리할 것이다. 그러나 연결재무제표에는 종속기업의 자산 또는 부채가 공정가치 기준으로 계상되어 있으므로 그 변동도 공정가치 기준으로 회계처리해야 하기 때문이다.

📋 **예 1 재고자산에 대한 공정가치와 장부금액 간의 차이조정**

지배력 취득일에 종속기업의 순자산 중에서 재고자산의 공정가치가 장부금액보다 ₩10,000만큼 더 큰 차이가 발생하였다고 가정하자. 해당 재고자산의 60%를 지배력 취득일이 속하는 연도에 판매하고, 나머지 40%를 다음 연도에 판매하였다면 연결조정분개는 다음과 같다.

〈재고자산의 공정가치와 장부금액 간의 차이조정〉
① 당해연도

(차변) 매 출 원 가   6,000*   (대변) 재 고 자 산   6,000

  * 재고자산 중 판매된 ₩6,000(= 10,000 × 60%)을 매출원가로 인식한다.

② 당해연도 및 과년도

(차변) 매 출 원 가   4,000*   (대변) 재 고 자 산   10,000
      이 익 잉 여 금   6,000**

  * 재고자산 중 판매된 ₩4,000(= 10,000 × 40%)을 매출원가로 인식한다.
  ** 과년도에 판매된 ₩6,000은 이익잉여금으로 인식한다.

토지와 같이 감가상각을 하지 않는 유형자산의 경우 토지를 계속 보유하고 있다면 공정가치와 장부금액 간의 차이를 조정할 필요가 없다. 그러나 **토지를 처분한다면 그 변동을 연결조정분개에 반영해야** 한다.

📄 예 2 토지에 대한 공정가치와 장부금액 간의 차이조정

지배력 취득일에 종속기업의 순자산 중에서 토지의 공정가치가 장부금액보다 ₩10,000만큼 더 큰 차이가 발생하였다고 가정하자. 해당 토지를 지배력 취득일이 속하는 연도에 모두 처분하였다면 연결조정분개는 다음과 같다.

〈토지의 공정가치와 장부금액 간의 차이조정〉
① 당해연도

(차변) 유 형 자 산 처 분 이 익   10,000*   (대변) 토 지   10,000
  * 종속기업이 토지를 처분하면서 유형자산처분이익을 회계처리하였다고 가정하여 유형자산처분이익을 감소시키는 연결조정분개를 한다.

② 과년도

(차변) 이 익 잉 여 금   10,000*   (대변) 토 지   10,000
  * 과년도의 유형자산처분이익을 이익잉여금으로 인식한다.

건물과 같이 감가상각하는 유형자산의 경우 **건물을 계속 보유하더라도 감가상각을 하기 때문에 이를 연결조정분개에 반영해야** 한다.

예 3 건물에 대한 공정가치와 장부금액 간의 차이조정

지배력 취득일에 종속기업의 순자산 중에서 건물의 공정가치가 장부금액보다 ₩10,000만큼 더 큰 차이가 발생하였다고 가정하자. 잔존가치 없이 남아 있는 내용연수 5년 동안 정액법으로 감가상각한다면 연결조정분개는 다음과 같다.

〈건물의 공정가치와 장부금액 간의 차이조정〉
① 당해연도

(차변) 감 가 상 각 비　　2,000*　(대변) 감 가 상 각 누 계 액　　　2,000

　　* 감가상긱비 ₩2,000(= 10,000 ÷ 5년)을 인식하는 연결조정분개를 한다.

② 당해연도 및 과년도

(차변) 감 가 상 각 비　　2,000　(대변) 감 가 상 각 누 계 액　　　4,000
　　　 이 익 잉 여 금　　2,000*

　　* 과년도의 감가상각비를 이익잉여금으로 인식한다.

예제 1 비지배지분이 없는 경우 연결재무제표의 작성 – 영업권이 발생하는 경우

12월 말 결산법인인 A회사는 20×1년 초에 B회사의 보통주식 100%를 ₩150,000에 취득하여 지배기업이 되었다. 취득일 현재 다음의 B회사 자산을 제외한 모든 자산과 부채의 장부금액과 공정가치는 일치하였다.

과 목	장부금액	공정가치
재 고 자 산	₩20,000	₩30,000
토 　 지	40,000	60,000
건 　 물	35,000	50,000

① 재고자산은 20×1년 중에 60%를 판매하고, 나머지는 20×2년 중에 판매하였다.
② 토지는 20×1년 중에 ₩65,000에 처분하였다.
③ 건물은 잔존가치 없이 남아 있는 내용연수 5년 동안 정액법으로 감가상각한다.

20×1년 말과 20×2년 말 A회사와 B회사의 재무제표는 다음과 같으며, A회사와 B회사의 이익잉여금은 당기순이익으로만 변동되었다. 단, A회사는 종속기업투자주식을 원가법으로 평가한다.

(단위: 원)

과 목	20×1년도 A회사	20×1년도 B회사	20×2년도 A회사	20×2년도 B회사
〈포괄손익계산서〉				
수 　 익	300,000	100,000	320,000	130,000
비 　 용	(270,000)	(90,000)	(280,000)	(110,000)
당 기 순 이 익	30,000	10,000	40,000	20,000

〈 재 무 상 태 표 〉

재 고 자 산	40,000	25,000	50,000	30,000
토 지	85,000	50,000	95,000	70,000
건 물 (순 액)	60,000	28,000	70,000	21,000
종속기업투자주식	150,000	-	150,000	-
기 타 자 산	5,000	27,000	15,000	34,000
자 산 총 계	340,000	130,000	380,000	155,000
부 채	140,000	35,000	140,000	40,000
자 본 금	100,000	50,000	100,000	50,000
자 본 잉 여 금	40,000	30,000	40,000	30,000
이 익 잉 여 금	60,000	15,000	100,000	35,000
부 채 및 자 본 총 계	340,000	130,000	380,000	155,000

물음

1. A회사가 B회사의 지배력을 취득한 날에 해야 할 연결조정분개를 하시오.

2. 20×1년 말에 A회사가 해야 할 연결조정분개를 하고, 연결정산표를 작성하시오. 단, 영업권이 배분된 현금창출단위의 회수가능액이 장부금액보다 ₩7,000이 더 적다.

3. 20×2년 말에 A회사가 해야 할 연결조정분개를 하고, 연결정산표를 작성하시오. 단, 영업권이 배분된 현금창출단위의 회수가능액이 장부금액보다 ₩3,000이 더 적다.

풀이

1. 지배력 취득일 연결조정분개
· 종속기업투자주식과 종속기업 자본의 상계제거

(차변) 자   본   금   50,000   (대변)   종 속 기 업 투 자 주 식   150,000
        자 본 잉 여 금   30,000
        이 익 잉 여 금   5,000
        재 고 자 산   10,000
        토   지   20,000
        건   물   15,000
        영   업   권   20,000❶

❶ ₩150,000 - 130,000(B회사 순자산의 공정가치(점선 부분)) = ₩20,000

2. 20×1년 말 연결조정분개

① 종속기업투자주식과 종속기업 자본의 상계제거

(차변)	자　　　　본　　　　금	50,000	(대변)	종 속 기 업 투 자 주 식	150,000
	자 본 잉 여 금	30,000			
	이 익 잉 여 금	5,000			
	재 고 자 산	10,000			
	토　　　　　　　　지	20,000			
	건　　　　　　　　물	15,000			
	영　　　업　　　권	20,000			

② 공정가치와 장부금액 간의 차이조정

(차변)	매 출 원 가	6,000❶	(대변)	재 고 자 산	6,000
(차변)	유 형 자 산 처 분 이 익	20,000❷	(대변)	토　　　　　　　지	20,000
(차변)	감 가 상 각 비	3,000❸	(대변)	감 가 상 각 누 계 액	3,000

　❶ 20×1년 중에 판매된 ₩6,000(= 10,000 × 60%)을 매출원가로 인식한다.

　❷ 20×1년 중에 토지를 처분하면서 인식한 유형자산처분이익을 감소시킨다.

　❸ 감가상각비 ₩3,000(= 15,000 ÷ 5년)을 추가로 인식한다.

③ 영업권 손상차손의 인식

(차변)	손 상 차 손	7,000	(대변)	영　　　업　　　권	7,000

· 20×1년도 연결정산표　　　　　　　　　　　　　　　　　　　　　　　　(단위: 원)

과　목	A회사	B회사	연결조정분개 차 변	연결조정분개 대 변	연결재무제표
〈포괄손익계산서〉					
수　　　익	300,000	100,000	② 20,000		380,000
비　　　용	(270,000)	(90,000)	② 6,000		(376,000)
			② 3,000		
			③ 7,000		
당 기 순 이 익	30,000	10,000	36,000❶		4,000❷
〈재무상태표〉					
재 고 자 산	40,000	25,000	① 10,000	② 6,000	69,000
토　　　　지	85,000	50,000	① 20,000	② 20,000	135,000
건　물(순액)	60,000	28,000	① 15,000	② 3,000	100,000
종속기업투자주식	150,000	-		① 150,000	-
기 타 자 산	5,000	27,000			32,000
영　업　권			① 20,000	③ 7,000	13,000
자 산 총 계	340,000	130,000			349,000
부　　　채	140,000	35,000			175,000
자 본 금	100,000	50,000	① 50,000		100,000
자 본 잉 여 금	40,000	30,000	① 30,000		40,000
이 익 잉 여 금	60,000	15,000	① 5,000		34,000❸
			36,000❶		
부채및자본총계	340,000	130,000	186,000	186,000	349,000

❶ 연결조정분개에서 반영한 손익합계 금액을 이익잉여금에도 반영한다.

❷ 연결당기순이익 = ₩30,000(A회사) + 10,000(B회사) − 20,000(유형자산처분이익 감소) − 6,000(매출원가)

   − 3,000(감가상각비) − 7,000(손상차손) = ₩4,000

❸ 연결이익잉여금 = ₩60,000(A회사) + 15,000(B회사) − 5,000(종속기업 이익잉여금의 상계)

   − 36,000(연결조정분개 중 손익에 반영된 금액) = ₩34,000

3. 20×2년 말 연결조정분개

① 종속기업투자주식과 종속기업 자본의 상계제거

(차변)	자 본 금	50,000	(대변)	종 속 기 업 투 자 주 식	150,000
	자 본 잉 여 금	30,000			
	이 익 잉 여 금	5,000			
	재 고 자 산	10,000			
	토 지	20,000			
	건 물	15,000			
	영 업 권	20,000			

② 공정가치와 장부금액 간의 차이조정

(차변)	매 출 원 가	4,000❶	(대변)	재 고 자 산	10,000
	이 익 잉 여 금	6,000❶			
(차변)	이 익 잉 여 금	20,000❷	(대변)	토 지	20,000
(차변)	감 가 상 각 비	3,000❸	(대변)	감 가 상 각 누 계 액	6,000
	이 익 잉 여 금	3,000❸			

❶ 20×2년 중에 판매된 ₩4,000(= 10,000 × 40%)을 매출원가로 인식하고, 20×1년 중에 판매된 ₩6,000을 이익잉여금으로 인식한다.

❷ 20×1년 중에 토지를 처분하면서 인식한 유형자산처분이익 감소분을 이익잉여금으로 인식한다.

❸ 20×2년도 감가상각비 ₩3,000(= 15,000 ÷ 5년)을 추가로 인식하고, 20×1년도 감가상각비 ₩3,000을 이익잉여금으로 인식한다.

③ 영업권 손상차손의 인식

(차변)	손 상 차 손	3,000❹	(대변)	영 업 권	10,000
	이 익 잉 여 금	7,000❹			

❹ 20×2년도 손상차손은 비용으로 인식하고, 20×1년도 손상차손은 이익잉여금으로 인식한다.

· 20×2년도 연결정산표   (단위: 원)

과 목	A회사	B회사	연결조정분개 차 변	연결조정분개 대 변	연결재무제표
〈포괄손익계산서〉					
수 익	320,000	130,000			450,000
비 용	(280,000)	(110,000)	② 4,000		(400,000)
			② 3,000		
			③ 3,000		
당 기 순 이 익	40,000	20,000	10,000❶		50,000❷

〈 재 무 상 태 표 〉

재 고 자 산	50,000	30,000	① 10,000		② 10,000			80,000
토　　　　지	95,000	70,000	① 20,000		② 20,000			165,000
건　물(순액)	70,000	21,000	① 15,000		② 6,000			100,000
종속기업투자주식	150,000	-			① 150,000			-
기 타 자 산	15,000	34,000						49,000
영　업　권			① 20,000		③ 10,000			10,000
자 산 총 계	380,000	155,000						404,000
부　　　　채	140,000	40,000						180,000
자　본　금	100,000	50,000	① 50,000					100,000
자 본 잉 여 금	40,000	30,000	① 30,000					40,000
이 익 잉 여 금	100,000	35,000	① 5,000					84,000❸
			② 6,000					
			② 20,000					
			② 3,000					
			③ 7,000					
			10,000❶					
부채및자본총계	380,000	155,000	196,000		196,000			404,000

❶ 연결조정분개에서 반영한 손익합계 금액을 이익잉여금에도 반영한다.
❷ 연결당기순이익 = ₩40,000(A회사) + 20,000(B회사) − 4,000(매출원가) − 3,000(감가상각비)
　　　　　　　　　− 3,000(손상차손) = ₩50,000
❸ 연결이익잉여금 = ₩100,000(A회사) + 35,000(B회사) − 5,000(종속기업 이익잉여금의 상계)
　　　　　　　　　− 6,000(20×1년도 매출원가) − 20,000(20×1년도 유형자산처분이익 감소분)
　　　　　　　　　− 3,000(20×1년도 감가상각비) − 7,000(20×1년도 손상차손)
　　　　　　　　　− 10,000(연결조정분개 중 손익에 반영된 금액) = ₩84,000

📖 예제 2 비지배지분이 없는 경우 연결재무제표의 작성 – 염가매수차익이 발생하는 경우

12월 말 결산법인인 A회사는 20×1년 초에 B회사의 보통주식 100%를 ₩100,000에 취득하여 지배기업이 되었다. 취득일 현재 다음의 B회사 자산을 제외한 모든 자산과 부채의 장부금액과 공정가치는 일치하였다. 단, 지배력 취득 시점에 B회사 모든 자산·부채를 정확하게 식별하였는지 재검토하였고 수정사항은 발생하지 않았다.

과 목	장부금액	공정가치
재 고 자 산	₩20,000	₩30,000
토　　　지	40,000	60,000
건　　　물	35,000	50,000

① 재고자산은 20×1년 중에 60%를 판매하고, 나머지는 20×2년 중에 판매하였다.
② 토지는 20×1년 중에 ₩65,000에 처분하였다.
③ 건물은 잔존가치 없이 남아 있는 내용연수 5년 동안 정액법으로 감가상각한다.

20×1년 말과 20×2년 말 A회사와 B회사의 재무제표는 다음과 같으며, A회사와 B회사의 이익잉여금은 당기순이익으로만 변동되었다. 단, A회사는 종속기업투자주식을 원가법으로 평가한다.

(단위: 원)

과 목	20×1년도		20×2년도	
	A회사	B회사	A회사	B회사
〈포괄손익계산서〉				
수　　　　익	300,000	100,000	320,000	130,000
비　　　　용	(270,000)	(90,000)	(280,000)	(110,000)
당 기 순 이 익	30,000	10,000	40,000	20,000
〈재 무 상 태 표〉				
재 고 자 산	40,000	25,000	50,000	30,000
토　　　　지	85,000	50,000	95,000	70,000
건　　물(순액)	60,000	28,000	70,000	21,000
종속기업투자주식	100,000	-	100,000	-
기 타 자 산	55,000	27,000	65,000	34,000
자 산 총 계	340,000	130,000	380,000	155,000
부　　　　채	140,000	35,000	140,000	40,000
자 본 금	100,000	50,000	100,000	50,000
자 본 잉 여 금	40,000	30,000	40,000	30,000
이 익 잉 여 금	60,000	15,000	100,000	35,000
부채및자본총계	340,000	130,000	380,000	155,000

물음 ┈┈

1. A회사가 B회사의 지배력을 취득한 날에 해야 할 연결조정분개를 하시오.

2. 20×1년 말에 A회사가 해야 할 연결조정분개를 하고, 연결정산표를 작성하시오.

3. 20×2년 말에 A회사가 해야 할 연결조정분개를 하고, 연결정산표를 작성하시오.

풀이 ┈┈

1. 지배력 취득일 연결조정분개
• 종속기업투자주식과 종속기업 자본의 상계제거

(차변)	자　본　금	50,000	(대변)	종속기업투자주식	100,000
	자 본 잉 여 금	30,000		염 가 매 수 차 익	30,000❶
	이 익 잉 여 금	5,000			
	재 고 자 산	10,000			
	토　　　　지	20,000			
	건　　　　물	15,000			

❶ ₩100,000 - 130,000(B회사 순자산의 공정가치(점선 부분)) = (-)₩30,000

2. 20×1년 말 연결조정분개
① 종속기업투자주식과 종속기업 자본의 상계제거

(차변)	자　　본　　금	50,000	(대변)	종 속 기 업 투 자 주 식	100,000
	자　본　잉　여　금	30,000		염 가 매 수 차 익	30,000
	이　익　잉　여　금	5,000			
	재　　고　　자　　산	10,000			
	토　　　　　　　지	20,000			
	건　　　　　　　물	15,000			

② 공정가치와 장부금액 간의 차이조정

(차변)	매　출　원　가	6,000❶	(대변)	재　　고　　자　　산	6,000
(차변)	유 형 자 산 처 분 이 익	20,000❷	(대변)	토　　　　　　　지	20,000
(차변)	감　가　상　각　비	3,000❸	(대변)	감 가 상 각 누 계 액	3,000

❶ 20×1년 중에 판매된 ₩6,000(10,000 × 60%)을 매출원가로 인식한다.
❷ 20×1년 중에 토지를 처분하면서 인식한 유형자산처분이익을 감소시킨다.
❸ 감가상각비 ₩3,000(₩15,000 ÷ 5년)을 추가로 인식한다.

· 20×1년도 연결정산표   (단위: 원)

과　　목	A회사	B회사	연결조정분개 차 변	연결조정분개 대 변	연결재무제표
〈포괄손익계산서〉					
수　　　　　익	300,000	100,000	② 20,000	① 30,000	410,000
비　　　　　용	(270,000)	(90,000)	② 6,000		(369,000)
			② 3,000		
당 기 순 이 익	30,000	10,000	29,000❶	30,000❶	41,000❷
〈재　무　상　태　표〉					
재　고　자　산	40,000	25,000	① 10,000	② 6,000	69,000
토　　　　　지	85,000	50,000	① 20,000	② 20,000	135,000
건　　물(순액)	60,000	28,000	① 15,000	② 3,000	100,000
종속기업투자주식	100,000	-		① 100,000	-
기　타　자　산	55,000	27,000			82,000
자　산　총　계	340,000	130,000			386,000
부　　　　　채	140,000	35,000			175,000
자　　본　　금	100,000	50,000	① 50,000		100,000
자　본　잉　여　금	40,000	30,000	① 30,000		40,000
이　익　잉　여　금	60,000	15,000	① 5,000		71,000❸
			29,000❶	30,000❶	
부채및자본총계	340,000	130,000	159,000	159,000	386,000

❶ 연결조정분개에서 반영한 손익합계 금액을 이익잉여금에도 반영한다.
❷ 연결당기순이익 = ₩30,000(A회사) + 10,000(B회사) + 30,000(염가매수차익) − 20,000(유형자산처분이익
　　감소) − 6,000(매출원가) − 3,000(감가상각비) = ₩41,000
❸ 연결이익잉여금 = ₩60,000(A회사) + 15,000(B회사) − 5,000(종속기업 이익잉여금의 상계)
　　　　　　　　 + 1,000(연결조정분개 중 손익에 반영된 금액) = ₩71,000

3. 20×2년 말 연결조정분개
① 종속기업투자주식과 종속기업 자본의 상계제거

(차변)	자 본 금	50,000	(대변)	종속기업투자주식	100,000
	자 본 잉 여 금	30,000		이 익 잉 여 금	30,000❷
	이 익 잉 여 금	5,000			
	재 고 자 산	10,000			
	토 지	20,000			
	건 물	15,000			

❶ 과년도 염가매수차익을 이익잉여금으로 인식한다.

② 공정가치와 장부금액 간의 차이조정

(차변)	매 출 원 가	4,000❶	(대변)	재 고 자 산	10,000
	이 익 잉 여 금	6,000❶			
(차변)	이 익 잉 여 금	20,000❷	(대변)	토 지	20,000
(차변)	감 가 상 각 비	3,000❸	(대변)	감 가 상 각 누 계 액	6,000
	이 익 잉 여 금	3,000❸			

❶ 20×2년 중에 판매된 ₩4,000을 매출원가로 인식하고, 20×1년 중에 판매된 ₩6,000을 이익잉여금으로 인식한다.
❷ 20×1년 중에 토지를 처분하면서 인식한 유형자산처분이익 감소분을 이익잉여금으로 인식한다.
❸ 20×2년도 감가상각비 ₩3,000(₩15,000 ÷ 5년)을 추가로 인식하고, 20×1년도 감가상각비 ₩3,000을 이익잉여금으로 인식한다.

· 20×2년도 연결정산표   (단위: 원)

과 목	A회사	B회사	연결조정분개 차변	연결조정분개 대변	연결재무제표
〈포괄손익계산서〉					
수 익	320,000	130,000			450,000
비 용	(280,000)	(110,000)	② 4,000		(397,000)
			② 3,000		
당 기 순 이 익	40,000	20,000	7,000❶		53,000❷
〈재무상태표〉					
재 고 자 산	50,000	30,000	① 10,000	② 10,000	80,000
토 지	95,000	70,000	① 20,000	② 20,000	165,000
건 물(순액)	70,000	21,000	① 15,000	② 6,000	100,000
종속기업투자주식	100,000	-		① 100,000	-
기 타 자 산	65,000	34,000			99,000
자 산 총 계	380,000	155,000			444,000
부 채	140,000	40,000			180,000
자 본 금	100,000	50,000	① 50,000		100,000
자 본 잉 여 금	40,000	30,000	① 30,000		40,000
이 익 잉 여 금	100,000	35,000	① 5,000	① 30,000	124,000❸

② 6,000
② 20,000
② 3,000
7,000❶

| 부채및자본총계 | 380,000 | 155,000 | 166,000 | 166,000 | 444,000 |

❶ 연결조정분개에서 반영한 손익합계 금액을 이익잉여금에도 반영한다.
❷ 연결당기순이익 = ₩40,000(A회사) + 20,000(B회사) − 4,000(매출원가) − 3,000(감가상각비) = ₩53,000
❸ 연결이익잉여금 = ₩100,000(A회사) + 35,000(B회사) − 5,000(종속기업 이익잉여금의 상계)
　　　　　 + 30,000(20×1년도 염가매수차익) − 6,000(20×1년도 매출원가)
　　　　　 − 20,000(20×1년도 유형자산처분이익 감소분) − 3,000(20×1년도 감가상각비)
　　　　　 − 7,000(연결조정분개 중 손익에 반영된 금액) = ₩124,000

3. 비지배지분이 있는 경우 – 100% 미만 취득

3.1 비지배지분의 의의 및 측정방법

(1) 비지배지분의 의의

앞서 2절에서는 지배기업이 종속기업의 지배력을 100% 획득한 것을 가정하였으므로 종속기업에 대한 주주가 지배기업 이외에는 없는 상황이다. 그러나 지배기업이 종속기업의 지배력을 100% 미만으로 취득한 것을 가정한다면 종속기업에 대한 주주가 지배기업 이외 주주의 지분인 비지배지분이 있는 상황이다.

비지배지분(non-controlling interests)이란 종속기업에 대한 지분 중 지배기업에 직접이나 간접으로 귀속되지 않는 지분을 말한다. 실체이론에 따라 비지배지분은 연결재무상태표에서 자본항목으로 표시하고, 지배기업의 소유주지분과 구분하여 별도로 표시한다. 예를 들면, A회사가 B회사의 지분 중 80%를 취득하였다면 B회사의 비지배지분은 20%이며, 다음 [그림 3-2]와 같다.

● 그림 3-2 지배기업의 소유주지분과 비지배지분

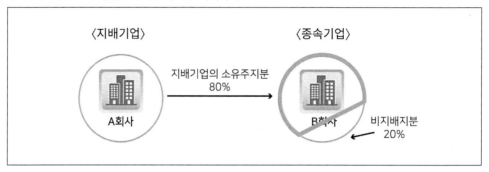

(2) 비지배지분의 측정방법

K-IFRS 제1103호 '사업결합'에서 취득자는 취득일에 피취득자에 대한 비지배지분의 요소가 현재의 지분이며 청산할 때 보유자에게 기업 순자산의 비례적 몫에 대하여 권리를 부여하고 있는 경우[1])에 그 비지배지분의 요소를 다음 중 하나의 방법으로 측정하도록 규정하고 있다.

① 공정가치
② 피취득자의 식별할 수 있는 순자산에 대해 인식한 금액 중 현재의 지분상품의 비례적 몫(종속기업의 순자산의 공정가치 × 비지배지분율)

사업결합의 모든 구성요소를 공정가치로 측정하는 것이 원칙이므로 비지배지분도 공정가치로 측정해야 한다. 그러나 종속기업이 비상장기업인 경우 등의 이유로 비지배지분의 공정가치를 측정하기 어렵기 때문에 피취득자의 식별할 수 있는 순자산에 대해 인식한 금액 중 현재의 지분상품의 비례적 몫으로 측정하는 방법을 허용한 것이다.

---

1) 청산할 때 보유자에게 기업 순자산의 비례적 몫에 대하여 권리를 부여하고 있는 경우에만 비지배지분을 두 가지 방법 중 선택하도록 규정하고 있다. 따라서 보통주는 이에 해당하므로 두 가지 방법 중 선택하여 측정할 수 있다. 그러나 우선주 중에서 청산할 때 보통주보다 선순위로 기업 순자산의 몫에 대하여 권리를 부여받는다면 공정가치로만 측정해야 한다.

▣ 예 4 비지배계분의 측정

A회사가 B회사의 보통주식 80%를 ₩10,000에 취득하여 지배기업이 되었다고 가정하자. B회사의 순자산의 공정가치는 ₩12,000이며, 나머지 비지배지분 20%의 공정가치는 ₩2,500이다. 이때 비지배지분 측정방법 중 공정가치를 선택하는 경우와 비지배지분의 비례적인 몫을 선택하는 경우 종속기업투자주식과 종속기업 자본을 상계하는 회계처리는 다음과 같다.

〈공정가치〉

```
(차변) 순      자      산     12,000   (대변) 종 속 기 업 투 자 주 식    10,000
       영      업      권        500          비  지  배  지  분        2,500*
```
    * 비지배지분의 공정가치인 ₩2,500으로 측정한다.

〈비지배지분의 비례적인 몫〉

```
(차변) 순      자      산     12,000   (대변) 종 속 기 업 투 자 주 식    10,000
       영      업      권        400          비  지  배  지  분        2,400*
```
    * ₩12,000 × 20% = ₩2,400

　제2장 6절 '연결회계이론'에서 설명한 것처럼 실체이론에서는 지배기업지분과 비지배지분에 대한 영업권을 모두 인정하지만, 지배기업이론에서는 지배기업지분에 대한 영업권만을 인정한다. 위의 (예 4)에서와 같이 비지배지분을 공정가치로 측정하면 지배기업지분과 비지배지분 모두에 대한 영업권으로 ₩500이 계산되고, 비지배지분의 비례적인 몫으로 측정하면 지배기업지분만에 대한 영업권으로 ₩400이 계산된다. 따라서 국제회계기준은 영업권에 대해서 실체이론과 지배기업이론에 따른 계산방법을 선택하도록 하고 있다.[2]

3.2 지배력 취득일의 연결

　비지배지분이 없는 경우와 마찬가지로 취득일에 연결재무제표상 종속기업의 자산과 부채를 공정가치로 평가한 금액으로 인식한다. 따라서 종속기업의 자산 및 부채의 장부금액과 공정가치가 다를 경우 장부금액과 공정가치 간의 차이금액을 다음과 같이 연결조정분개에 반영한다. 비지배지분을 종속기업의 식별할 수 있는 순자산 중 비례적인 몫으로 측정한다면, 비지배지분은 종속기업의 순자산의 공정가치(즉, 점선 부분)에 비지배지분율을 곱한 값으로 측정한다.

---

2) 비지배지분이 있는 경우 영업권에 대한 후속 회계처리는 보론에서 자세히 설명한다.

비지배지분이 있는 경우에도 종속기업투자주식과 종속기업 자본을 상계하는 연결조정분개는 지배력 취득일분만 아니라 그 이후에 연결조정분개를 할 때에도 동일한 금액, 즉 지배력 취득일 시점의 금액으로 한다.

〈종속기업투자주식과 종속기업 자본의 상계제거〉

① 종속기업 순자산의 공정가치 < (종속기업투자주식의 취득원가 + 비지배지분)

(차변)	자　　본　　금	×××	(대변)	종 속 기 업 투 자 주 식	×××
	자　본　잉　여　금	×××		비 지 배 지 분	×××**
	이　익　잉　여　금	×××			
	재　고　자　산	×××*			
	유　형　자　산	×××*			
	영　　업　　권	×××			

　* 공정가치와 장부금액 간의 차이금액을 반영한다.
　** 종속기업 순자산의 공정가치 × 비지배지분율

② 종속기업 순자산의 공정가치 > (종속기업투자주식의 취득원가 + 비지배지분)

(차변)	자　　본　　금	×××	(대변)	종 속 기 업 투 자 주 식	×××
	자　본　잉　여　금	×××		비 지 배 지 분	×××**
	이　익　잉　여　금	×××		염 가 매 수 차 익	×××
	재　고　자　산	×××*			
	유　형　자　산	×××*			

　* 공정가치와 장부금액 간의 차이금액을 반영한다.
　** 종속기업 순자산의 공정가치 × 비지배지분율

3.3 취득일 이후의 연결

(1) 공정가치와 장부금액이 일치하는 경우 비지배지분의 변동

비지배지분이 있는 경우에는 지배력 취득일에 종속기업 순자산의 공정가치 중에 비지배지분에 해당하는 몫을 비지배지분으로 인식하였다. 지배력 취득일 이후 발생한 종속기업 순자산의 변동(당기순손익 및 기타포괄손익)을 지배기업의 소유주와 비지배지분으로 나누어 귀속시키는 연결조정분개가 필요하다. 이때 당기순이익을 이익잉여금으로 연결조정분개 하는데, 실체이론에 따라 지배기업의 소유주와 비지배지분의 귀속분을 합쳐서 연결당기순이익을 계산하기 때문이다. 기타포괄손익을 기타포괄손익누계액으로 연결조정분개 하는 것도 지배기업의 소유주와 비지배지분의 귀속분을 합쳐서 연결총포괄이익을 계산하기 위해서이다.

〈종속기업의 총포괄손익으로 인한 비지배지분의 변동〉

① 당기순이익 및 기타포괄이익

(차변) 이 익 잉 여 금 ×××* (대변) 비 지 배 지 분 ×××
　　　 기 타 포 괄 손 익 누 계 액 ×××**

　* 종속기업 당기순이익 × 비지배지분율
　** 종속기업 기타포괄이익 × 비지배지분율

② 당기순손실 및 기타포괄손실

(차변) 비 지 배 지 분 ××× (대변) 이 익 잉 여 금 ×××*
　　　　　　　　　　　　　　　　　 기 타 포 괄 손 익 누 계 액 ×××**

　* 종속기업 당기순손실 × 비지배지분율
　** 종속기업 기타포괄손실 × 비지배지분율

(2) 공정가치와 장부금액이 일치하지 않는 경우 비지배지분의 변동

앞서 2.2(2)절에서 설명한 것처럼 지배력 취득일에 종속기업 순자산의 공정가치와 장부금액이 일치하지 않는 경우, 취득일 이후 기간에 해당 자산 또는 부채에 변동이 있다면 그 변동을 연결조정분개에 반영하므로 비지배지분의 변동을 계산할 때도 이를 반영하여 계산해야 한다.

📖 예 5 공정가치와 장부금액이 일치하지 않는 경우 비지배지분의 변동

종속기업의 순자산 중에서 재고자산의 공정가치가 장부금액보다 ₩10,000만큼 더 큰 차이가 발생하였고, 해당 재고자산의 100%를 지배력 취득일이 속하는 연도에 판매하였다고 가정하자. 지배기업의 종속기업에 대한 지분율이 80%이고, 종속기업의 당기순이익이 ₩100,000인 경우 연결조정분개는 다음과 같다.

〈재고자산의 공정가치와 장부금액 간의 차이조정〉

(차변) 매 출 원 가 10,000* (대변) 재 고 자 산 10,000
　* 재고자산 중 당기에 판매된 ₩10,000을 매출원가로 인식한다.

〈종속기업의 당기순이익으로 인한 비지배지분의 변동〉

(차변) 이 익 잉 여 금 18,000* (대변) 비 지 배 지 분 18,000
　* (₩100,000 - 10,000) × 20% = ₩18,000

이때 매출원가에서 비지배지분을 배분한 후에 종속기업 당기순이익에 대한 비지배지분의 변동에서 매출원가를 반영하지 않는 경우 다음과 같이 연결조정분개를 할

수 있다. 위와 마찬가지로 비지배지분의 변동이 ₩18,000(= 20,000 - 2,000)이라는 것을 알 수 있다. 그러나 이 경우에 연결당기순이익이 지배기업의 소유주와 비지배지분의 귀속분을 합쳐서 보고되지 않기 때문에 실체이론에 부합하지 않는다.

〈재고자산의 공정가치와 장부금액 간의 차이조정〉

(차변) 매　출　원　가　　8,000*　(대변) 재　고　자　산　　10,000
　　　 비　지　배　지　분　　2,000

* 당기에 판매된 ₩10,000 중에서 비지배지분 해당액 ₩2,000을 제외한 ₩8,000을 매출원가로 인식한다.

〈종속기업의 당기순이익으로 인한 비지배지분의 변동〉

(차변) 이　익　잉　여　금　　20,000*　(대변) 비　지　배　지　분　　20,000

* ₩100,000 × 20% = ₩20,000

📖 예제 3 비지배지분이 있는 경우 연결재무제표의 작성 - 영업권이 발생하는 경우

12월 말 결산법인인 A회사는 20×1년 초에 B회사의 보통주식 80%를 ₩120,000에 취득하여 지배기업이 되었다. 취득일 현재 다음의 B회사 자산을 제외한 모든 자산과 부채의 장부금액과 공정가치는 일치하였다.

과　목	장부금액	공정가치
재　고　자　산	₩20,000	₩30,000
토　　　　지	40,000	60,000
건　　　　물	35,000	50,000

① 재고자산은 20×1년 중에 60%를 판매하고, 나머지는 20×2년 중에 판매하였다.
② 토지는 20×2년 말까지 처분하지 않고 보유하고 있다.
③ 건물은 잔존가치 없이 남아 있는 내용연수 5년 동안 정액법으로 감가상각한다.

20×1년 말과 20×2년 말 A회사와 B회사의 재무제표는 다음과 같으며, A회사와 B회사의 이익잉여금은 당기순이익으로만 변동되었다. 단, A회사는 종속기업투자주식을 원가법으로 평가하고, 비지배지분을 종속기업의 식별가능한 순자산 중 비지배지분의 비례적인 몫으로 측정한다.

(단위: 원)

과　목	20×1년도 A회사	20×1년도 B회사	20×2년도 A회사	20×2년도 B회사
〈포괄손익계산서〉				
수　　　익	300,000	100,000	320,000	130,000
비　　　용	(270,000)	(90,000)	(280,000)	(110,000)
당 기 순 이 익	30,000	10,000	40,000	20,000
기 타 포 괄 손 익	-	4,000	-	(3,000)
총 포 괄 이 익	30,000	14,000	40,000	17,000

〈재무상태표〉

재 고 자 산	40,000	25,000	50,000	30,000
토 지	85,000	50,000	95,000	70,000
건 물(순액)	60,000	28,000	70,000	21,000
종속기업투자주식	120,000	-	120,000	-
기 타 자 산	35,000	27,000	45,000	34,000
자 산 총 계	340,000	130,000	380,000	155,000
부 채	140,000	31,000	140,000	39,000
자 본 금	100,000	50,000	100,000	50,000
자 본 잉 여 금	40,000	30,000	40,000	30,000
이 익 잉 여 금	60,000	15,000	100,000	35,000
기타포괄손익누계액	-	4,000	-	1,000
부채및자본총계	340,000	130,000	380,000	155,000

물음

1. A회사가 B회사의 지배력을 취득한 날에 해야 할 연결조정분개를 하시오.

2. 20×1년 말에 A회사가 해야 할 연결조정분개를 하고, 연결정산표를 작성하시오. 단, 영업권이 배분된 현금창출단위의 회수가능액이 장부금액보다 크다.

3. 20×2년 말에 A회사가 해야 할 연결조정분개를 하고, 연결정산표를 작성하시오. 단, 영업권이 배분된 현금창출단위의 회수가능액이 장부금액보다 크다.

풀이

1. 지배력 취득일 연결조정분개
· 종속기업투자주식과 종속기업 자본의 상계제거

(차변)	자 본 금	50,000	(대변) 종 속 기 업 투 자 주 식	120,000
	자 본 잉 여 금	30,000	비 지 배 지 분	26,000❶
	이 익 잉 여 금	5,000		
	재 고 자 산	10,000		
	토 지	20,000		
	건 물	15,000		
	영 업 권	16,000❷		

❶ ₩130,000(B회사 순자산의 공정가치(점선 부분)) × 20% = ₩26,000
❷ ₩120,000 + 26,000 - 130,000 = ₩16,000

2. 20×1년 말 연결조정분개
① 종속기업투자주식과 종속기업 자본의 상계제거

(차변)	자 본 금	50,000	(대변) 종 속 기 업 투 자 주 식	120,000
	자 본 잉 여 금	30,000	비 지 배 지 분	26,000

```
이  익  잉  여  금     5,000
재    고    자    산    10,000
토              지    20,000
건              물    15,000
영        업        권    16,000
```

② 공정가치와 장부금액 간의 차이조정
(차변) 매   출   원   가   6,000❶ (대변) 재   고   자   산   6,000
(차변) 감 가 상 각 비   3,000❷ (대변) 감 가 상 각 누 계 액   3,000

❶ 20×1년 중에 판매된 ₩6,000(= 10,000 × 60%)을 매출원가로 인식한다.

❷ 감가상각비 ₩3,000(= 15,000 ÷ 5년)을 추가로 인식한다.

③ 종속기업의 총포괄이익으로 인한 비지배지분 변동
(차변) 이 익 잉 여 금   200❸ (대변) 비 지 배 지 분   200
(차변) 기 타 포 괄 손 익 누 계 액   800❹ (대변) 비 지 배 지 분   800

❸ (₩10,000(B회사 당기순이익) - 6,000(매출원가) - 3,000(감가상각비)) × 20% = ₩200

❹ ₩4,000 × 20% = ₩800

· 20×1년도 연결정산표   (단위: 원)

과 목	A회사	B회사	연결조정분개		연결재무제표
			차 변	대 변	
〈포괄손익계산서〉					
수 익	300,000	100,000			400,000
비 용	(270,000)	(90,000)	② 6,000		(369,000)
			② 3,000		
당 기 순 이 익	30,000	10,000	9,000❶		31,000❷
기 타 포 괄 손 익	-	4,000			4,000
총 포 괄 이 익	30,000	14,000	9,000		35,000❸
〈재무상태표〉					
재 고 자 산	40,000	25,000	① 10,000	② 6,000	69,000
토 지	85,000	50,000	① 20,000		155,000
건 물(순액)	60,000	28,000	① 15,000	② 3,000	100,000
종속기업투자주식	120,000	-		① 120,000	-
기 타 자 산	35,000	27,000			62,000
영 업 권			① 16,000		16,000
자 산 총 계	340,000	130,000			402,000
부 채	140,000	31,000			171,000
자 본 금	100,000	50,000	① 50,000		100,000
자 본 잉 여 금	40,000	30,000	① 30,000		40,000
이 익 잉 여 금	60,000	15,000	① 5,000		60,800❸
			③ 200		
			9,000❶		

기타포괄손익누계액	4,000	③	800		3,200
비 지 배 지 분				① 26,000	27,000❹
				③ 200	
				③ 800	
부 채 및 자 본 총 계	340,000	130,000	156,000	156,000	402,000

❶ 연결조정분개에서 반영한 손익합계 금액을 이익잉여금에도 반영한다.

❷ 연결당기순이익 = ₩30,000(A회사) + 10,000(B회사) − 6,000(매출원가) − 3,000(감가상각비) = ₩31,000
- 비지배지분 귀속분 = ₩200
- 지배기업 소유주 귀속분 = ₩31,000 − 200 = ₩30,800

❸ 총포괄이익 = ₩30,000(A회사) + 14,000(B회사) − 6,000(매출원가) − 3,000(감가상각비) = ₩35,000
- 비지배지분 귀속분 = ₩200 + 800 = ₩1,000
- 지배기업 소유주 귀속분 = ₩35,000 − 1,000 = ₩34,000

❹ 연결이익잉여금 = ₩60,000(A회사) + 15,000(B회사) − 5,000(종속기업 이익잉여금의 상계)
    − 200(비지배지분 변동) − 9,000(연결조정분개 중 손익에 반영된 금액) = ₩60,800

❹ 비지배지분 = ₩26,000(취득일 종속기업 순자산의 공정가치 중 20%) + 200 + 800 = ₩27,000

3. 20×2년 말 연결조정분개

① 종속기업투자주식과 종속기업 자본의 상계제거

(차변) 자 본 금	50,000	(대변) 종 속 기 업 투 자 주 식	120,000
자 본 잉 여 금	30,000	비 지 배 지 분	26,000
이 익 잉 여 금	5,000		
재 고 자 산	10,000		
토 지	20,000		
건 물	15,000		
영 업 권	16,000		

② 과년도 종속기업 순자산의 변동으로 인한 비지배지분 변동

(차변) 이 익 잉 여 금	200	(대변) 비 지 배 지 분	200
(차변) 기 타 포 괄 손 익 누 계 액	800	(대변) 비 지 배 지 분	800

③ 공정가치와 장부금액 간의 차이조정

(차변) 매 출 원 가	4,000❶	(대변) 재 고 자 산	10,000
이 익 잉 여 금	6,000❶		
(차변) 감 가 상 각 비	3,000❷	(대변) 감 가 상 각 누 계 액	6,000
이 익 잉 여 금	3,000❷		

❶ 20×2년 중에 판매된 ₩4,000(= 10,000 × 40%)을 매출원가로 인식하고, 20×1년 중에 판매된 ₩6,000을 이익잉여금으로 인식한다.

❷ 20×2년도 감가상각비 ₩3,000(= 15,000 ÷ 5년)을 추가로 인식하고, 20×1년도 감가상각비 ₩3,000을 이익잉여금으로 인식한다.

④ 종속기업의 총포괄이익으로 인한 비지배지분 변동

(차변) 이 익 잉 여 금	2,600❸	(대변) 비 지 배 지 분	2,600
(차변) 비 지 배 지 분	600	(대변) 기 타 포 괄 손 익 누 계 액	600❹

❸ (₩20,000(B회사 당기순이익) − 4,000(매출원가) − 3,000(감가상각비)) × 20% = ₩2,600

❹ ₩3,000 × 20% = ₩600

· 20×2년도 연결정산표 　　　　　　　　　　　　　　　　　　　　　　(단위: 원)

과　목	A회사	B회사	연결조정분개 차　변		연결조정분개 대　변		연결재무제표
〈포괄손익계산서〉							
수　　　익	320,000	130,000					450,000
비　　　용	(280,000)	(110,000)	③	4,000			(397,000)
			③	3,000			
당기순이익	40,000	20,000		7,000❶			53,000❷
기타포괄손익		(3,000)					(3,000)
총포괄이익	40,000	17,000		7,000			50,000❸
〈재무상태표〉							
재　고　자　산	50,000	30,000	①	10,000	③	10,000	80,000
토　　　지	95,000	70,000	①	20,000			185,000
건　물(순액)	70,000	21,000	①	15,000	③	6,000	100,000
종속기업투자주식	120,000	-			①	120,000	-
기　타　자　산	45,000	34,000					79,000
영　업　권			①	16,000			16,000
자　산　총　계	380,000	155,000					460,000
부　　　채	140,000	39,000					179,000
자　본　금	100,000	50,000	①	50,000			100,000
자　본　잉　여　금	40,000	30,000	①	30,000			40,000
이　익　잉　여　금	100,000	35,000	①	5,000			111,200❹
			②	200			
			③	6,000			
			③	3,000			
			④	2,600			
				7,000❶			
기타포괄손익누계액		1,000	②	800	④	600	800
비　지　배　지　분			④	600	①	26,000	29,000❺
					②	200	
					②	800	
					④	2,600	
부채및자본총계	380,000	155,000		166,200		166,200	460,000

❶ 연결조정분개에서 반영한 손익합계 금액을 이익잉여금에도 반영한다.

❷ 연결당기순이익 = ₩40,000(A회사) + 20,000(B회사) − 4,000(매출원가) − 3,000(감가상각비) = ₩53,000

　　· 비지배지분 귀속분 = ₩2,600

　　· 지배기업 소유주 귀속분 = ₩53,000 − 2,600 = ₩50,400

❸ 총포괄이익 = ₩40,000(A회사) + 17,000(B회사) − 4,000(매출원가) − 3,000(감가상각비) = ₩50,000

　　· 비지배지분 귀속분 = ₩2,600 − 600 = ₩2,000

　　· 지배기업 소유주 귀속분 = ₩50,000 − 2,000 = ₩48,000

❹ 연결이익잉여금 = ₩100,000(A회사) + 35,000(B회사) − 5,000(종속기업 이익잉여금의 상계)

　　　　　　　　− 6,000(20×1년도 매출원가) − 3,000(20×1년도 감가상각비)

　　　　　　　　− 200(과년도 비지배지분 변동) − 2,600(당기순이익 중 비지배지분 변동)

　　　　　　　　− 7,000(연결조정분개 중 손익에 반영된 금액) = ₩111,200

❺ 비지배지분 = ₩26,000(취득일 종속기업 순자산의 공정가치 중 20%)

　　　　　　　+ 200(과년도 비지배지분 변동) + 800(과년도 비지배지분 변동) + 2,600 − 600 = ₩29,000

　　제2장 5절 '별도재무제표'에서 설명한 것처럼 지배기업이 별도재무제표를 작성할 때 종속기업투자주식에 대해 원가법뿐만 아니라 공정가치법이나 지분법을 선택하여 회계처리할 수 있다. 따라서 보론에서 공정가치법이나 지분법을 선택하여 회계처리할 경우에 대해 설명한다.

📖 예제 4 비지배지분이 있는 경우 연결재무제표의 작성 − 염가매수차익이 발생하는 경우

12월 말 결산법인인 A회사는 20×1년 초에 B회사의 보통주식 80%를 ₩80,000에 취득하여 지배기업이 되었다. 취득일 현재 다음의 B회사 자산을 제외한 모든 자산과 부채의 장부금액과 공정가치는 일치하였다.

과 목	장부금액	공정가치
재 고 자 산	₩20,000	₩30,000
토　　　　지	40,000	60,000
건　　　　물	35,000	50,000

① 재고자산은 20×1년 중에 60%를 판매하고, 나머지는 20×2년 중에 판매하였다.
② 토지는 20×2년 말까지 처분하지 않고 보유하고 있다.
③ 건물은 잔존가치 없이 남아 있는 내용연수 5년 동안 정액법으로 감가상각한다.

20×1년 말과 20×2년 말 A회사와 B회사의 재무제표는 다음과 같으며, A회사와 B회사의 이익잉여금은 당기순이익으로만 변동되었다. 단, A회사는 종속기업투자주식을 원가법으로 평가하고, 비지배지분을 종속기업의 식별가능한 순자산 중 비지배지분의 비례적인 몫으로 측정한다.

(단위: 원)

과 목	20×1년도		20×2년도	
	A회사	B회사	A회사	B회사
〈포괄손익계산서〉				
수　　　　익	300,000	100,000	320,000	130,000
비　　　　용	(270,000)	(90,000)	(280,000)	(110,000)
당 기 순 이 익	30,000	10,000	40,000	20,000
기 타 포 괄 손 익	-	4,000	-	(3,000)
총 포 괄 이 익	30,000	14,000	40,000	17,000

```
〈 재 무 상 태 표 〉
재 고 자 산        40,000        25,000        50,000        30,000
토        지       85,000        50,000        95,000        70,000
건   물 (순 액)     60,000        28,000        70,000        21,000
종속기업투자주식    80,000          -          80,000          -
기 타 자 산        75,000        27,000        85,000        34,000
자 산 총 계       340,000       130,000       380,000       155,000
부        채      140,000        31,000       140,000        39,000
자  본  금       100,000        50,000       100,000        50,000
자 본 잉 여 금     40,000        30,000        40,000        30,000
이 익 잉 여 금     60,000        15,000       100,000        35,000
기타포괄손익누계액     -           4,000          -           1,000
부채및자본총계     340,000       130,000       380,000       155,000
```

물음 ···

1. A회사가 B회사의 지배력을 취득한 날에 해야 할 연결조정분개를 하시오.

2. 20×1년 말에 A회사가 해야 할 연결조정분개를 하고, 연결정산표를 작성하시오.

3. 20×2년 말에 A회사가 해야 할 연결조정분개를 하고, 연결정산표를 작성하시오.

풀이 ···

1. 지배력 취득일 연결조정분개
• 종속기업투자주식과 종속기업 자본의 상계제거

(차변)	자 본 금	50,000	(대변)	종 속 기 업 투 자 주 식	80,000
	자 본 잉 여 금	30,000		비 지 배 지 분	26,000❶
	이 익 잉 여 금	5,000		염 가 매 수 차 익	24,000❷
	재 고 자 산	10,000			
	토 지	20,000			
	건 물	15,000			

  ❶ ₩130,000(B회사 순자산의 공정가치(점선 부분)) × 20% = ₩26,000
  ❷ ₩80,000 + 26,000 − 130,000 = (−)₩24,000

2. 20×1년 말 연결조정분개
① 종속기업투자주식과 종속기업 자본의 상계제거

(차변)	자 본 금	50,000	(대변)	종 속 기 업 투 자 주 식	80,000
	자 본 잉 여 금	30,000		비 지 배 지 분	26,000
	이 익 잉 여 금	5,000		염 가 매 수 차 익	24,000
	재 고 자 산	10,000			

```
토            지    20,000
건            물    15,000
```

② 공정가치와 장부금액 간의 차이조정

(차변) 매 출 원 가   6,000❶ (대변) 재 고 자 산   6,000
(차변) 감 가 상 각 비   3,000❷ (대변) 감 가 상 각 누 계 액   3,000

❶ 20×1년 중에 판매된 ₩6,000(= 10,000 × 60%)을 매출원가로 인식한다.

❷ 감가상각비 ₩3,000(= 15,000 ÷ 5년)을 추가로 인식한다.

③ 종속기업의 총포괄이익으로 인한 비지배지분의 변동

(차변) 이 익 잉 여 금   200❸ (대변) 비 지 배 지 분   200
(차변) 기 타 포 괄 손 익 누 계 액   800❹ (대변) 비 지 배 지 분   800

❸ (₩10,000(B회사 당기순이익) − 6,000(매출원가) − 3,000(감가상각비)) × 20% = ₩200

❹ ₩4,000 × 20% = ₩800

· 20×1년도 연결정산표   (단위: 원)

과 목	A회사	B회사	연결조정분개 차 변	연결조정분개 대 변	연결재무제표
〈 포 괄 손 익 계 산 서 〉					
수 익	300,000	100,000		① 24,000	424,000
비 용	(270,000)	(90,000)	② 6,000		(369,000)
			② 3,000		
당 기 순 이 익	30,000	10,000	9,000❶	24,000❶	55,000❷
기 타 포 괄 손 익	-	4,000			4,000
총 포 괄 이 익	30,000	14,000	9,000	24,000	59,000❸
〈 재 무 상 태 표 〉					
재 고 자 산	40,000	25,000	① 10,000	② 6,000	69,000
토 지	85,000	50,000	① 20,000		155,000
건 물 (순 액)	60,000	28,000	① 15,000	② 3,000	100,000
종 속 기 업 투 자 주 식	80,000	-		① 80,000	-
기 타 자 산	75,000	27,000			102,000
자 산 총 계	340,000	130,000			426,000
부 채	140,000	31,000			171,000
자 본 금	100,000	50,000	① 50,000		100,000
자 본 잉 여 금	40,000	30,000	① 30,000		40,000
이 익 잉 여 금	60,000	15,000	① 5,000	24,000❶	84,800❸
			③ 200		
			9,000❶		
기타포괄손익누계액		4,000	③ 800		3,200
비 지 배 지 분				① 26,000	27,000❹
				③ 200	
				③ 800	
부 채 및 자 본 총 계	340,000	130,000	140,000	140,000	426,000

❶ 연결조정분개에서 반영한 손익합계 금액을 이익잉여금에도 반영한다.

❷ 연결당기순이익 = ₩30,000(A회사) + 10,000(B회사) + 24,000(염가매수차익) − 6,000(매출원가)

  − 3,000(감가상각비) = ₩55,000

· 비지배지분 귀속분 = ₩200

· 지배기업 소유주 귀속분 = ₩55,000 − 200 = ₩54,800

❸ 총포괄이익 = ₩30,000(A회사) + 14,000(B회사) + 24,000(염가매수차익) − 6,000(매출원가)

  − 3,000(감가상각비) = ₩59,000

· 비지배지분 귀속분 = ₩200 + 800 = ₩1,000

· 지배기업 소유주 귀속분 = ₩59,000 − 1,000 = ₩58,000

❹ 연결이익잉여금 = ₩60,000(A회사) + 15,000(B회사) − 5,000(종속기업 이익잉여금의 상계)

  − 200(비지배지분 변동) + 15,000(연결조정분개 중 손익에 반영된 금액(24,000 − 9,000))

  = ₩84,800

❺ 비지배지분 = ₩26,000(취득일 종속기업 순자산의 공정가치 중 20%) + 200 + 800 = ₩27,000

3. 20×2년 말 연결조정분개

① 종속기업투자주식과 종속기업 자본의 상계제거

(차변)	자 본 금	50,000	(대변)	종 속 기 업 투 자 주 식	80,000
	자 본 잉 여 금	30,000		비 지 배 지 분	26,000
	이 익 잉 여 금	5,000		이 익 잉 여 금	24,000❶
	재 고 자 산	10,000			
	토 지	20,000			
	건 물	15,000			

❶ 염가매수차익을 이익잉여금으로 인식한다.

② 과년도 종속기업 순자산의 변동으로 인한 비지배지분 변동

(차변)	이 익 잉 여 금	200	(대변)	비 지 배 지 분	200
(차변)	기 타 포 괄 손 익 누 계 액	800	(대변)	비 지 배 지 분	800

③ 공정가치와 장부금액 간의 차이조정

(차변)	매 출 원 가	4,000❷	(대변)	재 고 자 산	10,000
	이 익 잉 여 금	6,000❷			
(차변)	감 가 상 각 비	3,000❸	(대변)	감 가 상 각 누 계 액	6,000
	이 익 잉 여 금	3,000❸			

❷ 20×2년 중에 판매된 ₩4,000(= 10,000 × 40%)을 매출원가로 인식하고, 20×1년 중에 판매된 ₩6,000
을 이익잉여금으로 인식한다.

❸ 20×2년도 감가상각비 ₩3,000(= 15,000 ÷ 5년)을 추가로 인식하고, 20×1년도 감가상각비 ₩3,000을
이익잉여금으로 인식한다.

④ 종속기업의 총포괄이익으로 인한 비지배지분 변동

(차변)	이 익 잉 여 금	2,600❹	(대변)	비 지 배 지 분	2,600
(차변)	비 지 배 지 분	600	(대변)	기 타 포 괄 손 익 누 계 액	600❺

❹ (₩20,000(B회사 당기순이익) − 4,000(매출원가) − 3,000(감가상각비)) × 20% = ₩2,600

❺ ₩3,000 × 20% = ₩600

· 20×2년도 연결정산표　　　　　　　　　　　　　　　　　　(단위: 원)

과 목	A회사	B회사	연결조정분개 차 변		연결조정분개 대 변		연결재무제표
〈포괄손익계산서〉							
수　　　　익	320,000	130,000					450,000
비　　　　용	(280,000)	(110,000)	③	4,000			(397,000)
			③	3,000			
당 기 순 이 익	40,000	20,000		7,000❶			53,000❷
기 타 포 괄 손 익		(3,000)					(3,000)
총 포 괄 이 익	40,000	17,000		7,000			50,000❸
〈재무상태표〉							
재 고 자 산	50,000	30,000	①	10,000	③	10,000	80,000
토　　　　지	95,000	70,000	①	20,000			185,000
건 물 (순 액)	70,000	21,000	①	15,000	③	6,000	100,000
종속기업투자주식	80,000	-			①	80,000	-
기 타 자 산	85,000	34,000					119,000
자 산 총 계	380,000	155,000					484,000
부　　　　채	140,000	39,000					179,000
자 본 금	100,000	50,000	①	50,000			100,000
자 본 잉 여 금	40,000	30,000	①	30,000			40,000
이 익 잉 여 금	100,000	35,000	①	5,000	①	24,000	135,200❹
			②	200			
			③	6,000			
			③	3,000			
			④	2,600			
				7,000❶			
기타포괄손익누계액		1,000	②	800	④	600	800
비 지 배 지 분			④	600	①	26,000	29,000❺
					②	200	
					②	800	
					④	2,600	
부채및자본총계	380,000	155,000		150,200		150,200	484,000

❶ 연결조정분개에서 반영한 손익합계 금액을 이익잉여금에도 반영한다.

❷ 연결당기순이익 = ₩40,000(A회사) + 20,000(B회사) - 4,000(매출원가) - 3,000(감가상각비) = ₩53,000
　· 비지배지분 귀속분 = ₩2,600
　· 지배기업 소유주 귀속분 = ₩53,000 - 2,600 = ₩50,400

❸ 총포괄이익 = ₩40,000(A회사) + 17,000(B회사) - 4,000(매출원가) - 3,000(감가상각비) = ₩50,000
　· 비지배지분 귀속분 = ₩2,600 - 600 = ₩2,000
　· 지배기업 소유주 귀속분 = ₩50,000 - 2,000 = ₩48,000

❹ 연결이익잉여금 = ₩100,000(A회사) + 35,000(B회사) − 5,000(종속기업 이익잉여금의 상계)

　　　　　　　　+ 24,000(과년도 염가매수차익) − 6,000(20×1년도 매출원가)

　　　　　　　　− 3,000(20×1년도 감가상각비) − 200(과년도 비지배지분 변동)

　　　　　　　　− 2,600(당기순이익 중 비지배지분 변동)

　　　　　　　　− 7,000(연결조정분개 중 손익에 반영된 금액) = ₩135,200

❺ 비지배지분 = ₩26,000(취득일 종속기업 순자산의 공정가치 중 20%)

　　　　　　+ 200(과년도 비지배지분 변동) + 800(과년도 비지배지분 변동) + 2,600 − 600 = ₩29,000

4. 종속기업의 현금배당

　종속기업이 현금배당을 하는 경우 종속기업의 현금은 감소하지만, 지배기업의 현금이 증가하므로 지배기업이 수취한 만큼은 연결실체의 순자산의 변동은 없다. 따라서 종속기업이 현금배당을 하면서 감소시킨 이익잉여금을 다시 증가시키고, 지배기업이 인식한 배당금수익을 제거해야 한다. 이때 현금배당을 제거하면서 비지배지분을 감소시키는데, 종속기업의 현금배당 중에서 비지배지분에 해당하는 배당금은 연결실체 외부로 현금유출되었으므로 이 부분만큼 비지배지분을 감소시키는 것이다.[3]

▤ 예 6 종속기업의 현금배당

> 종속기업이 ₩10,000을 현금배당하였다고 가정하자. 지배기업의 종속기업에 대한 지분율이 80%인 경우 연결조정분개는 다음과 같다.
>
> 〈현금배당의 제거〉
>
> (차변) 배　당　금　수　익　　8,000　(대변) 이　익　잉　여　금　　10,000
> 　　　　비　지　배　지　분　　2,000

　한편, 종속기업의 현금배당을 제거하는 연결조정분개는 현금배당에 해당 연도만 수행하면 되고, 이후 연도의 연결조정분개에는 이를 반영할 필요가 없다. 그 이유는 이후 연도에서 과년도 배당금수익은 이익잉여금으로 회계처리되므로 연결조정분개하는

---

3) 현금배당과 달리 주식배당이나 무상증자 등과 같이 사외유출이 없는 배당을 할 때 주주 입장에서는 아무런 회계처리를 하지 않는다. 따라서 종속기업이 주식배당이나 무상증자를 하는 경우 현금배당과 같은 연결조정분개를 하지 않는다. 그러나 종속기업의 이익잉여금(주식배당)이나 자본잉여금(무상증자)을 자본전입하는 회계처리를 환원하는 다음과 같은 연결조정분개를 한다.
　(차변) 자　　　본　　　금　　×××　(대변) 이　익　잉　여　금　　×××
　　　　　　　　　　　　　　　　　　　　　　　(또 는　자 본 잉 여 금)

실익이 없다. 또한 비지배지분 감소분은 연결조정분개 중에서 '과년도 종속기업 순자산의 변동으로 인한 비지배지분 변동'을 회계처리하면서 반영되기 때문이다.

📖 예제 5 종속기업의 현금배당

12월 말 결산법인인 A회사는 20×1년 초에 B회사의 보통주식 80%를 ₩120,000에 취득하여 지배기업이 되었다. 취득일 현재 B회사 순자산의 공정가치는 ₩130,000이며, 모든 자산과 부채의 장부금액과 공정가치는 일치하였다.
B회사는 20×2년 중에 ₩15,000의 현금배당을 결의하면서 지급하였으며, B회사의 순자산 변동내역은 다음과 같다. 단, A회사는 종속기업투자주식을 원가법으로 평가하고, 비지배지분을 종속기업의 식별가능한 순자산 중 비지배지분의 비례적인 몫으로 측정한다.

일 자	과 목	금 액
20×1. 1. 1.	순 자 산	₩130,000
	당 기 순 이 익	10,000
20×1.12.31.	합 계	140,000
	현 금 배 당	(15,000)
	당 기 순 이 익	20,000
20×2.12.31.	합 계	145,000
	당 기 순 이 익	30,000
20×3.12.31.	합 계	₩175,000

물음 ···

A회사가 B회사에 대한 지배력 취득일과 20×1년 말, 20×2년 말 및 20×3년 말에 해야 할 연결조정분개를 하시오. 그리고 20×1년도, 20×2년도 및 20×3년도 연결재무상태표에 표시될 비지배지분 금액을 계산하시오. 단, 영업권이 배분된 현금창출단위의 회수가능액이 장부금액보다 크다.

풀이 ···

〈지배력 취득일 연결조정분개〉
· 종속기업투자주식과 종속기업 자본의 상계제거

(차변)	순 자 산	130,000	(대변)	종 속 기 업 투 자 주 식	120,000
	영 업 권	16,000❷		비 지 배 지 분	26,000❶

  ❶ ₩130,000 × 20% = ₩26,000
  ❷ ₩120,000 + 26,000 − 130,000 = ₩16,000

〈20×1년 말 연결조정분개〉
① 종속기업투자주식과 종속기업 자본의 상계제거

(차변)	순 자 산	130,000	(대변)	종 속 기 업 투 자 주 식	120,000
	영 업 권	16,000		비 지 배 지 분	26,000

② 종속기업의 당기순이익으로 인한 비지배지분 변동

(차변) 이 익 잉 여 금   2,000[❸]   (대변) 비 지 배 지 분   2,000

  ❸ ₩10,000 × 20% = ₩2,000

· 20×1년 말 비지배지분 = ₩140,000 × 20% = ₩28,000

〈20×2년 말 연결조정분개〉

① 종속기업투자주식과 종속기업 자본의 상계제거

(차변) 순   자   산   130,000   (대변) 종 속 기 업 투 자 주 식   120,000
영   업   권   16,000   비 지 배 지 분   26,000

② 과년도 종속기업 순자산의 변동으로 인한 비지배지분 변동

(차변) 이 익 잉 여 금   2,000   (대변) 비 지 배 지 분   2,000

③ 종속기업의 현금배당 제거

(차변) 배 당 금 수 익   12,000[❹]   (대변) 이 익 잉 여 금   15,000
비 지 배 지 분   3,000

  ❹ ₩15,000 × 80% = ₩12,000

④ 종속기업의 당기순이익으로 인한 비지배지분 변동

(차변) 이 익 잉 여 금   4,000[❺]   (대변) 비 지 배 지 분   4,000

  ❺ ₩20,000 × 20% = ₩4,000

· 20×2년 말 비지배지분 = ₩145,000 × 20% = ₩29,000

〈20×3년 말 연결조정분개〉

① 종속기업투자주식과 종속기업 자본의 상계제거

(차변) 순   자   산   130,000   (대변) 종 속 기 업 투 자 주 식   120,000
영   업   권   16,000   비 지 배 지 분   26,000

② 과년도 종속기업 순자산의 변동으로 인한 비지배지분 변동

(차변) 이 익 잉 여 금   3,000[❻]   (대변) 비 지 배 지 분   3,000

  ❻ ₩2,000(20×1년 비지배지분 변동) − 3,000(종속기업의 현금배당) + 4,000(20×2년 비지배지분 변동)
     = ₩3,000

③ 종속기업의 당기순이익으로 인한 비지배지분 변동

(차변) 이 익 잉 여 금   6,000[❼]   (대변) 비 지 배 지 분   6,000

  ❼ ₩30,000 × 20% = ₩6,000

· 20×3년 말 비지배지분 = ₩175,000 × 20% = ₩35,000

5. 부(-)의 비지배지분

앞서 설명한 것처럼 비지배지분을 자본항목으로 표시하고, 연결조정분개를 통해서 지배력 취득일 이후 발생한 종속기업 순자산의 변동(당기순손익 및 기타포괄손익)을 비지배지분에 반영한다. 이때 종속기업의 손실이 누적되면 비지배지분이 부(-)의 금액이 되는 경우가 발생할 수 있다. 기준서에서는 비지배지분이 부(-)의 잔액이 되더라도 총포괄손익을 지배기업의 소유주와 비지배지분에 귀속시키도록 규정하고 있다. 즉, 이익잉여금의 경우 손실이 누적되면 부(-)의 이익잉여금인 결손금이 되는 것처럼, 비지배지분도 부(-)의 비지배지분으로 표시될 수 있다.

📖 예제 6 부(-)의 비지배지분

> 12월 말 결산법인인 A회사는 20×1년 초에 B회사의 보통주식 80%를 ₩120,000에 취득하여 지배기업이 되었다. 취득일 현재 B회사 순자산의 공정가치는 ₩130,000이며, 모든 자산과 부채의 장부금액과 공정가치는 일치하였다.
> B회사의 순자산 변동내역은 다음과 같다. 단, A회사는 종속기업투자주식을 원가법으로 평가하고, 비지배지분을 종속기업의 식별가능한 순자산 중 비지배지분의 비례적인 몫으로 측정한다.
>
> | 일　자 | 과　목 | 금　액 |
> |---|---|---|
> | 20×1. 1. 1. | 순　　　자　　　산 | ₩130,000 |
> | | 당　기　순　이　익 | (90,000) |
> | 20×1.12.31. | 합　　　　　계 | 40,000 |
> | | 당　기　순　이　익 | (50,000) |
> | 20×2.12.31. | 합　　　　　계 | (10,000) |
> | | 당　기　순　이　익 | 30,000 |
> | 20×3.12.31. | 합　　　　　계 | ₩20,000 |

물음 ....

A회사가 B회사에 대한 지배력 취득일과 20×1년 말, 20×2년 말 및 20×3년 말에 해야 할 연결조정분개를 하시오. 그리고 20×1년도, 20×2년도 및 20×3년도 연결재무상태표에 표시될 비지배지분 금액을 계산하시오. 단, 영업권이 배분된 현금창출단위의 회수가능액이 장부금액보다 크다.

풀이 ....

〈지배력 취득일 연결조정분개〉
• 종속기업투자주식과 종속기업 자본의 상계제거

(차변)	순　　자　　산	130,000	(대변)	종 속 기 업 투 자 주 식	120,000
	영　　업　　권	16,000❷		비　지　배　지　분	26,000❶

　❶ ₩130,000 × 20% = ₩26,000
　❷ ₩120,000 + 26,000 - 130,000 = ₩16,000

〈20×1년 말 연결조정분개〉

① 종속기업투자주식과 종속기업 자본의 상계제거

(차변) 순　　　자　　　산	130,000	(대변) 종 속 기 업 투 자 주 식	120,000
영　　　업　　　권	16,000	비　지　배　지　분	26,000

② 종속기업의 당기순이익으로 인한 비지배지분 변동

(차변) 비　지　배　지　분	18,000❸	(대변) 이　익　잉　여　금	18,000

　　❸ (−)₩90,000 × 20% = (−)₩18,000

· 20×1년 말 비지배지분 = ₩40,000 × 20% = ₩8,000

〈20×2년 말 연결조정분개〉

① 종속기업투자주식과 종속기업 자본의 상계제거

(차변) 순　　　자　　　산	130,000	(대변) 종 속 기 업 투 자 주 식	120,000
영　　　업　　　권	16,000	비　지　배　지　분	26,000

② 과년도 종속기업 순자산의 변동으로 인한 비지배지분 변동

(차변) 비　지　배　지　분	18,000	(대변) 이　익　잉　여　금	18,000

③ 종속기업의 당기순이익으로 인한 비지배지분 변동

(차변) 비　지　배　지　분	10,000❹	(대변) 이　익　잉　여　금	10,000

　　❹ (−)₩50,000 × 20% = (−)₩10,000

· 20×2년 말 비지배지분 = (−)₩10,000 × 20% = (−)₩2,000

〈20×3년 말 연결조정분개〉

① 종속기업투자주식과 종속기업 자본의 상계제거

(차변) 순　　　자　　　산	130,000	(대변) 종 속 기 업 투 자 주 식	120,000
영　　　업　　　권	16,000	비　지　배　지　분	26,000

② 과년도 종속기업 순자산의 변동으로 인한 비지배지분 변동

(차변) 비　지　배　지　분	28,000❺	(대변) 이　익　잉　여　금	28,000

　　❺ (−)₩18,000(20×1년 비지배지분 변동) − 10,000(20×2년 비지배지분 변동) = (−)₩28,000

③ 종속기업의 당기순이익으로 인한 비지배지분 변동

(차변) 이　익　잉　여　금	6,000❻	(대변) 비　지　배　지　분	6,000

　　❻ ₩30,000 × 20% = ₩6,000

· 20×3년 말 비지배지분 = ₩20,000 × 20% = ₩4,000

다음 (사례 1)은 한양이엔지 주식회사의 20×1년도 연결재무제표 및 주석 공시 중 일부분이다.

📁 **사례 1 한양이엔지 주식회사의 연결재무제표 및 주석 공시**

연결재무상태표
제××기 20×1년 12월 31일 현재

한양이엔지 주식회사　　　　　　　　　　　　　　　　　(단위: 원)

과　목	주석	제××(당)기		제××(전)기	
. . .		. . .	. . .	. . .	. . .
자　　　　　본					
지배회사 소유주지분			115,803,944,068		103,280,003,355
자　　본　　금	1, 21	9,000,000,000		9,000,000,000	
기 타 불 입 자 본	22	22,039,581,668		22,039,581,668	
이 익 잉 여 금	23	84,722,280,313		71,668,521,303	
기타자본구성요소	24	42,082,087		571,900,384	
비 지 배 지 분			(58,178,941)		(36,477,330)
자 본 총 계			115,745,765,127		103,243,526,025
. . .		. . .	. . .	. . .	. . .

연결포괄손익계산서
제××기 20×1년 1월 1일부터 20×1년 12월 31일까지

한양이엔지 주식회사　　　　　　　　　　　　　　　　　(단위: 원)

과　목	주석	제××(당)기		제××(전)기	
. . .		. . .	. . .	. . .	. . .
당기순이익의 귀속			14,178,394,309		7,607,700,378
지배기업의 소유주		14,761,760,355		7,645,244,453	
비 지 배 지 분		(583,366,046)		(37,544,075)	
총 포 괄 이 익			11,879,596,646		7,444,847,881
지배기업의 소유주		12,484,166,461		7,482,641,600	
비 지 배 지 분		(604,569,815)		(37,793,719)	
. . .		. . .	. . .	. . .	. . .

연결재무제표에 대한 주석
제××기 20×1년 1월 1일부터 20×1년 12월 31일까지

2. 재무제표 작성기준 및 중요한 회계정책

(2) 연결기준

당기 중 취득 또는 처분한 종속기업과 관련된 수익과 비용은 취득이 사실상 완료된 날부터 또는 처분이 사실상 완료된 날까지 연결포괄손익계산서에 포함됩니다. 비지배지분의 장부금액은 최초 인식한 금액에 취득이후 자본 변동에 대한 비지배지분의 비례지분을 반영한 금액입니다. 비지배지분이 부(-)의 잔액이 되더라도 총포괄손익은 비지배지분에 귀속되고 있습니다.

. . .

보론 ┃ 비지배지분이 있는 경우 영업권과 종속기업투자주식의 평가방법

1. 비지배지분이 있는 경우 영업권의 후속 회계처리

영업권 외의 피취득자의 다른 자산이나 부채가 현금창출단위나 현금창출단위집단에 할당되어 있는지에 관계없이, 사업결합에 따른 시너지 효과의 효익을 받을 것으로 예상되는 취득자의 해당 현금창출단위나 현금창출단위집단 각각에 사업결합에서 취득한 영업권을 배분하도록 요구한다. 경우에 따라서는 사업결합에서 생긴 시너지 효과의 일부가 비지배지분이 없는 현금창출단위에 배분될 수도 있다.

지배기업이 비지배지분을 공정가치가 아니라 취득일 현재 종속기업의 식별할 수 있는 순자산에 대한 비례적 지분으로 측정한다면, 비지배지분에 귀속되는 영업권은 관련 현금창출단위의 회수가능액에는 포함되지만 지배기업의 연결재무제표에서는 인식되지 않는다. 따라서 지배기업은 비지배지분에 귀속되는 영업권을 포함하기 위해, 현금창출단위에 배분된 영업권의 장부금액을 가산하여 조정한다. 조정된 장부금액은 해당 현금창출단위의 손상 여부를 판단하기 위해 그 회수가능액과 비교한다.

비지배지분이 있는 종속기업이나 그의 일부가 그 자체로서 현금창출단위인 경우에 당기순이익을 배분할 때와 같은 기준으로 지배기업과 비지배지분에 손상차손을 배분한다. 비지배지분에 귀속되는 손상차손이 지배기업의 연결재무제표에 인식되지 않은 영업권과 관련된 경우에는, 그 손상차손은 영업권의 손상차손으로 인식하지 않는다. 이 경우에 지배기업에 배분된 영업권과 관련된 손상차손만을 영업권의 손상차손으로 인식한다.

지배기업이 비지배지분을 취득일 현재 종속기업의 식별할 수 있는 순자산에 대한 비례적 지분으로 측정하는 경우에 영업권을 포함하는 종속기업 현금창출단위의 손상차손 금액을 다음과 같이 계산한다.

① 조정된 장부금액	종속기업의 영업권	종속기업의 식별 가능한 순자산	합 계
장부금액	×××	×××	×××
비지배지분 영업권	×××*		×××
조정된 장부금액	×××	×××	×××

② 손상차손 배분

회수가능액			(×××)
손상차손 배분	×××	×××	×××

③ 손상차손 인식 후 장부금액

비지배지분 손상차손 제외	(×××)**		
손상차손 인식	×××	×××	×××
손상차손 인식 후 장부금액	×××	×××	×××

* 종속기업의 영업권 × (비지배지분율 / 지배기업지분율)
** 종속기업의 영업권에 배분된 손상차손 × 비지배지분율

📂 **사례 2 식별할 수 있는 순자산의 비례지분으로 최초에 측정된 비지배지분 (제1036호 사례 7A)**

지배기업은 20×3년 1월 1일에 종속기업의 지분 80%를 ₩2,100에 취득하였다. 취득일 현재 종속기업의 식별할 수 있는 순자산의 공정가치는 ₩1,500이다. 지배기업은 비지배지분을 종속기업의 식별할 수 있는 순자산에 대한 비례적 지분 ₩300(= 1,500 × 20%)으로 측정하기로 선택하였다. 영업권 ₩900은 이전대가와 비지배지분 금액의 합계(₩2,100 + 300)와 식별할 수 있는 순자산(₩1,500)의 차액이다.

〈종속기업투자주식과 종속기업 자본의 상계제거〉

(차변) 순 자 산	1,500	(대변) 종 속 기 업 투 자 주 식	2,100
영 업 권	900	비 지 배 지 분	300

종속기업의 자산집단은 연결실체의 다른 자산들이나 자산집단에서 생기는 현금유입과는 거의 독립적인 현금유입을 창출하는 최소 자산집단이다. 따라서 종속기업은 하나의 현금창출단위이다. 지배기업의 다른 현금창출단위가 사업결합에서 생기는 시너지 효과의 혜택을 받게 될 것으로 예상되기 때문에, 그 시너지 효과와 관련된 영업권 ₩500은 지배기업 내 다른 현금창출단위에 배분되었다. 종속기업을 구성하는 현금창출단위의 장부금액에는 영업권 ₩400이 포함되어 있으므로 일년에 한 번은 손상검사를 해야 하고, 손상 징후가 있다면 그보다 더 자주 손상검사를 해야 한다.

구 분	영업권 배분
지배기업 현금창출단위	₩500
종속기업 현금창출단위	400

20×3년 말에 현금창출단위인 종속기업의 회수가능액은 ₩1,000으로 산정한다. 영업권을 제외한 종속기업의 순자산 장부금액은 ₩1,350이다.
비지배지분을 종속기업의 식별할 수 있는 순자산에 대한 비례적 지분으로 측정하는 경우에 영업권을 포함하는 종속기업 현금창출단위의 손상차손 금액을 다음과 같이 계산한다.

① 조정된 장부금액

	종속기업의 영업권	종속기업의 식별 가능한 순자산	합 계
장부금액	₩400	₩1,350	₩1.750
비지배지분 영업권	100❶		100
조정된 장부금액	500	1,350	1,850

② 손상차손 배분

회수가능액			(1,000)
손상차손 배분	500	350	850

③ 손상차손 인식 후 장부금액

비지배지분 손상차손 제외	(100)❷		(100)
손상차손 인식	400	350	750
손상차손 인식 후 장부금액	₩0	₩1,000	₩1,000

❶ ₩400 × (20 / 80) = ₩100

❷ ₩500 × 20% = ₩100

〈손상차손의 인식〉

(차변) 손   상   차   손   750   (대변) (기타자산)손상차손누계액   350
영   업   권   400

종속기업의 20×3년 당기순이익이 ₩2,000이라면, 손상차손으로 인식된 금액 중에 영업권에 대한 손상차손은 지배기업의 소유주에 해당하므로 당기순이익에서 조정하지 않고 기타자산의 손상차손에 해당하는 부분만 당기순이익에서 조정한다.

〈종속기업의 당기순이익으로 인한 비지배지분의 변동〉

(차변) 이 익 잉 여 금   330❸   (대변) 비 지 배 지 분   330

❸ (₩2,000 - 350) × 20% = ₩330

(사례 2)의 경우처럼 영업권을 조정하는 과정을 거치지 않더라도 영업권을 포함한 장부금액과 회수가능액 간의 차이 ₩750(= 1,750 - 1,000)을 영업권에 우선적으로 ₩400을 배분하고 나머지 ₩350을 종속기업 순자산 장부금액에 배분하면 된다. 그러나 영업권을 조정하는 과정이 필요한 이유는 회수가능액이 ₩1,350을 초과하는 경우, 즉 영업권을 포함한 장부금액과 회수가능액 간의 차이가 영업권 금액 미만인 경우 때문이다. 예를 들어, 회수가능액이 1,500이라고 가정해 보자. 영업권을 조정하는 과정을 거치는 경우에는 손상차손은 ₩280(= (1,850 - 1,500) × 80%)이지만, 영업권을 조정하는 과정을 거치지 않는 경우에는 ₩250(= 1,750 - 1,500)으로 다른 손상차손 금액이 계산된다.

　　따라서 비지배지분을 종속기업의 식별가능한 순자산 중 비지배지분의 비례적인 몫으로 측정하는 경우에 손상차손의 계산방법을 다음 〈표 3-2〉와 같이 두 가지로 정리할 수 있다.

☑ 표 3-2 손상차손의 계산방법

구 분	손상차손의 계산방법
(장부금액 - 회수가능액) > 영업권	장부금액 - 회수가능액
(장부금액 - 회수가능액) < 영업권	(영업권의 조정 과정을 거친 후의 장부금액 - 회수가능액) × 지배기업지분율

🗁 사례 3 비지배지분이 최초에 공정가치로 측정되고 관련 종속기업이 독립적인 현금창출단위인 경우 (제1036호 사례 7B)

지배기업은 20×3년 1월 1일에 종속기업의 지분 80%를 ₩2,100에 취득하였다. 취득일 현재 종속기업의 식별할 수 있는 순자산의 공정가치는 ₩1,500이다. 지배기업은 비지배지분을 공정가치인 ₩350으로 측정하기로 선택하였다. 영업권 ₩950은 이전대가와 비지배지분 금액의 합계액(₩2,100 + 350)과 식별할 수 있는 순자산(₩1,500)의 차액이다.

〈종속기업투자주식과 종속기업 자본의 상계제거〉

(차변)	순 자 산	1,500	(대변)	종 속 기 업 투 자 주 식	2,100
	영 업 권	950		비 지 배 지 분	350

종속기업의 자산집단은 연결실체의 다른 자산들이나 자산집단에서 생기는 현금유입과는 거의 독립적인 현금유입을 창출하는 최소 자산집단이다. 따라서 종속기업은 하나의 현금창출단위이다. 지배기업의 다른 현금창출단위가 사업결합에서 생기는 시너지 효과의 혜택을 받게 될 것으로 예상되기 때문에, 그러한 시너지 효과에 관련된 영업권 ₩500은 지배기업 내 다른 현금창출단위에 배분되었다. 종속기업의 장부금액에는 영업권 ₩450이 포함되어 있으므로 일 년에 한 번은 손상검사를 해야 하고, 손상 징후가 있다면 그보다 더 자주 손상검사를 해야 한다.

구 분	영업권 배분
지배기업 현금창출단위	₩500
종속기업 현금창출단위	450

20×3년 말에 지배기업은 현금창출단위인 종속기업의 회수가능액을 ₩1,650으로 산정하였다. 영업권을 제외한 종속기업의 순자산 장부금액은 ₩1,350이다.
비지배지분을 공정가치로 측정하는 경우에는 영업권에 비지배지분의 몫이 포함되어 있으므로 장부금액을 조정하거나 손상차손에서 비지배지분의 몫을 제외하는 과정이 필요하지 않다. 따라서 비지배지분을 공정가치로 측정하는 경우에 영업권을 포함하는 종속기업 현금창출단위의 손상차

손 금액을 다음과 같이 계산한다.

· 손상차손 인식 후 장부금액

	종속기업의 영업권	종속기업의 식별 가능한 순자산	합 계
장부금액	₩450	₩1,350	₩1.800
회수가능액			(1,650)
손상차손 인식	150	-	150
손상차손 인식 후 장부금액	₩300	₩1,350	₩1,650

현금창출단위의 손상차손 ₩150 전액을 영업권에 배분한다. 이때 부분 소유 종속기업이 그 자체로서 현금창출단위가 된다면, 당기손익을 배분할 때와 같은 기준에 따라 영업권 손상차손을 지배기업의 소유주와 비지배지분에 배분한다.

〈손상차손의 인식〉

(차변) 손　상　차　손　　150　(대변) 영　　　업　　　권　　150

종속기업의 20×3년 당기순이익이 ₩2,000이라면, 영업권에 대한 손상차손을 당기순이익에서 조정한다.

〈종속기업의 당기순이익으로 인한 비지배지분의 변동〉

(차변) 이　익　잉　여　금　　370❶ (대변) 비　지　배　지　분　　370
　　❶ (₩2,000 – 150) × 20% = ₩370

📂 사례 4 비지배지분이 최초에 공정가치로 측정되고 관련 종속기업이 그보다 더 큰 현금창출
　　　　단위의 일부인 경우 (제1036호 사례 7C)

지배기업은 20×3년 1월 1일에 종속기업의 지분 80%를 ₩2,100에 취득하였다. 취득일 현재 종속기업의 식별할 수 있는 순자산의 공정가치는 ₩1,500이다. 지배기업은 비지배지분을 공정가치인 ₩350으로 측정하기로 선택하였다. 영업권 ₩950은 이전대가와 비지배지분 금액의 합계액(₩2,100 + 350)과 식별할 수 있는 순자산(₩1,500)의 차액이다.

〈종속기업투자주식과 종속기업 자본의 상계제거〉

(차변) 순　　　자　　　산　　1,500　(대변) 종 속 기 업 투 자 주 식　　2,100
　　　　영　　　업　　　권　　　950　　　　　비　지　배　지　분　　　350

해당 사업결합에서 종속기업의 자산이 지배기업의 다른 자산들이나 자산집단과 함께 현금유입을 창출한다고 가정해 보자. 그 결과로 종속기업은 손상검사 목적상 그 자체로서 현금창출단위가 되

지는 못하고 그보다 더 큰 현금창출단위인 Z의 일부가 된다. 지배기업의 다른 현금창출단위도 사업결합에서 생기는 시너지 효과의 혜택을 받게 될 것으로 예상된다. 따라서 그 시너지 효과에 관련된 영업권 ₩500은 다른 현금창출단위에 배분되었다. Z의 종전 사업결합과 관련된 영업권은 ₩800이다. Z의 장부금액에는 종속기업과 종전 사업결합에서 생긴 영업권 ₩1,250(= 450 + 800)이 포함되어 있으므로 일 년에 한 번은 손상검사를 하고, 손상 징후가 있다면 그보다 더 자주 손상검사를 해야 한다.

구 분	영업권 배분	Z의 영업권	합 계
지배기업 현금창출단위	₩500	-	₩500
종속기업 현금창출단위 (Z의 일부)	450	₩800	1,250

20×3년 말에 지배기업은 현금창출단위 Z의 회수가능액을 ₩3,300으로 산정한다. 영업권을 제외한 Z의 순자산 장부금액은 ₩2,250이다.

· 손상차손 인식 후 장부금액

	Z의 영업권	종속기업의 식별 가능한 순자산	합 계
장부금액	₩1,250	₩2,250	₩3,500
회수가능액			(3,300)
손상차손 인식	200	-	200
손상차손 인식 후 장부금액	₩1,050	₩2,250	₩3,300

현금창출단위 Z의 손상차손 ₩200 전액을 영업권에 배분한다. 부분 소유 종속기업이 그보다 더 큰 현금창출단위의 일부를 구성한다면, 영업권 손상차손을 현금창출단위 Z의 각 부분에 먼저 배분한 다음에 부분 소유 종속기업의 지배지분과 비지배지분에 배분한다.

지배기업은 손상되기 전 각 부분의 영업권의 상대적 장부가치에 따라 손상차손을 현금창출단위의 각 부분에 배분한다. 따라서 종속기업에는 손상차손의 36%(= ₩450 / 1,250)인 ₩72(= 200 × 36%)을 배분한다. 이 손상차손 금액은 다시 당기손익을 배분할 때와 같은 기준에 따라 지배지분과 비지배지분에 배분한다.

〈손상차손의 인식〉

(차변) 손 상 차 손 200 (대변) 영 업 권 200

구 분	손상차손 배분
종전 Z	₩128
종속기업	72

종속기업의 20×3년 당기순이익이 ₩2,000이라면, 손상차손으로 인식된 금액 중에 종속기업 영업권에 대한 손상차손 ₩72을 당기순이익에서 조정한다.

```
〈종속기업의 당기순이익으로 인한 비지배지분의 변동〉
 (차변) 이 익 잉 여 금     386❶  (대변) 비 지 배 지 분     386
   ❶ (₩2,000 - 72) × 20% = ₩386
```

2. 종속기업투자주식을 공정가치법 또는 지분법으로 평가

본장에서는 종속기업투자주식을 원가법으로 평가하는 경우를 가정하여 설명하였다. 그러나 지배기업의 별도재무제표에서 종속기업투자주식에 대해 원가법 이외에도 공정가치법이나 지분법을 선택하여 회계처리할 수 있기 때문에 여기서는 종속기업투자주식을 공정가치법이나 지분법을 적용할 경우 연결조정분개에 대해 설명한다.

2.1 종속기업투자주식을 공정가치법으로 평가하는 경우

종속기업투자주식을 공정가치법으로 평가하는 경우 공정가치로 평가하면서 인식한 **금융자산평가손익**(기타포괄손익)을 종속기업투자주식과 상계제거하는 다음과 같은 연결조정분개를 해야 한다.

```
〈종속기업투자주식과 금융자산평가손익의 상계제거〉
① 금융자산평가이익인 경우
 (차변) 금 융 자 산 평 가 이 익   ×××*  (대변) 종 속 기 업 투 자 주 식   ×××
       ( 기 타 포 괄 이 익 )
       금 융 자 산 평 가 이 익   ×××**
       (기타포괄손익누계액)
   *  당기 금융자산평가이익
  ** 과년도 금융자산평가이익

② 금융자산평가손실인 경우
 (차변) 종 속 기 업 투 자 주 식   ×××  (대변) 금 융 자 산 평 가 손 실   ×××*
                                      ( 기 타 포 괄 손 실 )
                                      금 융 자 산 평 가 손 실   ×××**
                                      (기타포괄손익누계액)
   *  당기 금융자산평가손실
  ** 과년도 금융자산평가손실
```

📖 예제 7 종속기업투자주식을 공정가치법으로 평가하는 경우

12월 말 결산법인인 A회사는 20×1년 초에 B회사의 보통주식 80%를 ₩120,000에 취득하여 지배기업이 되었다. 취득일 현재 다음의 B회사 자산을 제외한 모든 자산과 부채의 장부금액과 공정가치는 일치하였다.

과 목	장부금액	공정가치
재 고 자 산	₩20,000	₩30,000
토 지	40,000	60,000
건 물	35,000	50,000

① 재고자산은 20×1년 중에 60%를 판매하고, 나머지는 20×2년 중에 판매하였다.
② 토지는 20×2년 말까지 처분하지 않고 보유하고 있다.
③ 건물은 잔존가치 없이 남아 있는 내용연수 5년 동안 정액법으로 감가상각한다.

A회사는 종속기업투자주식을 공정가치법으로 평가하며, 20×1년 말과 20×2년 말의 공정가치는 각각 ₩122,500과 ₩128,000이다.
20×1년 말과 20×2년 말 A회사와 B회사의 재무제표는 다음과 같으며, A회사와 B회사의 이익잉여금은 당기순이익으로만 변동되었다. 단, A회사는 비지배지분을 종속기업의 식별가능한 순자산 중 비지배지분의 비례적인 몫으로 측정한다.

(단위: 원)

과 목	20×1년도 A회사	20×1년도 B회사	20×2년도 A회사	20×2년도 B회사
〈포괄손익계산서〉				
수 익	300,000	100,000	320,000	130,000
비 용	(270,000)	(90,000)	(280,000)	(110,000)
당 기 순 이 익	30,000	10,000	40,000	20,000
기 타 포 괄 손 익	2,500	4,000	5,500	(3,000)
총 포 괄 이 익	32,500	14,000	45,500	17,000
〈재무상태표〉				
재 고 자 산	40,000	25,000	50,000	30,000
토 지	85,000	50,000	95,000	70,000
건 물 (순 액)	60,000	28,000	70,000	21,000
종 속 기 업 투 자 주 식	122,500	-	128,000	-
기 타 자 산	35,000	27,000	45,000	34,000
자 산 총 계	342,500	130,000	388,000	155,000
부 채	140,000	31,000	140,000	39,000
자 본 금	100,000	50,000	100,000	50,000
자 본 잉 여 금	40,000	30,000	40,000	30,000
이 익 잉 여 금	60,000	15,000	100,000	35,000
기타포괄손익누계액	2,500	4,000	8,000	1,000
부 채 및 자 본 총 계	342,500	130,000	388,000	155,000

물음 ··

1. A회사가 B회사의 지배력을 취득한 날에 해야 할 연결조정분개를 하시오.

2. 20×1년 말에 A회사가 해야 할 연결조정분개를 하고, 연결정산표를 작성하시오. 단, 영업권이 배분된 현금창출단위의 회수가능액이 장부금액보다 크다.

3. 20×2년 말에 A회사가 해야 할 연결조정분개를 하고, 연결정산표를 작성하시오. 단, 영업권이 배분된 현금창출단위의 회수가능액이 장부금액보다 크다.

풀이 ··

1. 지배력 취득일 연결조정분개
· 종속기업투자주식과 종속기업 자본의 상계제거

(차변)	자　　본　　금	50,000	(대변)	종 속 기 업 투 자 주 식	120,000
	자 본 잉 여 금	30,000		비 지 배 지 분	26,000❶
	이 익 잉 여 금	5,000			
	재　고　자　산	10,000			
	토　　　　　지	20,000			
	건　　　　　물	15,000			
	영　　업　　권	16,000❷			

❶ ₩130,000(B회사 순자산의 공정가치(점선 부분)) × 20% = ₩26,000
❷ ₩120,000 + 26,000 − 130,000 = ₩16,000

2. 20×1년 말 연결조정분개
① 종속기업투자주식과 종속기업 자본의 상계제거

(차변)	자　　본　　금	50,000	(대변)	종 속 기 업 투 자 주 식	120,000
	자 본 잉 여 금	30,000		비 지 배 지 분	26,000
	이 익 잉 여 금	5,000			
	재　고　자　산	10,000			
	토　　　　　지	20,000			
	건　　　　　물	15,000			
	영　　업　　권	16,000			

② 공정가치와 장부금액 간의 차이조정

(차변)	매 출 원 가	6,000❶	(대변)	재　　고　　자　　산	6,000
(차변)	감 가 상 각 비	3,000❷	(대변)	감 가 상 각 누 계 액	3,000

❶ 20×1년 중에 판매된 ₩6,000(= 10,000 × 60%)을 매출원가로 인식한다.
❷ 감가상각비 ₩3,000(= 15,000 ÷ 5년)을 추가로 인식한다.

③ 종속기업투자주식과 금융자산평가손익의 상계제거

(차변)	금 융 자 산 평 가 이 익 (기 타 포 괄 이 익)	2,500	(대변)	종 속 기 업 투 자 주 식	2,500

④ 종속기업의 총포괄이익으로 인한 비지배지분 변동

(차변) 이 익 잉 여 금	200❸	(대변) 비 지 배 지 분	200
(차변) 기 타 포 괄 손 익 누 계 액	800❹	(대변) 비 지 배 지 분	800

❸ (₩10,000(B회사 당기순이익) − 6,000(매출원가) − 3,000(감가상각비)) × 20% = ₩200

❹ ₩4,000 × 20% = ₩800

· 20×1년도 연결정산표 (단위: 원)

과 목	A회사	B회사	연결조정분개 차 변	연결조정분개 대 변	연결재무제표
〈포괄손익계산서〉					
수　　　　　익	300,000	100,000			400,000
비　　　　　용	(270,000)	(90,000)	② 6,000		(369,000)
			② 3,000		
당 기 순 이 익	30,000	10,000	9,000❶		31,000❷
기 타 포 괄 손 익	2,500	4,000	③ 2,500❶		4,000
총 포 괄 이 익	32,500	14,000	11,500		35,000❸
〈재 무 상 태 표〉					
재 고 자 산	40,000	25,000	① 10,000	② 6,000	69,000
토　　　　　지	85,000	50,000	① 20,000		155,000
건　물(순액)	60,000	28,000	① 15,000	② 3,000	100,000
종속기업투자주식	122,500	-		① 120,000	-
				③ 2,500	
기 타 자 산	35,000	27,000			62,000
영 업 권			① 16,000		16,000
자 산 총 계	342,500	130,000			402,000
부　　　　　채	140,000	31,000			171,000
자 본 금	100,000	50,000	① 50,000		100,000
자 본 잉 여 금	40,000	30,000	① 30,000		40,000
이 익 잉 여 금	60,000	15,000	① 5,000		60,800❸
			④ 200		
			9,000❶		
기타포괄손익누계액	2,500	4,000	④ 800		3,200
			2,500❶		
비 지 배 지 분				① 26,000	27,000❹
				④ 200	
				④ 800	
부채및자본총계	342,500	130,000	158,500	158,500	402,000

❶ 연결조정분개에서 반영한 손익합계 금액을 이익잉여금과 기타포괄손익누계액에도 반영한다.

❷ 연결당기순이익 = ₩30,000(A회사) + 10,000(B회사) − 6,000(매출원가) − 3,000(감가상각비) = ₩31,000

· 비지배지분 귀속분 = ₩200
· 지배기업 소유주 귀속분 = ₩31,000 – 200 = ₩30,800
❸ 총포괄이익 = ₩32,500(A회사) + 14,000(B회사) – 6,000(매출원가) – 3,000(감가상각비)
　　　　　　　– 2,500(금융자산평가이익) = ₩35,000
· 비지배지분 귀속분 = ₩200 + 800 = ₩1,000
· 지배기업 소유주 귀속분 = ₩35,000 – 1,000 = ₩34,000
❹ 연결이익잉여금 = ₩60,000(A회사) + 15,000(B회사) – 5,000(종속기업 이익잉여금의 상계)
　　　　　　　– 200(비지배지분 변동) – 9,000(연결조정분개 중 손익에 반영된 금액) = ₩60,800
❹ 비지배지분 = ₩26,000(취득일 종속기업 순자산의 공정가치 중 20%) + 200 + 800 = ₩27,000

3. 20×2년 말 연결조정분개
① 종속기업투자주식과 종속기업 자본의 상계제거

(차변)	자　　　본　　　금	50,000	(대변)	종 속 기 업 투 자 주 식	120,000
	자　본　잉　여　금	30,000		비　지　배　지　분	26,000
	이　익　잉　여　금	5,000			
	재　고　자　산	10,000			
	토　　　　　지	20,000			
	건　　　　　물	15,000			
	영　　　업　　　권	16,000			

② 과년도 종속기업 순자산의 변동으로 인한 비지배지분 변동

(차변)	이　익　잉　여　금	200	(대변)	비　지　배　지　분	200
(차변)	기 타 포 괄 손 익 누 계 액	800	(대변)	비　지　배　지　분	800

③ 공정가치와 장부금액 간의 차이조정

(차변)	매　　출　　원　　가	4,000❶	(대변)	재　　고　　자　　산	10,000
	이　익　잉　여　금	6,000❶			
(차변)	감　가　상　각　비	3,000❷	(대변)	감 가 상 각 누 계 액	6,000
	이　익　잉　여　금	3,000❷			

❶ 20×2년 중에 판매된 ₩4,000(= 10,000 × 40%)을 매출원가로 인식하고, 20×1년 중에 판매된 ₩6,000
을 이익잉여금으로 인식한다.
❷ 20×2년도 감가상각비 ₩3,000(= 15,000 ÷ 5년)을 추가로 인식하고, 20×1년도 감가상각비 ₩3,000을
이익잉여금으로 인식한다.

④ 종속기업투자주식과 금융자산평가손익의 상계제거

(차변)	금 융 자 산 평 가 이 익 (기 타 포 괄 이 익)	5,500	(대변)	종 속 기 업 투 자 주 식	8,000
	금 융 자 산 평 가 이 익 (기타포괄손익누계액)	2,500			

⑤ 종속기업의 총포괄이익으로 인한 비지배지분 변동

(차변)	이　익　잉　여　금	2,600❸	(대변)	비　지　배　지　분	2,600
(차변)	비　지　배　지　분	600	(대변)	기 타 포 괄 손 익 누 계 액	600❹

❸ (₩20,000(B회사 당기순이익) – 4,000(매출원가) – 3,000(감가상각비)) × 20% = ₩2,600
❹ (–)₩3,000 × 20% = (–)₩600

· 20×2년도 연결정산표   (단위: 원)

| 과 목 | A회사 | B회사 | 연결조정분개 | | 연결재무제표 |
			차 변	대 변	
〈포괄손익계산서〉					
수 익	320,000	130,000			450,000
비 용	(280,000)	(110,000)	③ 4,000		(397,000)
			③ 3,000		
당 기 순 이 익	40,000	20,000	7,000❶		53,000❷
기 타 포 괄 손 익	5,500	(3,000)	④ 5,500❶		(3,000)
총 포 괄 이 익	45,500	17,000	12,500		50,000❸
〈재 무 상 태 표〉					
재 고 자 산	50,000	30,000	① 10,000	③ 10,000	80,000
토 지	95,000	70,000	① 20,000		185,000
건 물(순액)	70,000	21,000	① 15,000	③ 6,000	100,000
종속기업투자주식	128,000	-		① 120,000	-
				④ 8,000	
기 타 자 산	45,000	34,000			79,000
영 업 권			① 16,000		16,000
자 산 총 계	388,000	155,000			460,000
부 채	140,000	39,000			179,000
자 본 금	100,000	50,000	① 50,000		100,000
자 본 잉 여 금	40,000	30,000	① 30,000		40,000
이 익 잉 여 금	100,000	35,000	① 5,000		111,200❹
			② 200		
			③ 6,000		
			③ 3,000		
			⑤ 2,600		
			7,000❶		
기타포괄손익누계액	8,000	1,000	② 800	⑤ 600	800
			④ 2,500		
			5,500❶		
비 지 배 지 분			⑤ 600	① 26,000	29,000❺
				② 200	
				② 800	
				⑤ 2,600	
부채및자본총계	388,000	155,000	174,200	174,200	460,000

❶ 연결조정분개에서 반영한 손익합계 금액을 이익잉여금과 기타포괄손익누계액에도 반영한다.

❷ 연결당기순이익 = ₩40,000(A회사) + 20,000(B회사) − 4,000(매출원가) − 3,000(감가상각비) = ₩53,000

      · 비지배지분 귀속분 = ₩2,600

      · 지배기업 소유주 귀속분 = ₩53,000 – 2,600 = ₩50,400

  ❸ 총포괄이익 = ₩45,500(A회사) + 17,000(B회사) – 4,000(매출원가) – 3,000(감가상각비)

               – 5,500(금융자산평가이익) = ₩50,000

      · 비지배지분 귀속분 = ₩2,600 – 600 = ₩2,000

      · 지배기업 소유주 귀속분 = ₩50,000 – 2,000 = ₩48,000

  ❹ 연결이익잉여금 = ₩100,000(A회사) + 35,000(B회사) – 5,000(종속기업 이익잉여금의 상계)

                 – 6,000(20×1년도 매출원가) – 3,000(20×1년도 감가상각비) – 200(과년도 비지배지분 변동)

                 – 2,600(당기순이익 중 비지배지분 변동) – 7,000(연결조정분개 중 손익에 반영된 금액)

                 = ₩111,200

  ❺ 비지배지분 = ₩26,000(취득일 종속기업 순자산의 공정가치 중 20%) + 200(과년도 비지배지분 변동)

              + 800(과년도 비지배지분 변동) + 2,600 – 600 = ₩29,000

2.2 종속기업투자주식을 지분법으로 평가하는 경우

종속기업투자주식을 지분법으로 평가하는 경우 지분법으로 평가하면서 인식한 지분법손익(당기손익)을 종속기업투자주식과 상계제거하는 다음과 같은 연결조정분개를 해야 한다.[4]

〈종속기업투자주식과 지분법손익의 상계제거〉

① 지분법이익인 경우

  (차변) 지 분 법 이 익 ×××*   (대변) 종 속 기 업 투 자 주 식   ×××
           이 익 잉 여 금 ×××**

   * 당기 지분법이익
  ** 과년도 지분법이익

② 지분법손실인 경우

  (차변) 종 속 기 업 투 자 주 식   ×××   (대변) 지 분 법 손 실   ×××*
                                         이 익 잉 여 금   ×××**

   * 당기 지분법손실
  ** 과년도 지분법손실

📖 예제 8 종속기업투자주식을 지분법으로 평가하는 경우

12월 말 결산법인인 A회사는 20×1년 초에 B회사의 보통주식 80%를 ₩120,000에 취득하여 지배기업이 되었다. 취득일 현재 다음의 B회사 자산을 제외한 모든 자산과 부채의 장부금액과 공정가치는 일치하였다.

과 목	장부금액	공정가치
재 고 자 산	₩20,000	₩30,000
토 지	40,000	60,000
건 물	35,000	50,000

① 재고자산은 20×1년 중에 60%를 판매하고, 나머지는 20×2년 중에 판매하였다.
② 토지는 20×2년 말까지 처분하지 않고 보유하고 있다.
③ 건물은 잔존가치 없이 남아 있는 내용연수 5년 동안 정액법으로 감가상각한다.

A회사는 종속기업투자주식을 지분법으로 평가하며, 20×1년도와 20×2년도의 지분법이익으로 ₩2,500과 ₩5,500을 인식하였다.
20×1년 말과 20×2년 말 A회사와 B회사의 재무제표는 다음과 같으며, A회사와 B회사의 이익잉여금은 당기순이익으로만 변동되었다. 단, A회사는 비지배지분을 종속기업의 식별가능한 순자산 중 비지배지분의 비례적인 몫으로 측정한다.

(단위: 원)

과 목	20×1년도 A회사	20×1년도 B회사	20×2년도 A회사	20×2년도 B회사
〈 포괄손익계산서 〉				
수 익	302,500	100,000	325,500	130,000
비 용	(270,000)	(90,000)	(280,000)	(110,000)
당 기 순 이 익	32,500	10,000	45,500	20,000
기 타 포 괄 손 익	-	4,000	-	(3,000)
총 포 괄 이 익	32,500	14,000	45,500	17,000
〈 재무상태표 〉				
재 고 자 산	40,000	25,000	50,000	30,000
토 지	85,000	50,000	95,000	70,000
건 물 (순 액)	60,000	28,000	70,000	21,000
종속기업투자주식	122,500	-	128,000	-
기 타 자 산	35,000	27,000	45,000	34,000
자 산 총 계	342,500	130,000	388,000	155,000
부 채	140,000	31,000	140,000	39,000
자 본 금	100,000	50,000	100,000	50,000
자 본 잉 여 금	40,000	30,000	40,000	30,000
이 익 잉 여 금	62,500	15,000	108,000	35,000
기타포괄손익누계액	-	4,000	-	1,000
부 채 및 자 본 총 계	342,500	130,000	388,000	155,000

물음 ···

1. A회사가 B회사의 지배력을 취득한 날에 해야 할 연결조정분개를 하시오.

2. 20×1년 말에 A회사가 해야 할 연결조정분개를 하고, 연결정산표를 작성하시오. 단, 영업권이 배분된 현금창출단위의 회수가능액이 장부금액보다 크다.

3. 20×2년 말에 A회사가 해야 할 연결조정분개를 하고, 연결정산표를 작성하시오. 단, 영업권이 배분된 현금창출단위의 회수가능액이 장부금액보다 크다.

풀이 ···

1. 지배력 취득일 연결조정분개
· 종속기업투자주식과 종속기업 자본의 상계제거

(차변)		금액	(대변)		금액
자　　　본　　　금		50,000	종 속 기 업 투 자 주 식		120,000
자　본　잉　여　금		30,000	비　지　배　지　분		26,000❶
이　익　잉　여　금		5,000			
재　　고　　자　　산		10,000			
토　　　　　　　지		20,000			
건　　　　　　　물		15,000			
영　　　업　　　권		16,000❷			

　❶ ₩130,000(B회사 순자산의 공정가치(점선 부분)) × 20% = ₩26,000

　❷ ₩120,000 + 26,000 − 130,000 = ₩16,000

2. 20×1년 말 연결조정분개
① 종속기업투자주식과 종속기업 자본의 상계제거

(차변)		금액	(대변)		금액
자　　　본　　　금		50,000	종 속 기 업 투 자 주 식		120,000
자　본　잉　여　금		30,000	비　지　배　지　분		26,000
이　익　잉　여　금		5,000			
재　　고　　자　　산		10,000			
토　　　　　　　지		20,000			
건　　　　　　　물		15,000			
영　　　업　　　권		16,000			

② 공정가치와 장부금액 간의 차이조정

(차변)	매　출　원　가	6,000❶	(대변)	재　고　자　산	6,000
(차변)	감　가　상　각　비	3,000❷	(대변)	감 가 상 각 누 계 액	3,000

　❶ 20×1년 중에 판매된 ₩6,000(= 10,000 × 60%)을 매출원가로 인식한다.

　❷ 감가상각비 ₩3,000(= 15,000 ÷ 5년)을 추가로 인식한다.

③ 종속기업투자주식과 지분법손익의 상계제거

(차변)	지　분　법　이　익	2,500	(대변)	종 속 기 업 투 자 주 식	2,500

④ 종속기업의 총포괄이익으로 인한 비지배지분 변동

(차변)	이　익　잉　여　금	200❸	(대변)	비　지　배　지　분	200
(차변)	기 타 포 괄 손 익 누 계 액	800❹	(대변)	비　지　배　지　분	800

　❸ (₩10,000(B회사 당기순이익) − 6,000(매출원가) − 3,000(감가상각비)) × 20% = ₩200

　❹ ₩4,000 × 20% = ₩800

· 20×1년도 연결정산표 (단위: 원)

과 목	A회사	B회사	연결조정분개 차 변		연결조정분개 대 변		연결재무제표
〈포괄손익계산서〉							
수 익	302,500	100,000	③	2,500			400,000
비 용	(270,000)	(90,000)	②	6,000			(369,000)
			②	3,000			
당 기 순 이 익	32,500	10,000	11,500❶				31,000❷
기 타 포 괄 손 익	-	4,000					4,000
총 포 괄 이 익	32,500	14,000	11,500				35,000❸
〈재무상태표〉							
재 고 자 산	40,000	25,000	①	10,000	②	6,000	69,000
토 지	85,000	50,000	①	20,000			155,000
건 물 (순 액)	60,000	28,000	①	15,000	②	3,000	100,000
종속기업투자주식	122,500	-			①	120,000	-
					③	2,500	
기 타 자 산	35,000	27,000					62,000
영 업 권			①	16,000			16,000
자 산 총 계	342,500	130,000					402,000
부 채	140,000	31,000					171,000
자 본 금	100,000	50,000	①	50,000			100,000
자 본 잉 여 금	40,000	30,000	①	30,000			40,000
이 익 잉 여 금	62,500	15,000	①	5,000			60,800❸
			④	200			
			11,500❶				
기타포괄손익누계액	-	4,000	④	800			3,200
비 지 배 지 분					①	26,000	27,000❹
					④	200	
					④	800	
부채및자본총계	342,500	130,000	158,500		158,500		402,000

❶ 연결조정분개에서 반영한 손익합계 금액을 이익잉여금에도 반영한다.

❷ 연결당기순이익 = ₩32,500(A회사) + 10,000(B회사) − 6,000(매출원가) − 3,000(감가상각비)
  − 2,500(지분법이익) = ₩31,000
 · 비지배지분 귀속분 = ₩200
 · 지배기업 소유주 귀속분 = ₩31,000 − 200 = ₩30,800

❸ 총포괄이익 = ₩32,500(A회사) + 14,000(B회사) − 6,000(매출원가) − 3,000(감가상각비)
  − 2,500(지분법이익) = ₩35,000
 · 비지배지분 귀속분 = ₩200 + 800 = ₩1,000

· 지배기업 소유주 귀속분 = ₩35,000 - 1,000 = ₩34,000

❹ 연결이익잉여금 = ₩62,500(A회사) + 15,000(B회사) - 5,000(종속기업 이익잉여금의 상계)
- 200(비지배지분 변동) - 11,500(연결조정분개 중 손익에 반영된 금액) = ₩60,800

❹ 비지배지분 = ₩26,000(취득일 종속기업 순자산의 공정가치 중 20%) + 200 + 800 = ₩27,000

3. 20×2년 말 연결조정분개

① 종속기업투자주식과 종속기업 자본의 상계제거

(차변)	자 본 금	50,000	(대변)	종 속 기 업 투 자 주 식	120,000
	자 본 잉 여 금	30,000		비 지 배 지 분	26,000
	이 익 잉 여 금	5,000			
	재 고 자 산	10,000			
	토 지	20,000			
	건 물	15,000			
	영 업 권	16,000			

② 과년도 종속기업 순자산의 변동으로 인한 비지배지분 변동

(차변)	이 익 잉 여 금	200	(대변)	비 지 배 지 분	200
(차변)	기 타 포 괄 손 익 누 계 액	800	(대변)	비 지 배 지 분	800

③ 공정가치와 장부금액 간의 차이조정

(차변)	매 출 원 가	4,000❶	(대변)	재 고 자 산	10,000
	이 익 잉 여 금	6,000❶			
(차변)	감 가 상 각 비	3,000❷	(대변)	감 가 상 각 누 계 액	6,000
	이 익 잉 여 금	3,000❷			

❶ 20×2년 중에 판매된 ₩4,000(= 10,000 × 40%)을 매출원가로 인식하고, 20×1년 중에 판매된 ₩6,000을 이익잉여금으로 인식한다.

❷ 20×2년도 감가상각비 ₩3,000(= 15,000 ÷ 5년)을 추가로 인식하고, 20×1년도 감가상각비 ₩3,000을 이익잉여금으로 인식한다.

④ 종속기업투자주식과 지분법손익의 상계제거

(차변)	지 분 법 이 익	5,500	(대변)	종 속 기 업 투 자 주 식	8,000
	이 익 잉 여 금	2,500			

⑤ 종속기업의 총포괄이익으로 인한 비지배지분 변동

(차변)	이 익 잉 여 금	2,600❸	(대변)	비 지 배 지 분	2,600
(차변)	비 지 배 지 분	600	(대변)	기 타 포 괄 손 익 누 계 액	600❹

❸ (₩20,000(B회사 당기순이익) - 4,000(매출원가) - 3,000(감가상각비)) × 20% = ₩2,600

❹ (-)₩3,000 × 20% = (-)₩600

· 20×2년도 연결정산표 　　　　　　　　　　　　　　　　　　　　　(단위: 원)

과 목	A회사	B회사	연결조정분개 차 변	연결조정분개 대 변	연결재무제표
〈포괄손익계산서〉					
수　　　　익	325,500	130,000	④ 5,500		450,000
비　　　　용	(280,000)	(110,000)	③ 4,000		(397,000)
			③ 3,000		
당 기 순 이 익	45,500	20,000	12,500❶		53,000❷
기 타 포 괄 손 익		(3,000)			(3,000)
총 포 괄 이 익	45,500	17,000	12,500		50,000❸
〈재 무 상 태 표〉					
재 고 자 산	50,000	30,000	① 10,000	③ 10,000	80,000
토　　　　지	95,000	70,000	① 20,000		185,000
건 물 (순액)	70,000	21,000	① 15,000	③ 6,000	100,000
종속기업투자주식	128,000	-		① 120,000	-
				④ 8,000	
기 타 자 산	45,000	34,000			79,000
영 업 권			① 16,000		16,000
자 산 총 계	388,000	155,000			460,000
부　　　　채	140,000	39,000			179,000
자 본 금	100,000	50,000	① 50,000		100,000
자 본 잉 여 금	40,000	30,000	① 30,000		40,000
이 익 잉 여 금	108,000	35,000	① 5,000		111,200❹
			② 200		
			③ 6,000		
			③ 3,000		
			④ 2,500		
			⑤ 2,600		
			12,500❶		
기타포괄손익누계액	-	1,000	② 800	⑤ 600	800
비 지 배 지 분			⑤ 600	① 26,000	29,000❺
				② 200	
				② 800	
				⑤ 2,600	
부채및자본총계	388,000	155,000	174,200	174,200	460,000

❶ 연결조정분개에서 반영한 손익합계 금액을 이익잉여금에도 반영한다.

❷ 연결당기순이익 = ₩45,500(A회사) + 20,000(B회사) − 4,000(매출원가) − 3,000(감가상각비)

　　　　　　　　　− 5,500(지분법이익) = ₩53,000

　· 비지배지분 귀속분 = ₩2,600

　· 지배기업 소유주 귀속분 = ₩53,000 − 2,600 = ₩50,400

❸ 총포괄이익 = ₩45,500(A회사) + 17,000(B회사) − 4,000(매출원가) − 3,000(감가상각비)

　　　　　　　− 5,500(지분법이익) = ₩50,000

　· 비지배지분 귀속분 = ₩2,600 − 600 = ₩2,000

　· 지배기업 소유주 귀속분 = ₩50,000 − 2,000 = ₩48,000

❹ 연결이익잉여금 = ₩108,000(A회사) + 35,000(B회사) − 5,000(종속기업 이익잉여금의 상계)

　　　　　　　　− 6,000(20×1년도 매출원가) − 3,000(20×1년도 감가상각비)

　　　　　　　　− 200(과년도 비지배지분 변동) − 2,600(당기순이익 중 비지배지분 변동)

　　　　　　　　− 2,500(과년도 지분법이익) − 12,500(연결조정분개 중 손익에 반영된 금액)

　　　　　　　　= ₩111,200

❺ 비지배지분 = ₩26,000(취득일 종속기업 순자산의 공정가치 중 20%) + 200(과년도 비지배지분 변동)

　　　　　　　+ 800(과년도 비지배지분 변동) + 2,600 − 600 = ₩29,000

(예제 3), (예제 7) 및 (예제 8)을 통해서 종속기업투자주식을 원가법, 공정가치법 및 지분법으로 평가하여 반영한 연결재무제표는 다음 〈표 3-3〉과 같이 동일하다는 것을 알 수 있다.

☑ 표 3-3 종속기업투자주식의 평가방법에 따른 비교

구 분	20×1년			20×2년		
	총포괄이익	연결이익잉여금	비지배지분	총포괄이익	연결이익잉여금	비지배지분
원 가 법	₩35,000	₩60,800	₩27,000	₩50,000	₩111,200	₩29,000
공 정 가 치 법	35,000	60,800	27,000	50,000	111,200	29,000
지 분 법	35,000	60,800	27,000	50,000	111,200	29,000

M&A in History ✈

인텔과 타워 세미컨덕터의 M&A

　인텔은 이스라엘의 반도체 파운드리 기업 타워 세미컨덕터(이하 '타워')를 인수한다고 공식 발표했다. 인수 금액은 54억달러, 한화로 약 6조 4,600억원에 달하는 규모다.

　타워는 자동차와 소비재, 의료 및 산업용 장비까지 다양한 제품에 탑재되는 반도체와 회로를 공급하는 이스라엘의 대표 기업이다. 현재 이스라엘과 미국 캘리포니아와 텍사스, 일본 등에 생산시설을 갖고 있다. 이스라엘에만 5개의 시설을 운영하고 있으며, 직원 수는 1만 4,000명 수준이다.

　팻 겔싱어(Patrick Paul Gelsinger) 인텔 최고경영자(CEO)는 "타워의 특수 기술 포트폴리오, 끈끈한 고객 관계와 같은 역량은 인텔이 파운드리 역량을 넓히고 전 세계 시장에서 핵심 파운드리 공급자로 나아가는 데 힘을 보탤 것"이라고 말했다.

　인텔은 이번 인수를 통해 파운드리 시장에서 약진하고자 하는 야심을 다시 한번 내비친 것으로 보인다. 지난해 파운드리 시장에 재도전장을 내민 인텔은 현재 미국에 자체 생산 시설을 확장하고 있다. 최근에는 200억 달러(약 24조원)를 투입해 오하이오주에 제조시설을 짓겠다고 발표했다.

　인수·합병(M&A)에도 적극적이다. 대표적으로 지난해 여름에는 반도체 파운드리 강자인 '글로벌파운드리' 인수를 시도했다. 그러나 글로벌파운드리가 매각 대신 기업공개(IPO)를 선택하면서 인수 계획은 무위로 돌아갔다.

　미 경제매체 CNBC는 "인텔은 이번 인수로 무선 주파수와 산업용 센서 등 타워가 장점을 보인 기술 분야에서 강력한 발판을 마련하게 될 것"이라고 말했다.

　인수 절차는 1년 내로 마무리될 전망이다. 이후 타워는 인텔이 1년 전 설립한 파운드리 조직 인텔파운드리서비스(IFS)에 통합될 것으로 예상된다.

　한편, 인텔의 인수 소식에 주요 파운드리 기업들의 몸집 불리기 또한 치열해질 전망이다. 삼성전자 또한 조만간 파운드리 등 반도체 관련 분야에서 대규모 M&A를 결정할 가능성이 크다. 선두 업체를 따라잡고 추격자와 격차를 좁히지 않기 위해서는 자체 역량을 키우는 것보다 M&A를 통해 경쟁력을 확보하는 게 더 빠르기 때문이다.

(뉴스퀘스트 2022년 2월 16일)

Knowledge is Power! 📰

부(-)의 비지배지분은 어떤 회사인가?

2022년 말 기준으로 코스피상장기업 중에서 연결재무제표를 작성하는 기업이 521개 기업이고, 이 중에서 아모레퍼시픽, 삼성중공업, 현대로템 등 57개 기업이 부(-)의 비지배지분을 보고하였다. 코스닥상장기업 중에서는 연결재무제표를 작성하는 기업이 759개 기업이고, 이 중에서 알테오젠, 넵튠, 컴투스홀딩스 등 117개 기업이 부(-)의 비지배지분을 보고하였다.

📈 비지배지분과 부(-)의 비지배지분 비교

구 분	비지배지분			부(-)의 비지배지분		
	부채비율	당기순이익률	영업현금흐름비율	부채비율	당기순이익률	영업현금흐름비율
코스피 (464개/57개)	0.494	0.021	0.035	0.560	-0.006	-0.002
코스닥 (642개/117개)	0.411	0.003	0.028	0.480	-0.132	-0.028

위의 표에서 보는 것처럼 정상적인 비지배지분을 보고하는 기업에 비해서 부(-)의 비지배지분을 보고하는 기업의 경우 부채비율이 높고, 순이익률과 영업현금흐름비율이 낮다. 즉, 부(-)의 비지배지분을 보고하는 연결기업일수록 종속기업의 재무구조와 경영성과가 악화되어 있다고 평가할 수 있다.

부(-)의 비지배지분이 보고되는 주된 이유는 종속기업의 장기간 또는 거대한 당기순손실이다. 따라서 지배기업이 종속기업의 지배력을 취득하면서 인식하였던 영업권에 대해서 손상차손을 인식할 가능성이 높다. 예를 들어, 삼성중공업의 종속기업 중 하나인 SHI-MCI FZE는 20×1년에 (-)265억원의 적자를 보고하였고, 삼성중공업의 지분율이 70%이므로 단순히 고려해서 (-)80억원(= (-)265억원 × 30%)에 해당하는 금액을 비지배지분에 배분하였을 것이다.

그렇다면 지배기업이 장기간 또는 거대한 당기순손실을 보고한 종속기업을 어떻게 처리할까? 대부분 외부에 매각하거나 청산함으로써 종속기업의 손실에 대한 부담을 제거하려고 할 것이다. 예를 들어, 현대로템은 20×1년에 (-)116억원의 당기순손실을 보고한 HYUNDAI ROTEM MALAYSIA의 청산을 완료했다고 보고하였다.

또는 부실한 종속기업에 거액의 자금을 지원하기도 한다. 예를 들어, 알테오젠은 20×1년에 각각 (-)147억원과 (-)70억원의 당기순손실을 보고한 세레스에프엔디와 알토스바이오로직스를 지원하기 위해서 그들이 각각 발행한 상환전환우선주 95억원과 전환우선주 595억원을 취득하여 자금을 지원했다.

결국 지배기업 입장에서 장기간 또는 거대한 당기순손실을 보고하는 종속기업은 아픈 손가락일 수밖에 없으며, 이러한 종속기업을 처리하는 방안을 구상하는 것 역시 지배기업의 몫일 것이다.

Summary & Check 🎯

§ 내부거래를 제거해야 하는 이유

- 연결재무제표를 작성할 때 지배기업과 종속기업의 자산, 부채, 자본, 수익 및 비용을 단순히 합산하는 것이 아니라 **연결조정분개**(consolidation adjustment journal entries)라는 과정이 필요하다.

§ 비지배지분이 없는 경우 - 100% 취득

- 지배기업이 종속기업의 지배력을 취득할 때 종속기업투자주식의 취득원가가 종속기업 순자산의 공정가치보다 더 큰 경우에는 그 차이를 **영업권**(goodwill)으로 인식한다.
- 종속기업 순자산의 공정가치가 종속기업투자주식의 취득원가보다 더 큰 경우에는 그 차이를 **염가매수차익**(gain from bargain purchase)으로 인식한다.
- 지배력 취득일에 종속기업 순자산의 공정가치와 장부금액이 일치하지 않는 경우 그 차이를 반영하고, 취득일 이후 기간에 해당 자산 또는 부채에 변동이 있다면 그 변동을 연결조정분개에 반영해야 한다.

§ 비지배지분이 있는 경우 - 100% 미만 취득

- 비지배지분(non-controlling interests)이란 종속기업에 대한 지분 중 지배기업에 직접이나 간접으로 귀속되지 않는 지분을 말한다.
- 실체이론에 따라 비지배지분은 연결재무상태표에서 자본항목으로 표시하고, 지배기업의 소유주지분과 구분하여 별도로 표시한다.

§ 종속기업의 현금배당

- 종속기업이 현금배당을 하면서 감소시킨 이익잉여금을 다시 증가시키고, 지배기업이 인식한 배당금수익을 제거해야 한다.

§ 부(-)의 비지배지분

- 기준서에서는 비지배지분이 부(-)의 잔액이 되더라도 총포괄손익을 지배기업의 소유주와 비지배지분에 귀속시키도록 규정하고 있다.

OX Quiz ✏️

1 연결조정분개가 필요한 이유는 지배기업과 종속기업 간의 두 개의 법적 실체 내에서 발생한 거래를 실질적인 거래로 볼 수 없기 때문이다.

2 영업권은 현금창출단위 수준에서 손상검사를 한다.

3 과년도에 영업권에 대한 손상차손이나 염가매수차익을 인식했다면 당해연도 연결조정분개에서는 이익잉여금에서 조정한다.

4 비지배지분은 연결재무상태표에서 자본으로 표시하고, 지배기업의 소유주지분과 구분해서 표시할 필요는 없다.

5 국제회계기준에서는 비지배지분을 공정가치 또는 피취득자의 식별할 수 있는 순자산에 대해 인식한 금액 중 현재의 지분상품의 비례적인 몫 중 하나의 방법으로 측정하도록 규정하고 있다.

6 종속기업의 현금배당에 대한 연결조정분개를 할 때, 비지배지분에 대한 조정사항은 없다.

7 부(−)의 비지배지분이 되는 경우 총포괄손익을 비지배지분에 귀속시킬 수 없다.

Multiple-choice Questions ⊞⊠

1　A회사는 20×1년 1월 1일에 B회사의 주식 70%를 ₩1,000,000에 취득하여 지배력을 획득하였다. 주식취득당시 B회사의 자본은 자본금 ₩700,000과 이익잉여금 ₩300,000으로 구성되어 있었으며, 자산과 부채의 장부금액과 공정가치는 차이가 없었다. B회사는 20×1년 ₩1,800,000의 당기순손실을 보고하였으나, 20×2년에는 ₩1,000,000의 당기순이익을 보고하였다. 20×1년 말과 20×2년 말의 연결재무상태표에 표시될 비지배지분은 얼마인가? (단, 비지배지분은 종속기업의 식별가능한 순자산 중 비지배지분의 비례적 지분으로 계산한다. 또한 B회사의 기타포괄손익은 없다고 가정한다)　(CTA 2010)

	20×1년	20×2년		20×1년	20×2년
①	(-)₩240,000	₩60,000	②	(-)₩240,000	₩300,000
③	-	₩60,000	④	-	₩300,000
⑤	₩300,000	₩600,000			

2　㈜갑은 20×1년 1월 1일 ㈜을의 의결권 있는 보통주식 80%를 ₩400,000에 취득하여 지배기업이 되었으며, 취득일 현재 ㈜을의 재무상태표는 다음과 같다.　(CPA 2012)

재무상태표

㈜을　　　　　　　　　　　　　　20×1년 1월 1일 현재　　　　　　　　　　(단위: ₩)

계정과목	장부금액	공정가치	계정과목	장부금액	공정가치
현　　　금	30,000	30,000	부　　　채	100,000	100,000
재 고 자 산	150,000	180,000	자 본 금	200,000	
건물(순액)	200,000	150,000	이익잉여금	80,000	
자 산 총 계	380,000		부채및자본총계	380,000	

· 취득일 현재 ㈜을의 재무상태표상 표시된 자산과 부채를 제외하고는 추가적으로 식별 가능한 자산과 부채는 존재하지 않는다.
· 건물의 잔존내용연수는 10년이고, 잔존가치는 없으며, 정액법으로 상각한다.
· 재고자산은 20×1년 중에 모두 외부로 판매되었다.
· ㈜을의 20×1년 당기순이익은 ₩80,000이며, 20×1년 중 ㈜을의 다른 자본변동거래는 없다.
· 비지배지분은 취득일의 공정가치로 측정하며, 취득일 현재 비지배지분의 공정가치는 ₩96,000이다.
· 20×1년 말 현재 ㈜을은 ㈜갑의 유일한 종속기업이다.

㈜갑이 20×1년 말 연결재무상태표에 표시할 비지배지분은 얼마인가? (단, 법인세효과는 없는 것으로 가정한다)

① ₩61,000 ② ₩63,000 ③ ₩105,000

④ ₩107,000 ⑤ ₩110,000

3 20×2년 1월 1일에 ㈜지배는 ㈜종속의 의결권 있는 보통주식 60%를 ₩360,000에 취득하여 지배력을 획득하였다. 20×2년 1월 1일 현재 ㈜종속의 요약재무상태표상 장부금액과 공정가치는 다음과 같다. (CPA 2015)

㈜종속	요약재무상태표 20×2. 1. 1 현재				(단위: ₩)
계정과목	장부금액	공정가치	계정과목	장부금액	공정가치
현　　　금	180,000	180,000	부　　　채	100,000	100,000
재 고 자 산	140,000	160,000	자　본　금	300,000	
유 형 자 산	200,000	300,000	이 익 잉 여 금	120,000	
자 산 총 계	520,000		부채 · 자본총계	520,000	

20×2년 1월 1일에 ㈜종속은 20×1년 말 현재의 주주에게 배당금 ₩20,000을 지급하였다. 위 요약재무상태표상의 이익잉여금은 배당금 지급을 반영하기 전의 금액이다. 이 경우 ㈜지배가 지배력 획득시 인식할 영업권의 금액은 얼마인가? (단, 비지배지분은 종속기업의 식별가능한 순자산공정가치에 비례하여 결정한다)

① ₩28,000 ② ₩36,000 ③ ₩48,000

④ ₩60,000 ⑤ ₩108,000

4 ㈜대한은 20×1년 1월 1일 ㈜민국의 지배력을 획득하였다. 지배력 획득시점의 양사의 재무상태표와 연결재무상태표는 다음과 같다. (CPA 2015)

계정과목	㈜대한의 재무상태표	㈜민국의 재무상태표	㈜대한 및 ㈜민국의 연결재무상태표
현　　　　　금	₩400,000	₩60,000	₩460,000
재 고 자 산	200,000	300,000	580,000
투자주식(㈜민국)	?	-	-
영　업　권	-	-	30,000
자 산 총 계	?	₩360,000	₩1,070,000

매 입 채 무	₩70,000	₩40,000	₩110,000
자 본 금	?	150,000	250,000
이 익 잉 여 금	?	170,000	550,000
비 지 배 지 분	-	-	160,000
부채 · 자본총계	?	₩360,000	₩1,070,000

㈜대한이 지배력 획득을 위해 지급한 대가는 얼마인가? (단, 비지배지분은 종속기업의 식별가능한 순자산공정가치에 비례하여 결정한다)

① ₩110,000   ② ₩192,000   ③ ₩222,000

④ ₩270,000   ⑤ ₩292,000

5 제조업을 영위하는 ㈜한국은 ㈜서울에 대한 지배력을 획득하기 위해 다음의 두 가지 방안을 고려하고 있다.   (CPA 2016)

> 방안(1) ㈜서울의 의결권 있는 보통주식 100%를 ₩20,000에 취득하고 ㈜서울을 흡수합병한다.
> 방안(2) ㈜서울의 의결권 있는 보통주식 60%를 ₩14,000에 취득한다.

사업결합이 검토되는 시점에서 ㈜한국과 ㈜서울의 요약재무상태표는 다음과 같다.

구 분	㈜한국	㈜서울 장부금액	㈜서울 공정가치
자 산	₩80,000	₩30,000	₩35,000
부 채	50,000	20,000	20,000
자 본	30,000	10,000	

㈜한국이 방안(1)을 실행함에 따라 합병 직후에 작성되는 '합병재무상태표'와 방안(2)를 실행함에 따라 지배력 획득 직후에 작성되는 '연결재무상태표'에 대한 비교설명으로 옳은 것은? (단, 비지배지분은 종속기업의 식별가능한 순자산공정가치에 비례하여 결정한다)

① 합병재무상태표에 계상되는 영업권과 연결재무상태표에 계상되는 영업권은 그 금액이 동일하다.
② 합병재무상태표의 자산합계액은 연결재무상태표의 자산합계액보다 크다.
③ 합병재무상태표의 부채합계액은 연결재무상태표의 부채합계액 보다 작다.
④ 합병재무상태표의 자본합계와 연결재무상태표의 자본합계는 그 금액이 동일하다.
⑤ 합병재무상태표에 계상되는 비지배지분과 연결재무상태표에 계상되는 비지배지분은 그 금액이 동일하다.

6 ㈜세무는 20×1년 1월 1일 ㈜한국의 의결권 주식 70%를 취득하여 지배력을 획득하였다. 다음 자료에 근거할 때, 20×1년도 연결포괄손익계산서의 지배기업 소유주 당기순이익은?

(CTA 2018)

· 20×1년 1월 1일 연결분개					
(차변)	자 본 금	200,000	(대변)	투 자 주 식	240,000
	이 익 잉 여 금	30,000		비 지 배 지 분	90,000
	재 고 자 산	10,000			
	유 형 자 산	60,000			
	영 업 권	30,000			

· 위 분개에서 재고자산은 당기에 모두 처분되었으며, 유형자산은 5년간 정액법으로 감가상각한다.
· 20×1년도 ㈜세무와 ㈜한국의 당기순이익은 각각 ₩50,000과 ₩30,000이다.
· 20×1년 중 ㈜세무와 ㈜한국의 내부거래는 없다.

① ₩49,000 ② ₩55,600 ③ ₩62,600
④ ₩64,000 ⑤ ₩71,000

7 ㈜대한은 20×1년 1월 1일 ㈜민국의 의결권 있는 보통주 70%를 ₩210,000에 취득하여 지배력을 획득하였다. 주식취득일 현재 ㈜민국의 자산과 부채는 아래의 자산을 제외하고는 장부금액과 공정가치가 일치하였다.

(CPA 2020)

구분	재고자산	건물(순액)
공정가치	₩20,000	₩60,000
장부금액	10,000	40,000

20×1년 초 ㈜민국의 납입자본은 ₩150,000이고, 이익잉여금은 ₩50,000이었다. ㈜민국의 20×1년 초 재고자산은 20×1년 중에 모두 판매되었다. 또한 ㈜민국이 보유하고 있는 건물의 주식취득일 현재 잔존내용연수는 5년이며, 잔존가치 없이 정액법으로 감가상각한다. 20×1년 ㈜민국의 당기순이익은 ₩40,000이다. ㈜대한의 20×1년 말 연결재무상태표상 비지배지분은 얼마인가? (단, 비지배지분은 주식취득일의 공정가치로 측정하며, 주식취득일 현재 비지배지분의 공정가치는 ₩70,000이었다. 더불어 영업권 손상은 고려하지 않는다)

① ₩67,800 ② ₩72,000 ③ ₩77,800
④ ₩82,000 ⑤ ₩97,800

8 20×1년 1월 1일에 ㈜대한은 ㈜민국의 지분 60%를 ₩35,000에 취득하여 ㈜민국의 지배기업이 되었다. ㈜대한의 ㈜민국에 대한 지배력 획득일 현재 ㈜민국의 자본총계는 ₩40,000(자본금 ₩5,000, 자본잉여금 ₩10,000, 이익잉여금 ₩25,000)이며, 장부금액과 공정가치가 차이를 보이는 계정과목은 다음과 같다.   (CPA 2021)

계정과목	장부금액	공정가치	비고
토 지	₩17,000	₩22,000	20×2년 중 매각완료
차 량 운 반 구 (순 액)	8,000	11,000	잔존내용연수 3년 잔존가치 ₩0 정액법으로 감가상각

㈜민국이 보고한 당기순이익이 20×1년 ₩17,500, 20×2년 ₩24,000일 때 ㈜대한의 20×2년 연결포괄손익계산서상 비지배주주 귀속 당기순이익과 20×2년 12월 31일 연결재무상태표상 비지배지분은 얼마인가? (단, 비지배지분은 ㈜민국의 식별가능한 순자산 공정가치에 비례하여 결정하고, 상기 기간 중 ㈜민국의 기타포괄손익은 발생하지 않은 것으로 가정한다)

	비지배주주 귀속 당기순이익	비지배지분		비지배주주 귀속 당기순이익	비지배지분
①	₩7,200	₩33,000	②	₩7,200	₩32,600
③	₩7,600	₩33,000	④	₩7,600	₩32,600
⑤	₩8,000	₩33,000			

9   다음은 ㈜세무 및 그 종속기업인 ㈜한국과 관련된 자료이다. 다음의 설명 중 옳은 것은?

(CTA 2022)

- ㈜세무는 20×1년 1월 1일 ㈜한국의 의결권 있는 보통주식의 60%를 ₩700,000에 취득하여 지배력을 획득하였다.
- 취득일 현재 ㈜한국의 재무상태표상 자본총액은 ₩1,000,000(자본금 ₩700,000, 이익잉여금 ₩300,000)이다.
- 취득일 현재 공정가치와 장부금액이 서로 다른 자산은 재고자산(장부금액 ₩300,000, 공정가치 ₩350,000)이 유일하고, 부채의 공정가치는 장부금액과 동일하다.
- ㈜한국은 상기 재고자산의 70%를 20×1년도 중 연결실체 외부에 판매하였고, 나머지는 20×1년 말까지 보유하고 있다.
- 20×1년도 ㈜한국의 당기순이익은 ₩50,000이고, 취득일 이후 ㈜세무와 ㈜한국 간의 내부거래는 없다.
- ㈜세무가 20×1년도 연결포괄손익계산서에 표시한 연결당기순이익은 ₩100,000이다.
- 영업권과 관련된 손상차손은 고려하지 않으며, 비지배분은 종속기업의 식별가능한 순자산 공정가치에 비례하여 결정하기로 한다.
- 20×1년 말 현재 ㈜한국은 ㈜세무의 유일한 종속기업이다.

① ㈜세무가 20×1년 말 연결재무상태표에 표시할 영업권은 ₩100,000이다.

② ㈜세무가 20×1년도 연결포괄손익계산서에 표시할 연결당기순이익 중 비지배주주에 귀속되는 부분은 ₩15,000이다.

③ ㈜세무가 20×1년도 연결포괄손익계산서에 표시할 연결당기순이익 중 지배기업소유주에 귀속되는 부분은 ₩85,000이다.

④ ㈜세무가 종속기업에 대한 투자를 원가법을 적용하여 표시한 20×1년도의 별도재무제표상 당기순이익은 ₩91,000이다.

⑤ ㈜세무가 종속기업에 대한 투자를 지분법을 적용하여 표시한 20×1년도의 별도재무제표상 당기순이익은 ₩94,000이다.

내부거래와 미실현손익

학습목표

- 내부거래와 미실현손익에 대해 이해한다.
- 재고자산, 유형자산 및 사채 관련 내부거래에 대해 이해한다.
- 기타의 내부거래(매출채권의 처분, 손실충당금)에 대해 이해한다.
- 연결자본의 계산방법을 이해한다.

지배기업이 종속기업에 자산 등을 매각하는 거래를 하향거래(down-stream transactions)라고 하고, 종속기업이 지배기업에 자산 등을 매각하는 거래를 상향거래(up-stream transactions)라고 한다. 내부거래를 하향거래와 상향거래로 구분하는 이유는 하향거래는 지배기업의 당기순이익과 관련되므로 지배기업의 소유주에 전액 배분되고, 상향거래는 종속기업의 당기순이익과 관련되므로 지배기업의 소유주뿐만 아니라 비지배지분에도 배분되기 때문이다.

본장에서는 K-IFRS 제1110호 '연결재무제표'에서 규정하고 있는 내부거래와 미실현손익을 중심으로 한 연결조정분개를 다루고 있다. 또한 연결이익잉여금 등 연결자본의 계산방법을 설명한다. 이를 통해서 내부거래를 반영한 연결재무제표의 작성과정에 대해 심도 있게 학습해 보자.

1. 내부거래의 기초

1.1 내부거래의 의의

내부거래(inter-company transactions)란 연결실체 내에서 발생한 거래를 말한다. 연결재무제표는 지배기업과 종속기업을 단일의 경제적 실체로 간주하여 작성하므로 지배기업과 종속기업 간에 발생하는 거래는 연결실체 입장에서 내부거래이다.

여기서 지배기업이 종속기업에 자산 등을 매각하는 거래를 **하향거래**(down-stream transactions)라고 하고, 종속기업이 지배기업에 자산 등을 매각하는 거래를 **상향거래**(up-stream transactions)라고 하며, 다음 [그림 4-1]과 같다.

🍊 그림 4-1 내부거래(하향거래 및 상향거래)

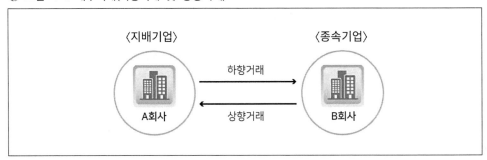

제3장 '연결재무제표의 작성'에서 설명한 것처럼 지배기업과 종속기업 간의 단일의 경제적 실체 내에서 발생한 거래를 실질적인 거래로 볼 수 없기 때문에 하향거래와 상향거래를 포함한 **모든 내부거래는 그 유형과 관계없이 모두 제거되어야 한다.** 따라서 연결실체 내의 모든 거래와 잔액은 제거되어야 하며, 연결실체의 내부거래로 인하여 발생한 손익까지도 제거되어야 한다.

1.2 내부거래의 제거

내부거래는 연결재무제표의 자산, 부채, 자본, 수익 및 비용에 영향을 미치는데, 이러한 영향을 모두 제거해야 한다. 내부거래 제거를 위한 연결조정분개에는 다음 세 가지 유형이 있다.

① 채권 · 채무의 상계제거 ┐
② 수익 · 비용의 상계제거 ┘── 연결당기손익에 영향을 미치지 않는 내부거래
③ 내부미실현손익의 제거 ───── 연결당기손익에 영향을 미치는 내부거래

(1) 채권 · 채무의 상계제거

보고기간 말 현재 지배기업과 종속기업 간의 **채권과 채무**는 연결실체 입장에서 볼 때는 채권과 채무로 인식될 수 없다. 따라서 연결조정분개를 하는 과정에서 이를 모두 제거해야 한다.

▤ 예 1 채권 · 채무의 상계제거

내부거래로 인해서 보고기간 말 현재 지배기업이 매출채권 ₩10,000을 인식하고 종속기업이 매입채무 ₩10,000을 인식하였다면, 다음과 같이 **연결조정분개**를 통해서 이를 제거한다.

〈채권 · 채무의 상계제거〉

(차변) 매　입　채　무　 10,000 (대변) 매　출　채　권　 10,000

(2) 수익 · 비용의 상계제거

보고기간 중 지배기업과 종속기업 간의 내부거래로 인하여 발생한 수익과 비용은 연결실체 입장에서 볼 때는 수익과 비용으로 인식될 수 없다. 따라서 연결조정분개를 하는 과정에서 이를 모두 제거해야 한다.

▤ 예 2 수익 · 비용의 상계제거

내부거래로 인해서 보고기간 중 지배기업이 매출 ₩10,000을 인식하고 종속기업이 매입 ₩10,000을 인식하였다면, 다음과 같이 **연결조정분개**를 통해서 이를 제거한다.

〈수익 · 비용의 상계제거〉

(차변) 매　　　　출　 10,000 (대변) 매　　　　입　 10,000

(3) 내부미실현손익의 제거

보고기간 중 지배기업과 종속기업 간의 내부거래로 인식한 손익 중에서 연결실체 외부로 판매되거나 비용화됨으로써 실현된 부분과 연결실체 내에 남아 있음으로써 미실현된 부분이 있으며, 다음 [그림 4-2]와 같다.

📊 그림 4-2 실현손익과 미실현손익

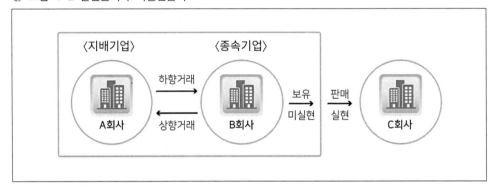

내부미실현손익은 연결실체의 입장에서 볼 때 발생한 손익이 아니므로 **하향거래와 상향거래를 포함한 전액을 제거**해야 한다. 이때 제거된 미실현손익을 지배기업의 소유주와 비지배지분에 배분하게 되는데, 내부거래의 유형에 따라 배분할 금액이 달라진다.

하향거래에서 발생한 손익은 지배기업에서 인식하므로 **하향거래에서 발생한 미실현손익을 지배기업의 소유주에 전액 배분**한다. 그러나 상향거래에서 발생한 손익은 종속기업에서 인식하므로 **상향거래에서 발생한 미실현손익은 지배기업의 소유주와 비지배지분 각각의 지분율에 비례하여 배분**한다. 내부미실현손익의 배분을 요약·정리하면 다음 〈표 4-1〉과 같다.

📈 표 4-1 내부미실현손익의 배분

구 분	하향거래	상향거래
지배기업의 소유주	전액 배분	내부미실현손익 × 지배기업지분율
비지배지분	-	내부미실현손익 × 비지배지분율

한편, 전년도에 발생한 내부미실현손익은 다음 연도 이후에 연결실체 외부와 거래가 발생할 때 실현된다. 이 경우에는 전년도에 제거된 미실현손익을 실현하는, 즉 실질적인 거래로서 손익을 인식하는 연결조정분개를 해야 한다.

🗐 예 3 내부미실현손익의 배분

A회사는 B회사의 보통주식 80%를 보유하는 지배기업이라고 가정하자. A회사가 B회사에 재고자산을 판매하였으나(하향거래), 보고기간 말까지 재고자산을 외부에 판매하지 않고 보유함으로써 미실현이익이 ₩1,000 발생하였다. 이때 관련 손익을 A회사가 인식하였으므로 미실현이익을 **지배기업인 A회사의 소유주에 전액 배분**한다. 그러나 B회사가 A회사에 재고자산을 판매하였으나(상향거래), 보고기간 말까지 재고자산을 외부에 판매하지 않고 보유함으로써 미실현이익이 ₩1,000 발생하였다면, 이때 관련 손익을 B회사가 인식하였으므로 미실현이익은 **지배기업의 소유주에 ₩800을 배분하고 비지배지분에 ₩200을 배분**한다.

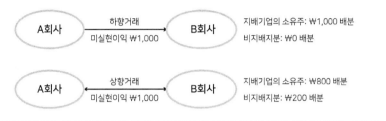

2. 재고자산 내부거래

2.1 재고자산 내부거래의 이익이 실현된 경우

지배기업과 종속기업 간에 재고자산 내부거래가 발생하고 같은 회계연도에 해당 재고자산이 연결실체 외부로 판매되어 이익이 실현된 경우 **과대계상된 매출과 매출원가를 상계제거하는 연결조정분개**를 해야 한다.

🗐 예 4 재고자산 내부거래의 이익이 실현된 경우

지배기업인 A회사가 20×1년 초에 취득원가 ₩10,000인 재고자산을 ₩12,000에 종속기업인 B회사에 판매하고, B회사가 20×1년 중에 제3자인 C회사에 해당 재고자산을 ₩15,000에 판매하였다면, A회사와 B회사는 각각 다음과 같이 회계처리할 것이다.

〈A회사의 회계처리〉

| (차변) | 현 금 | 12,000 | (대변) | 매 출 | 12,000 |
| (차변) | 매 출 원 가 | 10,000 | (대변) | 재 고 자 산 | 10,000 |

〈B회사의 회계처리〉

| (차변) | 재 고 자 산 | 12,000 | (대변) | 현 금 | 12,000 |

| (차변) 현 | 금 | 15,000 | (대변) 매 | 출 | 15,000 |
| (차변) 매 출 원 가 | | 12,000 | (대변) 재 고 자 산 | | 12,000 |

이 경우 실질적인 거래내용은 ₩10,000의 재고자산을 ₩15,000에 판매한 것이다. 그러나 A회사와 B회사의 거래내용을 단순합계하면 매출이 ₩27,000이고, 매출원가가 ₩22,000으로 각각 ₩12,000만큼 과대계상되었다는 것을 알 수 있다. 따라서 과대계상된 매출과 매출원가를 상계제거하는 연결조정분개를 해야 한다.

〈연결조정분개 - 내부거래의 상계제거〉

| (차변) 매 | 출 | 12,000 | (대변) 매 출 원 가 | | 12,000 |

20×1년도 A회사와 B회사 각각의 재무제표와 연결재무제표에 보고될 금액을 표시하면 다음과 같다.

〈20×1년도〉 (단위: 원)

과 목	A회사	B회사	단순합계	연결조정분개	연결재무제표
재 고 자 산	-	-	-	-	-
매 출	12,000	15,000	27,000	(12,000)	15,000
매 출 원 가	(10,000)	(12,000)	(22,000)	12,000	(10,000)
매 출 총 이 익	2,000	3,000	5,000	0	5,000

2.2 재고자산 내부거래의 이익이 미실현된 경우

지배기업과 종속기업 간에 재고자산 내부거래가 발생하고 같은 회계연도에 해당 재고자산이 연결실체 외부로 판매되지 않아 이익이 미실현된 경우 과대계상된 매출과 매출원가를 상계제거하는 연결조정분개뿐만 아니라 재고자산에 포함되어 있는 미실현이익을 제거하는 연결조정분개를 해야 한다.

📋 예 5 재고자산 내부거래의 이익이 미실현된 경우

지배기업인 A회사가 20×1년 초에 취득원가 ₩10,000인 재고자산을 ₩12,000에 종속기업인 B회사에 판매하고, B회사가 20×2년 중에 제3자인 C회사에 해당 재고자산을 ₩15,000에 판매하였다면, 20×1년과 20×2년에 A회사와 B회사는 각각 다음과 같이 회계처리할 것이다.

〈20×1년 A회사의 회계처리〉

| (차변) 현 | 금 | 12,000 | (대변) 매 | 출 | 12,000 |
| (차변) 매 출 원 가 | | 10,000 | (대변) 재 고 자 산 | | 10,000 |

〈20×1년 B회사의 회계처리〉

(차변) 재　고　자　산　　12,000　(대변) 현　　　　　　　금　　12,000

이 경우 실질적인 거래내용은 없다. 그러나 A회사와 B회사의 거래내용을 단순합계하면 매출이 ₩12,000, 매출원가가 ₩10,000으로 과대계상되어 있으며, 재고자산에 ₩2,000의 미실현이익이 포함되어 있다는 것을 알 수 있다. 따라서 과대계상된 매출과 매출원가를 상계제거하고, 재고자산에 포함되어 있는 미실현이익을 제거하는 연결조정분개를 해야 한다.

〈20×1년 연결조정분개〉
① 내부거래의 상계제거

(차변) 매　　　　　　　출　　12,000　(대변) 매　출　원　가　　12,000

② 내부미실현이익의 제거

(차변) 매　출　원　가　　2,000　(대변) 재　고　자　산　　2,000

20×1년도 A회사와 B회사 각각의 재무제표와 연결재무제표에 보고되어야 할 금액을 표시하면 다음과 같다.

〈20×1년도〉　　　　　　　　　　　　　　　　　　　　　　　　　　(단위: 원)

과　목	A회사	B회사	단순합계	연결조정분개	연결재무제표
재　고　자　산	-	12,000	12,000	(2,000)	10,000
매　　　출	12,000	-	12,000	(12,000)	-
매　출　원　가	(10,000)	-	(10,000)	10,000	-
매　출　총　이　익	2,000	-	2,000	(2,000)	-

〈20×2년 A회사의 회계처리〉

분개 없음

〈20×2년 B회사의 회계처리〉

(차변) 현　　　　　　　금　　15,000　(대변) 매　　　　　　　출　　15,000
(차변) 매　출　원　가　　12,000　(대변) 재　고　자　산　　12,000

이 경우 B회사가 인식한 매출이 ₩15,000이고 매출원가가 ₩12,000이지만, 실질적인 거래내용은 ₩10,000의 재고자산을 ₩15,000에 판매한 것이므로 20×1년 재고자산의 내부미실현이익 ₩2,000이 실현되었다는 것을 알 수 있다. 따라서 전년도 재고자산 내부거래의 미실현이익을 실현시키는 연결조정분개를 해야 한다.

〈20×2년 연결조정분개 - 전년도 내부미실현이익의 실현〉

(차변) 이　익　잉　여　금　　2,000　(대변) 매　출　원　가　　2,000

이때 차변에 이익잉여금을 회계처리하는 이유는 20×1년에 재고자산 내부거래의 미실현이익을 제거하기 위해 매출원가를 증가시킨 것을 20×2년 연결조정분개에 반영한 것이다.

20×2년도 A회사와 B회사 각각의 재무제표와 연결재무제표에 보고될 금액을 표시하면 다음과 같다.

〈20×2년도〉 (단위: 원)

과 목	A회사	B회사	단순합계	연결조정분개	연결재무제표
재 고 자 산	-	-	-		-
매 출	-	15,000	15,000		15,000
매 출 원 가	-	(12,000)	(12,000)	2,000	(10,000)
매 출 총 이 익	-	3,000	3,000	2,000	5,000

📖 예제 1 재고자산 내부거래 – 하향거래가 발생한 경우

12월 말 결산법인인 A회사는 20×1년 초에 B회사의 보통주식 80%를 ₩120,000에 취득하여 지배기업이 되었다. 취득일 현재 B회사의 모든 자산과 부채의 장부금액과 공정가치는 일치하였다. 다음과 같은 내부거래가 발생하였다.

· A회사는 20×1년 중에 B회사에 재고자산을 ₩100,000(매출 기준)에 판매하였으며, B회사는 A회사로부터 매입한 재고자산 중 70%를 20×1년 중에, 나머지 30%를 20×2년 중에 외부에 판매하였다. A회사의 매출총이익률은 20%이다.

20×1년 말과 20×2년 말 A회사와 B회사의 재무제표는 다음과 같으며, A회사와 B회사의 이익잉여금은 당기순이익으로만 변동되었다. 단, A회사는 종속기업투자주식을 원가법으로 평가하고, 비지배지분을 종속기업의 식별가능한 순자산 중 비지배지분의 비례적인 몫으로 측정한다.

(단위: 원)

과 목	20×1년도		20×2년도	
	A회사	B회사	A회사	B회사
〈포괄손익계산서〉				
매 출	250,000	100,000	300,000	120,000
매 출 원 가	(200,000)	(80,000)	(240,000)	(96,000)
기 타 수 익	50,000	-	20,000	10,000
기 타 비 용	(70,000)	(10,000)	(40,000)	(14,000)
당 기 순 이 익	30,000	10,000	40,000	20,000
〈재무상태표〉				
재 고 자 산	40,000	25,000	50,000	30,000
토 지	85,000	50,000	95,000	70,000
건 물(순액)	60,000	28,000	70,000	21,000
종속기업투자주식	120,000	-	120,000	-

기 타 자 산	35,000	27,000	45,000	34,000
자 산 총 계	340,000	130,000	380,000	155,000
부　　　　채	140,000	35,000	140,000	40,000
자 본 금	100,000	50,000	100,000	50,000
자 본 잉 여 금	40,000	30,000	40,000	30,000
이 익 잉 여 금	60,000	15,000	100,000	35,000
부채및자본총계	340,000	130,000	380,000	155,000

물음 ··

1. A회사가 B회사의 지배력을 취득한 날에 해야 할 연결조정분개를 하시오.

2. 20×1년 말에 A회사가 해야 할 연결조정분개를 하고, 연결정산표를 작성하시오. 단, 영업권이 배분된 현금창출단위의 회수가능액이 장부금액보다 크다.

3. 20×2년 말에 A회사가 해야 할 연결조정분개를 하고, 연결정산표를 작성하시오. 단, 영업권이 배분된 현금창출단위의 회수가능액이 장부금액보다 크다.

풀이 ··

1. 지배력 취득일 연결조정분개
· 종속기업투자주식과 종속기업 자본의 상계제거

(차변)	자　　　　본　　　　금	50,000	(대변)	종 속 기 업 투 자 주 식	120,000
	자 본 잉 여 금	30,000		비 지 배 지 분	17,000❶
	이 익 잉 여 금	5,000			
	영　　　　　업　　　　　권	52,000❷			

　❶ ₩85,000(B회사 순자산의 공정가치(점선 부분)) × 20% = ₩17,000
　❷ ₩120,000 + 17,000 − 85,000 = ₩52,000

2. 20×1년 말 연결조정분개
① 종속기업투자주식과 종속기업 자본의 상계제거

(차변)	자　　　　본　　　　금	50,000	(대변)	종 속 기 업 투 자 주 식	120,000
	자 본 잉 여 금	30,000		비 지 배 지 분	17,000
	이 익 잉 여 금	5,000			
	영　　　　　업　　　　　권	52,000			

② 재고자산 내부거래 및 미실현이익의 제거

(차변)	매　　　　　　　　출	100,000	(대변)	매 출 원 가	100,000
(차변)	매 출 원 가	6,000❶	(대변)	재 고 자 산	6,000

　❶ 20×1년 말에 남아 있는 재고자산의 매출총이익률에 해당하는 금액이 미실현이익이다.
　　따라서 ₩100,000 × 30%(기말 보유비율) × 20%(매출총이익률) = ₩6,000

③ 종속기업의 당기순이익으로 인한 비지배지분 변동

    (차변) 이 익 잉 여 금   2,000❷   (대변) 비 지 배 지 분   2,000

    ❷ 하향거래에 해당하므로 재고자산 내부미실현이익의 제거를 B회사의 당기순이익에 반영하지 않는다. 따라서 ₩10,000 × 20% = ₩2,000

· 20×1년도 연결정산표   (단위: 원)

과 목	A회사	B회사	연결조정분개 차 변	연결조정분개 대 변	연결재무제표
〈포괄손익계산서〉					
매　　　　　출	250,000	100,000	② 100,000		250,000
매 출 원 가	(200,000)	(80,000)	② 6,000	② 100,000	(186,000)
기 타 수 익	50,000	-			50,000
기 타 비 용	(70,000)	(10,000)			(80,000)
당 기 순 이 익	30,000	10,000	106,000❶	100,000❶	34,000❷
〈재 무 상 태 표〉					
재 고 자 산	40,000	25,000		② 6,000	59,000
토　　　　지	85,000	50,000			135,000
건 물(순액)	60,000	28,000			88,000
종속기업투자주식	120,000	-		① 120,000	-
기 타 자 산	35,000	27,000			62,000
영 업 권			① 52,000		52,000
자 산 총 계	340,000	130,000			396,000
부　　　　채	140,000	35,000			175,000
자 본 금	100,000	50,000	① 50,000		100,000
자 본 잉 여 금	40,000	30,000	① 30,000		40,000
이 익 잉 여 금	60,000	15,000	① 5,000 ③ 2,000 106,000❶	100,000❶	62,000❸
비 지 배 지 분				① 17,000 ③ 2,000	19,000❹
부채및자본총계	340,000	130,000	245,000	245,000	396,000

❶ 연결조정분개에서 반영한 손익합계 금액을 이익잉여금에도 반영한다.

❷ 연결당기순이익 = ₩30,000(A회사) + 10,000(B회사) - 100,000(매출 상계제거)
                  + 100,000(매출원가 상계제거) - 6,000(내부미실현이익 제거) = ₩34,000

   · 비지배지분 귀속분 = ₩2,000

   · 지배기업 소유주 귀속분 = ₩34,000 - 2,000 = ₩32,000

❸ 연결이익잉여금 = ₩60,000(A회사) + 15,000(B회사) - 5,000(종속기업 이익잉여금의 상계)
                  - 2,000(비지배지분 변동) - 6,000(연결조정분개 중 손익에 반영된 금액) = ₩62,000

❹ 비지배지분 = ₩17,000(취득일 종속기업 순자산의 공정가치 중 20%) + 2,000 = ₩19,000

3. 20×2년 말 연결조정분개

① 종속기업투자주식과 종속기업 자본의 상계제거

    (차변) 자　　　　본　　　금   50,000   (대변) 종 속 기 업 투 자 주 식   120,000

            자 본 잉 여 금   30,000   비 지 배 지 분   17,000

```
      이  익  잉  여  금      5,000
      영        업       권     52,000
```

② 과년도 종속기업 순자산의 변동으로 인한 비지배지분 변동
　(차변) 이 익 잉 여 금　　 2,000　(대변) 비 지 배 지 분　　 2,000

③ 재고자산 내부미실현이익의 실현
　(차변) 이 익 잉 여 금　　 6,000　(대변) 매   출   원   가　　 6,000

④ 종속기업의 당기순이익으로 인한 비지배지분 변동
　(차변) 이 익 잉 여 금　　 4,000❶ (대변) 비 지 배 지 분　　 4,000
　　❶ 하향거래에 해당하므로 재고자산 내부미실현이익의 실현을 B회사의 당기순이익에 반영하지 않는다. 따라서
　　　₩20,000 × 20% = ₩4,000

· 20×2년도 연결정산표　　　　　　　　　　　　　　　　　　　　　　　　　　　　　　(단위: 원)

과　목	A회사	B회사	연결조정분개 차 변	연결조정분개 대 변	연결재무제표
〈포괄손익계산서〉					
매　　　　출	300,000	120,000			420,000
매 출 원 가	(240,000)	(96,000)	③　6,000		(330,000)
기 타 수 익	20,000	10,000			30,000
기 타 비 용	(40,000)	(14,000)			(54,000)
당 기 순 이 익	40,000	20,000		6,000❶	66,000❷
〈재 무 상 태 표〉					
재 고 자 산	50,000	30,000			80,000
토　　　　지	95,000	70,000			165,000
건　물(순액)	70,000	21,000			91,000
종속기업투자주식	120,000	-		①　120,000	-
기 타 자 산	45,000	34,000			79,000
영 업 권			①　52,000		52,000
자 산 총 계	380,000	155,000			467,000
부　　　　채	140,000	40,000			180,000
자 본 금	100,000	50,000	①　50,000		100,000
자 본 잉 여 금	40,000	30,000	①　30,000		40,000
이 익 잉 여 금	100,000	35,000	①　5,000 ②　2,000 ③　6,000 ④　4,000	6,000❶	124,000❸
비 지 배 지 분				①　17,000 ②　2,000 ④　4,000	23,000❸
부채및자본총계	380,000	155,000	149,000	149,000	467,000

❶ 연결조정분개에서 반영한 손익합계 금액을 이익잉여금에도 반영한다.

❷ 연결당기순이익 = ₩40,000(A회사) + 20,000(B회사) + 6,000(전년도 내부미실현이익 실현) = ₩66,000
　· 비지배지분 귀속분 = ₩4,000
　· 지배기업 소유주 귀속분 = ₩66,000 - 4,000 = ₩62,000

❸ 연결이익잉여금 = ₩100,000(A회사) + 35,000(B회사) − 5,000(종속기업 이익잉여금의 상계)

  − 6,000(전년도 내부미실현이익) − 2,000(과년도 비지배지분 변동)

  − 4,000(당기순이익 중 비지배지분 변동) + 6,000(연결조정분개 중 손익에 반영된 금액)

  = ₩124,000

❹ 비지배지분 = ₩17,000(취득일 종속기업 순자산의 공정가치 중 20%) + 2,000(과년도 비지배지분 변동)

  + 4,000 = ₩23,000

📖 예제 2 재고자산 내부거래 − 상향거래가 발생한 경우

12월 말 결산법인인 A회사는 20×1년 초에 B회사의 보통주식 80%를 ₩120,000에 취득하여 지배기업이 되었다. 취득일 현재 B회사의 모든 자산과 부채의 장부금액과 공정가치는 일치하였다. 다음과 같은 내부거래가 발생하였다.

· B회사는 20×1년 중에 A회사에 재고자산을 ₩100,000(매출 기준)에 판매하였으며, A회사는 B회사로부터 매입한 재고자산 중 70%를 20×1년 중에, 나머지 30%를 20×2년 중에 외부에 판매하였다. B회사의 매출총이익률은 20%이다.

20×1년 말과 20×2년 말 A회사와 B회사의 재무제표는 다음과 같으며, A회사와 B회사의 이익잉여금은 당기순이익으로만 변동되었다. 단, A회사는 종속기업투자주식을 원가법으로 평가하고, 비지배지분을 종속기업의 식별가능한 순자산 중 비지배지분의 비례적인 몫으로 측정한다.

(단위: 원)

과 목	20×1년도		20×2년도	
	A회사	B회사	A회사	B회사
〈포괄손익계산서〉				
매 출	250,000	100,000	300,000	120,000
매 출 원 가	(200,000)	(80,000)	(240,000)	(96,000)
기 타 수 익	50,000	-	20,000	10,000
기 타 비 용	(70,000)	(10,000)	(40,000)	(14,000)
당 기 순 이 익	30,000	10,000	40,000	20,000
〈재무상태표〉				
재 고 자 산	40,000	25,000	50,000	30,000
토 지	85,000	50,000	95,000	70,000
건 물(순액)	60,000	28,000	70,000	21,000
종속기업투자주식	120,000	-	120,000	-
기 타 자 산	35,000	27,000	45,000	34,000
자 산 총 계	340,000	130,000	380,000	155,000
부 채	140,000	35,000	140,000	40,000
자 본 금	100,000	50,000	100,000	50,000
자 본 잉 여 금	40,000	30,000	40,000	30,000

| 이 익 잉 여 금 | 60,000 | 15,000 | 100,000 | 35,000 |
| 부채및자본총계 | 340,000 | 130,000 | 380,000 | 155,000 |

물음

1. A회사가 B회사의 지배력을 취득한 날에 해야 할 연결조정분개를 하시오.

2. 20×1년 말에 A회사가 해야 할 연결조정분개를 하고, 연결정산표를 작성하시오. 단, 영업권이 배분된 현금창출단위의 회수가능액이 장부금액보다 크다.

3. 20×2년 말에 A회사가 해야 할 연결조정분개를 하고, 연결정산표를 작성하시오. 단, 영업권이 배분된 현금창출단위의 회수가능액이 장부금액보다 크다.

풀이

1. 지배력 취득일 연결조정분개
· 종속기업투자주식과 종속기업 자본의 상계제거

(차변)	자　　　　본　　　　금	50,000	(대변)	종 속 기 업 투 자 주 식	120,000
	자 본 잉 여 금	30,000		비 지 배 지 분	17,000❶
	이 익 잉 여 금	5,000			
	영　　　　업　　　　권	52,000❷			

❶ ₩85,000(B회사 순자산의 공정가치(점선 부분)) × 20% = ₩17,000

❷ ₩120,000 + 17,000 − 85,000 = ₩52,000

2. 20×1년 말 연결조정분개
① 종속기업투자주식과 종속기업 자본의 상계제거

(차변)	자　　　　본　　　　금	50,000	(대변)	종 속 기 업 투 자 주 식	120,000
	자 본 잉 여 금	30,000		비 지 배 지 분	17,000
	이 익 잉 여 금	5,000			
	영　　　　업　　　　권	52,000			

② 재고자산 내부거래 및 미실현이익의 제거

| (차변) | 매　　　　　　　　출 | 100,000 | (대변) | 매 　출 　원 　가 | 100,000 |
| (차변) | 매 　출 　원 　가 | 6,000❶ | (대변) | 재 　고 　자 　산 | 6,000 |

❶ 20×1년 말에 남아 있는 재고자산의 매출총이익률에 해당하는 금액이 미실현이익이다.

따라서 ₩100,000 × 30%(기말 보유비율) × 20%(매출총이익률) = ₩6,000

③ 종속기업의 당기순이익으로 인한 비지배지분 변동

| (차변) | 이 익 잉 여 금 | 800❷ | (대변) | 비 지 배 지 분 | 800 |

❷ 상향거래에 해당하므로 재고자산 내부미실현이익의 제거를 B회사의 당기순이익에 반영한다.

따라서 (₩10,000 − 6,000) × 20% = ₩800

· 20×1년도 연결정산표 (단위: 원)

과 목	A회사	B회사	연결조정분개 차 변	연결조정분개 대 변	연결재무제표
〈포괄손익계산서〉					
매 출	250,000	100,000	② 100,000		250,000
매 출 원 가	(200,000)	(80,000)	② 6,000	② 100,000	(186,000)
기 타 수 익	50,000	-			50,000
기 타 비 용	(70,000)	(10,000)			(80,000)
당 기 순 이 익	30,000	10,000	106,000❶	100,000❶	34,000❷
〈재무상태표〉					
재 고 자 산	40,000	25,000		② 6,000	59,000
토 지	85,000	50,000			135,000
건 물(순액)	60,000	28,000			88,000
종속기업투자주식	120,000	-		① 120,000	-
기 타 자 산	35,000	27,000			62,000
영 업 권			① 52,000		52,000
자 산 총 계	340,000	130,000			396,000
부 채	140,000	35,000			175,000
자 본 금	100,000	50,000	① 50,000		100,000
자 본 잉 여 금	40,000	30,000	① 30,000		40,000
이 익 잉 여 금	60,000	15,000	① 5,000 ③ 800 106,000❶	100,000❶	63,200❸
비 지 배 지 분				① 17,000 ③ 800	17,800❹
부채및자본총계	340,000	130,000	243,800	243,800	396,000

❶ 연결조정분개에서 반영한 손익합계 금액을 이익잉여금에도 반영한다.

❷ 연결당기순이익 = ₩30,000(A회사) + 10,000(B회사) − 100,000(매출 상계제거)
    + 100,000(매출원가 상계제거) − 6,000(내부미실현이익 제거) = ₩34,000
   · 비지배지분 귀속분 = ₩800
   · 지배기업 소유주 귀속분 = ₩34,000 − 800 = ₩33,200

❸ 연결이익잉여금 = ₩60,000(A회사) + 15,000(B회사) − 5,000(종속기업 이익잉여금의 상계)
    − 800(비지배지분 변동) − 6,000(연결조정분개 중 손익에 반영된 금액) = ₩63,200

❹ 비지배지분 = ₩17,000(취득일 종속기업 순자산의 공정가치 중 20%) + 800 = ₩17,800

3. 20×2년 말 연결조정분개

① 종속기업투자주식과 종속기업 자본의 상계제거

(차변) 자 본 금	50,000	(대변) 종 속 기 업 투 자 주 식	120,000
자 본 잉 여 금	30,000	비 지 배 지 분	17,000
이 익 잉 여 금	5,000		
영 업 권	52,000		

② 과년도 종속기업 순자산의 변동으로 인한 비지배지분 변동
  (차변) 이 익 잉 여 금   800 (대변) 비 지 배 지 분   800

③ 재고자산 내부미실현이익의 실현
  (차변) 이 익 잉 여 금 6,000 (대변) 매 출 원 가 6,000

④ 종속기업의 당기순이익으로 인한 비지배지분 변동
  (차변) 이 익 잉 여 금 5,200❶ (대변) 비 지 배 지 분 5,200
  ❶ 상향거래에 해당하므로 재고자산 내부미실현이익의 실현을 B회사의 당기순이익에 반영한다.
   따라서 (₩20,000 + 6,000) × 20% = ₩5,200

· 20×2년도 연결정산표   (단위: 원)

과 목	A회사	B회사	연결조정분개 차 변	연결조정분개 대 변	연결재무제표
〈포괄손익계산서〉					
매 출	300,000	120,000			420,000
매 출 원 가	(240,000)	(96,000)	③ 6,000		(330,000)
기 타 수 익	20,000	10,000			30,000
기 타 비 용	(40,000)	(14,000)			(54,000)
당 기 순 이 익	40,000	20,000		6,000❶	66,000❷
〈재무상태표〉					
재 고 자 산	50,000	30,000			80,000
토 지	95,000	70,000			165,000
건 물(순액)	70,000	21,000			91,000
종속기업투자주식	120,000	-	① 120,000		-
기 타 자 산	45,000	34,000			79,000
영 업 권			① 52,000		52,000
자 산 총 계	380,000	155,000			467,000
부 채	140,000	40,000			180,000
자 본 금	100,000	50,000	① 50,000		100,000
자 본 잉 여 금	40,000	30,000	① 30,000		40,000
이 익 잉 여 금	100,000	35,000	① 5,000 ② 800 ③ 6,000 ④ 5,200	6,000❶	124,000❸
비 지 배 지 분				① 17,000 ② 800 ④ 5,200	23,000❸
부채및자본총계	380,000	155,000	149,000	149,000	467,000

❶ 연결조정분개에서 반영한 손익합계 금액을 이익잉여금에도 반영한다.
❷ 연결당기순이익 = ₩40,000(A회사) + 20,000(B회사) + 6,000(전년도 내부미실현이익 실현) = ₩66,000
 ·비지배지분 귀속분 = ₩5,200
 ·지배기업 소유주 귀속분 = ₩66,000 – 5,200 = ₩60,800

❸ 연결이익잉여금 = ₩100,000(A회사) + 35,000(B회사) − 5,000(종속기업 이익잉여금의 상계)
                 − 6,000(전년도 내부미실현이익) − 800(과년도 비지배지분 변동)
                 − 5,200(당기순이익 중 비지배지분 변동) + 6,000(연결조정분개 중 손익에 반영된 금액)
                 = ₩124,000
❹ 비지배지분 = ₩17,000(취득일 종속기업 순자산의 공정가치 중 20%) + 800(과년도 비지배지분 변동)
              + 5,200 = ₩23,000

재고자산 내부거래 중 하향거래의 (예제 1)과 상향거래의 (예제 2)에서 연결재무제표의 이익잉여금과 비지배지분 잔액을 연도별로 비교하면 다음 〈표 4-2〉와 같다.

☑ 표 4-2 재고자산 내부거래 중 하향거래와 상향거래의 비교

구 분	20×1년		20×2년	
	연결이익잉여금	비지배지분	연결이익잉여금	비지배지분
하향거래	₩62,000	₩19,000	₩124,000	₩23,000
상향거래	63,200	17,800	124,000	23,000
차 이	(₩1,200)	₩1,200	-	-

앞서 설명한 것처럼 하향거래에서 발생한 재고자산 내부거래의 미실현손익을 지배기업의 소유주에 전액 배분하고, 상향거래에서 발생한 재고자산 내부거래의 미실현손익은 지배기업의 소유주와 비지배지분 각각의 지분율에 비례하여 배분한다. 따라서 20×1년에 발생한 ₩6,000의 미실현이익을 하향거래에서는 지배기업의 소유주에 전액 배분하고, 상향거래에서는 지배기업의 소유주와 비지배지분에 각각 ₩4,800과 ₩1,200을 배분하므로 연결당기순이익 중 지배기업의 소유주 귀속분과 비지배지분 귀속분에서 ₩1,200의 차이가 발생한다. 그리고 이에 따른 영향으로 연결이익잉여금과 비지배지분에서 ₩1,200의 차이가 발생한다.

이러한 재고자산 내부거래의 미실현이익이 20×2년에 실현되면서 연결당기순이익 중 지배기업의 소유주 귀속분과 비지배지분 귀속분에서 반대 방향으로 ₩1,200의 차이가 발생한다. 따라서 **발생한 차이는 모두 해소되어 연결이익잉여금과 비지배지분의 금액이 동일하다**는 것을 알 수 있다.

2.3 재고자산 내부미실현손실이 자산손상에 해당하는 경우

지배기업과 종속기업 간에 발생한 재고자산 내부거래에서 미실현손실이 발생한

경우, 이것이 자산손상에 해당하는지를 판단해야 한다. 내부거래에서 발생한 미실현손실이 자산손상에 해당하지 않는다면 미실현이익처럼 미실현손실을 제거하는 연결조정분개를 한다.

한편, 내부거래에서 발생한 미실현손실이 **자산손상에 해당한다면** 해당 손실은 인식해야한다. 다만, 자산손상을 인식하는 연결조정분개를 해야 하므로 우선적으로 내부미실현손실을 제거하는 연결조정분개를 한다.

재고자산 내부미실현손실이 발생한 경우 연결조정분개를 요약·정리하면 다음 〈표4-3〉과 같다.

☑ 표 4-3 재고자산 내부미실현손실이 발생한 경우 연결조정분개

구 분	연결조정분개
자산손상에 해당하지 않는 경우	내부미실현손실을 제거하는 연결조정분개만
자산손상에 해당하는 경우	내부미실현손실을 제거하는 연결조정분개와 자산손상을 인식하는 연결조정분개

🗐 예 6 재고자산 내부미실현손실이 자산손상에 해당하는 경우

지배기업인 A회사가 20×1년 중에 취득원가 ₩10,000인 재고자산을 ₩8,000에 종속기업인 B회사에 판매하고, B회사가 20×1년 말까지 외부에 해당 재고자산을 판매하지 않았다. 20×1년에 A회사와 B회사는 각각 다음과 같이 회계처리할 것이다.

〈A회사의 회계처리〉

(차변) 현	금	8,000	(대변) 매	출	8,000
(차변) 매 출 원 가		10,000	(대변) 재 고 자 산		10,000

〈B회사의 회계처리〉

(차변) 재 고 자 산	8,000	(대변) 현	금	8,000

만약 해당 재고자산에 손상징후가 있으며 재고자산의 순실현가능가치가 ₩8,000으로 재고자산평가손실을 인식해야 하는 경우라면, 매출과 매출원가의 내부거래를 상계제거하고, 재고자산의 내부미실현손실을 제거하는 연결조정분개뿐만 아니라 재고자산평가손실을 인식하는 연결조정분개도 해야 한다.

〈연결조정분개〉
① 내부거래의 상계제거

(차변) 매	출	8,000	(대변) 매 출 원 가	8,000

② 내부미실현손실의 제거

(차변) 재 고 자 산   2,000 (대변) 매 출 원 가   2,000

③ 연결조정분개 - 재고자산평가손실의 인식

(차변) 재 고 자 산 평 가 손 실   2,000 (대변) 재 고 자 산 평 가 충 당 금   2,000

20×1년도 A회사와 B회사 각각의 재무제표와 연결재무제표에 보고될 금액을 표시하면 다음과 같다.

〈20×1년도〉   (단위: 원)

과목	A회사	B회사	단순합계	연결조정분개	연결재무제표
재 고 자 산	-	8,000	8,000	2,000	10,000
재고자산평가충당금	-	-	-	(2,000)	(2,000)
매 출	8,000	-	8,000	(8,000)	-
매 출 원 가	(10,000)	-	(10,000)	10,000	-
매 출 총 이 익	(2,000)	-	(2,000)	2,000	-
재고자산평가손실	-	-	-	(2,000)	(2,000)

📖 예제 3 재고자산 내부미실현손실이 발생하는 경우

> 12월 말 결산법인인 A회사는 20×1년 초에 B회사의 보통주식 80%를 취득하여 지배기업이 되었다. 20×1년 중에 A회사는 ₩10,000의 재고자산을 B회사에 ₩8,000에 판매하였으며, B회사는 A회사로부터 매입한 재고자산 중 70%를 20×1년 중에, 나머지 30%를 20×2년 중에 외부에 판매하였다.

물음 ·····

1. A회사가 B회사에 판매한 재고자산에 손상징후가 없다면, 20×1년 말과 20×2년 말에 A회사가 재고자산 내부거래 관련해서 해야 할 연결조정분개를 하시오.

2. A회사가 B회사에 판매한 재고자산에 손상징후가 있으며 재고자산의 순실현가능가치가 ₩8,000으로 재고자산평가손실을 인식해야 한다면, 20×1년 말과 20×2년 말에 A회사가 재고자산 내부거래 관련해서 해야 할 연결조정분개를 하시오.

풀이 ·····

1. 재고자산에 손상징후가 없는 경우

〈20×1년 말 연결조정분개〉

· 재고자산 내부거래 및 미실현손실의 제거

(차변) 매 출   8,000 (대변) 매 출 원 가   8,000
(차변) 재 고 자 산   600 (대변) 매 출 원 가   600[❶]
    ❶ ₩2,000(매출총손실) × 30% = ₩600

〈20×2년 말 연결조정분개〉
· 재고자산 내부미실현손실의 실현
　(차변) 매　　출　　원　　가　　600　(대변) 이　익　잉　여　금　　600

2. 재고자산에 손상징후가 있는 경우

〈20×1년 말 연결조정분개〉
① 재고자산 내부거래 및 미실현손실의 제거
　(차변) 매　　　　　　출　　8,000　(대변) 매　　출　　원　　가　8,000
　(차변) 재　　고　　자　　산　　600　(대변) 매　　출　　원　　가　　600❶
　　❶ ₩2,000(매출총손실) × 30% = ₩600

② 재고자산평가손실의 인식
　(차변) 재 고 자 산 평 가 손 실　600❷　(대변) 재 고 자 산 평 가 충 당 금　600
　　❷ 외부에 판매한 70%는 평가손실을 인식하지 않고, 나머지 30%에 해당하는 ₩600에 대해 평가손실을 인식한다.

〈20×2년 말 연결조정분개〉
다음과 같은 연결조정분개를 할 수 있으나, 실익은 없다. 따라서 재고자산 내부미실현손실이 실현된 경우 연결조정분개를 하지 않아도 된다.
① 재고자산 내부미실현손실의 실현
　(차변) 매　　출　　원　　가　　600　(대변) 이　익　잉　여　금　　600

② 재고자산평가충당금에 대한 매출원가의 취소
　(차변) 이　익　잉　여　금　　600　(대변) 매　　출　　원　　가　　600

3. 유형자산 내부거래

3.1 비상각자산 내부거래

　지배기업과 종속기업 간에 비상각자산 내부거래가 발생하고 같은 회계연도에 해당 비상각자산이 연결실체 외부로 매각되지 않아 이익이 미실현된 경우 **과대계상된 비상각자산과 유형자산처분이익을 제거하는 연결조정분개**를 해야 한다.

📖 예 7 비상각자산 내부거래

지배기업인 A회사가 20×1년 초에 취득원가 ₩10,000인 토지를 ₩12,000에 종속기업인 B회사에 매각하고, B회사가 20×3년 초에 제3자인 C회사에 해당 토지를 ₩15,000에 매각하였다면, 20×1년, 20×2년 및 20×3년에 A회사와 B회사는 각각 다음과 같이 회계처리할 것이다.

〈20×1년 A회사의 회계처리〉

　(차변) 현　　　　　　금　12,000　(대변) 토　　　　　　지　10,000
　　　　　　　　　　　　　　　　　　　유 형 자 산 처 분 이 익　2,000

〈20×1년 B회사의 회계처리〉

| (차변) 토 지 | 12,000 | (대변) 현 금 | 12,000 |

이 경우 실질적인 거래내용은 없다. 그러나 A회사와 B회사의 거래내용을 단순합계하면 토지가 ₩12,000으로 ₩2,000만큼 과대계상되었고, 유형자산처분이익으로 ₩2,000의 미실현이익이 포함되어 있다는 것을 알 수 있다. 따라서 **토지 내부거래의 미실현이익을 제거하는 연결조정분개**를 해야 한다.

〈20×1년 연결조정분개 – 내부미실현이익의 제거〉

| (차변) 유 형 자 산 처 분 이 익 | 2,000 | (대변) 토 지 | 2,000 |

20×1년도 A회사와 B회사 각각의 재무제표와 연결재무제표에 보고될 금액을 표시하면 다음과 같다.

〈20×1년도〉 (단위: 원)

과 목	A회사	B회사	단순합계	연결조정분개	연결재무제표
토 지	-	12,000	12,000	(2,000)	10,000
유형자산처분이익	2,000	-	2,000	(2,000)	-

〈20×2년 A회사의 회계처리〉

분개 없음

〈20×2년 B회사의 회계처리〉

분개 없음

이 경우 A회사와 B회사 간에 내부거래는 없으나, 여전히 토지가 ₩12,000으로 ₩2,000만큼 과대계상되어 있다. 따라서 **전년도에 토지 내부거래의 미실현이익을 제거하는 연결조정분개를 해야** 한다.

〈20×2년 연결조정분개 – 전년도 내부미실현이익의 제거〉

| (차변) 이 익 잉 여 금 | 2,000 | (대변) 토 지 | 2,000 |

이때 차변에 이익잉여금을 회계처리하는 이유는 20×1년에 토지 내부거래의 미실현이익을 제거하기 위해 유형자산처분이익을 감소시킨 것을 20×2년 연결조정분개에 반영한 것이다.

20×2년도 A회사와 B회사 각각의 재무제표와 연결재무제표에 보고될 금액을 표시하면 다음과 같다.

〈20×2년도〉 (단위: 원)

과 목	A회사	B회사	단순합계	연결조정분개	연결재무제표
토 지	-	12,000	12,000	(2,000)	10,000
유형자산처분이익	-	-	-	-	-

〈20×3년 A회사의 회계처리〉

　분개 없음

〈20×3년 B회사의 회계처리〉

| (차변) 현　　　　　　　금 | 15,000 | (대변) 토　　　　　　　　지 | 12,000 |
| | | 유 형 자 산 처 분 이 익 | 3,000 |

이 경우 실질적인 거래내용은 장부금액 ₩10,000의 토지를 ₩15,000에 매각하여 유형자산처분
이익이 ₩5,000이지만, B회사가 인식한 유형자산처분이익은 ₩3,000이므로 **과년도 토지 내부
거래의 미실현이익 ₩2,000을 실현시키는 연결조정분개**를 해야 한다.

〈20×3년 연결조정분개 – 과년도 내부미실현이익의 실현〉

| (차변) 이　익　잉　여　금 | 2,000 | (대변) 유 형 자 산 처 분 이 익 | 2,000 |

20×3년도 A회사와 B회사 각각의 재무제표와 연결재무제표에 보고될 금액을 표시하면 다음과
같다.

〈20×3년도〉　　　　　　　　　　　　　　　　　　　　　　　　　　　　　(단위: 원)

과 목	A회사	B회사	단순합계	연결조정분개	연결재무제표
토　　　　　지	-	-	-	-	-
유형자산처분이익	-	3,000	3,000	2,000	5,000

📖 예제 4 비상각자산 내부거래

12월 말 결산법인인 A회사는 20×1년 초에 B회사의 보통주식 80%를 ₩120,000에 취득하여
지배기업이 되었다. B회사의 순자산 변동내역은 다음과 같으며, 취득일 현재 B회사의 모든 자산
과 부채의 장부금액과 공정가치는 일치하였다. 단, A회사는 종속기업투자주식을 원가법으로 평가
하고, 비지배분을 종속기업의 식별가능한 순자산 중 비지배분의 비례적인 몫으로 측정한다.

일　자	과　목	금　액
	자　　　본　　　금	₩50,000
	자　본　잉　여　금	30,000
	이　익　잉　여　금	5,000
20×1. 1. 1.	합　　　　　　계	85,000
	당　기　순　이　익	25,000
20×1.12.31.	합　　　　　　계	110,000
	당　기　순　이　익	30,000
20×2.12.31.	합　　　　　　계	140,000
	당　기　순　이　익	35,000
20×3.12.31.	합　　　　　　계	₩175,000

물음 ···

1. A회사는 20×1년 초에 B회사에 장부금액 ₩100,000의 토지를 ₩120,000에 매각하였으며, B회사는 A회사로부터 구입한 토지를 계속 보유하다가 20×3년 초에 ₩150,000에 외부에 매각하였다. 지배력 취득일, 20×1년 말, 20×2년 말 및 20×3년 말에 A회사가 해야 할 연결조정분개를 하시오. 단, 영업권이 배분된 현금창출단위의 회수가능액이 장부금액보다 크다.

2. B회사는 20×1년 초에 A회사에 장부금액 ₩100,000의 토지를 ₩120,000에 매각하였으며, A회사는 B회사로부터 구입한 토지를 계속 보유하다가 20×3년 초에 ₩150,000에 외부에 매각하였다. 지배력 취득일, 20×1년 말, 20×2년 말 및 20×3년 말에 A회사가 해야 할 연결조정분개를 하시오. 단, 영업권이 배분된 현금창출단위의 회수가능액이 장부금액보다 크다.

풀이 ···

1. 하향거래
〈지배력 취득일 연결조정분개〉
• 종속기업투자주식과 종속기업 자본의 상계제거

(차변)	자 본 금	50,000	(대변)	종 속 기 업 투 자 주 식	120,000
	자 본 잉 여 금	30,000		비 지 배 지 분	17,000❶
	이 익 잉 여 금	5,000			
	영 업 권	52,000❷			

❶ ₩85,000(B회사 순자산의 공정가치(점선 부분)) × 20% = ₩17,000
❷ ₩120,000 + 17,000 − 85,000 = ₩52,000

〈20×1년 말 연결조정분개〉
① 종속기업투자주식과 종속기업 자본의 상계제거

(차변)	자 본 금	50,000	(대변)	종 속 기 업 투 자 주 식	120,000
	자 본 잉 여 금	30,000		비 지 배 지 분	17,000
	이 익 잉 여 금	5,000			
	영 업 권	52,000			

② 토지 내부미실현이익의 제거

(차변)	유 형 자 산 처 분 이 익	20,000	(대변)	토 지	20,000

③ 종속기업의 당기순이익으로 인한 비지배지분 변동

(차변)	이 익 잉 여 금	5,000❶	(대변)	비 지 배 지 분	5,000

❶ 하향거래에 해당하므로 토지 내부미실현이익의 제거를 B회사의 당기순이익에 반영하지 않는다.
따라서 ₩25,000 × 20% = ₩5,000

〈20×2년 말 연결조정분개〉
① 종속기업투자주식과 종속기업 자본의 상계제거

(차변)	자 본 금	50,000	(대변)	종 속 기 업 투 자 주 식	120,000
	자 본 잉 여 금	30,000		비 지 배 지 분	17,000
	이 익 잉 여 금	5,000			
	영 업 권	52,000			

② 과년도 종속기업 순자산의 변동으로 인한 비지배지분 변동
(차변) 이 익 잉 여 금   5,000   (대변) 비 지 배 지 분   5,000

③ 토지 내부미실현이익의 제거
(차변) 이 익 잉 여 금   20,000   (대변) 토   지   20,000

④ 종속기업의 당기순이익으로 인한 비지배지분 변동
(차변) 이 익 잉 여 금   6,000❶ (대변) 비 지 배 지 분   6,000
❶ ₩30,000 × 20% = ₩6,000

〈20×3년 말 연결조정분개〉
① 종속기업투자주식과 종속기업 자본의 상계제거
(차변) 자   본   금   50,000   (대변) 종 속 기 업 투 자 주 식   120,000
        자 본 잉 여 금   30,000   비 지 배 지 분   17,000
        이 익 잉 여 금   5,000
        영   업   권   52,000

② 과년도 종속기업 순자산의 변동으로 인한 비지배지분 변동
(차변) 이 익 잉 여 금   11,000❶ (대변) 비 지 배 지 분   11,000
❶ ₩5,000(20×1년도 변동) + 6,000(20×2년도 변동) = ₩11,000

③ 토지 내부미실현이익의 실현
(차변) 이 익 잉 여 금   20,000   (대변) 유 형 자 산 처 분 이 익   20,000

④ 종속기업의 당기순이익으로 인한 비지배지분 변동
(차변) 이 익 잉 여 금   7,000❷ (대변) 비 지 배 지 분   7,000
❷ 하향거래에 해당하므로 토지 내부미실현이익의 실현을 B회사의 당기순이익에 반영하지 않는다.
따라서 ₩35,000 × 20% = ₩7,000

2. 상향거래
〈지배력 취득일 연결조정분개〉
· 종속기업투자주식과 종속기업 자본의 상계제거
(차변)   자   본   금   50,000   (대변) 종 속 기 업 투 자 주 식   120,000
          자 본 잉 여 금   30,000   비 지 배 지 분   17,000❶
          이 익 잉 여 금   5,000
          영   업   권   52,000❷
❶ ₩85,000(B회사 순자산의 공정가치(점선 부분)) × 20% = ₩17,000
❷ ₩120,000 + 17,000 − 85,000 = ₩52,000

〈20×1년 말 연결조정분개〉
① 종속기업투자주식과 종속기업 자본의 상계제거
(차변) 자   본   금   50,000   (대변) 종 속 기 업 투 자 주 식   120,000
        자 본 잉 여 금   30,000   비 지 배 지 분   17,000
        이 익 잉 여 금   5,000
        영   업   권   52,000

② 토지 내부미실현이익의 제거
(차변) 유 형 자 산 처 분 이 익   20,000   (대변) 토   지   20,000

③ 종속기업의 당기순이익으로 인한 비지배지분 변동

(차변) 이 익 잉 여 금   1,000❶ (대변) 비 지 배 지 분   1,000

　❶ 상향거래에 해당하므로 토지 내부미실현이익의 제거를 B회사의 당기순이익에 반영한다.

　　따라서 (₩25,000 - 20,000) × 20% = ₩1,000

〈20×2년 말 연결조정분개〉

① 종속기업투자주식과 종속기업 자본의 상계제거

(차변) 자　　　　본　　　금   50,000 (대변) 종 속 기 업 투 자 주 식   120,000
　　　　자 본 잉 여 금   30,000　　　　　비 지 배 지 분   17,000
　　　　이 익 잉 여 금   5,000
　　　　영　　　업　　　권   52,000

② 과년도 종속기업 순자산 변동으로 인한 비지배지분 변동

(차변) 이 익 잉 여 금   1,000 (대변) 비 지 배 지 분   1,000

③ 토지 내부미실현이익의 제거

(차변) 이 익 잉 여 금   20,000 (대변) 토　　　　　　지   20,000

④ 종속기업의 당기순이익으로 인한 비지배지분 변동

(차변) 이 익 잉 여 금   6,000❶ (대변) 비 지 배 지 분   6,000

　❶ ₩30,000 × 20% = ₩6,000

〈20×3년 말 연결조정분개〉

① 종속기업투자주식과 종속기업 자본의 상계제거

(차변) 자　　　　본　　　금   50,000 (대변) 종 속 기 업 투 자 주 식   120,000
　　　　자 본 잉 여 금   30,000　　　　　비 지 배 지 분   17,000
　　　　이 익 잉 여 금   5,000
　　　　영　　　업　　　권   52,000

② 과년도 종속기업 순자산의 변동으로 인한 비지배지분 변동

(차변) 이 익 잉 여 금   7,000❶ (대변) 비 지 배 지 분   7,000

　❶ ₩1,000(20×1년 변동) + 6,000(20×2년 변동) = ₩7,000

③ 토지 내부미실현이익의 실현

(차변) 이 익 잉 여 금   20,000 (대변) 유 형 자 산 처 분 이 익   20,000

④ 종속기업의 당기순이익으로 인한 비지배지분 변동

(차변) 이 익 잉 여 금   11,000❷ (대변) 비 지 배 지 분   11,000

　❷ 상향거래에 해당하므로 토지 내부미실현이익의 실현을 B회사의 당기순이익에 반영한다.

　　따라서 (₩35,000 + 20,000) × 20% = ₩11,000

　토지 내부거래의 하향거래와 상향거래에서 연결재무제표에 비지배지분의 잔액을 연도별로 비교하면 다음 〈표 4-4〉와 같다.

☑ 표 4-4 하향거래와 상향거래의 비지배지분 비교

구 분	20×1년	20×2년	20×3년
하향거래	₩22,000	₩28,000	₩35,000
상향거래	18,000	24,000	35,000
차 이	₩4,000	₩4,000	-

　앞서 설명한 것처럼 하향거래에서 발생한 토지 내부거래의 미실현손익을 지배기업의 소유주에 전액 배분하고, 상향거래에서 발생한 토지 내부거래의 미실현손익은 지배기업의 소유주와 비지배지분에 각각의 지분율에 비례하여 배분한다. 따라서 20×1년에 발생한 ₩20,000의 미실현이익을 하향거래에서는 지배기업의 소유주에 전액 배분하고, 상향거래에서는 지배기업의 소유주와 비지배지분에 각각 ₩16,000과 ₩4,000을 배분하므로 비지배지분에서 ₩4,000의 차이가 발생한다. 이러한 토지 내부거래의 미실현이익이 20×3년에 실현되므로 **발생한 차이는 모두 해소되어 비지배지분** 금액이 동일하다는 것을 알 수 있다.

3.2 상각자산 내부거래

　지배기업과 종속기업 간에 상각자산 내부거래가 발생하고 같은 회계연도에 해당 상각자산이 연결실체 외부로 매각되지 않아 미실현된 경우 과대계상된 상각자산과 유형자산처분이익을 제거하는 연결조정분개를 해야 한다. 그러나 비상각자산과 달리 상각자산의 경우에는 해당 상각자산을 연결실체 외부로 매각하지 않더라도 **감가상각비를 통해서 매년 내부미실현이익의 일정 금액이 실현**된다.

▣ 예 8 상각자산 내부거래

지배기업인 A회사가 20×1년 초에 장부금액 ₩10,000인 기계장치(잔존내용연수 5년, 잔존가치 영(₩0), 정액법으로 상각)를 ₩12,000에 종속기업인 B회사에 매각하고, B회사가 20×3년 초에 제3자인 C회사에 해당 기계장치를 ₩15,000에 매각하였다면, 20×1년, 20×2년 및 20×3년에 A회사와 B회사는 각각 다음과 같이 회계처리할 것이다.

〈20×1년 A회사의 회계처리〉

(차변) 현　　　　　　금	12,000	(대변) 기　계　장　치	10,000
		유 형 자 산 처 분 이 익	2,000

〈20×1년 B회사의 회계처리〉

| (차변) 기 계 장 치 | 12,000 | (대변) 현 금 | 12,000 |
| (차변) 감 가 상 각 비 | 2,400* | (대변) 감 가 상 각 누 계 액 | 2,400 |

* (₩12,000 ÷ 5년) = ₩2,400

이 경우 실질적인 거래내용은 없다. 그러나 A회사와 B회사의 거래내용을 단순합계하면 기계장치가 ₩12,000으로 ₩2,000만큼 과대계상되었고, 유형자산처분이익으로 ₩2,000의 미실현이익이 포함되어 있다는 것을 알 수 있다. 한편, A회사가 B회사에 기계장치를 매각하지 않았다면 인식하였을 감가상각비는 ₩2,000(= 10,000 ÷ 5년)이므로 B회사가 인식한 감가상각비와 ₩400(= 2,400 - 2,000) 차이가 난다. 즉, 연결실체 외부로 기계장치를 매각하지 않더라도 매년 감가상각비 차이만큼 미실현이익이 실현된다. 따라서 **기계장치 내부미실현이익을 제거하고, 그중에서 감가상각비 차이만큼 조정하는 연결조정분개를 해야 한다.**

〈20×1년 연결조정분개 - 내부미실현이익의 제거와 감가상각비의 조정〉

| (차변) 유 형 자 산 처 분 이 익 | 2,000 | (대변) 기 계 장 치 | 2,000 |
| (차변) 감 가 상 각 누 계 액 | 400 | (대변) 감 가 상 각 비 | 400 |

20×1년도 A회사와 B회사 각각의 재무제표와 연결재무제표에 보고될 금액을 표시하면 다음과 같다.

〈20×1년도〉   (단위: 원)

과 목	A회사	B회사	단순합계	연결조정분개	연결재무제표
기 계 장 치	-	12,000	12,000	(2,000)	10,000
감 가 상 각 누 계 액	-	(2,400)	(2,400)	400	(2,000)
감 가 상 각 비	-	(2,400)	(2,400)	400	(2,000)
유형자산처분이익	2,000	-	2,000	(2,000)	-

〈20×2년 A회사의 회계처리〉

분개 없음

〈20×2년 B회사의 회계처리〉

| (차변) 감 가 상 각 비 | 2,400 | (대변) 감 가 상 각 누 계 액 | 2,400 |

이 경우 A회사와 B회사 간에 내부거래가 없으나, 여전히 기계장치가 ₩12,000으로 ₩2,000만큼 과대계상되어 있다. 또한 지속적으로 A회사가 B회사에 기계장치를 매각하지 않았다면 인식하였을 감가상각비와 B회사가 인식한 감가상각비 간에 ₩400이 차이가 난다. 따라서 **전년도에 기계장치 내부미실현이익을 제거하고, 그 중에서 감가상각비 차이만큼 조정하는 연결조정분개를 해야 한다.**

〈20×2년 연결조정분개 - 전년도 내부미실현이익의 제거 및 감가상각비의 조정〉

| (차변) 이 익 잉 여 금 | 2,000 | (대변) 기 계 장 치 | 2,000 |

(차변) 감 가 상 각 누 계 액	800	(대변) 감 가 상 각 비	400
		이 익 잉 여 금	400

이때 차변에 이익잉여금을 회계처리하는 이유는 20×1년에 기계장치 내부거래의 미실현이익을 제거하기 위해 유형자산처분이익을 감소시킨 것을 20×2년 연결조정분개에 반영한 것이다. 또한 대변에 이익잉여금을 회계처리하는 이유는 20×1년에 기계장치의 감가상각비를 감소시킨 것을 20×2년 연결조정분개에 반영한 것이다.

20×2년도 A회사와 B회사 각각의 재무제표와 연결재무제표에 보고될 금액을 표시하면 다음과 같다.

〈20×2년도〉   (단위: 원)

과 목	A회사	B회사	단순합계	연결조정분개	연결재무제표
기 계 장 치	-	12,000	12,000	(2,000)	10,000
감 가 상 각 누 계 액	-	(4,800)	(4,800)	800	(4,000)
감 가 상 각 비	-	(2,400)	(2,400)	400	(2,000)
유형자산처분이익	-	-	-	-	-

〈20×3년 A회사의 회계처리〉

분개 없음

〈20×3년 B회사의 회계처리〉

(차변) 현 금	15,000	(대변) 기 계 장 치	12,000
감 가 상 각 누 계 액	4,800	유 형 자 산 처 분 이 익	7,800

이 경우 실질적인 거래내용은 취득원가가 ₩10,000이고 감가상각누계액이 ₩4,000으로 장부금액 ₩6,000의 기계장치를 ₩15,000에 매각하여 유형자산처분이익이 ₩9,000이지만, B회사가 인식한 유형자산처분이익은 ₩7,800이다. 따라서 과년도에 기계장치 내부미실현이익 ₩2,000 중 20×1년과 20×2년에 감가상각비로 조정된 ₩800을 제외한 ₩1,200을 실현시키는 연결조정분개를 해야 한다.

〈20×3년 연결조정분개 – 과년도 내부미실현이익의 실현〉

(차변) 이 익 잉 여 금	1,200	(대변) 유 형 자 산 처 분 이 익	1,200

20×3년도 A회사와 B회사 각각의 재무제표와 연결재무제표에 보고될 금액을 표시하면 다음과 같다.

〈20×3년도〉   (단위: 원)

과 목	A회사	B회사	단순합계	연결조정분개	연결재무제표
기 계 장 치	-	-	-	-	-
감 가 상 각 누 계 액	-	-	-	-	-

감 가 상 각 비	-	-	-	-	-
유형자산처분이익	-	7,800	7,800	1,200	9,000

📖 예제 5 상각자산 내부거래

12월 말 결산법인인 A회사는 20×1년 초에 B회사의 보통주식 80%를 ₩120,000에 취득하여
지배기업이 되었다. B회사의 순자산 변동내역은 다음과 같으며, 취득일 현재 B회사의 모든 자산
과 부채의 장부금액과 공정가치는 일치하였다. 단, A회사는 종속기업투자주식을 원가법으로 평가
하고, 비지배지분을 종속기업의 식별가능한 순자산 중 비지배지분의 비례적인 몫으로 측정한다.

일 자	과 목	금 액
	자 본 금	₩50,000
	자 본 잉 여 금	30,000
	이 익 잉 여 금	5,000
20×1. 1. 1.	합 계	85,000
	당 기 순 이 익	25,000
20×1.12.31.	합 계	110,000
	당 기 순 이 익	30,000
20×2.12.31.	합 계	140,000
	당 기 순 이 익	35,000
20×3.12.31.	합 계	₩175,000

물음 ....

1. A회사는 20×1년 초에 B회사에 장부금액 ₩100,000의 기계장치(잔존내용연수 5년, 잔존가치 영
(₩0), 정액법으로 상각)를 ₩120,000에 매각하였으며, B회사는 A회사로부터 구입한 기계장치를
계속 보유하다가 20×3년 초에 ₩150,000에 외부에 매각하였다. 지배력 취득일, 20×1년 말,
20×2년 말 및 20×3년 말에 A회사가 해야 할 연결조정분개를 하시오. 단, 영업권이 배분된 현금
창출단위의 회수가능액이 장부금액보다 크다.

2. B회사는 20×1년 초에 A회사에 장부금액 ₩100,000의 기계장치(잔존내용연수 5년, 잔존가치 영
(₩0), 정액법으로 상각)를 ₩120,000에 매각하였으며, A회사는 B회사로부터 구입한 기계장치를
계속 보유하다가 20×3년 초에 ₩150,000에 외부에 매각하였다. 지배력 취득일, 20×1년 말,
20×2년 말 및 20×3년 말에 A회사가 해야 할 연결조정분개를 하시오. 단, 영업권이 배분된 현금
창출단위의 회수가능액이 장부금액보다 크다.

풀이 ···

1. 하향거래

〈지배력 취득일 연결조정분개〉
· 종속기업투자주식과 종속기업 자본의 상계제거

(차변)	자　　　　본　　　　금	50,000	(대변)	종 속 기 업 투 자 주 식	120,000
	자 　본 　잉 　여 　금	30,000		비 　지 　배 　지 　분	17,000❶
	이 　익 　잉 　여 　금	5,000			
	영　　　　업　　　　권	52,000❷			

　❶ ₩85,000(B회사 순자산의 공정가치(점선 부분)) × 20% = ₩17,000
　❷ ₩120,000 + 17,000 − 85,000 = ₩52,000

〈20×1년 말 연결조정분개〉
① 종속기업투자주식과 종속기업 자본의 상계제거

(차변)	자　　　　본　　　　금	50,000	(대변)	종 속 기 업 투 자 주 식	120,000
	자 　본 　잉 　여 　금	30,000		비 　지 　배 　지 　분	17,000
	이 　익 　잉 　여 　금	5,000			
	영　　　　업　　　　권	52,000			

② 기계장치 내부미실현이익의 제거 및 감가상각비의 조정

(차변)	유 형 자 산 처 분 이 익	20,000	(대변)	기 　계 　장 　치	20,000
(차변)	감 가 상 각 누 계 액	4,000❶	(대변)	감 　가 　상 　각 　비	4,000

　❶ ₩20,000 ÷ 5년 = ₩4,000

③ 종속기업의 당기순이익으로 인한 비지배지분 변동

(차변)	이 　익 　잉 　여 　금	5,000❷	(대변)	비 　지 　배 　지 　분	5,000

　❷ 하향거래에 해당하므로 기계장치 내부미실현이익의 제거 및 감가상각비의 조정을 B회사의 당기순이익에 반
　　영하지 않는다. 따라서 ₩25,000 × 20% = ₩5,000

〈20×2년 말 연결조정분개〉
① 종속기업투자주식과 종속기업 자본의 상계제거

(차변)	자　　　　본　　　　금	50,000	(대변)	종 속 기 업 투 자 주 식	120,000
	자 　본 　잉 　여 　금	30,000		비 　지 　배 　지 　분	17,000
	이 　익 　잉 　여 　금	5,000			
	영　　　　업　　　　권	52,000			

② 과년도 종속기업 순자산의 변동으로 인한 비지배지분 변동

(차변)	이 　익 　잉 　여 　금	5,000	(대변)	비 　지 　배 　지 　분	5,000

③ 기계장치 내부미실현이익의 제거 및 감가상각비의 조정

(차변)	이 　익 　잉 　여 　금	20,000	(대변)	기 　계 　장 　치	20,000
(차변)	감 가 상 각 누 계 액	8,000	(대변)	감 　가 　상 　각 　비	4,000
				이 　익 　잉 　여 　금	4,000

④ 종속기업의 당기순이익으로 인한 비지배지분 변동

(차변)	이 　익 　잉 　여 　금	6,000❶	(대변)	비 　지 　배 　지 　분	6,000

　❶ 하향거래에 해당하므로 기계장치 내부미실현이익의 제거 및 감가상각비의 조정을 B회사의 당기순이익에 반
　　영하지 않는다. 따라서 ₩30,000 × 20% = ₩6,000

〈20×3년 말 연결조정분개〉
① 종속기업투자주식과 종속기업 자본의 상계제거

(차변)	자 본 금	50,000	(대변)	종 속 기 업 투 자 주 식	120,000
	자 본 잉 여 금	30,000		비 지 배 지 분	17,000
	이 익 잉 여 금	5,000			
	영 업 권	52,000			

② 과년도 종속기업 순자산의 변동으로 인한 비지배지분 변동

(차변)	이 익 잉 여 금	11,000❶	(대변)	비 지 배 지 분	11,000

   ❶ ₩5,000(20×1년 변동) + 6,000(20×2년 변동) = ₩11,000

③ 기계장치 내부미실현이익의 실현

(차변)	이 익 잉 여 금	12,000	(대변)	유 형 자 산 처 분 이 익	12,000❷

   ❷ 20×1년 기계장치 내부미실현이익 중에서 20×1년과 20×2년에 감가상각으로 조정된 금액을 제외한 나머지 금액이 실현된다. 따라서 ₩20,000 - 8,000 = ₩12,000

④ 종속기업의 당기순이익으로 인한 비지배지분 변동

(차변)	이 익 잉 여 금	7,000❸	(대변)	비 지 배 지 분	7,000

   ❸ 하향거래에 해당하므로 기계장치 내부미실현이익의 실현을 B회사의 당기순이익에 반영하지 않는다. 따라서 ₩35,000 × 20% = ₩7,000

2. 상향거래
〈지배력 취득일 연결조정분개〉
종속기업투자주식과 종속기업 자본의 상계제거

(차변)	자 본 금	50,000	(대변)	종 속 기 업 투 자 주 식	120,000
	자 본 잉 여 금	30,000		비 지 배 지 분	17,000❶
	이 익 잉 여 금	5,000			
	영 업 권	52,000❷			

   ❶ ₩85,000(B회사 순자산의 공정가치(점선 부분)) × 20% = ₩17,000

   ❷ ₩120,000 + 17,000 - 85,000 = ₩52,000

〈20×1년 말 연결조정분개〉
① 종속기업투자주식과 종속기업 자본의 상계제거

(차변)	자 본 금	50,000	(대변)	종 속 기 업 투 자 주 식	120,000
	자 본 잉 여 금	30,000		비 지 배 지 분	17,000
	이 익 잉 여 금	5,000			
	영 업 권	52,000			

② 기계장치 내부미실현이익의 제거 및 감가상각비의 조정

(차변)	유 형 자 산 처 분 이 익	20,000	(대변)	기 계 장 치	20,000
(차변)	감 가 상 각 누 계 액	4,000❶	(대변)	감 가 상 각 비	4,000

   ❶ ₩20,000 ÷ 5년 = ₩4,000

③ 종속기업의 당기순이익으로 인한 비지배지분 변동

(차변)	이 익 잉 여 금	1,800❷	(대변)	비 지 배 지 분	1,800

   ❷ 상향거래에 해당하므로 기계장치 내부미실현이익의 제거 및 감가상각비의 조정을 B회사의 당기순이익에 반영한다. 따라서 (₩25,000 - 20,000 + 4,000) × 20% = ₩1,800

〈20×2년 말 연결조정분개〉
① 종속기업투자주식과 종속기업 자본의 상계제거

(차변)	자　　　　본　　　　금	50,000	(대변)	종 속 기 업 투 자 주 식	120,000
	자　본　잉　여　금	30,000		비　지　배　지　분	17,000
	이　익　잉　여　금	5,000			
	영　　　업　　　권	52,000			

② 과년도 종속기업 순자산의 변동으로 인한 비지배지분 변동

(차변)	이　익　잉　여　금	1,800	(대변)	비　지　배　지　분	1,800

③ 기계장치 내부미실현이익의 제거 및 감가상각비의 조정

(차변)	이　익　잉　여　금	20,000	(대변)	기　　계　　장　　치	20,000
(차변)	감 가 상 각 누 계 액	8,000	(대변)	감　가　상　각　비	4,000
				이　익　잉　여　금	4,000

④ 종속기업의 당기순이익으로 인한 비지배지분 변동

(차변)	이　익　잉　여　금	6,800❶	(대변)	비　지　배　지　분	6,800

    ❶ 상향거래에 해당하므로 기계장치 내부미실현이익의 제거 및 감가상각비의 조정을 B회사의 당기순이익에 반영한다. 따라서 (₩30,000 + 4,000) × 20% = ₩6,800

〈20×3년 말 연결조정분개〉
① 종속기업투자주식과 종속기업 자본의 상계제거

(차변)	자　　　　본　　　　금	50,000	(대변)	종 속 기 업 투 자 주 식	120,000
	자　본　잉　여　금	30,000		비　지　배　지　분	17,000
	이　익　잉　여　금	5,000			
	영　　　업　　　권	52,000			

② 과년도 종속기업 순자산의 변동으로 인한 비지배지분 변동

(차변)	이　익　잉　여　금	8,600❶	(대변)	비　지　배　지　분	8,600

    ❶ ₩1,800(20×1년 변동) + 6,800(20×2년 변동) = ₩8,600

③ 기계장치 내부미실현이익의 실현

(차변)	이　익　잉　여　금	12,000	(대변)	유 형 자 산 처 분 이 익	12,000❷

    ❷ 20×1년 기계장치 내부거래의 미실현이익 중에서 20×1년과 20×2년에 감가상각으로 조정된 금액을 제외한 나머지 금액이 실현된다. 따라서 ₩20,000 − 8,000 = ₩12,000

④ 종속기업의 당기순이익으로 인한 비지배지분 변동

(차변)	이　익　잉　여　금	9,400❸	(대변)	비　지　배　지　분	9,400

    ❸ 상향거래에 해당하므로 기계장치 내부미실현이익의 실현을 B회사의 당기순이익에 반영한다. 따라서 (₩35,000 + 12,000) × 20% = ₩9,400

기계장치 내부거래의 하향거래와 상향거래에서 연결재무제표에 비지배지분의 잔액을 연도별로 비교하면 다음 〈표 4-5〉와 같다.

☑ 표 4-5 하향거래와 상향거래의 비지배지분 비교

구 분	20×1년	20×2년	20×3년
하향거래	₩22,000	₩28,000	₩35,000
상향거래	18,800	25,600	35,000
차 이	₩3,200	₩2,400	-

앞서 설명한 것처럼 하향거래에서 발생한 기계장치 내부거래의 미실현손익을 지배기업의 소유주에 전액 배분하고, 상향거래에서 발생한 기계장치 내부거래의 미실현손익은 지배기업의 소유주와 비지배지분에 각각의 지분율에 비례하여 배분한다. 따라서 20×1년에 남아 있는 ₩16,000의 미실현이익을 하향거래에서는 지배기업의 소유주에 전액 배분하고, 상향거래에서는 지배기업의 소유주와 비지배지분에 각각 ₩12,800과 ₩3,200을 배분하므로 비지배지분에서 ₩3,200의 차이가 발생한다. 또한 20×2년에 남아 있는 ₩12,000의 미실현이익을 하향거래에서는 지배기업의 소유주에 전액 배분하고, 상향거래에서는 지배기업의 소유주와 비지배지분에 각각 ₩9,600과 ₩2,400을 배분하므로 비지배지분에서 ₩2,400의 차이가 발생한다. 이러한 기계장치 내부거래의 미실현이익이 20×3년에 실현되므로 **발생한 차이는 모두 해소되어 비지배지분 금액이 동일하다**는 것을 알 수 있다.

4. 사채 내부거래

지배기업과 종속기업 간에 사채 내부거래가 발생하는 경우에 이를 사채의 상환과정으로 보아 관련 계정을 모두 제거하는 연결조정분개를 해야 한다. 이때 사채를 할인하는 유효이자율 등의 차이로 지배기업과 종속기업 간에 사채와 관련된 금액이 다를 수 있으며, 이 차이를 **사채추정상환손익**[1]으로 회계처리한다.

---

1) 국제회계기준에서는 사채추정상환손익을 어느 회사가 부담해야 하는지에 대한 규정은 없다. 일반적으로 사채추정상환손익 전액을 사채발행회사가 부담하는 것이 합리적이다. 따라서 지배기업이 사채발행회사인 경우에는 사채추정상환손익을 지배기업의 소유주에 전액 배분하고, 종속기업이 사채발행회사인 경우에는 사채추정상환손익을 지배기업의 소유주와 비지배지분의 각각의 지분율에 비례하여 배분한다. 이때 **사채추정상환손익**뿐만 아니라 이자수익과 이자비용을 모두 반영한 후 지분율에 비례하여 배분한다.

📖 예 9 사채 내부거래

지배기업인 A회사가 20×1년 초에 발행한 사채(액면금액 ₩10,000)를 종속기업인 B회사가 20×1년 초에 취득하였다. 20×1년 말에 A회사의 사채 장부금액은 ₩9,700이고, 이자비용은 ₩650(사채할인발행차금 상각금액 ₩150 포함)이다. 또한 20×1년 말에 B회사의 상각후원가측정금융자산 장부금액은 ₩9,800이고, 이자수익은 ₩600(상각후원가측정금융자산 증가액 ₩100 포함)이라면, 20×1년도에 A회사와 B회사는 각각 다음과 같이 회계처리할 것이다.

〈A회사의 회계처리〉

· 20×1년 초

(차변)	현　　　　　　　　　　금	9,550*	(대변)	사　　　　　　　　채	10,000
	사 채 할 인 발 행 차 금	450			

　* ₩9,700 - 150(사채할인발행차금 상각금액) = ₩9,550

· 20×1년 말

(차변)	이　　자　　비　　용	650	(대변)	현　　　　　　　　　금	500
				사 채 할 인 발 행 차 금	150

〈B회사의 회계처리〉

· 20×1년 초

(차변)	A C 금 융 자 산	9,700*	(대변)	현　　　　　　　　금	9,700

　* ₩9,800 - 100(AC금융자산 증가액) = ₩9,700

· 20×1년 말

(차변)	현　　　　　　　　금	500	(대변)	이　　자　　수　　익	600
	A C 금 융 자 산	100			

이 경우 연결실체 입장에서 사채의 상환과정으로 본다. 따라서 A회사의 사채 관련 계정과 B회사의 상각후원가측정금융자산 관련 계정을 모두 제거하고, 그 차이를 **사채추정상환손익으로 인식하는 연결조정분개**를 해야 한다.

〈20×1년 연결조정분개 - 사채 및 AC금융자산 관련 계정의 제거〉

(차변)	사　　　　　　　　채	10,000	(대변)	사 채 할 인 발 행 차 금	300
	이　　자　　수　　익	600		A C 금 융 자 산	9,800
	사 채 추 정 상 환 손 실	150		이　　자　　비　　용	650

20×1년도 A회사와 B회사 각각의 재무제표와 연결재무제표에 보고될 금액을 표시하면 다음과 같다.

〈20×1년도〉　　　　　　　　　　　　　　　　　　　　　　　　　　　　(단위: 원)

과　　목	A회사	B회사	단순합계	연결조정분개	연결재무제표
사　　　　채	10,000	-	10,000	(10,000)	-
사채할인발행차금	(300)	-	(300)	300	-

A C 금 융 자 산	-	9,800	9,800	(9,800)	-
이 자 비 용	(650)	-	(650)	650	-
이 자 수 익	-	600	600	(600)	-
사채추정상환손실	-	-	-	(150)	(150)

📖 예제 6 사채 내부거래

12월 말 결산법인인 A회사와 B회사는 지배-종속 관계이다. A회사는 20×1년 1월 1일에 액면금액 ₩100,000(표시이자율 연 5%, 유효이자율 연 7%, 이자지급일 매년 12월 31일, 만기일 20×3년 12월 31일)의 사채를 발행하였다.
한편, B회사는 20×2년 1월 1일에 A회사가 발행한 사채를 ₩94,647(유효이자율 연 8%)에 취득하고 AC금융자산으로 분류하였다.

물음

1. A회사와 B회사 각각의 사채 장부금액 조정표를 작성하시오.

2. 20×2년 말과 20×3년 말에 A회사와 B회사 간의 사채 내부거래와 관련하여 해야 할 연결조정분개를 하시오.

3. 위의 문제와 관계없이 B회사는 해당 사채를 취득하면서 FVOCI금융자산으로 분류하였다. 20×2년 말에 FVOCI금융자산의 공정가치가 ₩98,500일 경우 A회사와 B회사 간의 사채 내부거래와 관련하여 해야 할 연결조정분개를 하시오.

풀이

1. 사채의 장부금액 조정표
· 유효이자율이 7%인 경우 사채의 발행금액 = 이자지급액의 현재가치 + 원금상환액의 현재가치
  = ₩5,000 × 2.6243(3기간, 7%, 정상연금현가계수) + 100,000 × 0.8163(3기간, 7%, 단일금액현가계수)
  = ₩94,752

A회사 사채의 장부금액 조정표

일자	유효이자 (기초 장부금액 × 7%)	표시이자 (액면금액 × 5%)	사채할인발행차금상각 (유효이자 − 표시이자)	사채의 장부금액
20×1. 1. 1.				₩94,752
20×1.12.31.	₩6,633	₩5,000	₩1,633	**96,385**
20×2.12.31.	6,747	5,000	1,747	98,132
20×3.12.31.	6,868❶	5,000	1,868	100,000
합 계	₩20,248	₩15,000	₩5,248	

❶ 단수차이 조정

B회사 AC금융자산의 장부금액 조정표

일자	유효이자 (기초 장부금액 × 8%)	표시이자 (액면금액 × 5%)	AC금융자산 증액 (유효이자 – 표시이자)	AC금융자산의 장부금액
20×1.12.31.				₩94,647
20×2.12.31.	₩7,572	₩5,000	₩2,572	97,219
20×3.12.31.	7,781❷	5,000	2,781	100,000
합 계	₩15,353	₩10,000	₩5,353	

❷ 단수차이 조정

2. AC금융자산으로 분류한 경우
〈20×2년 말 연결조정분개〉

(차변) 사   채   100,000   (대변) 사 채 할 인 발 행 차 금   1,868
      이 자 수 익   7,572   A C 금 융 자 산   97,219
                                        이   자   비   용   6,747
                                        사 채 추 정 상 환 이 익   1,738❶

❶ 사채추정상환이익 = ₩96,385 - 94,647 = ₩1,738. 즉, 20×1년 12월 31일 장부금액의 차이임을 알 수 있다. 또한 장부금액 차이만큼 다음과 같이 이자수익과 이자비용의 차이가 발생한다.

	이자수익	이자비용	차이
20×2년	₩7,572	6,747	₩825
20×3년	7,781	6,868	913
합 계	₩15,353	₩13,615	₩1,738

〈20×3년 말 연결조정분개〉

(차변) 이 자 수 익   7,781   (대변) 이   자   비   용   6,868
                                        이   익   잉   여   금   913❷

❷ 사채추정상환이익 조정액 = ₩1,738 - 825 = ₩913

3. FVOCI금융자산으로 분류한 경우
〈20×2년 말 연결조정분개〉

(차변) 사   채   100,000   (대변) 사 채 할 인 발 행 차 금   1,868
      이 자 수 익   7,572   F V O C I 금 융 자 산   98,500
      금융자산평가이익(OCI)   1,281❶   이   자   비   용   6,747
                                        사 채 추 정 상 환 이 익   1,738❷

❶ ₩98,500 - 97,219 = 1,281
❷ 사채추정상환이익은 AC금융자산으로 분류한 경우와 동일하다.

5. 기타 내부거래

5.1 매출채권의 처분

지배기업이나 종속기업이 내부거래로 발생한 매출채권을 금융회사에 처분할 수 있으며, 연결실체 관점에서 차입거래이다. 이때 매출채권의 처분이 제거조건을 충족하지 못한 경우에는 매출채권이 장부에 남아 있으므로 연결조정분개를 할 때 매출채권과 매입채무를 상계제거하면 된다. 그러나 매출채권의 처분이 제거조건을 충족한 경우에는 매출채권이 장부에 제거되어 있으므로 연결조정분개를 할 때 매입채무와 상계제거할 매출채권이 없다. 이 경우 연결조정분개를 할 때 차입거래로 보고 회계처리를 한다. 즉, 매입채무를 제거하면서 상대계정으로 단기차입금을 인식하고, 매출채권처분손실을 제거하면서 상대계정으로 이자비용을 인식한다. 따라서 매출채권의 처분이 제거조건을 충족한 경우나 충족하지 못한 경우 모두 연결재무제표에는 차입거래로 표시된다.

⟨매출채권의 처분 – 제거조건을 충족한 경우⟩

| (차변) | 매 입 채 무 | ××× | (대변) | 단 기 차 입 금 | ××× |
| | 이 자 비 용 | ××× | | 매 출 채 권 처 분 손 실 | ××× |

📖 예제 7 매출채권의 처분

> 12월 말 결산법인인 A회사와 B회사는 지배-종속 관계이다. 20×1년 중에 내부거래로 인하여 A회사는 B회사에 대한 매출채권 ₩100,000, B회사는 A회사에 대한 매입채무 ₩100,000이 20×1년 말 현재 미결제 상태로 남아 있다.

물음 ···

1. 20×1년 말에 A회사가 해야 할 연결조정분개를 하시오.

2. 위의 문제와 관계없이 A회사가 B회사에 대한 매출채권 ₩100,000을 금융회사에 처분하면서(제거조건을 충족하지 못함) 이자비용으로 ₩10,000을 인식한 경우 20×1년 말에 A회사가 해야 할 연결조정분개를 하시오.

3. 위의 문제와 관계없이 A회사가 B회사에 대한 매출채권 ₩100,000을 금융회사에 처분하면서(제거조건을 충족함) 매출채권처분손실로 ₩10,000을 인식한 경우 20×1년 말에 A회사가 해야 할 연결조정분개를 하시오.

풀이 ···

1. 매출채권과 매입채무의 상계제거
   (차변) 매　입　채　무　100,000　(대변) 매　출　채　권　100,000

2. 제거조건을 충족하지 못하므로 A회사의 장부에 남아 있는 매출채권을 매입채무와 상계제거하
   는 연결조정분개를 한다.
   (차변) 매　입　채　무　100,000　(대변) 매　출　채　권　100,000

3. 제거조건을 충족하므로 A회사의 장부에서 매출채권이 제거되어 있다. 따라서 매입채무를 제
   거하면서 단기차입금을 인식하고, 매출채권처분손실을 제거하면서 이자비용을 인식하는 연결
   조정분개를 한다.
   (차변) 매　입　채　무　100,000　(대변) 단　기　차　입　금　100,000
   　　　　이　자　비　용　 10,000　　　　　 매출채권처분손실 10,000

···

5.2 매출채권의 손실충당금

　지배기업과 종속기업 간의 내부거래로 발생한 매출채권은 연결조정분개를 통해
매입채무와 상계제거된다. 이때 해당 매출채권에 대해 인식한 **손실충당금**이 있다면 손
상차손과 상계제거하는 연결조정분개를 해야 한다.

▣ 예 10 매출채권의 손실충당금을 인식한 경우

지배기업인 A회사가 20×1년 초에 종속기업인 B회사와의 거래에서 각각 매출채권과 매입채무
₩100,000이 발생하였고 20×1년 말 현재 미결제 상태이다. A회사는 해당 매출채권에 대해 손
실충당금으로 ₩1,000을 인식하였다. A회사가 20×2년 중에 해당 매출채권을 B회사에 결제하
였다면, 20×1년 말과 20×2년 말에 연결조정분개는 다음과 같다.

〈20×1년 말 연결조정분개〉

(차변) 매　입　채　무　100,000　(대변) 매　출　채　권　100,000
(차변) 손　실　충　당　금　 1,000　(대변) 손　상　차　손　 1,000

〈20×2년 말 연결조정분개〉

(차변) 손　상　차　손　 1,000*　(대변) 이　익　잉　여　금　 1,000

　* A회사의 20×1년 말 손실충당금이 ₩1,000만큼 과대계상되므로 20×2년에 손상차손을 ₩1,000만큼
　　적게 인식하게 된다. 따라서 손상차손 ₩1,000을 추가 인식하는 연결조정분개를 한다.

이때 대변에 이익잉여금을 회계처리하는 이유는 20×1년에 손상차손을 감소시킨 것을 20×2년
연결조정분개에 반영한 것이다.

6. 연결자본의 계산

6.1 연결당기순이익

(1) 연결당기순이익

연결당기순이익은 지배기업과 종속기업을 포함한 연결실체의 당기순이익을 말하며, 다음과 같이 계산한다.

> 연결당기순이익 = 지배기업 당기순이익 + 종속기업 당기순이익
> - 종속기업 순자산의 공정가치와 장부금액 간의 차이조정
> - 종속기업으로부터 당기에 수령한 배당금수익
> ± 과년도 내부미실현손익 중 실현분 ± 당기 내부미실현손익
> - 당기 영업권 손상차손 + 당기 염가매수차익

(2) 지배기업의 소유주 및 비지배지분 귀속 당기순이익

K-IFRS 제1001호 '재무제표의 표시'에서는 연결당기순이익을 지배기업의 소유주와 비지배지분 귀속 당기순이익으로 구분하여 표시하도록 규정하고 있다. 따라서 비지배지분 귀속 당기순이익을 계산하여 연결당기순이익에서 차감하면 지배기업의 소유주 귀속 당기순이익을 계산할 수 있다.

> 비지배지분 귀속 당기순이익 = (종속기업 당기순이익
> - 종속기업 순자산의 공정가치와 장부금액 간의 차이조정
> ± 과년도 상향거래의 내부미실현손익 중 실현분
> ± 당기 상향거래의 내부미실현손익) × 비지배지분율
>
> 지배기업의 소유주 귀속 당기순이익 = 연결당기순이익 - 비지배지분 귀속 당기순이익

6.2 연결이익잉여금과 비지배지분

연결이익잉여금은 지배기업의 소유주에 귀속되는 이익잉여금이며, 다음과 같이 계산한다.

연결이익잉여금 = 지배기업 이익잉여금 ± 하향거래의 내부미실현손익 잔액
　　　　　　 − 영업권 손상차손누계액 + 염가매수차익
　　　　　　 + (취득일 이후 종속기업 이익잉여금의 변동액
　　　　　　 − 종속기업 순자산의 공정가치와 장부금액 간의 차이조정 누계액
　　　　　　 ± 상향거래의 내부미실현손익 잔액) × 지배기업지분율

비지배지분은 연결실체의 자본 중에 비지배주주에 귀속되는 금액을 말하며, 다음과 같이 계산한다.

비지배지분 = (취득일 현재 종속기업 순자산의 공정가치
　　　　　 + 취득일 이후 종속기업 순자산의 변동액
　　　　　 − 종속기업 순자산의 공정가치와 장부금액 간의 차이조정 누계액
　　　　　 ± 상향거래의 내부미실현손익 잔액) × 비지배지분율

📖 예제 8 연결자본의 계산

12월 말 결산법인 A회사는 20×1년 초에 B회사의 보통주식 80%를 ₩120,000에 취득하여 지배기업이 되었다. 취득일 현재 B회사의 자본은 ₩85,000(자본금 ₩50,000, 자본잉여금 ₩30,000, 이익잉여금 ₩5,000)이고, 다음의 B회사 자산을 제외한 모든 자산과 부채의 장부금액과 공정가치는 일치하였다.

과 목	장부금액	공정가치
재 고 자 산	₩20,000	₩30,000

A회사와 B회사의 20×1년도와 20×2년도 일부 재무제표 및 매출 관련 내부거래 금액은 다음과 같다. B회사의 재고자산 및 내부거래로 매입한 재고자산 중 70%는 당기 중에, 나머지 30%는 다음 연도 중에 외부에 판매한다. A회사와 B회사의 매출총이익률은 모두 20%이다. 단, A회사는 종속기업투자주식을 원가법으로 평가하고, 비지배지분을 종속기업의 식별가능한 순자산 중 비지배지분의 비례적인 몫으로 측정한다.

(단위: 원)

과 목	20×1년도 A회사	20×1년도 B회사	20×2년도 A회사	20×2년도 B회사
매 출	250,000	100,000	300,000	120,000
내 부 거 래	(30,000)	(20,000)	(50,000)	(25,000)
매 출 원 가	200,000	80,000	240,000	96,000
당 기 순 이 익	30,000	10,000	40,000	20,000

| 재 고 자 산 | 40,000 | 25,000 | 50,000 | 30,000 |
| 이 익 잉 여 금 | 60,000 | 15,000 | 100,000 | 35,000 |

물음 ···

1. 20×1년도와 20×2년도 연결재무제표를 작성할 경우 매출, 매출원가, 재고자산, 연결당기순이익 (지배기업의 소유주와 비지배지분 귀속 구분), 연결이익잉여금 및 비지배지분 금액을 계산하시오. 단, 영업권이 배분된 현금창출단위의 회수가능액이 장부금액보다 20×1년과 20×2년에 각각 ₩4,000과 ₩5,000이 더 적으며, 이것은 모두 지배기업에 귀속된다.

2. 위의 문제와 관계없이 A회사가 20×1년 초에 B회사의 보통주식 80%를 ₩60,000에 취득하여 지배기업이 된 경우, 20×1년도와 20×2년도 연결재무제표를 작성할 경우 연결당기순이익(지배기업의 소유주와 비지배지분 귀속 구분), 연결이익잉여금 및 비지배지분 금액을 계산하시오.

풀이 ···

1. B회사의 보통주식 80%를 ₩120,000에 취득한 경우
〈20×1년도〉
· 매출 = ₩250,000 + 100,000 - 30,000(하향거래) - 20,000(상향거래) = ₩300,000
· 매출원가 = ₩200,000 + 80,000 + 7,000(차이조정) - 30,000(하향거래)
　　　　　　 + 1,800(하향거래) - 20,000(상향거래) + 1,200(상향거래) = ₩240,000
· 재고자산 = ₩40,000 + 25,000 + 3,000(차이조정후 잔액) - 1,800(하향거래)
　　　　　　 - 1,200(상향거래) = ₩65,000
· 연결당기순이익 = ₩30,000 + 10,000 - 7,000(차이조정) - 1,800(하향거래) - 1,200(상향거래)
　　　　　　　　　 - 4,000(손상차손) = ₩26,000
· 비지배지분 귀속 당기순이익 = (₩10,000 - 7,000(차이조정) - 1,200(상향거래)) × 20% = ₩360
· 지배기업의 소유주 귀속 당기순이익 = ₩26,000 - 360 = ₩25,640
· 연결이익잉여금 = ₩60,000 - 1,800(하향거래 잔액) - 4,000(손상차손누계액)
　　　　　　　　　 + (10,000(취득일 이후 종속기업 이익잉여금 변동액)
　　　　　　　　　 - 7,000(차이조정 누계액) - 1,200(상향거래 잔액)) × 80% = ₩55,640
· 비지배지분 = (₩95,000(취득일 현재 종속기업 순자산의 공정가치)
　　　　　　　 + 10,000(취득일 이후 순자산의 변동액) - 7,000(차이조정 누계액)
　　　　　　　 - 1,200(상향거래 잔액)) × 20% = ₩19,360

참고로 20×1년 연결조정분개는 다음과 같다.
① 종속기업투자주식과 종속기업 자본의 상계제거

(차변)	자　　　　　본　　　　　금	50,000	(대변)	종 속 기 업 투 자 주 식	120,000
	자 　본 　잉 　여 　금	30,000		비 　지 　배 　지 　분	19,000❶
	이 　익 　잉 　여 　금	5,000			
	재　　　고　　　자　　　산	10,000			
	영　　　　　업　　　　　권	44,000❷			

　❶ ₩95,000(B회사 순자산의 공정가치(점선 부분)) × 20% = ₩19,000
　❷ ₩120,000 + 19,000 - 95,000 = ₩44,000

② 공정가치와 장부금액 간의 차이조정

| (차변) | 매 출 원 가 | 7,000❸ | (대변) | 재 고 자 산 | 7,000 |

    ❸ ₩10,000 × 70% = ₩7,000

③ 재고자산 미실현이익의 제거
· 하향거래

| (차변) | 매 출 | 30,000 | (대변) | 매 출 원 가 | 30,000 |
| (차변) | 매 출 원 가 | 1,800❹ | (대변) | 재 고 자 산 | 1,800 |

    ❹ ₩30,000 × 30%(남아 있는 재고자산비율) × 20%(매출총이익률) = ₩1,800

· 상향거래

| (차변) | 매 출 | 20,000 | (대변) | 매 출 원 가 | 20,000 |
| (차변) | 매 출 원 가 | 1,200❺ | (대변) | 재 고 자 산 | 1,200 |

    ❺ ₩20,000 × 30%(남아 있는 재고자산비율) × 20%(매출총이익률) = ₩1,200

④ 영업권 손상차손의 인식

| (차변) | 손 상 차 손 | 4,000 | (대변) | 영 업 권 | 4,000 |

⑤ 종속기업의 당기순이익으로 인한 비지배지분 변동

| (차변) | 이 익 잉 여 금 | 360 | (대변) | 비 지 배 지 분 | 360 |

〈20×2년도〉
· 매출 = ₩300,000 + 120,000 - 50,000(하향거래) - 25,000(상향거래) = ₩345,000
· 매출원가 = ₩240,000 + 96,000 + 3,000(차이조정) - 1,800(하향거래) - 50,000(하향거래)
　　　　　　+ 3,000(하향거래) - 1,200(상향거래) - 25,000(상향거래) + 1,500(상향거래)
　　　　　　= ₩265,500
· 재고자산 = ₩50,000 + 30,000 - 3,000(하향거래) - 1,500(상향거래) = ₩75,500
· 연결당기순이익 = ₩40,000 + 20,000 - 3,000(차이조정) + 1,800(하향거래) - 3,000(하향거래)
　　　　　　　　+ 1,200(상향거래) - 1,500(상향거래) - 5,000(손상차손) = ₩50,500
· 비지배지분 귀속 당기순이익 = (₩20,000 - 3,000(차이조정) + 1,200(상향거래) - 1,500(상향거래))
　　　　　　　　　　　　　　× 20% = ₩3,340
· 지배기업의 소유주 귀속 당기순이익 = ₩50,500 - 3,340 = ₩47,160
· 연결이익잉여금 = ₩100,000 - 3,000(하향거래 잔액) - 9,000(손상차손누계액)
　　　　　　　　+ (30,000(취득일 이후 종속기업 이익잉여금 변동액)
　　　　　　　　- 10,000(차이조정 누계액) - 1,500(상향거래 잔액)) × 80% = ₩102,800
· 비지배지분 = (₩95,000(취득일 현재 종속기업 순자산의 공정가치)
　　　　　　　+ 30,000(취득일 이후 순자산의 변동액) - 10,000(차이조정 누계액)
　　　　　　　- 1,500(상향거래 잔액)) × 20% = ₩22,700

참고로 20×2년 연결조정분개는 다음과 같다.
① 종속기업투자주식과 종속기업 자본의 상계제거

(차변)	자 본 금	50,000	(대변)	종 속 기 업 투 자 주 식	120,000
	자 본 잉 여 금	30,000		비 지 배 지 분	19,000
	이 익 잉 여 금	5,000			
	재 고 자 산	10,000			
	영 업 권	44,000			

② 과년도 종속기업 순자산의 변동으로 인한 비지배지분 변동

(차변) 이 익 잉 여 금   360   (대변) 비 지 배 지 분   360

③ 공정가치와 장부금액 간의 차이조정

(차변) 매 출 원 가   3,000❶   (대변) 재 고 자 산   10,000
      이 익 잉 여 금   7,000

❶ ₩10,000 × 30% = ₩3,000

④ 재고자산 미실현이익의 제거 및 전년도 미실현이익의 실현

· 하향거래

(차변) 이 익 잉 여 금   1,800   (대변) 매 출 원 가   1,800
(차변) 매   출   50,000   (대변) 매 출 원 가   50,000
(차변) 매 출 원 가   3,000❷   (대변) 재 고 자 산   3,000

❷ ₩50,000 × 30%(남아 있는 재고자산비율) × 20%(매출총이익률) = ₩3,000

· 상향거래

(차변) 이 익 잉 여 금   1,200   (대변) 매 출 원 가   1,200
(차변) 매   출   25,000   (대변) 매 출 원 가   25,000
(차변) 매 출 원 가   1,500❸   (대변) 재 고 자 산   1,500

❸ ₩25,000 × 30%(남아 있는 재고자산비율) × 20%(매출총이익률) = ₩1,500

⑤ 영업권 손상차손의 인식

(차변) 손 상 차 손   5,000   (대변) 영 업 권   9,000
      이 익 잉 여 금   4,000

⑥ 종속기업의 당기순이익으로 인한 비지배지분 변동

(차변) 이 익 잉 여 금   3,340   (대변) 비 지 배 지 분   3,340

2. B회사의 보통주식 80%를 ₩60,000에 취득한 경우
〈20×1년도〉
· 연결당기순이익 = ₩30,000 + 10,000 - 7,000(차이조정) - 1,800(하향거래)
                  - 1,200(상향거래) + 16,000(염가매수차익) = ₩46,000
· 비지배지분 귀속 당기순이익 = (₩10,000 - 7,000(차이조정) - 1,200(상향거래)) × 20% = ₩360
· 지배기업의 소유주 귀속 당기순이익 = ₩46,000 - 360 = ₩45,640
· 연결이익잉여금 = ₩60,000 - 1,800(하향거래 잔액) + 16,000(염가매수차익)
                  + (10,000(취득일 이후 종속기업 이익잉여금 변동액)
                  - 7,000(차이조정 누계액) - 1,200(상향거래 잔액)) × 80% = ₩75,640
· 비지배지분 = (₩95,000(취득일 현재 종속기업 순자산의 공정가치)
             + 10,000(취득일 이후 순자산의 변동액) - 7,000(차이조정 누계액)
             - 1,200(상향거래 잔액)) × 20% = ₩19,360

참고로 20×1년 연결조정분개는 다음과 같다.
① 종속기업투자주식과 종속기업 자본의 상계제거

(차변) 자   본   금   50,000   (대변) 종 속 기 업 투 자 주 식   60,000
      자 본 잉 여 금   30,000   비 지 배 지 분   19,000❶
      이 익 잉 여 금   5,000   염 가 매 수 차 익   16,000❷
      재   고   자   산   10,000

❶ ₩95,000(B회사 순자산의 공정가치(점선 부분)) × 20% = ₩19,000
❷ ₩60,000 + 19,000 - 95,000 = (-)₩16,000

② 공정가치와 장부금액 간의 차이조정

(차변) 매 출 원 가　7,000**❸** (대변) 재 고 자 산　7,000

　❸ ₩10,000 × 70% = ₩7,000

③ 재고자산 미실현이익의 제거

· 하향거래

(차변) 매　　　　출　30,000 (대변) 매 출 원 가　30,000
(차변) 매 출 원 가　1,800**❹** (대변) 재 고 자 산　1,800

　❹ ₩30,000 × 30%(남아 있는 재고자산비율) × 20%(매출총이익률) = ₩1,800

· 상향거래

(차변) 매　　　　출　20,000 (대변) 매 출 원 가　20,000
(차변) 매 출 원 가　1,200**❺** (대변) 재 고 자 산　1,200

　❺ ₩20,000 × 30%(남아 있는 재고자산비율) × 20%(매출총이익률) = ₩1,200

④ 종속기업의 당기순이익으로 인한 비지배지분 변동

(차변) 이 익 잉 여 금　360**❻** (대변) 비 지 배 지 분　360

〈20×2년도〉

· 연결당기순이익 = ₩40,000 + 20,000 - 3,000(차이조정) + 1,800(하향거래) - 3,000(하향거래)
　　　　　　　 + 1,200(상향거래) - 1,500(상향거래) = ₩55,500

· 비지배지분 귀속 당기순이익 = (₩20,000 - 3,000(차이조정) + 1,200(상향거래)
　　　　　　　　　　 - 1,500(상향거래)) × 20% = ₩3,340

· 지배기업의 소유주 귀속 당기순이익 = ₩55,500 - 3,340 = ₩52,160

· 연결이익잉여금 = ₩100,000 - 3,000(하향거래 잔액) + 16,000(염가매수차익)
　　　　　　　 + (30,000(취득일 이후 종속기업 이익잉여금 변동액) - 10,000(차이조정 누계액)
　　　　　　　 - 1,500(상향거래 잔액)) × 80% = ₩127,800

· 비지배지분 = (₩95,000(취득일 현재 종속기업 순자산의 공정가치)
　　　　　　 + 30,000(취득일 이후 순자산의 변동액) - 10,000(차이조정 누계액)
　　　　　　 - 1,500(상향거래 잔액)) × 20% = ₩22,700

참고로 20×2년 연결조정분개는 다음과 같다.

① 종속기업투자주식과 종속기업 자본의 상계제거

(차변) 자　　　 본　 금　50,000 (대변) 종 속 기 업 투 자 주 식　120,000
　　　 자 본 잉 여 금　30,000 　　　 비 지 배 지 분　19,000
　　　 이 익 잉 여 금　5,000 　　　 이 익 잉 여 금　16,000
　　　 재 고 자 산　10,000

② 과년도 종속기업 순자산의 변동으로 인한 비지배지분 변동

(차변) 이 익 잉 여 금　360 (대변) 비 지 배 지 분　360

③ 공정가치와 장부금액 간의 차이조정

(차변) 매 출 원 가　3,000**❶** (대변) 재 고 자 산　10,000
　　　 이 익 잉 여 금　7,000

　❶ ₩10,000 × 30% = ₩3,000

④ 재고자산 미실현이익의 제거 및 전년도 미실현이익의 실현

· 하향거래

(차변)	이 익 잉 여 금	1,800	(대변)	매 출 원 가	1,800
(차변)	매 출	50,000	(대변)	매 출 원 가	50,000
(차변)	매 출 원 가	3,000❷	(대변)	재 고 자 산	3,000

❷ ₩50,000 × 30%(남아 있는 재고자산비율) × 20%(매출총이익률) = ₩3,000

· 상향거래

(차변)	이 익 잉 여 금	1,200	(대변)	매 출 원 가	1,200
(차변)	매 출	25,000	(대변)	매 출 원 가	25,000
(차변)	매 출 원 가	1,500❸	(대변)	재 고 자 산	1,500

❸ ₩25,000 × 30%(남아 있는 재고자산비율) × 20%(매출총이익률) = ₩1,500

⑤ 종속기업의 당기순이익으로 인한 비지배지분 변동

| (차변) | 이 익 잉 여 금 | 3,340 | (대변) | 비 지 배 지 분 | 3,340 |

보론 ▮ 리스 내부거래

연결실체 간에 부동산이나 기계장치 등을 리스하는 경우가 빈번하게 발생한다.[2] 이러한 경우에 리스제공자가 해당 리스를 금융리스로 분류하였는지 또는 운용리스로 분류하였는지에 따라 연결조정분개가 다르게 진행된다.

1. 리스제공자가 금융리스로 분류한 경우

연결실체 간에 리스거래에서 리스제공자가 금융리스로 분류하였다면, 리스채권을 인식하고 이자수익을 회계처리할 것이다. 리스이용자는 해당 리스를 금융리스로 분류하면서 사용권자산과 리스부채를 인식하고 감가상각비와 이자비용을 회계처리할 것이다. 따라서 연결조정분개를 통해서 리스제공자가 인식한 리스채권과 이자수익을 제거하고, 리스이용자가 인식한 사용권자산과 리스부채, 감가상각비 및 이자비용을 제거한다. 그리고 연결실체가 기초자산을 직접 취득하여 영업활동에 사용하고 있는 것과 같으므로 유형자산 및 유형자산에 대한 감가상각비를 인식한다.

〈리스제공자의 회계처리(기계장치 리스를 가정함)〉

① 리스개시일

　(차변) 리　스　채　권　×××　(대변) 기　계　장　치　×××

② 리스료 수취

　(차변) 현　　　　　금　×××　(대변) 이　자　수　익　×××
　　　　　　　　　　　　　　　　　　　리　스　채　권　×××

〈리스이용자의 회계처리〉

① 리스개시일

　(차변) 사　용　권　자　산　×××　(대변) 리　스　부　채　×××

---

2) 지배기업 또는 다른 종속기업에게 부동산을 리스하는 경우가 있다. 이러한 부동산은 연결재무제표에 투자부동산으로 분류할 수 없다. 경제적 실체 관점에서 당해 부동산은 자가사용부동산이기 때문이다. 이 경우 리스제공자의 개별재무제표에 당해 자산을 투자부동산으로 분류하여 회계처리한다(1040:15).

② 리스료 지급

(차변) 이　자　비　용　　×××　(대변) 현　　　　　금　　×××
　　　　리　스　부　채　　×××

③ 사용권자산의 감가상각

(차변) 감 가 상 각 비　　×××　(대변) 감 가 상 각 누 계 액　×××
　　　 (사 용 권 자 산)　　　　　　　 (사 용 권 자 산)

〈연결조정분개〉

(차변) 리　　스　　부　　채　　×××　(대변) 리　　스　　채　　권　　×××
(차변) 이　　자　　수　　익　　×××　(대변) 이　　자　　비　　용　　×××
(차변) 기　　계　　장　　치　　×××　(대변) 사　용　권　자　산　　×××
(차변) 감　가　상　각　비　　×××　(대변) 감　가　상　각　비　　×××
　　　　(기 계 장 치)　　　　　　　　 (사 용 권 자 산)
(차변) 감 가 상 각 누 계 액　　×××　(대변) 감 가 상 각 누 계 액　×××
　　　 (사 용 권 자 산)　　　　　　　　 (기 계 장 치)

📖 예제 9 리스제공자가 금융리스로 분류한 경우

> 12월 말 결산법인인 A회사는 20×1년 초에 B회사의 보통주식 80%를 취득하여 지배기업이 되었다. 20×1년 초에 A회사는 기계장치를 ₩434,460에 취득하고, 다음과 같은 조건으로 B회사와 금융리스계약을 체결하였다.
> · 리스기간: 20×1년 1월 1일부터 20×3년 12월 31일까지
> · 리스료: 연간 고정리스료 ₩150,000, 매년 12월 31일 지급
> · 매수선택권: B회사가 리스종료시 기계장치를 ₩50,000에 매수할 수 있는데, 권리 행사가능성이 상당히 확실함
> · 내재이자율: 연 7%
> · 기계장치의 내용연수는 5년(잔존가치 ₩0)이며, A회사와 B회사는 해당 유형자산에 대해 원가모형을 선택하고 정액법으로 상각한다.

물음 ···

1. 리스개시일과 20×1년 말, 20×2년 말 및 20×3년 말에 A회사가 해야 할 개별회계처리를 하시오.

2. 리스개시일과 20×1년 말, 20×2년 말 및 20×3년 말에 B회사가 해야 할 개별회계처리를 하시오.

3. 20×1년 말, 20×2년 말 및 20×3년 말에 A회사가 해야 할 연결조정분개를 하시오.

풀이 ···

· 리스채권(리스부채)의 현재가치 = ₩150,000 × 2.6243(3기간, 7%, 정상연금현가계수)
          + 50,000 × 0.8163(3기간, 7%, 단일현금현가계수) = ₩434,460

리스채권의 장부금액 조정표(리스부채와 동일함)

일자	연간 리스료	이자수익 (기초 장부금액 × 7%)	원금 회수액	리스채권 장부금액
20×1. 1. 1.				₩434,460
20×1.12.31.	₩150,000	₩30,412	₩119,588	314,872
20×2.12.31.	150,000	22,041	127,959	186,913
20×3.12.31.	150,000	13,087❶	136,913	50,000
합 계	₩450,000	₩65,540	₩384,460	

❶ 단수차이 조정

1. A회사의 회계처리
〈리스개시일〉
 (차변) 리 스 채 권 434,460   (대변) 기   계   장   치 434,460

〈20×1.12.31.〉
 (차변) 현   금 150,000   (대변) 이   자   수   익 30,412
                                   리   스   채   권 119,588

〈20×2.12.31.〉
 (차변) 현   금 150,000   (대변) 이   자   수   익 22,041
                                   리   스   채   권 127,959

〈20×3.12.31.〉
 (차변) 현   금 150,000   (대변) 이   자   수   익 13,087
                                   리   스   채   권 136,913
 (차변) 현   금 50,000   (대변) 리   스   채   권 50,000

2. B회사의 회계처리
〈리스개시일〉
 (차변) 사 용 권 자 산 434,460   (대변) 리   스   부   채 434,460

〈20×1.12.31.〉
 (차변) 이 자 비 용 30,412   (대변) 현   금 150,000
        리 스 부 채 119,588
 (차변) 감 가 상 각 비 86,892❶ (대변) 감 가 상 각 누 계 액 86,892
        (사 용 권 자 산)   (사 용 권 자 산)

 ❶ ₩434,460 ÷ 5년 = ₩86,892

〈20×2.12.31.〉
 (차변) 이 자 비 용 22,041   (대변) 현   금 150,000
        리 스 부 채 127,959

(차변)	감 가 상 각 비 (사 용 권 자 산)	86,892	(대변)	감 가 상 각 누 계 액 (사 용 권 자 산)	86,892

⟨20×3.12.31.⟩

(차변)	이 자 비 용	13,087	(대변)	현 금	150,000
	리 스 부 채	136,913			
(차변)	리 스 부 채	50,000	(대변)	현 금	50,000
(차변)	감 가 상 각 비 (사 용 권 자 산)	86,892	(대변)	감 가 상 각 누 계 액 (사 용 권 자 산)	86,892
(차변)	기 계 장 치	434,460	(대변)	사 용 권 자 산	434,460
(차변)	감 가 상 각 누 계 액 (사 용 권 자 산)	260,676❷	(대변)	감 가 상 각 누 계 액 (기 계 장 치)	260,676

❷ B회사가 매수선택권을 행사하여 기계장치를 소유하므로 사용권자산 및 감가상각누계액을 기계장치로 대체한다. ₩86,892 × 3년 = ₩260,676

3. 연결조정분개

⟨20×1.12.31.⟩

(차변)	리 스 부 채	314,872	(대변)	리 스 채 권	314,872
(차변)	이 자 수 익	30,412	(대변)	이 자 비 용	30,412
(차변)	기 계 장 치	434,460	(대변)	사 용 권 자 산	434,460
(차변)	감 가 상 각 비 (기 계 장 치)	86,892	(대변)	감 가 상 각 비 (사 용 권 자 산)	86,892
(차변)	감 가 상 각 누 계 액 (사 용 권 자 산)	86,892	(대변)	감 가 상 각 누 계 액 (기 계 장 치)	86,892

⟨20×2.12.31.⟩

(차변)	리 스 부 채	186,913	(대변)	리 스 채 권	186,913
(차변)	이 자 수 익	22,041	(대변)	이 자 비 용	22,041
(차변)	기 계 장 치	434,460	(대변)	사 용 권 자 산	434,460
(차변)	감 가 상 각 비 (기 계 장 치)	86,892	(대변)	감 가 상 각 비 (사 용 권 자 산)	86,892
(차변)	감 가 상 각 누 계 액 (사 용 권 자 산)	173,784❶	(대변)	감 가 상 각 누 계 액 (기 계 장 치)	173,784

❶ ₩86,892 × 2년 = ₩173,784

⟨20×3.12.31.⟩

(차변)	이 자 수 익	13,087	(대변)	이 자 비 용	13,087
(차변)	감 가 상 각 비 (기 계 장 치)	86,892	(대변)	감 가 상 각 비 (사 용 권 자 산)	86,892

2. 리스제공자가 운용리스로 분류한 경우

연결실체 간에 리스거래에서 리스제공자가 운용리스로 분류하였다면, 운용리스자산을 인식하고 감가상각비와 리스료수익을 회계처리할 것이다. 리스이용자는 해당 리스가 금융리스 인식 면제에 해당하는 단기리스 또는 소액 기초자산 리스에 포함되지 않는다면 금융리스로 분류하면서 사용권자산과 리스부채를 인식하고 감가상각비와 이자비용을 회계처리할 것이다. 따라서 연결조정분개를 통해서 **리스제공자가 인식한 운용리스자산과 감가상각비 및 리스료수익을 제거하고, 리스이용자가 인식한 사용권자산과 리스부채, 감가상각비 및 이자비용을 제거한다.** 그리고 연결실체가 기초자산을 직접 취득하여 영업활동에 사용하고 있는 것과 같으므로 **유형자산 및 유형자산에 대한 감가상각비를 인식한다.**

〈리스제공자의 회계처리(기계장치 리스를 가정함)〉
① 리스개시일

　(차변) 운 용 리 스 자 산　×××　(대변) 기　　계　　장　　치　×××

② 리스료 수취

　(차변) 현　　　　　　금　×××　(대변) 리　스　료　수　익　×××

③ 운용리스자산의 감가상각

　(차변) 감 가 상 각 비　×××　(대변) 감 가 상 각 누 계 액　×××
　　　　(운 용 리 스 자 산)　　　　　　(운 용 리 스 자 산)

〈리스이용자의 회계처리〉
① 리스개시일

　(차변) 사 용 권 자 산　×××　(대변) 리　　스　　부　　채　×××

② 리스료 지급

　(차변) 이　자　비　용　×××　(대변) 현　　　　　　금　×××
　　　　리　　스　　부　　채　×××

③ 사용권자산의 감가상각

　(차변) 감 가 상 각 비　×××　(대변) 감 가 상 각 누 계 액　×××
　　　　(사 용 권 자 산)　　　　　　(사 용 권 자 산)

〈연결조정분개〉[3]

　(차변) 리　　스　　부　　채　×××　(대변) 사 　용 　권 　자 　산　×××
　　　　감 가 상 각 누 계 액　×××　　　　감 　가 　상 　각 　비　×××
　　　　(사 용 권 자 산)　　　　　　(사 용 권 자 산)
　　　　리　스　료　수　익　×××　　　　이　　자　　비　　용　×××
　　　　　　　　　　　　　　　　　　　이　　익　　잉　　여　　금　×××*

　　* 당기 초까지 ((감가상각비 + 이자비용) − 리스료수익)의 누적금액을 이익잉여금에 반영한다.

(차변) 기 계 장 치	×××	(대변) 운 용 리 스 자 산	×××
(차변) 감 가 상 각 비 (기 계 장 치)	×××	(대변) 감 가 상 각 비 (운 용 리 스 자 산)	×××
(차변) 감 가 상 각 누 계 액 (운 용 리 스 자 산)	×××	(대변) 감 가 상 각 누 계 액 (기 계 장 치)	×××

📖 예제 10 리스제공자가 운용리스로 분류한 경우

12월 말 결산법인인 A회사는 20×1년 초에 B회사의 보통주식 80%를 취득하여 지배기업이 되었다. 20×1년 초에 A회사는 다음과 같은 조건으로 B회사와 리스계약을 체결하였다.
· 리스기간: 20×1년 1월 1일부터 20×3년 12월 31일까지
· 리스료: 연간 고정리스료 ₩150,000, 매년 12월 31일 지급
· 기계장치의 리스개시일 현재 장부금액은 ₩1,000,000(공정가치와 일치함)이며, 잔존 내용연수는 10년이다. A회사와 B회사가 소유하고 있는 모든 기계장치에 대해 원가모형을 선택하고 잔존가치 없이 정액법으로 감가상각한다.
· 기계장치는 범용성이 가진다.

물음

1. A회사가 운용리스로 분류한 경우 리스개시일과 20×1년 말, 20×2년 말 및 20×3년 말에 A회사가 해야 할 개별회계처리를 하시오.

2. B회사가 금융리스로 분류한 경우 리스개시일과 20×1년 말, 20×2년 말 및 20×3년 말에 B회사가 해야 할 개별회계처리를 하시오. 단, 20×1년 초 현재 내재이자율은 쉽게 산정할 수 없으나, 리스이용자의 증분차입이자율은 9%로 산정하였다.

3. 20×1년 말, 20×2년 말 및 20×3년 말에 A회사가 해야 할 연결조정분개를 하시오.

풀이

· 리스부채의 현재가치 = ₩150,000 × 2.5313(3기간, 9%, 정상연금현가계수) = ₩379,695

---

3) 국제회계기준에서는 ((감가상각비 + 이자비용) - 리스료수익))의 차이금액을 어느 회사가 부담해야 하는지에 대한 규정은 없다. 기초자산을 실질적으로 소유하는 회사가 부담해야 한다는 입장에서는 리스제공자가 부담하는 것이 적절하다. 그러나 기초자산을 실질적으로 영업활동에 사용하는 회사가 부담해야 한다는 입장에서는 리스이용자가 부담하는 것이 적절하다.

리스부채의 장부금액 조정표

일자	연간 리스료	이자비용 (기초 장부금액×9%)	원금 상환액	리스부채 장부금액
20×1. 1. 1.				₩379,695
20×1.12.31.	₩150,000	₩34,173	₩115,827	263,868
20×2.12.31.	150,000	23,748	126,252	137,616
20×3.12.31.	150,000	12,384❶	137,616	0
합 계	₩450,000	₩70,305	₩379,695	

❶ 단수차이 조정

1. A회사의 회계처리
〈리스개시일〉
(차변) 운 용 리 스 자 산 1,000,000 (대변) 기 계 장 치 1,000,000

〈20×1.12.31.〉
(차변) 현   금 150,000 (대변) 리 스 료 수 익 150,000
(차변) 감 가 상 각 비 100,000❶ (대변) 감 가 상 각 누 계 액 100,000
         (운 용 리 스 자 산)   (운 용 리 스 자 산)
   ❶ ₩1,000,000 ÷ 10년 = ₩100,000

〈20×2.12.31.〉
(차변) 현   금 150,000 (대변) 리 스 료 수 익 150,000
(차변) 감 가 상 각 비 100,000 (대변) 감 가 상 각 누 계 액 100,000
         (운 용 리 스 자 산)   (운 용 리 스 자 산)

〈20×3.12.31.〉
(차변) 현   금 150,000 (대변) 리 스 료 수 익 150,000
(차변) 감 가 상 각 비 100,000 (대변) 감 가 상 각 누 계 액 100,000
         (운 용 리 스 자 산)   (운 용 리 스 자 산)
(차변) 기 계 장 치 1,000,000 (대변) 운 용 리 스 자 산 1,000,000
(차변) 감 가 상 각 누 계 액 300,000❷ (대변) 감 가 상 각 누 계 액 300,000
         (운 용 리 스 자 산)   (기 계 장 치)
   ❷ 리스기간이 종료되었으므로 운용리스자산 및 감가상각누계액을 기계장치로 대체한다. ₩100,000 × 3년
      = ₩300,000

2. B회사의 회계처리
〈리스개시일〉
(차변) 사 용 권 자 산 379,695 (대변) 리 스 부 채 379,695

〈20×1.12.31.〉
(차변) 이 자 비 용 34,173 (대변) 현   금 150,000
         리 스 부 채 115,827
(차변) 감 가 상 각 비 126,565❶ (대변) 감 가 상 각 누 계 액 126,565
         (사 용 권 자 산)   (사 용 권 자 산)
   ❶ ₩379,695 ÷ 3년 = ₩126,565

〈20×2.12.31.〉
(차변) 이 자 비 용 23,748 (대변) 현   금 150,000

	리 스 부 채	126,252					
(차변)	감 가 상 각 비 (사 용 권 자 산)	126,565	(대변)	감 가 상 각 누 계 액 (사 용 권 자 산)	126,565		

〈20×3.12.31.〉

(차변)	이 자 비 용	12,384	(대변)	현 금	150,000		
	리 스 부 채	137,616					
(차변)	감 가 상 각 비 (사 용 권 자 산)	126,565	(대변)	감 가 상 각 누 계 액 (사 용 권 자 산)	126,565		

3. 연결조정분개

〈20×1.12.31.〉

(차변)	리 스 부 채	263,868	(대변) 사 용 권 자 산	379,695	
	감 가 상 각 누 계 액 (사 용 권 자 산)	126,565	감 가 상 각 비 (사 용 권 자 산)	126,565	
	리 스 료 수 익	150,000	이 자 비 용	34,173	
(차변)	기 계 장 치	1,000,000	(대변) 운 용 리 스 자 산	1,000,000	
(차변)	감 가 상 각 비 (기 계 장 치)	100,000	(대변) 감 가 상 각 비 (운 용 리 스 자 산)	100,000	
(차변)	감 가 상 각 누 계 액 (운 용 리 스 자 산)	100,000	(대변) 감 가 상 각 누 계 액 (기 계 장 치)	100,000	

〈20×2.12.31.〉

(차변)	리 스 부 채	137,616	(대변) 사 용 권 자 산	379,695	
	감 가 상 각 누 계 액 (사 용 권 자 산)	253,130❶	감 가 상 각 비 (사 용 권 자 산)	126,565	
	리 스 료 수 익	150,000	이 자 비 용	23,748	
			이 익 잉 여 금	10,738❷	

❶ ₩126,565 × 2년 = ₩253,130

❷ (₩126,565 + 34,173) − 150,000 = ₩10,738

(차변)	기 계 장 치	1,000,000	(대변) 운 용 리 스 자 산	1,000,000	
(차변)	감 가 상 각 비 (기 계 장 치)	100,000	(대변) 감 가 상 각 비 (운 용 리 스 자 산)	100,000	
(차변)	감 가 상 각 누 계 액 (운 용 리 스 자 산)	200,000❸	(대변) 감 가 상 각 누 계 액 (기 계 장 치)	200,000	

❸ ₩100,000 × 2년 = ₩200,000

〈20×3.12.31.〉

(차변)	리 스 료 수 익	150,000	(대변) 감 가 상 각 비 (사 용 권 자 산)	126,565	
			이 자 비 용	12,384	
			이 익 잉 여 금	11,051❹	

❹ ₩10,738 + (126,565 + 23,748) − 150,000 = ₩11,051

(차변)	감 가 상 각 비 (기 계 장 치)	100,000	(대변) 감 가 상 각 비 (운 용 리 스 자 산)	100,000	

3. 리스제공자가 제조자 또는 판매자인 경우(판매형리스)

　　연결실체 간에 리스거래에서 리스제공자가 제조자 또는 판매자인 경우, 판매로 인한 매출과 매출원가를 회계처리하고, 리스로 인한 리스채권과 이자수익을 회계처리할 것이다. 리스이용자는 해당 리스가 금융리스 인식 면제에 해당하는 단기리스 또는 소액 기초자산 리스에 포함되지 않는다면 금융리스로 분류하면서 사용권자산과 리스부채를 인식하고 감가상각비와 이자비용을 회계처리할 것이다. 따라서 연결조정분개를 통해서 리스제공자가 인식한 매출과 매출원가, 리스채권 및 이자수익을 제거하고, 리스이용자가 인식한 사용권자산과 리스부채, 감가상각비 및 이자비용을 제거한다. 그리고 연결실체가 기초자산을 직접 취득하여 영업활동에 사용하고 있는 것과 같으므로 유형자산 및 유형자산에 대한 감가상각비를 인식한다.

〈리스제공자의 회계처리(기계장치 리스를 가정함)〉

① 리스개시일

(차변) 리 스 채 권 ×××　(대변) 매 출 ×××		
매 출 원 가 ×××　　　　 재 고 자 산 ×××		

② 리스료 수취

(차변) 현 금 ×××　(대변) 이 자 수 익 ×××
리 스 채 권 ×××

〈리스이용자의 회계처리〉

① 리스개시일

(차변) 사 용 권 자 산 ×××　(대변) 리 스 부 채 ×××

② 리스료 지급

(차변) 이 자 비 용 ×××　(대변) 현 금 ×××
리 스 부 채 ×××

③ 사용권자산의 감가상각

(차변) 감 가 상 각 비 ×××　(대변) 감 가 상 각 누 계 액 ×××
(사 용 권 자 산)　　　　　 (사 용 권 자 산)

〈연결조정분개〉

(차변) 리 스 부 채 ×××　(대변) 리 스 채 권 ×××

```
(차변) 이  자  수  익    ×××   (대변) 이  자  비  용    ×××
(차변) 매           출    ×××*  (대변) 사  용  권  자  산    ×××
       유  형  자  산    ×××          매  출  원  가    ×××*
   * 당기 초까지 (매출 – 매출원가)의 금액을 이익잉여금으로 회계처리한다.

(차변) 감  가  상  각  비    ×××   (대변) 감  가  상  각  비    ×××
       ( 기  계  장  치 )                ( 사 용 권 자 산 )
       감 가 상 각 누 계 액    ×××          감 가 상 각 누 계 액    ×××
       ( 사 용 권 자 산 )                ( 기  계  장  치 )
                                        이  익  잉  여  금    ×××*
   * 당기 초까지 감가상각비 차이의 누적금액을 이익잉여금에 반영한다.
```

📖 예제 11 리스제공자가 제조자 또는 판매자인 경우

> 12월 말 결산법인인 A회사는 20×1년 초에 B회사의 보통주식 80%를 취득하여 지배기업이 되었다. A회사는 기계장치를 제조·판매하는 회사로서 20×1년 초에 다음과 같은 조건으로 B회사에 기계장치를 판매하였는데, 금융리스에 해당한다.
> · 기계장치의 장부금액은 ₩350,000이며, 공정가치는 ₩450,000임
> · 리스기간: 20×1년 1월 1일부터 20×3년 12월 31일까지
> · 리스료: 연간 고정리스료 ₩150,000, 매년 12월 31일 지급
> · 반환조건: 리스기간 종료시점에 기계장치를 반환함
> · 잔존가치와 보증잔존가치: 20×3년 말 예상잔존가치와 보증잔존가치는 ₩50,000임. 단, 반환일 현재 기계장치의 실제 잔존가치는 ₩0이고, 계약시점에 잔존가치보증에 따라 B회사가 지급할 것으로 예상되는 금액은 ₩50,000이다.
> · 내재이자율: 연 7%
> · 기계장치의 내용연수는 5년(잔존가치 ₩0)이며, A회사와 B회사는 해당 유형자산에 대해 원가모형을 선택하고 정액법으로 상각한다.

물음 ···

1. 리스개시일과 20×1년 말, 20×2년 말 및 20×3년 말에 A회사가 해야 할 개별회계처리를 하시오.

2. 리스개시일과 20×1년 말, 20×2년 말 및 20×3년 말에 B회사가 해야 할 개별회계처리를 하시오.

3. 20×1년 말, 20×2년 말 및 20×3년 말에 A회사가 해야 할 연결조정분개를 하시오.

풀이 ···

· 리스채권(리스부채)의 현재가치 = ₩150,000 × 2.6243(3기간, 7%, 정상연금현가계수)
　　　　　　　　　　　　　　　　 + 50,000 × 0.8163(3기간, 7%, 단일현금현가계수) = ₩434,460
· 매출액 = Min(₩450,000, 434,460) = ₩434,460

· 매출원가 = ₩350,000 − 0(무보증잔존가치) = ₩350,000

리스채권의 장부금액 조정표(리스부채와 동일함)

일자	연간 리스료	이자수익 (기초 장부금액×7%)	원금 회수액	리스채권 장부금액
20×1. 1. 1.				₩434,460
20×1.12.31.	₩150,000	₩30,412	₩119,588	314,872
20×2.12.31.	150,000	22,041	127,959	186,913
20×3.12.31.	150,000	13,087❶	136,913	50,000
합 계	₩450,000	₩65,540	₩384,460	

❶ 단수차이 조정

1. A회사의 회계처리
〈리스개시일〉
(차변) 리 스 채 권 434,460 (대변) 매 출 434,460
매 출 원 가 350,000 재 고 자 산 350,000

〈20×1.12.31.〉
(차변) 현 금 150,000 (대변) 이 자 수 익 30,412
리 스 채 권 119,588

〈20×2.12.31.〉
(차변) 현 금 150,000 (대변) 이 자 수 익 22,041
리 스 채 권 127,959

〈20×3.12.31.〉
(차변) 현 금 150,000 (대변) 이 자 수 익 13,087
리 스 채 권 136,913
(차변) 손 상 차 손 50,000 (대변) 리 스 채 권 50,000
(차변) 현 금 50,000 (대변) 리 스 보 증 이 익 50,000

2. B회사의 회계처리
〈리스개시일〉
(차변) 사 용 권 자 산 434,460 (대변) 리 스 부 채 434,460

〈20×1.12.31.〉
(차변) 이 자 비 용 30,412 (대변) 현 금 150,000
리 스 부 채 119,588
(차변) 감 가 상 각 비 144,820❶ (대변) 감 가 상 각 누 계 액 144,820
(사 용 권 자 산) (사 용 권 자 산)
❶ ₩434,460 ÷ 3년 = ₩144,820

〈20×2.12.31.〉
(차변) 이 자 비 용 22,041 (대변) 현 금 150,000
리 스 부 채 127,959
(차변) 감 가 상 각 비 144,820 (대변) 감 가 상 각 누 계 액 144,820
(사 용 권 자 산) (사 용 권 자 산)

〈20×3.12.31.〉

(차변)	이　자　비　용	13,087	(대변)	현　　　　　금	150,000
	리　스　부　채	136,913			
(차변)	리　스　부　채	50,000	(대변)	현　　　　　금	50,000
(차변)	감　가　상　각　비	144,820	(대변)	감 가 상 각 누 계 액	144,820
	(사 용 권 자 산)			(사 용 권 자 산)	

3. 연결조정분개

〈20×1.12.31.〉

(차변)	리　스　부　채	314,872	(대변)	리　스　채　권	314,872
(차변)	이　자　수　익	30,412	(대변)	이　자　비　용	30,412
(차변)	매　　　　　출	434,460	(대변)	사 용 권 자 산	434,460
	기　계　장　치	350,000		매　출　원　가	350,000
(차변)	감　가　상　각　비	70,000❶	(대변)	감　가　상　각　비	144,820
	(기 계 장 치)			(사 용 권 자 산)	
	감 가 상 각 누 계 액	144,820		감 가 상 각 누 계 액	70,000
	(사 용 권 자 산)			(기 계 장 치)	

❶ ₩350,000 ÷ 5년 = ₩70,000

〈20×2.12.31.〉

(차변)	리　스　부　채	186,913	(대변)	리　스　채　권	186,913
(차변)	이　자　수　익	22,041	(대변)	이　자　비　용	22,041
(차변)	기　계　장　치	350,000	(대변)	사 용 권 자 산	434,460
	이　익　잉　여　금	84,460❷			

❷ ₩434,460(전년도 매출) − 350,000(전년도 매출원가) = 84,460

(차변)	감　가　상　각　비	70,000	(대변)	감　가　상　각　비	144,820
	(기 계 장 치)			(사 용 권 자 산)	
	감 가 상 각 누 계 액	289,640❸		감 가 상 각 누 계 액	140,000❹
	(사 용 권 자 산)			(기 계 장 치)	
				이　익　잉　여　금	74,820❺

❸ ₩144,820 × 2년 = ₩289,640
❹ ₩70,000 × 2년 = ₩140,000
❺ ₩144,820(전년도 사용권자산 감가상각비) − 70,000(전년도 기계장치 감가상각비) = ₩74,820

〈20×3.12.31.〉

(차변)	이　자　수　익	13,087	(대변)	이　자　비　용	13,087
(차변)	리 스 보 증 이 익	50,000	(대변)	손　상　차　손	50,000
(차변)	기　계　장　치	350,000❻	(대변)	감 가 상 각 누 계 액	210,000❼
				(기 계 장 치)	
	감　가　상　각　비	70,000		감　가　상　각　비	144,820
	(기 계 장 치)			(사 용 권 자 산)	
				이　익　잉　여　금	65,180❽

❻ 매각예정비유동자산으로 분류하는 경우에는 순공정가치와 장부금액 중 작은 금액으로 측정하고, 매각예정 분류일 현재 기계장치의 장부금액이 순공정가치를 초과하면 그 차액을 손상차손으로 인식한다.
❼ ₩70,000 × 3년 = ₩210,000
❽ ₩74,820 × 2년(전년도 감가상각비 차이) − 84,460(전년도 매출 − 전년도 매출원가) = ₩65,180

M&A in History ✐

SK텔레콤과 하이닉스반도체의 M&A

IMF 외환위기를 계기로 국내 주요산업의 통폐합을 추진하며 1999년 현대전자는 LG반도체의 지분 59.98%를 2조 5,600억원에 인수하고 사명을 하이닉스반도체로 바꾸었다.

그러나 2000년대 초반 시장규모 대비 지나치게 많은 D램 업체 난립에 따른 반도체 가격 하락으로 하이닉스반도체는 심각한 경영난에 휩싸였다. 이 같은 이유로 하이닉스의 경우 지난 2000년 2조 4,868억원의 당기순손실을 기록했으며 2001년(-5조 740억원), 2002년(-1조 7,772억원), 2003년(-2조 3,131억원) 등 4년간 누적 당기순손실 규모만 10조 5,000억원에 달했다.

하이닉스는 이후 중국 업체가 인수를 타진하는 등 어려움을 겪지만 지난 2012년 SK그룹에 인수되며 사명을 지금의 'SK하이닉스'로 바꾸었다.

(서울경제 2020년 8월 21일)

하이닉스 예비 실사를 진행하면서 가장 민감한 부분 가치평가(valuation)를 통해 적정한 인수 가격을 책정하는 것이었다. 신주 발행 가액은 최근 주가에 달려 있기에 하이닉스의 시세가 적정 수준으로 유지되는 게 관건이었다. 그런데 2011년 4월 하이닉스 주가가 급등해 3만7천원까지 상승하였다. 이는 인수팀이 사전에 설정한 PBR 밴드를 웃도는 가격이었다. 더군다나 2011년 2분기 이후 하이닉스 실적이 악화되면서 SK텔레콤 내부의 시각은 더욱 보수적으로 바뀌었다. 경기 불확실성이 키지는 가운데 인수팀은 '감내할 수 있는 가격에서만 산다'는 입장으로 선회할 수밖에 없었다. 인수가능성은 더욱 희미해지는 것 같았다.

그러나 경쟁사의 입찰포기 및 채권단의 적극적인 노력으로 SK텔레콤은 2012년 2월 14일 하이닉스 지분인수 계약을 맺음으로써 인수를 최종 확정했다. SK텔레콤이 지불한 최종 인수대금은 3조 3,700억원으로 신주 발행에 약 2조 3,400억원, 구주 매수에 약 1조 300억원이 들어갔다. 이로써 SK텔레콤은 하이닉스 지분의 21.05%를 보유한 최대주주로 하이닉스 경영에 참여하게 됐다.

2020년 말 기준, SK하이닉스는 국내 시가총액 2위, 그리고 인텔, 삼성전자를 잇는 글로벌 반도체 매출 3위 기업으로 도약하였다. 지난 10년간 시가총액이 4배 가까이 성장한 SK하이닉스는 모회사인 SK텔레콤의 기업가치 증대에 기여했을 뿐만 아니라 SK그룹의 위상을 높였다.

(DBR 330호 2021년 10월 Issue 1)

Knowledge is Power!

내부거래는 어떤 목적으로 이루어지는가?

공정거래위원회는 부당내부거래의 유형을 ① 부당한 자금지원, ② 부당한 자산·상품 등 지원, ③ 부당한 인력지원, ④ 부당한 거래단계 추가 등의 4개 유형으로 구분하였다.

부당한 자금지원이란 부당하게 특수관계인 또는 다른 회사에 대하여 가지급금·대여금 등 자금을 상당히 낮거나 높은 대가로 제공하거나 상당한 규모로 제공하여 과다한 경제상 이익을 제공함으로써 특수관계인 또는 다른 회사를 지원하는 행위를 말한다.

부당한 자산·상품 등 지원이란 부당하게 특수관계인 또는 다른 회사에 대하여 부동산·유가증권·상품·용역·무체재산권 등 자산을 상당히 낮거나 높은 대가로 제공하거나 상당한 규모로 제공하여 과다한 경제상 이익을 제공함으로써 특수관계인 또는 다른 회사를 지원하는 행위를 말한다.

부당한 인력지원이란 부당하게 특수관계인 또는 다른 회사에 대하여 인력을 상당히 낮거나 높은 대가로 제공하거나 상당한 규모로 제공하여 과다한 경제상 이익을 제공함으로써 특수관계인 또는 다른 회사를 지원하는 행위를 말한다.

부당한 거래단계 추가란 다른 사업자와 직접 상품·용역을 거래하면 상당히 유리함에도 불구하고 거래상 역할이 없거나 미미한 특수관계인이나 다른 회사를 거래단계에 추가하거나 거쳐서 거래하는 행위를 말한다.

부당한 자금지원 사례로, 공정거래위원회는 기업집단 부영 소속 ㈜대화기건이 ㈜부영엔터테인먼트가 실시한 유상증자에 유리한 조건으로 참여하여 ㈜부영엔터테인먼트를 지원한 행위에 시정명령 및 과징금 3억 6천만 원(잠정)을 부과하기로 결정하였다.

부당한 자산·상품 등 지원 사례로, 공정거래위원회는 기업집단 '아모레퍼시픽' 소속 ㈜아모레퍼시픽그룹이 예금담보를 제공하여 계열회사인 ㈜코스비전이 낮은 금리로 대규모의 시설자금을 차입하도록 지원한 행위에 대하여 시정명령 및 아모레퍼시픽그룹과 코시비전에 각각 4,800만원의 과징금 부과를 결정했다.

부당한 거래단계 추가 사례로, 공정거래위원회는 대형 할인점에 라면류를 공급하는 과정에서 아무런 실질적 역할이 없는 내츄럴삼양(주)을 거래단계에 끼워 넣어 '통행세'를 수취하도록 함으로써 부당하게 내츄럴삼양(주)을 지원한 삼양식품(주)의 행위에 대해 시정명령과 함께 과징금 26억 2,400만원을 부과하기로 결정했다.

마직으로 부당한 인력지원 사례로, 공정거래위원회는 주식회사 한국스탠다드차타드 제일은행이 대부업을 영위하는 한국피에프금융 주식회사의 설립과 관련하여 창업인력 4명을 파견하여 부당지원한 것에 대해 현장조사를 실시했다. 주식회사 한국스탠다드차타드 제일은행은 창업인력에 대한 인건비 등을 파견기간종료 직후에 한국피에프금융 주식회사측에 지급을 요청하였고, 주식회사 한국스탠다드차타드 제일은행은 창업인력에 대한 지연이자까지 포함하여 331백만원을 한국피에프금융 주식회사측으로부터 지급받았다는 것을 확인하여 최종 무혐의 처리했다.

(공정거래위원회 홈페이지 참조)

Summary & Check 🎯

⑤ 내부거래의 기초

- 내부거래(inter-company transactions)란 연결실체 내에서 발생한 거래를 말한다.
- 지배기업이 종속기업에 자산 등을 매각하는 거래를 하향거래(down-stream transactions)라고 하고, 종속기업이 지배기업에 자산 등을 매각하는 거래를 상향거래(up-stream transactions)라고 한다.
- 하향거래에서 발생한 미실현손익을 지배기업의 소유주에 전액 배분한다. 그러나 상향거래에서 발생한 미실현손익은 지배기업의 소유주와 비지배지분 각각의 지분율에 비례하여 배분한다.

⑤ 재고자산 내부거래

- 지배기업과 종속기업 간에 재고자산 내부거래가 발생하고 같은 회계연도에 해당 재고자산이 연결실체 외부로 판매되어 실현된 경우 과대계상된 매출과 매출원가를 상계제거하는 연결조정분개를 해야 한다.
- 지배기업과 종속기업 간에 재고자산 내부거래가 발생하고 같은 회계연도에 해당 재고자산이 연결실체 외부로 판매되지 않아 미실현된 경우 과대계상된 매출과 매출원가를 상계제거하는 연결조정분개뿐만 아니라 재고자산에 포함되어 있는 미실현이익을 제거하는 연결조정분개를 해야 한다.
- 재고자산의 내부거래에서 발생한 손실이 자산손상에 해당한다면 해당 손실은 인식해야 한다. 다만, 자산손상을 인식하는 연결조정분개를 해야 하므로 우선적으로 내부미실현손실을 제거하는 연결조정분개를 한다.

⑤ 유형자산 내부거래

- 지배기업과 종속기업 간에 비상각자산 내부거래가 발생하고 같은 회계연도에 해당 비상각자산이 연결실체 외부로 매각되지 않아 미실현된 경우 과대계상된 비상각자산과 유형자산처분이익을 제거하는 연결조정분개를 해야 한다.
- 비상각자산과 달리 상각자산의 경우에는 해당 상각자산을 연결실체 외부로 매각하지 않더라도 감가상각비를 통해서 매년 미실현이익의 일정 금액이 실현된다.

⑤ 사채 내부거래

- 지배기업과 종속기업 간에 사채 내부거래가 발생하는 경우에 이를 사채의 상환과정으로 보아 관련 계정을 모두 제거하는 연결조정분개를 해야 한다. 이때 사채를 할인하는 유효이자율 등의 차이로 지배기업과 종속기업 간에 사채와 관련된 금액이 다를 수 있으며, 이 차이를 사채추정상환손익으로 회계처리한다.

ⓢ 기타 내부거래

- 내부거래로 발생한 매출채권의 처분이 제거조건을 충족하는 경우에는 연결조정분개를 할 때 차입거래로 보고 회계처리를 한다.

- 내부거래로 제거되는 매출채권과 관련한 손실충당금이 있다면 손상차손과 상계제거하는 연결조정분개를 해야 한다.

OX Quiz ✏️

1   하향거래와 상향거래를 포함한 모든 내부거래는 그 유형에 관계없이 모두 제거되어야 한다.

2   하향거래와 상향거래에서 발생한 미실현손익은 모두 지배기업의 소유주와 비지배지분 각각의 지분율에 비례하여 배분한다.

3   재고자산의 내부거래에 대한 미실현이익을 계산할 때 판매회사의 매출총이익률을 적용하는 이유는 재고자산의 과대계상된 금액을 계산하기 위한 것이다.

4   재고자산의 내부거래에서 발생한 손실이 자산손상에 해당하거나 해당하지 않는 경우 모두 내부거래를 제거하는 연결조정분개를 하지 않는다.

5   유형자산의 경우 토지와 같은 비상각자산의 미실현이익은 외부에 처분되는 경우에 실현되지만, 건물과 같은 상각자산은 외부에 처분되지 않더라도 감가상각비를 통해서 매년 미실현이익의 일정 금액이 실현된다.

6   지배기업과 종속기업 간 사채 내부거래가 발생하는 경우에 사채와 관련된 금액이 달라서 발생하는 차이를 자본잉여금으로 회계처리한다.

7   내부거래로 발생한 매출채권의 처분이 제거조건을 충족하지 못하는 경우에는 연결조정분개를 할 때 차입거래로 보고 회계처리를 한다.

Multiple-choice Questions ⊞

※ 다음 자료를 이용하여 1번과 2번에 답하시오. (CPA 2019)

㈜대한은 20×1년 초에 ㈜민국의 보통주 80%를 ₩1,200,000에 취득하여 지배력을 획득하였다. 지배력 획득시점의 ㈜민국의 순자산 장부금액은 공정가치와 동일하다. 다음은 지배력 획득일 현재 ㈜민국의 자본 내역이다.

㈜민국	20×1년 1월 1일
보통주자본금(주당 액면금액 ₩100)	₩500,000
자본잉여금	200,000
이익잉여금	800,000
	₩1,500,000

〈추가자료〉

- 20×1년과 20×2년 ㈜대한과 ㈜민국 간의 재고자산 내부거래는 다음과 같다. 매입회사 장부 상 남아있는 각 연도 말 재고자산은 다음 회계연도에 모두 외부에 판매되었다.

연 도	판매회사 → 매입회사	판매회사 매출액	판매회사 매출원가	매입회사장부상 기말재고
20×1	㈜대한 → ㈜민국	₩80,000	₩64,000	₩40,000
20×1	㈜민국 → ㈜대한	50,000	40,000	15,000
20×2	㈜대한 → ㈜민국	100,000	70,000	40,000
20×2	㈜민국 → ㈜대한	80,000	60,000	20,000

- ㈜대한은 20×1년 4월 1일에 보유 토지 ₩90,000을 ㈜민국에게 ₩110,000에 매각하였다. ㈜대한과 ㈜민국은 20×2년 12월 말부터 보유 토지에 대해 재평가모형을 적용하기로 함에 따라 ㈜민국은 ㈜대한으로부터 매입한 토지를 ₩120,000으로 재평가하였다.
- ㈜대한의 20×1년과 20×2년 당기순이익은 각각 ₩300,000과 ₩200,000이며, ㈜민국의 20×1년과 20×2년 당기순이익은 각각 ₩80,000과 ₩100,000이다.
- ㈜대한의 별도재무제표상 ㈜민국의 주식은 원가법으로 표시되어 있다. 연결재무제표 작성 시 비지배지분은 종속기업의 식별가능한 순자산 공정가치에 비례하여 결정한다.

1 20×1년 말 ㈜대한의 연결재무상태표에 표시되는 비지배지분은 얼마인가?

① ₩300,000   ② ₩313,800   ③ ₩315,400

④ ₩316,000   ⑤ ₩319,800

2   ㈜대한의 20×2년도 연결포괄손익계산서에 표시되는 지배기업소유주 귀속 당기순이익과 비지배지분 귀속 당기순이익은 각각 얼마인가?

	지배기업소유주 귀속 당기순이익	비지배지분 귀속 당기순이익		지배기업소유주 귀속 당기순이익	비지배지분 귀속 당기순이익
①	₩264,400	₩18,400	②	₩264,400	₩19,000
③	₩264,400	₩19,600	④	₩274,400	₩19,600
⑤	₩274,400	₩21,600			

※ 다음 자료를 이용하여 3번과 4번에 답하시오.   (CPA 2020)

· 제조업을 영위하는 ㈜지배는 20×1년 초 ㈜종속의 의결권 있는 보통주 80%를 취득하여 지배력을 획득하였다.
· 지배력 획득일 현재 ㈜종속의 순자산의 장부금액은 ₩400,000이고, 공정가치는 ₩450,000이며, 장부금액과 공정가치가 다른 자산은 토지로 차이내역은 다음과 같다.

계정과목	장부금액	공정가치
토 지	₩100,000	₩150,000

㈜종속은 위 토지 전부를 20×1년 중에 외부로 매각하고, ₩70,000의 처분이익을 인식하였다.
· 20×1년 중에 ㈜지배는 ㈜종속에게 원가 ₩60,000인 상품을 ₩72,000에 판매하였다. ㈜종속은 ㈜지배로부터 매입한 상품의 80%를 20×1년에, 20%를 20×2년에 외부로 판매하였다.
· ㈜지배와 ㈜종속이 별도(개별)재무제표에서 보고한 20×1년과 20×2년의 당기순이익은 다음과 같다.

구 분	20×1년	20×2년
㈜지배	₩300,000	₩400,000
㈜종속	80,000	100,000

· ㈜종속은 20×2년 3월에 ₩10,000의 현금배당을 결의하고 지급하였다.
· ㈜종속은 20×2년 10월 1일에 장부금액 ₩20,000(취득원가 ₩50,000, 감가상각누계액 ₩30,000, 잔존내용연수 4년, 잔존가치 ₩0, 정액법 상각)인 기계를 ㈜지배에 ₩40,000에 매각하였으며, 20×2년 말 현재 해당 기계는 ㈜지배가 보유하고 있다.
· ㈜지배는 별도재무제표상 ㈜종속 주식을 원가법으로 회계처리하고 있다. ㈜지배와 ㈜종속은 유형자산에 대해 원가모형을 적용하고, 비지배지분은 종속기업의 식별가능한 순자산공정가치에 비례하여 결정한다.

3 ㈜지배의 20×1년도 연결포괄손익계산서에 표시되는 지배기업소유주 귀속 당기순이익과 비지배지분 귀속 당기순이익은 각각 얼마인가? (단, 영업권 손상은 고려하지 않는다)

	지배기업소유주 귀속 당기순이익	비지배지분 귀속 당기순이익		지배기업소유주 귀속 당기순이익	비지배지분 귀속 당기순이익
①	₩321,600	₩5,520	②	₩321,600	₩6,000
③	₩322,080	₩5,520	④	₩327,600	₩5,520
⑤	₩327,600	₩6,000			

4 ㈜지배의 20×2년도 연결포괄손익계산서에 표시되는 비지배지분 귀속 당기순이익은 얼마인가?

① ₩13,210　　　　　② ₩14,650　　　　　③ ₩14,810

④ ₩16,250　　　　　⑤ ₩17,000

※ 다음 〈자료〉를 이용하여 5번과 6번에 답하시오.　　　　　　　　　　(CPA 2021)

〈자료〉

· ㈜대한은 20×1년 1월 1일에 ㈜민국의 의결권 있는 주식 60%를 ₩300,000에 취득하여 지배력을 획득하였다. 지배력 획득시점의 ㈜민국의 순자산 장부금액은 공정가치와 동일하다.
· 다음은 20×1년부터 20×2년까지 ㈜대한과 ㈜민국의 요약재무정보이다.

요약포괄손익계산서

계정과목	20×1년도		20×2년도	
	(주)대한	(주)민국	(주)대한	(주)민국
매　　　　출	₩850,000	₩500,000	₩800,000	₩550,000
(매 출 원 가)	(700,000)	(380,000)	(670,000)	(420,000)
기 타 수 익	210,000	170,000	190,000	150,000
(기 타 비 용)	(270,000)	(230,000)	(200,000)	(210,000)
당 기 순 이 익	₩90,000	₩60,000	₩120,000	₩70,000

요약재무상태표

계정과목	20×1년도		20×2년도	
	(주)대한	(주)민국	(주)대한	(주)민국
현 금 등	₩450,000	₩270,000	₩620,000	₩300,000
재 고 자 산	280,000	150,000	250,000	200,000
종 속 기 업 투 자	300,000	-	300,000	-
유 형 자 산	670,000	530,000	630,000	400,000
자　　　　산	₩1,700,000	₩950,000	₩1,800,000	₩900,000

부 채	₩710,000	₩490,000	₩690,000	₩370,000
자 본 금	700,000	250,000	700,000	250,000
이 익 잉 여 금	290,000	210,000	410,000	280,000
부 채 와 자 본	₩1,700,000	₩950,000	₩1,800,000	₩900,000

· ㈜대한과 ㈜민국 간의 20×1년과 20×2년 내부거래는 다음과 같다.

연 도	내부거래 내용
20×1년	㈜대한은 보유 중인 재고자산을 ₩100,000(매출원가 ₩80,000)에 ㈜민국에게 판매하였다. ㈜민국은 ㈜대한으로부터 매입한 재고자산 중 20×1년 말 현재 40%를 보유하고 있으며, 20×2년 동안 연결실체 외부로 모두 판매하였다.
20×2년	㈜민국은 보유 중인 토지 ₩95,000을 ㈜대한에게 ₩110,000에 매각하였으며, ㈜대한은 20×2년 말 현재 동 토지를 보유 중이다.

· ㈜대한의 별도재무제표에 ㈜민국의 주식은 원가법으로 표시되어 있다.
· 자산의 손상 징후는 없으며, 연결재무제표 작성 시 비지배지분은 종속기업의 식별가능한 순자산 공정가치에 비례하여 결정한다.

5 20×1년 12월 31일 현재 ㈜대한의 연결재무상태표에 표시되는 영업권을 포함한 자산총액은 얼마인가?

① ₩2,402,000   ② ₩2,500,000   ③ ₩2,502,000

④ ₩2,702,000   ⑤ ₩2,850,000

6 20×2년 ㈜대한의 연결포괄손익계산서에 표시되는 연결당기순이익은 얼마인가?

① ₩208,000   ② ₩197,000   ③ ₩183,000

④ ₩182,000   ⑤ ₩177,000

※ 다음 자료를 이용하여 7번과 8번에 답하시오.　　　　　　　　　　　　(CPA 2022)

제조업을 영위하는 ㈜대한은 20×1년 초에 ㈜민국의 보통주 60%를 ₩140,000에 취득하여 지배력을 획득하였다. 취득일 현재 ㈜민국의 순자산 장부금액은 ₩150,000(자본금 ₩100,000, 이익잉여금 ₩50,000)이다.

〈추가자료〉

· 취득일 현재 ㈜민국의 식별가능한 자산과 부채 중 장부금액과 공정가치가 다른 내역은 다음과 같다.

계정과목	장부금액	공정가치	추가정보
재고자산 (상 품)	₩50,000	₩60,000	20×1년 중에 모두 외부판매됨
기 계 장 치	120,000	160,000	취득일 현재 잔존내용연수는 8년이고, 잔존가치 없이 정액법으로 상각함

· 20×1년 중에 ㈜대한은 장부금액 ₩20,000의 재고자산(제품)을 ㈜민국에게 ₩30,000에 판매하였다. ㈜민국은 이 재고자산의 50%를 20×1년에, 나머지 50%를 20×2년에 외부로 판매하였다.
· 20×2년 1월 1일에 ㈜민국은 ㈜대한으로부터 ₩100,000을 차입하였다. 동 차입금의 만기는 20×2년 12월 31일이며, 이자율은 연 10%이다.
· ㈜대한과 ㈜민국이 별도(개별)재무제표에서 보고한 20×1년과 20×2년의 당기순이익은 다음과 같다.

구 분	20×1년	20×2년
㈜대한	₩80,000	₩100,000
㈜민국	30,000	50,000

· ㈜대한은 별도재무제표에서 ㈜민국에 대한 투자주식을 원가법으로 회계처리한다. 연결재무제표 작성 시 유형자산에 대해서는 원가모형을 적용하고, 비지배분은 종속기업의 식별가능한 순자산 공정가치에 비례하여 결정한다.

7　㈜대한의 20×1년 말 연결재무상태표에 표시되는 비지배지분은 얼마인가?

① ₩80,000　　　　　　② ₩82,000　　　　　　③ ₩84,000

④ ₩86,000　　　　　　⑤ ₩92,000

8   ㈜대한의 20×2년도 연결포괄손익계산서에 표시되는 지배기업소유주 귀속 당기순이익은 얼마인가?

① ₩132,000   ② ₩130,000   ③ ₩128,000
④ ₩127,000   ⑤ ₩123,000

9   ㈜대한은 20×1년 초에 ㈜민국의 보통주 60%를 취득하여 지배력을 획득하였다. 지배력 획득일 현재 ㈜민국의 순자산 장부금액과 공정가치는 일치하였다. 20×2년 초에 ㈜대한은 사용 중이던 기계장치(취득원가 ₩50,000, 감가상각누계액 ₩30,000, 잔존내용연수 5년, 잔존가치 ₩0, 정액법 상각, 원가모형 적용)를 ㈜민국에 ₩40,000에 매각하였다. 20×3년 말 현재 해당 기계장치는 ㈜민국이 사용하고 있다. ㈜대한과 ㈜민국이 별도(개별)재무제표에서 보고한 20×3년도 당기순이익은 다음과 같다.   (CPA 2023)

계정과목	㈜대한	㈜민국
당기순이익	₩20,000	₩10,000

㈜대한의 20×3년도 연결포괄손익계산서에 표시되는 지배기업소유주 귀속 당기순이익은 얼마인가?

① ₩22,000   ② ₩23,600   ③ ₩26,000
④ ₩28,400   ⑤ ₩30,000

10   ㈜세무는 20×1년 초 순자산 장부금액이 ₩1,000,000인 ㈜한국의 의결권 있는 보통주 80%를 ₩900,000에 취득하여 지배력을 획득하였다. 취득일 현재 ㈜한국의 자산과 부채의 장부금액과 공정가치는 건물을 제외하고 모두 일치하였다. 건물의 장부금액과 공정가치는 각각 ₩500,000과 ₩600,000이고, 정액법(잔존 내용연수 10년, 잔존가치 ₩0)으로 상각한다. ㈜한국은 원가에 25%의 이익을 가산하여 ㈜세무에 상품을 판매하고 있으며, 20×1년 ㈜세무가 ㈜한국으로부터 매입한 상품 중 ₩50,000이 기말상품재고액으로 계상되어 있다. 20×1년도 ㈜세무의 별도재무제표에 보고된 당기순이익은 ₩250,000이고, ㈜한국의 당기순이익이 ₩120,000이라고 할 때, ㈜세무의 20×1년도 연결포괄손익계산서상 지배기업소유주 귀속 당기순이익은? (단, ㈜세무는 별도재무제표상 ㈜한국의 주식을 원가법으로 회계처리하고 있으며, 비지배지분은 종속기업의 식별가능한 순자산 공정가치에 비례하여 결정한다)   (CTA 2023)

① ₩328,000   ② ₩330,000   ③ ₩338,000
④ ₩346,000   ⑤ ₩350,000

11 다음은 ㈜세무 및 그 종속기업인 ㈜한국과 관련된 자료이다. 다음의 설명 중 옳은 것은? (CTA 2022)

- ㈜세무는 20×1년 1월 1일 ㈜한국의 의결권 있는 보통주식의 60%를 ₩700,000에 취득하여 지배력을 획득하였다.
- 취득일 현재 ㈜한국의 재무상태표상 자본총액은 ₩1,000,000(자본금 ₩700,000, 이익잉여금 ₩300,000)이다.
- 취득일 현재 공정가치와 장부금액이 서로 다른 자산은 재고자산(장부금액 ₩300,000, 공정가치 ₩350,000)이 유일하고, 부채의 공정가치는 장부금액과 동일하다.
- ㈜한국은 상기 재고자산의 70%를 20×1년도 중 연결실체 외부에 판매하였고, 나머지는 20×1년 말까지 보유하고 있다.
- 20×1년도 ㈜한국의 당기순이익은 ₩50,000이고, 취득일 이후 ㈜세무와 ㈜한국 간의 내부거래는 없다.
- ㈜세무가 20×1년도 연결포괄손익계산서에 표시한 연결당기순이익은 ₩100,000이다.
- 영업권과 관련된 손상차손은 고려하지 않으며, 비지배지분은 종속기업의 식별가능한 순자산 공정가치에 비례하여 결정하기로 한다.
- 20×1년 말 현재 ㈜한국은 ㈜세무의 유일한 종속기업이다.

---

① ㈜세무가 20×1년 말 연결재무상태표에 표시할 영업권은 ₩100,000이다.

② ㈜세무가 20×1년도 연결포괄손익계산서에 표시할 연결당기순이익 중 비지배주주에 귀속되는 부분은 ₩15,000이다.

③ ㈜세무가 20×1년도 연결포괄손익계산서에 표시할 연결당기순이익 중 지배기업소유주에 귀속되는 부분은 ₩85,000이다.

④ ㈜세무가 종속기업에 대한 투자를 원가법을 적용하여 표시한 20×1년도의 별도재무제표상 당기순이익은 ₩91,000이다.

⑤ ㈜세무가 종속기업에 대한 투자를 지분법을 적용하여 표시한 20×1년도의 별도재무제표상 당기순이익은 ₩94,000이다.

Short-answer Questions

1   ㈜서울은 20×1년 1월 1일 ㈜송파의 발행주식 60%를 ₩700,000에 취득하여 지배력을 획득하였다. 주식 취득일 현재 ㈜서울과 ㈜송파의 자본계정과 추가자료는 다음과 같다.

(CPA 2010)

〈자본계정〉

계정과목	㈜서울	㈜송파
납 입 자 본	₩1,000,000	₩650,000
이 익 잉 여 금	400,000	350,000

〈추가자료〉

1. 20×1년 1월 1일 현재 ㈜송파의 자산과 부채 중에서 장부금액과 공정가치가 일치하지 않는 항목은 다음과 같다.

계정과목	장부금액	공정가치
재 고 자 산	₩150,000	₩180,000
건 물	100,000	150,000

위의 재고자산은 20×1년 중에 모두 외부로 판매되었다. 20×1년 1월 1일 현재 위의 건물 잔존 내용연수는 10년이며 잔존가치는 ₩0이고 정액법에 따라 감가상각한다.

2. 20×1년 중에 ㈜송파는 ㈜서울에 원가 ₩10,000인 재고자산을 ₩12,000의 가격으로 판매하였으며, 이 중 50%는 20×1년 중에 외부로 판매되었고 나머지 50%는 20×2년 말 현재 ㈜서울이 보유 중이다. 한편 ㈜서울은 20×2년 중에 원가 ₩30,000의 재고자산을 ㈜송파에게 ₩25,000의 가격으로 판매하였다. 동 재고자산은 경쟁사의 신제품 출시로 인하여 가격이 급격히 하락하였으며, ㈜송파에 판매한 가격은 순실현가능가치와 동일한 금액이다.

3. 20×2년 말 ㈜서울의 ㈜송파에 대한 매출채권 ₩25,000 중 ₩12,000은 은행에서 할인한 상태이며, 동 할인거래는 매출채권의 제거조건을 만족하지 못한다.

4. 20×1년 말 ㈜송파는 자사가 보유 중인 건물에 대하여 재평가를 실시하였으며 재평가된 금액은 ₩180,000이었다. ㈜송파는 재평가잉여금을 이익잉여금에 대체하지 않는 회계정책을 채택하고 있다.

5. 20×2년 초에 ㈜송파는 사용하던 비품(처분시 장부금액은 ₩30,000, 처분시점에서의 잔존 내용연수는 5년, 잔존가치는 ₩0)을 ㈜서울에 ₩36,000에 매각하였다. ㈜서울은 동 비품을 20×2년에 사용하였으며 정액법(잔존 내용연수 5년, 잔존가치는 ₩0)으로 상각하였다. 20×2년 말 ㈜서울은 동 비품을 ₩40,000의 가격으로 외부에 처분하였다.

6. 20×1년과 20×2년에 대한 ㈜서울과 ㈜송파의 별도재무제표상 당기순이익은 다음과 같으며 동 기간 중에 양사는 배당을 선언한 바 없다.

구 분	20×1년	20×2년
㈜서울	₩200,000	₩220,000
㈜송파	150,000	180,000

7. ㈜서울은 ㈜송파의 주식 취득에서 발생한 영업권의 회수가능액을 20×1년 말과 20×2년 말에 각각 ₩48,000과 ₩51,000으로 추정하였다.

8. ㈜서울은 ㈜송파의 주식을 원가법으로 회계처리하고 있으며 연결재무제표 작성시 비지배지분은 종속기업의 순자산 공정가치에 대한 비례적 지분으로 평가한다.

9. ㈜서울과 ㈜송파가 작성한 별도재무제표는 한국채택국제회계기준(K-IFRS)에 따라 적정하게 작성되었다.

(물음 1) ㈜서울이 20×2 회계연도에 대하여 연결재무제표를 작성한다고 할 때 다음에 제시되는 부분 연결재무제표의 빈칸 ①~⑪에 들어갈 금액을 계산하시오.

계정과목	별도재무제표		연결재무제표
	㈜서울	㈜송파	
재무상태표 항목			
매 출 채 권 (순 액)	₩110,000	₩90,000	①
재 고 자 산	45,000	33,000	②
건 물 (순 액)	190,000	160,000	③
영 업 권	-	-	④
단 기 차 입 금	90,000	50,000	⑤
재 평 가 잉 여 금	0	90,000	⑥
이 익 잉 여 금	820,000	680,000	⑦
포괄손익계산서 항목			
매 출 원 가	₩600,000	₩400,000	⑧
감 가 상 각 비	55,000	25,000	⑨
유 형 자 산 처 분 이 익	11,200	6,000	⑩
비 지 배 지 분 귀 속 당 기 순 이 익	-	-	⑪

(물음 2) 20×1년 1월 1일 ㈜송파의 발행주식수는 100주이고 1주당 공정가치는 ₩11,000이라고 가정한다. ㈜송파의 비지배지분을 공정가치에 따라 평가한다고 할 때 20×1년 1월 1일 취득시점에서의 영업권을 계산하시오.

영업권	①

(물음 3) 비지배지분은 종속기업의 순자산 공정가치에 대한 비례적 지분으로 측정할 수도 있고 공정가치로 측정할 수도 있다. 두 방법 중에서 어느 방법을 선택하는가에 따라 연결재무제

표에 보고되는 영업권 금액에 있어 차이가 발생하는 것이 일반적이다. 이와 같이 차이가 발생하는 이유는 무엇이며, 두 방법 중에서 어느 방법이 연결실체이론에 보다 부합하는지를 설명하시오.

2   ㈜지배는 20×1년 1월 1일에 ㈜종속의 보통주 80%(80주, 주당 액면금액 ₩5,000)를 ₩680,000에 취득하고 지배력을 획득하였다. 주식취득일 현재 ㈜종속의 자본계정은 자본금 ₩500,000과 이익잉여금 ₩200,000으로 구성되어 있으며, 보통주 1주당 공정가치는 ₩8,200이다.

(CPA 2014)

〈추가자료〉

1. 20×1년 1월 1일 현재 ㈜종속의 자산과 부채 중에서 장부금액과 공정가치가 일치하지 않는 항목은 다음과 같다.

계정과목	장부금액	공정가치
상 품	₩70,000	₩84,000
토 지	300,000	350,000
건 물 (순 액)	180,000	216,000

위 상품 중 80%는 20×1년 중에 외부로 판매되었으며, 나머지 20%는 20×2년 중에 외부로 판매되었다. 토지와 건물은 ㈜종속이 20×0년 초에 현금 ₩500,000을 지급하고 일괄취득한 자산이며, 건물은 정액법(내용연수 10년, 잔존가치 ₩0)에 따라 감가상각하고 있다.

2. 20×1년 중에 ㈜지배는 ㈜종속에 원가 ₩12,000인 제품을 ₩15,000에 현금 판매하였으며, ㈜종속은 동 상품 전액을 20×2년 중에 외부로 판매하였다.

3. 20×2년 1월 1일에 ㈜종속은 사용하던 비품(장부금액 ₩30,000)을 ₩36,000에 ㈜지배에 현금 매각하였다. 비품 매각일 현재 잔존내용연수는 3년, 잔존가치는 ₩0, 감가상각 방법은 정액법이다. ㈜지배는 동 자산을 20×2년 말 현재 사용하고 있다.

4. 20×2년 1월 1일 ㈜종속은 신규시설투자와 관련하여 ㈜지배로부터 현금 ₩200,000을 차입하였다. 동 차입금은 약정이자(연 이자율 5%)와 함께 20×3년 12월 31일에 상환할 예정이다.

5. 20×1년과 20×2년에 대한 ㈜지배와 ㈜종속의 별도(개별)재무제표상 당기순이익은 아래와 같으며, 동 기간 중에 양 사는 배당을 선언한 바가 없다.

구 분	20×1년	20×2년
㈜지배	₩55,000	₩75,000
㈜종속	20,000	25,000

6. ㈜지배는 ㈜종속의 주식을 원가법으로 회계처리하고 있으며, 연결재무제표 작성시 비지배지분은 공정가치로 평가한다.

> 7. ㈜지배와 ㈜종속이 작성한 별도(개별)재무제표는 한국채택국제회계기준에 따라 적정하게 작성되었다.

(물음 1) ㈜지배와 ㈜종속의 20×1년도 별도(개별)재무제표상 일부항목이 다음과 같다고 할 때, 연결재무제표의 빈칸(①~⑤)에 계상될 금액을 구하시오. 단, 20×1년 말 현재 영업권에 대한 손상은 발생하지 않은 것으로 가정하며, 해당 금액이 없는 경우에는 "0"으로 표시하시오.

계정과목	㈜지배	㈜종속	연결재무제표
포괄손익계산서 항목			
매 출 원 가	₩650,000	₩280,000	①
당 기 순 이 익	55,000	20,000	②
재무상태표 항목			
상 품	₩240,000	₩90,000	③
건 물 (순 액)	380,000	160,000	④
영 업 권	0	0	⑤

(물음 2) 20×2년도에 ㈜지배가 작성하는 연결재무제표에 계상될 ① 비지배지분순이익과 ② 비지배지분 금액을 각각 구하시오.

비지배지분순이익	①
비지배지분	②

3 ㈜지배는 20×1년 1월 1일에 ㈜종속의 보통주 60%를 취득하여 지배력을 획득하였다. 다음의 독립된 세 가지 (물음)에 대해 답하시오. (CPA 2015)

(물음 1) 20×1년 1월 1일에 ㈜지배는 ㈜종속에게 원가 ₩100,000의 상품을 ₩120,000에 판매하였다. 동 상품의 80%는 20×1년 중에 외부로 판매되었으며, 나머지 20%는 20×1년 12월 31일 현재 ㈜종속의 기말재고자산으로 남아있다. 기말에 ㈜종속은 저가법에 따라 동 기말재고자산을 시가인 ₩18,000으로 평가하고 재고자산평가손실 ₩6,000을 인식하였다.

위 거래의 영향을 반영한 후 ㈜지배와 ㈜종속의 20×1년도 별도(개별)재무제표상 일부항목이 다음과 같다고 할 때, 연결재무제표의 빈칸(①~②)에 계상될 금액을 제시하시오.

계정과목	㈜지배	㈜종속	연결재무제표
재무상태표 항목			
재 고 자 산 (순 액)	₩45,000	₩25,000	①
포괄손익계산서 항목			
매 출 원 가	₩700,000	₩200,000	②

(물음 2) 20×1년 1월 1일에 ㈜종속은 ㈜지배에게 장부금액이 ₩50,000(취득원가 ₩80,000, 감가상각누계액 ₩30,000)인 기계장치를 ₩60,000에 판매하였다. 판매시점에 이 기계장치의 잔여내용연수는 5년이고, 추정잔존가치는 없으며, 두 회사 모두 기계장치를 정액법으로 상각한다. 20×2년 12월 31일에 ㈜지배는 이 기계장치를 ₩32,000에 외부로 판매하였다.

위 거래의 영향을 반영한 후 ㈜지배와 ㈜종속의 20×2년도 별도(개별)재무제표상 일부항목이 다음과 같다고 할 때, 연결재무제표의 빈칸(①~②)에 계상될 금액을 제시하시오. 단, 유형자산처분손실이 계상될 경우 금액 앞에 '(−)'를 표시하시오.

계정과목	㈜지배	㈜종속	연결재무제표
포괄손익계산서 항목			
감 가 상 각 비	₩80,000	₩50,000	①
유 형 자 산 처 분 이 익 (손 실)	(7,000)	15,000	②

(물음 3) 20×1년 1월 1일에 ㈜지배는 ㈜종속에게 원가 ₩65,000의 상품을 ₩90,000에 외상매출하였으며, 이 중 ₩60,000을 현금회수하였다. 20×1년 말 현재 동 매출채권 잔액 중 ₩18,000은 은행에서 할인한 상태이며, 동 할인거래 중 ₩10,000은 매출채권의 제거조건을 만족하였으나, 나머지 ₩8,000은 매출채권의 제거조건을 만족하지 못하였다. ㈜지배와 ㈜종속의 대손설정률은 각각 기말 매출채권 잔액의 5%, 3%이다. ㈜종속은 ㈜지배로부터 매입한 상품을 20×1년 중에 전액 외부로 판매하였다.

위 거래의 영향을 반영한 후 ㈜지배와 ㈜종속의 20×1년도 별도(개별)재무제표상 일부항목이 다음과 같다고 할 때, 연결재무제표의 빈칸(①~②)에 계상될 금액을 제시하시오.

계정과목	㈜지배	㈜종속	연결재무제표
재무상태표 항목			
매 입 채 무	₩150,000	₩135,000	①
포괄손익계산서 항목			
대 손 상 각 비	₩18,000	₩12,000	②

4 ㈜대한은 20×1년 1월 1일에 ㈜민국의 의결권 있는 보통주식 80%를 취득하여 실질지배력을 획득하였다. ㈜대한이 지배력 획득일에 주식의 취득대가로 ㈜민국의 순자산 장부금액을 초과하여 지급한 금액은 전액 건물에 배분되며, 동 건물은 4년의 잔존 내용연수 기간 동안 잔존가치 없이 정액법으로 감가상각된다. 아래 〈자료〉를 이용하여 물음에 답하시오.

(CPA 2022)

〈자료〉

1. ㈜민국은 ㈜대한의 유일한 종속기업이며, 20×2년 말 ㈜대한과 ㈜민국의 별도(개별)재무제표와 연결실체 재무제표를 표시하면 다음과 같다.

재무상태표
20×2년 12월 31일 (단위: ₩)

계정과목	㈜대한	㈜민국	연결실체
현 금	278,000	63,000	341,000
매 출 채 권	40,000	30,000	?
재 고 자 산	80,000	40,000	100,000
종 속 기 업 투 자 주 식	?		
토 지	200,000	110,000	300,000
건 물	100,000	40,000	160,000
감가상각누계액(건물)	(50,000)	(30,000)	?
기 계 장 치	20,000	8,000	29,000
감가상각누계액(기계장치)	(8,000)	(1,000)	?
자 산 총 계	?	260,000	?
매 입 채 무	38,000	20,000	53,000
단 기 차 입 금	?	50,000	?
자 본 금	200,000	100,000	200,000
이 익 잉 여 금	450,000	90,000	?
비 지 배 지 분			?
부 채 및 자 본 총 계	?	260,000	?

포괄손익계산서
20×2년 1월 1일~20×2년 12월 31일 (단위: ₩)

계정과목	㈜대한	㈜민국	연결실체
매 출	200,000	130,000	300,000
매 출 원 가	120,000	70,000	165,000
감 가 상 각 비	15,000	10,000	29,500
이 자 비 용	2,000	1,000	3,500
기 타 수 익	20,000	11,000	19,000
기 타 비 용	2,000	1,000	2,500
당 기 순 이 익	81,000	59,000	118,500
당기순이익의 귀속			
지배기업의 소유주			113,700
비 지 배 지 분			4,800
			118,500

2. ㈜대한은 별도재무제표 상 ㈜민국에 대한 종속기업투자주식을 원가법으로 평가하고 있으며, 연결재무제표 작성 시 비지배지분은 종속기업 순자산의 공정가치에 대한 비례적 지분에 기초하여 결정한다.

3. 20×1년과 20×2년에 ㈜대한과 ㈜민국 모두 배당을 선언한 바가 없다.

4. 20×1년과 20×2년에 발생한 ㈜대한과 ㈜민국 간의 내부거래 내역은 다음과 같다.
   · ㈜대한과 ㈜민국은 매년 재고자산 내부거래를 하고 있다. 20×2년 1월 1일 현재 재고자산 내부거래에 따른 미실현이익의 잔액은 모두 전기에 ㈜대한이 ㈜민국에 판매하여 발생한 것이며, 이는 20×2년 중에 모두 실현되었다.
   · ㈜대한은 20×2년에 ㈜민국에 대한 매출채권 중 ₩2,000을 은행에서 할인하였으며, 동 할인거래는 매출채권의 제거조건을 만족하는 거래이다. 이와 관련하여 ㈜대한은 매출채권 처분손실(기타비용) ₩500을 인식하였다.
   · ㈜대한은 20×2년 1월 1일 취득원가 ₩5,000, 장부금액 ₩2,000의 기계장치를 ㈜민국에게 ₩4,000에 현금 매각하였다. 매각일 현재 동 기계장치의 잔존내용연수는 4년이며, 잔존가치 없이 정액법으로 감가상각한다. ㈜민국은 동 기계장치를 20×2년 말 현재 사용하고 있다.
   · ㈜민국은 20×2년 1월 1일에 보유 토지 중 1필지(장부금액: ₩50,000)를 ㈜대한에게 ₩60,000에 현금 매각하였으며, ㈜대한은 20×2년 말 현재 동 토지를 계속 보유하고 있다.

5. ㈜대한과 ㈜민국은 모든 유형자산(토지, 건물, 기계장치)에 대해 원가모형을 적용하고 있다. 또한 ㈜대한과 ㈜민국이 20×1년 1월 1일 이후 상기 내부거래 외에 추가적으로 취득하거나 처분한 유형자산은 없다.

6. ㈜대한과 ㈜민국의 별도(개별)재무상태표 상 자본항목은 자본금과 이익잉여금으로 구성되어 있다.

(물음 1) 지배력 획득일인 20×1년 1월 1일에 ㈜민국의 이익잉여금은 ₩40,000이었으며, 20×1년 1월 1일 이후 ㈜민국의 자본금 변동은 없다. 20×2년 말 ㈜대한의 별도재무상태표에 표시될 종속기업투자주식의 금액을 계산하시오.

종속기업투자주식	①

(물음 2) ㈜대한의 20×2년 말 연결재무상태표에 표시될 다음의 금액을 계산하시오.

매출채권	①
감가상각누계액(건물)	②
감가상각누계액(기계장치)	③

(물음 3) 20×2년 말 ㈜대한과 ㈜민국 간의 ① 재고자산 내부거래에 따른 미실현이익의 잔액을 계산하시오. 또한 ② 20×2년에 ㈜대한과 ㈜민국 간에 이루어진 재고자산 내부거래의 유형(상향판매 또는 하향판매: 아래 표 참조)을 구분하고, ③ 그렇게 판단한 근거를 간략히 서술하시오. 단, 20×2년에는 단 1건의 재고자산 내부거래만이 발생하였으며, 동 내부거래 재

고자산은 20×2년 12월 31일 현재 연결실체 외부로 판매되지 않고 매입회사의 장부에 모두 남아 있다.

재고자산 내부거래 유형	판매회사	매입회사
상향판매	㈜민국	㈜대한
하향판매	㈜대한	㈜민국

20×2년 12월 31일 현재 재고자산 내부거래에 따른 미실현이익의 잔액	①
재고자산 내부거래 유형 구분 (상향판매 또는 하향판매)	②
'②'에 표시한 답에 대한 판단근거	③

(물음 4) 20×2년 1월 1일에 존재한 ㈜대한과 ㈜민국 간의 재고자산 내부거래에 따른 전기이월 미실현이익의 잔액을 계산하시오.

20×2년 1월 1일 현재 재고자산 내부거래에 따른 미실현이익의 잔액	①

(물음 5) ㈜대한의 20×2년 말 연결재무상태표에 표시될 이익잉여금과 비지배지분의 금액을 각각 계산하시오.

연결이익잉여금	①
비지배지분	②

5　〈자료〉를 이용하여 각 〈요구사항〉에 답하시오.　　(CPA 2023)

〈자료〉

1. ㈜대한은 20×1년 1월 1일에 ㈜민국의 의결권 있는 보통주식 60%를 ₩120,000에 취득하여 실질지배력을 획득하였다. 지배력 취득일 현재 ㈜대한과 ㈜민국의 자본은 다음과 같다.

항　목	㈜대한	㈜민국
자　본　금	₩150,000	₩80,000
자 본 잉 여 금	100,000	60,000
이 익 잉 여 금	80,000	50,000
자　본　총　계	₩330,000	₩190,000

2. 다음은 ㈜대한과 ㈜민국의 20×1년과 20×2년의 별도(개별)포괄손익계산서이다.

계 정 과 목	20×1년도		20×2년도	
	㈜대한	㈜민국	㈜대한	㈜민국
매 출	₩150,000	₩100,000	₩200,000	₩120,000
기 타 수 익	18,000	8,000	35,000	20,000
매 출 원 가	(90,000)	(60,000)	(160,000)	(84,000)
감 가 상 각 비	(20,000)	(10,000)	(20,000)	(10,000)
기 타 비 용	(30,000)	(18,000)	(16,000)	(12,000)
당 기 순 이 익	₩28,000	₩20,000	₩39,000	₩34,000

3. 지배력 취득일 현재 ㈜민국의 순자산 장부금액과 공정가치가 일치하지 않는 자산은 다음과 같다.

계 정	장부금액	공정가치	비 고
재 고 자 산	₩50,000	₩56,000	20×1년에 80%를 판매하고 나머지는 20×2년에 판매
토 지	34,000	38,000	20×2년 중에 제3자에게 ₩42,000에 처분
건 물	60,000	55,000	잔존내용연수는 5년, 잔존가치는 없으며, 정액법으로 감가상각
기 계 장 치	60,000	70,000	

4. 다음은 ㈜대한과 ㈜민국 간의 20×1년과 20×2년의 내부거래 내용이다.

· 20×1년과 20×2년 ㈜대한과 ㈜민국 간의 재고자산 내부거래는 다음과 같으며, 기말재고 자산은 다음 연도에 모두 연결실체 외부로 판매된다.

연 도	판매회사	매입회사	매출액	기말 보유비율
20×1	㈜대한	㈜민국	₩30,000	50%
	㈜민국	㈜대한	15,000	40%
20×2	㈜대한	㈜민국	50,000	40%
	㈜민국	㈜대한	12,000	50%

· 20×1년 1월 1일 ㈜대한은 지배력 취득 직후 보유하던 기계장치(취득원가 ₩20,000, 감가상각누계액 ₩8,000, 잔존내용연수 3년, 잔존가치 없이 정액법 상각)를 ㈜민국에게 ₩18,000에 매각하였으며, ㈜민국은 기계장치를 계속 사용하다가 20×3년 4월 1일 연결 실체 외부에 ₩15,000에 매각하였다.

· 20×2년 3월 20일 ㈜민국은 주주총회에서 20×1년 성과에 대해 주식배당 ₩5,000과 현금배당 ₩5,000을 결의하였으며, 주주총회 당일 주주들에게 지급하였다.

5. ㈜대한은 종속기업투자주식을 원가법으로 평가하고 있으며, 연결재무제표 작성 시 비지배지분은 종속기업의 순자산 공정가치에 비례하여 배분한다.

6. ㈜대한과 ㈜민국은 유형자산(토지, 건물, 기계장치)에 대해 원가모형을 적용하고 있다.

(물음 1) ㈜대한의 20×1년도 연결재무제표에 표시될 다음의 항목을 계산하시오.

비지배지분	①
지배기업소유주 귀속 당기순이익	②

(물음 2) ㈜대한의 20×2년도 연결재무제표에 표시될 다음의 항목을 계산하시오.

비지배지분	①
지배기업소유주 귀속 당기순이익	②

(물음 3) 20×3년도 ㈜대한과 ㈜민국의 당기순이익이 각각 ₩36,000과 ₩25,000일 경우 지배기업소유주 귀속 당기순이익을 계산하시오.

지배기업소유주 귀속 당기순이익	①

소유지분의 변동

학습목표

- 단계적 취득을 이해한다.
- 단계적 처분을 이해한다.
- 종속기업의 자본거래(유상증자, 유상감자, 자기주식 거래)에 대해 이해한다.

지배기업이 취득일 직전에 종속기업의 지분을 일부 보유하고 있는 상황에서 종속기업에 대한 지배력을 획득하는 경우 이를 단계적 취득이라 하고, 연결실체 내에 있는 지배기업이 종속기업의 지분 중 일부를 처분하는 경우 이를 단계적 처분이라고 한다. 본장에서는 K-IFRS 제1110호 '연결재무제표'에서 규정하고 있는 단계적 취득과 단계적 처분을 중심으로 한 연결조정분개를 다루고 있다. 또한 종속기업의 자본거래가 발생한 경우 연결조정분개에 대해서도 설명한다. 이를 통해서 지배회사의 종속기업에 대한 소유지분의 변동에 대해 심도 있게 학습해 보자.

1. 단계적 취득

제1장에서 설명한 '단계적으로 이루어지는 사업결합'과 마찬가지로 지배기업이 취득일 직전에 종속기업의 지분을 일부 보유하고 있는 상황에서 종속기업에 대한 지배력을 획득하는 경우, 이를 단계적 취득이라고 한다. 예를 들어, A회사가 B회사 지분의 10%를 보유하고 있는 상황에서 B회사의 나머지 지분인 70%를 추가로 매수하여 B회사에 대한 지배력을 획득한 경우이다. 단계적 취득은 다음 [그림 5-1]과 같이 추가 취득으로 지배력을 획득하는 경우와 지배력 획득 이후에 추가 취득하는 경우로 나누어 볼 수 있다.

◔ 그림 5-1 단계적 취득

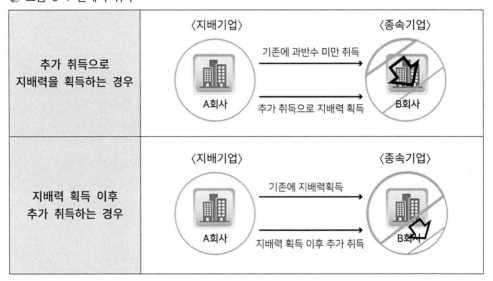

1.1 추가 취득으로 지배력을 획득하는 경우

추가 취득을 통해서 최초로 지배력을 획득하는 경우 지배기업은 이전에 보유하고 있던 종속기업에 대한 지분을 취득일의 공정가치로 재측정하고, 그 결과 차손익이 있다면 당기손익 또는 기타포괄손익으로 인식한다. 즉, 기존보유지분을 지배력 취득일에 처분하고 다시 일괄 취득한 것으로 보아 이전대가를 산정하며, 이를 일괄법이라고 한다. 이 때 영업권은 다음과 같이 계산한다.

> 영업권(또는 염가매수차익)
> = 이전대가(취득일 직전 보유한 지분의 공정가치 + 취득일에 추가 취득한 지분의 취득원가)
> − 지배력 취득일의 종속기업 순자산의 공정가치 × 지배기업지분율

취득일 직전 보유한 지분을 기타포괄손익인식금융자산으로 선택하여 분류한 경우에는 이전의 보고기간에, 취득자가 피취득자 지분의 가치변동을 기타포괄손익으로 인식하였을 수 있다. 이 경우 **기타포괄손익으로 인식한 금액은 취득자가 이전에 보유하던 지분을 직접 처분하였다면 적용할 기준과 동일하게 인식한다.** 즉, 기타포괄손익−공정가치측정(FVOCI) 금융자산으로 선택하여 가치변동으로 인식한 **기타포괄손익은 취득일에 당기손익으로 재분류할 수 없다.**

추가 취득으로 지배력을 획득하는 경우 지배력 취득일에 지배기업의 회계처리와 연결조정분개는 다음과 같다.

〈지배기업의 회계처리〉

① 취득일 직전 보유한 지분을 FVPL금융자산으로 분류한 경우

(차변)	종속기업투자주식	×××	(대변)	FVPL금융자산	×××
	금융자산평가손실(PL)	×××		금융자산평가이익(PL)	×××
				현금(추가 취득)	×××

② 취득일 직전 보유한 지분을 FVOCI금융자산으로 분류한 경우

(차변)	종속기업투자주식	×××	(대변)	FVOCI금융자산	×××
	금융자산평가손실(OCI)	×××*		금융자산평가이익(OCI)	×××*
				현금(추가 취득)	×××

    * 금융자산평가손익(OCI)은 당기손익으로 재분류할 수 없다.

〈연결조정분개 − 종속기업투자주식과 종속기업 자본의 상계제거〉

(차변)	자본금	×××	(대변)	종속기업투자주식	×××
	자본잉여금	×××		비지배지분	×××
	이익잉여금	×××			
	영업권	×××			

📖 예제 1 단계적 취득 – 추가 취득으로 지배력을 획득하는 경우

> 12월 말 결산법인인 A회사는 B회사의 보통주식을 다음과 같이 취득하여 20×2년 1월 1일에 지배기업이 되었다. 한편, A회사가 보유하고 있던 B회사의 주식 10%의 공정가치는 20×1년 12월 31일과 20×2년 1월 1일에 각각 ₩17,000과 ₩18,000이다.
>
> | 취득일 | 취득 지분율 | 취득금액 |
> |---|---|---|
> | 20×1. 1. 1. | 10% | ₩15,000 |
> | 20×2. 1. 1. | 70% | 100,000 |
>
> B회사의 순자산 변동내역은 다음과 같으며, 취득일 현재 B회사의 모든 자산과 부채의 장부금액과 공정가치는 일치하였다. 단, A회사는 종속기업투자주식을 원가법으로 평가하고, 비지배지분을 종속기업의 식별가능한 순자산 중 비지배지분의 비례적인 몫으로 측정한다.
>
> | 일 자 | 과 목 | 금 액 |
> |---|---|---|
> | | 자 본 금 | ₩50,000 |
> | | 자 본 잉 여 금 | 30,000 |
> | | 이 익 잉 여 금 | 15,000 |
> | 20×2. 1. 1. | 합 계 | 95,000 |
> | | 당 기 순 이 익 | 20,000 |
> | 20×2.12.31. | 합 계 | ₩115,000 |

물음 ....

1. A회사가 보유하고 있던 B회사의 주식 10%를 FVPL금융자산으로 분류한 경우, A회사가 20×1년 1월 1일, 12월 31일 및 20×2년 1월 1일에 해야 할 개별회사의 분개와 지배력 취득일과 20×2년 12월 31일에 해야 할 연결조정분개를 하시오. 단, 영업권이 배분된 현금창출단위의 회수가능액이 장부금액보다 크다.

2. A회사가 보유하고 있던 B회사의 주식 10%를 FVOCI금융자산으로 분류한 경우, A회사가 20×1년 1월 1일, 12월 31일 및 20×2년 1월 1일에 해야 할 개별회사의 분개와 지배력 취득일과 20×2년 12월 31일에 해야 할 연결조정분개를 하시오. 단, 영업권이 배분된 현금창출단위의 회수가능액이 장부금액보다 크다.

풀이 ....

1. FVPL금융자산으로 분류한 경우
⟨20×1. 1. 1.⟩
  (차변) F V P L 금 융 자 산   15,000   (대변) 현   금   15,000
⟨20×1.12.31.⟩
  (차변) F V P L 금 융 자 산   2,000❶   (대변) 금융자산평가이익(PL)   2,000
  ❶ ₩17,000 – 15,000 = ₩2,000

〈20×2. 1. 1.〉

(차변)	종 속 기 업 투 자 주 식	118,000	(대변)	F V P L 금 융 자 산	17,000
				금융자산평가이익(PL)	1,000❷
				현 금	100,000

❷ ₩18,000 - 17,000 = ₩1,000

다음과 같은 연결조정분개를 한다.
〈지배력 취득일 연결조정분개〉
· 종속기업투자주식과 종속기업 자본의 상계제거

(차변)	자 본 금	50,000	(대변)	종 속 기 업 투 자 주 식	118,000
	자 본 잉 여 금	30,000		비 지 배 지 분	19,000❸
	이 익 잉 여 금	15,000			
	영 업 권	42,000❹			

❸ ₩95,000(B회사 순자산의 공정가치(점선 부분)) × 20% = ₩19,000

❹ ₩118,000 + 19,000 - 95,000 = ₩42,000

〈20×2년 말 연결조정분개〉
① 종속기업투자주식과 종속기업 자본의 상계제거

(차변)	자 본 금	50,000	(대변)	종 속 기 업 투 자 주 식	118,000
	자 본 잉 여 금	30,000		비 지 배 지 분	19,000
	이 익 잉 여 금	15,000			
	영 업 권	42,000			

② 종속기업의 당기순이익으로 인한 비지배지분 변동

(차변)	이 익 잉 여 금	4,000❺	(대변)	비 지 배 지 분	4,000

❺ ₩20,000 × 20% = ₩4,000

2. FVOCI금융자산으로 분류한 경우
〈20×1. 1. 1.〉

(차변)	F V O C I 금 융 자 산	15,000	(대변)	현 금	15,000

〈20×1.12.31.〉

(차변)	F V O C I 금 융 자 산	2,000❶	(대변)	금융자산평가이익(OCI)	2,000

❶ ₩17,000 - 15,000 = ₩2,000

〈20×2. 1. 1.〉

(차변)	종 속 기 업 투 자 주 식	118,000	(대변)	F V O C I 금 융 자 산	17,000
				금융자산평가이익(OCI)	1,000❷
				현 금	100,000

❷ ₩18,000 - 17,000 = ₩1,000. 단, 기타포괄손익을 당기손익으로 재분류할 수 없다.

다음과 같은 연결조정분개를 한다.

〈지배력 취득일 연결조정분개〉

· 종속기업투자주식과 종속기업 자본의 상계제거

(차변)	자 본 금	50,000	(대변)	종 속 기 업 투 자 주 식	118,000
	자 본 잉 여 금	30,000		비 지 배 지 분	19,000❸
	이 익 잉 여 금	15,000			
	영 업 권	42,000❹			

   ❸ ₩95,000(B회사 순자산의 공정가치(점선 부분)) × 20% = ₩19,000

   ❹ ₩118,000 + 19,000 − 95,000 = ₩42,000

〈20×2년 말 연결조정분개〉

① 종속기업투자주식과 종속기업 자본의 상계제거

(차변)	자 본 금	50,000	(대변)	종 속 기 업 투 자 주 식	118,000
	자 본 잉 여 금	30,000		비 지 배 지 분	19,000
	이 익 잉 여 금	15,000			
	영 업 권	42,000			

② 종속기업의 당기순이익으로 인한 비지배지분 변동

| (차변) | 이 익 잉 여 금 | 4,000❺ | (대변) | 비 지 배 지 분 | 4,000 |

   ❺ ₩20,000 × 20% = ₩4,000

1.2 지배력 획득 이후 추가 취득하는 경우

   기존에 지배력을 획득한 이후에 종속기업의 지분을 추가 취득하는 경우도 있다. 이때 지배기업은 비지배주주로부터 종속기업의 지분을 추가 취득하는 것으로서, 기준서에서는 지배기업이 소유한 종속기업 지분이 변동되더라도 종속기업에 대한 지배력을 상실하지 않는다면 **자본거래**(즉, 소유주들 간의 거래)로 **회계처리**하도록 규정하고 있다.

   따라서 추가 취득한 지분의 취득원가와 감소하는 비지배지분 간의 차이를 **자본잉여금으로 조정**하며, 조정되는 자본잉여금은 다음과 같이 계산한다.

> 자본잉여금 조정금액 = 추가 취득한 지분의 취득원가 − 추가 취득일의 종속기업 순자산의 공정가치
> × 추가 취득지분율(비지배지분 감소분)

   지배력 획득 이후 종속기업의 지분을 추가 취득하는 경우에 지배기업의 회계처리와 연결조정분개는 다음과 같다.

〈지배기업의 회계처리〉

　(차변)　종 속 기 업 투 자 주 식　　×××　(대변)　현　　　　　　　　금　　×××

〈연결조정분개 – 추가 취득한 종속기업투자주식과 비지배지분 상계제거〉

① 추가 취득한 지분의 취득원가 < 비지배지분 감소분

　(차변)　비 지 배 지 분　　×××　(대변)　종 속 기 업 투 자 주 식　　×××
　　　　　　　　　　　　　　　　　　　　　　자 본 잉 여 금　　×××

② 추가 취득한 지분의 취득원가 > 비지배지분 감소분

　(차변)　비 지 배 지 분　　×××　(대변)　종 속 기 업 투 자 주 식　　×××
　　　　　자 본 잉 여 금　　×××

📖 예제 2 단계적 취득 – 지배력 획득 이후 추가 취득하는 경우

12월 말 결산법인인 A회사는 B회사의 보통주식을 다음과 같이 취득하여 20×1년 1월 1일에 지배기업이 되었고, 20×2년 1월 1일에 B회사의 보통주식을 다음과 같이 추가 취득하였다.

취득일	취득 지분율	취득금액
20×1. 1. 1.	60%	₩100,000
20×2. 1. 1.	10%	15,000

B회사의 순자산 변동내역은 다음과 같으며, 취득일 현재 B회사의 모든 자산과 부채의 장부금액과 공정가치는 일치하였다. 단, A회사는 종속기업투자주식을 원가법으로 평가하고, 비지배지분을 종속기업의 식별가능한 순자산 중 비지배지분의 비례적인 몫으로 측정한다.

일　자	과　목	금　액
	자　본　금	₩50,000
	자 본 잉 여 금	30,000
	이 익 잉 여 금	5,000
20×1. 1. 1.	합　　　계	85,000
	당 기 순 이 익	10,000
20×1.12.31.	합　　　계	95,000
	당 기 순 이 익	20,000
20×2.12.31.	합　　　계	₩115,000

물음 ···

A회사가 20×1년 말과 20×2년 말에 해야 할 연결조정분개를 하시오. 단, 영업권이 배분된 현금창출단위의 회수가능액이 장부금액보다 크다.

풀이 ....

〈20×1년 말 연결조정분개〉

① 종속기업투자주식과 종속기업 자본의 상계제거

(차변)	자　　　　본　　　　금	50,000	(대변)	종 속 기 업 투 자 주 식	100,000
	자　본　잉　여　금	30,000		비　지　배　지　분	34,000❶
	이　익　잉　여　금	5,000			
	영　　　업　　　권	49,000❷			

❶ ₩85,000(B회사 순자산의 공정가치(점선 부분)) × 40% = ₩34,000

❷ ₩100,000 + 34,000 – 85,000 = ₩49,000

② 종속기업의 당기순이익으로 인한 비지배지분 변동

(차변)	이　익　잉　여　금	4,000❸	(대변)	비　지　배　지　분	4,000

❸ ₩10,000 × 40% = ₩4,000

〈20×2년 말 연결조정분개〉

① 종속기업투자주식과 종속기업 자본의 상계제거

(차변)	자　　　　본　　　　금	50,000	(대변)	종 속 기 업 투 자 주 식	100,000
	자　본　잉　여　금	30,000		비　지　배　지　분	34,000
	이　익　잉　여　금	5,000			
	영　　　업　　　권	49,000			

② 과년도 종속기업 순자산의 변동으로 인한 비지배지분 변동

(차변)	이　익　잉　여　금	4,000	(대변)	비　지　배　지　분	4,000

③ 추가 취득에 따른 종속기업투자주식과 비지배지분의 상계제거

(차변)	비　지　배　지　분	9,500❹	(대변)	종 속 기 업 투 자 주 식	15,000
	자　본　잉　여　금	5,500			

❹ ₩95,000(20×2년 초 B회사 순자산의 공정가치) × 10% = ₩9,500

④ 종속기업의 당기순이익으로 인한 비지배지분 변동

(차변)	이　익　잉　여　금	6,000❺	(대변)	비　지　배　지　분	6,000

❺ ₩20,000 × 30% = ₩6,000

....

　　단계적 취득으로 지배력을 획득하는 경우와 지배력 획득 이후 추가 취득하는 경우 회계처리를 요약·정리하면 다음 〈표 5-1〉과 같다.

☑ 표 5-1 단계적 취득 회계처리 비교

구　분	종속기업투자주식 인식	차이조정
추가 취득으로 지배력을 획득하는 경우	전체 지분	영업권
지배력 획득 이후 추가 취득하는 경우	추가 취득한 지분만	자본잉여금

2. 단계적 처분

연결실체 내에 있는 지배기업이 종속기업의 지분 중 일부를 처분하는 경우, 이를 단계적 처분이라고 한다. 예를 들어, 지배기업인 A회사가 종속기업인 B회사 지분의 80%를 보유하고 있는 상황에서 B회사에 대한 지분 중 10%를 처분하는 경우이다. 단계적 취득은 다음 [그림 5-2]와 같이 **처분 이후 지배력을 유지하는 경우와 지배력을 상실하는 경우**로 나누어 볼 수 있다.

🍓 그림 5-2 단계적 처분

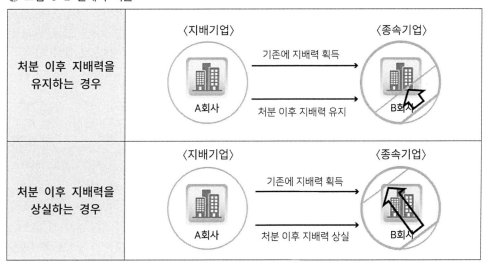

2.1 처분 이후 지배력을 유지하는 경우

지배기업이 종속기업의 지분 중 일부를 처분하더라도 종속기업에 대한 지배력을 계속 유지하는 경우가 있다. 이때 지배기업은 비지배주주에 종속기업의 지분 중 일부를 처분하는 것으로서, 기준서에서는 지배기업이 소유한 종속기업 지분이 변동되더라도 종속기업에 대한 지배력을 상실하지 않는다면 **자본거래**(즉, 소유주들 간의 거래)로 회계처리하도록 규정하고 있다.

다음 (예 1)을 통해서 지배기업이 종속기업의 지분 중 일부를 처분하더라도 종속기업에 대한 지배력을 계속 유지하는 경우 연결조정분개를 살펴보자.

🗐 예 1 처분 이후 지배력을 유지하는 경우

지배기업인 A회사가 20×1년 초에 B회사의 보통주식 80%를 ₩90,000에 취득하여 지배기업이 되었다. 취득일 현재 B회사 순자산의 장부금액은 ₩100,000이며, 공정가치와 장부금액은 동일하다. 단, A회사는 종속기업투자주식을 원가법으로 평가하고, 비지배지분을 종속기업의 식별가능한 순자산 중 비지배지분의 비례적인 몫으로 측정한다.

취득일에 종속기업투자주식과 종속기업 자본을 상계제거하는 연결조정분개는 다음과 같다.

〈종속기업투자주식과 종속기업 자본의 상계제거〉

(차변)	순 자 산	100,000	(대변)	종 속 기 업 투 자 주 식	90,000
	영 업 권	10,000		비 지 배 지 분	20,000

A회사는 20×2년 초에 B회사의 보통주식 20%를 ₩24,000에 처분하고 투자주식처분이익으로 ₩1,500을 인식하였다. B회사의 20×1년 당기순이익은 ₩5,000이다. 일부 처분한 종속기업투자주식과 비지배지분을 상계제거하는 연결조정분개를 다음과 같이 세 가지 방법으로 할 수 있다.

〈방법 1: 종속기업의 식별가능한 순자산 중 처분되는 지분금액만 비지배지분에 대체〉

(차변)	종 속 기 업 투 자 주 식	22,500	(대변)	**비 지 배 지 분**	21,000[❶]
	투 자 주 식 처 분 이 익	1,500		자 본 잉 여 금	3,000

❶ (₩100,000 + 5,000) × 20% = ₩21,000

〈방법 2: 종속기업의 식별가능한 순자산 중 처분되는 지분금액과 영업권을 비지배지분에 대체〉

(차변)	종 속 기 업 투 자 주 식	22,500	(대변)	**비 지 배 지 분**	23,500[❷]
	투 자 주 식 처 분 이 익	1,500		자 본 잉 여 금	500

❷ (₩100,000 + 5,000) × 20% + 10,000 × (20 / 80) = ₩23,500

〈방법 3: 종속기업의 식별가능한 순자산 중 처분되는 지분금액만 비지배지분에 대체하고, 처분되는 지분만큼 영업권을 제거하는 경우〉

(차변)	종 속 기 업 투 자 주 식	22,500	(대변)	**비 지 배 지 분**	21,000
	투 자 주 식 처 분 이 익	1,500		**영 업 권**	2,500[❸]
				자 본 잉 여 금	500

❸ ₩10,000 × (20 / 80) = ₩2,500

(방법 1)은 비지배지분이 증가하더라도 지배기업이 인식한 영업권을 비지배주주에 배분하지 않는 방법이다. 이 방법은 지배기업의 지분이 감소하더라도 지배기업이 최초에 인식한 영업권을 감소시키지 않고 전액 지배기업의 소유주에 귀속시키는 문제점이 있다. 그러나 최초에 비지배지분을 종속기업의 식별가능한 순자산의 공정가치에 비례적인 몫으로 측정하면서 비지배지분에 대한 영업권을 인식하지 않았으므로 비지배지분에 영업권을 배분하지 않는다는 논리적 일관성이 있다.

(방법 2)는 비지배지분이 증가한 만큼 지배기업이 인식한 영업권을 비지배주주에 배분하는 방법이다. 이 방법은 최초에 비지배지분을 종속기업의 식별가능한 순자산의 공정가치에 비례적인 몫으로 측정하면서 비지배지분에 대한 영업권을 인식하지 않고 이후에 비지배지분에 영업권을 배분하므로 논리적 일관성이 결여되어 있다. 그러나 지배기업이 종속기업의 지분 일부를 처분하면서 이에 대응되는 영업권의 일부도 함께 처분하는 것이므로 비지배지분을 증가시키면서 이에 대응되는 영업권도 함께 인식해야 한다는 것이다.

(방법 3)은 지배기업이 종속기업의 지분 일부를 처분한 만큼 영업권을 제거하는 방법으로 지배기업이론에 따른 것이다. 그러나 실체이론에서는 주주들 간의 자본거래로 인해 연결실체의 자산인 영업권이 영향을 받아서는 안 된다.

본서는 (방법 1)로 연결조정분개를 하도록 한다. 따라서 종속기업투자주식의 처분대가와 증가하는 비지배지분 간의 차이를 **자본잉여금으로 조정**하며, 조정되는 자본잉여금은 다음과 같이 계산한다.

> 자본잉여금 조정금액
> = 종속기업투자주식의 처분대가
> – 처분일의 종속기업 순자산의 공정가치 × 일부 처분지분율(비지배지분 증가분)

지배기업은 종속기업 지분 중 일부를 처분하면서 **투자주식처분손익을 회계처리하였다면 이를 제거**해야 한다. 종속기업 지분 중 일부를 처분하더라도 지배력을 유지하는 경우에 지배기업의 회계처리와 연결조정분개는 다음과 같다.

〈지배기업의 회계처리〉

(차변) 현　　　　　　　　금	×××	(대변) 종 속 기 업 투 자 주 식	×××
투 자 주 식 처 분 손 실	×××	투 자 주 식 처 분 이 익	×××

〈연결조정분개 – 일부 처분한 종속기업투자주식과 비지배지분의 상계제거〉

① 종속기업투자주식 처분대가 < 비지배지분 증가분

(차변) 종 속 기 업 투 자 주 식	×××	(대변) 비 　 지 　 배 　 지 　 분	×××
자 　 본 　 잉 　 여 　 금	×××	투 자 주 식 처 분 손 실	×××

② 종속기업투자주식 처분대가 > 비지배지분 증가분

(차변) 종 속 기 업 투 자 주 식	×××	(대변) 비 　 지 　 배 　 지 　 분	×××
투 자 주 식 처 분 이 익	×××	자 　 본 　 잉 　 여 　 금	×××

이때 차변으로 종속기업투자주식을 증가시키는 이유는 연결조정분개를 할 때 종속기업 지분 중 일부의 처분으로 종속기업투자주식이 감소하는 상황에서 지배력 획득일 기준으로 종속기업투자주식과 종속기업의 자본의 상계제거하는 연결조정분개를 먼저 하므로 종속기업투자주식이 음(−)의 값이 된다. 따라서 차변에 종속기업투자주식을 회계처리하여 연결재무제표상 장부금액을 영(₩0)으로 조정하는 것이다.

📖 예제 3 단계적 처분 – 처분 이후 지배력을 유지하는 경우

12월 말 결산법인인 A회사는 20×1년 1월 1일에 B회사의 보통주식 80%를 ₩120,000에 취득하여 지배기업이 되었고, 20×2년 1월 1일에 B회사의 보통주식을 다음과 같이 일부 처분하였으나 지배력을 유지하였다.

처분일	처분 지분율	처분대가
20×2. 1. 1.	10%	₩16,000

B회사의 순자산 변동내역은 다음과 같으며, 취득일 현재 B회사의 모든 자산과 부채의 장부금액과 공정가치는 일치하였다. 단, A회사는 종속기업투자주식을 원가법으로 평가하고, 비지배지분을 종속기업의 식별가능한 순자산 중 비지배지분의 비례적인 몫으로 측정한다.

일 자	과 목	금 액
	자 본 금	₩50,000
	자 본 잉 여 금	30,000
	이 익 잉 여 금	5,000
20×1. 1. 1.	합 계	85,000
	당 기 순 이 익	10,000
20×1.12.31.	합 계	95,000
	당 기 순 이 익	20,000
20×2.12.31.	합 계	₩115,000

물음 ···

A회사가 20×1년 말과 20×2년 말에 해야 할 연결조정분개를 하시오. 단, 영업권이 배분된 현금창출단위의 회수가능액이 장부금액보다 크다.

풀이 ···

⟨20×1년 말 연결조정분개⟩
① 종속기업투자주식과 종속기업 자본의 상계제거

(차변)	자 본 금	50,000	(대변)	종 속 기 업 투 자 주 식	120,000
	자 본 잉 여 금	30,000		비 지 배 지 분	17,000❶
	이 익 잉 여 금	5,000			
	영 업 권	52,000❷			

❶ ₩85,000(B회사 순자산의 공정가치(점선 부분)) × 20% = ₩17,000

❷ ₩120,000 + 17,000 − 85,000 = ₩52,000

② 종속기업의 당기순이익으로 인한 비지배지분 변동

(차변) 이 익 잉 여 금   2,000❸ (대변) 비 지 배 지 분   2,000

❸ ₩10,000 × 20% = ₩2,000

〈20×2년 말 연결조정분개〉

① 종속기업투자주식과 종속기업 자본의 상계제거

(차변)	자 본 금	50,000	(대변)	종 속 기 업 투 자 주 식	120,000
	자 본 잉 여 금	30,000		비 지 배 지 분	17,000
	이 익 잉 여 금	5,000			
	영 업 권	52,000			

② 과년도 종속기업 순자산의 변동으로 인한 비지배지분 변동

(차변) 이 익 잉 여 금   2,000 (대변) 비 지 배 지 분   2,000

③ 일부 처분한 종속기업투자주식과 비지배지분의 상계제거

(차변)	종 속 기 업 투 자 주 식	15,000❶	(대변)	비 지 배 지 분	9,500❸
	투 자 주 식 처 분 이 익	1,000❷		자 본 잉 여 금	6,500

❶ ₩120,000 × (10% / 80%) = ₩15,000

❷ ₩16,000 − 15,000 = ₩1,000

❸ ₩95,000(20×2년 초 B회사 순자산의 공정가치) × 10% = ₩9,500

④ 종속기업의 당기순이익으로 인한 비지배지분 변동

(차변) 이 익 잉 여 금   6,000❹ (대변) 비 지 배 지 분   6,000

❹ ₩20,000 × 30% = ₩6,000

참고로 A회사는 B회사 보통주식의 10% 지분율을 처분하면서 다음과 같이 회계처리할 것이다.

(차변)	현 금	16,000	(대변)	종 속 기 업 투 자 주 식	15,000
				투 자 주 식 처 분 이 익	1,000

2.2 처분 이후 지배력을 상실하는 경우

지배기업의 종속기업의 지분 중 일부를 처분하여 더 이상 지배력을 소유하지 않는 경우가 있다. 지배기업은 연결실체의 외부이해관계자에 종속기업투자주식을 처분한 것에 해당하므로 **처분손익을 당기손익으로 인식**해야 한다. 이때 지배기업은 종속기업의 지분 전체를 일괄하여 처분한 것으로 보아 투자주식처분손익을 다음과 같이 계산한다.

투자주식처분손익(연결재무제표를 이용하는 경우)

= (종속기업투자주식의 처분대가 + 보유 중인 종속기업투자주식의 공정가치)

– (연결재무제표상 종속기업 순자산의 장부금액 × 처분 전 지배기업지분율 + 영업권)

또는

투자주식처분손익(별도재무제표를 이용하는 경우)

= (종속기업투자주식의 처분대가 + 보유 중인 종속기업투자주식의 공정가치)

– 종속기업투자주식 전체 장부금액

기준서에서는 지배기업이 종속기업에 대한 지배력을 상실한 경우 다음과 같이 처리하도록 규정하고 있다.

① 다음을 제거한다.
   ㉠ 지배력을 상실한 날에 종속기업의 자산(영업권 포함)과 부채의 장부금액
   ㉡ 지배력을 상실한 날에 이전의 종속기업에 대한 비지배지분이 있다면 그 장부금액(비지배지분에 귀속되는 기타포괄손익의 모든 구성요소를 포함)
② 다음을 인식한다.
   ㉠ 지배력을 상실하게 한 거래, 사건, 상황에서 받은 대가가 있다면 그 공정가치
   ㉡ 지배력을 상실하게 한 거래, 사건, 상황에서 소유주로서의 자격을 행사하는 소유주에게 종속기업에 대한 지분의 분배가 포함될 경우, 그 분배
   ㉢ 종전 종속기업에 대한 투자가 있다면 그 투자의 지배력을 상실한 날의 공정가치
③ 문단 B99[1]를 근거로 종속기업과 관련하여 기타포괄손익으로 인식한 금액을 당기손익으로 재분류하거나 다른 한국채택국제회계기준서에 규정이 있는 경우에는 직접 이익잉여금으로 대체한다.
④ 회계처리에 따른 모든 차이는 손익으로서 지배기업에 귀속되는 당기손익으로 인식한다.

기준서에서 지배력 상실한 경우 회계처리를 복잡하게 규정하는 이유는 국제회계기준이 연결재무제표를 주 재무제표로 작성하도록 규정하고 있기 때문이다. 따라서 이미 지배기업이 종속기업을 포함한 연결재무제표를 작성할 것을 가정하여 더 이상

[1] 지배기업이 종속기업에 대한 지배력을 상실한 경우에는 그 종속기업과 관련하여 기타포괄손익으로 인식한 모든 금액을 지배기업이 관련 자산이나 부채를 직접 처분한 경우의 회계처리와 같은 기준으로 회계처리한다. 그러므로 이전에 기타포괄손익으로 인식한 손익을 관련 자산이나 부채를 처분할 때 당기손익으로 재분류하는 경우, 지배기업은 종속기업에 대한 지배력을 상실한 때에 그 손익을 자본에서 당기손익으로 재분류(재분류 조정)한다. 이전에 기타포괄손익으로 인식한 재평가잉여금을 관련 자산을 처분할 때 직접 이익잉여금으로 대체한다면, 지배기업은 종속기업에 대한 지배력을 상실한 때 그와 같이 재평가잉여금을 직접 이익잉여금으로 대체한다(1110:B99).

지배력을 갖지 않는 종속기업과 관련된 모든 항목들을 제거하는 방식으로 회계처리를 설명하고 있다.

　그러나 지배력을 상실한 종속기업은 연결범위에 포함되지 않으므로 실무상 지배기업은 지배력을 상실하지 않은 종속기업만 포함하여 연결재무제표를 작성하면 된다. 다만, 지배기업은 지배력을 상실한 종속기업의 지분 매각 후에도 잔여지분이 있다면 해당 **잔여지분에 대하여는 지배력을 상실한 날의 공정가치로 측정**하여 회계처리한다.[2]

〈단계적 처분으로 지배력을 상실한 경우 회계처리〉

① 연결재무제표에서 지배력을 상실한 종속기업을 제거하는 방법

(차변)	현　　　금　　　등	×××	(대변)	자 산 (종 속 기 업)	×××
	부 채 (종 속 기 업)	×××		영　　　업　　　권	×××
	비 지 배 지 분	×××		투 자 주 식 처 분 이 익	×××
	금 융 자 산	×××*			

　* 잔여지분에 대하여 지배력을 상실한 날의 공정가치로 측정한다.

② 별도재무제표에 지배력을 상실한 종속기업을 포함하지 않는 방법

(차변)	현　　　금　　　등	×××	(대변)	종 속 기 업 투 자 주 식	×××
	금 융 자 산	×××*		투 자 주 식 처 분 이 익	×××

　* 잔여지분에 대하여 지배력을 상실한 날의 공정가치로 측정한다.

📖 예제 4 단계적 처분 – 처분 이후 지배력을 상실한 경우

12월 말 결산법인인 A회사는 20×1년 초에 B회사의 보통주식 80%를 ₩120,000에 취득하여 지배기업이 되었다. 취득일 현재 B회사의 모든 자산과 부채의 장부금액과 공정가치는 일치하였다.

20×1년 말 A회사와 B회사의 재무상태표는 다음과 같다. B회사의 20×1년 초 이익잉여금은 ₩5,000이고, 20×1년 당기순이익은 ₩10,000이다. 단, A회사는 종속기업투자주식을 원가법으로 평가하고, 비지배지분을 종속기업의 식별가능한 순자산 중 비지배지분의 비례적인 몫으로 측정한다.

---

2) 별도재무제표에 지배력을 상실한 종속기업을 포함하지 않는 방법으로 회계처리하는 경우에 지배기업이 별도재무제표에서 종속기업에 대한 주식을 지분법으로 평가한다면 투자주식처분이익이 연결재무제표에서 지배력을 상실한 종속기업을 제거하는 방법에 따른 투자주식처분이익과 동일할 것이다. 그러나 지배기업이 별도재무제표에서 종속기업에 대한 주식을 원가법으로 평가한다면 투자주식처분이익이 연결재무제표에서 지배력을 상실한 종속기업을 제거하는 방법에 따른 투자주식처분이익과 다를 수 있다.

과 목	20×1.12.31.	
	A회사	B회사
종 속 기 업 투 자 주 식	₩120,000	-
기 타 자 산	220,000	₩130,000
자 산 총 계	340,000	130,000
부 채	140,000	35,000
자 본 금	100,000	50,000
자 본 잉 여 금	40,000	30,000
이 익 잉 여 금	60,000	15,000
부 채 및 자 본 총 계	₩340,000	₩130,000

A회사는 20×2년 1월 1일에 B회사의 보통주식 70%를 ₩110,000에 연결실체 외부로 처분하여 지배력을 상실하였다. A회사가 보유하고 있는 B회사의 잔여주식의 공정가치는 ₩20,000이며, FVPL금융자산으로 분류한다.

물음

1. A회사가 B회사의 지배력을 상실한 날에 연결재무제표에서 지배력을 상실한 종속기업을 제거하는 방법에 따라서 해야 할 분개를 하시오.

2. A회사가 B회사의 지배력을 상실한 날에 별도재무제표에 지배력을 상실한 종속기업을 포함하지 않는 방법에 따라서 해야 할 분개를 하시오.

3. 위의 문제와 관계없이 A회사가 B회사의 주식을 지분법으로 평가하였다고 가정하고 A회사가 B회사의 지배력을 상실한 날에 별도재무제표에 지배력을 상실한 종속기업을 포함하지 않는 방법에 따라서 해야 할 분개를 하시오. 단, A회사의 20×1년 말 종속기업투자주식은 ₩128,000이고 이익잉여금은 ₩68,000으로 자산총계는 ₩348,000이다.

풀이

1. 연결재무제표에서 지배력을 상실한 종속기업을 제거하는 방법
〈20×1년 말 연결조정분개〉
① 종속기업투자주식과 종속기업 자본의 상계제거
(차변) 자 본 금 50,000 (대변) 종 속 기 업 투 자 주 식 120,000
자 본 잉 여 금 30,000 비 지 배 지 분 17,000❶
이 익 잉 여 금 5,000
영 업 권 52,000❷
❶ ₩85,000(B회사 순자산의 공정가치(점선 부분)) × 20% = ₩17,000
❷ ₩120,000 + 17,000 - 85,000 = ₩52,000

② 종속기업의 당기순이익으로 인한 비지배지분 변동
(차변) 이 익 잉 여 금 2,000❸ (대변) 비 지 배 지 분 2,000
❸ ₩10,000 × 20% = ₩2,000

· 20×1년 말 연결정산표 　　　　　　　　　　　　　　　　　　　(단위: 원)

과 목	A회사	B회사	연결조정분개 차 변	연결조정분개 대 변	연결재무제표
종 속 기 업 투 자 주 식	120,000	-		① 120,000	-
기　타　자　산	220,000	130,000			350,000
영　　업　　권			① 52,000		52,000
자　산　총　계	340,000	130,000			402,000
부　　　　　채	140,000	35,000			175,000
자　　본　　금	100,000	50,000	① 50,000		100,000
자　본　잉　여　금	40,000	30,000	① 30,000		40,000
이　익　잉　여　금	60,000	15,000	① 5,000		68,000
			② 2,000		
비　지　배　지　분				① 17,000	19,000
				② 2,000	
부 채 및 자 본 총 계	340,000	130,000	139,000	139,000	402,000

연결재무제표에서 아래의 분개를 반영한 후, 즉 종속기업인 B회사를 제거한 후 재무제표는 다음과 같다.

〈지배력을 상실한 종속기업을 연결재무제표에서 제거〉

(차변)	현　　　　　금	110,000	(대변)	자 산 (B 회 사)	130,000
	부 채 (B 회 사)	35,000		영　　업　　권	52,000
	비 지 배 지 분	19,000		투 자 주 식 처 분 이 익	2,000
	F V P L 금 융 자 산	20,000			

· 20×2. 1. 1. 정산표 　　　　　　　　　　　　　　　　　　　(단위: 원)

과 목	연결재무제표	조정분개 차 변	조정분개 대 변	제거 후 재무제표
종 속 기 업 투 자 주 식	-			-
기　타　자　산	350,000	110,000	130,000	330,000
F V P L 금 융 자 산	-	20,000		20,000
영　　업　　권	52,000		52,000	-
자　산　총　계	402,000			350,000
부　　　　　채	175,000	35,000		140,000
자　　본　　금	100,000			100,000
자　본　잉　여　금	40,000			40,000
이　익　잉　여　금	68,000		2,000❹	70,000
비　지　배　지　분	19,000	19,000		-
부 채 및 자 본 총 계	402,000	184,000	184,000	350,000

❹ 투자주식처분이익을 이익잉여금에 반영한다.

2. 별도재무제표에 지배력을 상실한 종속기업을 포함하지 않는 방법(원가법 적용)

〈지배력을 상실한 종속기업투자주식을 A회사의 별도재무제표에서 제거〉

(차변) 현　　　　　　　　　　금　　110,000 (대변) 종속기업투자주식　　120,000❶
　　　 ＦＶＰＬ금융자산　　　20,000　　　　　 투자주식처분이익　　　10,000

❶ 종속기업투자주식 전체를 일괄하여 제거한다.

· 20×2. 1. 1. 정산표 (단위: 원)

| 과 목 | 별도재무제표 | 조정분개 | | 제거 후 재무제표 |
		차 변	대 변	
종속기업투자주식	120,000		120,000	-
기　타　자　산	220,000	110,000		330,000
ＦＶＰＬ금융자산	-	20,000		20,000
자　산　총　계	340,000			350,000
부　　　　　채	140,000			140,000
자　　본　　금	100,000			100,000
자　본　잉　여　금	40,000			40,000
이　익　잉　여　금	60,000		10,000❷	70,000
부채및자본총계	340,000	130,000	130,000	350,000

❷ 투자주식처분이익을 이익잉여금에 반영한다.

3. 별도재무제표에 지배력을 상실한 종속기업을 포함하지 않는 방법(지분법 적용)

〈지배력을 상실한 종속기업투자주식을 A회사의 별도재무제표에서 제거〉

(차변) 현　　　　　　　　　　금　　110,000 (대변) 종속기업투자주식　　128,000❶
　　　 ＦＶＰＬ금융자산　　　20,000　　　　　 투자주식처분이익　　　2,000

❶ 종속기업투자주식 전체를 일괄하여 제거한다.

· 20×2. 1. 1. 정산표 (단위: 원)

| 과 목 | 별도재무제표 | 조정분개 | | 제거 후 재무제표 |
		차 변	대 변	
종속기업투자주식	128,000		128,000	-
기　타　자　산	220,000	110,000		330,000
ＦＶＰＬ금융자산	-	20,000		20,000
자　산　총　계	348,000			350,000
부　　　　　채	140,000			140,000
자　　본　　금	100,000			100,000
자　본　잉　여　금	40,000			40,000
이　익　잉　여　금	68,000		2,000❷	70,000
부채및자본총계	348,000	130,000	130,000	350,000

❷ 투자주식처분이익을 이익잉여금에 반영한다.

(예제 4)에서 보는 바와 같이 지배력을 상실한 종속기업을 포함한 연결재무제표를 작성한 후에 해당 종속기업을 연결재무제표에서 제거하는 방법과 지배력을 상실한 종속기업을 제외한 별도재무제표에서 지배력을 상실한 종속기업투자주식을 제거하는 방법 간에 차이가 없다.

단계적 처분으로 지배력을 유지하는 경우와 지배력을 상실하는 경우 회계처리를 요약·정리하면 다음 〈표 5-2〉와 같다.

표 5-2 단계적 처분 회계처리 비교

구 분	종속기업투자주식 제거	차이조정(처분손익)
지배력을 유지하는 경우	처분한 지분만	자본잉여금
지배력을 상실하는 경우	전체 지분	당기손익

3. 종속기업의 자본거래

단계적 취득과 단계적 처분은 지배기업이 직접 종속기업의 지분을 취득하거나 처분하면서 지배기업의 종속기업에 대한 지분율이 변동한다. 그러나 **종속기업의 자본거래**(예: 유상증자, 유상감자, 자기주식 거래 등)로 인하여 지배기업의 직접적인 거래가 없어도 지배기업의 종속기업에 대한 지분율이 변동할 수 있다.

3.1 종속기업의 유상증자

지배기업이 종속기업의 유상증자에 지분 비율대로 참여하면 지배기업지분율에 변동이 없지만, 지배기업이 해당 유상증자에 참여하지 않는 등의 이유로 지배기업지분율이 변동할 수 있다. 이때 지배기업의 지분변동액과 유상증자 취득원가 간의 차이를 **지분변동차액**이라고 하며, 다음과 같이 계산한다.

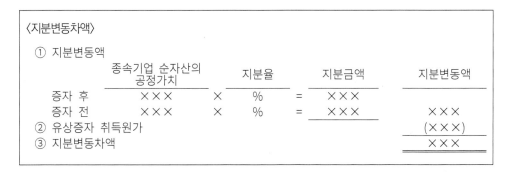

지분변동차액은 연결실체 내의 지배기업의 소유주와 비지배주주 간의 자본거래에서 발생한 것이므로 **자본잉여금으로 회계처리**한다. 지배기업지분율이 변동하면 비지배지분율도 변동하게 된다. 예를 들어, 지배기업이 종속기업의 유상증자에 지배기업지분율보다 적게 참여해서 지배기업지분율이 80%에서 75%로 감소한다면, 비지배지분율은 20%에서 25%로 증가한다. 종속기업의 유상증자로 비지배지분이 증가하는 경우 지배기업과 종속기업의 개별 회계처리 및 연결조정분개는 다음과 같다.

〈지배기업 회계처리〉

(차변) 종 속 기 업 투 자 주 식　×××　(대변) 현　　　　　　　　금　×××

〈종속기업 회계처리〉

(차변) 현　　　　　　　　금　×××　(대변) 자 본 금　　　등　×××

〈연결조정분개〉

(차변) 자 본 금　　　등　×××*　(대변) 종 속 기 업 투 자 주 식　×××*
　　　　자 본 잉 여 금　×××**　　　　　비 지 배 지 분　×××
　* 종속기업의 유상증자로 증가한 종속기업투자주식과 종속기업의 자본금 등을 상계제거한다.
　** 지분변동차액을 자본잉여금으로 회계처리한다.

📖 예제 5 종속기업의 유상증자

12월 말 결산법인인 A회사는 20×1년 1월 1일에 B회사의 보통주식 80%를 ₩120,000에 취득하여 지배기업이 되었다.
B회사의 순자산 변동내역은 다음과 같으며, 취득일 현재 B회사의 모든 자산과 부채의 장부금액과 공정가치는 일치하였다. 단, A회사는 종속기업투자주식을 원가법으로 평가하고, 비지배지분을 종속기업의 식별가능한 순자산 중 비지배지분의 비례적인 몫으로 측정한다.

일 자	과 목	금 액	
	자 본 금	₩40,000	(발행주식수 80주, 액면금액 ₩500)
	자 본 잉 여 금	30,000	
	이 익 잉 여 금	15,000	
20×1. 1. 1.	합　　계	85,000	
	당 기 순 이 익	10,000	
20×1.12.31.	합　　계	95,000	
20×2. 1. 1.	유 상 증 자	24,000	(발행주식수 20주, 주당발행금액 ₩1,200)
	당 기 순 이 익	20,000	
20×2.12.31.	합　　계	₩139,000	

물음 ··

1. B회사의 유상증자에 A회사가 16주를 인수한 경우 20×2년 말 연결조정분개를 하시오. 단, 영업권이 배분된 현금창출단위의 회수가능액이 장부금액보다 크다.

2. B회사의 유상증자에 A회사가 20주 모두를 인수한 경우 20×2년 말 연결조정분개를 하시오. 단, 영업권이 배분된 현금창출단위의 회수가능액이 장부금액보다 크다.

3. B회사의 유상증자에 A회사가 참여하지 않은 경우 20×2년 말 연결조정분개를 하시오. 단, 영업권이 배분된 현금창출단위의 회수가능액이 장부금액보다 크다.

풀이 ··

1. A회사가 16주를 인수한 경우
 ① 지분변동액

	종속기업 순자산의 공정가치		지분율		지분금액	지분변동액
증자 후	₩119,000❶	×	80%	=	₩95,200	
증자 전	95,000	×	80%	=	76,000	₩19,200
② 유상증자 취득원가						(19,200)
③ 지분변동차액						₩0

 　❶ ₩85,000(취득일에 B회사 순자산의 공정가치) + 10,000(20×1년 당기순이익) + 24,000(유상증자)
 　　 = ₩119,000

〈20×2년 말 연결조정분개〉
① 종속기업투자주식과 종속기업 자본의 상계제거

(차변)	자　　　　　본　　　　　금	40,000	(대변)	종 속 기 업 투 자 주 식	120,000
	자　본　잉　여　금	30,000		비 지 배 지 분	17,000❷
	이　익　잉　여　금	15,000			
	영　　　　　업　　　　　권	52,000❸			

 　❷ ₩85,000(B회사 순자산의 공정가치(점선 부분)) × 20% = ₩17,000
 　❸ ₩120,000 + 17,000 − 85,000 = ₩52,000

② 과년도 종속기업 순자산의 변동으로 인한 비지배지분 변동

(차변)	이 익 잉 여 금	2,000❹	(대변)	비 지 배 지 분	2,000

 　❹ ₩10,000 × 20% = ₩2,000

③ 종속기업의 유상증자로 인한 종속기업투자주식과 종속기업 자본의 상계제거

(차변)	자　　　　　본　　　　　금	10,000❺	(대변)	종 속 기 업 투 자 주 식	19,200❼
	자　본　잉　여　금	14,000❻		비 지 배 지 분	4,800❽

 　❺ ₩500 × 20주 = ₩10,000
 　❻ (₩1,200 − 500) × 20주 = ₩14,000
 　❼ ₩1,200 × 16주 = ₩19,200
 　❽ ₩119,000 × 20%(증자 후 비지배지분) − 95,000 × 20%(증자 전 비지배지분) = ₩4,800

④ 종속기업의 당기순이익으로 인한 비지배지분 변동

(차변) 이　익　잉　여　금　　4,000**❾**　(대변) 비　지　배　지　분　　4,000

　　❾ ₩20,000 × 20% = ₩4,000

2. A회사가 20주를 인수한 경우

① 지분변동액

	종속기업 순자산의 공정가치		지분율		지분금액	지분변동액
증자 후	₩119,000	×	84%**❶**	=	₩99,960	
증자 전	95,000	×	80%	=	76,000	₩23,960
② 유상증자 취득원가						(24,000)
③ 지분변동차액						(₩40)

　　❶ (64주 + 20주) / 100주 = 84%

〈20×2년 말 연결조정분개〉

① 종속기업투자주식과 종속기업 자본의 상계제거

(차변) 자　　　　　본　　　　　금　　40,000　(대변) 종 속 기 업 투 자 주 식　120,000
　　　　자　　본　　잉　　여　　금　　30,000　　　　　비　지　배　지　분　　17,000
　　　　이　　익　　잉　　여　　금　　15,000
　　　　영　　　　　업　　　　　권　　52,000

② 과년도 종속기업 순자산의 변동으로 인한 비지배지분 변동

(차변) 이　익　잉　여　금　　2,000　(대변) 비　지　배　지　분　　2,000

③ 종속기업의 유상증자로 인한 종속기업투자주식과 종속기업 자본의 상계제거

(차변) 자　　　본　　　금　　10,000　(대변) 종 속 기 업 투 자 주 식　24,000**❷**
　　　　자　본　잉　여　금　　14,000　　　　　비　지　배　지　분　　40**❸**
　　　　자　본　잉　여　금　　40**❹**

　　❷ ₩1,200 × 20주 = ₩24,000

　　❸ ₩119,000 × 16%(증자 후 비지배지분) − 95,000 × 20%(증자 전 비지배지분) = ₩40

　　❹ 지분변동차액을 자본잉여금으로 회계처리한다.

④ 종속기업의 당기순이익으로 인한 비지배지분 변동

(차변) 이　익　잉　여　금　　3,200**❺**　(대변) 비　지　배　지　분　　3,200

　　❺ ₩20,000 × 16% = ₩3,200

3. A회사가 유상증자에 참여하지 않은 경우

① 지분변동액

	종속기업 순자산의 공정가치		지분율		지분금액	지분변동액
증자 후	₩119,000	×	64%**❶**	=	₩76,160	
증자 전	95,000	×	80%	=	76,000	₩160
② 유상증자 취득원가						-
③ 지분변동차액						₩160

　　❶ 64주 / 100주 = 64%

〈20×2년 말 연결조정분개〉
① 종속기업투자주식과 종속기업 자본의 상계제거

(차변)	자　　　　본　　　　금	40,000	(대변)	종 속 기 업 투 자 주 식	120,000
	자　본　잉　여　금	30,000		비　지　배　지　분	17,000
	이　익　잉　여　금	15,000			
	영　　　업　　　권	52,000			

② 과년도 종속기업 순자산의 변동으로 인한 비지배지분 변동

(차변)	이　익　잉　여　금	2,000	(대변)	비　지　배　지　분	2,000

③ 종속기업의 유상증자로 인한 종속기업투자주식과 종속기업 자본의 상계제거

(차변)	자　　　　본　　　　금	10,000	(대변)	비　지　배　지　분	23,840❷
	자　본　잉　여　금	14,000		자　본　잉　여　금	160❸

❷ ₩119,000 × 36%(증자 후 비지배지분) − 95,000 × 20%(증자 전 비지배지분) = ₩23,840
❸ 지분변동차액을 자본잉여금으로 회계처리한다.

④ 종속기업의 당기순이익으로 인한 비지배지분 변동

(차변)	이　익　잉　여　금	7,200❹	(대변)	비　지　배　지　분	7,200

❹ ₩20,000 × 36% = ₩7,200

　(예제 5)에서 유상증자 참여 여부에 따른 지분변동차액을 요약·정리하면 다음
〈표 5-3〉과 같다.

☑ 표 5-3 지배기업의 유상증자 참여 여부에 따른 지분변동차액 비교

구　분	16주 인수		20주 인수		인수하지 않은 경우	
	지배기업지분	비지배지분	지배기업지분	비지배지분	지배기업지분	비지배지분
증자 후	₩95,200	₩23,800	₩99,960	₩19,040	₩76,160	₩42,840
증자 전	(76,000)	(19,000)	(76,000)	(19,000)	(76,000)	(19,000)
지분변동액	19,200	4,800	23,960	40	160	23,840
취득원가	(19,200)	(4,800)	(24,000)	-	-	(24,000)
지분변동차액	₩0	₩0	(₩40)	₩40	₩160	(₩160)

3.2 종속기업의 유상감자

　앞서 설명한 유상증자와 마찬가지로 종속기업이 지분 비율대로 유상감자를 하면
지배기업지분율에 변동이 없지만, 서로 다른 비율로 유상감자를 하는 등의 이유로
지배기업지분율이 변동할 수 있다. 이때 지배기업의 지분변동액과 유상감자 수취금
액 간의 차이인 **지분변동차액**을 다음과 같이 계산한다.

<지분변동차액>

① 지분변동액

	종속기업 순자산의 공정가치		지분율		지분금액	지분변동액
감자 후	×××	×	%	=	×××	
감자 전	×××	×	%	=	×××	(×××)
② 유상감자 수취금액						×××
③ 지분변동차액						×××

유상증자와 마찬가지로 유상감자에서 발생하는 지분변동차액은 연결실체 내의 지배기업의 소유주와 비지배주주 간의 자본거래에서 발생한 것이므로 **자본잉여금으로 회계처리**한다. 지배기업지분율이 변동하면 비지배지분율도 변동하게 된다. 예를 들어, 지배기업이 종속기업의 유상감자 시에 지배기업지분율보다 적게 감자되어서 지배기업지분율이 80%에서 90%로 증가한다면, 비지배지분율은 20%에서 10%로 감소한다. 종속기업의 유상감자로 비지배지분이 감소하는 경우 지배기업과 종속기업의 개별 회계처리 및 연결조정분개는 다음과 같다.

<지배기업의 회계처리>

(차변) 현　　　　　　　금	×××	(대변) 종 속 기 업 투 자 주 식	×××
		투 자 주 식 처 분 이 익	×××

<종속기업의 회계처리>

(차변) 자　　　　본　　　　금	×××	(대변) 현　　　　　　　금	×××
감　　자　　차　　손	×××		

<연결조정분개>

(차변) 종 속 기 업 투 자 주 식	×××*	(대변) 자　　　　본　　　　금	×××*
투 자 주 식 처 분 이 익	×××*	감　　자　　차　　손	×××*
비 지 배 지 분	×××	자 본 잉 여 금	×××**

* 종속기업의 유상감자로 감소한 종속기업투자주식과 종속기업의 자본금을 상계제거하고, 이와 함께 지배기업이 인식한 투자주식처분손익과 종속기업이 인식한 감자차손익을 함께 제거한다.

** 지분변동차액을 자본잉여금으로 회계처리한다.

📖 예제 6 종속기업의 유상감자

12월 말 결산법인인 A회사는 20×1년 1월 1일에 B회사의 보통주식 80%를 ₩120,000에 취득하여 지배기업이 되었다.

B회사의 순자산 변동내역은 다음과 같으며, 취득일 현재 B회사의 모든 자산과 부채의 장부금액과 공정가치는 일치하였다. 단, A회사는 종속기업투자주식을 원가법으로 평가하고, 비지배지분을 종속기업의 식별가능한 순자산 중 비지배지분의 비례적인 몫으로 측정한다.

일 자	과 목	금 액	
	자 본 금	₩50,000	(발행주식수 100주, 액면금액 ₩500)
	자 본 잉 여 금	30,000	
	이 익 잉 여 금	5,000	
20×1. 1. 1.	합 계	85,000	
	당 기 순 이 익	10,000	
20×1.12.31.	합 계	95,000	
20×2. 1. 1.	유 상 감 자	(24,000)	(주식수 20주, 주당감자금액 ₩1,200)
	당 기 순 이 익	20,000	
20×2.12.31.	합 계	₩91,000	

물음 ···

1. B회사의 유상감자에 A회사의 보유주식 중 16주가 감자된 경우 20×2년 말 연결조정분개를 하시오. 단, 영업권이 배분된 현금창출단위의 회수가능액이 장부금액보다 크다.

2. B회사의 유상감자에 A회사의 보유주식 중 20주가 감자된 경우 20×2년 말 연결조정분개를 하시오. 단, 영업권이 배분된 현금창출단위의 회수가능액이 장부금액보다 크다.

3. B회사의 유상감자에 A회사의 보유주식 중 10주가 감자된 경우 20×2년 말 연결조정분개를 하시오. 단, 영업권이 배분된 현금창출단위의 회수가능액이 장부금액보다 크다.

풀이 ···

1. A회사의 보유주식 중 16주가 감자된 경우

① 지분변동액

	종속기업 순자산의 공정가치		지분율		지분금액	지분변동액
감자 후	₩71,000❶	×	80%	=	₩56,800	
감자 전	95,000	×	80%	=	76,000	(₩19,200)
② 유상감자 수취금액						19,200
③ 지분변동차액						₩0

❶ ₩85,000(취득일에 B회사 순자산의 공정가치) + 10,000(20×1년 당기순이익) − 24,000(유상감자)

= ₩71,000

〈20×2년 말 연결조정분개〉

① 종속기업투자주식과 종속기업 자본의 상계제거

(차변) 자　　　　　본　　　　　금　　50,000　(대변) 종 속 기 업 투 자 주 식　120,000
　　　　자　본　잉　여　금　　30,000　　　　　비　지　배　지　분　　17,000❷
　　　　이　익　잉　여　금　　 5,000
　　　　영　　　　　업　　　　　권　　52,000❸

　　❷ ₩85,000(B회사 순자산의 공정가치(점선 부분)) × 20% = ₩17,000

　　❸ ₩120,000 + 17,000 − 85,000 = ₩52,000

② 과년도 종속기업 순자산의 변동으로 인한 비지배지분 변동

(차변) 이　익　잉　여　금　　 2,000❹　(대변) 비　지　배　지　분　　 2,000

　　❹ ₩10,000 × 20% = ₩2,000

③ 종속기업의 유상감자로 인한 종속기업투자주식과 종속기업 자본의 상계제거

(차변) 종 속 기 업 투 자 주 식　24,000❺　(대변) 투 자 주 식 처 분 손 실　　4,800❻
　　　　비　지　배　지　분　　 4,800❾　　　　　자　　　　　본　　　　　금　　10,000❼
　　　　　　　　　　　　　　　　　　　　　감　　자　　차　　손　　14,000❽

　　❺ (₩120,000 ÷ 80주) × 16주 = ₩24,000

　　❻ ₩24,000 − 19,200 = ₩4,800

　　❼ ₩500 × 20주 = ₩10,000

　　❽ (₩1,200 × 20주) − 10,000 = ₩14,000

　　❾ ₩71,000 × 20%(감자 후 비지배지분) − 95,000 × 20%(감자 전 비지배지분) = (−)₩4,800

④ 종속기업의 당기순이익으로 인한 비지배지분 변동

(차변) 이　익　잉　여　금　　 4,000❿　(대변) 비　지　배　지　분　　 4,000

　　❿ ₩20,000 × 20% = ₩4,000

2. A회사의 보유주식 중 20주가 감자된 경우

① 지분변동액

	종속기업 순자산의 공정가치		지분율		지분금액	지분변동액
감자 후	₩71,000	×	75%❶	=	₩53,250	
감자 전	95,000	×	80%	=	76,000	(₩22,750)
② 유상감자 수취금액						24,000
③ 지분변동차액						₩1,250

　　❶ (80주 − 20주) / 80주 = 75%

〈20×2년 말 연결조정분개〉

① 종속기업투자주식과 종속기업 자본의 상계제거

(차변) 자　　　　　본　　　　　금　　50,000　(대변) 종 속 기 업 투 자 주 식　120,000
　　　　자　본　잉　여　금　　30,000　　　　　비　지　배　지　분　　17,000
　　　　이　익　잉　여　금　　 5,000
　　　　영　　　　　업　　　　　권　　52,000

② 과년도 종속기업 순자산의 변동으로 인한 비지배지분 변동

(차변) 이　익　잉　여　금　　 2,000　(대변) 비　지　배　지　분　　 2,000

③ 종속기업의 유상감자로 인한 종속기업투자주식과 종속기업 자본의 상계제거

(차변) 종 속 기 업 투 자 주 식 30,000**❷** (대변) 투 자 주 식 처 분 손 실 6,000**❸**
　　　 비 　 지 　 배 　 지 　 분 1,250**❺** 　　　　 자 　 본 　 금 10,000
　　　　　　　　　　　　　　　　　　　　　　　　　　 감 　 자 　 차 　 손 14,000
　　　　　　　　　　　　　　　　　　　　　　　　　　 자 　 본 　 잉 　 여 　 금 1,250**❹**

　　 ❷ (₩120,000 ÷ 80주) × 20주 = ₩30,000

　　 ❸ ₩30,000 - 24,000 = ₩6,000

　　 ❹ 지분변동차액을 자본잉여금으로 회계처리한다.

　　 ❺ ₩71,000 × 25%(감자 후 비지배지분) - 95,000 × 20%(감자 전 비지배지분) = (-)₩1,250

④ 종속기업의 당기순이익으로 인한 비지배지분 변동

(차변) 이 　 익 　 잉 　 여 　 금 5,000**❻** (대변) 비 　 지 　 배 　 지 　 분 5,000

　　 ❻ ₩20,000 × 25% = ₩5,000

3. A회사의 보유주식 중 10주가 감자된 경우

① 지분변동액

	종속기업 순자산의 공정가치		지분율		지분금액	지분변동액
감자 후	₩71,000	×	87.5%**❶**	=	₩62,125	
감자 전	95,000	×	80%	=	76,000	(₩13,875)

② 유상감자 수취금액　　　　　　　　　　　　　　　　　　　　　　　　　12,000

③ 지분변동차액　　　　　　　　　　　　　　　　　　　　　　　　　　(₩1,875)

　　 ❶ (80주 - 10주) / 80주 = 87.5%

〈20×2년 말 연결조정분개〉

① 종속기업투자주식과 종속기업 자본의 상계제거

(차변) 자 　 　 본 　 　 금 50,000 (대변) 종 속 기 업 투 자 주 식 120,000
　　　 자 　 본 　 잉 　 여 　 금 30,000 　　　 비 　 지 　 배 　 지 　 분 17,000
　　　 이 　 익 　 잉 　 여 　 금 5,000
　　　 영 　 　 업 　 　 권 52,000

② 과년도 종속기업 순자산의 변동으로 인한 비지배지분 변동

(차변) 이 　 익 　 잉 　 여 　 금 2,000 (대변) 비 　 지 　 배 　 지 　 분 2,000

③ 종속기업의 유상감자로 인한 종속기업투자주식과 종속기업 자본의 상계제거

(차변) 종 속 기 업 투 자 15,000**❷** (대변) 투 자 주 식 처 분 손 실 3,000**❸**
　　　 자 　 본 　 잉 　 여 　 금 1,875**❹** 　　　　 자 　 본 　 금 10,000
　　　 비 　 지 　 배 　 지 　 분 10,125**❺** 　　　 감 　 자 　 차 　 손 14,000

　　 ❷ (₩120,000 ÷ 80주) × 10주 = ₩15,000

　　 ❸ ₩15,000 - 12,000 = ₩3,000

　　 ❹ 지분변동차액을 자본잉여금으로 회계처리한다.

　　 ❺ ₩71,000 × 12.5%(감자 후 비지배지분) - 95,000 × 20%(감자 전 비지배지분) = (-)₩10,125

④ 종속기업의 당기순이익으로 인한 비지배지분 변동

(차변) 이 　 익 　 잉 　 여 　 금 2,500**❻** (대변) 비 　 지 　 배 　 지 　 분 2,500

　　 ❻ ₩20,000 × 12.5% = ₩2,500

　(예제 6)에서 유상감자 참여 여부에 따른 지분변동차액을 요약·정리하면 다음 〈표 5-4〉와 같다.

☑ 표 5-4 지배기업의 유상감자 참여 여부에 따른 지분변동차액 비교

구 분	16주 감자		20주 감자		10주 감자	
	지배기업지분	비지배지분	지배기업지분	비지배지분	지배기업지분	비지배지분
감 자 후	₩56,800	₩14,200	₩53,250	₩17,750	₩62,125	₩8,875
감 자 전	(76,000)	(19,000)	(76,000)	(19,000)	(76,000)	(19,000)
지분변동액	(19,200)	(4,800)	(22,750)	(1,250)	(13,875)	(10,125)
수 취 금 액	19,200	4,800	24,000	-	12,000	12,000
지분변동차액	₩0	₩0	₩1,250	(₩1,250)	(₩1,875)	₩1,875

3.3 종속기업의 자기주식 취득과 처분

　종속기업이 자기주식을 비지배주주로부터 취득하는 경우에는 유통주식수의 감소로, 자기주식을 비지배주주에 처분하는 경우에는 유통주식수의 증가로 지배기업지분율이 변동할 수 있다. 이때는 유상증자나 유상감자처럼 지배기업이 거래에 참여하는 것이 아니므로 **지분변동액**만 다음과 같이 계산한다.

〈지분변동액〉	종속기업 순자산의 공정가치		지분율		지분금액	지분변동액
거래 후	×××	×	%	=	×××	
거래 전	×××	×	%	=	×××	×××

　유상증자나 유상감자와 마찬가지로 종속기업의 자기주식 취득 또는 처분에서 발생하는 지분변동액은 연결실체 내의 지배기업의 소유주와 비지배주주 간의 자본거래에서 발생한 것이므로 **자본잉여금으로 회계처리**한다. 종속기업의 자기주식 취득 또는 처분은 지배기업지분율과 비지배지분율을 함께 변동시킨다. 예를 들어, 종속기업이 비지배주주로부터 자기주식을 취득하면 비지배지분율은 감소하고 지배기업지분율은 증가한다.

　종속기업의 자기주식 취득으로 비지배지분이 감소하고, 자기주식 처분으로 비지배지분이 증가하는 경우 종속기업의 개별 회계처리 및 연결조정분개는 다음과 같다.

① 종속기업의 자기주식 취득

〈종속기업 회계처리〉

(차변) 자 기 주 식　×××　(대변) 현　　　　　　금　×××

〈연결조정분개〉

(차변) 비 지 배 지 분　×××　(대변) 자 기 주 식　×××*
　　　　　　　　　　　　　　　　　　자 본 잉 여 금　×××**

　* 종속기업의 자기주식 취득으로 인식한 자기주식을 제거한다.
　** 지분변동액을 자본잉여금으로 회계처리한다.

② 종속기업의 자기주식 처분

〈종속기업 회계처리 – 자기주식처분손실이 발생한 경우〉

(차변) 현　　　　　　금　×××　(대변) 자 기 주 식　×××
　　　　자 기 주 식 처 분 손 실　×××

〈연결조정분개〉

(차변) 자 기 주 식　×××*　(대변) 자 기 주 식 처 분 손 실　×××*
　　　　자 본 잉 여 금　×××**　　　　비 지 배 지 분　×××
　* 종속기업의 자기주식 처분 관련 회계처리를 조정한다.
　** 지분변동액을 자본잉여금으로 회계처리한다.

📖 예제 7 종속기업의 자기주식 취득과 처분

12월 말 결산법인인 A회사는 20×1년 1월 1일에 B회사의 보통주식 75%를 ₩100,000에 취득하여 지배기업이 되었다.

B회사의 순자산 변동내역은 다음과 같으며, 취득일 현재 B회사의 모든 자산과 부채의 장부금액과 공정가치는 일치하였다. 단, A회사는 종속기업투자주식을 원가법으로 평가하고, 비지배지분을 종속기업의 식별가능한 순자산 중 비지배지분의 비례적인 몫으로 측정한다. 또한 B회사의 자기주식 거래는 비지배주주와의 거래이다.

일　자	과　목	금　액	
	자 본 금	₩60,000	(발행주식수 120주, 액면금액 ₩500)
	자 본 잉 여 금	20,000	
	이 익 잉 여 금	5,000	
20×1. 1. 1.	합　　계	85,000	
	당 기 순 이 익	10,000	
20×1.12.31.	합　　계	95,000	
20×2. 1. 1.	자기주식취득	(15,000)	(주식수 20주, 주당취득금액 ₩750)
	당 기 순 이 익	20,000	
20×2.12.31.	합　　계	100,000	

20×3. 1. 1.	자기주식처분	12,000	(주식수 20주, 주당처분금액 ₩600)
	당 기 순 이 익	25,000	
20×3.12.31.	합 계	₩137,000	

물음 ....

1. A회사가 20×2년 말에 해야 할 연결조정분개를 하시오. 단, 영업권이 배분된 현금창출단위의 회수 가능액이 장부금액보다 크다.

2. A회사가 20×3년 말에 해야 할 연결조정분개를 하시오. 단, 영업권이 배분된 현금창출단위의 회수 가능액이 장부금액보다 크다.

풀이 ....

1. 자기주식 취득에 따른 지분변동액 계산

	종속기업 순자산의 공정가치	지분율	지분금액	지분변동액
취득 후	₩80,000❶	× 90%❷ =	₩72,000	
취득 전	95,000	× 75% =	71,250	₩750

❶ ₩85,000(취득일에 B회사 순자산의 공정가치) + 10,000(20×1년 당기순이익) − 15,000(자기주식 취득)
 = ₩80,000
❷ 90주 / (120주 − 20주) = 90%

〈20×2년 말 연결조정분개〉
① 종속기업투자주식과 종속기업 자본의 상계제거

(차변)	자 본 금	60,000	(대변)	종 속 기 업 투 자 주 식	100,000
	자 본 잉 여 금	20,000		비 지 배 지 분	21,250❸
	이 익 잉 여 금	5,000			
	영 업 권	36,250❹			

❸ ₩85,000(B회사 순자산의 공정가치(점선 부분)) × 25% = ₩21,250
❹ ₩100,000 + 21,250 − 85,000 = ₩36,250

② 과년도 종속기업 순자산의 변동으로 인한 비지배지분 변동

(차변) 이 익 잉 여 금	2,500❺	(대변) 비 지 배 지 분	2,500

❺ ₩10,000 × 25% = ₩2,500

③ 종속기업의 자기주식 취득 제거

(차변) 비 지 배 지 분	15,750❽	(대변) 자 기 주 식	15,000❻
		자 본 잉 여 금	750❼

❻ ₩750 × 20주 = ₩15,000
❼ 지분변동액을 자본잉여금으로 회계처리한다.
❽ ₩80,000 × 10%(자기주식 취득 후 비지배지분) − 95,000 × 25%(자기주식 취득 전 비지배지분)
 = (−)₩15,750

④ 종속기업의 당기순이익으로 인한 비지배지분 변동

    (차변) 이 익 잉 여 금   2,000[9]   (대변) 비 지 배 지 분   2,000

    ❾ ₩20,000 × 10% = ₩2,000

참고로 종속기업은 자기주식을 취득할 때 다음과 같이 회계처리한다.

    (차변) 자 기 주 식   15,000   (대변) 현   금   15,000

2. 자기주식 처분에 따른 지분변동액 계산

	종속기업 순자산의 공정가치	지분율	지분금액	지분변동액
처분 후	₩112,000❶ ×	75%❷ =	₩84,000	
처분 전	100,000 ×	90% =	90,000	(₩6,000)

    ❶ ₩100,000(20×2년 말 B회사 순자산의 공정가치) + 12,000(자기주식 처분) = ₩112,000

    ❷ 90주 / (100 + 20) = 75%

〈20×3년 말 연결조정분개〉

① 종속기업투자주식과 종속기업 자본의 상계제거

    (차변) 자   본   금   60,000   (대변) 종 속 기 업 투 자 주 식   100,000
           자 본 잉 여 금   20,000   비 지 배 지 분   21,250
           이 익 잉 여 금   5,000
           영   업   권   36,250

② 과년도 종속기업 순자산의 변동으로 인한 비지배지분 변동

    (차변) 이 익 잉 여 금   4,500❸   (대변) 비 지 배 지 분   4,500

    ❸ ₩2,500(20×1년) + 2,000(20×2년) = ₩4,500

③ 전년도 종속기업의 자기주식 취득 제거

    (차변) 비 지 배 지 분   15,750   (대변) 자 기 주 식   15,000
                                        자 본 잉 여 금   750

④ 종속기업의 자기주식 처분 제거

    (차변) 자 기 주 식   15,000   (대변) 자 기 주 식 처 분 손 실   3,000❹
           자 본 잉 여 금   6,000❺   비 지 배 지 분   18,000❻

    ❹ (₩750 - 600) × 20주 = ₩3,000

    ❺ 지분변동액을 자본잉여금으로 회계처리한다.

    ❻ ₩112,000 × 25%(자기주식 처분 후 비지배지분) − 100,000 × 10%(자기주식 처분 전 비지배지분)
       = ₩18,000

⑤ 종속기업의 당기순이익으로 인한 비지배지분 변동

    (차변) 이 익 잉 여 금   6,250❼   (대변) 비 지 배 지 분   6,250

    ❼ ₩25,000 × 25% = ₩6,250

참고로 종속기업은 자기주식을 처분할 때 다음과 같이 회계처리한다.

    (차변) 현   금   12,000   (대변) 자 기 주 식   15,000
           자 기 주 식 처 분 손 실   3,000

M&A in History ✐

디즈니와 픽사·루카스필름·마블·21세기폭스의 M&A

'21세기 월트디즈니(Walt Disney) 제국의 황제' 로버트 아이거(Robert Iger) 회장, 디즈니는 아이거 체제 이전과 이후로 나뉜다. 이전의 디즈니는 미키마우스와 백설공주, 인어공주 등 과거의 영광에만 기댄 채 기울어져 가는 '꿈의 동산'이었다. 이후의 디즈니는 동산이 아니라 우주의 은하계로 거듭났다. '겨울왕국'의 엘사가 만든 마법의 얼음궁전, "와칸다 포에버"를 외치는 흑인 슈퍼히어로 블랙 팬서, 우주를 누비는 슈퍼헤로인 캡틴 마블, 스타워즈의 제다이 등 수많은 캐릭터가 디즈니 은하계의 별들이다.

디즈니의 이 같은 변신은 아이거의 적극적인 인수합병(M&A) 전략이 없었다면 결코 이뤄낼 수 없었다. 아이거는 2006년 픽사(Pixar), 2009년 마블엔터테인먼트(Marvel Entertainment), 2012년 루카스필름(Lucas Film)을 인수했다. 지난해엔 21세기폭스(21st Century Fox)의 영화·TV 부문도 디즈니의 지붕 밑으로 끌어왔다. 하나같이 글로벌 미디어업계에서 '세기의 인수'라고 불린 M&A다.

아이거는 스티브 잡스(Steven Jobs), 아이크 펄머터(Ike Perlmutter), 조지 루카스(George Lucas) 등 이름만 대면 금방 알 수 있는 쟁쟁한 인물들을 상대로 각각 픽사, 마블, 루카스필름의 인수를 추진한다. 그는 이들로부터 "OK"를 이끌어내기 위해 철저한 정공법을 구사한다. 디즈니가 왜 해당 기업을 원하는지, 거래 조건이 무엇인지 확실하게 밝힌다. 꼼수를 쓰는 대신 계약 상대방과 인간 대 인간으로 대화한다.

가장 큰 조건은 '디즈니화'하지 않겠다는 것이었다. 조직의 개성을 철저히 지켜줘야 큰 성과를 낸다고 믿었기 때문이다. 이를 통해 인수 대상 기업의 임직원들을 안심시킬 수 있었다. 아이거는 인수 성공의 핵심 이유를 이렇게 정리한다. "잡스는 픽사의 본질을 존중하겠다는 내 약속을 신뢰했다. 펄머터는 마블 팀이 가치를 인정받고 새로운 조직 안에서 발전할 기회를 얻을 수 있다는 것을 확신했다. 루카스에게는 자신의 유산이, 자신의 '어린 자식'이 디즈니에서 제대로 보살핌을 받을 것이라고 믿었다."

아이거가 디즈니 경영의 성공으로 꼽은 키워드는 진심과 고결함, 혁신이다. 누구를 만나든 정중하게 대하고, 리더로서의 고결한 가치를 조직원들과 공유하고, 혁신하지 않으면 죽는다는 마음가짐을 잃지 말아야 한다는 것이다. 성과 창출을 강조하되 부하 직원들을 극한으로 밀어붙이진 말아야 한다고 말한다.

(한국경제 2020년 5월 7일)

Knowledge is Power! 📰

지배기업은 종속기업의 유상증자에 참여할까?

종속기업이 유상증자를 할 때 지배기업이 유상증자에 참여하는 경우도 있고 참여하지 않는 경우도 있다. 그렇다면 지배기업은 어떤 이유로 종속기업의 유상증자에 참여하거나 참여하지 않을까? 각 사례를 통해서 살펴보자.

삼성바이오로직스는 2022년에 3조 2천억원의 유상증자를 실시하였고, 지배기업인 삼성물산은 1조 2천억원을 유상증자에 참여했다. 이때 삼성바이오로직스의 2대주주인 삼성전자 역시 88백억원을 유상증자에 참여함으로써 삼성그룹에서 2조원이 넘는 금액을 삼성바이오로직스에 지원한 것이다. 삼성물산은 삼성바이오로직스의 유상증자에 참여하면서 참여하는 이유에 대해서 "삼성바이오로직스의 중장기 성장동력인 바이오사업 투자를 확대하기 위함"이라고 설명했다. 삼성바이오로직스가 유상증자로 확보한 현금 중 1조원 가량은 미국 바이오젠(Biogen)이 보유한 삼성바이오에피스 주식을 취득하는 데 사용하고, 2조원 가량은 공장 건설과 부지 매입을 위해서 사용될 예정이다.

반면에 두산퓨얼셀은 2020년에 3천억원의 유상증자를 실시하였으나, 최대주주인 두산 및 대주주 일가는 두산퓨얼셀의 유상증자에 참여하지 않았다. 대신에 두산퓨얼셀 지분 23%를 두산에너빌리티(구, 두산중공업)에 무상증여함으로써 최대주주가 두산에서 두산에너빌리티로 변경되었다. 따라서 두산 및 대주주 일가가 두산퓨얼셀의 유상증자에 참여하지 않은 이유는 두산에너빌리티를 지원하여 두산퓨얼셀의 지배력을 더 키우겠다는 취지로 볼 수 있다.

삼성바이오로직스와 두산퓨얼셀의 유상증자 사례에서 볼 수 있듯이 지배기업이 종속기업의 유상증자에 참여하거나 참여하지 않을 때 가장 큰 고려사항은 종속기업에 대한 지배력의 강화이다. 삼성바이오로직스는 관계기업인 삼성바이오에피스에 대한 지배력을 취득하기 위해 유상증자를 실시하였고, 삼성물산은 이를 지원하기 위해 삼성바이오로직스의 유상증자에 참여했다. 또한 두산퓨얼셀의 기존 최대주주였던 두산 및 대주주 일가는 두산퓨얼셀의 지배력을 두산에너빌리티 중심으로 강화하기 위해 두산퓨얼셀의 유상증자에 미참여한 것이다.

(DART 공시 참조)

Summary & Check 🎯

⑤ **단계적 취득**

- 지배기업이 취득일 직전에 종속기업의 지분을 일부 보유하고 있는 상황에서 종속기업에 대한 지배력을 획득하는 경우, 이를 단계적 취득이라고 한다.

- 단계적 취득을 통해서 최초로 지배력을 획득하는 경우 지배기업은 이전에 보유하고 있던 종속기업에 대한 지분을 취득일의 공정가치로 재측정하고, 그 결과 차손익이 있다면 당기손익 또는 기타포괄손익으로 인식한다.

- 기존에 지배력을 획득한 이후에 종속기업의 지분을 추가 취득하는 경우에는 **자본거래(즉, 소유주들 간의 거래)로** 회계처리하도록 규정하고 있다.

⑤ **단계적 처분**

- 연결실체 내에 있는 지배기업이 종속기업의 지분 중 일부를 처분하는 경우, 이를 **단계적 처분**이라고 한다.

- 지배기업이 종속기업의 지분 중 일부를 처분하더라도 종속기업에 대한 지배력을 계속 유지하는 경우에는 **자본거래(즉, 소유주들 간의 거래)로** 회계처리하도록 규정하고 있다.

- 지배기업의 종속기업의 지분 중 일부를 처분하여 더 이상 지배력을 소유하지 않는 경우에는 처분손익을 당기손익으로 인식해야 한다.

⑤ **종속기업의 자본거래**

- 지배기업이 종속기업의 유상증자에 참여하지 않는 등의 이유로 지배기업지분율이 변동할 수 있다. 이때 지배기업의 지분변동액과 유상증자 취득원가 간의 차이를 **지분변동차액**이라고 하며, **자본잉여금으로** 회계처리한다.

- 종속기업이 서로 다른 비율로 유상감자를 하는 등의 이유로 지배기업지분율이 변동할 수 있다. 이때 지배기업의 지분변동액과 유상감자 수취금액 간의 차이인 **지분변동차액**을 **자본잉여금으로** 회계처리한다.

- 자기주식의 취득 또는 처분에서 발생하는 지분변동액은 연결실체 내의 지배기업의 소유주와 비지배주주 간의 자본거래에서 발생한 것이므로 **자본잉여금으로** 회계처리한다.

OX Quiz ✍️

1   단계적 취득을 통해서 최초로 지배력을 획득하는 경우 지배기업은 이전에 보유하고 있던 종속기업에 대한 지분을 취득일의 공정가치로 재측정하고, 그 결과 차손익이 있다면 당기손익으로만 인식한다.

2   기존에 지배력을 획득한 이후에 종속기업의 지분을 추가 취득하는 경우에는 추가 취득한 지분의 취득원가와 감소하는 비지배지분 간의 차이를 자본잉여금으로 조정한다.

3   지배기업이 종속기업의 지분 중 일부를 처분하더라도 종속기업에 대한 지배력을 계속 유지하는 경우에는 종속기업투자주식의 처분대가와 증가하는 비지배지분 간의 차이를 당기손익으로 인식한다.

4   지배기업의 종속기업의 지분 중 일부를 처분하여 더 이상 지배력을 소유하지 않는 경우에 처분손익을 기타포괄손익으로 인식해야 한다.

5   종속기업의 유상증자로 인한 지배기업의 지분변동액과 유상증자 취득원가 간의 차이인 지분변동차액을 자본잉여금으로 회계처리한다.

6   종속기업의 유상감자로 인한 지배기업의 지분변동액과 유상감자 수취금액 간의 차이인 지분변동차액을 당기손익으로 인식한다.

7   종속기업의 자기주식 취득 또는 처분은 지배기업지분율과 비지배지분율을 함께 변동시킨다.

Multiple-choice Questions ▦

1   20×1년 1월 1일 A회사는 자본금과 이익잉여금이 각각 ₩200,000과 ₩80,000인 B회사의 보통주식 20%를 ₩60,000에 취득하여 유의적인 영향력을 행사하게 되었다. B회사는 20×1년도 당기순이익 ₩20,000을 보고하였으며 20×1년 중 다른 자본거래는 없었다. 20×2년 1월 1일 A회사는 B회사의 보통주식 40%를 ₩140,000에 추가 취득하여 두 회사 간에 지배–종속 관계가 성립되었다. 20×2년 초 B회사에 대한 A회사 투자지분의 공정가치는 ₩70,000이다. 또한 20×1년 초와 20×2년 초 B회사 자산·부채의 장부금액과 공정가치는 일치하며, 주당 순자산 공정가치와 주당 주식의 공정가치도 일치한다. 20×2년 말 연결재무상태표에 계상되는 영업권은 얼마인가? (단, 비지배지분은 종속기업의 식별가능한 순자산에 대한 비례적 지분으로 측정한다)   (CPA 2002)

① ₩23,200   ② ₩24,800   ③ ₩29,000

④ ₩30,000   ⑤ ₩50,000

2   ㈜지배는 20×4년 초에 ㈜종속의 보통주 발생주식의 70%를 ₩450,000에 취득(원가법 적용)하여 두 회사 간에 지배·종속관계가 성립되었다. 취득 당시 ㈜종속의 순자산 장부금액과 공정가치 간에 차이는 없었으며, ㈜종속의 자본구성은 다음과 같다.   (CPA 2005)

계정과목	금 액
자 본 금	₩300,000
자 본 잉 여 금	150,000
이 익 잉 여 금	100,000

20×4년부터 20×6년 사이에 ㈜종속의 순자산에 영향을 미친 항목은 다음과 같다.

구 분	20×4년	20×5년	20×6년
당 기 순 이 익	₩30,000	₩70,000	₩100,000

20×6년 초 ㈜지배는 보유하고 있는 ㈜종속의 주식 일부를 ₩340,000에 처분하여 ㈜종속의 보통주 발행주식의 28%를 보유하게 되었다. 20×6년 초 ㈜지배의 종속기업투자주식의 처분으로 인한 처분손익은 얼마인가? (단, 처분으로 인해 ㈜지배는 지배력을 상실하였고 잔여지분에 대한 대체는 생략한다)

① ₩70,000 이익   ② ₩70,000 손실   ③ ₩39,130 이익

④ ₩41,600 이익   ⑤ ₩45,500 손실

3   ㈜대한은 20×1년 1월 1일 ㈜민국의 의결권 있는 보통주식 70주(지분율 70%)를 ₩210,000
     에 취득하여 지배력을 획득하였다. 취득일 현재 ㈜민국의 자본은 자본금 ₩200,000과 이익
     잉여금 ₩100,000이며, 자산과 부채의 장부금액과 공정가치는 일치하였다. ㈜대한은 ㈜민국
     의 주식을 원가법으로 회계처리하며, 연결재무제표 작성시 비지배지분은 ㈜민국의 식별가능
     한 순자산 공정가치에 비례하여 결정한다. 20×2년 1월 1일 ㈜대한은 ㈜민국의 보통주식 10
     주(지분율 10%)를 ₩40,000에 추가로 취득하였다. 20×1년과 20×2년에 ㈜민국이 보고한
     당기순이익은 각각 ₩20,000과 ₩40,000이며, 동 기간에 이익처분은 없었다. ㈜대한이 작성
     하는 20×2년 말 연결재무상태표상 비지배지분은?   (CPA 2017)

     ① ₩64,000   ② ₩66,000   ③ ₩68,000

     ④ ₩70,000   ⑤ ₩72,000

4   ㈜지배는 20×1년 초 ㈜종속의 의결권 있는 보통주 800주(총 발행주식의 80%)를 취득하여
     지배력을 획득하였다. 지배력 획득일 현재 ㈜종속의 순자산 장부금액은 ₩250,000이며, 순
     자산 공정가치와 장부금액은 동일하다. ㈜종속의 20×1년과 20×2년의 당기순이익은 각각
     ₩100,000과 ₩150,000이다. ㈜종속은 20×2년 1월 1일에 200주를 유상증자(주당 발행가
     액 ₩1,000, 주당 액면가액 ₩500)하였으며, 이 중 100주를 ㈜지배가 인수하였다. ㈜지배는
     별도재무제표상 ㈜종속 주식을 원가법으로 회계처리하고 있으며, 비지배지분은 종속기업의
     식별가능한 순자산공정가치에 비례하여 결정한다. 20×2년 말 ㈜지배의 연결재무상태표에 표
     시되는 비지배지분은 얼마인가?   (CPA 2020)

     ① ₩100,000   ② ₩112,500   ③ ₩125,000

     ④ ₩140,000   ⑤ ₩175,000

5 ㈜대한은 20×1년 초에 ㈜민국의 보통주 80주(80%)를 ₩240,000에 취득하여 지배력을 획득하였다. 취득일 현재 ㈜민국의 순자산은 자본금 ₩150,000과 이익잉여금 ₩100,000이며, 식별가능한 자산과 부채의 장부금액과 공정가치는 일치하였다. 취득일 이후 20×2년까지 ㈜대한과 ㈜민국이 별도(개별)재무제표에 보고한 순자산변동(당기순이익)은 다음과 같으며, 이들 기업 간에 발생한 내부거래는 없다. (CPA 2022)

구분	20×1년	20×2년
㈜대한	₩80,000	₩120,000
㈜민국	20,000	30,000

20×3년 1월 1일에 ㈜대한은 보유 중이던 ㈜민국의 보통주 50주(50%)를 ₩200,000에 처분하여 ㈜민국에 대한 지배력을 상실하였다. 남아있는 ㈜민국의 보통주 30주(30%)의 공정가치는 ₩120,000이며, ㈜대한은 이를 관계기업투자주식으로 분류하였다. ㈜민국에 대한 지배력 상실시점의 회계처리가 ㈜대한의 20×3년도 연결당기순이익에 미치는 영향은 얼마인가? (단, 20×3년 말 현재 ㈜대한은 다른 종속기업을 지배하고 있어 연결재무제표를 작성한다)

① ₩10,000 감소   ② ₩10,000 증가   ③ ₩40,000 증가

④ ₩50,000 증가   ⑤ ₩80,000 증가

Short-answer Questions

1　20×1년 1월 1일 ㈜지배는 ㈜종속의 의결권 주식 60%를 ₩300,000에 취득하였으며, 20×1년 7월 1일 동사 의결권 주식의 20%를 ₩80,000에 추가 취득하였다. ㈜지배는 ㈜종속 투자주식을 원가법으로 회계처리하고 있다. ㈜지배와 ㈜종속은 모두 12월말 결산법인이며 20×1년 12월 31일 현재 ㈜지배와 ㈜종속의 시산표는 다음과 같다.　　(CPA 2012)

〈시산표〉

차변 항목	㈜지배	㈜종속
현　　　　　　　금	₩91,000	₩20,000
매　출　채　권	320,000	100,000
대　　여　　금	30,000	-
미　수　수　익	900	-
재　고　자　산	650,000	170,000
매 도 가 능 금 융 자 산	-	20,600
투　자　주　식	380,000	-
유 형 자 산 (순 액)	800,000	230,000
매　출　원　가	1,875,000	700,000
판 매 비 와 관 리 비	360,000	151,000
이　자　비　용	-	900
계	₩4,506,900	₩1,392,500

대변 항목	㈜지배	㈜종속
매　입　채　무	₩320,000	₩40,000
차　　입　　금	-	22,500
자　　본　　금	500,000	200,000
자　본　잉　여　금	86,000	-
이익잉여금(20×1.1.1)	1,100,000	125,000
매　　　　　　출	2,500,000	1,000,000
이　자　수　익	900	-
매도가능금융자산평가이익	-	5,000
계	₩4,506,900	₩1,387,500

〈추가자료〉

1. 20×1년 1월 1일 현재 ㈜종속의 자산 중에서 일부 재고자산 품목의 장부금액은 공정가치보다 ₩20,000 낮았으며, 동 재고자산은 20×1년 8월 중에 모두 외부로 매출되었다. 그 외의 자산과 부채의 장부금액과 공정가치는 일치하였다.
2. 20×1년 7월 1일 현재 ㈜종속의 순자산 장부금액과 공정가치는 일치하였다.
3. ㈜종속의 20×1년 6월 30일로 종료되는 6개월 간 순이익은 ₩60,000이다. ㈜지배와 ㈜종속은 모두 20×1년에 배당을 실시하지 않았다.
4. 20×1년 9월 30일 ㈜지배는 ㈜종속에 이자율 연 12%의 조건으로 ₩30,000을 대여하였

다. 동 대여금에 대한 이자는 3개월마다 지급되며 첫 이자 지급은 20×1년 12월 31일에 이루어진다. 또한 동 대여금은 20×1년 12월 31일부터 매 3개월마다 4회에 걸쳐 균등액을 상환받게 된다. 20×1년 12월 31일 ㈜종속은 3개월분 이자와 첫 번째 분할상환금의 지급을 완료하였으나 ㈜지배는 이를 아직 수령하지 못한 상태이다. ㈜지배에 다른 대여금은 없으며, ㈜종속에 다른 차입금은 없다.

5. ㈜종속은 상품매매 외에 수선용역 사업도 행하고 있으며 수선용역 매출은 용역제공원가의 50%를 이익으로 가산하여 이루어진다. 20×1년 중 ㈜종속이 ㈜지배에 제공한 수선용역 매출액은 ₩30,000이며 용역제공은 20×1년 12월에 이루어졌다.

6. 20×1년 중에 ㈜지배의 ㈜종속에 대한 매출액은 ₩50,000이고 이 중 40%가 기말 현재 ㈜종속의 재고자산으로 남아 있다. ㈜지배는 내부거래와 외부 매출 모두에 동일한 이익률을 적용한다.

7. 20×1년 10월 1일 ㈜종속은 원가 ₩10,000의 재고자산을 ₩15,000의 가격으로 ㈜지배에 판매하였다. ㈜지배는 동 자산을 구입 후 비품으로 사용하고 있으며 정액법(내용연수 5년, 잔존가치는 ₩0)에 따라 감가상각한다.

8. 20×1년 11월 30일 ㈜종속은 타사 주식을 ₩15,600에 취득하여 매도가능금융자산으로 분류하였으며 회계연도 말에 공정가치법을 적용하여 평가한다.

9. 비지배지분은 종속기업의 식별가능한 순자산 공정가치에 비례하여 결정한다.

10. ㈜지배와 ㈜종속은 매출원가와 이자비용을 제외한 모든 비용을 판매비와 관리비로 구분하고 있다.

(물음 1) 위에서 ㈜지배가 ㈜종속의 주식을 추가 취득하는데 소요된 ₩80,000은 ㈜지배가 작성하는 20×1년도 연결현금흐름표상에서 어떠한 활동으로 분류되는지 답하고 그 근거를 간략히 설명하시오.

(물음 2) 20×1년 12월 31일 ㈜지배가 작성하는 연결재무제표상에 계상될 다음 항목의 금액을 계산하시오. 단, 해당 금액이 없으면 "0"으로 표시한다.

재고자산	①
유형자산	②
대여금	③
영업권	④
매출	⑤
매출원가	⑥
총포괄이익	⑦
기타포괄손익누계액	⑧
자본금	⑨
자본잉여금	⑩
이익잉여금	⑪

2　다음에 제시되는 〈공통자료〉는 20×1년 ㈜지배와 ㈜종속의 사업결합에 대한 것이다. 각 물음
은 독립적이며 〈공통자료〉를 이용하여 답하시오.　　　　　　　　　　　　　　　　(CPA 2013)

〈공통자료〉

20×1년 초에 ㈜지배는 ㈜종속의 의결권 주식 10주(10%)를 ₩10,000에 취득하여 매도가
능금융자산으로 회계처리하였으며, 20×1년 4월 1일에 60주(60%)를 공정가치 ₩150,000
에 취득하여 지배기업이 되었다. 지배력 획득일 현재 ㈜종속의 순자산은 모두 장부금액과 공
정가치가 일치하고, 자본항목은 자본금, 이익잉여금, 기타자본으로 구성되어 있다. ㈜지배와
㈜종속의 별도(개별)재무제표에 보고된 관련 항목을 요약하면 다음과 같다.

〈20×1년 초 ㈜지배와 ㈜종속의 자본〉

계정과목	㈜지배	㈜종속
자 본 금	₩300,000	₩100,000
이 익 잉 여 금	200,000	50,000
기 타 자 본	100,000	50,000
자 본 합 계	₩600,000	₩200,000

주) 기타자본은 자본 요소 중 자본금과 이익잉여금을 제외한 나머지 항목을 말하며, ㈜지배와 ㈜종속
　모두 20×2년 말까지 자본금과 기타자본의 변동액은 없다.

〈20×1년 ㈜지배와 ㈜종속의 당기순이익〉

구 분	㈜지배	㈜종속	
	1. 1.~12.31.	1. 1.~3.31.	4. 1.~12.31.
당 기 순 이 익	₩250,000	₩20,000	₩80,000

주) ㈜지배와 ㈜종속 모두 20×1년 중에 결의하거나 지급한 배당은 없다.

지배력 획득일 이후 ㈜지배는 ㈜종속에 대한 투자주식을 원가법으로 회계처리하고, 비지배
지분을 ㈜종속의 식별가능한 순자산 공정가치에 비례하여 결정한다. 영업권의 손상은 없는
것으로 가정한다.

(물음 1) 20×1년 말 ㈜지배가 작성하는 연결재무제표에 보고되는 다음 금액을 계산하시오.

영업권	①
비지배지분	②
이익잉여금	③

(물음 2) 20×2년 초 ㈜지배는 ㈜종속의 주식 10주(10%)를 ₩35,000에 추가 취득하였다.
㈜종속은 20×2년에 ₩100,000의 당기순이익을 보고하였으며, 배당은 없다. 20×2년 초
추가 취득시 ㈜종속의 자본은 자본금 ₩100,000, 이익잉여금 ₩150,000, 기타자본
₩50,000으로 구성되어 있으며, ㈜종속의 순자산은 모두 장부금액과 공정가치가 일치한다.
20×2년에 ㈜지배가 작성하는 연결재무제표를 이용하여 다음 항목의 금액을 계산하시오.
(단, 변동액 계산시 전년 말에 비해 감소하는 경우 금액 앞에 (−)를 표시하고, 변동이 없으면
'변동없음'으로 표시하시오)

영업권의 전년 말 대비 변동액	①
연결포괄손익계산서상 비지배지분 순이익	②
연결재무상태표에 보고되는 기타자본	③
연결재무상태표에 보고되는 비지배지분	④

(물음 3) (물음 2)에서 20×2년 초 ㈜지배가 ㈜종속의 주식 10주(10%)를 추가 취득하기 위해 지불한 대가가 ₩25,000이라고 가정한다. 이 외의 자료는 (물음 2)에 제시된 내용과 동일하다. 20×2년 말 연결재무상태표에 보고되는 기타자본의 금액을 계산하시오.

연결재무상태표에 보고되는 기타자본	①

(물음 4) 투자자가 피투자자를 지배하기 위하여 충족해야 할 조건 3가지를 제시하시오.

3   20×1년 1월 1일 ㈜대한은 ㈜민국 발행주식의 60%(60주)를 ₩300,000에 취득하여 지배력을 획득하였다. 동 일자 현재 ㈜대한과 ㈜민국의 자본계정은 다음과 같으며, 자산과 부채의 장부금액과 공정가치는 일치하였다.   (CPA 2016)

계정과목	㈜대한	㈜민국
자 본 금	₩400,000	₩100,000
자 본 잉 여 금	300,000	250,000
이 익 잉 여 금	250,000	50,000
자 본 총 계	₩950,000	₩400,000

〈추가자료〉

· ㈜대한은 ㈜민국의 투자주식을 원가법으로 회계처리하고 있으며, 종속기업에 대한 비지배지분을 종속기업의 식별가능한 순자산 공정가치에 비례하여 결정한다.
· ㈜대한과 ㈜민국의 20×1년 당기순이익은 각각 ₩100,000과 ₩30,000이다. 20×1년 당기순이익에 따른 이익잉여금 증가 이외의 자본변동은 없다.
· 20×1년 중 ㈜대한은 ㈜민국에 상품을 ₩100,000에 판매하였는데, 동 상품 중 40%가 ㈜민국의 기말재고로 남아있다. 또한, ㈜민국은 ㈜대한에 상품을 ₩50,000에 판매하였는데, 동 상품은 모두 20×1년 중에 외부에 판매되었다. ㈜대한과 ㈜민국의 매출총이익률은 모두 20%이며, 판매된 상품은 매출 다음 연도까지는 모두 외부에 판매된다.

(물음 1) 20×1년 말 ㈜대한의 연결재무상태표에 보고되는 ① 영업권, ② 비지배지분, ③ 이익잉여금을 계산하시오.

영업권	①
비지배지분	②
이익잉여금	③

(물음 2) 20×2년 1월 1일 ㈜민국은 비지배주주로부터 자기주식 20주를 ₩80,000에 취득하였다. 20×1년 12월 31일 현재, ㈜민국의 자본계정은 자본금 ₩100,000, 자본잉여금 ₩250,000, 이익잉여금 ₩80,000으로 구성되어 있다. 20×2년 1월 1일 자기주식 취득 후 작성되는 연결재무상태표에 보고되는 비지배지분 장부금액을 계산하시오.

비지배지분	①

(물음 3) 다음과 같은 연결실체 간의 현금거래가 연결현금흐름표에 표시되는지, 표시된다면 영업활동, 투자활동, 재무활동 중 어떤 현금흐름으로 표시되는 지를 주어진 답안 양식에 따라 답하시오.

(거래 1) 종속기업이 지급한 현금 배당금 중 지배기업이 수취한 배당금

(거래 2) 종속기업에 대한 지배력 상실을 초래한 지배기업의 종속기업 주식 처분

(거래 3) 지배력 획득 이후, 지배기업이 종속기업의 주식을 추가로 취득한 경우

(거래 4) 종속기업이 유상증자를 통해 발행하는 신주를 지배기업이 취득한 경우

거래	표시여부	현금흐름 유형
(거래 예)	표시되지 않음	-
	표시됨	영업활동
거래 1	①	①
거래 2	②	②
거래 3	③	③
거래 4	④	④

4 ㈜대한은 20×1년 초에 ㈜민국의 회사 주식 500주(50%)를 ₩600,000에 취득했다. ㈜대한의 지분율은 50%를 초과하지 않지만 실질지배력이 있는 것으로 판단되었다. ㈜대한은 ㈜민국의 종속기업투자주식을 별도재무제표상 원가법으로 평가하고 있다. 연결재무제표상 비지배지분은 종속기업의 식별가능한 순자산의 공정가치에 비례하여 결정한다. 순자산의 장부금액은 공정가치와 일치한다. ㈜민국의 지배력 취득일 현재 자본항목의 구성은 다음과 같다.

(CPA 2018)

계정과목	금액
자본금(1,000주, 액면가 ₩500)	₩500,000
자본잉여금	400,000
이익잉여금	100,000
기타자본	100,000
순자산장부금액	₩1,100,000

지배력 취득일 현재 ㈜대한의 자본금은 ₩700,000, 자본잉여금은 ₩400,000, 이익잉여금은 ₩200,000이다.

종속기업투자에 따른 영업권 이외에 다른 영업권은 없다. 영업권에 대한 손상 검토를 수행한 결과, 영업권이 배부된 현금창출단위의 20×1년 말 회수가능금액은 ₩35,000이다. 다음은 20×1년 중 ㈜대한과 ㈜민국에 관련된 거래이다.

- ㈜대한은 ㈜민국에게 20×1년 중 원가 ₩40,000인 재고자산을 ₩50,000에 판매하였다. ㈜민국은 ㈜대한으로부터 매입한 재고자산 중 70%는 20×1년 중에 외부로 판매했으며 30%는 아직 창고에 남아있다. 한편, ㈜민국은 20×1년 중 ㈜대한에게 원가 ₩60,000인 재고자산을 ₩50,000에 판매하였다. ㈜민국의 ㈜대한에 대한 매출액은 해당 재고자산의 순실현가능가치이다. 기말 현재 ㈜대한의 창고에는 ㈜민국으로부터 매입한 재고자산의 20%가 남아있다.
- ㈜민국은 20×1년 7월 1일에 ㈜대한에게 기계장치(취득원가 ₩90,000, 장부금액 ₩40,000)를 ₩50,000에 매각하였다. 매각시점에 기계장치의 잔존가액은 없으며 잔존 내용연수는 5년, 정액법으로 상각한다.
- ㈜대한은 ㈜민국과의 재고자산 거래에서 발생한 매출채권 ₩50,000을 타사에 ₩45,000에 매각했다. 외부에 양도한 매출채권은 제거요건을 충족하지 못한다.
- ㈜민국이 20×1년 중 취득하여 보유하고 있는 타사의 기타포괄손익-공정가치 측정 금융자산의 취득원가는 ₩280,000이며, 20×1년 말 공정가치는 ₩320,000이다.

20×1년 ㈜대한과 ㈜민국의 별도(개별)재무제표상 당기순이익은 각각 ₩250,000과 ₩100,000이다. 지분변동 거래에서 발생한 차액은 자본잉여금에 반영한다.

(물음 1) 20×1년 연결조정분개 후 다음의 계정 금액을 계산하시오.

총연결당기순이익	①
비지배지분	②

(물음 2) 20×2년 초에 ㈜대한은 ㈜민국의 주식 10%(100주)를 ₩130,000에 추가 취득하여 ㈜대한의 지분율이 60%로 상승했다. 다음은 20×2년 중 ㈜대한과 ㈜민국에 관련된 자료이다.

- 20×2년 영업권 손상징후는 없다.
- 20×1년 미판매재고자산은 모두 판매되었으며 20×2년 중 내부거래는 없다.
- ㈜민국이 보유하고 있던 타사 기타포괄손익-공정가치 측정 금융자산의 공정가치 변동은 없다.
- 20×2년 ㈜대한과 ㈜민국의 별도(개별)재무제표상 당기순이익은 각각 ₩300,000과 ₩150,000 이다.

20×2년 연결조정분개 후 다음의 계정 금액을 계산하시오.

총연결당기순이익	①
연결자본잉여금	②
비지배지분	③

(물음 3) (물음 2)에서 ㈜대한이 추가지분을 취득하는 대신, 20×2년 초에 ㈜대한이 ㈜민국의 유상증자 500주 가운데 400주를 주당 ₩1,300, 총 ₩520,000에 취득하여 ㈜대한의 지분율이 60%로 상승하였다고 가정한다. 20×2년 중 ㈜대한과 ㈜민국에 관련된 자료는 (물음 2)와 같다. 20×2년 연결조정분개 후 다음의 계정 금액을 계산하시오.

연결자본잉여금	①
비지배지분	②

(물음 4) (물음 2)와 (물음 3) 대신, ㈜민국이 자기주식 167주를 주당 ₩1,300, 총 ₩217,100에 취득하여 ㈜대한의 지분율이 60%(≒500주/833주)로 상승하였다고 가정한다. 20×2년 중 ㈜대한과 ㈜민국에 관련된 자료는 (물음 2)와 같다. 20×2년 연결조정분개 후 다음의 계정 금액을 계산하시오.

연결자본잉여금	①
비지배지분	②

(물음 5) 20×2년 말 연결재무상태표상 (물음 2)와 (물음 3)에서의 비지배지분에 차이가 있다면 그 원인과, (물음 2)와 (물음 4)의 비지배지분에 차이가 있다면 그 원인이 무엇인지 각각 간략하게 설명하시오. (단, 차이가 없으면 '차이 없음'이라고 기재하시오)

(물음 2)와 (물음 3)의 차이원인	①
(물음 2)와 (물음 4)의 차이원인	②

5   다음 〈자료〉를 이용하여 각 (물음)에 답하시오. (단, (물음)은 독립적이다)   (CPA 2023)

〈자료〉

1. ㈜한국은 20×1년 1월 1일에 ㈜만세의 주식을 취득하여 지배기업이 되었다. 지배력 취득일 현재 ㈜만세의 순자산 장부금액과 공정가치는 동일하였으며, ㈜만세의 자본은 다음과 같다.

일 자	계정과목	장부금액
	자 본 금 (600주, 액면금액 ₩200)	₩120,000
	자 본 잉 여 금	20,000
	이 익 잉 여 금	60,000
20×1년 초	자 본 총 계	200,000
20×1년	당 기 순 이 익	20,000
20×1년 말	자 본 총 계	₩220,000

2. ㈜한국의 20×2년 초 자본금은 ₩200,000이고 자본잉여금은 ₩100,000이며 이익잉여금은 ₩150,000이다.

3. ㈜만세에 대한 ㈜한국의 지분이 변동하는 경우, 지분변동으로부터 발생한 차액은 자본잉여금으로 조정한다.

(물음 1) ㈜한국은 20×1년 1월 1일에 ㈜만세의 주식 480주(80%)를 ₩180,000에 취득하여 지배기업이 되었다. ㈜만세가 20×2년 1월 1일 200주를 주당 ₩400에 유상증자 시 ㈜한국이 ㈜만세의 신주를 전혀 인수하지 않았을 경우, 20×2년 말 유상증자에 대한 연결조정분개 시 다음의 항목을 계산하시오. (단, 비지배지분과 연결자본잉여금이 감소하는 경우 금액 앞에 (-)를 표시하시오)

비지배지분 증감액	①
연결자본잉여금 증감액	②

(물음 2) ㈜한국은 20×1년 1월 1일에 ㈜만세의 주식 360주(60%)를 ₩140,000에 취득하여 지배기업이 되었다. ㈜만세가 20×2년 1월 1일 자기주식 150주를 취득하여 20×2년 말 현재 계속 보유하고 있다. ㈜만세가 자기주식을 주당 ₩300에 비지배주주로부터 취득하였을 경우, 20×2년 말 자기주식 취득에 대한 연결조정분개 시 다음의 항목을 계산하시오. (단, 비지배지분과 연결자본잉여금이 감소하는 경우 금액 앞에 (-)를 표시하시오)

비지배지분 증감액	①
연결자본잉여금 증감액	②

CHAPTER
06

다양한 지배구조

학습목표

- 다양한 지배구조의 유형(직접소유, 간접소유, 상호소유)에 대해 이해한다.
- 간접소유(단계적 소유, 합동소유)에 대해 이해한다.
- 상호소유(지배-종속, 종속-종속)에 대해 이해한다.

지배구조에는 다양한 형태로 존재하며, 크게 직접소유, 간접소유 및 상호소유의 형태가 있다. 또한 각각의 지배구조 안에 서로 다른 소유형태들이 존재한다. 이때의 핵심은 연결자본에서 비지배지분이나 연결당기순이익에서 비지배지분이익을 계산하는 것이다.

본장에서는 간접소유 중 단계적 소유나 상호소유 중 종속기업들 간의 상호소유에서 비지배지분과 비지배지분이익을 계산하는 방법을 핵심적으로 다루고 있다. 또한 다양한 지배구조에서의 연결조정분개도 설명한다. 이를 통해서 다양한 지배구조의 유형에 대해 심도 있게 학습해 보자.

1. 다양한 지배구조의 유형

지금까지는 지배기업이 하나의 종속기업을 취득하고 있는 형태의 지배구조에 대해서만 다루었다. 그러나 실무에서 지배-종속 관계는 복잡하고 다양한 형태로 존재하며, 크게 **직접소유, 간접소유 및 상호소유**로 분류된다.

1.1 종속기업에 대한 직접소유

지배기업이 하나 이상의 종속기업을 **직접 소유**하는 형태이며, 다음 [그림 6-1]과 같다. 지배-종속 관계 중에 가장 단순한 형태의 지배구조이다.

🍎 그림 6-1 직접소유

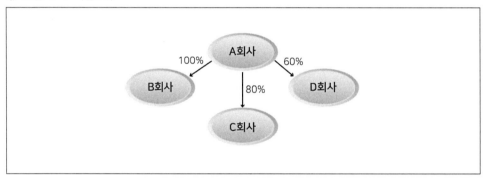

1.2 종속기업에 대한 간접소유

지배기업이 하나 이상의 종속기업을 **간접 소유하는** 형태이다. 간접소유는 단계적 소유와 합동소유로 구분된다. **단계적 소유**는 최상위 지배기업이 중간 지배기업을 이용하여 종속기업을 간접소유하는 형태이다. **합동소유**는 지배기업과 종속기업이 함께 또 다른 종속기업을 직·간접적으로 소유하는 형태이다. 단계적 소유와 합동소유는 다음 [그림 6-2]와 같다.

◑ 그림 6-2 간접소유

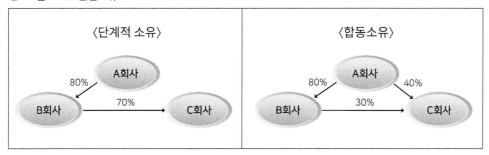

1.3 지배-종속기업 간의 상호소유

지배기업과 종속기업이 서로의 지분을 보유하는 형태의 지배구조이며, 지배기업과 종속기업 간의 상호소유와 종속기업들 간의 상호소유로 구분된다. 이를 다음 [그림 6-3]과 같다.

◑ 그림 6-3 상호소유

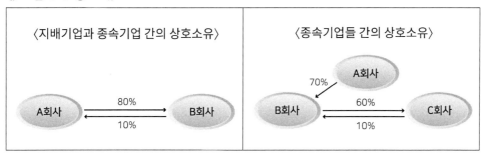

2. 간접소유

2.1 단계적 소유

(1) 단계적 소유에서 지배기업의 소유주와 비지배지분 귀속 당기순이익의 결정

최상위 지배기업인 A회사가 중간 지배기업인 B회사 지분의 80%를 보유하고, B회사가 종속기업인 C회사 지분의 70%를 보유하고 있는 상황을 가정해 보자. 이때 비지배지분 귀속 당기순이익은 B회사 당기순이익 중 20%와 C회사 당기순이익 중 30% 뿐만 아니라 C회사 당기순이익에서 B회사 귀속분 70% 중 20%, 즉 14%(= 70% × 20%)도 비지배지분 귀속 당기순이익이다. 이것은 다음 [그림 6-4]와 같다.

◐ 그림 6-4 단계적 소유에서 지배기업의 소유주와 비지배지분 귀속 당기순이익

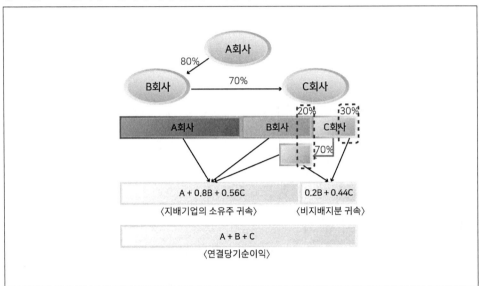

따라서 단계적 소유에서 연결당기순이익 중 지배기업의 소유주와 비지배지분 귀속 당기순이익을 식으로 나타내면 다음과 같다.

지배기업의 소유주 귀속 당기순이익
 = A + B × B지배기업지분율 + C × B지배기업지분율 × C지배기업지분율

비지배지분 귀속 당기순이익
 = B × B비지배지분율 + C × (1 − B지배기업지분율 × C지배기업지분율)

(2) 종속기업의 취득 순서

[그림 6-4]에서 A회사가 B회사를 취득 후에 B회사가 C회사를 취득한다면 지배-종속 관계가 순차적으로 성립하고, B회사가 C회사를 취득 후에 A회사가 B회사를 취득한다면 지배-종속 관계가 비순차적으로 성립한다.

지배-종속 관계가 순차적으로 성립하는 경우 A회사의 B회사에 대한 또는 B회사의 C회사에 대한 연결조정분개를 할 때 추가적으로 고려할 사항이 없다. 그 이유는 A회사가 B회사를 취득할 때는 B회사가 C회사에 대한 지배력을 보유하지 않았기 때문이다.

그러나 지배-종속 관계가 비순차적으로 성립하는 경우 A회사의 연결대상이 B회사의

연결재무제표인지, 아니면 B회사와 C회사의 별도(개별)재무제표인지에 따라 연결조
정분개가 달라질 수 있다. 다음 (예 1)을 통해서 지배-종속 관계가 비순차적으로 성
립하는 경우 연결조정분개를 살펴보자.

📖 예 1 지배-종속 관계가 비순차적으로 성립하는 경우

중간 지배기업인 B회사가 20×1년 초에 C회사의 보통주식 70%를 ₩60,000에 취득하여 지배
기업이 되었다. 취득일 현재 C회사 순자산의 장부금액은 ₩70,000이며, 장부금액과 공정가치는
동일하다. 20×1년도 C회사의 당기순이익은 ₩10,000이다. 이후 최상위 지배기업인 A회사가
20×2년 초에 B회사의 보통주식 80%를 ₩90,000에 취득하여 지배기업이 되었다. 취득일 현재
B회사 순자산의 장부금액은 ₩100,000이며, 장부금액과 공정가치는 동일하다. 또한 20×2년
초에 C회사에 대한 종속기업투자주식의 공정가치는 ₩68,000이며, 이를 제외한 C회사의 모든
자산과 부채의 장부금액과 공정가치는 동일하다. 단, A회사와 B회사는 각각의 종속기업투자주식
을 원가법으로 평가하고, 비지배지분을 종속기업의 식별가능한 순자산 중 비지배지분의 비례적인
몫으로 측정한다.

A회사가 B회사에 대한 지배력 취득일인 20×2년 초에 종속기업투자주식과 종속기업 자본을 상
계제거하는 연결조정분개를 다음과 같이 두 가지 방법으로 할 수 있다.

〈방법 1: A회사의 연결대상이 B회사의 연결재무제표인 경우〉
A회사의 연결대상이 B회사의 연결재무제표이므로 B회사의 C회사에 대한 종속기업투자주식과
종속기업 자본을 상계제거할 때는 B회사가 C회사의 지배력을 취득한 20×1년 초에 금액을 기준
으로 한다.
① B회사의 C회사에 대한 종속기업투자주식과 종속기업 자본의 상계제거

(차변) 순　　　자　　　산　70,000　(대변) 종 속 기 업 투 자 주 식　60,000
　　　　영　　　업　　　권　11,000　　　　　비 　지 　배 　지 　분　21,000❶
　❶ ₩70,000 × 30% = ₩21,000

② A회사의 B회사에 대한 종속기업투자주식과 종속기업 자본의 상계제거

(차변) 순　　　자　　　산　107,000❷　(대변) 종 속 기 업 투 자 주 식　90,000
　　　　영　　　업　　　권　4,400　　　　　비 　지 　배 　지 　분　21,400❸
　❷ 20×2년 초 B회사 연결재무제표상의 자본을 상계제거한다.
　　따라서 ₩100,000 + 10,000(20×1년도 C회사의 당기순이익) × 70% = ₩107,000
　❸ ₩107,000 × 20% = ₩21,400

〈방법 2: A회사의 연결대상이 B회사와 C회사의 별도(개별)재무제표인 경우〉
A회사의 연결대상이 B회사와 C회사의 별도(개별)재무제표이므로 B회사의 C회사에 대한 종속기
업투자주식과 종속기업 자본을 상계제거할 때는 A회사가 B회사의 지배력을 취득한 20×2년 초
에 금액을 기준으로 한다.

① B회사의 C회사에 대한 종속기업투자주식과 종속기업 자본의 상계제거

(차변)	순 자 산	80,000**❶**	(대변)	종 속 기 업 투 자 주 식	68,000**❷**
	영 업 권	12,000		비 지 배 지 분	24,000**❸**

❶ 20×2년 초 C회사의 자본을 상계제거한다. 따라서 ₩70,000 + 10,000 = ₩80,000

❷ B회사가 보유하고 있는 C회사에 대한 종속기업투자주식을 공정가치로 평가하여 상계제거한다.

❸ ₩80,000 × 30% = ₩24,000

② A회사의 B회사에 대한 종속기업투자주식과 종속기업 자본의 상계제거

(차변)	순 자 산	100,000**❹**	(대변)	종 속 기 업 투 자 주 식	90,000
	C회사종속기업투자주식	8,000**❺**		비 지 배 지 분	21,600**❻**
	영 업 권	3,600			

❹ 20×2년 초 B회사 별도재무제표상의 자본을 상계제거한다. 따라서 ₩100,000이다.

❺ ₩68,000 - 60,000 = ₩8,000

❻ (₩100,000 + 8,000) × 20% = ₩21,600

(방법 1)은 A회사의 연결대상을 B회사의 연결재무제표로 보고 연결조정분개를 하는 방법이다. 따라서 A회사가 B회사에 대한 종속기업투자주식과 종속기업 자본을 상계제거할 때 B회사가 작성한 연결재무제표상의 자본을 상계제거한다. 즉, 별도재무제표상 B회사의 자본뿐만 아니라 취득일 이후 C회사의 순자산 변동분을 반영한 후의 자본을 상계제거한다.

(방법 2)는 A회사의 연결대상을 B회사와 C회사의 별도(개별)재무제표로 보고 연결조정분개를 하는 방법이다. 따라서 A회사가 B회사에 대한 종속기업투자주식과 종속기업 자본을 상계제거할 때 B회사가 보유하고 있는 C회사 종속기업투자주식을 A회사가 B회사의 지배력을 취득한 날에 공정가치로 평가하여 상계제거한다.

본서는 국제회계기준상 주 재무제표가 연결재무제표이고, 연결실체 간의 내부거래로 인한 상계제거대상인 종속기업투자주식을 공정가치로 평가하는 것이 논리적으로 타당하지 않다고 판단하여 (방법 1)로 연결조정분개를 하도록 한다. 따라서 지배–종속 관계가 비순차적으로 성립하는 경우 A회사가 B회사에 대한 연결조정분개 중 지배력 취득시점의 종속기업투자주식과 종속기업 자본을 상계제거할 때, 이미 B회사가 C회사에 대한 지배력을 보유하고 있으므로 B회사가 C회사를 포함하여 연결재무제표를 작성하였다면 계상하였을 다음의 자본 금액을 사용한다.

지배기업(A회사)이 상계제거할 종속기업(B회사) 자본(비순차적으로 취득한 경우)

 = 지배력 취득시점의 B회사 별도재무제표상 자본

 + C회사에 대한 지배력 취득일 이후 C회사 순자산의 변동액 × C지배기업지분율

 = 지배력 취득시점의 B회사 연결재무제표상 자본

📖 예제 1 단계적 소유

12월 말 결산법인인 A회사는 B회사의 지배기업이고, B회사는 C회사의 지배기업이다. B회사와 C회사 순자산의 변동내역은 다음과 같으며, 취득일 현재 B회사와 C회사의 모든 자산과 부채의 장부금액과 공정가치는 일치하였다. 단, A회사와 B회사는 종속기업투자주식을 원가법으로 평가하고, 비지배지분을 종속기업의 식별가능한 순자산 중 비지배지분의 비례적인 몫으로 측정한다.

(단위: 원)

일 자	과 목	B회사	C회사
	자 본 금	50,000	30,000
	자 본 잉 여 금	30,000	15,000
	이 익 잉 여 금	5,000	3,000
20×1. 1. 1.	합 계	85,000	48,000
	당 기 순 이 익	10,000	5,000
20×1.12.31.	합 계	95,000	53,000
	당 기 순 이 익	20,000	10,000
20×2.12.31.	합 계	115,000	63,000

물음 ···

1. A회사는 20×1년 초에 B회사의 보통주식 80%를 ₩120,000에 취득하여 지배기업이 되었고, B회사는 20×2년 초에 C회사의 보통주식 70%를 ₩45,000에 취득하여 지배기업이 되었다. 20×2년 말에 A회사와 B회사가 해야 할 연결조정분개를 하시오. 단, 영업권이 배분된 현금창출단위의 회수가능액이 장부금액보다 크다.

2. B회사는 20×1년 초에 C회사의 보통주식 70%를 ₩45,000에 취득하여 지배기업이 되었고, A회사는 20×2년 초에 B회사의 보통주식 80%를 ₩120,000에 취득하여 지배기업이 되었다. 20×2년 말에 A회사와 B회사가 해야 할 연결조정분개를 하시오. 단, 영업권이 배분된 현금창출단위의 회수가능액이 장부금액보다 크다.

풀이 ··

1. 순차적인 지배-종속 관계

〈B회사의 C회사에 대한 연결조정분개〉

① 종속기업투자주식과 종속기업 자본의 상계제거

(차변)	자 본 금	30,000	(대변)	종 속 기 업 투 자 주 식	45,000
	자 본 잉 여 금	15,000		비 지 배 지 분	15,900**❶**
	이 익 잉 여 금	8,000			
	영 업 권	7,900**❷**			

❶ ₩53,000(C회사 순자산의 공정가치(점선 부분)) × 30% = ₩15,900

❷ ₩45,000 + 15,900 − 53,000 = ₩7,900

② 종속기업의 당기순이익으로 인한 비지배지분 변동

(차변) 이 익 잉 여 금	3,000**❸**	(대변) 비 지 배 지 분	3,000

❸ ₩10,000 × 30% = ₩3,000

〈A회사의 B회사에 대한 연결조정분개〉

① 종속기업투자주식과 종속기업 자본의 상계제거

(차변)	자 본 금	50,000	(대변)	종 속 기 업 투 자 주 식	120,000
	자 본 잉 여 금	30,000		비 지 배 지 분	17,000**❶**
	이 익 잉 여 금	5,000			
	영 업 권	52,000**❷**			

❶ ₩85,000(B회사 순자산의 공정가치(점선 부분)) × 20% = ₩17,000

❷ ₩120,000 + 17,000 − 85,000 = ₩52,000

② 과년도 종속기업 순자산의 변동으로 인한 비지배지분 변동

(차변) 이 익 잉 여 금	2,000**❸**	(대변) 비 지 배 지 분	2,000

❸ ₩10,000 × 20% = ₩2,000

③ 종속기업의 당기순이익으로 인한 비지배지분 변동

(차변) 이 익 잉 여 금	5,400**❹**	(대변) 비 지 배 지 분	5,400

❹ B회사의 당기순이익과 C회사의 당기순이익 중 B회사에 귀속되는 금액을 추가한 후에 비지배지분 변동을 계산한다. 따라서 (₩20,000 + 10,000 × 70%) × 20% = ₩5,400

참고로 20×2년도 연결당기순이익 중 지배기업의 소유주와 비지배지분 귀속 당기순이익, 연결이익 잉여금 및 비지배지분 금액은 다음과 같다.

· 지배기업의 소유주 귀속 당기순이익 = ₩40,000(A회사) + 20,000(B회사) × 80%(B지배기업지분율) + 10,000(C회사) × 80%(B지배기업지분율) × 70%(C지배기업지분율) = ₩61,600

· 비지배지분 귀속 당기순이익 = ₩20,000(B회사) × 20%(B비지배지분율) + 10,000(C회사) × (1 − 80%(B지배기업지분율) × 70%(C지배기업지분율)) = ₩8,400

· 연결이익잉여금 = ₩100,000(A회사) + 30,000(20×1년 초 이후 B회사 이익잉여금 변동액) × 80%(B지배기업지분율) + 10,000(20×2년 초 이후 C회사 이익잉여금 변동액) × 80%(B지배기업지분율) × 70%(C지배기업지분율) = ₩129,600

- 비지배지분 = ₩115,000(B회사) × 20%(B비지배지분율) + 53,000(20×2년 초 C회사 순자산)
  × 30%(C비지배지분율) + 10,000(20×2년 초 이후 C회사 순자산 변동액)
  × (1 − 80%(B지배기업지분율) × 70%(C지배기업지분율)) = ₩43,300

2. 비순차적인 지배-종속 관계

〈B회사의 C회사에 대한 연결조정분개〉

① 종속기업투자주식과 종속기업 자본의 상계제거

(차변)	자　　　본　　　금	30,000	(대변)	종 속 기 업 투 자 주 식	45,000
	자 본 잉 여 금	15,000		비 지 배 지 분	14,400❶
	이 익 잉 여 금	3,000			
	영　　　업　　　권	11,400❷			

　❶ ₩48,000(C회사 순자산의 공정가치(점선 부분)) × 30% = ₩14,400

　❷ ₩45,000 + 14,400 − 48,000 = ₩11,400

② 과년도 종속기업 순자산의 변동으로 인한 비지배지분 변동

(차변)	이 익 잉 여 금	1,500❸	(대변)	비 지 배 지 분	1,500

　❸ ₩5,000 × 30% = ₩1,500

③ 종속기업의 당기순이익으로 인한 비지배지분 변동

(차변)	이 익 잉 여 금	3,000❹	(대변)	비 지 배 지 분	3,000

　❹ ₩10,000 × 30% = ₩3,000

〈A회사의 B회사에 대한 연결조정분개〉

① 종속기업투자주식과 종속기업 자본의 상계제거

(차변)	자　　　본　　　금	50,000	(대변)	종 속 기 업 투 자 주 식	120,000
	자 본 잉 여 금	30,000		비 지 배 지 분	19,700❷
	이 익 잉 여 금	18,500❶			
	영　　　업　　　권	41,200❸			

　❶ B회사가 이미 20×1년에 C회사를 지배하고 있기 때문에 20×2년 초 B회사의 연결재무제표에 표시될 이익
　잉여금, 즉 ₩18,500(= 15,000 + 5,000(20×1년 C회사 당기순이익) × 70%)을 상계제거한다.

　❷ ₩98,500(B회사 순자산의 공정가치(점선 부분)) × 20% = ₩19,700

　❸ ₩120,000 + 19,700 − 98,500 = ₩41,200

② 종속기업의 당기순이익으로 인한 비지배지분 변동

(차변)	이 익 잉 여 금	5,400	(대변)	비 지 배 지 분	5,400

참고로 20×2년도 연결당기순이익 중 지배기업의 소유주와 비지배지분 귀속 당기순이익, 연결이익잉
여금 및 비지배지분 금액은 다음과 같다.

- 지배기업의 소유주 귀속 당기순이익 = ₩40,000(A회사) + 20,000(B회사) × 80%(B지배기업지분율)
  + 10,000(C회사) × 80%(B지배기업지분율) × 70%(C지배
  기업지분율) = ₩61,600

- 비지배지분 귀속 당기순이익 = ₩20,000 × 20%(B비지배지분율) + 10,000(C회사)
  × (1 − 80%(B지배기업지분율) × 70%(C지배기업지분율)) = ₩8,400

- 연결이익잉여금 = ₩100,000(A회사) + 20,000(20×2년 초 이후 B회사 이익잉여금 변동액)
  × 80%(B지배기업지분율) + 10,000(20×2년 초 이후 C회사 이익잉여금 변동
  액) × 80%(B지배기업지분율) × 70%(C지배기업지분율) = ₩121,600
→ (물음 1)에서의 연결이익잉여금 ₩129,600과 (물음 2)에서의 연결이익잉여금 ₩121,600 간에
  ₩8,000만큼 차이가 발생하는데, 20×1년도 B회사의 당기순이익 중에서 A회사에 배분되는
  ₩10,000 × 80%에 해당하는 금액이다.
- 비지배지분 = ₩115,000(B회사) × 20%(B비지배지분율) + 48,000(20×1년 초 C회사 순자산)
  × 30%(C비지배지분율) + 15,000(20×1년 초 이후 C회사 순자산 변동액)
  × (1 − 80%(B지배기업지분율) × 70%(C지배기업지분율)) = ₩44,000
→ (물음 1)에서의 비지배지분 ₩43,300과 (물음 2)에서의 비지배지분 ₩44,000 간에 ₩700만큼
  차이가 발생하는데, 20×1년도 C회사의 당기순이익 중에서 B회사에 귀속되는 몫으로 인해 비지
  배지분에 배분되는 ₩5,000 × 70% × 20%에 해당하는 금액이다.

2.2 합동소유

최상위 지배기업인 A회사가 중간 지배기업인 B회사 지분의 80%를 보유하고, B회사
가 종속기업인 C회사 지분의 40%를 보유하면서 A회사가 C회사 지분의 35%를 보유하
고 있는 상황을 가정해 보자. 이때 비지배지분 귀속 당기순이익은 B회사 당기순이익
중 20%와 C회사에 대한 A회사와 B회사가 소유한 지분 75%를 제외한 C회사 당기순이
익 중 25%뿐만 아니라 C회사 당기순이익에서 B회사 귀속분 40% 중 20%, 즉 8%(=
40% × 20%)도 비지배지분 귀속 당기순이익이다. 이것은 다음 [그림 6-5]와 같다.

🌀 그림 6-5 합동소유에서 지배기업의 소유주와 비지배지분 귀속 당기순이익

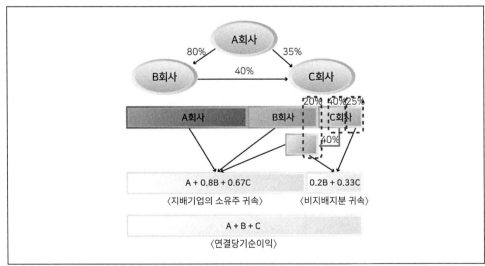

따라서 단계적 소유와 마찬가지로 합동소유에서 연결당기순이익 중 지배기업의 소유주와 비지배지분 귀속 당기순이익을 식으로 나타내면 다음과 같다.

- 지배기업의 소유주 귀속 당기순이익
  = A + B × B지배기업지분율
    + C × (C지배기업지분율(A회사) + B지배기업지분율 × C지배기업지분율(B회사))

- 비지배지분 귀속 당기순이익
  = B × B비지배지분율
    + C × (1 − (C지배기업지분율(A회사) + B지배기업지분율 × C지배기업지분율(B회사))

📖 예제 2 합동소유

12월 말 결산법인인 A회사는 20×1년 초에 B회사의 보통주식 80%를 ₩120,000에 취득하여 지배기업이 되었다. 또한 20×2년 초에 A회사는 C회사의 보통주식 35%를 ₩20,000에 취득하고 B회사는 C회사의 보통주식 40%를 ₩25,000에 취득하여 지배기업이 되었다.
B회사와 C회사 순자산의 변동내역은 다음과 같으며, 취득일 현재 B회사와 C회사의 모든 자산과 부채의 장부금액과 공정가치는 일치하였다. 단, A회사와 B회사는 종속기업투자주식을 원가법으로 평가하고, 비지배지분을 종속기업의 식별가능한 순자산 중 비지배지분의 비례적인 몫으로 측정한다.

(단위: 원)

일 자	과 목	B회사	C회사
	자 본 금	50,000	30,000
	자 본 잉 여 금	30,000	15,000
	이 익 잉 여 금	5,000	3,000
20×1. 1. 1.	합 계	85,000	48,000
	당 기 순 이 익	10,000	5,000
20×1.12.31.	합 계	95,000	53,000
	당 기 순 이 익	20,000	10,000
20×2.12.31.	합 계	115,000	63,000

물음 ·······

20×2년 말에 A회사와 B회사가 해야 할 연결조정분개를 하시오. 단, 영업권이 배분된 현금창출단위의 회수가능액이 장부금액보다 크다.

풀이 ···

〈A회사와 B회사의 C회사에 대한 연결조정분개〉
① 종속기업투자주식과 종속기업 자본의 상계제거

(차변)	자　　본　　금	30,000	(대변)	종 속 기 업 투 자 주 식	45,000❶
	자 본 잉 여 금	15,000		비 지 배 지 분	13,250❷
	이 익 잉 여 금	8,000			
	영　　업　　권	5,250❸			

❶ ₩20,000 + 25,000 = ₩45,000. 즉, 지배기업지분율은 A회사와 B회사를 더한 75%이다.

❷ ₩53,000(C회사 순자산의 공정가치(점선 부분)) × 25% = ₩13,250

❸ ₩45,000 + 13,250 − 53,000 = ₩5,250

② 종속기업의 당기순이익으로 인한 비지배지분 변동

(차변) 이 익 잉 여 금	2,500❹	(대변) 비 지 배 지 분	2,500

❹ ₩10,000 × 25% = ₩2,500

〈A회사의 B회사에 대한 연결조정분개〉
① 종속기업투자주식과 종속기업 자본의 상계제거

(차변)	자　　본　　금	50,000	(대변)	종 속 기 업 투 자 주 식	120,000
	자 본 잉 여 금	30,000		비 지 배 지 분	17,000❶
	이 익 잉 여 금	5,000			
	영　　업　　권	52,000❷			

❶ ₩85,000(B회사 순자산의 공정가치(점선 부분)) × 20% = ₩17,000

❷ ₩120,000 + 17,000 − 85,000 = ₩52,000

② 과년도 종속기업 순자산의 변동으로 인한 비지배지분 변동

(차변) 이 익 잉 여 금	2,000❸	(대변) 비 지 배 지 분	2,000

❸ ₩10,000 × 20% = ₩2,000

③ 종속기업의 당기순이익으로 인한 비지배지분 변동

(차변) 이 익 잉 여 금	4,800❹	(대변) 비 지 배 지 분	4,800

❹ B회사의 당기순이익과 C회사의 당기순이익 중 B회사의 지분에 해당하는 금액을 추가한 후에 비지배지분 변동을 계산한다. 따라서 (₩20,000 + 10,000 × 40%) × 20% = ₩4,800

참고로 20×2년도 연결당기순이익 중 지배기업의 소유주와 비지배지분 귀속 당기순이익, 연결이익잉여금 및 비지배지분 금액은 다음과 같다.

· 지배기업의 소유주 귀속 당기순이익 = ₩40,000(A회사) + 20,000(B회사) × 80%(B지배기업지분율) + 10,000(C회사) × (35%(A회사의　C지분율) + 80%(B지배기업지분율) × 40%(B회사의 C지분율)) = ₩62,700

· 비지배지분 귀속 당기순이익 = ₩20,000 × 20%(B비지배지분율) + 10,000(C회사) × (1 − (35%(A회사의 C지분율) + 80%(B지배기업지분율) × 40%(B회사의 C지분율)) = ₩7,300

· 연결이익잉여금 = ₩100,000(A회사) + 30,000(20×1년 초 이후 B회사 이익잉여금 변동액) × 80%(B지배기업지분율) + 10,000(20×2년 초 이후 C회사 이익잉여금 변동액) × (35%(A회사의 C지분율) + 80%(B지배기업지분율) × 40%(B회사의 C지분율)) = ₩130,700

· 비지배지분 = ₩115,000(B회사) × 20%(B비지배지분율) + 53,000(C회사의 20×2년 당기순이익
　　　　　제외한 순자산) × 25%(C비지배지분율) + 10,000 × (1 − (35%(A회사의 C지분율)
　　　　　+ 80%(B지배기업지분율) × 40%(B회사의 C지분율)) = ₩39,550

3. 상호소유

3.1 지배기업과 종속기업 간의 상호소유

종속기업이 지배기업의 주식을 보유하는 경우 연결실체 내의 주식을 보유하는 것, 즉 자기주식에 해당한다. 따라서 **종속기업이 보유한 지배기업의 주식을 제거하면서 자기주식으로 대체하는 연결조정분개**를 해야 한다. 이때 자기주식은 취득원가로 표시하므로 종속기업이 지배기업의 주식을 공정가치로 평가한 경우 인식한 평가손익을 제거해야 한다.

〈지배기업 주식을 FVPL금융자산으로 인식한 경우〉

　(차변) 자 기 주 식　×××　　(대변) F V P L 금 융 자 산　×××
　　　　금융자산평가이익(PL)　×××*
　　　　이　익　잉　여　금　×××**
　 * 당기에 인식한 금융자산평가이익(PL)
　** 과년도에 인식한 금융자산평가이익(PL)

〈지배기업 주식을 FVOCI금융자산으로 인식한 경우〉

　(차변) 자 기 주 식　×××　　(대변) F V O C I 금 융 자 산　×××
　　　　금융자산평가이익(OCI)　×××*
　　　　기 타 포 괄 손 익 누 계 액　×××**
　 * 당기에 인식한 금융자산평가이익(OCI)
　** 과년도에 인식한 금융자산평가이익(OCI)

지배기업인 A회사가 종속기업인 B회사 지분의 80%를 보유하고, B회사가 A회사 지분의 10%를 보유하고 있는 상황을 가정해 보자. B회사가 보유하는 A회사의 주식을 FVPL금융자산으로 분류하여 당기에 인식한 금융자산평가손익이 있다면, 이것은 연결조정분개에서 제거되므로 **종속기업 당기순이익에서 금융자산평가손익을 조정한 후에 비지배지분 변동금액을 계산**해야 한다. 따라서 지배기업의 소유주와 비지배지분 귀속 당기순이익은 다음 [그림 6-6]과 같다.

● 그림 6-6 지배기업과 종속기업 간 상호소유에서 지배기업의 소유주와 비지배지분 귀속 당기순이익

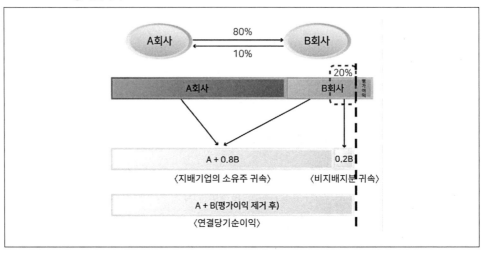

📖 예제 3 지배기업과 종속기업 간의 상호소유

> 12월 말 결산법인인 A회사는 20×1년 초에 B회사의 보통주식 80%를 ₩120,000에 취득하여 지배기업이 되었다. 또한 B회사는 20×2년 초에 A회사의 보통주식 10%를 ₩20,000에 취득하였다. B회사 순자산의 변동내역은 다음과 같으며, 취득일 현재 B회사의 모든 자산과 부채의 장부금액과 공정가치는 일치하였다. 단, A회사는 종속기업투자주식을 원가법으로 평가하고, 비지배지분을 종속기업의 식별가능한 순자산 중 비지배지분의 비례적인 몫으로 측정한다.
>
> | 일 자 | 과 목 | 금 액 |
> |---|---|---|
> | | 자 본 금 | ₩50,000 |
> | | 자 본 잉 여 금 | 30,000 |
> | | 이 익 잉 여 금 | 5,000 |
> | 20×1. 1. 1. | 합 계 | 85,000 |
> | | 당 기 순 이 익 | 10,000 |
> | 20×1.12.31. | 합 계 | 95,000 |
> | | 당 기 순 이 익 | 20,000 |
> | 20×2.12.31. | 합 계 | ₩115,000 |

물음 ....

B회사는 A회사의 주식을 FVPL금융자산으로 분류하였고, 20×2년 말에 공정가치로 평가하여 금융자산평가이익으로 ₩1,000을 인식하였다. 20×2년 말에 A회사가 해야 할 연결조정분개를 하시오. 단, 영업권이 배분된 현금창출단위의 회수가능액이 장부금액보다 크다.

풀이 ....

〈20×2년 말 연결조정분개〉
① 종속기업투자주식과 종속기업 자본의 상계제거

(차변)	자 본 금	50,000	(대변)	종 속 기 업 투 자 주 식	120,000
	자 본 잉 여 금	30,000		비 지 배 지 분	17,000❶
	이 익 잉 여 금	5,000			
	영 업 권	52,000❷			

❶ ₩85,000(B회사 순자산의 공정가치(점선 부분)) × 20% = ₩17,000

❷ ₩120,000 + 17,000 − 85,000 = ₩52,000

② 과년도 종속기업 순자산의 변동으로 인한 비지배지분 변동

(차변)	이 익 잉 여 금	2,000❸	(대변)	비 지 배 지 분	2,000

❸ ₩10,000 × 20% = ₩2,000

③ 종속기업이 보유한 지배기업 주식을 자기주식으로 대체

(차변)	자 기 주 식	20,000	(대변)	F V P L 금 융 자 산	21,000
	금융자산평가이익(PL)	1,000			

④ 종속기업의 당기순이익으로 인한 비지배지분 변동

(차변)	이 익 잉 여 금	3,800❹	(대변)	비 지 배 지 분	3,800

❹ B회사의 당기순이익 ₩20,000에서 금융자산평가이익 ₩1,000을 제외한 후에 비지배지분 변동을 계산한다. 따라서 (₩20,000 − 1,000) × 20% = ₩3,800

참고로 20×2년도 연결당기순이익 중 지배기업의 소유주와 비지배지분 귀속 당기순이익, 연결이익잉여금 및 비지배지분 금액은 다음과 같다.
· 지배기업의 소유주 귀속 당기순이익 = ₩40,000(A회사) + (20,000 − 1,000)(B회사) × 80%(B지배기업지분율) = ₩55,200
· 비지배지분 귀속 당기순이익 = (₩20,000 − 1,000) × 20%(B비지배지분율) = ₩3,800
· 연결이익잉여금 = ₩100,000(A회사) + (30,000(20×1년 초 이후 B회사 이익잉여금 변동액) − 1,000) × 80%(B지배기업지분율) = ₩123,200
· 비지배지분 = (₩115,000(B회사) − 1,000) × 20%(B비지배지분율) = ₩22,800

....

3.2 종속기업들 간의 상호소유

종속기업이 연결실체 내의 다른 종속기업의 주식을 보유하는 경우 **투자주식과 이에 대응되는 자본을 상계제거**한다. 지배력 획득일 이후 종속기업들 간에 주식을 취득하는 것은 연결실체 내의 자본거래에 해당하므로 그 **차액을 자본잉여금으로 회계처리**한다. 취득시점의 종속기업 자본을 상계제거할 때 지배력을 획득한 것이 아니므로 취득한 지

분율만큼의 자본만 상계제거해야 한다는 점에 유의해야 한다. 이때 종속기업이 다른 종속기업의 주식을 공정가치로 평가한 경우 인식한 평가손익을 제거해야 한다.

〈종속기업 주식을 FVPL금융자산으로 인식한 경우〉

(차변) 자　본　금　등　×××*　　(대변) ＦＶＰＬ금융자산　×××
　　　　금융자산평가이익(PL)　×××**
　　　　이　익　잉　여　금　×××***
　　　　자　본　잉　여　금　×××****

　　* 취득한 지분율만큼의 자본만 상계제거한다.
　 ** 당기에 인식한 금융자산평가이익(PL)
　*** 과년도에 인식한 금융자산평가이익(PL)
**** 차액을 자본잉여금으로 회계처리한다.

〈종속기업 주식을 FVOCI금융자산으로 인식한 경우〉

(차변) 자　본　금　등　×××*　　(대변) ＦＶＯＣＩ금융자산　×××
　　　　금융자산평가이익(OCI)　×××**
　　　　기타포괄손익누계액　×××***
　　　　자　본　잉　여　금　×××****

　　* 취득한 지분율만큼의 자본만 상계제거한다.
　 ** 당기에 인식한 금융자산평가이익(OCI)
　*** 과년도에 인식한 금융자산평가이익(OCI)
**** 차액을 자본잉여금으로 회계처리한다.

　　최상위 지배기업인 A회사가 중간 지배기업인 B회사 지분의 70%를 보유하고, B회사가 종속기업인 C회사 지분의 60%를 보유하고 있으며, C회사가 B회사의 지분의 10%를 보유하고 있는 상황을 가정해 보자. 종속기업들 간에 주식을 상호소유하는 경우에는 종속기업의 당기순이익이 다른 종속기업의 당기순이익에 영향을 미치게 된다. 따라서 **연립방정식을 통해서 지배기업과 종속기업들 간의 상호소유에 따른 당기순이익의 귀속금액을 산출**해야 한다. 위의 예를 들어 연립방정식을 다음과 같이 설정할 수 있다.

> · a = A회사 당기순이익 + 0.7 × b
> · b = B회사 당기순이익 + 0.6 × c
> · c = C회사 당기순이익 + 0.1 × b

　　이때 C회사가 보유하는 B회사의 주식을 FVPL금융자산으로 분류하여 당기에 인식한 금융자산평가손익이 있다면, 이것은 연결조정분개에서 제거되므로 종속기업 당기순이익에서 금융자산평가손익을 조정한 후에 당기순이익을 이용하여 연립방정식을 계산해야 한다. 따라서 지배기업의 소유주와 비지배지분 귀속 당기순이익은 다음 [그림 6-7]과 같다.

◆ 그림 6-7 종속기업들 간 상호소유에서 지배기업의 소유주와 비지배지분 귀속 당기순이익

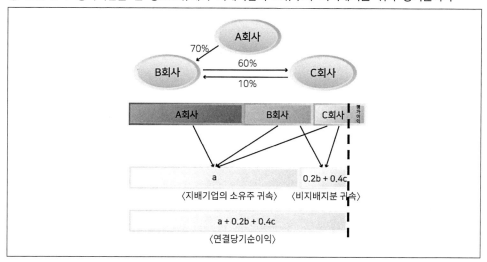

📖 예제 4 종속기업들 간의 상호소유

12월 말 결산법인인 A회사는 20×1년 초에 B회사의 보통주식 70%를 ₩100,000에 취득하여 지배기업이 되었다. 또한 20×2년 초에 B회사는 C회사의 보통주식 60%를 ₩40,000에 취득하고, C회사는 B회사의 보통주식 10%를 ₩14,000에 취득하였다.
A회사, B회사 및 C회사 순자산의 변동내역은 다음과 같으며, 취득일 현재 B회사와 C회사의 모든 자산과 부채의 장부금액과 공정가치는 일치하였다. 단, A회사와 B회사는 종속기업투자주식을 원가법으로 평가하고, 비지배지분을 종속기업의 식별가능한 순자산 중 비지배지분의 비례적인 몫으로 측정한다.

(단위: 원)

일 자	과 목	A회사	B회사	C회사
	자 본 금	100,000	50,000	30,000
	자 본 잉 여 금	40,000	30,000	15,000
	이 익 잉 여 금	30,000	5,000	3,000
20×1. 1. 1.	합 계	170,000	85,000	48,000
	당 기 순 이 익	30,000	10,000	5,000
20×1.12.31.	합 계	200,000	95,000	53,000
	당 기 순 이 익	40,000	20,000	10,000
20×2.12.31.	합 계	240,000	115,000	63,000

물음 ....

C회사는 B회사의 주식을 FVPL금융자산으로 분류하였고 20×2년 말에 공정가치로 평가하여 금융자산평가이익으로 ₩1,000을 인식하였다. 20×2년 말에 A회사와 B회사가 해야 할 연결조정분개를 하시오. 단, 영업권이 배분된 현금창출단위의 회수가능액이 장부금액보다 크다.

풀이 ....

연립방정식을 이용해 A회사, B회사 및 C회사의 당기순이익을 다시 계산한다. 이때 C회사 당기순이익은 금융자산평가이익 ₩1,000을 제외한 ₩9,000을 적용한다.

- a = ₩40,000 + 0.7 × b
- b = ₩20,000 + 0.6 × c
- c = ₩9,000 + 0.1 × b

연립방정식을 풀면 A회사, B회사 및 C회사의 당기순이익은 다음과 같다.

- a = ₩58,915
- b = ₩27,021
- c = ₩11,702

이를 이용하여 지배기업의 소유주와 비지배지분 귀속 당기순이익을 계산하면 다음과 같다.

지배기업의 소유주 귀속 당기순이익	a =	₩58,915
비지배지분 귀속 당기순이익	0.2 × b + 0.4 × c =	10,085
연결당기순이익		₩69,000

〈B회사의 C회사에 대한 연결조정분개〉
① 종속기업투자주식과 C회사 자본의 상계제거

(차변)	자 본 금	30,000	(대변)	종 속 기 업 투 자 주 식	40,000
	자 본 잉 여 금	15,000		비 지 배 지 분	21,200❶
	이 익 잉 여 금	8,000			
	영 업 권❷	8,200			

❶ ₩53,000(C회사 순자산의 공정가치(점선 부분)) × 40% = ₩21,200

❷ ₩40,000 + 21,200 − 53,000 = ₩8,200

② 투자주식과 B회사 자본의 상계제거

(차변)	자 본 금	5,000❸	(대변)	F V P L 금 융 자 산	15,000
	자 본 잉 여 금	3,000❸			
	이 익 잉 여 금	1,500❸			
	금융자산평가이익(PL)	1,000			
	자 본 잉 여 금	4,500❹			

❸ 20×2년 초 B회사 자본의 10%에 해당하는 금액을 상계제거한다.

❹ 차액을 자본잉여금으로 회계처리한다.

③ C회사의 당기순이익으로 인한 비지배지분 변동
   (차변) 이 익 잉 여 금   4,681**❺** (대변) 비 지 배 지 분   4,681

   ❺ ₩11,702 × 40% = ₩4,681

〈A회사의 B회사에 대한 연결조정분개〉
① 종속기업투자주식과 B회사 자본의 상계제거

(차변)	자　　　본　　　금	50,000	(대변) 종 속 기 업 투 자 주 식	100,000
	자 본 잉 여 금	30,000	비 지 배 지 분	25,500**❶**
	이 익 잉 여 금	5,000		
	영　　　업　　　권	40,500**❷**		

   ❶ ₩85,000(B회사 순자산의 공정가치(점선 부분)) × 30% = ₩25,500

   ❷ ₩100,000 + 25,500 − 85,000 = ₩40,500

② 과년도 B회사의 순자산 변동으로 인한 비지배지분 변동
   (차변) 이 익 잉 여 금   3,000**❸** (대변) 비 지 배 지 분   3,000
   ❸ ₩10,000 × 30% = ₩3,000

③ B회사와 C회사의 상호소유에 따라 상계제거한 B회사의 자본과 비지배지분 조정

(차변) 비 지 배 지 분	9,500**❹**	(대변) 자　　　본　　　금	5,000
		자 본 잉 여 금	3,000
		이 익 잉 여 금	1,500

   ❹ ₩95,000 × (20%(취득 직후 비지배지분율) − 30%(취득 직전 비지배지분율) = (−)₩9,500

④ B회사의 당기순이익으로 인한 비지배지분 변동
   (차변) 이 익 잉 여 금   5,404**❺** (대변) 비 지 배 지 분   5,404
   ❺ ₩27,021 × 20% = ₩5,404

참고로 20×2년도 연결이익잉여금 및 비지배지분 금액은 다음과 같다.
- 연결이익잉여금 = ₩60,000(20×1년 말 A이익잉여금) + 10,000(20×1년 B당기순이익)
       × 70%(B지배기업지분율) + 58,915(20×2년 지배기업 귀속 당기순이익) = ₩125,915
- 비지배지분 = (₩95,000(20×1년 말 B자본) + 27,021) × 20%(B비지배지분율)
      + (53,000(20×1년 말 C자본) + 11,702) × 40%(C비지배지분율) = ₩50,285

M&A in History ✐

카카오엔터테인먼트와 에스엠·안테나·멜론·타파스의 M&A

카카오엔터테인먼트의 사업분야는 크게 3가지로 '스토리'와 '뮤직', '미디어' 부문이 있다. 스토리 부문은 웹툰과 웹소설 등의 사업을 담당한다. 뮤직은 음원 스트리밍과 음악 아티스트 중심의 사업을 미디어 부문은 드라마와 예능 제작·공급 등의 사업을 영위한다. 부문별 사업을 보면 뮤직 부문은 승승장구하는 반면 스토리와 미디어는 비교적 부진한 모습이다.

카카오엔터테인먼트가 모기업 카카오와 함께 SM엔터테인먼트(이하 에스엠)를 인수하면서 뮤직 부문의 향후 전망도 더욱 밝아졌다. 그와 반대로 스토리와 미디어 부문에서는 사업 재조정이 이뤄지고 있다.

카카오엔터테인먼트가 2023년 3월 카카오와 함께 에스엠을 인수하면서 뮤직 매출은 더욱 성장할 것으로 전망된다. 두 기업은 글로벌 아티스트 발굴과 육성을 위한 합작법인 설립, 소속 아티스트의 해외 진출과 활동 지원 등을 함께 추진하기로 한 바 있다. 에스엠이 보유한 아티스트 IP(지식재산권) 역시 걸그룹 '에스파'와 보이그룹 'NCT' 등 국내 팬덤이 탄탄하고 글로벌 인지도도 비교적 높은 편이다. 에스엠이 보유한 팬덤 플랫폼 '버블' 역시 카카오엔터테인먼트와 시너지를 낼 수 있는 사업으로 꼽힌다.

음원 스트리밍 서비스 멜론은 꾸준한 성장세로 뮤직 부문에서 현금창출원(캐시카우)으로 기능하고 있다. 앱·통계 분석 서비스 와이즈앱·리테일·굿즈에 따르면 멜론 사용자 수는 2023년 4월 기준 459만명으로 유튜브뮤직에 이어 2위를 기록했다.

뮤직 부문과 달리 카카오엔터테인먼트의 다른 사업 부문은 상대적으로 부진한 모습이다. 특히 웹툰과 웹소설 등을 아우르는 스토리 부문은 그동안 상당한 투자가 이뤄진 데 반해 실제 성적은 좋은 편이 아니다. 카카오엔터테인먼트는 2021년 전체 1조 1,000억원 규모를 들여 미국 웹툰 플랫폼 타파스와 웹소설 플랫폼 래디쉬를 인수했다. 그 뒤 2022년 타파스와 래디쉬의 합병법인인 타파스엔터테인먼트를 설립하면서 해외 스토리 콘텐츠 시장을 본격적으로 공략했다. 그러나 타파스엔터테인먼트는 2022년 기준 순손실 2,282억원을 보면서 신통치 않은 성적을 거뒀다. 이러한 영향이 바로 반영돼 카카오엔터테인먼트 스토리 부문 매출이 상대적으로 부진했다.

미디어 부문 역시 뮤직 부문과 비교하면 부진한 모습을 보이고 있다. 카카오는 미디어 부문에서 2023년 1분기에 매출 677억원을 올렸다. 전년 동기 대비 10% 감소했다. 카카오엔터테인먼트의 2022년 연간 매출을 살펴보면 미디어 부문은 4,123억원으로 집계되었으나, 비중은 22.1%로 가장 적었다.

(DealSite 2023년 7월 11일)

Knowledge is Power!

종속기업이 지배기업의 지분을 소유한다?!

현대차 그룹 지분구조(일부)

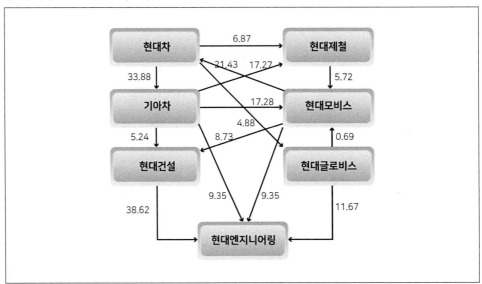

현대차 그룹은 국내 10대 그룹(기업집단) 가운데 유일하게 순환출자 고리를 해소하지 못했다. 순환출자란 'A→B→C→A'처럼 꼬리에 꼬리를 물며, 계열사끼리 주식을 보유하는 구조다. 법에서 금지한 상호출자를 피하면서도 쉽게 계열사를 늘릴 수 있다.

순환출자의 문제점은 대주주가 소수의 지분으로 지배권을 행사해 일반 주주의 이익을 침해할 수 있다. 또한, 하나의 계열사가 부실해지면 순환출자 고리에 엮인 다른 계열사까지 연달아 무너지는 악순환이 발생한다. 외환위기 당시 쓰러진 대우그룹의 연쇄 부도가 그 대표적인 예다.

또한 이런 순환출자는 지배구조 개편 및 경영권 승계를 위한 도구로도 사용된다. 현대차 그룹은 모비스를 그룹 최상위 지배회사로 두는 '사업 지배회사 체제'를 택하였다. 구체적으로 모비스의 투자 및 핵심부품 사업부(존속법인)와 A/S 부품 및 모듈 사업부(분할법인)를 나누고, 여기서 모비스 존속법인을 그룹 지배회사로 삼고 모비스 분할법인과 글로비스를 0.61대 1 비율로 합병하는 것이다. 모비스의 각 법인 분할 비율은 '순자산가치'를 기준으로 0.79(존속)대 0.21(분할)로 정해졌다.

하지만 헤지펀드인 엘리엇(Elliot)을 필두로 ISS(Institutional Shareholder Services), 글라스루이스(Glass Lewis), 한국기업지배구조원 등 국내외 주요 의결권자문사와 기관투자자들이 반대하고 나섰다. 구체적으로 분할·합병 비율에 대해 문제를 제기했다. 결국, 현대차 그룹은 주주총회를 취소하고 지배구조 개편 작업을 잠정 중단했다.

(MOTORGRAPH 2020년 10월 19일)

Summary & Check 🎯

Ⓢ **다양한 지배구조의 유형**

- 실무에서 지배-종속 관계는 복잡하고 다양한 형태로 존재하며, 크게 직접소유, 간접소유 및 상호소유로 분류된다.

- 간접소유는 단계적 소유와 합동소유로 구분된다.

- 상호소유는 지배기업과 종속기업 간의 상호소유와 종속기업들 간의 상호소유로 구분된다.

Ⓢ **간접소유**

- 단계적 소유에서 지배-종속 관계가 비순차적으로 성립하는 경우 A회사가 B회사에 대한 연결조정분개 중 지배력 취득시점의 종속기업투자주식과 종속기업 자본을 상계제거할 때에는 이미 B회사가 C회사에 대한 지배력을 보유하고 있으므로 B회사가 C회사를 포함하여 연결재무제표를 작성하였다면 계상하였을 금액을 사용한다.

Ⓢ **상호소유**

- 종속기업이 지배기업의 주식을 보유하는 경우 연결실체 내의 주식을 보유하는 것, 즉 자기주식에 해당한다. 따라서 종속기업이 보유한 지배기업의 주식을 제거하면서 자기주식으로 대체하는 연결조정분개를 해야 한다.

- 종속기업이 연결실체 내의 다른 종속기업의 주식을 보유하는 경우 투자주식과 이에 대응되는 자본을 상계제거한다.

OX Quiz ✏️

1   단계적 소유는 지배기업과 종속기업이 함께 또 다른 종속기업을 직·간접적으로 소유하는 형태이고, 합동소유는 최상위 지배기업이 중간 지배기업을 이용하여 종속기업을 간접소유하는 형태이다.

2   종속기업이 지배기업의 주식을 보유하는 경우 연결실체 내의 주식을 보유하는 것, 즉 자기주식에 해당하므로 종속기업이 보유한 지배기업의 주식을 제거하면서 자기주식으로 대체하는 연결조정분개를 해야 한다.

3   지배력 획득일 이후 종속기업들 간에 주식을 취득하는 것은 연결실체 내의 자본거래에 해당하므로 그 차액을 자본잉여금으로 회계처리한다.

Multiple-choice Questions 🔲

1   ㈜갑은 20×1년 1월 1일에 ㈜을의 보통주 70%를 ₩210,000에 취득하였으며, 동 일자에 ㈜을은 ㈜병의 보통주 80%를 ₩80,000에 취득하였다. 취득일 현재 ㈜을과 ㈜병의 주주지분은 다음과 같으며, 순자산의 장부금액과 공정가치는 일치하였다.   (CPA 2014)

계정과목	㈜을	㈜병
자 본 금	₩150,000	₩50,000
이 익 잉 여 금	100,000	30,000
계	₩250,000	₩80,000

20×1년 ㈜을과 ㈜병의 당기순이익은 각각 ₩26,000과 ₩5,000이며, 배당 및 기타 자본변동은 없다. ㈜갑과 ㈜을은 각각 ㈜을과 ㈜병의 투자주식을 원가법으로 회계처리하고 있으며, 비지배지분은 종속기업의 식별가능한 순자산 공정가치에 비례하여 결정한다. 20×1년 말 연결재무제표상 비지배지분은 얼마인가? (단, 영업권은 손상되지 않았으며, 법인세효과는 고려하지 않는다)

① ₩91,000   ② ₩98,800   ③ ₩99,800

④ ₩101,000   ⑤ ₩101,300

2　㈜대한은 20×1년 1월 1일 ㈜민국의 보통주 80%를 ₩450,000에 취득하여 지배력을 획득하였으며, 동일자에 ㈜민국은 ㈜만세의 주식 60%를 ₩200,000에 취득하여 지배력을 획득하였다. 지배력 획득시점에 ㈜민국과 ㈜만세의 순자산 공정가치와 장부금액은 동일하다. 다음은 지배력 획득시점 이후 20×1년 말까지 회사별 순자산 변동내역이다.　(CPA 2019)

구분	㈜대한	㈜민국	㈜만세
20×1. 1. 1.	₩800,000	₩420,000	₩300,000
별도(개별)재무제표상 당 기 순 이 익	100,000	80,000	50,000
20×1.12.31.	₩900,000	₩500,000	₩350,000

20×1년 7월 1일 ㈜대한은 ㈜민국에게 장부금액 ₩150,000인 기계장치를 ₩170,000에 매각하였다. 매각시점에 기계장치의 잔존 내용연수는 5년, 정액법으로 상각하며 잔존가치는 없다. 20×1년 중 ㈜민국이 ㈜만세에게 판매한 재고자산 매출액은 ₩100,000(매출총이익률은 30%)이다. 20×1년 말 현재 ㈜만세는 ㈜민국으로부터 매입한 재고자산 중 40%를 보유하고 있다.

㈜대한과 ㈜민국은 종속회사 투자주식을 별도재무제표상 원가법으로 표시하고 있다. ㈜대한의 20×1년도 연결포괄손익계산서에 표시되는 비지배지분 귀속 당기순이익은 얼마인가? (단, 연결재무제표 작성 시 비지배지분은 종속기업의 식별가능한 순자산 공정가치에 비례하여 결정한다)

① ₩19,600　　　　　② ₩20,000　　　　　③ ₩38,600

④ ₩39,600　　　　　⑤ ₩49,600

Short-answer Questions

1 20×1년 1월 1일에 ㈜대한은 ㈜민국의 발행주식 70%를 ₩250,000에 취득하였으며, 또한 ㈜서울의 발행주식 40%를 ₩40,000에 취득하였다. 그리고 동 일자에 ㈜민국은 ㈜서울의 발행주식 20%를 ₩20,000에 취득하였다. 20×1년 1월 1일 현재 ㈜대한, ㈜민국, ㈜서울의 자본계정은 다음과 같으며, 순자산장부금액과 공정가치는 일치하였다.   (CPA 2014)

계정과목	㈜대한	㈜민국	㈜서울
자 본 금	₩700,000	₩200,000	₩60,000
이 익 잉 여 금	300,000	100,000	30,000

<추가자료>

1. ㈜대한은 ㈜민국과 ㈜서울에 대한 투자주식을 원가법으로 회계처리하고 있으며, ㈜민국은 ㈜서울의 주식을 지분법으로 회계처리하고 있다.
2. ㈜대한, ㈜민국, ㈜서울이 보고한 20×1년도의 당기순이익은 아래와 같다. 이 중 ㈜민국의 당기순이익에는 ㈜서울 주식에 대한 관계기업투자주식평가손익(지분법손익)이 포함되어 있다.

계정과목	㈜대한	㈜민국	㈜서울
당 기 순 이 익	₩115,000	₩32,000	₩8,000

3. 연결재무제표 작성시 비지배지분은 종속기업의 식별가능한 순자산 공정가치에 비례하여 결정한다.

(물음 1) ㈜서울에 대한 투자주식과 관련하여, ㈜민국의 20×1년 말 재무제표에 계상되는 관계기업투자주식의 장부금액을 구하시오. (단, 20×1년 말 현재 영업권에 대한 손상은 발생하지 않은 것으로 가정한다)

관계기업투자주식	①

(물음 2) ㈜대한이 작성하는 20×1년도의 연결재무제표에 계상될 다음의 금액을 구하시오. 단, 20×1년 말 현재 영업권에 대한 손상은 발생하지 않은 것으로 가정하며, 해당 금액이 없는 경우에는 "0"으로 표시하시오.

[연결재무상태표]

영업권	①

[연결포괄손익계산서]

연결당기순이익	
지배기업소유주순이익	②
비지배지분순이익	③

2 다음은 (물음 1)과 (물음 2)에 대한 정보이다.

유통업을 영위하는 ㈜대한은 20×1년 1월 1일에 ㈜민국의 발행주식 70%를 ₩250,000에 취득하였으며, 동 일자에 ㈜민국은 ㈜서울의 발행주식 60%를 ₩70,000에 취득하였다. 20×1년 1월 1일 현재 ㈜대한, ㈜민국, ㈜서울의 자본계정은 다음과 같으며, 순자산 장부금액과 공정가치는 일치하였다.　　　　　　　　　　　　　　　　　　(CPA 2017)

계정과목	㈜대한	㈜민국	㈜서울
자 본 금	₩500,000	₩200,000	₩60,000
이 익 잉 여 금	300,000	100,000	30,000

<추가자료>

· ㈜대한과 ㈜민국은 각각의 종속기업인 ㈜민국과 ㈜서울에 대한 투자주식을 원가법으로 회계처리하고 있으며, 연결재무제표 작성시 비지배지분은 종속기업의 식별가능한 순자산 공정가치에 비례하여 결정한다.
· 20×1년 중에 ㈜대한은 ㈜민국 및 ㈜서울로부터 아래의 상품을 매입하였다. ㈜민국과 ㈜서울의 매출총이익률은 모두 30%이다.

판매회사 → 매입회사	판매액	매입회사 기말재고
㈜민국 → ㈜대한	₩30,000	₩20,000
㈜서울 → ㈜대한	10,000	10,000

· 20×1년 7월 1일에 ㈜대한은 사용하던 차량운반구(장부금액 ₩20,000)를 ₩28,000에 ㈜민국에게 현금 매각하였다. 매각일 현재 차량운반구의 잔존내용연수는 2년, 잔존가치는 ₩0, 감가상각방법은 정액법이다. ㈜민국은 동 차량운반구를 20×1년 말 현재 사용하고 있다.
· ㈜대한, ㈜민국, ㈜서울의 20×1년도의 당기순이익은 각각 ₩70,000, ₩30,000, ₩15,000이다.

(물음 1) ㈜대한, ㈜민국, ㈜서울의 별도(개별)재무제표를 계정과목별로 단순 합산한 장부금액이 아래와 같을 경우, ㈜대한의 20×1년도 연결재무제표에 계상될 금액을 계산하시오. 단, 20×1년 말 현재 영업권에 대한 손상은 발생하지 않은 것으로 가정한다.

[연결포괄손익계산서 항목]

계정과목	단순합산 장부금액	연결재무제표
매출액	₩820,000	①
매출원가	640,000	②

[연결재무상태표 항목]

계정과목	단순합산 장부금액	연결재무제표
차량운반구(순액)	₩180,000	③
영업권	0	④

(물음 2) ㈜대한의 20×1년도 연결재무제표에 계상될 연결당기순이익을 ⑤ 지배기업 귀속 당기순이익과 ⑥ 비지배지분 귀속 당기순이익으로 구분하여 계산하시오.

지배기업 귀속 당기순이익	⑤
비지배지분 귀속 당기순이익	⑥

(물음 3)은 (물음 1, 2)와 독립적이다.

20×2년 1월 1일에 ㈜대한은 ㈜민국의 발행주식 70%를 ₩250,000에 취득하였다. 취득일 현재 ㈜민국의 자본합계는 ₩300,000(자본금 ₩200,000, 이익잉여금 ₩100,000)이며, 아래의 종속기업투자주식을 제외한 순자산 장부금액과 공정가치는 일치하였다.

〈㈜민국의 재무자료〉		
계정과목	장부금액	공정가치
종 속 기 업 투 자 주 식	₩70,000	₩80,000

한편 ㈜민국은 20×1년 1월 1일에 ㈜서울의 발행주식 60%를 ₩70,000에 취득하여 지배력을 획득한 바 있다. 취득일 당시 ㈜서울의 자본합계는 ₩90,000이며, 순자산 장부금액은 공정가치와 일치하였다.

〈㈜서울의 재무자료〉		
계정과목	20×1. 1. 1.	20×2. 1. 1.
자 본 금	₩60,000	₩60,000
이 익 잉 여 금	₩30,000	₩40,000

㈜서울이 20×1년 당기순이익으로 보고한 금액은 ₩10,000이며, 이익처분은 없다. 또한 20×2년 초 현재 순자산 장부금액과 공정가치도 일치한다. ㈜대한과 ㈜민국은 각각의 종속기업인 ㈜민국과 ㈜서울에 대한 투자주식을 원가법으로 회계처리하며, 연결재무제표 작성시 종속기업에 대한 비지배지분은 종속기업의 식별가능한 순자산 공정가치에 비례하여 결정한다. 지배력 획득일(20×2년 1월 1일) 현재 ㈜대한의 연결재무상태표에 계상되는 ⑦ 영업권 금액을 계산하시오.

영업권	⑦

3 ㈜대한이 20×1년 1월 1일 ㈜민국의 보통주 80%를 ₩10,000에 취득하여 지배권을 획득한 직후, 동 일자에 ㈜민국이 ㈜만세의 보통주 70%를 ₩7,000에 매수하여 지배권을 획득하였다. ㈜대한과 ㈜민국은 종속기업투자주식을 원가법으로 회계처리하며, 종속기업에 대한 비지배지분을 종속기업의 식별가능한 순자산 공정가치에 비례하여 결정한다. 취득 당시 ㈜민국과 ㈜만세의 순자산의 장부금액과 공정가치는 일치하였으며, 20×1년 각 회사의 별도재무제표상 순자산변동내역은 다음과 같다. (CPA 2020)

〈20×1년 별도재무제표상 순자산변동내역〉

구분	㈜대한	㈜민국	㈜만세
기 초 자 본 금	₩20,000	₩10,000	₩8,000
기 초 이 익 잉 여 금	6,000	2,500	2,000
당 기 순 이 익	4,000	1,500	1,000
기말순자산 장부금액	30,000	14,000	11,000

〈자료〉

1. 20×1년 초 ㈜민국은 ㈜대한에 기계장치를 ₩500에 처분하였다. 기계장치의 취득원가는 ₩800이고, 20×1년 초 감가상각누계액은 ₩400이다. 20×1년 초 기계장치의 잔존내용연수는 5년이며, 잔존가치 없이 정액법으로 감가상각한다.

2. 20×1년 1월 1일 ㈜대한은 ㈜만세의 사채 액면 ₩1,000 중 50%를 ₩513에 취득하였다. 취득당시 유효이자율은 연 9%였으며, ㈜대한은 동 투자사채를 상각후원가 측정 금융자산으로 분류하여 20×1년 말 현재까지 계속 보유하고 있다. ㈜만세의 사채는 상각후원가 측정 금융부채로 20×1년 1월 1일 현재 장부금액은 ₩952이고, 표시이자율은 연 10%(매년 말 이자지급)이며, 잔여기간은 3년이다. ㈜만세의 사채발행 시점의 유효이자율은 연 12%이다. 단, 연결실체간의 사채 구입에서 발생하는 사채추정상환손익은 모두 사채발행회사가 부담한다고 가정한다.

3. 20×1년 중 ㈜만세는 ㈜대한에 ₩100의 이익을 가산하여 상품을 판매하였으며, 이 중 40%가 20×1년 말 현재 ㈜대한의 재고자산에 포함되어 있다.

상기 자료를 이용하여 다음 물음에 답하시오.

(물음 1) ㈜대한의 20×1년도 연결재무제표에 계상될 연결당기순이익을 지배기업 귀속 당기순이익과 비지배지분 귀속 당기순이익으로 구분하여 계산하시오. (단, 답안 작성 시 원 이하는 반올림한다)

지배기업 귀속 당기순이익	①
비지배지분 귀속 당기순이익	②

(물음 2) ㈜대한의 20×1년 말 연결재무상태표에 계상될 비지배지분의 금액을 계산하시오.
단, 답안 작성 시 원 이하는 반올림한다.

비지배지분의 금액	①

(물음 3) 지배·종속기업 간의 하향 내부거래와 달리 상향 내부거래로 인한 미실현손익은 지
배기업과 비지배지분에 안분·제거시키는 이유를 간략히 서술하시오.

연결재무제표의 기타사항

학습목표

- 연결자본변동표와 연결현금흐름표에 대해 이해한다.
- 이연법인세를 고려한 연결조정분개에 대해 이해한다.
- 연결주당이익을 이해한다.
- 종속기업의 우선주 발행 시 자본 변동액의 구분을 이해한다.

연결재무제표의 가장 큰 특징은 종속기업의 재무상태나 경영성과가 재무제표에 반영된다는 점이다. 따라서 연결자본변동표에서는 연결실체의 자본변동을 지배기업의 소유주와 비지배지분으로 구분하여 표시해야 한다. 또한 연결현금흐름표에서는 종속기업과 기타 사업에 대한 지배력의 획득 또는 상실에 따른 총현금흐름을 별도로 표시하여 투자활동으로 분류해야 한다.

한편, 지배력획득일에 종속기업의 장부금액과 공정가치 간의 차이로 인한 일시적차이를 이연법인세 자산 또는 부채에 반영해야 한다. 연결주당이익을 계산할 때에도 종속기업의 당기순이익 중 지배기업 소유주에 귀속되는 금액을 고려해야 한다. 또한 종속기업이 우선주를 발행하였다면 보통주주지분뿐만 아니라 우선주주지분도 지배기업 소유주와 비지배지분으로 배분해야 한다. 이러한 내용을 포함하여 연결재무제표의 여러 가지 기타사항에 대해 심도 있게 학습해 보자.

1. 연결자본변동표

1.1 연결자본변동표의 표시

연결자본변동표는 자본의 각 구성요소별로 구분하여 그 변동내용을 보고하는 재무제표이다. 연결자본변동표에서 연결실체의 **자본변동**은 지배기업의 소유주지분과 비지배지분으로 구분하여 표시해야 한다. 연결자본변동표에서 다음의 항목을 별도로 표시한다.

① 지배기업의 소유주와 비지배지분에 각각 귀속되는 금액으로 구분하여 표시하는 해당기간의 총포괄손익
② 자본의 각 구성요소별로, K-IFRS 제1008호 '회계정책, 회계추정의 변경 및 오류'에 따라 인식된 소급적용이나 소급재작성의 영향
③ 자본의 각 구성요소별로 장부금액의 각 변동액을 공시한, 기초시점과 기말시점의 장부금액 조정내역
　㉠ 당기순손익 및 기타포괄손익의 각 항목
　㉡ 소유주의 출자와 소유주에 대한 배분을 구분하여 보여주는, 소유주로서의 자격을 행사하는 소유주와의 거래와 지배력을 상실하지 않는 종속기업에 대한 소유지분의 변동

연결자본변동표는 다음 〈표 7-1〉과 같이 표시한다.

1.2 지배기업의 소유주지분

(1) 납입자본

납입자본은 자본금 및 주식발행초과금으로 구성된다. 납입자본의 변동은 유상증자(감자), 무상증자(감자) 및 주식배당 등에 의해 발생하며, 이것은 **지배기업의 납입자본변동만이** 표시된다. 종속기업의 납입자본변동은 연결재무제표를 작성하는 과정에서 종속기업투자주식과 상계되거나 비지배지분으로 대체되므로 연결자본변동표의 납입자본에 표시되지 않는다.

(2) 이익잉여금

이익잉여금은 전기에서 이월된 기초금액에 회계정책의 변경이나 전기오류수정이 발생한 경우 그 누적효과를 반영한 금액을 산출한다. 여기에 배당, 총포괄손익 중 당

☑ 표 7-1 연결자본변동표 양식

연결자본변동표
당기: 20×2년 1월 1일부터 20×2년 12월 31일까지
전기: 20×1년 1월 1일부터 20×1년 12월 31일까지

A회사　　　　　　　　　　　　　　　　　　　　　　　　　　　　　　　　(단위: 원)

구　분	납입자본	이익잉여금	기타자본 구성요소	지배기업소유주 지분합계	비지배 지분	총　계
20×1. 1. 1.(전기초)	×××	×××	×××	×××	×××	×××
회계정책변경누적효과		×××		×××	×××	×××
전 기 오 류 수 정		(×××)		(×××)	(×××)	(×××)
수 정 후　금 액	×××	×××	×××	×××	×××	×××
배 당 금　지 급		(×××)		(×××)	(×××)	(×××)
유 상 증 자	×××			×××	×××	×××
당 기 순 이 익		×××		×××	×××	×××
FVOCI금융자산평가손익			×××	×××	×××	×××
재 평 가 이 익			×××	×××	×××	×××
20×1.12.31.(전기말)	×××	×××	×××	×××	×××	×××
20×2. 1. 1.(당기초)	×××	×××	×××	×××	×××	×××
회계정책변경누적효과		×××		×××	×××	×××
전 기 오 류 수 정		(×××)		(×××)	(×××)	(×××)
수 정 후　금 액	×××	×××	×××	×××	×××	×××
배 당 금　지 급		(×××)		(×××)	(×××)	(×××)
유 상 증 자	×××			×××	×××	×××
당 기 순 이 익		×××		×××	×××	×××
FVOCI금융자산평가손익			×××	×××	×××	×××
재 평 가 이 익			×××	×××	×××	×××
20×2.12.31.(당기말)	×××	×××	×××	×××	×××	×××

기순손익, 그리고 이익잉여금으로 대체 또는 이익잉여금에서 대체되는 변동금액을 반영한다. 제3장 4절 '종속기업의 현금배당'에서 설명한 것처럼 연결재무제표를 작성하는 과정에서 종속기업이 현금배당하면서 감소시킨 이익잉여금을 다시 증가시키므로 종속기업의 배당은 연결자본변동표의 이익잉여금에 표시되지 않는다.[1]

---

1) 종속기업이 주식배당을 하는 경우 역시 다음과 같이 회계처리를 환원하는 연결조정분개를 하므로 연결자본변동표의 이익잉여금에 표시되지 않는다.

(3) 기타자본구성요소

기타자본구성요소에는 자기주식거래 등 자본거래에서 발생한 항목 중 납입자본에 포함되지 않는 항목과 총포괄손익 중 기타포괄손익−공정가치 측정(FVOCI) 금융자산 평가손익이나 재평가이익 등 기타포괄손익 항목을 반영한다. 제5장 3.3절 '종속기업의 자기주식 취득과 처분'에서 설명한 것처럼 연결재무제표를 작성하는 과정에서 종속기업의 자기주식거래를 모두 상계제거하므로 연결자본변동표의 기타자본구성요소에 표시되지 않는다.

1.3 비지배지분

비지배지분은 종속기업의 자본 중 비지배주주에게 귀속되는 변동금액을 반영한다. 이익잉여금과 마찬가지로 전기에서 이월된 기초금액에 회계정책의 변경이나 전기오류수정이 발생한 경우 그 누적효과를 반영한 금액을 산출한다. 여기에 종속기업의 총포괄손익 중 비지배지분에 귀속되는 몫을 가감하고, 종속기업의 유상증자 등 납입자본의 변동과 현금배당 중 비지배지분에 귀속되는 몫을 가감한다.

📖 예제 1 연결자본변동표의 작성

12월 말 결산법인인 A회사는 20×1년 초에 B회사의 보통주식 80%를 ₩80,000에 취득하여 지배기업이 되었다. 취득일 현재 B회사의 모든 자산과 부채의 장부금액과 공정가치는 일치하였다. 다음의 A회사와 B회사의 20×1년도 자본변동은 순차적으로 발생하였다. B회사는 20×1년 중에 유상증자(발행주식 10주, 주당발행금액 ₩800)를 하였으며, 지분율에 따라 비례적으로 참여하였다. 단, A회사는 종속기업투자주식을 원가법으로 평가하고, 비지배지분을 종속기업의 식별가능한 순자산 중 비지배지분의 비례적인 몫으로 측정한다.

〈A회사〉

과 목	자본금	이익잉여금	기타포괄손익누계액
20×1. 1. 1.	₩140,000	₩20,000	₩10,000
현 금 배 당		(15,000)	
유 상 증 자	30,000		
당 기 순 이 익		25,000	
FVOCI금융자산평가이익			5,000
20×1.12.31.	₩170,000	₩30,000	₩15,000

(차변) 자   본   금   ××× (대변) 이 익 잉 여 금   ×××

〈B회사〉

과 목	자본금	이익잉여금	기타포괄손익누계액
20×1. 1. 1.	₩80,000	₩5,000	-
현 금 배 당		(3,000)	
유 상 증 자	8,000		
당 기 순 이 익		10,000	
재 평 가 이 익			₩4,000
20×1.12.31.	₩88,000	₩12,000	₩4,000

물음

1. 20×1년 말에 A회사가 해야 할 연결조정분개를 하시오. 단, 영업권이 배분된 현금창출단위의 회수가능액이 장부금액보다 크다.

2. 20×1년도 연결자본변동표를 작성하시오.

풀이

1. 20×1년 말 연결조정분개
① 종속기업투자주식과 종속기업 자본의 상계제거

(차변)	자 본 금	80,000	(대변)	종 속 기 업 투 자 주 식	80,000
	이 익 잉 여 금	5,000		비 지 배 지 분	17,000❶
	영 업 권	12,000			

❶ ₩85,000(B회사의 순자산의 공정가치(점선 부분)) × 20% = ₩17,000

❷ ₩80,000 + 17,000 − 85,000 = ₩12,000

② 종속기업의 현금배당 제거

(차변)	배 당 금 수 익	2,400❸	(대변)	이 익 잉 여 금	3,000
	비 지 배 지 분	600			

❸ ₩3,000 × 80% = ₩2,400

③ 종속기업의 유상증자로 인한 종속기업투자주식과 종속기업 자본의 상계제거

(차변)	자 본 금	8,000	(대변)	종 속 기 업 투 자 주 식	6,400❹
				비 지 배 지 분	1,600

❹ ₩800 × 8주 = ₩6,400

· 지분변동액

	종속기업 순자산의 공정가치	지분율	지분금액	지분변동액
증자 후	₩90,000❺	× 80% =	₩72,000	
증자 전	82,000	× 80% =	65,600	₩6,400
· 유상증자 취득원가				(6,400)
· 지분변동차액				₩0

❺ ₩85,000(취득일에 B회사의 순자산의 공정가치) − 3,000(현금배당) + 8,000(유상증자) = ₩90,000

④ 종속기업의 총포괄이익으로 인한 비지배지분 변동

(차변) 이 익 잉 여 금   2,000[6]   (대변) 비 지 배 지 분   2,000
(차변) 기타포괄손익누계액   800[7]   (대변) 비 지 배 지 분   800

  [6] ₩10,000 × 20% = ₩2,000
  [7] ₩4,000 × 20% = ₩800

2. 20×1년도 연결자본변동표

연결자본변동표
20×1년 1월 1일부터 20×1년 12월 31일까지

A회사   (단위: 원)

구 분	납입자본	이익잉여금	기타자본 구성요소	지배기업소유주 지분합계	비지배 지분	총 계
20×1. 1. 1.	140,000	20,000	10,000	170,000	17,000	187,000
배 당 금 지 급		(15,000)		(15,000)	(600)	(15,600)
유 상 증 자	30,000			30,000	1,600	31,600
당 기 순 이 익		33,000[1]		33,000	2,000[1]	35,000[1]
FVOCI금융자산평가손익			5,000	5,000		5,000
재 평 가 이 익			3,200	3,200	800	4,000
20×1.12.31.	170,000	38,000[2]	18,200	226,200	20,800[3]	247,000

[1] 연결당기순이익 = ₩25,000(A회사) + 10,000(B회사) = ₩35,000
  · 비지배지분 귀속분 = ₩2,000
  · 지배기업 소유주 귀속분 = ₩35,000 - 2,000 = ₩33,000
[2] 연결이익잉여금 = ₩30,000(A회사) + 12,000(B회사) - 5,000(종속기업 이익잉여금의 상계)
        + 3,000(종속기업 현금배당 연결조정분개) - 2,000(당기순이익 중 비지배지분 변동) = ₩38,000
[3] 비지배지분 = (₩88,000 + 12,000 + 4,000) × 20% = ₩20,800

2. 연결현금흐름표

2.1 연결현금흐름표의 표시

연결현금흐름표는 일정기간 동안 연결실체의 현금이 어떻게 조달되고 사용되었는 지에 대한 현금흐름을 나타내는 재무제표이다. 연결현금흐름표에서 종속기업과 기타 사업에 대한 지배력의 획득 또는 상실에 따른 총현금흐름은 별도로 표시하여 투자활동으로 분류하고, 다음 〈표 7-2〉와 같이 표시한다.

☑ 표 7-2 연결현금흐름표 양식(직접법)

연결현금흐름표

당기: 20×2년 1월 1일부터 20×2년 12월 31일까지

전기: 20×1년 1월 1일부터 20×1년 12월 31일까지

A회사   (단위: 원)

구 분	20×2년		20×1년	
영 업 활 동 현 금 흐 름				
고 객 으 로 부 터 유 입 된 현 금	×××		×××	
공급자와 종업원에 대한 현금유출	(×××)		(×××)	
영 업 으 로 부 터 창 출 된 현 금	×××		×××	
이 자 지 급	(×××)		(×××)	
법 인 세 의 납 부	(×××)		(×××)	
영 업 활 동 순 현 금 흐 름		×××		×××
투 자 활 동 현 금 흐 름				
종속기업 취득에 따른 순현금흐름	(×××)		(×××)	
유 형 자 산 의 취 득	(×××)		(×××)	
설 비 의 처 분	×××		×××	
이 자 수 취	×××		×××	
배 당 금 수 취	×××		×××	
· · ·	×××		×××	
투 자 활 동 순 현 금 흐 름		×××		×××
재 무 활 동 현 금 흐 름				
유 상 증 자	×××		×××	
장 기 차 입 금	×××		×××	
배 당 금 지 급	(×××)		(×××)	
· · ·	×××		×××	
재 무 활 동 순 현 금 흐 름		×××		×××
현금및현금성자산의 순증가		×××		×××
기 초 현 금 및 현 금 성 자 산		×××		×××
기 말 현 금 및 현 금 성 자 산		×××		×××

2.2 연결현금흐름표의 작성방법

연결현금흐름표의 작성방법에는 다음의 두 가지 방법이 있다.

(1) 연결재무상태표와 연결포괄손익계산서를 이용하는 방법

연결조정분개를 거쳐 작성된 연결재무상태표와 연결포괄손익계산서를 이용하는 방법이다. 이 방법은 개별현금흐름표를 작성하는 논리와 동일하며, 연결재무제표를 작성하는 과정에서 지배-종속기업 간의 내부거래가 이미 제거되어 있으므로 실무상 작성하기 쉽다.

(2) 개별현금흐름표를 이용하는 방법

연결대상기업들의 개별현금흐름표를 합산한 후 지배-종속기업 간의 내부거래가 현금흐름에 미친 영향을 고려하여 작성하는 방법이다. 지배-종속기업 간의 내부거래가 복잡한 경우 오류가 발생할 수 있으므로 많이 사용되지 않는 방법이다.

2.3 종속기업에 대한 소유지분의 변동

지배기업의 종속기업에 대한 소유지분의 변동으로 지배력을 획득하거나 상실하여 연결대상범위에 포함되거나 제외됨으로써 연결대상범위에 변동이 있는 경우와 지배력을 획득한 이후 종속기업의 일부 지분을 취득하거나 처분하더라도 지배력을 유지함으로써 연결대상범위에 변동이 없는 경우가 있다.

(1) 연결대상범위에 변동이 있는 경우

지배기업의 종속기업에 대한 소유지분의 변동으로 지배력을 획득하거나 상실하여 연결대상범위에 포함되거나 제외되면 연결대상범위에 변동이 발생하는데, 이에 따른 총현금흐름은 별도로 표시하고 투자활동으로 분류한다. 이때 종속기업에 대한 지배력 획득 또는 상실의 대가로 현금을 지급하거나 수취한 경우에는 그러한 거래, 사건 또는 상황변화의 일부로서 취득이나 처분 당시 종속기업이 보유한 현금및현금성자산을 가감한 순액으로 현금흐름표에 보고한다. 예를 들어, 지배기업이 종속기업에 대한 지배력 획득의 대가로 현금 ₩100,000을 지급하고, 취득 당시 종속기업이 현금 ₩20,000을 보유하고 있었다면 순액인 ₩80,000을 종속기업 취득에 따른 순현금흐름으로 투자활동에 별도로 표시한다.

　회계기간 중 종속기업이나 기타 사업에 대한 지배력을 획득 또는 상실한 경우에는 다음 사항을 총액으로 공시한다.

> ① 총취득대가 또는 총처분대가
> ② 매수대가 또는 처분대가 중 현금및현금성자산으로 지급하거나 수취한 부분
> ③ 지배력을 획득하거나 상실한 종속기업 또는 기타 사업이 보유한 현금및현금성자산의 금액
> ④ 지배력을 획득하거나 상실한 종속기업 또는 기타 사업이 보유한 현금및현금성자산 이외의 자산·부채 금액에 대한 주요 항목별 요약정보

　한편, 지배력 상실의 현금흐름효과는 지배력 획득의 현금흐름효과에서 차감하지 않는다.

(2) 연결대상범위에 변동이 없는 경우

　지배력을 획득한 이후 종속기업의 일부 지분을 취득하거나 처분하더라도 지배력을 상실하지 않고 유지한다면 연결대상범위에 변동이 없다. 지배력을 상실하지 않는 종속기업에 대한 소유지분의 변동은 자본거래로 회계처리하고, 여기에서 발생한 현금흐름은 재무활동 현금흐름으로 분류한다.

2.4 종속기업의 현금배당

　종속기업이 지급한 현금배당 중 지배기업이 수취하는 배당금은 연결실체 내에서의 현금이동에 불과하므로 연결현금흐름표에는 나타나지 않는다. 따라서 종속기업이 지급한 현금배당 중 비지배주주가 수취하는 배당금만이 연결현금흐름표에 재무활동 또는 영업활동 현금흐름에 나타난다.

📖 예제 2 연결현금흐름표의 작성

> 12월 말 결산법인인 A회사는 20×2년 초에 B회사의 보통주식 80%를 ₩80,000에 취득하여 지배기업이 되었다. 취득일 현재 B회사의 모든 자산과 부채의 장부금액과 공정가치는 일치하였다. 20×1년 말과 20×2년 말의 연결재무상태와 20×2년도 연결포괄손익계산서 및 연결현금흐름표 작성을 위한 추가 자료는 다음과 같다. 단, 이자수취와 이자지급은 영업활동 현금흐름으로 분류하고, 배당금 지급은 재무활동 현금흐름으로 분류한다.

연결재무상태표

A회사 (단위: 원)

과 목	20×1년 말	20×2년 말	증 감
현 금 및 현 금 성 자 산	100,000	160,000	60,000
매 출 채 권	320,000	400,000	80,000
재 고 자 산	220,000	200,000	(20,000)
장 기 대 여 금	40,000	-	(40,000)
비 품	500,000	600,000	100,000
감 가 상 각 누 계 액	(250,000)	(280,000)	(30,000)
자 산 총 액	930,000	1,080,000	150,000
매 입 채 무	150,000	186,000	36,000
미 지 급 급 여	20,000	10,000	(10,000)
미 지 급 이 자	15,000	22,000	7,000
장 기 차 입 금	200,000	160,000	(40,000)
부 채 총 액	385,000	378,000	(7,000)
자 본 금	500,000	550,000	50,000
이 익 잉 여 금	45,000	119,400	74,400
비 지 배 지 분	-	32,600	32,600
자 본 총 액	545,000	702,000	157,000
부 채 및 자 본 총 액	930,000	1,080,000	150,000

연결포괄손익계산서
20×2년 1월 1일부터 20×2년 12월 31일까지

A회사 (단위: 원)

과 목	금 액
매 출 액	800,000
매 출 원 가	(450,000)
매 출 총 이 익	350,000
종 업 원 급 여	(65,000)
판 매 비 및 관 리 비	(90,000)
감 가 상 각 비	(40,000)
이 자 수 익	10,000
유 형 자 산 처 분 이 익	25,000
이 자 비 용	(30,000)
법 인 세 비 용	(67,000)
당 기 순 이 익	93,000

〈추가사항〉

① 취득일 현재 B회사로부터 취득한 자산과 인수한 부채의 공정가치는 다음과 같다.

과 목	금 액	과 목	금 액
현 금 및 현 금 성 자 산	₩10,000	매 입 채 무	₩15,000
매 출 채 권	60,000	미 지 급 급 여	25,000
비 품	82,000		
감 가 상 각 누 계 액	(12,000)		

② 비품을 ₩130,000에 현금을 지급하고 취득하였다.

③ 취득원가 ₩100,000, 감가상각누계액 ₩10,000의 비품을 ₩115,000에 현금을 받고 처분하였다.

④ B회사는 현금배당 ₩30,000을 주주총회에서 결의하고 지급하였다.

⑤ 장기대여금 ₩40,000은 모두 현금으로 회수하였다.

⑥ 장기차입금은 ₩100,000을 상환하고, ₩60,000을 새로 차입하였다.

⑦ A회사는 액면금액 ₩5,000인 보통주 10주를 발행하였다.

물음 ....

1. 직접법에 의한 20×2년도 연결현금흐름표를 작성하시오.

2. 간접법에 의한 20×2년도 영업활동 연결현금흐름표를 작성하시오.

풀이 ....

1. 직접법에 의한 20×2년도 연결현금흐름표

A회사　　　　　　　　　　　　　　　　　　　　　　　　　　　　　(단위: 원)

영 업 활 동 현 금 흐 름		
고 객 으 로 부 터 유 입 된 현 금	780,000❶	
공 급 자 에 대 한 현 금 유 출	(409,000)❷	
종 업 원 에 대 한 현 금 유 출	(100,000)❸	
판 매 비 및 관 리 비 현 금 유 출	(90,000)❹	
영 업 으 로 부 터 창 출 된 현 금	181,000	
이 자 수 취	10,000❺	
이 자 지 급	(23,000)❻	
법 인 세 의 납 부	(67,000)❼	
영 업 활 동 순 현 금 흐 름		101,000
투 자 활 동 현 금 흐 름		
종속기업 취득에 따른 순현금흐름	(70,000)❽	
장 기 대 여 금 의 회 수	40,000	

비 품 의 처 분	115,000	
비 품 의 취 득	(130,000)	
투 자 활 동 순 현 금 흐 름		(45,000)
재 무 활 동 현 금 흐 름		
유 상 증 자	50,000	
장 기 차 입 금 의 차 입	60,000	
장 기 차 입 금 의 상 환	(100,000)	
배 당 금 지 급	(6,000)❾	
재 무 활 동 순 현 금 흐 름		4,000
현 금 및 현 금 성 자 산 의 순 증 가		60,000
기 초 현 금 및 현 금 성 자 산		100,000
기 말 현 금 및 현 금 성 자 산		160,000

❶ 고객으로부터 유입된 현금 = ₩320,000(기초매출채권) + 60,000(B회사 기초매출채권) + 800,000(당기매출액) − 400,000(기말매출채권) = ₩780,000

❷ 공급자에 대한 현금유출을 알기 위해서는 재고자산과 매출원가를 통해 당기매입액을 먼저 산출해야 한다.
· 당기매입액 = ₩450,000(매출원가) + 200,000(기말재고자산) − 220,000(기초재고자산) = ₩430,000
· 공급자에 대한 현금유출 = ₩150,000(기초매입채무) + 15,000(B회사 기초매입채무) + 430,000(당기매입액) − 186,000(기말매입채무) = ₩409,000

❸ 종업원에 대한 현금유출 = ₩20,000(기초미지급급여) + 25,000(B회사 기초미지급급여) + 65,000(종업원급여) − 10,000(기말미지급급여) = ₩100,000

❹ 판매비및관리비 현금유출 = ₩0(기초미지급비용) + 90,000(판매비및관리비) − 0(기말미지급비용) = ₩90,000

❺ 이자수취 = ₩0(기초미수이자) + 10,000(이자수익) − 0(기말미수이자) = ₩10,000

❻ 이자지급 = ₩15,000(기초미지급이자) + 30,000(이자비용) − 22,000(기말미지급이자) = ₩23,000

❼ 법인세의 납부 = ₩0(기초미지급법인세) + 67,000(법인세비용) − 0(기말미지급법인세) = ₩67,000

❽ 종속기업 취득에 따른 순현금흐름 = ₩80,000 − 10,000(취득일 현재 B회사 현금및현금성자산) = ₩70,000

❾ 종속기업인 B회사의 현금배당 중 비지배주주에게 지급한 ₩6,000(= 30,000 × 20%)만 나타낸다.

2. 간접법에 의한 20×2년도 영업활동 연결현금흐름표

A회사   (단위: 원)

영업활동 현금흐름	
법 인 세 비 용 차 감 전 순 이 익	160,000
가 감 : 감 가 상 각 비	40,000❶
이 자 비 용	30,000❶
유 형 자 산 처 분 이 익	(25,000)❷
이 자 수 익	(10,000)❷
매 출 채 권 증 가	(20,000)❸

재 고 자 산 감 소	20,000❸	
매 입 채 무 증 가	21,000❹	
미 지 급 급 여 감 소	(35,000)❹	
이 자 수 취	10,000❺	
이 자 지 급	(23,000)❻	
법 인 세 의 납 부	(67,000)❼	
영 업 활 동 순 현 금 흐 름		101,000

❶ 현금유출이 없는 비용을 가산한다.
❷ 현금유입이 없는 수익을 차감한다.
❸ 자산의 증가는 차감하고, 자산의 감소는 가산한다.
  · 매출채권증가 = ₩320,000(기초매출채권) + 60,000(B회사 기초매출채권) − 400,000(기말매출채권)
        = (−)₩20,000
  · 재고자산감소 = ₩220,000(기초재고자산) − 200,000(기말재고자산) = ₩20,000
❹ 부채의 증가는 가산하고, 부채의 감소는 차감한다.
  · 매입채무증가 = ₩186,000(기말매입채무) − 150,000(기초매입채무) − 15,000(B회사 기초매입채무)
        = ₩21,000
  · 미지급급여감소 = ₩10,000(기말미지급급여) − 20,000(기초미지급급여) − 25,000(B회사 기초미지급급여)
          = (−)₩35,000
❺, ❻ 및 ❼ 직접법에 의한 영업활동 현금흐름 참조

3. 이연법인세

지금까지는 연결재무제표를 작성하면서 이연법인세를 고려하지 않았지만, 연결재무제표를 정확하게 작성하기 위해서는 연결재무제표를 작성하는 과정에서 발생하는 일시적차이에 대한 이연법인세를 고려하여 반영해야 한다.

3.1 지배력 획득일의 일시적차이

지배기업이 종속기업에 대한 지배력을 획득하면서 종속기업의 식별할 수 있는 자산·부채를 공정가치로 평가하여 인식한다. 그러나 종속기업의 식별할 수 있는 자산·부채의 세무기준액은 장부금액이므로 일시적차이가 발생한다. 따라서 **지배력 획득일에 종속기업의 식별할 수 있는 순자산의 공정가치와 장부금액 간의 일시적차이에 대하여** 다음과 같이 이연법인세부채를 계산하여 반영해야 한다.

> 이연법인세부채* = (종속기업의 식별할 수 있는 순자산의 공정가치 – 장부금액) × 법인세율**
>
> * 종속기업의 식별할 수 있는 순자산의 공정가치가 장부금액에 미달하는 경우 이연법인세자산
> ** 종속기업이 부담하는 법인세율을 적용한다.

한편, 지배력 획득일에 지배기업이 지급하는 이전대가가 종속기업의 식별할 수 있는 자산·부채의 공정가치보다 큰 경우에 영업권이 발생하는데, K–IFRS 제1012호 '법인세'에서는 영업권에 대해 이연법인세부채를 인식하는 경우 순환문제가 발생하므로 이연법인세를 인식하지 않는 예외로 인정하고 있다.[2]

지배력 획득일에 일시적차이에 대한 이연법인세를 고려하여 다음과 같이 연결조정분개를 한다.

〈종속기업투자주식과 종속기업 자본의 상계제거〉

(차변) 자 본 금	×××	(대변) 종 속 기 업 투 자 주 식	×××
자 본 잉 여 금	×××	이 연 법 인 세 부 채	×××*
이 익 잉 여 금	×××	비 지 배 지 분	×××**
재 고 자 산	×××		
유 형 자 산	×××		
영 업 권	×××		

* 공정가치와 장부금액 간의 차이금액(점선 부분) × 종속기업의 법인세율
** 이연법인세까지 고려한 종속기업 순자산의 공정가치 × 비지배지분율

〈공정가치와 장부금액 간의 차이조정〉

(차변) 매 출 원 가	×××	(대변) 재 고 자 산	×××
(차변) 감 가 상 각 비	×××	(대변) 감 가 상 각 누 계 액	×××
(차변) **이 연 법 인 세 부 채**	×××*	(대변) **법 인 세 비 용**	×××

* (매출원가 + 감가상각비) × 종속기업의 법인세율

3.2 내부미실현손익의 일시적차이

지배기업과 종속기업 간에 내부거래가 발생하고 이것이 실현되지 않아 미실현된 상태라면 연결재무제표 작성과정에서 제거한다. 이때 상대계정으로 자산 또는 부채의 금액도 함께 제거되지만 세무기준액은 미실현손익을 제거하기 전 금액이므로 일시적차이가 발생한다. 따라서 내부미실현이익을 제거하면서 발생하는 일시적차이에 대하여

---

2) 중급회계 '법인세'에서 자세히 설명한다.

다음과 같이 이연법인세자산을 계산하여 반영해야 한다. 이때 적용할 세율은 일시적차이가 발생한 자산 또는 부채를 가지고 있는 기업의 세율, 즉 하향거래인 경우에는 종속기업이 부담하는 법인세율을 적용하고 상향거래인 경우에는 지배기업이 부담하는 법인세율을 적용한다.

이연법인세자산* = 내부미실현이익 × 법인세율**

* 내부미실현손실에 해당하는 경우 이연법인세부채
** 하향거래인 경우 종속기업이 부담하는 법인세율, 상향거래인 경우 지배기업이 부담하는 법인세율을 적용한다.

내부미실현손익의 일시적차이에 대한 이연법인세를 고려하여 다음과 같이 연결조정분개를 한다.

〈재고자산 내부미실현이익의 제거〉
(차변) 매 출 원 가 ×××　(대변) 재 고 자 산 ×××
(차변) **이 연 법 인 세 자 산** ×××*　(대변) **법 인 세 비 용** ×××
* 내부미실현이익 × 법인세율

〈재고자산 내부미실현이익의 실현〉
(차변) 이 익 잉 여 금 ×××　(대변) 매 출 원 가 ×××
(차변) **법 인 세 비 용** ×××*　(대변) **이 익 잉 여 금** ×××
* 내부미실현이익 중 실현분 × 법인세율

3.3 종속기업 현금배당의 일시적차이

종속기업이 현금배당을 하면 지배기업은 배당금수익을 인식하면서 이에 대한 법인세비용을 부담하지만, 연결재무제표를 작성하는 과정에서 배당금수익이 제거되므로 일시적차이가 발생한다. 따라서 배당금수익을 제거하면서 발생하는 일시적차이에 대하여 다음과 같이 이연법인세자산을 계산하여 반영해야 한다.

이연법인세자산 = 배당금수익 × 법인세율*
* 지배기업이 부담하는 법인세율을 적용한다.

따라서 종속기업 현금배당의 일시적차이에 대한 이연법인세를 고려하여 다음과 같이 연결조정분개를 한다.

〈현금배당의 제거〉

(차변) 배 당 금 수 익   ×××   (대변) 이 익 잉 여 금   ×××
　　　 비 지 배 지 분   ×××
(차변) **이 연 법 인 세 자 산**   ×××*   (대변) **법 인 세 비 용**   ×××
　* 배당금수익 × 지배기업의 법인세율

한편, 종속기업 현금배당으로 인한 일시적차이는 종속기업의 처분시점에서 실현되므로 이때 다음과 같이 연결조정분개를 한다.

〈현금배당의 일시적차이 실현〉

(차변) **법 인 세 비 용**   ×××*   (대변) **이 익 잉 여 금**   ×××
　* 배당금수익 × 지배기업의 법인세율

📖 예제 3 이연법인세

12월 말 결산법인인 A회사는 20×1년 초에 B회사의 보통주식 80%를 ₩120,000에 취득하여 지배기업이 되었다. 취득일 현재 다음의 B회사 자산을 제외한 모든 자산과 부채의 장부금액과 공정가치는 일치하였다. 건물은 잔존가치 없이 남아 있는 내용연수 5년 동안 정액법으로 감가상각한다.

과 목	장부금액	공정가치
건　　　　　물	₩35,000	₩50,000

다음과 같은 내부거래가 발생하였다.

· A회사는 20×1년 중에 B회사에게 재고자산을 ₩100,000(매출기준)에 판매하였으며, B회사는 A회사로부터 매입한 재고자산 중 70%를 20×1년 중에, 나머지 30%를 20×2년 중에 외부에 판매하였다. A회사의 매출총이익률은 20%이다.

B회사의 순자산 변동내역은 다음과 같다. 단, A회사는 종속기업투자주식을 원가법으로 평가하고, 비지배지분을 종속기업의 식별가능한 순자산 중 비지배지분의 비례적인 몫으로 측정한다. A회사와 B회사가 부담하는 법인세율은 25%이다.

일 자	과 목	금 액
	자 본 금	₩50,000
	자 본 잉 여 금	30,000
	이 익 잉 여 금	5,000
20×1. 1. 1.	합　　　　계	85,000

	현 금 배 당		(5,000)
	당 기 순 이 익		10,000
20×1.12.31.	합 계		90,000
	당 기 순 이 익		20,000
20×2.12.31.	합 계		₩110,000

물음

1. 일시적차이를 고려하여 A회사가 B회사의 지배력을 취득한 날에 해야 할 연결조정분개를 하시오.

2. 일시적차이를 고려하여 20×1년 말에 A회사가 해야 할 연결조정분개를 하시오. 단, 영업권이 배분된 현금창출단위의 회수가능액이 장부금액보다 크다.

3. 일시적차이를 고려하여 20×2년 말에 A회사가 해야 할 연결조정분개를 하시오. 단, 영업권이 배분된 현금창출단위의 회수가능액이 장부금액보다 크다.

풀이

1. 지배력 취득일 연결조정분개

(차변)	자 본 금	50,000	(대변)	종 속 기 업 투 자 주 식	120,000
	자 본 잉 여 금	30,000		이 연 법 인 세 부 채	3,750❶
	이 익 잉 여 금	5,000		비 지 배 지 분	19,250❷
	건 물	15,000			
	영 업 권	43,000❸			

❶ ₩15,000 × 25% = ₩3,750

❷ ₩96,250(B회사의 순자산의 공정가치(점선 부분)) × 20% = ₩19,250

❸ ₩120,000 + 19,250 − 96,250 = ₩43,000

2. 20×1년 말 연결조정분개

① 종속기업투자주식과 종속기업 자본의 상계제거

(차변)	자 본 금	50,000	(대변)	종 속 기 업 투 자 주 식	120,000
	자 본 잉 여 금	30,000		이 연 법 인 세 부 채	3,750
	이 익 잉 여 금	5,000		비 지 배 지 분	19,250
	건 물	15,000			
	영 업 권	43,000			

② 공정가치와 장부금액 간의 차이조정

(차변)	감 가 상 각 비	3,000❶	(대변)	감 가 상 각 누 계 액	3,000
(차변)	이 연 법 인 세 부 채	750❷	(대변)	법 인 세 비 용	750

❶ ₩15,000 ÷ 5년 = ₩3,000

❷ ₩3,000 × 25% = ₩750

③ 재고자산 내부거래 및 미실현이익의 제거(하향거래)

(차변)	매 출	100,000	(대변)	매 출 원 가	100,000
(차변)	매 출 원 가	6,000❸	(대변)	재 고 자 산	6,000
(차변)	이 연 법 인 세 자 산	1,500❹	(대변)	법 인 세 비 용	1,500

   ❸ ₩100,000 × 30%(기말 보유비율) × 20%(매출총이익률) = ₩6,000

   ❹ ₩6,000 × 25% = ₩1,500

④ 현금배당의 제거

(차변)	배 당 금 수 익	4,000❺	(대변)	이 익 잉 여 금	5,000
	비 지 배 지 분	1,000			
(차변)	이 연 법 인 세 자 산	1,000❻	(대변)	법 인 세 비 용	1,000

   ❺ ₩5,000 × 80% = ₩4,000

   ❻ ₩4,000 × 25% = ₩1,000

⑤ 종속기업의 당기순이익으로 인한 비지배지분 변동

(차변)	이 익 잉 여 금	1,550❼	(대변)	비 지 배 지 분	1,550

   ❼ (₩10,000 − 3,000 + 750) × 20% = ₩1,550

3. 20×2년 말 연결조정분개

① 종속기업투자주식과 종속기업 자본의 상계제거

(차변)	자 본 금	50,000	(대변)	종 속 기 업 투 자 주 식	120,000
	자 본 잉 여 금	30,000		이 연 법 인 세 부 채	3,750
	이 익 잉 여 금	5,000		비 지 배 지 분	19,250
	건 물	15,000			
	영 업 권	43,000			

② 과년도 종속기업 순자산의 변동으로 인한 비지배지분 변동

(차변)	이 익 잉 여 금	550❶	(대변)	비 지 배 지 분	550

   ❶ ₩1,550 − 1,000 = ₩550

③ 공정가치와 장부금액 간의 차이조정

(차변)	감 가 상 각 비	3,000	(대변)	감 가 상 각 누 계 액	6,000
	이 익 잉 여 금	3,000			
(차변)	이 연 법 인 세 부 채	1,500	(대변)	법 인 세 비 용	750
				이 익 잉 여 금	750

④ 전년도 재고자산 내부거래의 미실현이익 실현(하향거래)

(차변)	이 익 잉 여 금	6,000	(대변)	매 출 원 가	6,000
(차변)	법 인 세 비 용	1,500	(대변)	이 익 잉 여 금	1,500

⑤ 종속기업의 당기순이익으로 인한 비지배지분 변동

(차변)	이 익 잉 여 금	3,550❷	(대변)	비 지 배 지 분	3,550

   ❷ (₩20,000 − 3,000 + 750) × 20% = ₩3,550

4. 연결주당이익

연결재무제표를 작성하는 경우 연결포괄손익계산서에 연결주당이익을 공시해야한다. 연결재무제표를 작성하는 과정에서 종속기업의 자본금은 모두 제거되므로 지배기업의 자본금만 남게 된다. 따라서 연결주당이익을 계산할 때 분모는 **지배기업의 가중평균유통보통주식수**이다. 또한 분모는 연결당기순이익이 아니라 지배기업의 보통주에 귀속되는 **지배기업 소유주의 이익**이다. 이때 종속기업이 발행한 우선주를 지배기업이 소유하고 있다면 **우선주배당금 중 지배기업에 귀속될 금액을 가산**한다.

연결기본주당이익과 연결희석주당이익은 다음과 같이 계산한다.

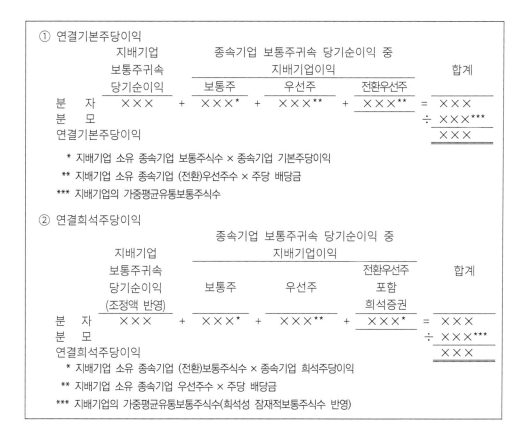

📖 예제 4 연결주당이익

> 12월 말 결산법인인 A회사는 20×1년 초에 B회사의 보통주식 80%를 취득하여 지배기업이 되었다. 연결주당이익의 계산을 위한 자료는 다음과 같다.
>
> (1) A회사와 B회사의 20×1년도 개별회사 자료
>
> | 구 분 | A회사 | B회사 |
> |---|---|---|
> | 가중평균유통보통주식수 | 100주 | 50주 |
> | 당 기 순 이 익 | ₩30,000 | ₩10,000 |
>
> (2) 20×1년도 연결포괄손익계산서 중 당기순이익
>
> | | |
> |---|---|
> | 당 기 순 이 익 | ₩40,000 |
> | 지 배 기 업 소 유 주 이 익 | 38,000 |
> | 비 지 배 지 분 이 익 | 2,000 |
>
> (3) B회사는 20×1년 초에 보통주식과 1:1로 전환할 수 있는 전환우선주 30주를 발행하였으며, 1주당 ₩10의 배당을 지급하는 누적적 우선주이다. A회사는 해당 전환우선주 15주를 보유하고 있으며, 20×1년 중에 B회사로부터 수령한 배당금은 없다.
>
> (4) B회사는 20×1년 초에 보통주식을 매입할 수 있는 주식매입권 20개를 발행하였다. 행사가격은 ₩150이며, B회사의 20×1년 중 평균주가는 ₩300이다. A회사는 해당 주식매입권 10개를 보유하고 있다.

물음 ·······

1. B회사의 20×1년도 기본주당이익과 희석주당이익을 계산하시오.

2. A회사의 20×1년도 연결기본주당이익과 연결희석주당이익을 계산하시오.

풀이 ·······

1. B회사의 20×1년도 기본주당이익과 희석주당이익
   ① 기본주당이익 = (₩10,000 − 300(전환우선주 배당금)) ÷ 50주 = ₩194
   ② 희석주당이익 = ₩10,000 ÷ (50주 + 30주[1] + 10주[2]) = ₩111

   ❶ 전환우선주 희석성 잠재적보통주식수 = 30주
   ❷ 주식매입선택권 희석성 잠재적보통주식수 = 20주 − 20주 × (₩150 / 300) = 10주

2. A회사의 20×1년도 연결기본주당이익과 연결희석주당이익

① 연결기본주당이익

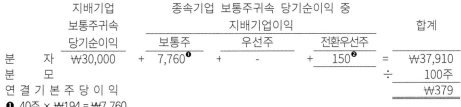

	지배기업 보통주귀속 당기순이익	종속기업 보통주귀속 당기순이익 중 지배기업이익			합계
		보통주	우선주	전환우선주	
분　　자	₩30,000 ＋	7,760❶ ＋	－ ＋	150❷ ＝	₩37,910
분　　모				÷	100주
연 결 기 본 주 당 이 익					₩379

❶ 40주 × ₩194 = ₩7,760
❷ 15주 × ₩10 = ₩150

② 연결희석주당이익

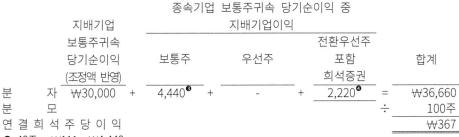

	지배기업 보통주귀속 당기순이익 (조정액 반영)	종속기업 보통주귀속 당기순이익 중 지배기업이익			합계
		보통주	우선주	전환우선주 포함 희석증권	
분　　자	₩30,000 ＋	4,440❸ ＋	－ ＋	2,220❹ ＝	₩36,660
분　　모				÷	100주
연 결 희 석 주 당 이 익					₩367

❸ 40주 × ₩111 = ₩4,440
❹ (15주(전환우선주) + 5주(주식선택매입권 희석성 잠재적보통주식수)) × ₩111 = ₩2,220
　　주식매입선택권 희석성 잠재적보통주식수 = 10주 − 10주 × (₩150 / 300) = 5주

5. 종속기업의 우선주 발행

종속기업이 보통주뿐만 아니라 우선주를 발행한 경우 종속기업의 자본을 보통주
주지분과 우선주주지분으로 구분하고, 각 지분을 지배기업의 소유주와 비지배지분으로 배
분해야 한다. 그 배분과정은 다음 [그림 7-1]과 같다.

🍮 그림 7-1 우선주가 있는 경우 종속기업의 자본 배분

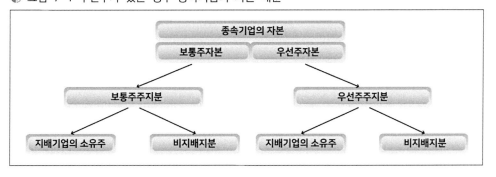

5.1 종속기업 자본의 구분

종속기업이 우선주를 발행한 경우 보통주주지분과 우선주주지분으로 구분한다. 우선주 발행 이후 종속기업의 자본 변동을 이익잉여금 변동액과 이익잉여금 이외의 자본 변동액으로 구분하여 보통주주지분과 우선주주지분에 귀속시킨다.

(1) 이익잉여금 변동액의 구분

종속기업이 자본으로 분류하는 누적적 우선주를 발행하고 이를 비지배지분이 소유하고 있는 경우에 보고기업은 배당결의 여부와 관계없이 이러한 주식의 배당금을 조정한 후 당기순손익에 대한 자신의 지분을 산정한다.

따라서 종속기업이 우선주를 발행한 이후 이익잉여금 변동액 중에 **우선주의 성격**(누적적 여부, 참가적 여부)에 따라 **우선주주지분에 귀속되는 금액이 결정**되며, 보통주주지분에 귀속되는 금액은 종속기업의 이익잉여금 변동액 중에서 우선주주지분에 귀속되는 금액을 차감한다. 종속기업의 이익잉여금 변동액 중 우선주주지분에 귀속되는 금액은 다음 〈표 7-3〉과 같다.

☑ 표 7-3 이익잉여금 변동액 중 우선주주지분 귀속금액

구 분	우선주주지분 귀속금액
누적적 · 참가적	우선주배당금* + (종속기업 당기순이익 - 우선주배당금* - 보통주배당금) × 우선주자본금비율 * 배당결의와 상관없이 포함한다.
누적적 · 비참가적	우선주배당금* * 배당결의와 상관없이 포함한다.
비누적적 · 참가적	우선주배당금* + (종속기업 당기순이익 - 우선주배당금* - 보통주배당금) × 우선주자본금비율 * 배당결의가 없다면 영(₩0)이다.
비누적적 · 비참가적	우선주배당금* * 배당결의가 없다면 영(₩0)이다.

주) 우선주자본금비율 = 우선주자본금 ÷ (보통주자본금 + 우선주자본금)

(2) 이익잉여금 이외의 자본 변동액의 구분

종속기업이 우선주를 발행한 이후 이익잉여금 변동액을 제외한 자본 변동액은 우선주에 잔여재산분배청구권이 있는지 여부에 따라 우선주주지분과 보통주주지분에 귀속되는 금액이 달라진다. 종속기업의 이익잉여금 이외의 자본 변동액 중 우선주주지분과 보통주주지분에 귀속되는 금액은 다음 〈표 7-4〉와 같다.

☑ 표 7-4 이익잉여금 이외의 자본 변동액의 구분

구 분	우선주주지분 귀속금액	보통주주지분 귀속금액
잔여재산분배청구권이 있는 경우	종속기업자본 × 우선주자본금비율	종속기업자본 × 보통주자본금비율
잔여재산분배청구권이 없는 경우	우선주자본금	종속기업자본 - 우선주자본금

주) 우선주자본금비율 = 우선주자본금 ÷ (보통주자본금 + 우선주자본금)
　　보통주자본금비율 = 보통주자본금 ÷ (보통주자본금 + 우선주자본금)

5.2 종속기업의 우선주 취득 시 연결절차

K-IFRS 제1110호 '연결재무제표'에서는 지배기업이 우선주를 취득할 때 회계처리에 대한 규정이 명확하지 않다. 따라서 「일반기업회계기준」에 따른 회계처리를 설명하면 다음과 같다.

지배기업이 종속기업의 우선주를 취득한 경우는 우선주주지분의 환급으로 보고 우선주에 대한 투자계정과 자본계정을 상계제거할 때는 차액을 다음과 같이 처리한다.[3]

① 자본계정금액이 투자계정금액보다 많으면 차액은 연결자본잉여금에 가산한다.
② 투자계정금액이 자본계정금액보다 많으면 차액은 연결자본잉여금 중 우선주주지분에 해당하는 금액까지 차감하고 그 금액을 초과하는 부분은 연결이익잉여금에서 차감한다.

즉, 지배기업이 종속기업의 우선주를 취득하면서 발생하는 손익은 자본거래에 해당하므로 자본잉여금으로 회계처리한다. 만약 차변에 회계처리해야 할 자본잉여금이 연결자본잉여금보다 더 크다면 그 초과하는 금액은 이익잉여금으로 회계처리한다.

---

3) 일반기업회계기준 제4장 '연결재무제표' 문단 실4.13

📖 예제 5 종속기업의 우선주 발행

12월 말 결산법인인 A회사는 20×2년 초에 B회사의 보통주식 80%를 ₩100,000에 취득하여 지배기업이 되었다. 지배력 취득 직후에 A회사는 B회사의 우선주식 60%를 ₩15,000에 취득하였다. 취득일 현재 B회사의 모든 자산과 부채의 장부금액과 공정가치는 일치하였다.

B회사는 보통주와 우선주를 20×1년 초 설립 시에 동시에 발행하였으며, 자본잉여금은 보통주와 우선주 발행 이후의 자본 변동액에 해당한다. 보통주와 우선주의 배당률은 모두 10%이며, 20×2년 말까지 결의·지급된 배당은 없다.

B회사의 순자산 변동내역은 다음과 같다. 단, A회사는 종속기업투자주식을 원가법으로 평가하고, 비지배지분을 종속기업의 식별가능한 순자산 중 비지배지분의 비례적인 몫으로 측정한다.

일 자	과 목	금 액
	보 통 주 자 본 금	₩50,000
	우 선 주 자 본 금	30,000
	자 본 잉 여 금	24,000
	이 익 잉 여 금	5,000
20×2. 1. 1.	합 계	109,000
	당 기 순 이 익	38,000
20×2.12.31.	합 계	₩147,000

물음 ···

1. B회사가 발생한 우선주의 특성이 다음과 같으며, 잔여재산분배청구권이 부여되지 않은 경우 20×2년 말에 A회사가 해야 할 연결조정분개를 하시오. 단, 영업권이 배분된 현금창출단위의 회수가능액이 장부금액보다 크다.
   (1) 누적적 · 참가적
   (2) 누적적 · 비참가적
   (3) 비누적적 · 참가적
   (4) 비누적적 · 비참가적

2. B회사가 발생한 우선주의 특성이 다음과 같으며, 잔여재산분배청구권이 부여된 경우 20×2년 말에 A회사가 해야 할 연결조정분개를 하시오. 단, 영업권이 배분된 현금창출단위의 회수가능액이 장부금액보다 크다.
   (1) 누적적 · 참가적
   (2) 누적적 · 비참가적
   (3) 비누적적 · 참가적
   (4) 비누적적 · 비참가적

풀이 ··

1. 잔여재산분배청구권이 부여되지 않은 경우 20×2년 말 연결조정분개
(1) 누적적 · 참가적
〈종속기업의 자본 배분〉

구 분		우선주주지분		보통주주지분
20×2. 1. 1.				
자 본 금		₩30,000		₩50,000
자 본 잉 여 금		0❶	전액배분	24,000❶
이 익 잉 여 금	(10%)	3,000	잔여배분	2,000
당 기 순 이 익				
기 본 배 당 금	(10%)	3,000	(10%)	5,000
잔 여 배 당 금	(3 / 8)	11,250	(5 / 8)	18,750
20×2.12.31.		₩47,250		₩99,750

❶ 우선주에 잔여재산분배청구권이 부여되지 않았으므로 우선주 발행 이후에 이익잉여금을 제외한 자본 변동액을 모두 보통주주지분에 배분한다.

〈20×2년 말 연결조정분개〉
① 종속기업투자주식과 종속기업 보통주주지분의 상계제거

(차변)	보 통 주 자 본 금	50,000	(대변)	종 속 기 업 투 자 주 식	100,000
	자 본 잉 여 금	24,000		비 지 배 지 분	15,200❷
	이 익 잉 여 금	2,000			
	영 업 권	39,200❸			

❷ ₩76,000(B회사의 보통주주지분 순자산의 공정가치(점선 부분)) × 20% = ₩15,200

❸ ₩100,000 + 15,200 − 76,000 = ₩39,200

② 종속기업투자주식과 종속기업 우선주주지분의 상계제거

(차변)	우 선 주 자 본 금	30,000	(대변)	종 속 기 업 투 자 주 식	15,000
	이 익 잉 여 금	3,000		비 지 배 지 분	13,200❹
				자 본 잉 여 금	4,800❺

❹ ₩33,000(B회사의 우선주주지분 순자산의 공정가치(점선 부분)) × 40% = ₩13,200

❺ ₩15,000 + 13,200 − 33,000 = (−)₩4,800

③ 종속기업 보통주주지분의 당기순이익으로 인한 비지배지분 변동
(차변) 이 익 잉 여 금 4,750❻ (대변) 비 지 배 지 분 4,750
❻ (₩5,000 + 18,750) × 20% = ₩4,750

④ 종속기업 우선주주지분의 당기순이익으로 인한 비지배지분 변동
(차변) 이 익 잉 여 금 5,700❼ (대변) 비 지 배 지 분 5,700
❼ (₩3,000 + 11,250) × 40% = ₩5,700

(2) 누적적 · 비참가적

〈종속기업의 자본 배분〉

구 분		우선주주지분		보통주주지분
20×2. 1. 1.				
자 본 금		₩30,000		₩50,000
자 본 잉 여 금		0	전액배분	24,000
이 익 잉 여 금	(10%)	3,000	잔여배분	2,000
당 기 순 이 익				
기 본 배 당 금	(10%)	3,000	(10%)	5,000
잔 여 배 당 금		0	전액배분	30,000
20×2.12.31.		₩36,000		₩111,000

〈20×2년 말 연결조정분개〉

① 종속기업투자주식과 종속기업 보통주주지분의 상계제거

(차변)	보 통 주 자 본 금	50,000	(대변)	종 속 기 업 투 자 주 식	100,000
	자 본 잉 여 금	24,000		비 지 배 지 분	15,200
	이 익 잉 여 금	2,000			
	영 업 권	39,200			

② 종속기업투자주식과 종속기업 우선주주지분의 상계제거

(차변)	우 선 주 자 본 금	30,000	(대변)	종 속 기 업 투 자 주 식	15,000
	이 익 잉 여 금	3,000		비 지 배 지 분	13,200
				자 본 잉 여 금	4,800

③ 종속기업 보통주주지분의 당기순이익으로 인한 비지배지분 변동

(차변)	이 익 잉 여 금	7,000[1]	(대변)	비 지 배 지 분	7,000

　　[1] (₩5,000 + 30,000) × 20% = ₩7,000

④ 종속기업 우선주주지분의 당기순이익으로 인한 비지배지분 변동

(차변)	이 익 잉 여 금	1,200[2]	(대변)	비 지 배 지 분	1,200

　　[2] ₩3,000 × 40% = ₩1,200

(3) 비누적적 · 참가적

〈종속기업의 자본 배분〉

구 분	우선주주지분		보통주주지분
20×2. 1. 1.			
자 본 금	₩30,000		₩50,000
자 본 잉 여 금	0	전액배분	24,000
이 익 잉 여 금 (3 / 8)	1,875	(5 / 8)	3,125
당 기 순 이 익			
기 본 배 당 금	0		0
잔 여 배 당 금 (3 / 8)	14,250	(5 / 8)	23,750
20×2.12.31.	₩46,125		₩100,875

〈20×2년 말 연결조정분개〉

① 종속기업투자주식과 종속기업 보통주주지분의 상계제거

(차변) 보 통 주 자 본 금　50,000　(대변) 종 속 기 업 투 자 주 식　100,000
　　　 자 본 잉 여 금　24,000　　　　 비 지 배 지 분　15,425❶
　　　 이 익 잉 여 금　3,125
　　　 영　　업　　권　38,300❷

❶ ₩77,125(B회사의 보통주주지분 순자산의 공정가치(점선 부분)) × 20% = ₩15,425

❷ ₩100,000 + 15,425 - 77,125 = ₩38,300

② 종속기업투자주식과 종속기업 우선주주지분의 상계제거

(차변) 우 선 주 자 본 금　30,000　(대변) 종 속 기 업 투 자 주 식　15,000
　　　 이 익 잉 여 금　1,875　　　　 비 지 배 지 분　12,750❸
　　　　　　　　　　　　　　　　　 자 본 잉 여 금　4,125❹

❸ ₩31,875(B회사의 우선주주지분 순자산의 공정가치(점선 부분)) × 40% = ₩12,750

❹ ₩15,000 + 12,750 - 31,875 = (-)₩4,125

③ 종속기업 보통주주지분의 당기순이익으로 인한 비지배지분 변동

(차변) 이 익 잉 여 금　4,750❺　(대변) 비 지 배 지 분　4,750
❺ ₩23,750 × 20% = ₩4,750

④ 종속기업 우선주주지분의 당기순이익으로 인한 비지배지분 변동

(차변) 이 익 잉 여 금　5,700❻　(대변) 비 지 배 지 분　5,700
❻ ₩14,250 × 40% = ₩5,700

(4) 비누적적 · 비참가적
〈종속기업의 자본 배분〉

구 분	우선주주지분	보통주주지분
20×2. 1. 1.		
자 본 금	₩30,000	₩50,000
자본잉여금	0	전액배분 24,000
이익잉여금	0	전액배분 5,000
당 기 순 이 익		
기본배당금	0	0
잔여배당금	0	전액배분 38,000
20×2.12.31.	₩30,000	₩117,000

〈20×2년 말 연결조정분개〉

① 종속기업투자주식과 종속기업 보통주주지분의 상계제거

(차변) 보 통 주 자 본 금　50,000　(대변) 종 속 기 업 투 자 주 식　100,000
　　　　자 본 잉 여 금　24,000　　　　　비 지 배 지 분　15,800❷
　　　　이 익 잉 여 금　5,000
　　　　영　　업　　권　36,800❶

❶ ₩79,000(B회사의 보통주주지분 순자산의 공정가치(점선 부분)) × 20% = ₩15,800

❷ ₩100,000 + 15,800 − 79,000 = ₩36,800

② 종속기업투자주식과 종속기업 우선주주지분의 상계제거

(차변) 우 선 주 자 본 금　30,000　(대변) 종 속 기 업 투 자 주 식　15,000
　　　　　　　　　　　　　　　　　　　비 지 배 지 분　12,000❸
　　　　　　　　　　　　　　　　　　　자 본 잉 여 금　3,000❹

❸ ₩30,000(B회사의 우선주주지분 순자산의 공정가치) × 40% = ₩12,000

❹ ₩15,000 + 12,000 − 30,000 = (−)₩3,000

③ 종속기업 보통주주지분의 당기순이익으로 인한 비지배지분 변동

(차변) 이 익 잉 여 금　7,600❺　(대변) 비 지 배 지 분　7,600

❺ ₩38,000 × 20% = ₩7,600

④ 종속기업 우선주주지분의 당기순이익으로 인한 비지배지분 변동
분개 없음

2. 잔여재산분배청구권이 부여된 경우 20×2년 말 연결조정분개
(1) 누적적 · 참가적
〈종속기업의 자본 배분〉

구 분		우선주주지분		보통주주지분
20×2. 1. 1.				
자 본 금		₩30,000		₩50,000
자 본 잉 여 금	(3 / 8)	9,000❶	(5 / 8)	15,000❶
이 익 잉 여 금	(10%)	3,000	잔여배분	2,000
당 기 순 이 익				
기 본 배 당 금	(10%)	3,000	(10%)	5,000
잔 여 배 당 금	(3 / 8)	11,250	(5 / 8)	18,750
20×2.12.31.		₩57,000		₩95,000

  ❶ 우선주에 잔여재산분배청구권이 부여되어 있으므로 우선주 발행 이후에 이익잉여금을 포함한 자본 변동액을 우선주주지분과 보통주주지분에 배분한다.

〈20×2년 말 연결조정분개〉
① 종속기업투자주식과 종속기업 보통주주지분의 상계제거

(차변)	보 통 주 자 본 금	50,000	(대변)	종 속 기 업 투 자 주 식	100,000
	자 본 잉 여 금	15,000		비 지 배 지 분	13,400❷
	이 익 잉 여 금	2,000			
	영 업 권	46,400❸			

  ❷ ₩67,000(B회사의 보통주주지분 순자산의 공정가치(점선 부분)) × 20% = ₩13,400

  ❸ ₩100,000 + 13,400 − 67,000 = ₩46,400

② 종속기업투자주식과 종속기업 우선주주지분의 상계제거

(차변)	우 선 주 자 본 금	30,000	(대변)	종 속 기 업 투 자 주 식	15,000
	자 본 잉 여 금	9,000		비 지 배 지 분	16,800❹
	이 익 잉 여 금	3,000		자 본 잉 여 금	10,200❺

  ❹ ₩42,000(B회사의 우선주주지분 순자산의 공정가치(점선 부분)) × 40% = ₩16,800

  ❺ ₩15,000 + 16,800 − 42,000 = (−)₩10,200

③ 종속기업 보통주주지분의 당기순이익으로 인한 비지배지분 변동

(차변)	이 익 잉 여 금	4,750❻	(대변)	비 지 배 지 분	4,750

  ❻ (₩5,000 + 18,750) × 20% = ₩4,750

④ 종속기업 우선주주지분의 당기순이익으로 인한 비지배지분 변동

(차변)	이 익 잉 여 금	5,700❼	(대변)	비 지 배 지 분	5,700

  ❼ (₩3,000 + 11,250) × 40% = ₩5,700

(2) 누적적 · 비참가적
〈종속기업의 자본 배분〉

구 분		우선주주지분		보통주주지분
20×2. 1. 1.				
자 본 금		₩30,000		₩50,000
자 본 잉 여 금	(3 / 8)	9,000	(5 / 8)	15,000
이 익 잉 여 금	(10%)	3,000	잔여배분	2,000
당 기 순 이 익				
기 본 배 당 금	(10%)	3,000	(10%)	5,000
잔 여 배 당 금		0	전액배분	30,000
20×2.12.31.		₩45,000		₩107,000

〈20×2년 말 연결조정분개〉

① 종속기업투자주식과 종속기업 보통주주지분의 상계제거

(차변)	보 통 주 자 본 금	50,000	(대변)	종 속 기 업 투 자 주 식	100,000
	자 본 잉 여 금	15,000		비 지 배 지 분	13,400
	이 익 잉 여 금	2,000			
	영 업 권	46,400			

② 종속기업투자주식과 종속기업 우선주주지분의 상계제거

(차변)	우 선 주 자 본 금	30,000	(대변)	종 속 기 업 투 자 주 식	15,000
	자 본 잉 여 금	9,000		비 지 배 지 분	16,800
	이 익 잉 여 금	3,000		자 본 잉 여 금	10,200

③ 종속기업 보통주주지분의 당기순이익으로 인한 비지배지분 변동

(차변) 이 익 잉 여 금   7,000❶   (대변) 비 지 배 지 분   7,000

❶ (₩5,000 + 30,000) × 20% = ₩7,000

④ 종속기업 우선주주지분의 당기순이익으로 인한 비지배지분 변동

(차변) 이 익 잉 여 금   1,200❷   (대변) 비 지 배 지 분   1,200

❷ ₩3,000 × 40% = ₩1,200

chapter 07 연결재무제표의 기타사항   389

(3) 비누적적 · 참가적

⟨종속기업의 자본 배분⟩

구 분	우선주주지분		보통주주지분	
20×2. 1. 1.				
자 본 금		₩30,000		₩50,000
자 본 잉 여 금	(3 / 8)	9,000	(5 / 8)	15,000
이 익 잉 여 금	(3 / 8)	1,875	(5 / 8)	3,125
당 기 순 이 익				
기 본 배 당 금		0		0
잔 여 배 당 금	(3 / 8)	14,250	(5 / 8)	23,750
20×2.12.31.		₩55,125		₩91,875

⟨20×2년 말 연결조정분개⟩

① 종속기업투자주식과 종속기업 보통주주지분의 상계제거

(차변) 보 통 주 자 본 금   50,000   (대변) 종 속 기 업 투 자 주 식   100,000
      자 본 잉 여 금   15,000   비 지 배 지 분   13,625❶
      이 익 잉 여 금   3,125
      영   업   권   45,500❷

  ❶ ₩68,125(B회사의 보통주주지분 순자산의 공정가치(점선 부분)) × 20% = ₩13,625

  ❷ ₩100,000 + 13,625 − 68,125 = ₩45,500

② 종속기업투자주식과 종속기업 우선주주지분의 상계제거

(차변) 우 선 주 자 본 금   30,000   (대변) 종 속 기 업 투 자 주 식   15,000
      자 본 잉 여 금   9,000   비 지 배 지 분   16,350❸
      이 익 잉 여 금   1,875   자 본 잉 여 금   9,525❹

  ❸ ₩40,875(B회사의 우선주주지분 순자산의 공정가치(점선 부분)) × 40% = ₩16,350

  ❹ ₩15,000 + 16,350 − 40,875 = (−)₩9,525

③ 종속기업 보통주주지분의 당기순이익으로 인한 비지배지분 변동

(차변) 이 익 잉 여 금   4,750❺   (대변) 비 지 배 지 분   4,750
  ❺ ₩23,750 × 20% = ₩4,750

④ 종속기업 우선주주지분의 당기순이익으로 인한 비지배지분 변동

(차변) 이 익 잉 여 금   5,700❻   (대변) 비 지 배 지 분   5,700
  ❻ ₩14,250 × 40% = ₩5,700

(4) 비누적적 · 비참가적

〈종속기업의 자본 배분〉

구 분	우선주주지분	보통주주지분
20×2. 1. 1.		
자 본 금	₩30,000	₩50,000
자 본 잉 여 금 (3 / 8)	9,000	(5 / 8) 15,000
이 익 잉 여 금	0	전액배분 5,000
당 기 순 이 익		
기 본 배 당 금	0	0
잔 여 배 당 금	0	전액배분 38,000
20×2.12.31.	₩39,000	₩108,000

〈20×2년 말 연결조정분개〉

① 종속기업투자주식과 종속기업 보통주주지분의 상계제거

(차변) 보 통 주 자 본 금   50,000   (대변) 종 속 기 업 투 자 주 식   100,000
　　　 자 본 잉 여 금   15,000   　　　 비 지 배 지 분   14,000❶
　　　 이 익 잉 여 금   5,000
　　　 영　　　　 업　　　　 권   44,000❷

❶ ₩70,000(B회사의 보통주주지분 순자산의 공정가치(점선 부분)) × 20% = ₩14,000

❷ ₩100,000 + 14,000 − 70,000 = ₩44,000

② 종속기업투자주식과 종속기업 우선주주지분의 상계제거

(차변) 우 선 주 자 본 금   30,000   (대변) 종 속 기 업 투 자 주 식   15,000
　　　 자 본 잉 여 금   9,000   　　　 비 지 배 지 분   15,600❸
　　　　　　　　　　　　　　　　　　　 자 본 잉 여 금   8,400❹

❸ ₩39,000(B회사의 우선주주지분 순자산의 공정가치(점선 부분)) × 40% = ₩15,600

❹ ₩15,000 + 15,600 − 39,000 = (−)₩8,400

③ 종속기업 보통주주지분의 당기순이익으로 인한 비지배지분 변동

(차변) 이 익 잉 여 금   7,600❺   (대변) 비 지 배 지 분   7,600

❺ ₩38,000 × 20% = ₩7,600

④ 종속기업 우선주주지분의 당기순이익으로 인한 비지배지분 변동
분개 없음

M&A in History ✈

체이스 맨해튼 은행과 JP모건의 M&A

미국의 체이스 맨해튼 은행(Chase Manhattan Bank)이 권위 있는 투자은행 JP모건 (JPMorgan)을 3백 60억 달러에 인수·합병키로 했다고 2000년 9월 13일 공식발표했다. 새 회사의 회장은 JP모건의 더글러스 워너(Douglas Warner) 회장이, 사장은 체이스 맨해튼 의 윌리엄 해리슨(William Harrison) 회장이 맡는다. 합병 후의 사명은 JP모건 체이스 은행 (JPMorgan Chase & Co.)이다.

미국 3위인 체이스 맨해튼과 5위인 JP모건이 합쳐짐에 따라 총자산 6천 6백 20억 달러로 초대형 금융기관이 탄생하게 됐다. 새 회사는 시티 그룹(Citigroup, 7천 9백 10억 달러), 뱅 크 오브 아메리카(Bank of America, 6천 7백 90억 달러)에 이어 미국내 금융 지주회사 중 3위가 된다. 전문가들은 "소매금융이 강한 체이스 맨해튼이 JP모건을 인수하면 투자금융 부문 이 강화되고 유럽시장에서의 약세도 크게 보완할 수 있을 것"이라고 말했다. 체이스 맨해튼 은 지난 4월에도 영국의 로버트 플레밍 투자은행(Robert Fleming & Co.)을 77억 3천만 달 러에 인수한 바 있다.

1백 50년 역사의 JP모건은 지난 10여 년 동안 투자금융에서 높은 지명도를 쌓아와 대형 금융기관들의 인수 타깃이 되어왔다. 올해는 독일 도이체방크(Deutsche Bank)와 인수협상이 오가다 무산되기도 했다. 그러다 지난주 JP모건의 수석 재무책임자(CFO) 피터 핸콕(Peter Hancock)이 돌연 사임하면서 인수·합병설이 수면 위로 떠올랐다.

이와 관련, 워싱턴 포스트 등 미 언론들은 지난해부터 금융계에 강하게 불고 있는 인수·합 병(M&A) 및 대형화 바람으로 수년내 몇 개의 초대형 금융기관이 금융계를 지배하는 시대가 올 것이라고 전망했다.

미 의회가 지난해 은행을 상업은행과 투자은행으로 분리해온 1930년대 대공황 시대의 법 을 폐지한 후 업무영역 제한에서 풀린 월가의 금융기관들은 인수·합병으로 대형화·종합화를 추구하는 전략을 펴고 있다.

(중앙일보 2000년 9월 14일)

Knowledge is Power! 📰

연결납세제도

연결납세제도는 모법인·자법인이 경제적으로 결합돼 있는 경우, 경제적 실질에 따라 해당 모법인·자법인을 하나의 과세단위로 보아 소득을 통산해 법인세를 과세하는 제도로, 조직형태에 관계없이 세부담이 동일하게 유지되는 제도이다. 이에 따라 연결납세제도를 적용하면, 연결집단 내 개별법인의 결손금이 통산돼 각각 개별납세하는 경우보다 세부담이 줄어들 수 있다. 다만 계산과정이 복잡해 비용이 증가한다는 단점 등도 존재한다.

우리나라는 지난 2010년부터 '연결납세제도'를 시행하고 있다. 그러나 2020년 기준 전체 신고법인 83만 8,008개 중 연결납세법인은 737개로 약 0.09%에 불과하다. 이렇듯 100% 지분율이라는 이유로 제도 활용도가 낮아, 모법인 지분율 요건을 완화하는 내용을 추진하는 것이다.

입법조사처가 적용범위 확대에 긍정적으로 보는 이유로는, 연결납세제도를 도입한 상당수 OECD 국가가 적용대상을 넓게 운영하고 있다는 점이다. 24개국 중 지분율 100%만 적용하는 국가는 우리나라와 일본, 호주, 뉴질랜드 등 4개국에 불과하다.

또한 기업구조조정세제와의 정합성을 확보할 필요가 있다. 개별납세에서의 합병·분할 및 포괄적 교환·이전세제는 기업조직 재편성을 위한 세제이고, 연결납세는 기업조직 재편성의 결과로 생긴 모·자법인 그룹에 대한 세제로서 상호 간에 정합성을 갖출 필요가 있다.

현행 합병·분할, 주식의 포괄적 교환·이전 및 현물출자 등 기업구조조정세제에서 세제상 우대 적용을 위한 기업실체의 동일성 판단기준으로 지분율 80%를 요건으로 하고 있어, 연결납세제도 적용대상도 이와 합치시킬 필요가 있다고도 입법조사처는 설명했다. 아울러 내국법인 수입배당금액의 익금불산입 제도와 정합성을 확보할 필요성이 있다고도 덧붙였다.

다만, 연결납세제도의 적용대상 확대에 관해 소수주주가 존재하는 상황이면 결손법인의 소수주주는 결손금 소멸로 인해 미래 법인세 부담의 증가로 기업가치 하락손실을 입을 가능성이 있고, 연결자법인 소득금액 취합, 내부거래 금액 산정 등 업무부담이 가중될 수 있다는 등의 이유로 신중한 접근이 필요하다는 입장도 있다.

(세정일보 2022년 12월 8일)

Summary & Check 🎯

⑤ 연결자본변동표

- 연결자본변동표에서 연결실체의 자본의 변동은 지배기업의 소유주지분과 비지배지분으로 구분하여 표시해야 한다.

⑤ 연결현금흐름표

- 연결현금흐름표에서 종속기업과 기타 사업에 대한 지배력의 획득 또는 상실에 따른 총현금흐름은 별도로 표시하여 투자활동으로 분류한다.

⑤ 이연법인세

- 지배력 획득일에 종속기업의 식별할 수 있는 순자산의 공정가치와 장부금액 간의 일시적차이에 대하여 이연법인세 자산 또는 부채를 계산하여 반영해야 한다.
- 내부미실현손익을 제거하면서 발생하는 일시적차이에 대하여 이연법인세 자산 또는 부채를 계산하여 반영해야 한다.
- 종속기업에 대한 배당금수익을 제거하면서 발생하는 일시적차이에 대하여 이연법인세자산을 계산하여 반영해야 한다.

⑤ 연결주당이익

- 연결주당이익을 계산할 때 분모는 지배기업의 가중평균유통보통주식수이다.
- 분모는 연결당기순이익이 아니라 지배기업의 보통주에 귀속되는 지배기업 소유주의 이익이다.

⑤ 종속기업의 우선주 발행

- 종속기업이 보통주뿐만 아니라 우선주를 발행한 경우 종속기업의 자본을 보통주주지분과 우선주주지분으로 구분하고, 각 지분을 지배기업의 소유주와 비지배지분으로 배분해야 한다.
- 종속기업이 자본으로 분류하는 누적적 우선주를 발행하고 이를 비지배지분이 소유하고 있는 경우에 보고기업은 배당결의 여부와 관계없이 이러한 주식의 배당금을 조정한 후 당기순손익에 대한 자신의 지분을 산정한다.
- 종속기업이 우선주를 발행한 이후 이익잉여금 변동액을 제외한 자본 변동액은 우선주에 잔여재산분배청구권이 있는지 여부에 따라 우선주주지분과 보통주주지분에 귀속되는 금액이 달라진다.

OX Quiz ✍️

1   연결자본변동표에서 납입자본에는 지배기업뿐만 아니라 종속기업의 납입자본의 변동도 표시된다.

2   연결자본변동표에서 이익잉여금에는 종속기업의 현금배당은 표시되지 않는다.

3   종속기업에 대한 지배력 획득 또는 상실의 대가로 현금을 지급하거나 수취한 경우에는 그러한 거래, 사건 또는 상황변화의 일부로서 취득이나 처분 당시 종속기업이 보유한 현금및현금성자산을 가감한 순액으로 현금흐름표에 보고한다.

4   지배력을 상실하지 않는 종속기업에 대한 소유지분의 변동은 투자활동 현금흐름으로 분류한다.

5   종속기업의 지급한 현금배당은 연결현금흐름표에 나타나지 않는다.

6   영업권에 대해 이연법인세부채를 인식하는 경우 순환문제가 발생하므로 이연법인세를 인식하지 않는다.

7   연결주당이익을 계산할 때 종속기업이 발행한 우선주를 지배기업이 소유하고 있다면 우선주배당금 중 지배기업에 귀속될 금액을 가산한다.

8   우선주배당금은 배당결의와 상관없이 참가적 우선주주지분에 귀속된다.

9   우선주의 잔여재산분배청구권이 있는 경우 우선주 발행 이후에 이익잉여금을 제외한 자본 변동액 중 우선주주지분에 귀속되는 금액은 종속기업자본에 우선주자본금비율을 곱한 금액이다.

Multiple-choice Questions ⊞⊠⊟⊞

1   ㈜갑은 20×1년 말과 20×2년 말 현재 ㈜을의 의결권 있는 보통주식 60%를 보유하고 있다. 20×1년과 20×2년에 ㈜갑과 ㈜을 사이에 발생한 거래는 다음과 같다.   (CPA 2012)

- 20×1년 중 ㈜을은 ㈜갑에게 장부금액 ₩100,000인 상품을 ₩150,000에 판매하였다. ㈜갑은 20×1년 중에 이 상품의 40%를 외부로 판매하였으며 나머지는 20×2년에 외부로 판매하였다.
- 20×2년 중 ㈜갑은 ㈜을에게 장부금액 ₩60,000인 상품을 ₩80,000에 판매하였으며, ㈜을은 20×2년 말 현재 이 상품의 50%를 보유하고 있다.

㈜갑은 ㈜을의 주식을 원가법으로 회계처리하고 있으며, 양사의 법인세율은 30%이다. 내부거래·미실현손익을 제거하기 위한 연결제거분개가 20×1년과 20×2년의 지배기업 소유주지분 당기순이익에 미치는 영향은 얼마인가?

	20×1년	20×2년		20×1년	20×2년
①	₩12,600 감소	₩8,400 증가	②	₩12,600 감소	₩5,600 증가
③	₩18,000 감소	₩8,000 증가	④	₩18,000 감소	₩12,000 증가
⑤	₩21,000 감소	₩14,000 증가			

※ 다음 〈자료〉를 이용하여 2번과 3번에 답하시오.   (CPA 2023)

〈자료〉

· ㈜대한은 20×1년 초에 ㈜민국의 보통주 75%를 ₩150,000에 취득하여 지배력을 획득하였다. 지배력 획득일 현재 ㈜민국의 순자산 장부금액은 ₩150,000(자본금 ₩100,000, 이익잉여금 ₩50,000)이다.

· 지배력 획득일 현재 ㈜민국의 식별가능한 자산과 부채 중 장부금액과 공정가치가 다른 내역은 다음과 같다.

계정과목	장부금액	공정가치	추가정보
토 지	₩50,000	₩80,000	원가모형 적용

· 20×1년 중에 ㈜민국은 원가 ₩10,000의 재고자산(제품)을 ㈜대한에게 ₩20,000에 판매하였다. ㈜대한은 이 재고자산의 50%를 20×1년 중에 외부로 판매하고, 나머지 50%는 20×1년 말 현재 재고자산으로 보유하고 있다.

· ㈜민국이 보고한 20×1년도 당기순이익은 ₩30,000이다.

· ㈜대한은 별도재무제표에서 ㈜민국에 대한 투자주식을 원가법으로 회계처리하고 있으며, 연결재무제표 작성 시 비지배지분은 종속기업의 식별가능한 순자산공정가치에 비례하여 결정한다.

· ㈜대한과 ㈜민국에 적용되는 법인세율은 모두 20%이며, 이는 당분간 유지될 전망이다.

2 법인세효과를 고려하는 경우, ㈜대한이 지배력 획득일에 인식할 영업권은 얼마인가?

① ₩10,500   ② ₩15,000   ③ ₩19,500

④ ₩32,000   ⑤ ₩43,500

3 법인세효과를 고려하는 경우, ㈜대한의 20×1년 말 연결포괄손익계산서에 표시되는 비지배지분 귀속 당기순이익은 얼마인가? (단, 영업권 손상 여부는 고려하지 않는다)

① ₩6,000   ② ₩6,500   ③ ₩7,000

④ ₩8,000   ⑤ ₩8,500

Short-answer Questions

1   다음 자료는 ㈜초록의 연결현금흐름표 작성과 관련된 자료이다. 추가정보를 고려하여 물음에
    답하시오.   (CPA 2010)

연결재무상태표

계정과목	20×2년 말		20×1년 말	
자 산				
현금및현금성자산		₩460		₩1,320
수 취 채 권		3,800		2,400
재 고 자 산		5,000		6,400
단기매매금융자산		2,000		1,500
유 형 자 산	7,460		3,820	
감가상각누계액	(2,900)		(2,120)	
유 형 자 산 순 액		4,560		1,700
자 산 총 계		₩15,820		₩13,320
부 채				
매 입 채 무		₩500		₩3,780
미 지 급 이 자		460		200
미 지 급 법 인 세		980		2,000
장 기 차 입 금		2,580		2,080
사 채		1,840		-
부 채 총 계		₩ 6,360		₩ 8,060
자 본				
납 입 자 본		₩ 4,000		₩ 2,500
이 익 잉 여 금		5,460		2,760
자 본 총 계		₩ 9,460		₩5,260
부 채 및 자본총계		₩15,820		₩13,320

20×2년 연결포괄손익계산서

계정과목	금 액
매 출 액	₩ 61,300
매 출 원 가	(52,000)
매 출 총 이 익	₩ 9,300
감 가 상 각 비	(900)
판 매 비 와 관 리 비	(1,320)
단기매매금융상품평가손실	(500)
이 자 수 익	(800)
이 자 비 용	600

배 당 금 수 익	400
외 환 손 실	(80)
법인세비용차감전순이익	₩ 6,700
법 인 세 비 용	(600)
당 기 순 이 익	₩6,100

〈추가자료〉

1. ㈜초록은 기중에 종속기업의 모든 주식을 ₩1,180에 취득하였다. 취득 자산과 인수 부채의 공정가치는 다음과 같다.

계정과목	장부금액
재 고 자 산	₩200
현 금	80
유 형 자 산	1,300
장 기 차 입 금	400

2. 당기에 유상증자로 ₩1,000, 장기차입금으로 ₩100을 조달하였다.

3. 이자비용 ₩800에는 사채할인발행차금상각과 관련된 이자비용 ₩40이 포함되어 있다.

4. 당기에 선언된 배당금에는 주식배당 ₩500이 포함되어 있으며, 나머지 배당금은 모두 현금 지급되었다.

5. 단기매매금융자산 ₩1,000을 취득하였고, 나머지 차액은 기말 공정가치와 취득원가의 차이로 발생하였다.

6. 유형자산을 개별적으로 총 ₩2,500에 취득하였다. 이 중에서 ₩1,800은 사채(액면가액 ₩2,000)를 발행하여 취득하였고, 나머지 ₩700은 현금으로 지급하였다.

7. 취득원가가 ₩160이고 감가상각누계액이 ₩120인 설비자산을 ₩40에 매각하였다.

8. 20×2년 말의 수취채권에는 미수이자 ₩200이 포함되어 있다.

9. 외환손실 ₩80은 외화예금에서 발생한 것이다.

10. 판매비와 관리비는 당기 발생된 비용으로 모두 현금 지출되었다.

(물음 1) ㈜초록의 20×2년 연결현금흐름표를 직접법에 의하여 작성할 때, 아래의 빈칸 ①~⑤에 들어갈 숫자를 계산하시오.

영 업 활 동 현 금 흐 름	
고 객 으 로 부 터 유 입 된 현 금	①
공급자와 종업원등에 대한 현금유출	②
영 업 으 로 부 터 창 출 된 현 금	?
이 자 지 급	③
이 자 수 취	?
배 당 금 수 취	₩400
법 인 세 납 부	(1,620)
영 업 활 동 순 현 금 흐 름	?

투 자 활 동 현 금 흐 름		
종속기업 취득에 따른 현금유출	④	
유 형 자 산 취 득	₩(700)	
설 비 처 분	40	
투 자 활 동 순 현 금 흐 름		?
재 무 활 동 현 금 흐 름		
유 상 증 자	₩1,000	
장 기 차 입 금	100	
배 당 금 지 급	⑤	
재 무 활 동 순 현 금 흐 름		?

(물음 2) 비금융회사의 경우, 이자의 수취 및 지급에 따른 현금흐름을 한국채택국제회계기준 (K-IFRS)에서는 어떻게 분류하도록 하고 있는지 3줄 이내로 쓰시오.

2　㈜대한은 20×1년 1월 1일 ㈜민국의 의결권 있는 보통주 80%를 ₩380,000에 취득하여 지배력을 획득하였다. 주식 취득일 현재 ㈜민국의 자본계정은 자본금 ₩300,000과 이익잉여금 ₩100,000으로 구성되어 있으며, ㈜민국의 자산·부채 중에서 장부금액과 공정가치가 일치하지 않는 항목은 다음과 같다.　　(CPA 2013)

구분	장부금액	공정가치
재 고 자 산	₩200,000	₩230,000
건 물	180,000	200,000

위 자산 중 재고자산은 20×1년 중에 모두 외부로 판매되었으며, 20×1년 1월 1일 현재 건물의 잔존 내용연수는 10년, 잔존가치는 ₩0이고 정액법으로 상각한다.

㈜대한과 ㈜민국의 20×1년 별도(개별)재무제표상 당기순이익은 각각 ₩150,000과 ₩50,000이다. ㈜대한은 ㈜민국의 주식을 원가법으로 회계처리하고 있으며, 연결재무제표 작성시 비지배지분은 종속기업의 식별가능한 순자산공정가치에 비례하여 결정한다.

(물음 1) 20×1년 연결포괄손익계산서에 보고되는 ①당기순이익과 20×1년 말 연결재무상태표(자본)에 보고되는 ②비지배지분을 계산하시오. 단, 법인세 효과는 고려하지 않는다.

연결당기순이익	①
비지배지분	②

(물음 2) 20×1년 말 현재 ㈜대한과 ㈜민국의 법인세율은 25%이고, 이는 향후에도 유지될 예정이다. 이러한 법인세 효과를 고려할 때, 주식취득일에 ㈜대한의 연결재무상태표에 계상될 ①영업권과 20×1년 말 연결재무상태표에 계상될 ②이연법인세자산(또는 부채)을 계산하시오. 단, '이연법인세자산' 또는 '이연법인세부채' 여부를 명확히 표시하시오.

영업권	①
이연법인세자산(또는 부채)	②

다음에 제시되는 물음은 각각 독립된 상황이다.

(물음 3) ㈜강남은 보유중이던 기계장치(취득원가 ₩15,000, 감가상각누계액 ₩10,000)를 20×1년 1월 1일에 ㈜강북에 매각하였다. 매각일 현재 기계장치의 잔존내용연수는 5년, 잔존가치는 ₩0이고 정액법에 따라 상각한다. 20×2년 말 ㈜강남과 ㈜강북은 연결재무제표를 작성하면서 위 기계장치 매각과 관련하여 다음과 같은 연결조정분개를 수행하였다.

(차) 기 계 장 치	5,000	(대) 감 가 상 각 누 계 액	8,000
이 익 잉 여 금	2,600	감 가 상 각 비	1,000
비 지 배 지 분	1,400		

(1) 위 기계장치의 매각금액을 구하시오.

(2) ㈜강남과 ㈜강북 중 ①어느 회사가 지배기업인지 밝히고, 지배기업의 종속기업에 대한 ② 지분율을 구하시오.

지배기업	①
지분율	②

(물음 4) 한국채택국제회계기준에 따르면, 사업 결합을 통해 취득한 영업권은 매 보고기간마다 회수가능액을 평가하여 손상차손이 발생한 경우에는 이를 당기비용으로 회계처리한다. 다만, 다른 자산과 달리 영업권에 대해 인식한 손상차손은 후속기간에 환입할 수 없다. 영업권에 대해 손상차손환입을 허용하지 않는 이유를 3줄 이내로 약술하시오.

3 ㈜대한은 ㈜민국에 대해 종속기업투자주식을 보유하고 있다. 20×3년 말 두 기업의 별도재무상태표의 일부는 다음과 같다. 단, ㈜대한과 ㈜민국 모두 발행주식 1주당 액면금액은 ₩1,000이며, ㈜민국은 설립 이후 자본금의 변동이 없다. (CPA 2019)

계정과목	㈜대한	㈜민국
유 동 자 산	₩15,000	₩12,000
현 금	90,000	66,000
매 출 채 권	120,000	75,000
재 고 자 산		
비 유 동 자 산		
유 형 자 산 (순 액)	524,000	370,000
⋮	⋮	⋮
장 기 차 입 금	44,000	90,000
이 연 법 인 세 부 채	45,000	28,000
⋮	⋮	⋮
자 본		
자 본 금	140,000	100,000
이 익 잉 여 금	573,000	210,000
기 타 자 본 요 소	150,000	10,000
자 본 총 계	₩863,000	₩320,000

연결재무제표 작성에 관한 다음의 〈자료〉를 이용하여 물음에 답하시오.

〈자료〉
1. 20×1년 초, ㈜대한은 ㈜민국의 주식 80주를 취득하면서 ㈜민국의 주식 2주당 ㈜대한의 주식 1주를 교부하였다. 20×1년 초 ㈜대한의 주식 1주당 공정가치는 ₩7,000이었다.
2. ㈜대한은 ㈜민국의 인수와 직접적으로 관련하여 자산과 부채의 실사비용 ₩3,000이 발생하였다. ㈜대한은 이 실사비용을 별도재무제표상 ㈜민국의 투자주식 장부금액에 포함시켰다. ㈜대한은 종속기업투자주식을 별도재무제표상 원가법으로 평가하고 있다.
3. 주식인수계약에는 기존의 80주를 소유하였던 ㈜민국의 주주들에게 20×4년 1월 말에 추가적인 대가(현금)를 지급하는 조항이 포함되어 있다. 추가 지급대가는 20×1년 초부터 20×3년 말까지 ㈜민국의 재무성과에 따라 결정된다. 20×1년 초, 추가 지급대가의 공정가치는 ₩20,000으로 추정되었으며, 20×2년 말까지는 추가 지급대가의 공정가치에 변동이 없었다. 그러나 20×3년 말에 추가 지급대가의 공정가치가 ₩24,000으로 변동되었다.
4. 20×1년 초, ㈜민국의 별도재무제표상 이익잉여금은 ₩150,000이며, 기타자본요소는 ₩5,000이다.

5. 취득 당시 ㈜민국의 순자산 장부금액과 공정가치가 일치하지 않는 항목은 다음과 같다.
   - 토지, 건물 및 기계장치는 공정가치가 장부금액보다 각각 ₩10,000, ₩30,000, ₩20,000 더 크다. 20×1년 초 건물과 기계장치의 추정 잔존내용연수는 각각 30년, 4년이고, 정액법으로 감가상각한다. 20×3년 말까지 ㈜민국이 처분한 유형자산은 없다.
   - 20×1년 초 ㈜민국의 별도재무제표 주석에는 우발부채에 관한 내용이 공시되어 있다. 20×1년 초 우발부채의 공정가치는 ₩6,000으로 신뢰성 있게 추정된다. 이 우발상황은 20×1년 말에 해소되었으며, 동 우발부채와 관련하여 ㈜민국이 ㈜대한에게 지급하기로 한 금액은 없었다.
6. ㈜대한은 ㈜민국의 비지배지분을 종속기업의 식별가능한 순자산 공정가치에 비례하여 결정하기로 하였다.
7. ㈜민국의 취득 당시 인식한 영업권과 관련하여 20×1년 말과 20×2년 말에는 손상검사 결과 손상징후가 발견되지 않았다. 그러나 20×3년 말에 ㈜대한의 손상검사 결과 ㈜민국의 순자산에 대한 회수가능액은 ₩400,000으로 추정되었다. ㈜민국은 영업권 손상검사 목적상 단일의 현금창출단위로 간주된다.
8. 순자산 장부금액과 공정가치의 차이는 모두 일시적 차이에 해당하며, 적용될 법인세율은 20%이다. 단, 이 이외의 일시적 차이는 존재하지 않는다.

(물음 1) ㈜대한의 20×1년 초 연결재무상태표에 표시될 다음 항목을 계산하시오.

영업권	①
비지배지분	②

(물음 2) ㈜대한의 20×3년 말 연결재무상태표에 표시될 다음 항목을 계산하시오.

유형자산(순액)	①
영업권	②
㈜민국에게 추가로 지급할 대가 관련 부채	③
이연법인세부채	④
이익잉여금	⑤
기타자본요소	⑥
비지배지분	⑦

4   ㈜대한은 20×1년 초에 ㈜민국의 의결권 있는 보통주식 600주(60%)를 ₩720,000에 취득하여 실질지배력을 획득하였다. 다음은 ㈜대한과 ㈜민국의 20×1년 및 20×2년 별도(개별) 자본변동표이다.   (CPA 2021)

㈜대한		자본변동표			(단위:₩)
구분	자본금	자본잉여금	기타자본	이익잉여금	합계
20×1. 1. 1.	700,000	400,000	50,000	200,000	1,350,000
토 지 재 평 가			20,000		20,000
당 기 순 이 익				250,000	250,000
20×1.12.31.	700,000	400,000	70,000	450,000	1,620,000
20×2. 1. 1.	700,000	400,000	70,000	450,000	1,620,000
토 지 재 평 가			20,000		20,000
당 기 순 이 익				300,000	300,000
20×2.12.31.	700,000	400,000	90,000	750,000	1,940,000

㈜민국		자본변동표			(단위:₩)
구분	자본금	자본잉여금	기타자본	이익잉여금	합계
20×1. 1. 1.	500,000	300,000	140,000	100,000	1,040,000
당 기 순 이 익				100,000	100,000
20×1.12.31.	500,000	300,000	140,000	200,000	1,140,000
20×2. 1. 1.	500,000	300,000	140,000	200,000	1,140,000
현 금 배 당				(50,000)	(50,000)
토 지 재 평 가			10,000		10,000
당 기 순 이 익				150,000	150,000
20×2.12.31.	500,000	300,000	150,000	300,000	1,250,000

㈜대한과 ㈜민국이 발행하고 있는 주식은 모두 의결권이 있는 보통주이며 1주당 액면금액은 ₩500으로 동일하다.

지배력 취득일 현재 기계장치 이외에 순자산의 장부금액은 공정가치와 일치한다. 지배력 취득일 현재 ㈜민국의 기계장치 장부금액은 ₩200,000이며, 공정가치는 ₩300,000이다. 기계장치의 잔존내용연수는 10년이며 잔존가치 없이 정액법으로 감가상각한다.

종속기업투자에 따른 영업권 이외에 다른 영업권은 없다. 영업권에 대한 손상 검토를 수행한 결과, 영업권이 배부된 현금창출단위의 20×1년 말 및 20×2년 말 현재 회수가능금액은 각각 ₩31,000과 ₩16,000이다.

다음은 20×1년과 20×2년 ㈜대한과 ㈜민국 간의 내부거래 내역이다.

· 20×1년과 20×2년 ㈜대한과 ㈜민국 간의 재고자산 내부거래는 다음과 같다. 매입회사는 재고자산을 매입 후 6개월간 매월 균등하게 연결실체 외부로 판매한다.

일자	판매회사 → 매입회사	판매회사 매출액	판매회사 매출원가
20×1.10. 1.	㈜대한 → ㈜민국	₩90,000	₩72,000
20×1.11. 1.	㈜민국 → ㈜대한	₩40,000	₩28,000
20×2.10. 1.	㈜대한 → ㈜민국	₩80,000	₩64,000
20×2.10. 1.	㈜민국 → ㈜대한	₩100,000	₩80,000

· ㈜대한은 20×1년 4월 1일에 보유 토지 가운데 ₩90,000을 ㈜민국에게 ₩110,000에 현금 매각하였다. ㈜대한과 ㈜민국은 20×1년 말부터 보유중인 토지에 대해 원가모형에서 재평가모형으로 회계정책을 최초로 변경·채택하기로 하였으며, 재평가에 따른 차액은 기타자본에 반영되어 있다. 동 내부거래 이전에 ㈜민국은 토지를 보유하지 않았으며, 20×1년과 20×2년 중 동 내부거래 이외에 추가 토지 취득이나 처분은 없다.
· ㈜민국의 20×2년도 현금배당은 20×1년 성과에 대한 주주총회 결의에 따라 확정된 것이다.
· ㈜대한은 ㈜민국의 종속기업투자주식을 별도재무제표 상 원가법으로 평가하고 있다. 연결재무제표 상 비지배지분은 종속기업의 순자산의 변동과 관련된 경우 식별가능한 순자산의 공정가치에 비례하여 배분한다.

(물음 1) 기업회계기준서 제1110호 '연결재무제표'에 따르면, 투자자가 피투자자를 지배하는 지를 결정하기 위해서는 3가지 조건이 모두 충족되는지를 평가해야 한다. 3가지 조건은 무엇인지 약술하시오.

(물음 2) ㈜대한의 20×1년도 연결재무제표에 표시되는 다음의 금액을 계산하시오. 단, 영업권은 손상 인식 전 금액을 계산하되 염가매수차익인 경우에는 괄호 안에 금액(예시: (1,000))을 표시하시오.

손상 인식 전 영업권(또는 염가매수차익)	①
총연결당기순이익	②

(물음 3) ㈜대한의 20×2년도 연결재무제표에 표시되는 다음의 금액을 계산하시오.

연결이익잉여금	①
연결자본잉여금	②
연결기타자본	③
비지배지분	④

PART
03

특수회계

관계기업과 공동기업에 대한 투자

학습목표

- 관계기업의 의의를 이해한다.
- 지분법의 회계처리를 이해한다.
- 공동약정(공동영업과 공동기업)에 대해 이해한다.

제2장부터 제7장을 통해 연결재무제표를 작성하기 위해서는 여러 개의 연결조정분개가 필요하다는 것을 확인하였다. 그러나 지분법의 회계처리에서 지분법손익은 여러 개의 연결조정분개에서 요구하는 계산내용을 모두 포함한 단 한 개의 분개로 나타난다. 그렇기 때문에 지분법(equity method)의 회계처리를 한 줄 연결(one-line consolidation)이라고 한다.

본장에서는 K-IFRS 제1028호 '관계기업과 공동기업에 대한 투자'에서 규정하고 있는 관계기업과 공동약정(공동영업과 공동기업)에 대한 개념과 다양한 상황에서의 지분법손익의 계산방법과 회계처리를 다루고 있다. 이를 통해서 관계기업과 공동약정의 개념적 차이 및 지분법의 회계처리에 대해 심도 있게 학습해 보자.

1. 관계기업의 기초

1.1 관계기업의 의의

관계기업(associate)이란 투자자가 유의적인 영향력을 보유하는 기업을 말한다. 여기서 유의적인 영향력(significant influence)은 피투자자의 재무정책과 영업정책에 관한 의사결정에 참여할 수 있는 능력을 말한다. 그러나 종속기업에 대한 지배력이나 공동기업[1]에 대한 공동지배력과는 다른 개념이다.

지배력(control)이란 투자자는 피투자자에 관여함에 따라 변동이익에 노출되거나 변동이익에 대한 권리가 있고, 피투자자에 대한 자신의 힘으로 변동이익에 영향을 미치는 능력을 말한다. 즉, 지배력이란 피투자자의 중요한 의사결정 자체에 영향을 미치는 능력을 의미하고, 유의적인 영향력이란 피투자자의 중요한 의사결정에 참여할 수 있는 능력이라는 점에서 차이가 있다.

공동지배력(joint control)이란 약정의 지배력에 대한 계약상 합의된 공유로서, 관련 활동에 대한 결정에 지배력을 공유하는 당사자들 전체의 동의가 요구될 때에만 존재한다. 즉, 지배력과 공동지배력이 피투자자의 중요한 의사결정에 영향을 미치는 능력을 갖는다는 점은 동일하지만 투자자가 단독으로 피투자자에 대해 힘을 갖느냐 아니면 여러 명의 투자자가 함께 피투자자에 대해 힘을 갖느냐 여부에 차이가 있다.

피투자자에 대한 투자자의 투자지분을 영향력에 따라 분류하면 다음 [그림 8-1]과 같다.

1.2 유의적인 영향력 여부의 판단

(1) 현재 보유지분 판단기준

투자기업이 직접 또는 간접(예: 종속기업을 통하여)으로 피투자자에 대한 의결권의 20% 이상을 소유하고 있다면 유의적인 영향력을 보유하는 것으로 본다. 다만, 유의적인 영향력이 없다는 사실을 명백하게 제시할 수 있는 경우는 그러하지 아니하다. 반대로 투자기업이 직접 또는 간접으로 피투자자에 대한 의결권의 20% 미만을 소유하고 있다면 유의적인 영향력이 없는 것으로 본다. 다만 유의적인 영향력을 보유하고 있

---

1) 본장 보론 '공동약정'에서 자세히 설명한다.

● 그림 8-1 투자지분의 분류

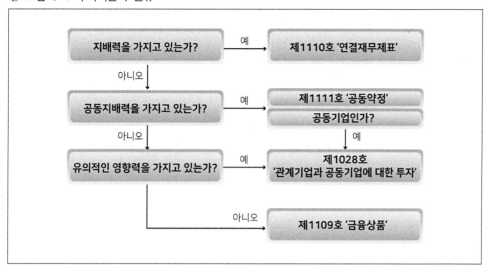

다는 사실을 명백하게 제시할 수 있는 경우는 그러하지 아니하다.

예를 들어, 다음 [그림 8-2]의 ①에서 A회사가 C회사의 지분을 직접적으로 15%만 보유하기 때문에 C회사는 A회사의 관계기업이 아니다. 그러나 ②에서 A회사는 C회사의 지분을 직·간접적으로 20%를 보유하기 때문에 C회사는 A회사의 관계기업이 된다.

● 그림 8-2 유의적인 영향력 여부의 판단(1)

다른 투자자가 해당 피투자자의 주식을 상당한 부분 또는 과반수 이상을 소유하고 있다고 하여도 투자기업이 피투자자에 대하여 유의적인 영향력을 보유하고 있다는 것을 반드시 배제하는 것은 아니다.

예를 들어, 다음 [그림 8-3]과 같이 A회사가 C회사의 지분 20%를 보유하고 있고, B회사가 C회사의 지분 60%를 보유하고 있더라도 A회사가 C회사에 대해 유의적인 영향력이 있는지 여부는 여러 가지 상황(예: 의결권을 과반수 보유하나 힘을 가지지 않는 경우)을 고려하여 판단해야 하며, 반드시 배제되는 것은 아니다.

🍵 그림 8-3 유의적인 영향력 여부의 판단(2)

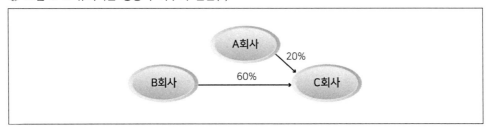

다만, 투자기업이 직접 또는 간접으로 피투자자에 대한 의결권의 20% 미만을 소유하고 있더라도 투자기업이 다음 중 하나 이상에 해당하는 경우 일반적으로 유의적인 영향력을 보유한다는 것이 입증된다.

① 피투자자의 이사회나 이에 준하는 의사결정기구에 참여
② 배당이나 다른 분배에 관한 의사결정에 참여하는 것을 포함하여 정책결정과정에 참여
③ 투자기업과 피투자자 사이의 중요한 거래
④ 경영진의 상호 교류
⑤ 필수적 기술정보의 제공

(2) 잠재적 의결권 판단기준

투자기업은 주식매입권, 주식콜옵션, 보통주식으로 전환할 수 있는 채무상품이나 지분상품, 또는 그 밖의 유사한 금융상품을 소유할 수도 있다. 이러한 금융상품은 행사되거나 전환될 경우 해당 피투자자의 재무정책과 영업정책에 대한 **투자기업의 의결권을 증가시키거나 다른 상대방의 의결권을 줄일 수 있는 잠재력**을 가지고 있다. 따라서 투자기업이 유의적인 영향력을 보유하는지를 평가할 때에는 다른 기업이 보유한 잠재적 의결권을 포함하여 **현재 행사할 수 있거나 전환할 수 있는 잠재적 의결권의 존재와 영향**을 고려한다. 예를 들어, 잠재적 의결권을 미래의 특정일이 되기 전까지 또는 미래의 특정사건이 일어나기 전까지는 행사할 수 없거나 전환할 수 없는 경우라면, 그 잠재적 의결권은 현재 행사할 수 있거나 전환할 수 있는 것이 아니다.

잠재적 의결권이 유의적인 영향력에 기여하는지 평가할 때 투자기업은 잠재적 의

결권에 영향을 미치는 모든 사실과 상황을 검토해야 한다. 여기에는 잠재적 의결권의 행사 조건과 그 밖의 계약상 약정내용을 개별적으로 또는 결합하여 검토하는 것을 포함한다. 다만, 그러한 잠재적 의결권의 행사나 전환에 대한 경영진의 의도와 재무 능력은 고려하지 아니한다.

2. 지분법의 회계처리

2.1 지분법 적용 면제

투자기업이 피투자자에 대하여 공동지배력이나 유의적인 영향력을 갖는 투자기업은 관계기업이나 공동기업에 대한 투자에 대하여 **지분법**(equity method)을 사용하여 회계처리한다. 그러나 다음의 면제규정을 충족하는 경우에는 지분법을 적용하지 않고, K-IFRS 제1109호 '금융상품'에 따른 공정가치법이나 원가법을 적용하여 회계처리한다.

① K-IFRS 제1110호 '연결재무제표' 문단 4(1)에 적용범위 제외에 따라 연결재무제표 작성이 면제되는 지배기업이 보유하고 있는 관계기업이나 공동기업에 대한 투자
② 벤처캐피탈 투자기구나 뮤추얼펀드, 단위신탁 및 이와 유사한 기업이 보유하고 있는 관계기업이나 공동기업에 대한 투자
③ K-IFRS 제1105호 '매각예정비유동자산과 중단영업'에 따라 매각예정으로 분류되는 관계기업이나 공동기업에 대한 투자[2]

(1) 연결재무제표 작성이 면제되는 지배기업

K-IFRS 제1110호 '연결재무제표' 문단 4(1)[3]의 적용범위 제외에 따라 **연결재무제표 작성이 면제되는 지배기업**이거나 다음의 조건을 모두 충족하는 경우, 관계기업이나 공동기업에 대한 투자에 **지분법을 적용할 필요가 없다.**

---

[2] 본장 3.3절 '매각예정으로 분류되는 경우'에서 자세히 설명한다.
[3] 제2장 3절 '연결재무제표 작성의무의 면제'에서 자세히 설명한다.

① 기업이 그 자체의 지분 전부를 소유하고 있는 다른 기업의 종속기업이거나, 그 자체의 지분 일부를 소유하고 있는 다른 기업의 종속기업이면서 그 기업이 지분법을 적용하지 않는다는 사실을 그 기업의 다른 소유주들(의결권이 없는 소유주 포함)에게 알리고 그 다른 소유주들이 그것을 반대하지 않는 경우
② 기업의 채무상품 또는 지분상품이 공개시장(국내·외 증권거래소나 장외시장, 지역시장 포함)에서 거래되지 않는 경우
③ 기업이 공개시장에서 증권을 발행할 목적으로 증권감독기구나 그 밖의 감독기관에 재무제표를 제출한 적이 없으며 현재 제출하는 과정에 있지도 않은 경우
④ 기업의 최상위 지배기업이나 중간 지배기업이 한국채택국제회계기준을 적용하여 작성한 공용 가능한 재무제표에 기준서 제1110호에 따라 종속기업을 연결하거나 종속기업을 공정가치로 측정하여 당기손익에 반영한 경우

(2) 벤처캐피탈 투자기구나 뮤추얼펀드, 단위신탁[4]

벤처캐피탈 투자기구나 뮤추얼펀드, 단위신탁 및 이와 유사한 기업(투자와 연계된 보험펀드 포함)이 관계기업이나 공동기업에 대한 투자를 보유하거나 이 같은 기업을 통하여 간접적으로 보유하는 경우, 기업은 그 투자를 K-IFRS 제1109호 '금융상품'에 따라 당기손익-공정가치 측정(FVPL) 항목으로 선택할 수도 있다.

이 경우 기업은 관계기업이나 공동기업에 대한 투자를 최초 인식할 때 각각의 관계기업이나 공동기업에 대하여 개별적으로 선택한다. 즉, 기업은 관계기업이나 공동기업에 투자를 일부는 지분법으로 선택하고, 나머지 일부는 당기손익-공정가치 측정(FVPL) 항목으로 선택할 수도 있다.

기업이 관계기업에 대한 투자의 일부를 벤처캐피탈 투자기구나 뮤추얼펀드, 단위신탁 및 이와 유사한 기업(투자와 연계된 보험펀드 포함)을 통해 간접적으로 보유하는 경우, 투자기업은 벤처캐피탈 투자기구나 뮤추얼펀드, 단위신탁 및 이와 유사한 기업(투자와 연계된 보험펀드 포함)이 그 투자의 일부에 대하여 유의적인 영향력을 갖는지와 무관하게 K-IFRS 제1109호 '금융상품'에 따라 당기손익-공정가치 측정(FVPL) 항목으로 선택할 수도 있다. 이 경우, 투자기업은 벤처캐피탈 투자기구나 뮤추얼펀

---

4) IASB는 벤처캐피탈 투자기구, 사모투자전문기업, 그리고 이와 비슷한 투자기구의 지배하에 있는 투자자산을 연결하는 재무제표(이렇게 하여, 그들이 지배하는 기업의 영업활동의 정도를 공개)가 이용자들의 정보수요를 가장 잘 충족시킨다고 결론지었다(1110:BC216). 즉, 벤처캐피탈 투자기구나 뮤추얼펀드, 단위신탁 및 이와 유사한 기업은 연결재무제표를 작성해야 한다.

드, 단위신탁 및 이와 유사한 기업(투자와 연계된 보험펀드 포함)을 통하여 보유되지 않은 관계기업에 대한 투자의 나머지 부분에 대하여 지분법을 적용한다.

2.2 지분법 적용의 원칙

(1) 보고기간 종료일의 일치

투자기업은 지분법을 적용할 때 가장 최근의 이용가능한 관계기업이나 공동기업의 재무제표를 사용한다. 투자기업의 보고기간 종료일과 관계기업이나 공동기업의 보고기간 종료일이 다른 경우, 관계기업이나 공동기업은 실무적으로 적용할 수 없는 경우가 아니면 **투자기업의 재무제표와 동일한 보고기간 종료일의 재무제표를 작성**한다.

만약 실무적으로 적용할 수 없는 이유로 투자기업의 재무제표와 동일한 보고기간 종료일의 재무제표를 작성할 수 없는 경우에는 투자기업 재무제표의 보고기간 종료일과 관계기업이나 공동기업 재무제표의 보고기간 종료일 사이에 발생한 유의적인 거래나 사건의 영향을 반영한다. 어떠한 경우라도 투자기업의 보고기간 종료일과 관계기업이나 공동기업의 보고기간 종료일 간의 차이는 **3개월 이내이어야** 한다. 보고기간의 길이 그리고 보고기간 종료일의 차이는 매 기간마다 동일해야 한다.

(2) 회계정책의 일치

관계기업이나 공동기업이 유사한 상황에서 발생한 동일한 거래와 사건에 대하여 **동일한 회계정책을 적용하여 재무제표를 작성**한다. 관계기업이나 공동기업이 유사한 상황에서 발생한 동일한 거래와 사건에 대하여 투자기업의 회계정책과 다른 회계정책을 사용한 경우, 투자기업이 지분법을 적용하기 위하여 관계기업이나 공동기업의 재무제표를 사용할 때 관계기업이나 공동기업의 회계정책을 투자기업의 **회계정책과 일관되도록 수정하여 지분법을 적용**해야 한다.

2.3 지분법의 기초

지분법의 회계처리를 한 줄 연결(one-line consolidation)이라고 한다. 그 이유는 연결재무제표를 작성하기 위해서는 여러 개의 연결조정분개가 필요하지만, 지분법의 회계처리에서 지분법손익은 여러 개의 연결조정분개에서 요구하는 계산내용을 모두 포함한 단 한 개의 분개로 나타나기 때문이다.

(1) 취득일의 회계처리

관계기업투자주식을 최초에 원가로 인식하고 다음과 같이 회계처리한다.

```
〈취득 시〉
 (차변)  관 계 기 업 투 자 주 식    ×××  (대변)  현          금    ×××
```

관계기업투자주식의 취득원가와 취득일의 관계기업의 순자산의 장부금액 중 투자자지분액 간에 차액이 발생할 수 있다.

차액 = 관계기업투자주식의 취득원가 − 관계기업 순자산의 장부금액 × 투자자지분율

  * 관계기업투자주식의 취득원가 > 관계기업 순자산의 장부금액 × 투자자지분율 → 영업권
  ** 관계기업투자주식의 취득원가 < 관계기업 순자산의 장부금액 × 투자자지분율 → 염가매수차익

위의 식에서 차액이 양(+), 즉 관계기업투자주식의 취득원가가 관계기업의 순자산의 장부금액 중 투자자지분액보다 크면 **영업권**에 해당하며, 차액이 음(−), 즉 관계기업투자주식의 취득원가가 관계기업의 순자산의 장부금액 중 투자자지분액보다 작으면 **염가매수차익**에 해당한다. 단, 관계기업투자주식에 포함되어 있는 영업권이나 염가매수차익은 사업결합으로 취득한 것이 아니므로 분리하여 인식하지 않으며, 영업권은 상각도 하지 않는다. 그러나 염가매수차익은 발생연도의 당기손익에 해당하므로 지분법손익을 계산할 때 이를 반영해야 한다.

(2) 관계기업투자주식의 차액 분석

지금까지는 관계기업 순자산의 장부금액과 공정가치가 동일하다는 가정하에 지분법 회계처리를 설명하였다. 그러나 관계기업 순자산의 장부금액과 공정가치가 다른 것이 일반적이며 그 차이를 차액 분석할 때 반영해야 한다.

◨ 예 1 관계기업투자주식의 차액 분석

관계기업투자주식의 취득원가가 ₩13,000이고 투자자지분율은 20%이며, 관계기업 순자산의 장부금액이 ₩50,000, 공정가치는 ₩60,000이라고 가정하자. 이때 공정가치와 장부금액 간에 차이의 발생원인이 재고자산이라면 차액을 다음과 같이 분석할 수 있으며, 판매여부에 따라 지분법손익을 계산할 때 이를 반영해야 한다.

(단위: 원)

구 분	순자산		지분율		금액	차액	분석
취 득 원 가					13,000		
						1,000	영업권
공 정 가 치	60,000	×	20%	=	12,000		
						2,000	재고자산
장 부 금 액	50,000	×	20%	=	10,000		
합 계						3,000	

(3) 지분법손익의 계산

지분법손익은 다음과 같이 관계기업 당기순손익에 투자자지분율을 곱해서 계산한다. 앞서 언급한 것처럼 염가매수차익은 발생연도에 지분법손익에 가산한다. 또한 관계기업 순자산의 공정가치와 장부금액의 차액은 재고자산의 판매 또는 유형자산의 감가상각 등으로 소멸하는 연도의 지분법손익에서 조정한다.

지분법손익 = 관계기업 당기순손익 × 투자자지분율 − 공정가치와 장부금액 간의 차이조정 + 염가매수차익*

   * 관계기업투자주식을 취득한 연도에 지분법손익에 가산

◨ 예 2 지분법손익의 계산

관계기업의 당기순이익이 ₩100,000, 재평가차익이 ₩50,000이고, 투자자지분율은 20%라고 가정하자. 관계기업투자주식 취득원가와 관계기업 순자산의 장부금액 중 투자자지분액 간의 차액은 ₩3,000이고, 그 원인 중 영업권이 ₩1,000, 재고자산이 ₩2,000이며, 해당 재고자산 중 70%를 같은 해에 판매하였다. 이때 지분법손익은 다음과 같이 계산한다.

〈지분법손익 계산〉
· 지분법이익 = ₩100,000 × 20% − 2,000 × 70% = ₩18,600
· 지분법기타포괄이익 = ₩50,000 × 20% = ₩10,000

지분법손익을 인식하면서 해당 금액을 관계기업투자주식 장부금액에서 조정한다.

〈지분법손익 인식〉

| (차변) | 관 계 기 업 투 자 주 식 | 18,600 | (대변) | 지 분 법 이 익 | 18,600 |
| (차변) | 관 계 기 업 투 자 주 식 | 10,000 | (대변) | 지 분 법 기 타 포 괄 이 익 | 10,000 |

(4) 관계기업으로부터 배당금의 수령

관계기업이 현금배당을 하는 경우 이에 해당하는 금액을 관계기업투자주식에서 조정, 즉 감소시킨다. 관계기업투자주식을 감소시키는 이유는 관계기업이 현금배당을 하면서 외부로 순자산이 유출되었기 때문이다. 그러나 관계기업이 주식배당을 하는 경우에는 관계기업 순자산의 유출에 변동이 없으므로 아무런 회계처리하지 않는다.

〈현금배당 시〉

| (차변) | 현   금 | ××× | (대변) | 관 계 기 업 투 자 주 식 | ××× |

〈주식배당 시〉

　분개 없음

📖 예제 1 지분법의 기초

12월 말 결산법인인 A회사는 20×1년 초에 B회사의 보통주식 20%를 취득하여 관계기업이 되었다. 취득일 현재 다음의 B회사 자산을 제외한 모든 자산과 부채의 장부금액과 공정가치는 일치하였다.

과 목	장부금액	공정가치
재 고 자 산	₩20,000	₩30,000
토 지	40,000	60,000
건 물	35,000	50,000

① 재고자산은 20×1년 중에 60%를 판매하고, 나머지는 20×2년 중에 판매하였다.
② 토지는 20×2년 중에 ₩65,000에 처분하였다.
③ 건물은 잔존가치 없이 남아 있는 내용연수 5년 동안 정액법으로 감가상각한다.

B회사의 순자산 변동내역은 다음과 같다.

일 자	과 목	금 액
20×1. 1. 1.	순 자 산	₩85,000
	당 기 순 이 익	20,000
	기 타 포 괄 이 익	7,000

20×1.12.31.	합　　　　　　　계	112,000
	현금배당 결의 및 지급	(5,000)
	당 기 순 이 익	30,000
20×2.12.31.	합　　　　　　　계	₩137,000

물음 ···

1. A회사가 B회사 주식을 ₩30,000에 취득한 경우 A회사가 20×1년과 20×2년에 해야 할 분개를 하시오.

2. A회사가 B회사 주식을 ₩15,000에 취득한 경우 A회사가 20×1년과 20×2년에 해야 할 분개를 하시오.

풀이 ···

1. ₩30,000에 취득한 경우
〈차액 분석〉

(단위: 원)

구　분	순자산	지분율	금액	차액	분　석
취 득 원 가			30,000		영업권
				4,000	
공 정 가 치	130,000 ×	20%	= 26,000		2,000❶　재고자산
				9,000	4,000❷　토지
장 부 금 액	85,000 ×	20%	= 17,000		3,000❸　건물
합　　계				13,000	

❶ ₩10,000(재고자산의 공정가치와 장부금액 간의 차이) × 20% = ₩2,000
❷ ₩20,000(토지의 공정가치와 장부금액 간의 차이) × 20% = ₩4,000
❸ ₩15,000(건물의 공정가치와 장부금액 간의 차이) × 20% = ₩3,000

〈20×1년 회계처리〉
① 취득일 회계처리
　　(차변) 관 계 기 업 투 자 주 식　30,000　(대변) 현　　　　　　　금　30,000

② 지분법손익 회계처리
　　(차변) 관 계 기 업 투 자 주 식　2,200　(대변) 지 분 법 이 익　2,200❹
　　(차변) 관 계 기 업 투 자 주 식　1,400　(대변) 지 분 법 기 타 포 괄 이 익　1,400❺

　❹ ₩20,000 × 20% − 2,000 × 60%(재고자산의 매출원가) − 3,000 ÷ 5년(건물의 감가상각비)
　　 = ₩2,200
　❺ ₩7,000 × 20% = ₩1,400

〈20×2년 회계처리〉
① 현금배당 회계처리
(차변) 현　　　　　　　　금　　1,000❻ (대변) 관 계 기 업 투 자 주 식　　1,000

　　❻ ₩5,000 × 20% = ₩1,000

② 지분법손익 회계처리
(차변) 관 계 기 업 투 자 주 식　　600 (대변) 지 분 법 이 익　　600❼

　　❼ ₩30,000 × 20% − 2,000 × 40%(재고자산의 매출원가) − 4,000(유형자산처분이익 감소) − 3,000
　　　÷ 5년(건물의 감가상각비) = ₩600

2. ₩15,000에 취득한 경우
〈차액 분석〉

(단위: 원)

구　분	순자산	지분율	금액	차액	분　석
취 득 원 가			15,000	(11,000)	염가매수차익
공 정 가 치	130,000 ×	20% =	26,000		2,000　재고자산
				9,000	4,000　토지
장 부 금 액	85,000 ×	20% =	17,000		3,000　건물
합　　계				(2,000)	

〈20×1년 회계처리〉
① 취득일 회계처리
(차변) 관 계 기 업 투 자 주 식　　15,000 (대변) 현　　　　　　　　금　　15,000

② 지분법손익 회계처리
(차변) 관 계 기 업 투 자 주 식　　13,200 (대변) 지 분 법 이 익　　13,200❶
(차변) 관 계 기 업 투 자 주 식　　1,400 (대변) 지 분 법 기 타 포 괄 이 익　　1,400

　　❶ ₩20,000 × 20% − 2,000 × 60%(재고자산의 매출원가) − 3,000 ÷ 5년(건물의 감가상각비)
　　　+ 11,000(염가매수차익) = ₩13,200

〈20×2년 회계처리〉
① 현금배당 회계처리
(차변) 현　　　　　　　　금　　1,000 (대변) 관 계 기 업 투 자 주 식　　1,000

② 지분법손익 회계처리
(차변) 관 계 기 업 투 자 주 식　　600 (대변) 지 분 법 이 익　　600

2.4 내부미실현손익의 제거

(1) 일반적 내부미실현손익

제4장 '내부거래와 미실현손익'에서 연결당기순이익을 계산할 때 내부미실현손익은 하향거래와 상향거래를 포함하여 전액을 제거해야 한다고 언급하였다. 관계기업도 마찬가지로 유의적인 영향력을 행사할 수 있으므로 지분법손익을 계산할 때 내부미실현손익은 하향거래와 상향거래를 포함하여 전액을 제거해야 한다.[5] 한편, 전기 미실현손익 중 당기에 실현된 손익이 있다면 이를 가감하여 계산한다.

> 지분법손익 = (관계기업 당기순손익 - 당기 내부미실현이익 + 전기 미실현이익 중 당기 실현이익)
> × 투자자지분율 - 공정가치와 장부금액 간의 차이조정 + 염가매수차익*
>
> * 관계기업투자주식을 취득한 연도에 지분법손익에 가산

하향거래가 매각대상 자산의 순실현가능가치의 감소나 그 자산에 대한 손상차손의 증거를 제공하는 경우 투자자는 그러한 손실을 모두 인식한다. 상향거래도 마찬가지로 구입된 자산의 순실현가능가치의 감소나 그 자산에 대한 손상차손의 증거를 제공하는 경우, 투자자는 그러한 손실 중 자신의 몫을 인식한다. 또한 지분법손익을 계산할 때 내부미실현손실 역시 하향거래와 상향거래를 포함하여 전액을 제거해야 한다. 따라서 하향거래와 상향거래 모두 자산의 손상차손에 해당하는 내부미실현손실에 대해서는 지분법손익을 계산할 때 조정하지 않는다.

📖 예제 2 일반적인 내부미실현손익

> 12월 말 결산법인인 A회사는 20×1년 초에 B회사의 보통주식 20%를 ₩30,000에 취득하여 관계기업이 되었다. 취득일 현재 다음의 B회사 자산을 제외한 모든 자산과 부채의 장부금액과 공정가치는 일치하였다.

---

5) 기업(기업의 연결대상 종속기업 포함)과 그 관계기업이나 공동기업 사이의 상향거래나 하향거래에서 발생한 손익에 대하여 기업은 그 관계기업이나 공동기업에 대한 지분과 무관한 손익까지만 기업의 재무제표에 인식한다. 이러한 거래의 결과로 발생한 관계기업이나 공동기업의 손익 중 투자자의 몫은 제거한다(1028:28). 즉, 내부미실현손익을 제거한 후의 관계기업 당기순손익에 투자자지분율을 곱해서 지분법손익을 계산하므로 관계기업에 대한 지분과 무관한 손익만 인식하게 된다.

과 목	장부금액	공정가치
토　　　지	₩40,000	₩60,000
건　　　물	35,000	50,000

① 토지는 20×2년 중에 ₩65,000에 처분하였다.
② 건물은 잔존가치 없이 남아 있는 내용연수 5년 동안 정액법으로 감가상각한다.

한편, 20×1년 중에 A회사는 B회사에 재고자산을 ₩100,000(매출기준)에 판매하였으며, B회사는 A회사에 재고자산을 ₩60,000(매출기준)에 판매하였다. 내부거래로 매입한 재고자산 중 70%를 20×1년 중에, 나머지 30%를 20×2년 중에 외부에 판매하였다. A회사와 B회사의 매출총이익률은 20%이다. 20×2년 중에 내부거래는 없었다.

B회사의 순자산 변동내역은 다음과 같다.

일 자	과 목	금 액
20×1. 1. 1.	순　　자　　산	₩85,000
	당 기 순 이 익	20,000
	기 타 포 괄 이 익	7,000
20×1.12.31.	합　　　　계	112,000
	현금배당 결의 및 지급	(5,000)
	당 기 순 이 익	30,000
20×2.12.31.	합　　　　계	₩137,000

물음 ···

1. A회사가 20×1년과 20×2년에 해야 할 분개를 하시오.

2. 위의 문제와 관계없이 20×1년 중에 A회사가 B회사에 재고자산을 판매하면서 매출손실을 인식하였고, 이것이 재고자산의 손상차손에 해당된다면 A회사가 20×1년과 20×2년에 해야 할 분개를 하시오.

풀이 ···

1. 〈차액 분석〉

(단위: 원)

구 분	순자산	지분율		금액	차액	분 석
취 득 원 가				30,000	6,000	영업권
공 정 가 치	120,000	× 20%	=	24,000	7,000	4,000❶ 토지
장 부 금 액	85,000	× 20%	=	17,000		3,000❷ 건물
합　　계					13,000	

❶ ₩20,000(토지의 공정가치와 장부금액 간의 차이) × 20% = ₩4,000
❷ ₩15,000(건물의 공정가치와 장부금액 간의 차이) × 20% = ₩3,000

⟨20×1년 회계처리⟩
① 취득일 회계처리
　　(차변)　관 계 기 업 투 자 주 식　　30,000　　(대변)　현　　　　　　　　금　　30,000

② 지분법손익 회계처리
　　(차변)　관 계 기 업 투 자 주 식　　1,480　　(대변)　지 분 법 이 익　　1,480❸
　　(차변)　관 계 기 업 투 자 주 식　　1,400　　(대변)　지 분 법 기 타 포 괄 이 익　　1,400❹
　　　❸ (₩20,000 - 100,000 × 30% × 20%(하향거래의 내부미실현이익) - 60,000 × 30% × 20%(상향거래의
　　　　　내부미실현이익)) × 20% - 3,000 ÷ 5년(건물의 감가상각비) = ₩1,480
　　　❹ ₩7,000 × 20% = ₩1,400

⟨20×2년 회계처리⟩
① 현금배당 회계처리
　　(차변)　현　　　　　　　　금　　1,000❺　　(대변)　관 계 기 업 투 자 주 식　　1,000
　　　❺ ₩5,000 × 20% = ₩1,000

② 지분법손익 회계처리
　　(차변)　관 계 기 업 투 자 주 식　　3,320　　(대변)　지 분 법 이 익　　3,320❻
　　　❻ (₩30,000 + 100,000 × 30% × 20%(하향거래의 전년도 내부미실현이익 실현) + 60,000 × 30%
　　　　　× 20%(상향거래의 전년도 내부미실현이익 실현)) × 20% - 4,000(유형자산처분이익 감소) - 3,000
　　　　　÷ 5년(건물의 감가상각비) = ₩3,320

2. 재고자산의 손상차손에 해당하는 내부미실현손실이 발생한 경우
⟨20×1년 회계처리⟩
① 취득일 회계처리
　　(차변)　관 계 기 업 투 자 주 식　　30,000　　(대변)　현　　　　　　　　금　　30,000

② 지분법손익 회계처리
　　(차변)　관 계 기 업 투 자 주 식　　2,680　　(대변)　지 분 법 이 익　　2,680❶
　　(차변)　관 계 기 업 투 자 주 식　　1,400　　(대변)　지 분 법 기 타 포 괄 이 익　　1,400
　　　❶ 하향거래에서 매출손실은 재고자산의 손상차손에 해당하므로 내부미실현손실을 제거하지 않는다.
　　　　　(₩20,000 - 60,000 × 30% × 20%(상향거래의 내부미실현이익)) × 20% - 3,000 ÷ 5년(건물의 감가상각비)
　　　　　= ₩2,680

⟨20×2년 회계처리⟩
① 현금배당 회계처리
　　(차변)　현　　　　　　　　금　　1,000　　(대변)　관 계 기 업 투 자 주 식　　1,000

② 지분법손익 회계처리
　　(차변)　관 계 기 업 투 자 주 식　　2,120　　(대변)　지 분 법 이 익　　2,120❷
　　　❷ (₩30,000 + 60,000 × 30% × 20%(상향거래의 전년도 내부미실현이익 실현)) × 20% - 4,000(유형자산
　　　　　처분이익 감소) - 3,000 ÷ 5년(건물의 감가상각비) = ₩2,210

(2) 비화폐성자산의 출자로 인한 내부미실현손익

관계기업이나 공동기업 지분과의 교환으로 관계기업이나 공동기업에 비화폐성자산을 출자하는 경우, 상업적 실질[6]이 결여되어 있는 경우를 제외하고, 비화폐성자산의 출자로 인한 처분손익을 내부미실현손익으로 보고 회계처리한다.

관계기업이나 공동기업의 지분을 수령하면서 추가로 화폐성이나 비화폐성자산을 받는 경우, 투자기업은 수령한 화폐성이나 비화폐성 자산과 관련하여 비화폐성 출자에 대한 손익의 해당 부분을 당기손익으로 모두 인식한다. 즉, 비화폐성자산의 출자로 인한 처분손익 중 추가로 화폐성이나 비화폐성자산을 받은 부분에 해당되는 처분손익은 실현된 손익으로 보고 회계처리한다.

한편, 비화폐성자산의 출자에서 상업적 실질이 결여되어 있다면, 비화폐성자산의 출자로 인한 처분손익을 인식하지 않으므로 내부미실현손익이 발생하지 않는다.

비화폐성자산의 출자로 인한 내부미실현손익을 정리하면 다음 〈표 8-1〉과 같다.

📈 표 8-1 비화폐성자산의 출자로 인한 내부미실현손익

구 분		내부미실현손익
상업적 실질이 있는 경우	추가 화폐성 · 비화폐성 자산을 수령하지 않는 경우	전체 처분손익
	추가 화폐성 · 비화폐성 자산을 수령하는 경우	처분손익 × $\dfrac{총공정가치 - 수령한\ 자산}{총공정가치}$
상업적 실질이 결여된 경우		내부미실현손익이 발생하지 않음

📖 예제 3 비화폐성자산의 출자로 인한 내부미실현손익

> 12월 말 결산법인인 A회사는 20×1년 초에 다음과 같은 토지를 출자하고 B회사의 보통주식 20%를 취득하여 관계기업이 되었다. 취득일 현재 B회사의 모든 자산과 부채의 장부금액과 공정가치는 일치하였으며, A회사로부터 출자 받은 다음의 토지를 20×1년 말까지 보유하고 있다.

---

6) 다음의 ① 또는 ②에 해당하면서, ③을 충족하는 경우에 교환거래는 상업적 실질이 있다(1016:25).
　① 취득한 자산과 관련된 현금흐름의 구성(위험, 유출입시기, 금액)이 제공한 자산과 관련된 현금흐름의 구성과 다르다.
　② 교환거래의 영향을 받는 영업 부분의 기업특유가치가 교환거래의 결과로 변동한다.
　③ 위 ①이나 ②의 차이가 교환된 자산의 공정가치에 비하여 유의적이다.

과 목	장부금액	공정가치
토 지	₩25,000	₩30,000

B회사의 순자산 변동내역은 다음과 같으며, 20×1년 중에 내부거래는 없었다.

일 자	과 목	금 액
20×1. 1. 1.	순 자 산	₩85,000
	당 기 순 이 익	20,000
20×1.12.31.	합 계	₩105,000

물음

1. 토지의 출자에 상업적 실질이 결여되어 있지 않으며 B회사 지분 이외에 추가적인 자산을 수령하지 않은 경우, A회사가 관계기업투자주식 취득일과 20×1년 말에 해야 할 분개를 하시오.

2. 토지의 출자에 상업적 실질이 결여되어 있지 않으며 B회사 지분 이외에 추가적으로 현금 ₩6,000 을 수령한 경우, A회사가 관계기업투자주식 취득일과 20×1년 말에 해야 할 분개를 하시오.

3. 토지의 출자에 상업적 실질이 결여되어 있으며 B회사 지분 이외에 추가적인 자산을 수령하지 않은 경우, A회사가 관계기업투자주식 취득일과 20×1년 말에 해야 할 분개를 하시오.

4. 토지의 출자에 상업적 실질이 결여되어 있으며 B회사 지분 이외에 추가적으로 현금 ₩6,000을 수령한 경우, A회사가 관계기업투자주식 취득일과 20×1년 말에 해야 할 분개를 하시오.

풀이

1. 상업적 실질이 있으며, 추가적인 자산을 수령하지 않은 경우
① 취득일 회계처리

(차변)   관 계 기 업 투 자 주 식   30,000❶   (대변)   토   지   25,000
                                              유 형 자 산 처 분 이 익   5,000

❶ 제공한 자산의 공정가치를 취득원가로 회계처리한다.

② 지분법손익 회계처리

(차변)   관 계 기 업 투 자 주 식   3,000   (대변)   지 분 법 이 익   3,000❷

❷ 유형자산처분이익 전체를 내부미실현이익으로 본다.
   따라서 (₩20,000 – 5,000) × 20% = ₩3,000

2. 상업적 실질이 있으며, 추가적인 자산을 수령한 경우
① 취득일 회계처리

(차변)   관 계 기 업 투 자 주 식   24,000❶   (대변)   토   지   25,000
         현   금   6,000   유 형 자 산 처 분 이 익   5,000

❶ 제공한 자산의 공정가치에서 현금수취액을 차감한 값을 취득원가로 회계처리한다.
   따라서 ₩30,000(제공한 자산의 공정가치) – 6,000(현금수취액) = ₩24,000

② 지분법손익 회계처리

(차변) 관 계 기 업 투 자 주 식　3,200　(대변) 지 분 법 이 익　3,200**❷**
　❷ 유형자산처분이익 중 총공정가치에서 현금수취액을 차감한 비율만 내부미실현이익으로 본다. 즉, ₩5,000
　　중에서 20%(= ₩6,000 / 30,000)를 차감한 80%만 내부미실현이익으로 본다.
　　따라서 (₩20,000 - 5,000 × 80%) × 20% = ₩3,200

3. 상업적 실질이 결여되어 있으며, 추가적인 자산을 수령하지 않은 경우
① 취득일 회계처리

(차변) 관 계 기 업 투 자 주 식　25,000**❶**(대변) 토　　　　　지　25,000
　❶ 제공한 자산의 장부금액을 취득원가로 회계처리한다.

② 지분법손익 회계처리

(차변) 관 계 기 업 투 자 주 식　4,000　(대변) 지 분 법 이 익　4,000**❷**
　❷ 유형자산처분이익을 인식하지 않으므로 내부미실현이익이 없다.
　　따라서 ₩20,000 × 20% = ₩4,000

4. 상업적 실질이 결여되어 있으며, 추가적인 자산을 수령한 경우
① 취득일 회계처리

(차변) 관 계 기 업 투 자 주 식　19,000**❶**(대변) 토　　　　　지　25,000
　　　　현　　　　　금　6,000
　❶ 제공한 자산의 장부금액에서 현금수취액을 차감한 값을 취득원가로 회계처리한다.
　　따라서 ₩25,000(제공한 자산의 장부금액) - 6,000(현금수취액) = ₩19,000

② 지분법손익 회계처리

(차변) 관 계 기 업 투 자 주 식　4,000　(대변) 지 분 법 이 익　4,000**❷**
　❷ 유형자산처분이익을 인식하지 않으므로 내부미실현이익이 없다.
　　따라서 ₩20,000 × 20% = ₩4,000

2.5 관계기업투자주식의 장부금액

관계기업투자주식의 장부금액은 다음 식과 같이 계산할 수 있다. 즉, 기말 관계기업의 순자산 장부금액에서 기말 내부미실현손익 잔액을 가감한 값에 투자자지분율을 곱하고, 여기에 취득일의 공정가치와 장부금액 간의 차이 중 기말까지 조정되지 않고 남아 있는 미조정 잔액과 영업권을 더하면 기말 현재 관계기업투자주식의 장부금액이 계산된다.

관계기업투자주식의 장부금액 = 기말 관계기업의 순자산 장부금액 ± 기말 내부미실현손익 잔액)
× 투자자지분율 + 취득일 공정가치와 장부금액 간의 차이 중 미조정 잔액 + 영업권

▣ 예 3 관계기업투자주식의 장부금액

(예제 2)의 물음 1에서 20×1년 말과 20×2년 말 A회사의 관계기업투자주식의 장부금액을 계산하면 다음과 같다.

구 분	20×1년 말	20×2년 말
기말 B회사 순자산 장부금액	₩112,000	₩137,000
- 기말 내부미실현이익 잔액	(9,600)*	-
합 계	102,400	137,000
× 20%	20,480	27,400
+ 공정가치와 장부금액 간의 차이 중 미조정 잔액	6,400**	1,800***
+ 영업권	6,000	6,000
합 계	₩32,880	₩35,200

* (₩100,000 × 30% × 20%(하향거래의 내부미실현이익
　+ 60,000 × 30% × 20%(상향거래의 내부미실현이익)) = ₩9,600
** ₩4,000(토지 미조정 잔액) + (3,000 - 600)(건물 미조정 잔액) = ₩6,400
*** (₩3,000 - 1,200)(건물 미조정 잔액) = ₩1,800

3. 소유지분의 변동

3.1 단계적 취득

제1장에서 설명한 '단계적으로 이루어지는 사업결합' 또는 제5장에서 설명한 '단계적 취득'과 마찬가지로 투자기업이 취득일 직전에 피투자기업의 지분을 일부 보유하고 있는 상황에서 피투자기업에 대한 유의적인 영향력을 행사하는 경우에도 이를 단계적 취득이라고 한다. 예를 들어, A회사가 B회사 지분의 10%를 보유하고 있는 상황에서 B회사의 나머지 지분인 15%를 추가로 매수하여 B회사에 대한 유의적인 영향력을 행사하는 경우이다. 단계적 취득은 다음 [그림 8-4]와 같이 추가 취득으로 유의적인 영향력을 행사하는 경우와 유의적인 영향력 행사 이후에 추가 취득하는 경우로 나누어 볼 수 있다.

● 그림 8-4 단계적 취득

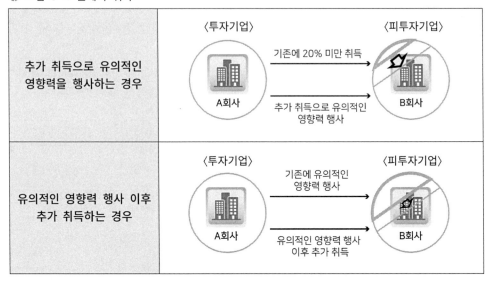

(1) 추가 취득으로 유의적인 영향력을 행사하는 경우

단계적 취득을 통해서 최초로 유의적인 영향력을 행사하는 경우 투자기업은 이전에 보유하고 있던 피투자기업에 대한 지분을 취득일의 **공정가치로 재측정**하고, 그 결과 차손익이 있다면 당기손익 또는 기타포괄손익으로 인식한다. 즉, 추가 취득일에 기존보유 지분을 처분하고 다시 일괄 취득한 것으로 보아 취득금액을 산정하는 **일괄법**에 따라 회계처리한다. 단계적 취득 시에 취득금액은 다음과 같이 계산한다.

> 취득금액 = 추가 취득일 직전 보유한 지분의 공정가치 + 추가 취득한 지분의 취득원가

추가 취득일 직전 보유한 지분을 기타포괄손익-공정가치 측정(FVOCI) 금융자산으로 선택하여 분류한 경우에는 이전의 보고기간에, 취득자가 피취득자 지분의 가치변동을 기타포괄손익으로 인식하였을 수 있다. 이 경우 **기타포괄손익으로 인식한 금액은 취득자가 이전에 보유하던 지분을 직접 처분하였다면 적용할 기준과 동일하게 인식한다.** 즉, 기타포괄손익-공정가치 측정(FVOCI) 금융자산으로 선택하여 가치변동으로 인식한 기타포괄손익은 취득일에 당기손익으로 재분류할 수 없다.

단계적 취득의 경우 취득일에 투자기업의 회계처리는 다음과 같다.

〈추가 취득일 회계처리〉

① 취득일 직전 보유한 지분을 FVPL금융자산으로 분류한 경우

(차변)	관 계 기 업 투 자 주 식	×××	(대변)	F V P L 금 융 자 산	×××
	금융자산평가손실(PL)	×××		금융자산평가이익(PL)	×××
				현 금 (추 가 취 득)	×××

② 취득일 직전 보유한 지분을 FVOCI금융자산으로 분류한 경우

(차변)	관 계 기 업 투 자 주 식	×××	(대변)	F V O C I 금 융 자 산	×××
	금융자산평가손실(OCI)	×××*		금융자산평가이익(OCI)	×××*
				현 금 (추 가 취 득)	×××

* 금융자산평가손익(OCI)은 당기손익으로 재분류할 수 없다.

📖 예제 4 단계적 취득 – 추가 취득으로 유의적인 영향력을 행사하는 경우

12월 말 결산법인인 A회사는 B회사의 보통주식을 다음과 같이 취득하여 20×2년 1월 1일에 유의적인 영향력을 행사하게 되었다. 한편, A회사가 보유하고 있던 B회사의 주식 10%의 공정가치는 20×1년 12월 31일과 20×2년 1월 1일에 각각 ₩17,000과 ₩18,000이다.

취득일	취득 지분율	취득금액
20×1. 1. 1.	10%	₩15,000
20×2. 1. 1.	15%	20,000

B회사의 순자산 변동내역은 다음과 같으며, 20×2년 1월 1일 B회사의 모든 자산과 부채의 장부금액과 공정가치는 일치하였다.

일 자	과 목	금 액
20×1. 1. 1.	순 자 산	₩85,000
	당 기 순 이 익	20,000
20×1.12.31.	합 계	105,000
	당 기 순 이 익	30,000
20×2.12.31.	합 계	₩135,000

물음 ··

1. A회사가 보유하고 있던 B회사의 주식 10%를 FVPL금융자산으로 분류한 경우, A회사가 20×1년과 20×2년에 해야 할 분개를 하시오.

2. A회사가 보유하고 있던 B회사의 주식 10%를 FVOCI금융자산으로 분류한 경우, A회사가 20×1년과 20×2년에 해야 할 분개를 하시오.

풀이 ··

1. FVPL금융자산으로 분류한 경우
〈20×1년 회계처리〉
① 취득일 회계처리
　(차변)　F V P L 금 융 자 산　15,000　(대변)　현　　　　　　금　15,000

② 금융자산평가손익 회계처리
　(차변)　F V P L 금 융 자 산　2,000❶　(대변)　금융자산평가이익(PL)　2,000

　❶ ₩17,000 - 15,000 = ₩2,000

〈20×2년 회계처리〉
① 추가 취득일 회계처리
　(차변)　관 계 기 업 투 자 주 식　38,000　(대변)　F V P L 금 융 자 산　17,000
　　　　　　　　　　　　　　　　　　　　　　　　금융자산평가이익(PL)　1,000❷
　　　　　　　　　　　　　　　　　　　　　　　　현　　　　　　금　20,000

　❷ ₩18,000 - 17,000 = ₩1,000
　❸ 차액 분석

(단위: 원)

구 분	순자산	지분율		금액	차액	분 석
취 득 원 가				38,000	11,750	영업권
공 정 가 치	105,000	× 25%	=	26,250		
장 부 금 액	105,000	× 25%	=	26,250	0	-
합 　 계					11,750	

② 지분법손익 회계처리
(차변)　관 계 기 업 투 자 주 식　7,500❹　(대변)　지 분 법 이 익　7,500

　❹ ₩30,000 × 25% = ₩7,500

2. FVOCI금융자산으로 분류한 경우
〈20×1년 회계처리〉
① 취득일 회계처리
　(차변)　F V O C I 금 융 자 산　15,000　(대변)　현　　　　　　금　15,000

② 금융자산평가손익 회계처리
　(차변)　F V O C I 금 융 자 산　2,000　(대변)　금융자산평가이익(OCI)　2,000

〈20×2년 회계처리〉
① 추가 취득일 회계처리
　(차변)　관 계 기 업 투 자 주 식　38,000　(대변)　F V O C I 금 융 자 산　17,000
　　　　　　　　　　　　　　　　　　　　　　　　금융자산평가이익(OCI)　1,000❶
　　　　　　　　　　　　　　　　　　　　　　　　현　　　　　　금　20,000

　❶ 금융자산평가이익(OCI)은 당기손익으로 재분류할 수 없다.

② 지분법손익 회계처리
　(차변)　관 계 기 업 투 자 주 식　7,500　(대변)　지 분 법 이 익　7,500

··

(2) 유의적인 영향력 행사 이후 추가 취득하는 경우

기존에 유의적인 영향력 행사 이후에 관계기업의 지분을 추가 취득하는 경우도 있다. 이때 이미 투자기업은 지분법을 적용하고 있으므로 추가로 취득한 지분에 대해서도 별도로 지분법을 적용한다.

한편, 투자기업이 관계기업의 지분을 보유하는데, 관계기업의 지분을 추가 취득하여 공동지배력을 획득하면 관계기업투자는 공동기업투자로 변경된다. 이때에도 이미 투자기업은 지분법을 적용하고 있으므로 추가로 취득한 지분에 대해서도 별도로 지분법을 적용한다. 즉, 추가로 취득한 지분에 대해서 취득시점의 피투자기업의 순자산의 공정가치에 기초하여 영업권 또는 염가매수차익 해당액을 결정하며, 기존 지분에 대해서 공정가치 재측정은 하지 않는다. 그 결과 추가 지분 취득으로 유의적인 영향력이 공동지배력으로 바뀌더라도 회계처리는 달라지지 않는다.

📖 예제 5　단계적 취득 – 유의적인 영향력을 행사 이후 추가 취득하는 경우

12월 말 결산법인인 A회사는 B회사의 보통주식을 다음과 같이 취득하여 20×1년 1월 1일에 유의적인 영향력을 행사하게 되었다.

취득일	취득 지분율	취득금액
20×1. 1. 1.	20%	₩30,000
20×2. 1. 1.	10%	15,000

B회사의 순자산 변동내역은 다음과 같다.

일 자	과 목	금 액
20×1. 1. 1.	순　자　산	₩85,000
	당 기 순 이 익	20,000
20×1.12.31.	합　계	105,000
	당 기 순 이 익	30,000
20×2.12.31.	합　계	₩135,000

한편, 20×1년 1월 1일과 20×2년 1월 1일에 다음 건물을 제외한 B회사의 모든 자산과 부채의 장부금액과 공정가치는 일치하였다. 해당 건물은 모두 잔존가치 없이 남아 있는 내용연수 5년 동안 정액법으로 감가상각한다.

일 자	장부금액	공정가치
20×1. 1. 1.	₩35,000	₩50,000
20×2. 1. 1.	40,000	60,000

물음
A회사가 20×1년과 20×2년에 해야 할 분개를 하시오.

풀이 ··

유의적인 영향력 행사 이후 추가 취득하는 경우에는 추가로 취득한 지분에 대해서도 **별도로 지분법**을 적용한다.

〈20×1년 회계처리〉

① 취득일 회계처리

　(차변)　관 계 기 업 투 자 주 식　　　30,000　(대변)　현　　　　　　　금　　30,000

　❶ 20%에 대한 차액 분석

(단위: 원)

구 분	순자산	지분율	금액	차액	분 석
취 득 원 가			38,000	10,000	영업권
공 정 가 치	100,000 ×	20% =	20,000	3,000	건물
장 부 금 액	85,000 ×	20% =	17,000		
합　　계				13,000	

② 지분법손익 회계처리

　(차변)　관 계 기 업 투 자 주 식　　　3,400　(대변)　지 　분 　법 　이 　익　　　3,400❷

　❷ ₩20,000 × 20% – 3,000 ÷ 5년 = ₩3,400

〈20×2년 회계처리〉

① 추가 취득일 회계처리

　(차변)　관 계 기 업 투 자 주 식　　　15,000　(대변)　현금　　　　　　　　15,000

　❸ 10%에 대한 차액 분석

(단위: 원)

구 분	순자산	지분율	금액	차액	분 석
취 득 원 가			15,000	2,500	영업권
공 정 가 치	125,000 ×	10% =	12,500	2,000	건물
장 부 금 액	105,000 ×	10% =	10,500		
합　　계				4,500	

② 지분법손익 회계처리

　(차변)　관 계 기 업 투 자 주 식　　　8,000　(대변)　지 　분 　법 　이 　익　　　8,000❹

　❹ (₩30,000 × 20% – 3,000 ÷ 5년)(20%에 해당하는 지분법이익) + (30,000 × 10% – 2,000 ÷ 5년)
　(10%에 해당하는 지분법이익) = ₩8,000

··

　단계적 취득으로 유의적인 영향력을 행사하는 경우와 유의적인 영향력 행사 이후 추가 취득하는 경우 회계처리를 요약·정리하면 다음 〈표 8-2〉와 같다.

☑ 표 8-2 단계적 취득 회계처리 비교

구 분	관계기업투자주식 인식	차액 분석
추가 취득으로 유의적인 영향력을 행사하는 경우	전체 지분	전체 지분에 대해 차액 분석
유의적인 영향력 행사 이후 추가 취득하는 경우	추가 취득한 지분만	추가 취득한 지분을 별도로 차액 분석

3.2 단계적 처분

제5장에서 설명한 '단계적 처분'과 마찬가지로 투자기업이 관계기업의 지분 중 일부를 처분하는 경우, 이를 **단계적 처분**이라고 한다. 예를 들어, 투자기업인 A회사가 관계기업인 B회사 지분의 25%를 보유하고 있는 상황에서 B회사에 대한 지분 중 10%를 처분하는 경우이다. 단계적 취득은 다음 [그림 8-5]와 같이 **처분 이후 유의적인 영향력을 유지하는 경우**와 유의적인 영향력을 상실하는 경우로 나누어 볼 수 있다.

● 그림 8-5 단계적 처분

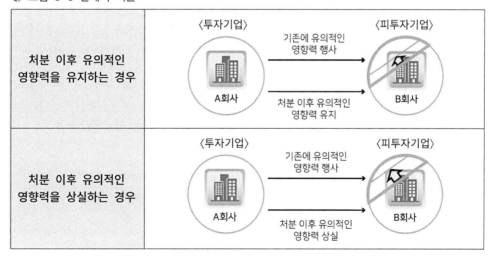

(1) 처분 이후 유의적인 영향력을 유지하는 경우

투자기업이 관계기업의 지분 중 일부를 처분하더라도 관계기업에 대한 유의적인 영향력을 계속 유지하는 경우가 있다. 투자기업은 처분한 관계기업투자주식의 장부금액과 처분대가의 차이를 처분손익으로 인식한다. 이때 처분한 관계기업투자주식과 관련된 지분법기타포괄손익은 기타포괄손익의 발생원인에 따라 당기손익으로 재분류하거나 직접 이익잉여금으로 대체한다.

처분 후에 남아 있는 관계기업투자주식에 대해서는 계속해서 지분법을 적용한다. 이때 관계기업의 순자산의 공정가치와 장부금액 간의 차이 중 잔액에 대해서는 처분한 부분을 제외한 남아 있는 보유분만 비례적으로 조정한다.

처분 이후 유의적인 영향력을 유지하는 경우 회계처리를 요약·정리하면 다음 〈표 8-3〉과 같다.

☑ 표 8-3 처분 이후 유의적인 영향력을 유지하는 경우 회계처리

구 분	회계처리
처분한 관계기업투자주식	**처분손익 인식** 처분과 관련된 지분법기타포괄손익을 당기손익으로 재분류하거나 이익잉여금으로 대체
보유 중인 관계기업투자주식	**지분법 적용** 공정가치와 장부금액 간의 차이 중 잔액에 대해서는 보유분만 비례적으로 조정

📖 예제 6 단계적 처분 – 처분 이후 유의적인 영향력을 유지하는 경우

12월 말 결산법인인 A회사는 20×1년 1월 1일에 B회사의 보통주식 40%를 ₩50,000에 취득하여 유의적인 영향력을 행사하게 되었으며, 20×2년 초에 B회사의 보통주식 10%를 ₩18,000에 처분하였으나 유의적인 영향력은 유지한다.
B회사의 순자산 변동내역은 다음과 같으며, 기타포괄이익은 채무상품 관련 FVOCI금융자산평가이익이다.

일 자	과 목	금 액
20×1. 1. 1.	순 자 산	₩85,000
	당 기 순 이 익	20,000
	기 타 포 괄 이 익	7,000
20×1.12.31.	합 계	112,000
	당 기 순 이 익	30,000
20×2.12.31.	합 계	₩142,000

한편, 20×1년 1월 1일에 다음 건물을 제외한 B회사의 모든 자산과 부채의 장부금액과 공정가치는 일치하였다. 건물은 잔존가치 없이 남아 있는 내용연수 5년 동안 정액법으로 감가상각한다.

일　자	장부금액	공정가치
20×1. 1. 1.	₩35,000	₩50,000

물음 ....

A회사가 20×1년과 20×2년에 해야 할 분개를 하시오.

풀이 ....

〈차액 분석〉

(단위: 원)

구　분	순자산	지분율	금액	차액	분　석
취득원가			50,000	10,000	영업권
공정가치	100,000	× 40% =	40,000	6,000	건물
장부금액	85,000	× 40% =	34,000		
합　계				16,000	

〈20×1년 회계처리〉

① 취득일 회계처리

(차변)　관계기업투자주식　50,000　(대변)　현　　　　금　50,000

② 지분법손익 회계처리

(차변)　관계기업투자주식　6,800　(대변)　지분법이익　6,800❶
(차변)　관계기업투자주식　2,800　(대변)　지분법기타포괄이익　2,800❷

❶ ₩20,000 × 40% − 6,000 ÷ 5년 = ₩6,800

❷ ₩7,000 × 40% = ₩2,800

<20×2년 회계처리>

① 처분일 회계처리

(차변)　현　　　　금　18,000　(대변)　관계기업투자주식　14,900❸
　　　　지분법기타포괄이익　700❹　　　　투자주식처분이익　3,800

❸ (₩50,000 + 6,800 + 2,800) × (1 / 4) = ₩14,900

❹ 지분법기타포괄이익의 발생원인이 채무상품 관련 FVOCI금융자산평가이익이므로 당기손익(투자주식처분이익)으로 재분류한다. 따라서 처분한 관계기업투자주식 비율에 해당되는 금액인 ₩700(= ₩2,800 × (1 / 4))을 당기손익으로 재분류한다.

② 지분법손익 회계처리

(차변)　관계기업투자주식　8,100　(대변)　지분법이익　8,100❺

❺ B회사 순자산의 장부금액과 공정가치 간의 차이 중에서 보유분만 비례적으로 조정한다. 따라서 ₩6,000 중에서 처분한 1/4에 해당하는 ₩1,500을 제외한 ₩4,500에 대해서만 내용연수 5년으로 나누어 조정하면, ₩30,000 × 30% − 4,500 ÷ 5년 = ₩8,100이다.

또는 ₩6,000 중에서 ₩1,200에 해당하는 금액은 이미 20×1년에 조정되었으므로 잔액인 ₩4,800 중에서 처분한 1/4에 해당하는 ₩1,200을 제외한 ₩3,600에 대해서만 잔여 내용연수 4년으로 나누어 조정하면, ₩30,000 × 30% - 3,600 ÷ 4년 = ₩8,100으로 동일하다.

(2) 처분 이후 유의적인 영향력을 상실한 경우

투자기업의 관계기업의 지분 중 일부를 처분하여 더 이상 유의한 영향력을 행사하지 않는 경우가 있다. 투자기업은 관계기업의 지분 전체를 일괄하여 처분한 것으로 보아 관계기업투자주식처분손익을 당기손익으로 인식한다. 이때 관계기업의 지분 전체를 일괄하여 처분한 것으로 보기 때문에 전체 지분법기타포괄손익을 기타포괄손익의 발생원인에 따라 당기손익으로 재분류하거나 직접 이익잉여금으로 대체한다. 다만, 투자기업은 유의적인 영향력을 상실한 관계기업의 지분 매각 후에도 잔여지분이 있다면 해당 잔여지분에 대하여는 유의적인 영향력을 상실한 날의 공정가치로 측정하여 회계처리한다. 이를 요약·정리하면 다음 〈표 8-4〉와 같다.

☑ 표 8-4 처분 이후 유의적인 영향력을 상실하는 경우 회계처리

구 분	회계처리
처분한 관계기업투자주식	**처분손익 인식** 전체 지분법기타포괄손익을 당기손익으로 재분류하거나 이익잉여금으로 대체
보유 중인 잔여지분	**공정가치로 측정**

📖 예제 7 단계적 처분 - 처분 이후 유의적인 영향력을 상실하는 경우

12월 말 결산법인인 A회사는 20×1년 1월 1일에 B회사의 보통주식 40%를 ₩50,000에 취득하여 유의적인 영향력을 행사하게 되었으며, 20×2년 초에 B회사의 보통주식 25%를 공정가치인 ₩40,000에 처분하여 유의적인 영향력을 상실하였다. 또한 잔여지분인 15%는 FVPL금융자산으로 분류하였으며, 공정가치는 다음과 같다.

일 자	공정가치
20×2년 초	₩24,000
20×2.12.31.	22,000

B회사의 순자산 변동내역은 다음과 같으며, 기타포괄이익은 유형자산의 재평가잉여금이다.

일 자	과 목	금 액
20×1. 1. 1.	순 자 산	₩85,000
	당 기 순 이 익	20,000
	기 타 포 괄 이 익	7,000
20×1.12.31.	합 계	112,000
	당 기 순 이 익	30,000
20×2.12.31.	합 계	₩142,000

한편, 20×1년 1월 1일에 다음 건물을 제외한 B회사의 모든 자산과 부채의 장부금액과 공정가치는 일치하였다. 건물은 잔존가치 없이 남아 있는 내용연수 5년 동안 정액법으로 감가상각한다.

일 자	장부금액	공정가치
20×1. 1. 1.	₩35,000	₩50,000

물음 ··

A회사가 20×1년과 20×2년에 해야 할 분개를 하시오. 단, 관계기업투자주식을 처분할 때 지분법기타포괄이익을 이익잉여금으로 대체한다.

풀이 ··

〈차액 분석〉

(단위: 원)

구 분	순자산	지분율	금액	차액	분 석
취 득 원 가			50,000		
공 정 가 치	100,000 ×	40% =	40,000	10,000	영업권
장 부 금 액	85,000 ×	40% =	34,000	6,000	건물
합 계				16,000	

〈20×1년 회계처리〉
① 취득일 회계처리
(차변) 관 계 기 업 투 자 주 식   50,000   (대변) 현   금   50,000

② 지분법손익 회계처리
(차변) 관 계 기 업 투 자 주 식   6,800   (대변) 지 분 법 이 익   6,800❶
(차변) 관 계 기 업 투 자 주 식   2,800   (대변) 지 분 법 기 타 포 괄 이 익   2,800❷

❶ ₩20,000 × 40% − 6,000 ÷ 5년 = ₩6,800

❷ ₩7,000 × 40% = ₩2,800

〈20×2년 회계처리〉
① 처분일 회계처리
(차변) 현   금   40,000   (대변) 관 계 기 업 투 자 주 식   59,600❸
       F V P L 금 융 자 산   24,000❹   투 자 주 식 처 분 이 익   4,400
(차변) 지 분 법 기 타 포 괄 이 익   2,800❹   (대변) 이 익 잉 여 금   2,800

❸ 관계기업 지분 전체를 일괄하여 처분한 것으로 보고 회계처리한다.

따라서 ₩50,000 + 6,800 + 2,800 = ₩59,600

❹ 지분법기타포괄이익의 발생원인이 유형자산의 재평가잉여금이므로 당기손익으로 재분류할 수 없으며 이익
잉여금으로 대체한다.

② 금융자산평가손익 회계처리
  (차변) 금융자산평가손실(PL)   2,000❺ (대변) F V P L 금 융 자 산   2,000
  ❺ ₩22,000 - 24,000 = (-)₩2,000

3.3 매각예정으로 분류되는 경우

관계기업에 대한 투자 또는 그 투자의 일부가 매각예정 분류기준을 충족하는 경우 K-IFRS
제1105호 '매각예정비유동자산과 중단영업'에 따라 매각예정비유동자산으로 재분류한다.
앞서 2.1절 '지분법 적용 면제'에서 설명한 것처럼 재분류 시점부터 더 이상 지분법을
적용하지 않으며, 장부금액과 순공정가치 중 작은 금액으로 측정하고 차액을 당기손익(손상차
손)으로 인식한다.

손상차손 = 관계기업투자주식의 장부금액 – 순공정가치*

* 순공정가치 = 공정가치 – 처분부대원가

매각예정으로 분류되지 않은 관계기업에 대한 투자의 잔여 보유분은 매각예정으로 분류
된 부분이 매각될 때까지 지분법을 적용하여 회계처리한다.

한편, 매각 이후 잔여 보유 지분이 계속해서 관계기업에 해당하여 지분법이 적용되는
경우가 아니라면, 관계기업이나 공동기업에 대한 잔여 보유지분에 대하여 K-IFRS
제1109호 '금융상품'에 따른 공정가치법이나 원가법을 적용하여 회계처리한다.

매각예정으로 분류되는 경우 회계처리를 요약·정리하면 다음 〈표 8-5〉와 같다.

☑ 표 8-5 매각예정으로 분류되는 경우 회계처리

구 분		회계처리
매각 이전	매각예정으로 분류	매각예정비유동자산으로 재분류 장부금액과 순공정가치 간의 차이를 손상차손 인식
	잔여 보유지분	유의적인 영향력 유지 여부와 관계없이 계속 지분법 적용
매각 이후 잔여 보유지분		계속해서 관계기업에 해당하면 지분법 적용
		관계기업에 해당하지 않는다면 공정가치법이나 원가법 적용

매각예정으로 분류된 관계기업에 대한 투자가 더 이상 매각예정의 분류기준을 충족하지 않는다면, 매각예정으로 분류된 시점부터 소급하여 지분법을 적용하여 회계처리한다. 따라서 매각예정으로 분류된 시점 이후 기간의 재무제표는 이에 따라 수정되어야 한다.

📖 예제 8 매각예정으로 분류되는 경우

12월 말 결산법인인 A회사는 20×1년 1월 1일에 B회사의 보통주식 40%를 ₩50,000에 취득하여 유의적인 영향력을 행사하게 되었으며, 20×2년 초에 B회사의 보통주식 25%를 매각예정으로 분류하였으며, 순공정가치는 다음과 같다.

일　자	순공정가치
20×2년 초	₩30,000
20×2. 12. 31.	29,000

또한 20×3년 초에 B회사의 보통주식 25% 처분 후 잔여지분인 15%는 FVPL금융자산으로 분류하며, 공정가치는 다음과 같다.

일　자	공정가치
20×3년 초	₩24,000
20×3. 12. 31.	27,000

B회사의 순자산 변동내역은 다음과 같으며, 기타포괄이익은 유형자산의 재평가잉여금이다.

일　자	과　목	금　액
20×1. 1. 1.	순　자　산	₩85,000
	당 기 순 이 익	20,000
	기 타 포 괄 이 익	7,000
20×1.12.31.	합　계	112,000
	당 기 순 이 익	30,000
20×2.12.31.	합　계	142,000
	당 기 순 이 익	35,000
20×3.12.31.	합　계	₩177,000

한편, 20×1년 1월 1일에 다음 건물을 제외한 B회사의 모든 자산과 부채의 장부금액과 공정가치는 일치하였다. 건물은 잔존가치 없이 남아 있는 내용연수 5년 동안 정액법으로 감가상각한다.

일　자	장부금액	공정가치
20×1. 1. 1.	₩35,000	₩50,000

물음

1. A회사가 20×1년과 20×2년에 해야 할 분개를 하시오.

2. A회사가 20×3년 초에 매각예정으로 분류된 관계기업투자주식을 ₩27,500에 처분한 경우 매각 시와 20×3년 말에 해야 할 분개를 하시오. 단, 관계기업투자주식을 처분할 때 지분법기타포괄이익을 이익잉여금으로 대체한다.

3. (물음 2)와 관계없이 A회사가 20×3년 초에 매각예정으로 분류된 관계기업투자주식의 매각계획을 철회한 경우 20×3년에 해야 할 분개를 하시오. 단, 20×2년 초와 20×2년 말에 매각예정으로 분류된 관계기업투자주식의 사용가치는 장부금액보다 크다.

풀이 ···

1. 〈차액 분석〉

(단위: 원)

구 분	순자산	지분율	금액	차액	분 석
취 득 원 가			50,000	10,000	영업권
공 정 가 치	100,000	× 40%	= 40,000	6,000	건물
장 부 금 액	85,000	× 40%	= 34,000		
합 계				16,000	

〈20×1년 회계처리〉
① 취득일 회계처리
(차변) 관 계 기 업 투 자 주 식   50,000   (대변) 현   금   50,000

② 지분법손익 회계처리
(차변) 관 계 기 업 투 자 주 식   6,800   (대변) 지 분 법 이 익   6,800❶
(차변) 관 계 기 업 투 자 주 식   2,800   (대변) 지 분 법 기 타 포 괄 이 익   2,800❷

❶ ₩20,000 × 40% − 6,000 ÷ 5년 = ₩6,800
❷ ₩7,000 × 40% = ₩2,800

〈20×2년 회계처리〉
① 매각예정으로 분류 시 회계처리
(차변) 매 각 예 정 비 유 동 자 산   30,000   (대변) 관 계 기 업 투 자 주 식   37,250❸
손   상   차   손   7,250

❸ (₩50,000 + 6,800 + 2,800) × (25 / 40) = ₩37,250

② 손상차손 및 지분법손익 회계처리
(차변) 손   상   차   손   1,000   (대변) 매 각 예 정 비 유 동 자 산   1,000❹
(차변) 관 계 기 업 투 자 주 식   4,050   (대변) 지 분 법 이 익   4,050❺

❹ ₩29,000 − 30,000 = (−)₩1,000
❺ 관계기업투자주식 40% 중에서 매각예정비유동자산으로 분류한 25%를 제외한 나머지 15%는 계속해서 지분법을 적용한다. ₩30,000 × 15% − (6,000 ÷ 5년) × (15 / 40) = ₩4,050

2. 매각예정분류자산을 매각한 경우
〈20×3년 회계처리〉
① 매각 시 회계처리
(차변) 현   금   27,500   (대변) 매 각 예 정 비 유 동 자 산   29,000
매각예정자산처분손실   1,500❶

(차변)   F V P L 금 융 자 산   24,000   (대변)   관 계 기 업 투 자 주 식   26,400**❷**
　　　　　 투 자 주 식 처 분 손 실   2,400
(차변)   지 분 법 기 타 포 괄 이 익   2,800   (대변)   이 익 잉 여 금   2,800**❸**

❶ ₩27,500 − 29,000 = (−)₩1,500

❷ (₩50,000 + 6,800 + 2,800) × (15 / 40) + 4,050 = ₩26,400

❸ 지분법기타포괄이익의 발생원인이 유형자산의 재평가잉여금이므로 당기손익으로 재분류할 수 없으며 이익
　 잉여금으로 대체한다.

② 금융자산평가손익 회계처리
　　(차변)   F V P L 금 융 자 산   3,000   (대변)   금융자산평가이익(PL)   3,000**❹**

❹ ₩27,000 − 24,000 = ₩3,000

3. 매각계획을 철회한 경우
〈20×3년 회계처리〉
① 매각계획철회 시 회계처리
　　(차변)   관 계 기 업 투 자 주 식   44,000**❶**   (대변)   매 각 예 정 비 유 동 자 산   29,000
　　　　　　　　　　　　　　　　　　　　　　　　　　　 이 익 잉 여 금   15,000**❷**

❶ ₩37,250 + (30,000 × 25% − (6,000 ÷ 5년) × (25 / 40))(20×2년도 지분법이익 미인식분)
　 = ₩44,000

❷ 과년도에 인식한 손상차손을 취소하고 25%에 대해 인식하지 않았던 20×2년도 지분법이익을 가산하면서,
　 그 합계액을 이익잉여금으로 인식한다.
　 과년도 손상차손 = ₩7,250 + 1,000 = ₩8,250
　 20×2년도 지분법이익 = ₩30,000 × 25% − (6,000 ÷ 5년) × (25 / 40) = ₩6,750
　 따라서 이익잉여금은 ₩15,000(= ₩8,250 + 6,750)이다.

② 지분법손익 회계처리
　　(차변)   관 계 기 업 투 자 주 식   12,800   (대변)   지 분 법 이 익   12,800**❸**

❸ ₩35,000 × 40% − (6,000 ÷ 5년) = ₩12,800

4. 관계기업의 손실

4.1 지분법 적용의 중지와 재개

(1) 지분법 적용의 중지

　관계기업의 손실 중 투자기업의 지분이 관계기업에 대한 투자지분과 같거나 초과하는 경우, 투자기업은 관계기업 투자지분 이상의 손실에 대하여 인식을 중지한다. 즉, 피투자기업의 당기순손실에 대한 지분법손실을 관계기업투자주식의 장부금액이 영(₩0)이 될 때까지만 인식하고, 이를 초과하는 지분법손실은 인식하지 않는다. 주식회사

의 주주는 자신이 투자한 한도 내에서만 유한책임을 부담하기 때문이다.

관계기업에 대한 **투자자산의 장부금액**과 실질적으로 관계기업에 대한 순투자의 일부를 구성하는 장기투자지분 항목을 합한 금액까지 지분법손실을 인식한다. 예를 들면, 예측 가능한 미래에 상환받을 계획도 없고 상환가능성도 높지 않은 항목은 실질적으로 관계기업에 대한 투자자산의 연장이다. 이러한 항목에는 우선주와 장기수취채권이나 장기대여금이 포함될 수도 있다.[7] 그러나 매출채권, 매입채무 또는 담보부대여금과 같이 적절한 담보가 있는 장기수취채권은 제외한다.

투자기업의 지분이 영(₩0)으로 감소된 이후 추가 손실분에 대하여 투자기업이 법적의무 또는 의제의무를 부담하거나 관계기업을 대신하여 지불해야 하는 경우 그 금액까지만 다음과 같이 손실과 부채를 인식한다.

〈법적의무 또는 의제의무에 대한 추가 손실분 인식〉
(차변) 지 분 법 손 실   ××× (대변) 손 실 충 당 부 채   ×××

---

(2) 지분법 적용의 재개

지분법 적용을 중지한 후 관계기업이 추후에 이익을 보고할 경우 투자기업은 과거에 인식하지 못한 손실을 초과한 금액만을 이익으로 인식한다. 예를 들어, 지분법 적용의 중지로 인해 인식하지 않은 지분법손실이 ₩1,000이라고 가정하자. 다음 해에 계산된 지분법이익이 ₩1,500이라면 과거에 인식하지 못한 지분법손실 ₩1,000을 초과한 ₩500(= ₩1,500 - 1,000)만을 지분법이익으로 인식한다.

📖 예제 9 지분법 적용의 중지와 재개

> 12월 말 결산법인인 A회사는 20×1년 1월 1일에 B회사의 보통주식 20%를 ₩18,000에 취득하여 유의적인 영향력을 행사하게 되었다. B회사의 순자산 변동내역은 다음과 같으며, 20×1년 1월 1일 현재 B회사의 모든 자산과 부채의 장부금액과 공정가치는 일치하였다.
>
> | 일 자 | 과 목 | 금 액 |
> |---|---|---|
> | 20×1. 1. 1. | 순   자   산 | ₩85,000 |
> | | 당 기 순 손 실 | (50,000) |

---

7) 지분법 적용으로 보통주에 대한 투자자산 금액을 초과하여 인식되는 손실은 관계기업이나 공동기업 청산시의 상환 우선순위와는 반대의 순서로 투자지분 중 보통주와 다른 구성항목에 대해 적용한다(1028:38).

20×1.12.31.	합　　　　계	35,000
	당 기 순 손 실	(60,000)
20×2.12.31.	합　　　　계	(25,000)
	당 기 순 이 익	35,000
20×3.12.31.	합　　　　계	₩10,000

물음 ···

1. A회사가 20×1년, 20×2년 및 20×3년에 해야 할 분개를 하시오.

2. 20×2년 말에 A회사가 B회사에 대하여 무담보 장기대여금 ₩2,000과 매출채권 ₩3,000이 있다고 가정하여 20×2년과 20×3년에 해야 할 분개를 하시오.

3. A회사가 B회사의 자본잠식에 대하여 추가출자해야 하는 법적의무가 있다고 가정하여 20×2년과 20×3년에 해야 할 분개를 하시오.

풀이 ···

1. 〈차액 분석〉

(단위: 원)

구 분	순자산		지분율		금액	차액	분 석
취 득 원 가					18,000		영업권
						1,000	
공 정 가 치	85,000	×	20%	=	17,000		
						0	-
장 부 금 액	85,000	×	20%	=	17,000		
합　　　계						1,000	

〈20×1년 회계처리〉
① 취득일 회계처리
　(차변) 관 계 기 업 투 자 주 식　18,000　(대변) 현　　　　　　　금　18,000

② 지분법손익 회계처리
　(차변) 지 분 법 손 실　10,000❶　(대변) 관 계 기 업 투 자 주 식　10,000
　❶ (-)₩50,000 × 20% = (-)₩10,000

〈20×2년 회계처리〉
· 지분법손익 회계처리
　(차변) 지 분 법 손 실　8,000❷　(대변) 관 계 기 업 투 자 주 식　8,000
　❷ (-)₩60,000 × 20% = (-)₩12,000
　　단, 관계기업투자주식 장부금액인 ₩8,000까지만 지분법손실을 인식한다.

〈20×3년 회계처리〉
· 지분법손익 회계처리
　(차변) 관 계 기 업 투 자 주 식　3,000　(대변) 지 분 법 이 익　3,000❸
　❸ ₩35,000 × 20% = ₩7,000
　　단, 전년도에 인식하지 않은 지분법손실 ₩4,000을 제외한 나머지 ₩3,000만 지분법이익을 인식한다.

2. 장기투자지분을 보유하는 경우

〈20×2년 회계처리〉

· 지분법손익 회계처리

(차변) 지 분 법 손 실   10,000   (대변) 관계기업투자주식   8,000
                                          손 실 충 당 금   2,000**❶**

    ❶ 관계기업에 대한 순투자의 일부를 구성하는 무담보 장기대여금 ₩2,000에 대해서는 추가로 지분법손실을
       인식하고, 매출채권은 순투자의 일부로 볼 수 없으므로 추가적인 지분법손실을 인식하지 않는다.

〈20×3년 회계처리〉

· 지분법손익 회계처리

(차변) 관계기업투자주식   3,000   (대변) 지 분 법 이 익   5,000**❷**
          손 실 충 당 금   2,000

    ❷ 전년도에 인식하지 않은 지분법손실 ₩2,000을 제외한 나머지 ₩5,000만 지분법이익을 인식한다.

3. 법적의무를 부담하는 경우

〈20×2년 회계처리〉

· 지분법손익 회계처리

(차변) 지 분 법 손 실   12,000   (대변) 관계기업투자주식   8,000
                                          손 실 충 당 부 채   4,000**❶**

    ❶ 관계기업의 자본잠식에 대하여 추가출자해야 하는 법적의무가 있으므로 계산된 지분법손실 ₩12,000을
       모두 인식한다. 따라서 관계기업투자주식의 장부금액 ₩8,000을 뺀 나머지 금액 ₩4,000을 손실충당부채
       로 인식한다.

〈20×3년 회계처리〉

· 지분법손익 회계처리

(차변) 관계기업투자주식   3,000   (대변) 지 분 법 이 익   7,000**❷**
          손 실 충 당 부 채   4,000

    ❷ 계산된 지분법이익 ₩7,000을 모두 지분법이익으로 인식한다.

4.2 관계기업투자주식의 손상

관계기업에 대한 순투자의 최초 인식 이후 손실사건이 발생한 결과 손상되었다는 객관적인 증거가 있으며 그 손실사건이 신뢰성 있게 추정할 수 있는 순투자의 추정미래현금흐름에 영향을 미친 경우에만 해당 순투자는 손상된 것이고, 손상차손이 발생한 것이다. 그러나 미래사건의 결과로 예상되는 손실은 발생가능성에 상관없이 인식하지 않는다.

순투자가 손상되었다는 객관적인 증거에 해당하는 손실사건은 다음과 같다.

① 관계기업의 유의적인 재무적 어려움
② 관계기업의 채무불이행 또는 연체와 같은 계약의 위반
③ 관계기업의 재무적 어려움에 관련된 경제적 또는 법률적 이유로 인해 다른 경우라면 고려하지
　않았을 양보를 그 관계기업에게 제공
④ 관계기업이 파산이나 그 밖의 재무적 구조조정의 가능성이 높은 상태가 됨
⑤ 관계기업의 재무적 어려움으로 순투자에 대한 활성시장의 소멸

　관계기업투자의 장부금액에 포함되어 있는 영업권은 분리하여 인식하지 않으므로 K-IFRS 제1036호 '자산손상'에 따른 영업권의 손상검사에 관한 요구사항을 적용한 별도의 손상검사를 하지 않는다. 그 대신에 K-IFRS 제1028호 '관계기업과 공동기업에 대한 투자'를 적용하여 순투자자산의 손상징후가 나타날 때마다 K-IFRS 제1036호에 따라 단일 자산으로서 **투자자산 전체 장부금액을 회수가능액과 비교하여 손상차손을 인식**한다.

- 손상차손 = 장부금액 - 회수가능액
- 회수가능액 = Max(순공정가치*, 사용가치**)

　* 자산의 공정가치에서 처분부대원가를 차감한 금액
　** 자산이 미래에 창출할 것으로 기대되는 미래현금흐름의 현재가치

　관계기업이나 공동기업에 대한 투자의 회수가능액은 각 관계기업이나 공동기업별로 평가해야 한다. 다만, 관계기업이나 공동기업이 창출하는 현금유입이 그 기업의 다른 자산에서 창출되는 현금흐름과 거의 독립적으로 구별되지 않는 경우에는 그러하지 아니한다.

　관계기업투자주식에 대해서 인식하는 **손상차손**은 관계기업투자주식 장부금액의 일부를 구성하는 어떠한 자산(영업권 포함)에도 배분하지 않는다. 따라서 모든 환입은 이러한 순투자자산의 회수가능액이 후속적으로 증가하는 만큼 인식한다. 단, 과거에 손상차손을 인식하지 않았을 경우의 장부금액을 한도로 환입을 인식한다.

📖 예제 10 관계기업투자주식의 손상

12월 말 결산법인인 A회사는 20×1년 1월 1일에 B회사의 보통주식 20%를 ₩18,000에 취득하여 유의적인 영향력을 행사하게 되었다. B회사의 순자산 변동내역은 다음과 같으며, 20×1년 1월 1일 현재 B회사의 모든 자산과 부채의 장부금액과 공정가치는 일치하였다.

일 자	과 목	금 액
20×1. 1. 1.	순 자 산	₩85,000
	당 기 순 손 실	(50,000)
20×1.12.31.	합 계	35,000
	당 기 순 이 익	30,000
20×2.12.31.	합 계	₩65,000

한편, A회사가 보유한 B회사 주식의 각 연도말 순공정가치와 사용가치는 다음과 같다.

일 자	순공정가치	사용가치
20×1. 12. 31.	₩5,000	₩6,000
20×2. 12. 31.	16,000	15,000

물음 ···

A회사가 20×1년과 20×2년에 해야 할 분개를 하시오.

풀이 ···

〈차액 분석〉

(단위: 원)

구 분	순자산	지분율	금액	차액	분 석
취 득 원 가			18,000	1,000	영업권
공 정 가 치	85,000	× 20% =	17,000	0	-
장 부 금 액	85,000	× 20% =	17,000		
합 계				1,000	

〈20×1년 회계처리〉

① 취득일 회계처리

(차변) 관 계 기 업 투 자 주 식   18,000   (대변) 현   금   18,000

② 지분법손익 및 손상차손 회계처리

(차변) 지 분 법 손 실   10,000[1]   (대변) 관 계 기 업 투 자 주 식   10,000
(차변) 손 상 차 손   2,000[2]   (대변) 관 계 기 업 투 자 주 식   2,000

❶ (-)₩50,000 × 20% = (-)₩10,000
❷ 회수가능액 = Max(₩5,000, 6,000) = ₩6,000
   손상차손 = ₩8,000 - 6,000 = ₩2,000

〈20×2년 회계처리〉

· 지분법손익 및 손상차손환입 회계처리

(차변) 관 계 기 업 투 자 주 식   6,000   (대변) 지 분 법 이 익   6,000[3]
(차변) 관 계 기 업 투 자 주 식   2,000   (대변) 손 상 차 손 환 입   2,000[4]

❸ ₩30,000 × 20% = ₩6,000
❹ 회수가능액 = Max(₩16,000, 15,000) = ₩16,000
   손상차손환입 = ₩16,000 - 12,000 = ₩4,000

단, 손상차손환입은 과거에 손상차손을 인식하지 않았을 경우의 장부금액을 한도로 인식하므로 전년도에
인식한 손상차손 ₩2,000까지 손상차손환입을 인식한다.

5. 피투자자의 누적적 우선주 발행

　누적적 우선주(cumulative preferred stock)는 손실 등의 사유로 배당금을 약정된 우선
주 배당금을 지급하지 못하는 경우에 소급하여 누적적으로 배당을 받을 수 있는 권
리가 부여된 우선주이다. 따라서 기준서에서는 관계기업이 자본으로 분류되는 누적적
우선주를 발행하였고 이를 투자기업 이외의 다른 측이 소유하고 있는 경우, 투자기업은
배당결의 여부에 관계없이 이러한 주식의 배당금에 대하여 조정한 후 당기순손익에 대한 자신
의 몫을 산정하도록 규정하고 있다.

> 누적적 우선주가 있는 경우 지분법손익
> 　= (관계기업 당기순손익 − 우선주 배당금* − 당기 내부미실현이익
> 　　+ 전기 미실현이익 중 당기 실현이익) × 투자자지분율
> 　　− 공정가치와 장부금액 간의 차이조정 + 염가매수차익
>
> 　* 누적적 우선주는 배당결의 여부와 관계없이 조정

📖 예제 11 피투자자의 누적적 우선주 발행

12월 말 결산법인인 A회사는 20×1년 초에 B회사의 보통주식 20%를 ₩30,000에 취득하여 관
계기업이 되었다. 취득일 현재 다음의 B회사 자산을 제외한 모든 자산과 부채의 장부금액과 공정
가치는 일치하였다.

과　목	장부금액	공정가치
토　　　지	₩40,000	₩60,000
건　　　물	35,000	50,000

① 토지는 20×2년 중에 ₩65,000에 처분하였다.
② 건물은 잔존가치 없이 남아 있는 내용연수 5년 동안 정액법으로 감가상각한다.

한편, 20×1년 중에 A회사는 B회사에 재고자산을 ₩100,000(매출기준)에 판매하였으며, B회사는
A회사에 재고자산을 ₩60,000(매출기준)에 판매하였다. 내부거래로 매입한 재고자산 중 70%를
20×1년 중에, 나머지 30%를 20×2년 중에 외부에 판매하였다. A회사와 B회사의 매출총이익률
은 20%이다. 20×2년 중에 내부거래는 없었다.
B회사의 순자산 변동내역은 다음과 같으며, 이 중 보통주자본금은 ₩40,000이고, 우선주자본금

은 ₩10,000이다. 우선주는 누적적 우선주로 10%의 배당률이 보장되어 20×1년 귀속 배당은 지급하였으나, 20×2년 귀속 배당을 지급하지 않기로 결의하였다.

일 자	과 목	금 액
20×1. 1. 1.	순 자 산	₩85,000
	현금배당 결의 및 지급(10%)	(5,000)
	당 기 순 이 익	20,000
20×1.12.31.	합 계	100,000
	당 기 순 이 익	30,000
20×2.12.31.	합 계	₩130,000

물음

A회사가 20×1년과 20×2년에 해야 할 분개를 하시오.

풀이

1. 〈차액 분석〉

(단위: 원)

구 분	순자산	지분율	금액	차액	분 석
취득원가			30,000	6,000	영업권
공정가치	120,000 ×	20% =	24,000	7,000	4,000❶ 토지
장부금액	85,000 ×	20% =	17,000		3,000❷ 건물
합 계				13,000	

❶ ₩20,000(토지의 공정가치와 장부금액 간의 차이) × 20% = ₩4,000
❷ ₩15,000(건물의 공정가치와 장부금액 간의 차이) × 20% = ₩3,000

〈20×1년 회계처리〉
① 취득일 회계처리
　(차변) 관 계 기 업 투 자 주 식　30,000　(대변) 현　　　금　30,000

② 현금배당 회계처리
　(차변) 현　　　금　800❸　(대변) 관 계 기 업 투 자 주 식　800
　❸ ₩4,000 × 20% = ₩800

③ 지분법손익 회계처리
　(차변) 관 계 기 업 투 자 주 식　1,280　(대변) 지 분 법 이 익　1,280❹
　❹ (₩20,000 − 1,000(누적적 우선주 배당) − 100,000 × 30% × 20%(하향거래의 내부미실현이익)
　　− 60,000 × 30% × 20%(상향거래의 내부미실현이익)) × 20%
　　− 3,000 ÷ 5년(건물의 감가상각비) = ₩1,280

〈20×2년 회계처리〉

· 지분법손익 회계처리

(차변)　관 계 기 업 투 자 주 식　　　3,120　　(대변)　지　분　법　이　익　　　3,120**❺**

　❺ 누적적 우선주 배당은 배당결의 여부에 관계없이 당기순이익에서 조정한다.

　　(₩30,000 − 1,000(누적적 우선주 배당) + 100,000 × 30% × 20%(하향거래의 전년도 미실현이익 실현)

　　+ 60,000 × 30% × 20%(상향거래의 전년도 미실현이익 실현)) × 20% − 4,000(유형자산처분이익 감소)

　　− 3,000 ÷ 5년(건물의 감가상각비) = ₩3,120

보론 | 공동약정

1. 공동약정의 의의와 유형

1.1 공동약정의 의의

공동약정(joint arrangement)을 둘 이상의 당사자들이 공동지배력(joint control)을 보유하는 약정으로서 다음과 같은 특징을 갖는다.

① 당사자들이 계약상 약정에 구속된다.
② 계약상 약정은 둘 이상의 당사자들에게 약정의 공동지배력을 부여한다.

약정의 당사자인 기업은 계약상 약정이 모든 당사자들 또는 일부 당사자들 집단에게 약정의 지배력을 집합적으로 부여하는지 평가한다. 모든 당사자들 또는 일부 당사자들 집단은, 약정의 이익에 유의적인 영향을 미치는 활동(즉, 관련 활동)을 지시하기 위하여 항상 함께 행동해야 할 때, 그 약정을 집합적으로 지배한다.

공동지배력은 약정의 지배력에 대한 합의된 공유인데, 관련 활동에 대한 결정에 지배력을 공유하는 당사자들 전체의 동의가 요구될 때에만 존재한다. 공동약정에서, 단일의 당사자는 그 약정을 단독으로 지배할 수 없다. 약정의 공동지배력을 보유하는 한 당사자는 다른 당사자들이나 일부 당사자들 집단이 약정을 지배하는 것을 방해할 수 있다. 약정의 모든 당사자들이 약정의 공동지배력을 보유하지 않더라도 그 약정은 공동약정이 될 수 있다.

계약상 약정은 관련 활동에 대한 결정을 위하여 의결권의 최소비율을 요구한다. 그 최소 요구 의결권 비율이 당사자들이 합의하는 하나 이상의 조합으로 달성될 수 있다면, 계약상 약정에서 약정의 관련 활동에 대한 의사결정을 위해 어느 당사자들(또는 당사자들의 조합)의 전체 동의가 요구되는지 명시하지 않는 한, 그 약정은 공동약정이 아니다.

📁 사례 1 공동지배력 보유 여부(제1111호 B8 사례)

〈경우 1〉

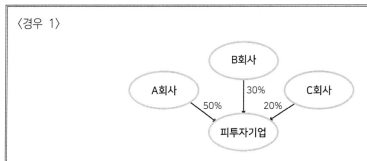

약정에서 A회사는 의결권의 50%, B회사는 30% 그리고 C회사는 20%를 보유한다. A회사, B회사 그리고 C회사 사이의 계약상 약정에는 약정과 관련 활동에 대한 결정을 위하여 최소한 의결권의 75%가 요구된다고 명시한다. A회사는 어떠한 결정이라도 막을 수 있지만, B의 합의를 필요로 하기 때문에 약정을 지배하지는 못한다. 관련 활동에 대한 결정을 위해 최소한 의결권의 75%를 요구하는 계약상 약정의 조건은, A회사와 B회사 모두 동의해야 약정의 관련 활동에 대한 결정이 이루어질 수 있기 때문에, A회사와 B회사가 약정의 공동지배력을 보유한다는 것을 의미한다.

〈경우 2〉

약정에서 A회사는 의결권의 50%, B회사와 C회사는 각각 25%를 보유한다. A회사, B회사 그리고 C회사 사이의 계약상 약정에는 약정의 관련 활동에 대한 결정을 위하여 최소한 의결권의 75%가 요구된다고 명시한다. A회사는 어떠한 결정이라도 막을 수 있지만, B회사 또는 C회사의 합의가 필요하기 때문에 약정을 지배하지는 못한다. 이 사례에서 A회사, B회사 그리고 C회사는 집합적으로 약정을 지배한다. 그러나 하나 이상의 당사자들의 조합은 의결권의 75%를 충족할 수 있다(A회사와 B회사 또는 A회사와 C회사). 이러한 경우 공동약정이 되려면, 계약상 약정에 대한 관련 활동을 결정하기 위하여 어떤 당사자들 결합의 전체 동의를 요구해야 하는지 명시할 필요가 있다.

〈경우 3〉

약정에서 A회사와 B회사가 의결권의 35%를 각각 보유하고 잔여 의결권의 30%는 널리 분산되어 있다고 가정한다. 관련 활동에 관한 결정은 의결권의 다수결에 의한 승인을 요구한다. A회사와 B회사는 계약상 약정에 대한 관련 활동을 결정하기 위하여 A회사와 B회사 모두의 합의를 요구하는 것을 명시한 경우에만, 약정의 공동지배력을 보유한다.

1.2 공동약정의 유형

공동약정은 약정의 당사자들의 권리와 의무에 따라 다음 〈표 8-6〉과 같이 **공동영업**(joint operation)이나 **공동기업**(joint venture)으로 분류한다.

☑ 표 8-6 공동약정의 유형

유 형	내 용
공동영업	약정의 공동지배력을 보유하는 당사자들이 약정의 **자산에 대한 권리와 부채에 대한 의무를 보유**하는 공동약정
공동기업	약정의 공동지배력을 보유하는 당사자들이 약정의 **순자산에 대한 권리를 보유**하는 공동약정

별도기구(separate vehicle)[8]**로 구조화되지 않은 공동약정은 공동영업이다. 별도로 구조화된 공동약정은 공동영업 또는 공동기업**이 될 수 있다. 약정에서 발생하는 기업의 권리와 의무를 고려하여 관여된 공동약정의 유형을 결정한다. 이때 다음 [그림 8-6]과 같이 약정의 구조와 법적 형식, 계약상 약정에 대한 당사자들 간의 합의 조건, 그리고 관련이 있다면, 그 밖의 사실과 상황을 고려하여 기업의 권리와 의무를 평가한다.

---

8) 별도기구란 별도의 법적 기업 또는 법에 의해 인식되는 기업을 말하며, 법인격이 있는지 상관없이, 별도로 식별가능한 재무구조를 말한다.

● 그림 8-6 별도기구로 구조화된 공동약정

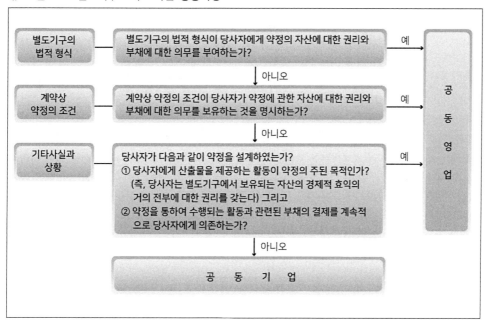

▷ 사례 2 공동영업과 공동기업의 구분(제1111호 B32 사례)

〈경우 1〉

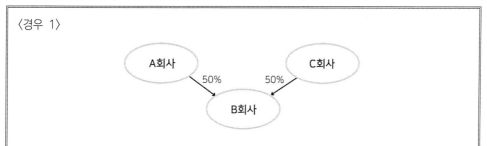

A회사와 B회사 두 당사자들이 공동약정으로 C회사를 설립하여 구조화하고 각 당사자는 기업의 50% 소유지분을 보유한다고 가정한다. 이 약정의 목적은 당사자들 자신의 개별적 제조 공정에서 요구되는 원재료를 제조하는 것이다. 이 약정은 당사자들이 자신들의 사양대로 수량과 품질의 원재료를 생산하는 설비를 가동하는 것을 보장한다.

활동을 수행하는 C회사의 법적 형식은 최초에는 C회사에서 보유하는 자산과 부채가 C회사의 자산과 부채임을 나타낸다. A회사와 B회사 사이의 계약상 약정은 당사자들이 C회사의 자산에 대한 권리와 부채에 대한 의무를 보유한다고 명시하지 않는다.

따라서 C회사의 법적 형식과 계약상 약정의 조건은 이 약정이 **공동기업**임을 나타낸다.

〈경우 2〉

〈경우 1〉에 다음과 같은 측면을 추가적으로 고려한다.

A회사와 B회사는 C회사가 생산한 모든 산출물을 50대 50으로 구매하기로 합의하였다. C회사는 약정의 두 당사자들의 승인을 받지 못하면 제3자에게 어떠한 산출물도 판매할 수 없다. A회사와 B회사에게 판매되는 산출물의 가격은 C회사에 의해 발생되는 제조원가와 관리비를 회수하기 위한 수준으로 정해진다.

A회사와 B회사의 C회사가 생산한 모든 산출물을 매입해야 하는 의무는 C회사가 현금흐름의 창출을 당사자들에게 전적으로 의존한다는 것을 나타내며, 따라서 A회사와 B회사는 C회사의 부채를 결제하기 위한 자금 조달의무를 부담한다. 또한 A회사와 B회사의 C회사가 생산한 모든 산출물에 대한 권리를 가진다는 사실은 당사자들이 C회사의 자산의 모든 경제적효익을 소비하며 따라서 이에 대한 권리를 가진다는 것을 의미한다. 따라서 이러한 사실과 상황은 이 약정이 **공동영업**이라는 것을 나타낸다.

〈경우 3〉

〈경우 2〉에서 A회사와 B회사는 계약상 약정의 조건을 변경하여 약정(C회사)이 제3자에게 산출물을 판매할 수 있다면 이것은 수요, 재고자산 그리고 신용위험이 C회사에게 있다는 가정이 된다. 따라서 이러한 사실과 상황은 이 약정이 **공동기업**이라는 것을 나타낸다.

2. 공동영업

2.1 공동영업에 대한 지분 회계처리

공동영업자는 공동영업에 대한 자신의 지분과 관련하여 다음을 인식한다.

① 자신의 자산(공동으로 보유하는 자산 중 자신의 몫 포함)
② 자신의 부채(공동으로 발생한 부채 중 자신의 몫 포함)
③ 공동영업에서 발생한 산출물 중 자신의 몫의 판매 수익
④ 공동영업의 산출물 판매 수익 중 자신의 몫
⑤ 자신의 비용(공동으로 발생한 비용 중 자신의 몫 포함)

공동영업자는 공동영업의 자산, 부채, 수익 및 비용 중 **자신의 지분에 해당되는 금액**을 각각 자산, 부채, 수익 및 비용으로 인식하고, 특정 자산, 부채, 수익 및 비용에 적용하는 기준서에 따라서 회계처리한다.

2.2 공동영업과 공동영업자 간의 거래

(1) 공동영업자가 공동영업에 자산을 판매하거나 출자하는 경우

공동영업자가 공동영업에 자산을 판매하거나 출자하는 것과 같은 거래를 하는 경우, 그것은 공동영업의 다른 당사자와의 거래를 수행하는 것이고, **공동영업자는 거래의 결과인 손익을 다른 당사자들의 지분 한도까지만 인식한다.** 즉, 자신의 지분에 해당하는 부분은 자신과 거래한 것이고, 이 부분의 손익을 인식하면 자신에게 판매하고 손익을 인식하는 결과를 초래하므로 손익 중에서 다른 당사자들의 지분 한도까지만 인식하는 것이다.

그러한 거래가 공동영업에 판매되거나 출자되는 자산의 순실현가능가치 감소 또는 그러한 자산의 손상차손의 증거를 제공하는 경우, **공동영업자는 그러한 손실을 전부 인식한다.**

(2) 공동영업자가 공동영업으로부터 자산을 구매하는 경우

공동영업자가 공동영업과 자산의 구매와 같은 거래를 하는 경우, **공동영업자는 자산을 제3자에게 재판매하기 전까지 손익에 대한 자신의 몫을 인식하지 않는다.**

그러한 거래가 공동영업으로 구매되는 자산의 순실현가능가치 감소 또는 그러한 자산의 손상차손의 증거를 제공하는 경우, **공동영업자는 그러한 손실에 대한 자신의 몫을 인식한다.**

공동영업과 거래에서 공동영업자의 회계처리를 요약·정리하면 다음 〈표 8-7〉과 같다.

☑ 표 8-7 공동영업과 거래에서 공동영업자의 회계처리

구 분	공동영업자의 회계처리
공동영업자가 공동영업에 자산을 판매하거나 출자	거래손익을 다른 당사자들의 지분 한도까지만 인식 즉, 손익에 대한 자신의 몫을 인식하지 않음
공동영업자가 공동영업으로부터 자산을 구매	자산을 제3자에게 재판매하기 전까지 손익에 대한 자신의 몫을 인식하지 않음

📖 예제 12 공동영업 회계처리

12월 말 결산법인인 A회사와 B회사는 20×1년 초에 제품 X의 생산·판매를 위한 공동약정을 하였으며, 이는 공동영업 C에 해당한다. A회사와 B회사는 각각 ₩40,000과 ₩60,000을 출자하고, 20×1년 말에 공동영업 C에서 창출된 수익과 비용 및 공동영업 C의 자산과 부채를 각각 4 : 6의 비율로 배분하기로 하였다. 20×1년 말 현재 공동영업 C의 시산표는 다음과 같다.

과 목	금 액
현 금	₩15,000
매 출 채 권	45,000
재 고 자 산	70,000
유 형 자 산	30,000
매 출 원 가	25,000
판 매 관 리 비	5,000
합 계	₩190,000
매 입 채 무	₩30,000
자 본	100,000
매 출	50,000
유 형 자 산 처 분 이 익	10,000
합 계	₩190,000

20×1년 중에 A회사와 공동영업 C 간의 거래는 다음과 같으며, A회사가 공동영업 C로부터 구매한 유형자산은 20×1년 말 현재 외부에 판매하지 않았다.

구 분	장부금액	판매금액
공동영업 C에 유형자산 판매	₩25,000	₩30,000
공동영업 C로부터 유형자산 구매	35,000	45,000

물음 ···

A회사가 공동영업 C와 관련하여 20×1년에 해야 할 분개를 하시오.

풀이 ···

1. 〈20×1년 회계처리〉
① 취득일 회계처리
   (차변) 공 동 영 업 투 자 주 식   40,000   (대변) 현   금   40,000

② 공동영업 C에 유형자산 판매
   (차변) 현   금   30,000   (대변) 유 형 자 산   25,000
   　　　　　　　　　　　　　　　　　　　　　　　　　유 형 자 산 처 분 이 익   5,000

③ 공동영업 C로부터 유형자산 구매
   (차변) 유 형 자 산   45,000   (대변) 현   금   45,000

④ 공동영업 C의 지분 회계처리

(차변)	현　　　　금 (C)	6,000	(대변)	매 입 채 무 (C)	12,000
	매 출 채 권 (C)	18,000		매　　　출 (C)	20,000
	재 고 자 산 (C)	28,000		유형자산처분이익(C)	4,000
	유 형 자 산 (C)	12,000		공 동 영 업 투 자 주 식	40,000
	매 출 원 가 (C)	10,000			
	판 매 관 리 비 (C)	2,000			

　❶ 공동영업 C의 시산표 금액에 40%를 곱해서 계산하며, 취득 시에 인식한 공동영업투자주식을 상계제거한다.

⑤ 조정 회계처리

· 공동영업 C에 유형자산 판매

(차변)	유 형 자 산 처 분 이 익	2,000	(대변)	유 형 자 산 (C)	2,000

　❷ A회사가 공동영업 C에 유형자산을 판매하면서 발생한 유형자산처분손익을 다른 당사자들의 지분 한도까지만 인식한다.

　따라서 유형자산처분이익 ₩5,000 중에서 60%인 ₩3,000만 인식하고, 나머지 ₩2,000은 제거하고 유형자산(C)를 감소시킨다.

· 공동영업 C로부터 유형자산 구매

(차변)	유 형 자 산 처 분 이 익 (C)	4,000	(대변)	유 　 형 　 자 　 산	4,000

　❸ A회사가 공동영업 C로부터 유형자산을 구매하면서 발생한 유형자산처분이익(C) ₩10,000 중에서 A회사 지분인 ₩4,000을 제3자에 재판매하기 전까지 인식하지 않는다.

　따라서 유형자산처분이익(C) ₩4,000을 제거하고 유형자산을 감소시킨다.

3. 공동기업

　공동기업 참여자는 **공동기업에 대한 자신의 지분을 투자자산으로** 인식하며, 그 투자자산은 K-IFRS 제1028호 '관계기업과 공동기업에 대한 투자'에 따라 **지분법으로** 회계처리한다. 그러나 공동기업에 참여는 하지만 공동지배력을 보유하지 않은 당사자는 약정에 대한 자산의 지분을 K-IFRS 제1109호 '금융상품'에 따라 회계처리한다. 한편, 공동기업 참여자가 종속기업을 소유하고 있어 연결재무제표를 작성하는 경우 별도재무제표에서 공동기업에 대한 지분은 원가법, K-IFRS 제1109호의 방법 또는 지분법을 적용한다.

M&A in History ✐

하나은행과 외환은행의 M&A

    2015년 9월 1일 하나은행과 외환은행의 합병으로 탄생하는 'KEB 하나은행'은 자산규모 290조원의 메가뱅크로 새출발하게 됐다. 금융위원회는 하나금융지주의 자회사인 하나은행과 외환은행의 합병을 인가했다고 19일 밝혔다. 금융위는 이날 정례회의를 열고 하나금융이 제출한 합병 인가 신청건에 대해 본인가 결정을 내렸다.

    법인상 존속회사는 외환은행, 소멸회사는 하나은행이다. 합병 비율은 외환은행 2.5주당 하나은행 1주이며 합병 기일은 다음 달 1일이다. 하나금융은 "금융산업의 발전을 위해 조속한 승인을 내준 금융당국에 감사드리며 앞으로 원활한 통합작업으로 고객 불편을 최소화하고 금융산업 발전에 이바지 하는 일류은행이 될 수 있도록 노력하겠다"고 밝혔다.

    하나 · 외환의 통합으로 탄생한 KEB 하나은행은 자산규모 290조원으로 신한은행(260조), KB국민은행(282조), 우리은행(279조원)을 능가하는 1위 은행이 된다. 지점 수는 945개, 직원 수는 1만 5천 717명이다. 하나은행이 8천 965명, 외환은행이 6천 752명으로 하나은행이 2천 213명 더 많다. 글로벌 네트워크는 24개국 127곳에 달한다.

    통합작업의 형식적인 절차가 사실상 마무리됨에 따라 이제 남은 건 통합은행장과 임원인사, 조직개편 등 내부적인 일이다. 임기 2년의 통합은행장은 이달 말 결정될 전망이다. 김정태 하나금융회장과 사외이사 3명으로 구성된 임원추천위원회는 오는 24일 첫 모임을 갖고 2~3명의 후보를 압축한 뒤 면접을 통해 단독후보를 결정한다. 현재 김한조 외환은행장, 김병호 하나은행장, 함영주 하나은행 부행장 등 3파전으로 압축되는 양상이다.

(한국일보 2015년 8월 19일)

    하나금융지주는 24일 임원후보추천위원회를 열어 하나은행과 외환은행의 통합은행인 KEB 하나은행 은행장 후보로 함영주 하나은행 부행장을 추천했다. 함 내정자는 같은 서울은행 출신인 김정태 하나금융회장의 두터운 신임을 받고 있는 것으로 알려졌다.

(Business Post 2015년 8월 24일)

    ※ 서울은행은 1959년에 설립되었고, 2002년 하나은행에 인수합병되었다.

Knowledge is Power! 📰

삼성바이오로직스의 자회사 삼성바이오에피스는 종속기업, 아니면 관계기업?

삼성바이오로직스가 7년 만에 삼성바이오에피스를 종속기업으로 품었다. 이로써 연결매출 기준 2조원대 공룡으로 급부상하게 됐다. 국내 바이오 기업 가운데 최대 규모다.

삼성바이오로직스는 2012년 미국 바이오젠과 함께 삼성바이오에피스를 설립했다. 설립 당시 바이오젠이 보유한 지분은 15%에 불과했기 때문에 삼성바이오로직스는 삼성바이오에피스를 종속기업으로 설정했다. 지분율이 50%를 초과하거나 사실상 지배력을 확보하고 있다고 판단되면 합작사라고 하더라도 종속기업으로 분류할 수 있다. 삼성바이오로직스가 공시한 사업보고서에 따르면 2015년 보유하고 있던 삼성바이오에피스의 지분율은 91.20%였다.

하지만 상장을 앞두고 갑작스레 관계기업으로 회계분류를 변경했다. 바이오젠이 보유한 잠재적 의결권이 실질 지배력이라고 판단한 결과였다. 바이오젠은 2018년까지 삼성바이오에피스 주식을 '50%-1주'까지 늘릴 수 있는 콜옵션을 보유하고 있다는 점을 반영했다. 회계분류를 변경하면서 삼성바이오로직스는 만약 2018년까지 바이오젠이 해당 옵션을 행사하지 않으면 지배력에 대한 판단은 달라질 수 있다고 밝혔다.

당시 회계처리 변경은 삼성바이오로직스에도 호재였다. 영업손실이 줄어든 건 물론 삼성바이오에피스에 대한 장부가가 3,000억원에서 4조 8,000억원으로 확대됐다. 1조원대였던 자산은 5조 9,600억원으로 불었고 설립 내내 적자였던 실적은 1조 9,049억원의 당기순이익으로 전환됐다. 금융당국은 삼성바이오로직스의 가치를 띄우기 위한 고의분식이라고 결론을 내고 두 차례의 제재를 했지만 소송전으로 비화됐다. 아직 법정 다툼 중으로 결론나지 않은 상태다.

수년이 지난 현재 삼성바이오에피스의 상황은 달라졌다. 8,000억원에 달하는 매출을 올리고 있을 뿐 아니라 만성 적자를 벗고 1,500억원의 영업이익을 올리고 있다. 자가면역질환 치료제 3종과 항암제 2종 등 총 5개의 바이오시밀러 제품을 글로벌 시장에 출시해 경쟁력을 인정 받은 결과다. 추가로 1개를 더 허가받아 출시를 앞두고 있다. 삼성바이오로직스 입장에서는 삼성바이오에피스를 내재화 시킬 필요가 있었다. 신약개발 경쟁력을 확보하는 건 물론 재무회계적으로도 상당한 효익을 발생시킬 수 있기 때문이다.

하지만 금융당국은 바이오젠의 존재가 있는 한 삼성바이오에피스를 종속기업으로 반영할 수 없다는 입장이었다. 삼성에피스가 삼성그룹의 자금력과 바이오젠의 기술력이 합쳐진 형태로 영속하고 있다고 봤기 때문이다. 회계분류상 종속기업으로 편입할 수 있는 '50% 이상의 지분율'이라는 규정이 무력화된 셈이다.

따라서 이번 삼성바이오로직스의 바이오젠으로부터 '50%-1주' 지분 인수는 삼성바이오에 피스를 잡음없이 완전하게 지배하겠다는 의지로 읽힌다. 더 빠른 의사결정을 통해 신약개발에 박차를 가하겠다는 의미로도 해석된다. 또 다른 측면에서는 삼성그룹 바이오사업의 덩치를 키워 확실하게 시장 지배력을 갖겠다는 시그널로도 평가된다.

(더벨 2022년 1월 28일)

Summary & Check 🎯

ⓢ **관계기업의 기초**

- 관계기업(associate)이란 투자자가 유의적인 영향력을 보유하는 기업을 말한다. 여기서 유의적인 영향력(significant influence)은 피투자자의 재무정책과 영업정책에 관한 의사결정에 참여할 수 있는 능력을 말한다.

- 투자기업이 직접 또는 간접(예: 종속기업을 통하여)으로 피투자자에 대한 의결권의 20% 이상을 소유하고 있다면 유의적인 영향력을 보유하는 것으로 본다.

ⓢ **지분법의 회계처리**

- 투자기업이 피투자자에 대하여 공동지배력이나 유의적인 영향력을 갖는 기업은 관계기업이나 공동기업에 대한 투자에 대하여 **지분법**(equity method)을 사용하여 회계처리한다.

- 관계기업투자주식에 포함되어 있는 영업권이나 염가매수차익은 사업결합으로 취득한 것이 아니므로 분리하여 인식하지 않으며, 영업권은 상각도 하지 않는다.

- 관계기업투자주식에 대한 지분법손익을 계산할 때 내부미실현손익은 하향거래와 상향거래를 포함하여 전액을 제거해야 한다.

- 관계기업이나 공동기업 지분과의 교환으로 관계기업이나 공동기업에 비화폐성자산을 출자하는 경우, 상업적 실질이 결여되어 있는 경우를 제외하고, 비화폐성자산의 출자로 인한 처분손익을 내부미실현손익으로 보고 회계처리한다.

ⓢ **소유지분의 변동**

- 단계적 취득을 통해서 최초로 유의적인 영향력을 행사하는 경우 투자기업은 이전에 보유하고 있던 피투자기업에 대한 지분을 취득일의 **공정가치**로 재측정하고, 그 결과 차손익이 있다면 당기손익 또는 기타포괄손익으로 인식한다.

- 기존에 유의적인 영향력 행사 이후에 관계기업의 지분을 추가 취득하는 경우 이미 투자기업은 지분법을 적용하고 있으므로 추가로 취득한 지분에 대해서도 별도로 지분법을 적용한다.

- 투자기업이 관계기업의 지분 중 일부를 처분하더라도 관계기업에 대한 유의적인 영향력을 계속 유지하는 경우 투자기업은 처분한 관계기업투자주식의 **장부금액**과 **처분대가**의 차이를 처분손익으로 인식하고, 처분 후에 남아 있는 관계기업투자주식에 대해서는 계속해서 지분법을 적용한다.

- 투자기업의 관계기업의 지분 중 일부를 처분하여 더 이상 유의한 영향력을 행사하지 않는 경우 투자기업은 관계기업의 지분 전체를 일괄하여 처분한 것으로 보아 관계기업투자주식처분손익을 당기손익으로 인식한다. 다만, 투자기업은 유의적인 영향력을 상실한 관계기업의 지분 매각 후에도 잔여지분이 있다면 해당 잔여지분에 대하여는 유의적인 영향력을 상실한 날의 공정가치로 측정하여 회계처리한다.
- 관계기업에 대한 투자 또는 그 투자의 일부가 매각예정 분류기준을 충족하는 경우 매각예정비유동자산으로 재분류한다. 매각예정으로 분류되지 않은 관계기업에 대한 투자의 잔여 보유분은 매각예정으로 분류된 부분이 매각될 때까지 지분법을 적용하여 회계처리한다.

⑤ 관계기업의 손실

- 관계기업의 손실 중 투자기업의 지분이 관계기업에 대한 투자지분과 같거나 초과하는 경우, 투자기업은 관계기업 투자지분 이상의 손실에 대하여 인식을 중지한다.
- 관계기업에 대한 순투자의 최초 인식 이후 손실사건이 발생한 결과 손상되었다는 객관적인 증거가 있으며 그 손실사건이 신뢰성 있게 추정할 수 있는 순투자의 추정미래현금흐름에 영향을 미친 경우에만 해당 순투자는 손상된 것이고, 손상차손이 발생한 것이다.

⑤ 피투자자의 누적적 우선주 발행

- 관계기업이 자본으로 분류되는 누적적 우선주를 발행하였고 이를 투자기업 이외의 다른 측이 소유하고 있는 경우, 투자기업은 배당결의 여부에 관계없이 이러한 주식의 배당금에 대하여 조정한 후 당기순손익에 대한 자신의 몫을 산정하도록 규정하고 있다.

OX Quiz ✍️

1　다른 투자자가 해당 피투자자의 주식을 상당한 부분 또는 과반수 이상을 소유하고 있다면 투자기업이 피투자자에 대하여 유의적인 영향력을 보유하고 있다는 것을 반드시 배제한다.

2　투자기업이 직접 또는 간접으로 피투자자에 대한 의결권의 20% 미만을 소유하고 있더라도 투자기업이 피투자자에 필수적인 기술정보를 제공하는 경우 일반적으로 유의적인 영향력을 보유한다는 것이 입증된다.

3　투자기업이 유의적인 영향력을 보유하는지를 평가할 때에는 다른 기업이 보유한 잠재적 의결권을 포함하여 현재 행사할 수 있거나 전환할 수 있는 잠재적 의결권의 존재와 영향을 고려한다.

4　벤처캐피탈 투자기구나 뮤추얼펀드, 단위신탁 및 이와 유사한 기업(투자와 연계된 보험펀드 포함)이 관계기업이나 공동기업에 대한 투자를 보유하거나 이 같은 기업을 통하여 간접적으로 보유하는 경우에는 반드시 지분법을 사용하여 회계처리한다.

5　관계기업으로부터 현금배당을 받는 경우 이에 해당하는 금액을 배당수익으로 인식한다.

6　관계기업과의 하향거래와 상향거래 모두 자산의 손상차손에 해당하는 내부미실현손실에 대해서는 지분법손익을 계산할 때 조정하지 않는다.

7　비화폐성자산의 출자에서 상업적 실질이 결여되어 있다면, 내부미실현손익이 발생하지 않는다.

8　기존에 유의적인 영향력 행사 이후에 관계기업의 지분을 추가 취득하는 경우 투자기업은 이전에 보유하고 있던 피투자기업에 대한 지분을 취득일의 공정가치로 재측정하고, 그 결과 차손익이 있다면 당기손익 또는 기타포괄손익으로 인식한다.

9　투자기업이 관계기업의 지분을 추가 취득하여 공동지배력을 획득하더라도 기존 지분에 대해서 공정가치 재측정은 하지 않는다.

10   투자기업이 관계기업의 지분 중 일부를 처분하더라도 관계기업에 대한 유의적인 영향력을 계속 유지하는 경우 투자기업은 처분 후에 남아 있는 관계기업투자주식에 대해서는 계속해서 지분법을 적용한다.

11   관계기업에 대한 투자 또는 그 투자의 일부가 매각예정비유동자산으로 재분류된 경우 매각예정으로 분류되지 않은 관계기업에 대한 투자의 잔여 보유분은 지분법의 적용을 중단한다.

12   관계기업에 대한 투자자산의 장부금액과 실질적으로 관계기업에 대한 순투자의 일부를 구성하는 장기투자지분 항목을 합한 금액(예: 우선주와 장기수취채권이나 장기대여금)까지 지분법 손실을 인식한다.

13   관계기업의 재무적 어려움으로 순투자에 대한 활성시장이 소멸된 사건은 관계기업투자주식에 대한 순투자가 손상되었다는 객관적인 증거에 해당하는 손실사건 중 하나이다.

14   관계기업이 자본으로 분류되는 누적적 우선주를 발행하였고 이를 투자기업 이외의 다른 측이 소유하고 있는 경우, 투자기업은 관계기업이 배당결의를 한 경우에만 이러한 주식의 배당금에 대하여 조정한 후 당기순손익에 대한 자신의 몫을 산정한다.

Multiple-choice Questions ⊞⊞

1 지분법 회계처리에 관한 설명으로 옳지 않은 것은?   (CTA 2016)

① 관계기업이나 공동기업에 대한 투자를 최초 인식시 원가로 인식한다.

② 취득일 이후에 발생한 피투자자의 당기순손익 중 투자자의 몫은 투자자의 당기순손익으로 인식한다.

③ 기업은 투자가 관계기업이나 공동기업의 정의를 충족하지 못하게 된 시점부터 지분법의 사용을 중단한다.

④ 지분법의 사용을 중단한 경우, 그 투자와 관련하여 기타포괄손익으로 인식한 모든 금액에 대하여 기업은 피투자자가 관련 자산이나 부채를 직접 처분한 경우의 회계처리와 동일한 기준으로 회계처리한다.

⑤ 관계기업 투자가 공동기업 투자로 되거나 공동기업 투자가 관계기업 투자로 되는 경우, 기업은 지분법을 계속 적용하며 잔여 보유 지분을 재측정한다.

2 관계기업과 공동기업에 대한 투자 및 지분법 회계처리에 대한 다음 설명 중 옳은 것은?

          (CPA 2020)

① 관계기업의 결손이 누적되면 관계기업에 대한 투자지분이 부(-)의 잔액이 되는 경우가 발생할 수 있다.

② 피투자자의 순자산변동 중 투자자의 몫은 전액 투자자의 당기순손익으로 인식한다.

③ 관계기업의 정의를 충족하지 못하게 되어 지분법 사용을 중단하는 경우로서 종전 관계기업에 대한 잔여보유지분이 금융자산이면 기업은 잔여보유지분을 공정가치로 측정하고, '잔여보유지분의 공정가치와 관계기업에 대한 지분의 일부 처분으로 발생한 대가의 공정가치'와 '지분법을 중단한 시점의 투자자산의 장부금액'의 차이를 기타포괄손익으로 인식한다.

④ 하향거래가 매각대상 또는 출자대상 자산의 순실현가능가치의 감소나 그 자산에 대한 손상차손의 증거를 제공하는 경우 투자자는 그러한 손실 중 자신의 몫을 인식한다.

⑤ 관계기업이 해외사업장과 관련된 누적 외환차이가 있고 기업이 지분법의 사용을 중단하는 경우, 기업은 해외사업장과 관련하여 이전에 기타포괄손익으로 인식했던 손익을 당기손익으로 재분류한다.

3 기업회계기준서 제1028호 '관계기업과 공동기업에 대한 투자'에 관한 다음 설명 중 옳지 않은 것은?   (CPA 2021)

① A기업이 보유하고 있는 B기업의 지분이 10%에 불과하더라도 A기업의 종속회사인 C기업이 B기업 지분 15%를 보유하고 있는 경우, 명백한 반증이 제시되지 않는 한 A기업이 B기업에 대해 유의한 영향력을 행사할 수 있는 것으로 본다.

② 관계기업 투자가 공동기업 투자로 되거나 공동기업 투자가 관계기업 투자로 되는 경우, 기업은 보유 지분을 투자 성격 변경시점의 공정가치로 재측정한다.

③ 기업이 유의적인 영향력을 보유하는지를 평가할 때에는 다른 기업이 보유한 잠재적 의결권을 포함하여 현재 행사할 수 있거나 전환할 수 있는 잠재적 의결권의 존재와 영향을 고려한다.

④ 손상차손 판단 시 관계기업이나 공동기업에 대한 투자의 회수가능액은 각 관계기업이나 공동기업별로 평가하여야 한다. 다만, 관계기업이나 공동기업이 창출하는 현금유입이 그 기업의 다른 자산에서 창출되는 현금흐름과 거의 독립적으로 구별되지 않는 경우에는 그러하지 아니한다.

⑤ 관계기업이나 공동기업에 대한 지분 일부를 처분하여 잔여 보유지분이 금융자산이 되는 경우, 기업은 해당 잔여 보유 지분을 공정가치로 재측정한다.

4 관계기업과 공동기업에 대한 투자 및 지분법 회계처리에 대한 다음 설명 중 옳지 않은 것은?   (CPA 2023)

① 지분법은 투자자산을 최초에 원가로 인식하고, 취득시점 이후 발생한 피투자자의 순자산 변동액 중 투자자의 몫을 해당 투자자산에 가감하여 보고하는 회계처리방법이다.

② 투자자와 관계기업 사이의 상향거래가 구입된 자산의 순실현가능가치의 감소나 그 자산에 대한 손상차손의 증거를 제공하는 경우, 투자자는 그러한 손실 중 자신의 몫을 인식한다.

③ 유의적인 영향력을 상실하지 않는 범위 내에서 관계기업에 대한 보유지분의 변동은 자본거래로 회계처리한다.

④ 관계기업에 대한 순투자 장부금액의 일부를 구성하는 영업권은 분리하여 인식하지 않으므로 별도의 손상검사를 하지 않는다.

⑤ 관계기업이 자본으로 분류되는 누적적 우선주를 발행하였고 이를 제3자가 소유하고 있는 경우, 투자자는 배당결의 여부에 관계없이 이러한 주식의 배당금에 대하여 조정한 후 당기순손익에 대한 자신의 몫을 산정한다.

5　㈜세무는 20×1년 초에 ㈜한국의 주식 25%를 ₩1,000,000에 취득하면서 유의적인 영향력을 행사할 수 있게 되었다. 취득일 현재 ㈜한국의 순자산 장부금액은 ₩4,000,000이며, 자산 및 부채의 장부금액은 공정가치와 동일하다. ㈜한국은 20×1년도 총포괄이익 ₩900,000(기타포괄이익 ₩100,000 포함)을 보고하였다. ㈜세무가 20×1년 중에 ㈜한국으로부터 중간배당금 ₩60,000을 수취하였다면, ㈜세무가 20×1년도 당기손익으로 인식할 지분법이익은?

(CTA 2017)

① ₩60,000　　　② ₩165,000　　　③ ₩200,000

④ ₩225,000　　　⑤ ₩260,000

※ 다음 자료를 이용하여 6번과 7번에 답하시오.　　(CPA 2019)

㈜대한은 20×1년 초에 ㈜민국의 보통주 30%를 ₩350,000에 취득하여 유의적인 영향력을 행사하고 있으며 지분법을 적용하여 회계처리한다. 20×1년 초 현재 ㈜민국의 순자산 장부금액과 공정가치는 동일하게 ₩1,200,000이다.

〈추가자료〉
· 다음은 ㈜대한과 ㈜민국 간의 20×1년 재고자산 내부거래 내역이다.

판매회사 → 매입회사	판매회사 매출액	판매회사 매출원가	매입회사 장부상 기말재고
㈜대한 → ㈜민국	₩25,000	₩20,000	₩17,500

· 20×2년 3월 31일 ㈜민국은 주주에게 현금배당금 ₩10,000을 지급하였다.
· 20×2년 중 ㈜민국은 20×1년 ㈜대한으로부터 매입한 재고자산을 외부에 모두 판매하였다.
· 다음은 ㈜민국의 20×1년도 및 20×2년도 포괄손익계산서 내용의 일부이다.

구분	20×1년	20×2년
당기순이익	₩100,000	(-)₩100,000
기타포괄이익	₩50,000	₩110,000

6　20×1년 말 현재 ㈜대한의 재무상태표에 표시되는 ㈜민국에 대한 지분법적용투자주식 기말 장부금액은 얼마인가?

① ₩403,950　　　② ₩400,000　　　③ ₩395,000

④ ₩393,950　　　⑤ ₩350,000

7 지분법 적용이 ㈜대한의 20×2년도 당기순이익에 미치는 영향은 얼마인가?

① ₩18,950 감소   ② ₩28,950 감소   ③ ₩33,950 증가

④ ₩38,950 증가   ⑤ ₩38,950 감소

8 20×1년 1월 1일 ㈜대한은 ㈜민국의 의결권 있는 보통주 30주(총 발행주식의 30%)를 ₩400,000에 취득하여 유의적인 영향력을 행사하게 되었다. 취득일 현재 ㈜민국의 순자산 장부금액은 ₩1,300,000이며, ㈜민국의 자산·부채 중에서 장부금액과 공정가치가 일치하지 않는 항목은 다음과 같다. ㈜대한이 20×1년 지분법이익으로 인식할 금액은 얼마인가?

(CPA 2020)

> · 주식취득일 현재 공정가치와 장부금액이 다른 자산은 다음과 같다.
>
> | 계정과목 | 장부금액 | 공정가치 |
> |---|---|---|
> | 재 고 자 산 | ₩100,000 | ₩150,000 |
> | 건 물 (순 액) | 200,000 | 300,000 |
>
> · 재고자산은 20×1년 중에 전액 외부로 판매되었다.
> · 20×1년 초 건물의 잔존내용연수는 5년, 잔존가치 ₩0, 정액법으로 감가상각한다.
> · ㈜민국은 20×1년 5월 말에 총 ₩20,000의 현금배당을 실시하였으며, 20×1년 당기순이익으로 ₩150,000을 보고하였다.

① ₩59,000   ② ₩53,000   ③ ₩45,000

④ ₩30,000   ⑤ ₩24,000

9　20×1년 1월 1일에 ㈜대한은 ㈜민국의 의결권 있는 주식 20%를 ₩600,000에 취득하여 유의적인 영향력을 가지게 되었다. 20×1년 1월 1일 현재 ㈜민국의 순자산 장부금액은 ₩2,000,000이다.　(CPA 2021)

> · ㈜대한의 주식 취득일 현재 ㈜민국의 자산 및 부채 가운데 장부금액과 공정가치가 일치하지 않는 계정과목은 다음과 같다.
>
> | 계정과목 | 장부금액 | 공정가치 |
> |---|---|---|
> | 토　　지 | ₩350,000 | ₩400,000 |
> | 재　고　자　산 | 180,000 | 230,000 |
>
> · ㈜민국은 20×1년 7월 1일에 토지 전부를 ₩420,000에 매각하였으며, 이 외에 20×1년 동안 토지의 추가 취득이나 처분은 없었다.
> · ㈜민국의 20×1년 1월 1일 재고자산 중 20×1년 12월 31일 현재 보유하고 있는 재고자산의 장부금액은 ₩36,000이다.
> · ㈜민국은 20×1년 8월 31일에 이사회 결의로 ₩100,000의 현금배당(중간배당)을 선언·지급하였으며, ㈜민국의 20×1년 당기순이익은 ₩300,000이다.

㈜대한의 20×1년 12월 31일 현재 재무상태표에 표시되는 ㈜민국에 대한 지분법적용투자주식의 장부금액은 얼마인가? (단, 상기 기간 중 ㈜민국의 기타포괄손익은 발생하지 않은 것으로 가정한다)

① ₩622,000　　　　② ₩642,000　　　　③ ₩646,000

④ ₩650,000　　　　⑤ ₩666,000

10　㈜대한은 20×1년 초 ㈜민국의 의결권 있는 주식 20%를 ₩60,000에 취득하여 유의적인 영향력을 행사할 수 있게 되었다. ㈜민국에 대한 추가 정보는 다음과 같다.　(CPA 2022)

> · 20×1년 1월 1일 현재 ㈜민국의 순자산 장부금액은 ₩200,000이며, 자산과 부채는 장부금액과 공정가치가 모두 일치한다.
> · ㈜대한은 20×1년 중 ㈜민국에게 원가 ₩20,000인 제품을 ₩25,000에 판매하였다. ㈜민국은 20×1년 말 현재 ㈜대한으로부터 취득한 제품 ₩25,000 중 ₩10,000을 기말재고로 보유하고 있다.
> · ㈜민국의 20×1년 당기순이익은 ₩28,000이며, 기타포괄이익은 ₩5,000이다.

㈜민국에 대한 지분법적용투자주식과 관련하여 ㈜대한이 20×1년도 포괄손익계산서상 당기손익에 반영할 지분법이익은 얼마인가?

① ₩5,200　　　　② ₩5,700　　　　③ ₩6,200

④ ₩6,700　　　　⑤ ₩7,200

11 ㈜대한은 20×1년 초에 보유하던 토지(장부금액 ₩20,000, 공정가치 ₩30,000)를 ㈜민국에 출자하고, 현금 ₩10,000과 ㈜민국의 보통주 30%를 수취하여 유의적인 영향력을 행사하게 되었다. 출자 당시 ㈜민국의 순자산 장부금액은 ₩50,000이며 이는 공정가치와 일치하였다. 20×1년 말 현재 해당 토지는 ㈜민국이 소유하고 있으며, ㈜민국은 20×1년도 당기순이익으로 ₩10,000을 보고하였다. ㈜민국에 대한 현물출자와 지분법 회계처리가 ㈜대한의 20×1년도 당기순이익에 미치는 영향은 얼마인가? (단, 현물출자는 상업적 실질이 결여되어 있지 않다)   (CPA 2023)

① ₩6,000 증가   ② ₩8,000 증가   ③ ₩9,000 증가

④ ₩11,000 증가   ⑤ ₩13,000 증가

보론 1 공동약정(joint arrangement)에 대한 다음의 설명 중 옳지 않은 것은?   (CPA 2023)

① 공동약정은 둘 이상의 당사자들이 공동지배력을 보유하는 약정이며, 공동지배력은 관련 활동에 대한 결정에 약정을 집합적으로 지배하는 당사자들 전체의 동의가 요구될 때에만 존재한다.

② 공동약정은 공동영업 또는 공동기업으로 분류하는데, 별도기구로 조직화되지 않은 공동약정은 공동영업으로 분류한다.

③ 별도기구로 구조화된 공동약정의 경우, 별도기구의 법적 형식이 당사자에게 약정의 자산에 대한 권리와 부채에 대한 의무를 부여한다면 공동기업으로 분류한다.

④ 공동영업자는 공동영업의 자산, 부채, 수익 및 비용 중 자신의 지분에 해당되는 금액을 공동영업자의 별도재무제표에 각각 자산, 부채, 수익 및 비용으로 인식한다.

⑤ 공동기업 참여자는 공동기업에 대한 자신의 지분을 투자자산으로 인식하고, 지분법으로 회계처리한다.

Short-answer Questions

1　다음은 ㈜대한의 ㈜민국에 대한 주식취득과 관련된 거래내역이다. 물음에 답하시오.

(CPA 2016)

(1) 20×1년 1월 1일에 ㈜대한은 ㈜민국 주식 30%(30주)를 주당 ₩2,500에 취득하여, 유의
적인 영향력을 행사할 수 있게 되었다. 동 일자 ㈜민국의 식별가능한 순자산 장부금액은
₩230,000이며, 장부금액과 공정가치가 일치하지 않는 유일한 항목은 건물 A이다. 건물
A의 장부금액은 ₩100,000, 공정가치는 ₩120,000이고, 정액법으로 감가상각하며 잔존
가치는 ₩0, 잔존내용연수는 5년이다.

(2) 20×2년 12월 31일에 ㈜민국은 보유하고 있던 건물 A를 ㈜만세에 처분하였다.

(3) 20×3년 1월 1일에 ㈜대한은 ㈜민국의 주식 30%(30주)를 주당 ₩4,000에 추가로 취득
하여 지배력을 획득하였다. ㈜대한이 보유하고 있던 ㈜민국 주식 30주의 공정가치도 주
당 ₩4,000으로 동일하다. 지배력 획득일 현재 ㈜민국의 식별가능한 순자산 장부금액은
₩300,000이며, 자본 구성내역은 자본금 ₩150,000, 자본잉여금 ₩50,000, 이익잉여금
₩100,000이다.

(4) 20×3년 1월 1일 현재, ㈜민국의 자산 중 장부금액과 공정가치가 상이한 것은 다음과 같다.

계정과목	장부금액	공정가치	차액
재 고 자 산	₩200,000	₩220,000	₩20,000
토 　 　 지	600,000	650,000	50,000

동 재고자산은 20×3년에 모두 외부로 판매되었고, 토지는 20×3년 말까지 ㈜민국이 보
유 중이다.

(5) ㈜민국의 비지배지분은 종속기업의 식별가능한 순자산에 대한 비례적 지분으로 측정한
다. ㈜대한의 별도재무제표에서는 종속기업투자주식에 대하여 원가법으로 회계처리한다.

(6) ㈜민국의 20×1년, 20×2년, 20×3년의 당기순이익은 각각 ₩10,000, ₩20,000, ₩30,000
이고, ㈜민국은 20×1년과 20×3년에 주당 ₩20씩 현금 배당금을 지급하였다.

(물음 1) 20×1년과 20×2년 개별재무제표 작성시 ㈜대한의 재무상태표에 보고될 관계기업
투자주식의 장부금액과 지분법 회계처리로 ㈜대한의 당기순이익에 미치는 영향을 각각 계산
하시오. (단, 당기순이익이 감소하는 경우에는 금액 앞에 '(−)'를 표시하시오)

20×1년 말 관계기업투자주식 장부금액	①
20×1년 당기순이익에 미치는 영향	②
20×2년 말 관계기업투자주식 장부금액	③
20×2년 당기순이익에 미치는 영향	④

(물음 2) 지분법으로 회계처리한 결과, 20×2년 12월 31일 ㈜대한이 보유하고 있는 ㈜민국에 대한 관계기업투자주식의 장부금액은 ₩80,000이라고 가정하자. ① 20×3년 말 연결재무상태표에 보고될 영업권의 장부금액, ② 비지배지분의 장부금액, ③ 20×3년 말 ㈜대한의 별도재무상태표에 보고될 종속기업투자주식의 장부금액, ④ 20×3년 ㈜대한의 별도포괄손익계산서 상 당기순이익에 미치는 영향을 각각 계산하시오. (단, 당기순이익이 감소하는 경우에는 금액 앞에 '(-)'를 표시하시오)

연결재무상태표에 보고될 영업권 장부금액	①
비지배지분의 장부금액	②
별도재무상태표에 보고될 종속기업투자주식의 장부금액	③
별도포괄손익계산서상 당기순이익에 미치는 영향	④

2 ㈜세무의 투자주식과 관련된 사항은 다음과 같다.   (CTA 2020)

1. ㈜세무는 20×1년 1월 1일 ㈜국세의 주식 100주(의결권 5%)를 1주당 ₩10,000에 취득하고 당기손익-공정가치 측정항목으로 분류하였다. 20×1년 말 ㈜국세의 1주당 공정가치는 ₩11,000이다.

2. 20×2년 1월 1일에 ㈜세무는 ㈜국세의 주식 500주(의결권 25%)를 1주당 ₩12,000에 추가 취득하여 유의한 영향력을 행사할 수 있게 되었다. 이에 따라 ㈜세무는 보유한 ㈜국세의 주식을 관계기업투자주식으로 분류하고, 이 시점에서 유의한 영향력을 일괄하여 획득한 것으로 간주하여 지분법을 적용하였다. 20×2년 1월 1일 현재 ㈜국세의 순자산 장부금액은 공정가치와 일치하였으며, 관계기업투자주식 취득원가와 ㈜국세의 순자산 공정가치 중 ㈜세무의 몫에 해당하는 금액은 동일하였다. ㈜국세는 20×2년도 당기순이익으로 ₩50,000을 보고하였으며, 20×2년 말 ㈜국세의 1주당 공정가치는 ₩12,300이었다.

3. ㈜국세는 20×3년 2월 20일에 1주당 ₩20의 현금배당을 선언하고 지급하였으며, 20×3년도 당기순이익으로 ₩80,000을 보고하였다. 20×3년 말 ㈜국세의 1주당 공정가치는 ₩12,500이었다.

4. 20×4년 1월 2일에 ㈜세무는 보유 중인 ㈜국세 주식 400주(의결권의 20%)를 1주당 ₩13,000에 처분하였으며, 더 이상 유의한 영향력을 행사할 수 없게 되었다. 이에 따라 ㈜세무는 계속 보유하고 있는 ㈜국세 주식을 당기손익-공정가치 항목으로 분류하였다.

(1) ㈜세무가 20×2년 1월 1일과 12월 31일에 수행할 분개를 제시하시오.

20×2년 1월 1일	(차변)		(대변)	
20×2년 12월 31일	(차변)		(대변)	

(2) ㈜세무의 20×3년 말 현재 관계기업투자주식의 장부금액을 계산하시오.

20×3년 말 현재 관계기업투자주식의 장부금액	①

(3) ㈜세무가 20×4년 1월 2일 관계기업투자주식의 처분으로 인하여 발생한 손익을 계산하고, 이 때 수행할 분개를 제시하시오. (단, 처분손실이 발생한 경우에는 금액 앞에 '(−)'를 표시하며, 계산된 금액이 없는 경우에는 '없음'으로 표시하시오)

처분손익	①	
20×4년 1월 2일	(차변)	(대변)

3　㈜대한은 20×2년 1월 1일에 상장기업 A사, B사, C사의 의결권 있는 보통주를 추가 취득 또는 일괄 취득하면서 이들 기업에 대해 유의적인 영향력을 행사할 수 있게 되었다. ㈜대한이 20×2년 1월 1일에 취득한 주식의 세부내역은 다음과 같다.　(CPA 2020)

〈20×2년 1월 1일 취득주식 세부내역〉			
피투자기업	취득주식수 (지분율)	취득원가	비고
A사	150주(15%)	₩390,000	추가 취득
B사	300주(30%)	450,000	일괄 취득
C사	400주(40%)	900,000	일괄 취득

(물음 1) 다음의 〈자료 1〉을 이용하여 〈요구사항〉에 답하시오.

〈자료 1〉
1. ㈜대한은 20×1년 10월 1일에 A사 보통주 100주(지분율: 10%)를 ₩250,000에 취득하고, 동 주식을 기타포괄손익-공정가치 측정 금융자산으로 분류하였다. A사 주식 100주의 20×1년 12월 31일과 20×2년 1월 1일 공정가치는 각각 ₩275,000과 ₩245,000이었다.
2. ㈜대한은 A사에 대해 기업회계기준서 제1103호 '사업결합'의 단계적 취득을 준용하여 지분법을 적용한다.
3. 20×2년 1월 1일 현재 A사의 순자산장부금액은 ₩2,520,000이며, 자산·부채의 장부금액은 공정가치와 일치하였다.
4. A사는 20×2년 6월 30일에 1주당 ₩200의 현금배당을 실시하였으며, 20×2년도 당기순이익과 기타포괄이익을 각각 ₩150,000과 ₩50,000으로 보고하였다.

〈요구사항〉

A사 지분투자와 관련하여, ㈜대한의 관계기업투자주식 취득원가에 포함된 영업권 금액과 ㈜대한의 20×2년 말 재무상태표에 표시해야 할 관계기업투자주식의 장부금액을 계산하시오.

영업권	①
관계기업투자주식 장부금액	②

(물음 2) 다음의 〈자료 2〉를 이용하여 〈요구사항〉에 답하시오.

〈자료 2〉

1. 20×2년 1월 1일 현재 B사의 순자산은 납입자본 ₩1,000,000과 이익잉여금 ₩400,000 으로 구성되어 있으며, 자산·부채의 장부금액은 공정가치와 일치하였다.

2. 20×2년 이후 B사가 보고한 순자산 변동내역은 다음과 같으며, 순자산의 변동은 전부 당기손익에 의해서만 발생하였다.

구분	20×2.12.31.	20×3.12.31.
납 입 자 본	₩1,000,000	₩1,000,000
이 익 잉 여 금	100,000	300,000

3. B사는 20×2년 중에 유의적인 재무적 어려움에 처하게 됨으로써 20×2년 말 현재 ㈜대한이 보유한 B사 투자주식의 회수가능액이 ₩250,000으로 결정되었다. 그러나 20×3년 도에는 B사의 유의적인 재무적 어려움이 일부 해소되어 20×3년 말 현재 ㈜대한이 보유한 B사 투자주식의 회수가능액은 ₩350,000으로 회복되었다.

〈요구사항〉

B사 지분투자와 관련하여, ㈜대한이 20×2년도에 인식할 손상차손과 20×3년도에 인식할 손상차손환입을 계산하시오.

20×2년 손상차손	①
20×3년 손상차손환입	②

(물음 3) 다음의 〈자료 3〉을 이용하여 〈요구사항〉에 답하시오.

〈자료 3〉

1. 20×2년 1월 1일 현재 C사의 순자산장부금액은 ₩2,100,000이며, 자산·부채 중 장부금액과 공정가치가 일치하지 않는 항목은 다음과 같다.

계 정	장부금액	공정가치	비 고
재 고 자 산	₩40,000	₩55,000	20×2년 중 전액 외부판매되었음
건 물	1,000,000	1,250,000	잔존내용연수: 5년 잔존가치: ₩0 정액법 상각

2. 20×2년 중에 C사는 ㈜대한으로부터 원가 ₩120,000인 재고자산을 ₩100,000에 매입하여 20×2년 말 현재 전부 보유하고 있다. 동 하향거래는 재고자산의 순실현가능가치 감소에 대한 증거를 제공한다.

---

3. 20×2년 중에 C사는 ㈜대한에 재고자산을 판매(매출액은 ₩350,000이며, 매출총이익률은 30%)하였는데, 20×2년 말 현재 ㈜대한은 매입한 재고자산의 80%를 외부에 판매하였다.

4. C사는 20×2년도 당기순손실을 ₩60,000으로 보고하였다.

〈요구사항 1〉

C사 지분투자와 관련하여, ㈜대한이 염가매수차익에 해당하는 금액을 인식하기 위한 회계처리에 대해 기업회계기준서 제1028호 '관계기업과 공동기업에 대한 투자'에 근거하여 간략히 서술하시오.

〈요구사항 2〉

C사 지분투자와 관련하여, ㈜대한의 20×2년도 포괄손익계산서에 표시되는 지분법손익을 계산하시오. 단, 지분법손실은 (−)를 숫자 앞에 표시하시오.

지분법손익	①

4　㈜대한은 20×1년 1월 1일에 ㈜민국의 의결권 있는 보통주식 300주(30%)를 ₩500,000에 취득하여 유의적인 영향력을 가지게 되었다. ㈜대한의 지분법적용투자주식은 ㈜민국 이외에는 없다. 다음은 20×2년까지의 회계처리와 관련된 〈자료〉이다.　(CPA 2021)

〈자료〉

1. ㈜대한의 지분 취득시점에 ㈜민국의 순자산 장부금액은 ₩1,300,000이다. 공정가치와 장부금액의 차이가 발생하는 항목은 다음과 같다.

계정과목	장부금액	공정가치	비　고
재 고 자 산	₩150,000	₩210,000	20×1년과 20×2년에 각각 50%씩 판매되었다.
기 계 장 치	200,000	350,000	잔존내용연수는 5년이며 잔존가치없이 정액법으로 감가상각한다.

2. 20×1년 4월 1일 ㈜민국은 ㈜대한에 장부금액 ₩150,000인 비품을 ₩180,000에 매각하였다. ㈜대한은 20×2년 12월 31일 현재 동 비품을 보유 중이며, 잔존가치 없이 잔존내용연수 5년 동안 정액법으로 감가상각한다.

3. ㈜민국의 20×1년도 포괄손익계산서 상 당기순이익은 ₩235,500이다.

4. ㈜대한은 20×2년 12월 31일에 지분법적용투자주식 중 150주를 향후에 매각하기로 결정하고 매각예정비유동자산으로 분류하였다.

> 5. 20×2년 12월 31일 현재 매각예정인 지분법적용투자주식의 순공정가치는 ₩270,000이며, ㈜민국의 20×2년도 포괄손익계산서 상 당기순이익은 ₩154,000이다.

(물음 1) 20×1년 12월 31일 ㈜대한의 재무상태표에 표시되는 ㈜민국에 대한 ① 지분법적용투자주식 장부금액과 20×1년도 포괄손익계산서상 ② 지분법이익을 계산하시오. 단, 지분법손실인 경우에는 금액 앞에 (−)를 표시하시오.

지분법적용투자주식	①
지분법이익	②

(물음 2) 20×2년 12월 31일 회계처리가 ㈜대한의 20×2년도 포괄손익계산서 상 당기순이익에 미치는 영향을 계산하시오. (단, 보유주식에 대한 지분법 평가 후 매각예정비유동자산으로의 대체를 가정하며, 당기순이익이 감소하는 경우 금액 앞에 (−)를 표시하시오)

당기순이익에 미치는 영향	①

(물음 3) ㈜대한이 20×2년에 매각하기로 했던 투자주식의 상황은 향후 ① 여전히 매각협상이 진행 중인 상황과 ② 예정대로 매각되어 유의적인 영향력을 상실한 경우로 구분된다. 20×3년 ㈜민국에 대한 투자주식과 관련하여 기업회계기준서 제1028호 '관계기업과 공동기업에 대한 투자'에서 기술하고 있는 회계처리 방법을 약술하시오.

상황	기준서 내용
매각협상이 진행 중인 경우	①
매각되어 유의적인 영향력을 상실한 경우	②

5 ㈜대한은 20×1년 1월 1일 ㈜민국의 보통주 400주(발행주식의 40%)를 주당 ₩2,000에 취득하였다. 이로 인해 ㈜대한은 ㈜민국에 대해 유의적인 영향력을 가지게 되었다. 다음 〈자료〉를 이용하여 각 물음에 답하시오. (CPA 2022)

> 〈자료〉
> · 20×1년 1월 1일 ㈜민국의 순자산 장부금액은 ₩1,000,000이다. 공정가치와 장부금액의 차이가 발생하는 항목은 다음과 같다. 단, 기계장치와 건물의 잔존가치는 없으며, 감가상각방법으로 정액법을 이용한다.
>
> | 계정과목 | 장부금액 | 공정가치 | 비 고 |
> |---|---|---|---|
> | 재 고 자 산 | ₩100,000 | ₩150,000 | 20×1년에 모두 판매 |
> | 기 계 장 치 | 300,000 | 450,000 | 잔존내용연수 5년 |
> | 건 물 | 500,000 | 1,000,000 | 잔존내용연수 10년 |

- 20×1년도와 20×2년도에 ㈜민국이 보고한 당기순이익 등의 자료는 다음과 같다. 기타포괄손익은 재분류조정이 되는 항목이다.

구분	20×1년	20×2년
당 기 순 이 익	₩300,000	₩400,000
기 타 포 괄 손 익	70,000	(35,000)
현 금 배 당	50,000	80,000

- ㈜대한도 ㈜민국의 20×1년 현금배당을 받을 권리가 있다고 가정한다.
- ㈜민국은 자기주식을 보유하고 있지 않고, ㈜대한과 ㈜민국 사이에는 내부거래가 없으며, ㈜대한이 보유한 ㈜민국의 보통주에 대한 손상징후는 존재하지 않는다.

(물음 1) ㈜대한이 취득한 ㈜민국의 보통주와 관련하여 다음의 금액을 계산하시오.

20×1년 보통주 취득시 영업권의 가치	①
20×1년 말 관계기업투자주식 장부금액	②
20×2년 말 관계기업투자주식 장부금액	③

(물음 2) ㈜대한은 20×3년 1월 1일 ㈜민국의 보통주 300주를 시장가격인 주당 ₩3,000에 처분하였다. 이에 따라 ㈜민국에 대한 유의적인 영향력을 잃게 되었다. 그리고 남은 ㈜민국의 보통주 100주를 기타포괄손익-공정가치 측정 금융자산으로 분류를 변경하였다. 이러한 주식처분과 분류 변경이 ㈜대한의 20×3년도 당기순이익과 기타포괄이익에 미치는 영향을 각각 계산하시오. (단, (물음 1)에 대한 해답과 관계없이 ㈜대한이 취득한 ㈜민국의 보통주에 대한 20×2년 기말 장부금액이 ₩900,000이라고 가정한다. 답안을 작성할 때 당기순이익이나 기타포괄이익 등이 감소하는 경우 금액 앞에 (−)를 표시하시오)

20×3년도 당기순이익에 미치는 영향	①
20×3년도 기타포괄이익에 미치는 영향	②

6 ㈜세무는 20×1년 1월 1일 ㈜대한의 의결권 주식 20%를 ₩1,200,000에 취득하여 유의적인 영향력을 갖게 되었으며, 취득 이후 ㈜세무의 지분율(20%)은 변동이 없다.　(CTA 2022)

1. 20×1년 1월 1일 ㈜대한의 자산총액은 ₩10,000,000이고 부채총액은 ₩4,000,000이며, 자산과 부채의 장부금액과 공정가치의 차이는 없다.
2. ㈜대한의 20×1년 말 재고자산 중 ₩120,000은 20×1년 중 ㈜세무로부터 매입한 것이며, ㈜세무는 원가에 20%의 이익을 가산하여 판매하고 있다.
3. ㈜대한의 20×0년 말과 20×1년 말 이익잉여금은 각각 ₩75,000과 ₩100,000이다. ㈜대한은 20×1년 11월 20일 중간배당으로 현금배당 ₩60,000을 결의 후 지급하였으며, 배당금과 당기순이익 이외에 이익잉여금 변동은 없다.

(1) ㈜세무가 20×1년에 인식할 지분법손익은 얼마인가? (단, 이익/손실 여부를 표시하시오)

(2) ㈜세무가 20×1년에 인식할 지분법이익이 ₩10,000이라고 가정할 때, ㈜세무의 20×1년 말 재무상태표에 계상될 ㈜대한 주식의 장부금액은 얼마인가?

(3) ㈜대한은 20×2년 9월 1일 ㈜세무로부터 기계장치를 공정가치인 ₩500,000에 매입하였으며, 구입 당시 ㈜세무의 기계장치 장부금액은 ₩400,000이었다. ㈜세무와 ㈜대한이 기계장치를 정률법(상각률 30%)으로 월할 상각할 때, 기계장치와 관련된 미실현손익이 ㈜세무의 20×2년 지분법손익에 미치는 영향은 얼마인가? (단, 지분법이익을 증가시키면 '이익'으로, 감소시키면 '손실'로 표시하시오)

7   ㈜대한은 20×1년 1월 1일에 토지A(장부금액 ₩260,000, 공정가치 ₩300,000)를 ㈜민국에 출자하고 주식 30%(보통주)와 현금 ₩30,000을 수취하여 유의적인 영향력을 행사할 수 있게 되었다. 아래 〈자료〉를 이용하여 각 물음에 답하시오.   (CPA 2023)

1. ㈜민국의 20×1년 1월 1일 다음의 자산을 제외한 모든 자산과 부채의 장부금액과 공정가치는 일치하였다.

계정과목	장부금액	공정가치	비 고
재 고 자 산	₩80,000	₩120,000	20×1년에 50%를 판매하고, 나머지는 20×2년에 판매
기 계 장 치	120,000	150,000	잔존내용연수는 6년, 잔존가치는 없으며, 정액법으로 감가상각
토 지 B	200,000	220,000	20×2년 중에 매각

2. ㈜민국의 순자산 변동은 다음과 같다.

항 목	20×1년	20×2년
순자산장부금액(기초)	₩800,000	₩870,000
현 금 배 당	-	(20,000)
당 기 순 이 익	70,000	90,000
기 타 포 괄 이 익	-	40,000
순자산장부금액(기말)	₩870,000	₩980,000

3. 20×1년 중에 ㈜대한과 ㈜민국 간에 다음과 같은 상호거래가 발생하였다.
· ㈜대한과 ㈜민국 간의 재고자산 거래는 다음과 같으며, 기말재고자산은 20×2년에 모두 판매된다.

판매회사	매입회사	매출액	매출총이익률	기말보유비율
㈜대한	㈜민국	₩30,000	30%	40%
㈜민국	㈜대한	15,000	20%	20%

- 20×1년 5월 1일 ㈜대한은 ㈜민국에게 비품(취득원가 ₩40,000, 감가상각누계액 ₩20,000, 잔존내용연수 3년, 잔존가치 없이 정액법 상각)을 ₩16,400에 매각하였으며, ㈜민국은 20×2년 말 현재 계속 사용 중이다.
4. ㈜대한과 ㈜민국은 유형자산(기계장치, 토지, 비품)에 대해 원가모형을 적용하고 있다.

(물음 1) 20×1년 12월 31일 ㈜대한의 재무상태표에 표시되는 ㈜민국에 대한 관계기업투자주식과 20×1년도 포괄손익계산서에 인식되는 지분법이익을 계산하시오

관계기업투자주식	①
지분법이익	②

(물음 2) 20×2년 12월 31일 ㈜대한의 재무상태표에 표시되는 ㈜민국에 대한 관계기업투자주식을 계산하시오.

관계기업투자주식	①

보론 1 다음의 각 물음은 독립적이다. (CPA 2016)

〈공통 자료〉

㈜갑과 ㈜을은 쇼핑센터를 취득하여 영업할 목적으로 20×1년 1월 1일에 각각 ₩20,000과 ₩30,000을 현금으로 출자하여 별도기구인 ㈜병을 설립하였다. 계약상 약정의 조건은 다음과 같다.

〈계약상 약정의 조건〉

· 계약상 약정은 ㈜갑과 ㈜을에 공동지배력을 부여하고 있다.
· 아울러 계약상 약정은 ㈜병이 보유하는 약정의 자산에 대한 권리와 부채에 대한 의무를 당사자들인 ㈜갑과 ㈜을이 보유하는 것을 명시하고 있다.

약정의 자산, 부채, 수익, 비용에 대한 ㈜갑의 배분비율은 40%이고, ㈜을의 배분비율은 60%이다. ㈜병을 설립하기 직전인 20×0년 12월 31일 현재 ㈜갑의 재무상태표는 다음과 같다.

재무상태표

㈜갑		20×0. 12. 31 현재	
계정과목	장부금액	계정과목	장부금액
현 금	₩100,000	부 채	₩0
토 지	50,000	자 본 금	120,000
공동기업투자주식	0	이 익 잉 여 금	30,000
자 산 총 계	₩150,000	부채 · 자본총계	₩150,000

㈜갑의 경우 20×1년 중 위 현금출자 및 아래 각 물음에 제시된 상황과 관련된 것을 제외한 다른 당기손익 항목은 없었다고 가정한다.

(물음 1) 〈공통 자료〉에 추가하여, ㈜병을 설립하면서 ㈜갑은 ㈜병에 장부금액이 ₩30,000인 토지를 공정가치인 ₩40,000에 판매하였다고 가정하라. 20×1년 12월 31일 현재 ㈜갑의 재무상태표에 계상될 다음의 금액을 구하시오. (단, ㈜병을 설립한 이후에도 ㈜갑은 위 재무상태표에 보고된 계정과목만을 이용한다고 가정하라. 또한 해당 금액이 없는 경우에는 '0'으로 표시하시오)

〈㈜갑의 재무상태표〉

현 금	①
토 지	②
공동기업투자주식	③

(물음 2) 〈공통 자료〉에 추가하여, ㈜병을 설립하면서 ㈜갑이 ㈜병에 장부금액이 ₩30,000인 토지를 공정가치인 ₩25,000에 판매하였고, 동 공정가치는 손상차손의 증거를 제공한다고 가정하라. 이 밖의 다른 상황은 〈공통 자료〉에 주어진 바와 같다. 20×1년 12월 31일 현재 ㈜갑의 재무상태표에 계상될 현금과 토지의 금액을 구하시오. (단, ㈜병을 설립한 이후에도 ㈜갑은 〈공통 자료〉에 제시된 20×0년 12월 31일 현재 재무상태표에 보고된 계정과목만을 이용한다고 가정하라. 또한 해당 금액이 없는 경우에는 '0'으로 표시하시오)

〈㈜갑의 재무상태표〉

현　금	①
토　지	②

(물음 3) 〈공통 자료〉에 추가하여, ㈜병을 설립하면서 ㈜갑은 ㈜병에 장부금액이 ₩30,000인 토지를 공정가치인 ₩40,000에 출자하였다고 가정하라.

또한, 계약상 약정의 조건을 다음과 같이 수정한다.

〈계약상 약정의 조건〉
· 계약상 약정은 ㈜갑과 ㈜을에 공동지배력을 부여하고 있다.
· 아울러 계약상 약정은 당사자들인 ㈜갑과 ㈜을에게 약정의 자산에 대한 권리와 부채에 대한 의무를 명시하지 않고 있으며, 대신 ㈜갑과 ㈜을이 ㈜병의 순자산에 대한 권리를 보유하도록 정하고 있다.

이 밖의 다른 상황은 〈공통 자료〉에 주어진 바와 같다. 20×1년 12월 31일 현재 ㈜갑의 재무상태표에 계상될 다음의 금액을 구하시오. (단, ㈜병을 설립한 이후에도 ㈜갑은 〈공통 자료〉에 제시된 20×0년 12월 31일 현재 재무상태표에 보고된 계정과목만을 이용한다고 가정하라. 또한 해당 금액이 없는 경우에는 '0'으로 표시하시오)

〈㈜갑의 재무상태표〉

현　금	①
토　지	②
공동기업투자주식	③

환율변동효과

- 환율변동효과의 의의를 이해한다.
- 기능통화를 이용한 회계처리를 이해한다.
- 기능통화로 작성된 재무제표의 환산을 이해한다.
- 해외종속기업의 연결을 이해한다.

국제회계기준에서는 표시통화(presentation currency)와 기능통화(functional currency)를 구분해서 사용하고 있다. 표시통화란 기업이 재무제표를 표시하는 데 사용되는 통화이며, 기능통화란 기업의 영업활동이 이루어지는 주된 경제 환경하에서의 통화로서 기업이 회계시스템상에 회계처리하는 데 사용되는 통화이다. 국제회계기준에서 기능통화의 개념을 도입한 이유는 기업의 실질적인 영업실적과 관계없이 환율변동에 따라 영업실적이 왜곡될 수 있기 때문이다.

본장에서는 K-IFRS 제1021호 '환율변동효과'에서 규정하고 있는 환율변동효과에 대한 개념과 기능통화로 작성된 재무제표의 환산, 그리고 해외종속기업의 연결재무제표 작성방법에 대해서 다루고 있다. 이를 통해서 환율변동효과의 의의 및 기능통화를 이용한 회계처리에 대해 심도 있게 학습해 보자.

1. 환율변동효과의 기초

1.1 환율의 기본개념

환율(exchange rate)이란 서로 다른 통화를 교환하는 비율을 말한다. 환율은 표현하는 방법에 따라 직접환율과 간접환율로 구분되고, 거래되는 시점에 따라 현물환율과 선도환율로 구분된다.

(1) 직접환율과 간접환율

환율을 표현할 때 외국의 통화를 기준으로 표현하는 방법과 자국의 통화를 기준으로 표현하는 방법이 있다. 이때 외국의 통화를 기준으로, 즉 'US$1＝₩1,000'으로 표현하는 방법을 **직접환율**(direct exchange rate)이라고 한다. 달러를 원화로 환산하는 등 외국의 통화를 자국의 화폐금액으로 계산할 때 직접환율을 그대로 적용하여 사용할 수 있다. 우리나라는 비롯한 대부분의 국가에서는 환율을 직접환율로 표시하고 있다.

반대로 자국의 통화를 기준으로, 즉 '₩1＝US$0.001'로 표현하는 방법을 **간접환율**(indirect exchange rate)이라고 한다. 외국의 통화를 자국의 화폐금액으로 계산할 때 간접환율을 적용하려면 외국의 통화에 간접환율을 나누어서 계산하므로 불편하다. 그러나 간접환율을 이용하면 달러 대비 원화의 평가, 즉 외국의 통화 대비하여 자국의 통화가 평가절상되었는지 또는 평가절하되었는지 여부를 파악하기 쉽다. 예를 들어, '₩1＝US$0.001'에서 '₩1＝US$0.0012'로 환율이 변경되었다면 원화가 평가절상된 것이고, 반대로 '₩1＝US$0.0012'에서 '₩1＝US$0.001'로 환율이 변경되었다면 원화가 평가절하된 것이다.

(2) 현물환율과 선도환율

외국의 통화를 거래하는 시점에 따라 현물환율과 선도환율로 구분된다. **현물환율**(spot exchange rate)은 매매계약이 성립되는 즉시 외국의 통화를 이전하는 경우에 적용되는 환율이다. 현물환율 중에서 보고기간 말에 사용되는 환율을 **마감환율**(closing rate)이라고 한다.

선도환율(forward exchange rate)은 미래에 서로 다른 통화를 교환하는 **선도계약**(forward contracts)에 적용되는 환율이다. 선도계약을 포함한 파생상품의 회계처리는 제10장 '파생상품회계'에서 자세히 설명한다.

1.2 환율변동효과의 의의

기업이 영업활동을 하면서 국내기업뿐만 아니라 외국기업과 거래를 한다. 외국기업과 거래를 할 때 외국기업이 속해 있는 국가의 화폐단위로 거래를 하는 것이 일반적이다. 이러한 경우 기업이 재무제표를 작성할 때 외국기업과 해당 국가의 화폐단위로 거래한 효과를 자국의 화폐단위로 환산해야 한다. 이때 최초 인식일 이후 환율변동이 발생하게 되며, 이러한 효과 또는 이로 인한 환율변동손익을 **환율변동효과**(the effects of changes in foreign exchange rates)라고 한다.

외국기업과의 거래를 통해 발생한 환율변동효과는 K-IFRS 제1021호 '환율변동효과'에 따라 회계처리하게 되며, 이 기준서의 중요한 특징은 **기능통화와 표시통화를 구분**해서 사용한다는 점이다.

1.3 기능통화와 표시통화

앞서 설명한 것처럼 외국기업과의 거래를 통해 발생한 환율변동효과를 재무제표에 반영해야 하는데, 이때 어느 국가의 통화로 측정하는지에 따라 기능통화와 표시통화로 구분된다.

기능통화(functional currency)[1]란 기업의 영업활동이 이루어지는 주된 경제 환경하에서의 통화를 말하며, 기업이 회계시스템상에 회계처리하는 데 사용되는 통화이다. 여기서 영업활동이 이루어지는 주된 경제 환경이란 주로 현금이 창출되고 사용되어지는 환경을 말한다.

한편, **표시통화**(presentation currency)란 기업이 재무제표를 표시하는 데 사용되는 통화를 말한다. 일반적으로 기업이 사용하는 기능통화와 표시통화를 일치한다. 그러나 기능통화와 표시통화가 일치하지 않을 수도 있다. 예를 들어, 우리나라에서 해운업을 하는 A회사의 모든 거래처가 미국기업이라면 대부분의 거래가 달러로 이루어질 것이다. 이러한 경우 A회사의 기능통화는 달러이고, 표시통화는 원화가 된다.

국제회계기준에서 기능통화의 개념을 도입한 이유는 기업의 실질적인 영업실적과 관계없이 환율변동에 따라 영업실적이 왜곡될 수 있기 때문이다. 위의 예처럼 A회사

---

[1] 기능통화와 외화(foreign currency)는 다르다. 기준서에서는 외화를 기능통화 이외의 다른 통화로 정의한다. 즉, 우리나라에서 해운업을 하는 A회사의 모든 거래처가 미국기업이고 대부분의 거래가 달러로 이루어진다면, A회사 입장에서 달러가 기능통화이므로 외화가 아니다.

가 다른 환경은 변하지 않고 달러 환율만 급격하게 상승하는 상황에서 표시통화로 회계처리한다면 영업실적이 급격히 좋아지는 것처럼 왜곡될 수 있다. 그러나 이러한 상황에서 기능통화로 회계처리한다면 달러 환율의 급격한 변동은 회계처리에 반영되지 않게 된다. 따라서 기업이 기능통화로 회계처리하면 **환율변동에 따른 영업실적의 왜곡현상을 배제하고, 실질적인 영업활동을 보다 충실하게 표시**할 수 있게 된다.

1.4 화폐성항목과 비화폐성항목

보고기간 말에 외화자산과 부채를 기능통화로 환산하기 위해서는 화폐성항목과 비화폐성항목을 구분해야 한다. 그 이유는 화폐성항목은 보고기간 말에 마감환율을 적용하여 환산해야 하지만, 비화폐성항목은 그렇지 않기 때문이다.

화폐성항목(monetary items)의 본질적 특징은 확정되었거나 결정가능한 화폐단위의 수량으로 받을 권리나 지급할 의무라는 것이다. 예를 들어, 현금으로 지급하는 연금과 그 밖의 종업원급여, 현금으로 상환하는 충당부채, 리스부채, 부채로 인식하는 현금배당 등이 화폐성항목에 속한다. 또한 수량이 확정되지 않은 기업 자신의 지분상품이나 금액이 확정되지 않은 자산을 받거나 주기로 한 계약의 공정가치가 화폐단위로 확정되었거나 결정가능하다면 이러한 계약도 화폐성항목에 속한다.

반면에 **비화폐성항목**(non-monetary items)의 본질적 특징은 확정되었거나 결정가능한 화폐단위의 수량으로 받을 권리나 지급할 의무가 없다는 것이다. 예를 들어, 재화와 용역에 대한 선급금, 영업권, 무형자산, 재고자산, 유형자산, 사용권자산, 비화폐성 자산을 인도하여 상환하는 충당부채 등이 비화폐성항목에 속한다.

화폐성항목과 비화폐성항목을 요약·정리하면 다음 〈표 9-1〉과 같다.

☑ 표 9-1 화폐성항목과 비화폐성항목

구 분	화폐성항목	비화폐성항목
자 산	매출채권, 미수금, 미수수익, 대여금, 채무상품의 금융자산 등	선급금, 선급비용, 영업권, 무형자산, 재고자산, 유형자산, 사용권자산, 지분상품의 금융자산 등
부 채	현금으로 지급하는 연금과 그 밖의 종업원급여, 현금으로 상환하는 충당부채, 리스부채, 부채로 인식하는 현금배당, 매입채무, 미지급금, 미지급비용, 차입금 등	선수금, 선수수익 등

2. 기능통화를 이용한 회계처리

2.1 기능통화의 결정

앞서 설명한 것처럼 기능통화는 기업의 영업활동이 이루어지는 주된 경제 환경하에서의 통화이며, 영업활동이 이루어지는 주된 경제 환경이란 주로 현금이 창출되고 사용되어지는 환경을 말한다. 기능통화를 결정할 때는 다음의 사항을 고려해야 한다.

---

① 주요지표
   ㉠ 재화와 용역의 공급가격에 주로 영향을 미치는 통화(흔히 재화와 용역의 공급가격을 표시하고 결제하는 통화)
   ㉡ 재화와 용역의 공급가격을 주로 결정하는 경쟁요인과 법규가 있는 국가의 통화
   ㉢ 재화를 공급하거나 용역을 제공하는 데 드는 노무원가, 재료원가와 그 밖의 원가에 주로 영향을 미치는 통화(흔히 이러한 원가를 표시하고 결제하는 통화)
② 보조지표
   ㉠ 재무활동(즉, 채무상품이나 지분상품의 발행)으로 조달되는 통화
   ㉡ 영업활동에서 유입되어 통상적으로 보유하는 통화

한편, 해외사업장의 기능통화를 결정할 때 그리고 이러한 **해외사업장의 기능통화가 보고기업의 기능통화와 같은지 판단할 때** 다음 사항을 추가적으로 고려해야 한다. 즉, ① 해외사업장의 활동이 보고기업 활동의 일부로서 수행되거나, ② 보고기업과의 거래가 해외사업장의 활동에서 차지하는 비중이 높거나, ③ 해외사업장 활동에서의 현금흐름이 보고기업의 현금흐름에 직접 영향을 주고 보고기업으로 쉽게 송금될 수 있거나, ④ 보고기업의 자금 지원 없이 해외사업장 활동에서의 현금흐름만으로 현재의 채무나 통상적으로 예상되는 채무를 감당하기에 충분하지 않다면 해외사업장의 기능통화가 보고기업의 기능통화와 같을 가능성이 높다.

---

① 해외사업장의 활동이 보고기업 활동의 일부로서 수행되는지 아니면 상당히 독자적으로 수행되는지
   ㉠ 해외사업장이 보고기업에서 수입한 재화를 판매하고 그 판매대금을 보고기업으로 송금하는 역할만 한다면 해외사업장이 보고기업의 일부로서 활동하는 예에 해당한다.
   ㉡ 해외사업장이 대부분 현지통화로 현금 등의 화폐성항목을 축적하고 비용과 수익을 발생시키

며 차입을 일으킨다면 해외사업장의 활동이 상당히 독자적으로 수행되는 예에 해당한다.
② 보고기업과의 거래가 해외사업장의 활동에서 차지하는 비중이 높은지 낮은지
③ 해외사업장 활동에서의 현금흐름이 보고기업의 현금흐름에 직접 영향을 주고 보고기업으로 쉽게 송금될 수 있는지
④ 보고기업의 자금 지원 없이 해외사업장 활동에서의 현금흐름만으로 현재의 채무나 통상적으로 예상되는 채무를 감당하기에 충분한지

위에서 언급한 지표들이 서로 다른 결과를 제시하여 기능통화가 분명하지 않은 경우에는 경영진이 판단하여 실제 거래, 사건과 상황의 경제적 효과를 가장 충실하게 표현하는 기능통화를 결정한다. 이때 경영진은 기능통화를 결정하는 데 주요지표를 우선하여 고려한 후에 보조지표를 고려한다.

2.2 외화거래의 최초 인식

보고기업에서 외화거래가 발생하면 기능통화로 환산하여 보고해야 한다. 여기서 **외화거래**(foreign currency transaction)는 외화로 표시되어 있거나 외화로 결제되어야 하는 거래로서 다음을 포함한다.

① 외화로 가격이 표시되어 있는 재화나 용역의 매매
② 지급하거나 수취할 금액이 외화로 표시된 자금의 차입이나 대여
③ 외화로 표시된 자산의 취득이나 처분, 외화로 표시된 부채의 발생이나 상환

기능통화로 외화거래를 최초로 인식하는 경우에 거래일의 외화와 기능통화 사이의 **현물환율**을 외화금액에 적용하여 기록한다. 이때 거래일은 한국채택국제회계기준에 따라 거래의 인식요건을 최초로 충족하는 날이다. 실무적으로는 거래일의 실제 환율에 근접한 환율을 자주 사용한다. 예를 들어, 일주일이나 한 달 동안 발생하는 모든 외화거래에 대하여 해당 기간의 **평균환율**(average rate)을 사용할 수 있다. 일정기간 동안 발생하는 이자수익 또는 이자비용이 여기에 해당한다. 그러나 환율이 유의적으로 변동된 경우에 해당기간의 평균환율을 사용하는 것은 부적절하다.

2.3 외화거래의 후속 측정

(1) 화폐성 외화항목의 후속 측정

1) 보고기간 말의 후속 측정

보고기간 말에 존재하는 화폐성 외화자산과 부채는 보고기간 말의 마감환율을 적용하여 환산해야 한다. 이때 최초 인식시점의 환율과 마감환율이 다르면 외환차이가 발생한다. 여기서 **외환차이**(exchange difference)란 특정 통화로 표시된 금액을 변동된 환율을 사용하여 다른 통화로 환산할 때 생기는 차이를 말한다. 이러한 외환차이는 발생한 회계기간의 당기손익으로 인식한다.[2]

2) 결제일의 후속 측정

보고기간 중에 화폐성 외화자산과 부채가 결제되는 경우 **결제일의 현물환율로 환산하**여 결제된다. 이때 역시 최초 인식시점의 환율과 현물환율이 다르면 외환차이가 발생한다. 이러한 외환차이는 발생한 회계기간의 당기손익으로 인식한다.

외화거래의 최초 인식과 후속 측정에서 화폐성 외화자산과 부채를 기능통화로 환산할 때 적용하는 환율을 표시하면 다음 [그림 9-1]과 같다.

● 그림 9-1 화폐성 외화항목의 환산 시 적용 환율

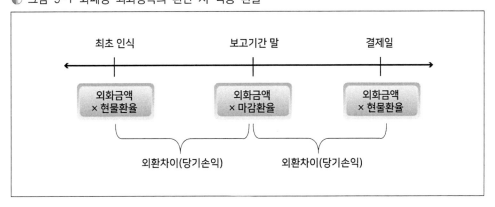

---

2) 현금흐름위험회피수단의 요건을 갖춘 화폐성 외화자산과 부채는 K-IFRS 제1109호 '금융상품'에 따라 위험회피회계를 적용하여 외환차이 중 위험회피에 효과적인 부분은 당기손익이 아닌 기타포괄손익으로 인식한다.

📖 예제 1 화폐성 외화항목의 회계처리 – 매출 · 매입거래

12월 말 결산법인인 A회사의 기능통화는 원화이다. A회사는 20×1년 12월 1일에 미국기업인 B
회사에게 상품 X를 $1,000에 수출하고(이때 상품 X의 실질적인 소유권이 B회사로 이전), 판매대
금은 2개월 후인 20×2년 1월 31일에 회수하였다.
또한 A회사는 20×2년 12월 16일에 미국기업인 C회사로부터 상품 Y를 $2,000에 구입하고(이때 상
품 Y의 실질적인 소유권이 A회사로 이전), 구매대금은 3개월 후인 20×3년 3월 15일에 지급하였다.
일자별 환율은 다음과 같다.

20×1.12. 1.	20×1.12.31.	20×2. 1.31.	20×2.12.16.	20×2.12.31.	20×3. 3.15.
₩1,100/US$	₩1,160/US$	₩1,230/US$	₩1,300/US$	₩1,220/US$	₩1,250/US$

물음 ....

A회사가 외화거래와 관련하여 해야 할 분개를 하시오.

풀이 ....

〈20×1.12. 1.〉
　(차변) 외 화 매 출 채 권 1,100,000❶　(대변) 매　　　　　　　출　1,100,000
　　❶ $1,000 × ₩1,100 = ₩1,100,000

〈20×1.12.31.〉
　(차변) 외 화 매 출 채 권　　60,000❷　(대변) 외　환　이　익　　60,000
　　❷ $1,000 × (₩1,160 – 1,100) = ₩60,000

〈20×2. 1.31.〉
　(차변) 현　　　　　　金　1,230,000❸　(대변) 외 화 매 출 채 권　1,160,000
　　　　　　　　　　　　　　　　　　　　　　　　　외　환　이　익　　70,000❹

　　❸ $1,000 × ₩1,230 = ₩1,230,000
　　❹ $1,000 × (₩1,230 – 1,160) = ₩70,000

〈20×2.12.16.〉
　(차변) 재　고　자　산 2,600,000❺　(대변) 외 화 매 입 채 무　2,600,000
　　❺ $2,000 × ₩1,300 = ₩2,600,000

〈20×2.12.31.〉
　(차변) 외 화 매 입 채 무　160,000❻　(대변) 외　환　이　익　　160,000
　　❻ $2,000 × (₩1,300 – 1,220) = ₩160,000

〈20×3. 3.15.〉
　(차변) 외 화 매 입 채 무 2,440,000　(대변) 현　　　　　　金　2,500,000❼
　　　　　외　환　손　실　　60,000❽
　　❼ $2,000 × ₩1,250 = ₩2,500,000
　　❽ $2,000 × (₩1,220 – 1,250) = (–)₩60,000

📖 예제 2 화폐성 외화항목의 회계처리 – 차입금거래

> 12월 말 결산법인인 A회사의 기능통화는 원화이다. A회사는 20×1년 1월 1일에 미국금융기업인
> B은행으로부터 $1,000를 2년 만기 연 이자율 10%에 차입하였다. 이자는 매년 12월 31일에 지
> 급한다.
> 일자별 환율은 다음과 같다.
>
> | 20×1. 1. 1. | 20×1년 평균 | 20×1.12.31. | 20×2년 평균 | 20×2.12.31. |
> |---|---|---|---|---|
> | ₩1,110/US$ | ₩1,150/US$ | ₩1,160/US$ | ₩1,230/US$ | ₩1,220/US$ |

물음 ···

A회사가 외화거래와 관련하여 해야 할 분개를 하시오.

풀이 ···

〈20×1. 1. 1.〉
(차변) 현   금 1,110,000❶ (대변) 외 화 차 입 금 1,110,000

  ❶ $1,000 × ₩1,110 = ₩1,110,000

〈20×1.12.31.〉
(차변) 이 자 비 용   115,000❷ (대변) 현   금   116,000❸
       외 환 손 실   1,000
(차변) 외 환 손 실   50,000❹ (대변) 외 화 차 입 금   50,000

  ❷ $1,000 × 10% × ₩1,150 = ₩115,000
  ❸ $1,000 × 10% × ₩1,160 = ₩116,000
  ❹ $1,000 × (₩1,110 – 1,160) = (–)₩50,000

〈20×2.12.31.〉
(차변) 이 자 비 용   123,000❺ (대변) 현   금   122,000❻
                                         외 환 이 익   1,000
(차변) 외 화 차 입 금 1,160,000 (대변) 현   금 1,220,000❼
       외 환 손 실   60,000❽

  ❺ $1,000 × 10% × ₩1,230 = ₩123,000
  ❻ $1,000 × 10% × ₩1,220 = ₩122,000
  ❼ $1,000 × ₩1,220 = ₩1,220,000
  ❽ $1,000 × (₩1,160 – 1,220) = (–)₩60,000

📖 예제 3 화폐성 외화항목의 회계처리 – 사채거래

> 12월 말 결산법인인 A회사의 기능통화는 원화이다. A회사는 20×1년 1월 1일에 액면금액 $1,000(이자지급일 매년 12월 31일, 만기일 20×3년 12월 31일)의 사채를 $970에 발행하였다. 일자별 환율은 다음과 같다.
>
> | 20×1. 1. 1. | 20×1년 평균 | 20×1.12.31. | 20×2년 평균 | 20×2.12.31. |
> |---|---|---|---|---|
> | ₩1,110/US$ | ₩1,150/US$ | ₩1,160/US$ | ₩1,230/US$ | ₩1,220/US$ |

물음 ··

1. 20×1년 초에 A회사가 사채발행과 관련하여 해야 할 분개를 하시오.

2. 20×1년 말에 A회사가 인식할 사채의 이자비용이 $80이고 표시이자가 $70일 때 해야 할 분개를 하시오.

3. 20×2년 말에 A회사가 인식할 사채의 이자비용이 $80이고 표시이자가 $70이며, 사채를 $995에 조기상환하였을 때 해야 할 분개를 하시오.

풀이 ··

1. 〈20×1. 1. 1.〉
   (차변) 현   금   1,076,700**❶**   (대변) 외   화   사   채   1,110,000**❷**
           사 채 할 인 발 행 차 금   33,300

   ❶ $970 × ₩1,110 = ₩1,076,700
   ❷ $1,000 × ₩1,110 = ₩1,110,000

2. 〈20×1.12.31.〉
   (차변) 사 채 할 인 발 행 차 금   1,500**❶**   (대변) 외   화   사   채   50,000**❷**
           외   환   손   실   48,500
   (차변) 이   자   비   용   92,000**❸**   (대변) 현   금   81,200**❹**
           외   환   손   실   800   사 채 할 인 발 행 차 금   11,600**❺**

   ❶ $30 × (₩1,160 – 1,110) = ₩1,500
   ❷ $1,000 × (₩1,160 – 1,110) = ₩50,000
   ❸ $80 × ₩1,150 = ₩92,000
   ❹ $70 × ₩1,160 = ₩81,200
   ❺ $10 × ₩1,160 = ₩11,600

3. 〈20×2.12.31.〉
   (차변) 사 채 할 인 발 행 차 금   1,200**❶**   (대변) 외   화   사   채   60,000**❷**
           외   환   손   실   58,800
   (차변) 이   자   비   용   98,400**❸**   (대변) 현   금   85,400**❹**
                                                    사 채 할 인 발 행 차 금   12,200**❺**
                                                    외   환   이   익   800

(차변) 외   화   사   채 1,220,000❻ (대변) 현   금 1,213,900❼
        사 채 상 환 손 실   6,100   사 채 할 인 발 행 차 금   12,200❽

❶ $20 × (₩1,220 − 1,160) = ₩1,200
❷ $1,000 × (₩1,220 − 1,160) = ₩60,000
❸ $80 × ₩1,230 = ₩98,400
❹ $70 × ₩1,220 = ₩85,400
❺ $10 × ₩1,220 = ₩12,200
❻ $1,000 × ₩1,220 = ₩1,220,000
❼ $995 × ₩1,220 = ₩1,213,900
❽ $10 × ₩1,220 = ₩12,200

📖 예제 4 화폐성 외화항목의 회계처리 – 채무상품인 금융자산거래

12월 말 결산법인인 A회사의 기능통화는 원화이다. A회사는 20×1년 1월 1일에 액면금액 $1,000(이자수취일 매년 12월 31일, 만기일 20×3년 12월 31일)의 사채를 $970에 취득하고, FVOCI금융자산으로 분류하였다. 해당 사채의 20×1년 말의 공정가치는 $982이다.
일자별 환율은 다음과 같다.

20×1. 1. 1.	20×1년 평균	20×1.12.31.	20×2년 평균	20×2.12.31.
₩1,110/US$	₩1,150/US$	₩1,160/US$	₩1,230/US$	₩1,220/US$

물음

1. 20×1년 초에 A회사가 FVOCI금융자산의 취득과 관련하여 해야 할 분개를 하시오.

2. 20×1년 말에 A회사가 인식할 FVOCI금융자산의 이자수익이 $80이고 표시이자가 $70일 때 해야 할 분개를 하시오.

3. 20×2년 말에 A회사가 인식할 FVOCI금융자산의 이자수익이 $80이고 표시이자가 $70이며, FVOCI금융자산을 $995에 처분하였을 때 해야 할 분개를 하시오.

풀이

1. 〈20×1. 1. 1.〉
   (차변) 외화FVOCI금융자산 1,076,700❶ (대변) 현   금 1,076,700
   ❶ $970 × ₩1,110 = ₩1,076,700

2. 〈20×1.12.31.〉
   (차변) 외화FVOCI금융자산   48,500❶ (대변) 외   환   이   익   48,500
   (차변) 현   금   81,200❷ (대변) 이   자   수   익   92,000❹
          외화FVOCI금융자산   11,600❸   외   환   이   익   800
   (차변) 외화FVOCI금융자산   2,320❺ (대변) 금융자산평가이익(OCI)   2,320

❶ $970 × (₩1,160 − 1,110) = ₩48,500

❷ $70 × ₩1,160 = ₩81,200

❸ $10 × ₩1,160 = ₩11,600

❹ $80 × ₩1,150 = ₩92,000

❺ ($982 − 980) × ₩1,160 = ₩2,320

3. 〈20×2.12.31.〉

(차변)	외화FVOCI금융자산	58,920❶	(대변)	외 환 이 익	58,920
(차변)	현 금	85,400❷	(대변)	이 자 수 익	98,400❹
	외화FVOCI금융자산	12,200❸			
	외 환 손 실	800			
(차변)	현 금	1,213,900❺	(대변)	외화FVOCI금융자산	1,210,240❻
				금 융 자 산 처 분 이 익	3,660

❶ $982 × (₩1,220 − 1,160) = ₩58,920

❷ $70 × ₩1,220 = ₩85,400

❸ $10 × ₩1,220 = ₩12,200

❹ $80 × ₩1,230 = ₩98,400

❺ $995 × ₩1,220 = ₩1,213,900

❻ $992 × ₩1,220 = ₩1,210,240

(2) 비화폐성 외화항목의 후속 측정

비화폐성 외화항목은 역사적원가로 측정하는지 아니면 공정가치로 측정하는지에 따라 후속 측정 시에 기능통화로 환산할 때 적용하는 환율이 다르다.

1) 역사적원가로 측정하는 비화폐성 외화항목의 후속 측정

역사적원가로 측정하는 비화폐성 외화자산과 부채는 거래일의 환율로 환산한다. 여기서 거래일이란 비화폐성 외화자산과 부채를 취득한 날을 의미한다. 따라서 보고기간 말에도 해당 항목의 거래일의 환율을 적용하여 환산하므로 외환차이가 발생하지 않는다.

2) 공정가치로 측정하는 비화폐성 외화항목의 후속 측정

공정가치로 측정하는 비화폐성 외화자산과 부채는 공정가치가 측정된 날의 환율로 환산하므로 해당 항목의 공정가치변동을 인식하는 경우에는 외환차이가 발생한다. 그러나 외환차이로 발생하는 손익을 별도로 인식하지 않고 공정가치변동에 따른 손익과 함께 인식한다. 따라서 해당 항목에서 발생한 공정가치변동손익을 당기손익으로 인식하는 하는 경우(예: 지분상품인 FVPL금융자산)에는 외환차이를 당기손익으로 인식하고, 해당 항목에서 발생한 공정가치변동손익을 기타포괄손익으로 인식하는 경우(예: 지분상품인 FVOCI금융자산)에는 외환차이 역시 기타포괄손익으로 인식한다.

화폐성 또는 비화폐성 외화항목을 기능통화로 환산하는 내용을 요약·정리하면 다음 〈표 9-2〉와 같다.

☑ 표 9-2 화폐성 또는 비화폐성 외화항목의 환산

구 분		최초 인식	보고기간 말	외환차이
화폐성항목		거래일 환율	마감환율	당기손익
비화폐성항목	역사적원가로 측정	거래일 환율	거래일 환율	해당 없음
	공정가치로 측정	거래일 환율	공정가치가 측정된 날 환율	당기손익 또는 기타포괄손익

📖 예제 5 비화폐성 외화항목의 회계처리 – 지분상품인 금융자산거래

12월 말 결산법인인 A회사의 기능통화는 원화이다. A회사는 20×1년 12월 1일에 미국기업인 B회사의 주식을 $3,000에 취득하였고, 20×1년 말 공정가치는 $3,100이다.
일자별 환율은 다음과 같다.

20×1.12. 1.	20×1.12.31.
₩1,100/US$	₩1,160/US$

물음 ···

1. A회사가 B회사의 주식에 대해 원가법을 적용하여 측정하는 경우 외화거래와 관련하여 20×1년에 해야 할 분개를 하시오.

2. A회사가 B회사의 주식을 FVPL금융자산으로 분류하는 경우 외화거래와 관련하여 20×1년에 해야 할 분개를 하시오.

3. A회사가 B회사의 주식을 FVOCI금융자산으로 분류하는 경우 외화거래와 관련하여 20×1년에 해야 할 분개를 하시오.

풀이 ···

1. 원가법을 적용하는 경우
〈20×1.12. 1.〉
　(차변)　외화원가법적용금융자산　　3,300,000❶　(대변)　현　　　　　　　금　　3,300,000
　　❶ $3,000 × ₩1,100 = ₩3,300,000

⟨20×1.12.31.⟩
분개 없음

❷ 비화폐성 외화항목을 역사적원가로 측정하는 경우 보고기간 말에도 거래일의 환율(₩1,100/US$)을 적용하여 환산하므로 외환차이가 발생하지 않는다.

2. FVPL금융자산으로 분류하는 경우

⟨20×1.12. 1.⟩
　(차변)　외화FVPL금융자산　3,300,000　　(대변)　현　　　　　금　3,300,000

⟨20×1.12.31.⟩
　(차변)　외화FVPL금융자산　296,000❶　(대변)　금융자산평가이익(PL)　296,000
　　❶ $3,100 × ₩1,160 − ₩3,300,000 = ₩296,000

3. FVOCI금융자산으로 분류하는 경우

⟨20×1.12. 1.⟩
　(차변)　외화FVOCI금융자산　3,300,000　　(대변)　현　　　　　금　3,300,000

⟨20×1.12.31.⟩
　(차변)　외화FVOCI금융자산　296,000　　(대변)　금융자산평가이익(OCI)　296,000

📖 예제 6 비화폐성 외화항목의 회계처리 – 상각자산거래

> 12월 말 결산법인인 A회사의 기능통화는 원화이다. A회사는 20×1년 1월 1일에 미국에 있는 건물을 $5,000에 취득하였다. 해당 건물의 내용연수는 5년, 잔존가치는 영(₩0), 정액법으로 상각한다. 일자별 환율은 다음과 같다.
>
> | 20×1. 1. 1. | 20×1.12.31. | 20×2.12.31. |
> | --- | --- | --- |
> | ₩1,110/US$ | ₩1,160/US$ | ₩1,220/US$ |

물음

1. A회사가 건물에 대해 원가모형을 적용하여 측정하는 경우 외화거래와 관련하여 20×1년과 20×2년에 해야 할 분개를 하시오.

2. A회사가 건물에 대해 재평가모형을 적용하여 측정하는 경우(감가상각누계액 제거법) 외화거래와 관련하여 20×1년과 20×2년에 해야 할 분개를 하시오. 단, 20×1년 말과 20×2년 말에 건물의 공정가치는 각각 $4,200와 $3,100이다.

풀이

1. 원가모형을 적용하는 경우

⟨20×1. 1. 1.⟩
　(차변)　외　　화　　건　　물　5,550,000❶　(대변)　현　　　　　금　5,550,000
　　❶ $5,000 × ₩1,110 = ₩5,550,000

⟨20×1.12.31.⟩
 (차변) 감 가 상 각 비 1,110,000❷ (대변) 감 가 상 각 누 계 액 1,110,000
  ❷ ($5,000 ÷ 5년) × ₩1,110 = ₩1,110,000

⟨20×2.12.31.⟩
 (차변) 감 가 상 각 비 1,110,000 (대변) 감 가 상 각 누 계 액 1,110,000

2. 재평가모형을 적용하는 경우
⟨20×1. 1. 1.⟩
 (차변) 외 화 건 물 5,550,000 (대변) 현   금 5,550,000

⟨20×1.12.31.⟩
 (차변) 감 가 상 각 비 1,110,000 (대변) 감 가 상 각 누 계 액 1,110,000
 (차변) 감 가 상 각 누 계 액 1,110,000 (대변) 재 평 가 이 익 (O C I) 432,000❶
                    외 화 건 물 678,000
  ❶ 감가상각 후 외화건물의 장부금액은 $4,000(= $5,000 - 1,000)이다.
    따라서 $4,200 × ₩1,160 - $4,000 × ₩1,110 = ₩432,000

⟨20×2.12.31.⟩
 (차변) 감 가 상 각 비 1,218,000❷ (대변) 감 가 상 각 누 계 액 1,218,000
 (차변) 감 가 상 각 누 계 액 1,218,000 (대변) 재 평 가 이 익 (O C I) 128,000❸
                    외 화 건 물 1,090,000
  ❷ ($4,200 ÷ 4년) × ₩1,160 = ₩1,218,000
  ❸ 감가상각 후 외화건물의 장부금액은 $3,150(= $4,200 - 1,050)이다.
    따라서 $3,100 × ₩1,220 - $3,150 × ₩1,160 = ₩128,000

(3) 둘 이상의 금액을 비교하여 장부금액이 결정되는 경우

 자산 또는 부채 항목 중에는 둘 이상의 금액을 비교하여 장부금액이 결정되는 항목이 있다. 예를 들어, 재고자산의 장부금액은 취득원가와 순실현가능가치 중에서 작은 금액으로 한다.3) 또한 손상을 시사하는 징후가 있는 자산의 장부금액은 잠재적 손상차손을 고려하기 전 장부금액과 회수가능액 중 작은 금액으로 한다.4) 이러한 자산이 비화폐성항목이고 외화로 측정되는 경우에는 다음의 두 가지를 비교하여 장부금액을 결정한다.

---

3) 재고자산평가손실 = 장부금액 - Min(장부금액, 순실현가능가치). 여기서 순실현가능가치는 예상판매가격에서 예상판매비용을 차감한 값이다.
4) 손상차손 = 장부금액 - 회수가능액. 여기서 회수가능액은 순공정가치와 사용가치 중에서 큰 금액이다. 순공정가치는 공정가치에서 해당 자산을 처분할 경우의 처분부대원가를 차감한 금액을 말한다. 사용가치는 자산이 미래에 창출할 것으로 기대되는 미래현금흐름의 현재가치를 말한다.

> ① 그 금액이 결정된 날의 환율(즉, 역사적원가로 측정한 항목의 경우 거래일의 환율)로 적절하게 환산한 취득원가나 장부금액
> ② 그 가치가 결정된 날의 환율(예: 보고기간 말의 마감환율)로 적절하게 환산한 순실현가능가치나 회수가능액

위의 ①과 ②를 비교하여 장부금액을 결정하게 되면 외화를 기준으로 할 때는 손상차손을 인식하게 되지만 기능통화를 기준으로 할 때는 손상차손을 인식하지 않을 수도 있고, 그 반대의 경우도 나타날 수 있다.

📖 예제 7 외화 재고자산의 저가법

> 12월 말 결산법인인 A회사의 기능통화는 원화이다. A회사는 20×1년 12월 1일에 미국기업인 B회사로부터 상품 Y를 $1,000에 구입하고 외화를 지급하였다. A회사는 20×1년 12월 말에 해당 상품을 판매하지 않고 보유 중이다.
> 일자별 환율은 다음과 같다.
>
> | 20×1.12. 1. | 20×1.12.31. |
> |---|---|
> | ₩1,100/US$ | ₩1,160/US$ |

물음

1. 20×1년 12월 말에 외화 재고자산의 순실현가능가치가 $1,100인 경우 기능통화로 표시될 상품 Y의 장부금액을 계산하시오.

2. 20×1년 12월 말에 외화 재고자산의 순실현가능가치가 $980인 경우 기능통화로 표시될 상품 Y의 장부금액을 계산하시오.

3. 20×1년 12월 말에 외화 재고자산의 순실현가능가치가 $900인 경우 기능통화로 표시될 상품 Y의 장부금액을 계산하시오.

풀이

1. 순실현가능가치가 $1,100인 경우
   · 장부금액 = $1,000 × ₩1,100 = ₩1,100,000
   · 순실현가능가치 = $1,100 × ₩1,160 = ₩1,276,000
   · 20×1년 12월 말 상품 Y의 장부금액 = Min(₩1,100,000, 1,276,000) = ₩1,100,000
     따라서 기능통화 기준으로 재고자산평가손실을 인식할 금액은 없다.

2. 순실현가능가치가 $980인 경우
   · 장부금액 = $1,000 × ₩1,100 = ₩1,100,000

·순실현가능가치 = $980 × ₩1,160 = ₩1,136,800
·20×1년 12월 말 상품 Y의 장부금액 = Min(₩1,100,000, 1,136,800) = ₩1,100,000
　따라서 기능통화 기준으로 재고자산평가손실을 인식할 금액은 없다.

3. 순실현가능가치가 $900인 경우
·장부금액 = $1,000 × ₩1,100 = ₩1,100,000
·순실현가능가치 = $900 × ₩1,160 = ₩1,044,000
·20×1년 12월 말 상품 Y의 장부금액 = Min(₩1,100,000, 1,044,000) = ₩1,044,000
　따라서 기능통화 기준으로 재고자산평가손실을 인식할 금액은 ₩56,000(= ₩1,100,000 − 1,044,000)
　이며, 회계처리는 다음과 같다.

(차변)　재 고 자 산 평 가 손 실　　56,000　(대변)　재고자산평가충당금　　　56,000

3. 기능통화로 작성된 재무제표의 환산

3.1 표시통화로 환산

보고기업의 기능통화와 표시통화가 다른 경우에 기능통화로 작성된 재무제표를 표시통화로 환산해야 한다.[5] 기능통화가 초인플레이션 경제의 통화가 아닌 경우,[6] 경영성과와 재무상태를 기능통화와 다른 표시통화로 환산하는 방법은 다음과 같다.

① 재무상태표(비교표시하는 재무상태표 포함)의 자산과 부채는 해당 보고기간말의 마감환율로 환산한다.
② 포괄손익계산서(비교표시하는 포괄손익계산서 포함)의 수익과 비용은 해당 거래일의 환율로 환산한다.
③ 위 ①과 ②의 환산에서 생기는 외환차이는 기타포괄손익으로 인식한다.

---

[5] 많은 보고기업이 다수의 개별기업으로 구성된다(예: 연결실체는 지배기업과 하나 이상의 종속기업으로 구성). 연결실체를 구성하는 기업이 아니더라도 관계기업, 공동약정이나 지점이 있을 수 있다. 이러한 보고기업에 속해 있는 개별기업의 경영성과와 재무상태는 보고기업이 재무제표를 보고하는 통화로 환산한다. 보고기업은 어떤 통화든지 표시통화로 사용할 수 있다. 재무제표를 작성하는 해외사업장이 없는 기업이나 K-IFRS 제1027호 '별도재무제표'에 따라 **별도재무제표를 작성하는 기업**도 재무제표를 어떤 통화로도 표시할 수 있다(1021:18~19).

[6] 기능통화가 **초인플레이션 경제의 통화인 경우**에 경영성과와 재무상태를 기능통화와 다른 표시통화로 환산할 때는 자산·부채·자본·수익·비용을 포함한 모든 계정의 금액을 최근 **재무상태표 일자의 마감환율로 환산**한다(1021:42). 따라서 초인플레이션 경제의 통화인 경우에 기능통화를 표시통화로 환산하면서 외환차이는 발생하지 않는다. 또한 기능통화가 초인플레이션 경제의 통화인 경우, K-IFRS 제1029호 '초인플레이션 경제에서의 재무보고'에 따라 재무제표를 재작성한다.

위의 ②에서 언급한 것처럼 수익과 비용은 해당 거래일의 환율로 환산하는 것이 원칙이지만, 수익과 비용이 빈번하게 발생하는 것이 일반적이므로 모든 수익과 비용을 해당 거래일의 환율로 환산하는 것이 번거로울 수 있다. 따라서 실무적으로 수익과 비용항목을 환산할 때 거래일의 환율에 근접한 환율(예: 해당 기간의 평균환율)을 자주 사용한다. 그러나 환율이 유의적으로 변동한 경우에는 일정기간의 평균환율을 사용하는 것은 부적절하다.

위의 ③에서 외환차이가 발생하는 이유는 다음과 같다.

> ① 수익과 비용은 해당 거래일의 환율로 환산하고 자산과 부채는 마감환율로 환산한다.
> ② 순자산의 기초 잔액을 전기의 마감환율과 다른 마감환율로 환산한다.

위에서 발생하는 환율의 변동은 현재와 미래의 영업현금흐름에 직접적으로 영향을 미치지 않거나 거의 미치지 않으므로 이러한 외환차이는 당기손익으로 인식하지 아니한다. **외환차이의 누계액은 해외사업장이 처분될 때까지 자본의 별도 항목**(해외사업환산차이)**으로 표시하고 기타포괄손익으로 인식한다.**

기준서에서는 자본항목의 환산에 대해 별도로 언급하지 않고 있다. 자본은 비화폐성항목이므로 이익잉여금을 제외한 **자본항목을 환산할 때는 해당 거래일의 환율로 환산**하는 것이 타당하다.

3.2 기능통화의 변경

기능통화는 보고기업과 관련된 실제 거래, 사건과 상황을 반영하여 결정된다. 일단 기능통화가 결정되면 이러한 **실제 거래, 사건과 상황에 변화가 일어난 경우에만** 기능통화를 변경할 수 있다. 예를 들어, 재화나 용역의 공급가격에 주로 영향을 미치는 통화의 변경은 기능통화의 변경을 초래할 수 있다.

기능통화가 변경되는 경우에는 새로운 기능통화에 의한 환산절차를 **변경한 날부터 전진적용**한다. 즉, 기능통화가 변경된 날의 환율을 사용하여 모든 항목을 새로운 기능통화로 환산한다. 비화폐성항목의 경우에는 새로운 기능통화로 환산한 금액이 역사적원가가 된다. 따라서 모든 항목에 새로운 기능통화를 적용하여 환산하므로 외환차이가 발생하지 않는다.

📖 예제 8 기능통화로 작성된 재무제표의 환산

12월 말 결산법인인 A회사는 20×1년 1월 1일에 자본금 $500로 설립된 회사로서, 기능통화는 미국달러이고 표시통화는 원화이다.

A회사의 20×2년 말 현재 비교재무상태표와 20×2년도 포괄손익계산서는 다음과 같다. 단, 20×1년 말 이익잉여금은 20×1년도 당기순이익과 동일하다.

재무상태표

A회사

과 목	20×2년	20×1년	과 목	20×2년	20×1년
현 금	$200	$150	유 동 부 채	$140	$160
매 출 채 권	300	200	비유동부채	260	200
재 고 자 산	150	250	자 본 금	500	500
유 형 자 산	350	300	이익잉여금	100	40
자 산	$1,000	$900	부채및자본	$1,000	$900

포괄손익계산서

A회사　　20×2년 1월 1일부터 20×2년 12월 31일까지

매 출 액	$700
매 출 원 가	(450)
기 타 수 익	120
기 타 비 용	(310)
당 기 순 이 익	$60

일자별 환율은 다음과 같다.

20×1. 1. 1.	20×1년 평균	20×1.12.31.	20×2년 평균	20×2.12.31.
₩1,110/US$	₩1,150/US$	₩1,160/US$	₩1,230/US$	₩1,220/US$

물음 ···

1. 기능통화로 표시된 A회사의 재무제표를 표시통화로 환산하시오.

2. A회사가 20×2 12월 말에 기능통화를 미국달러에서 유로화로 변경하였다고 가정하고, A회사의 비교재무상태표를 유로화로 환산하시오. 단, 20×2년 12월 31일 미국달러 대비 유로화 환율은 EUR0.9/US$이다.

풀이 ···

1. 표시통화로 환산

재무상태표

A회사

과 목	20×2년 기능통화	환율	표시통화	20×1년 기능통화	환율	표시통화
현 금	$200 ×	₩1,220	₩244,000	$150 ×	₩1,160	₩174,000
매 출 채 권	300 ×	1,220	366,000	200 ×	1,160	232,000
재 고 자 산	150 ×	1,220	183,000	250 ×	1,160	290,000
유 형 자 산	350 ×	1,220	427,000	300 ×	1,160	348,000
자 산	$1,000		₩1,220,000	$900		₩1,044,000
유 동 부 채	$140 ×	₩1,220	₩170,800	$160 ×	₩1,160	₩185,600
비 유 동 부 채	260 ×	1,220	317,200	200 ×	1,160	232,000
자 본 금	500 ×	1,110	555,000	500 ×	1,110	555,000
이 익 잉 여 금	100		119,800❸	40		46,000❶
해외사업환산차이			57,200❹			25,400❷
부 채 및 자 본	$1,000		₩1,220,000	$900		₩1,044,000

❶ $40 × ₩1,150 = ₩46,000

❷ ₩1,044,000 − 1,018,600(20×1년 점선 부분) = ₩25,400

❸ ₩46,000 + $60 × ₩1,230 = ₩119,800

❹ ₩1,220,000 − 1,162,800(20×2년 점선 부분) = ₩57,200

포괄손익계산서

A회사   20×2년 1월 1일부터 20×2년 12월 31일까지

과 목	기능통화	환율	표시통화
매 출 액	$700 ×	₩1,230	₩861,000
매 출 원 가	(450) ×	1,230	(553,500)
기 타 수 익	120 ×	1,230	147,600
기 타 비 용	(310) ×	1,230	(381,300)
당 기 순 이 익	$60		73,800
해 외 사 업 환 산 차 이			31,800❺
총 포 괄 이 익			₩105,600

❺ ₩57,200 − 25,400 = ₩31,800

2. 유로화로 환산

재무상태표

A회사　　　　　　　　　　20×2년 12월 31일 현재

과 목	미국달러		환율	유로화
현　　　　　　금	$200	×	€0.9	€180.0
매　출　채　권	300	×	0.9	270.0
재　고　자　산	150	×	0.9	135.0
유　형　자　산	350	×	0.9	315.0
자　　　　　　산	$1,000			€900.0
유　동　부　채	$140	×	€0.9	€126.0
비　유　동　부　채	260	×	0.9	234.0
자　　본　　금	500	×	0.9	450.0
이　익　잉　여　금	100	×	0.9	90.0
부　채　및　자　본	$1,000			€900.0

4. 해외종속기업의 연결

4.1 해외사업장의 환산

　해외사업장(foreign operation)이란 보고기업과 다른 국가에서 또는 다른 통화로 영업활동을 하는 종속기업, 관계기업, 공동약정이나 지점을 말한다. 해외사업장의 기능통화가 보고기업의 표시통화가 다르다면 해외사업장의 재무제표를 보고기업의 표시통화로 환산한 후에 연결이나 지분법을 적용하여 보고기업의 연결재무제표에 반영한다. 해외사업장의 재무제표를 보고기업의 표시통화로 환산하는 방법은 기능통화로 표시된 재무제표를 표시통화로 환산하는 방법과 동일하다. 즉, 자산과 부채는 마감환율로, 수익과 비용은 거래일의 환율에 근접한 환율(예: 해당 기간의 평균환율)을 적용하여 환산한다. 그리고 해외사업장의 재무제표를 환산하는 과정에서 생기는 외환차이는 기타포괄손익으로 인식한다.

　해외사업장과 보고기업의 보고기간 말이 다른 경우, 보고기업의 보고기간 말 현재로 해외사업장의 재무제표를 추가로 작성하기도 한다. 그러나 보고기간 말의 차이가 3개월 이내이고 그 기간 동안 있었던 유의적인 거래나 기타 사건의 영향을 반영한 경우에는 보고기업의 보고기간 말이 아닌 해외사업장 보고기간 말 현재의 재무제표를 사용할 수 있다. 이 경우 해외사업장의 자산과 부채는 해외사업장의 보고기간 말 현재의 환율

로 환산한다. 그러나 보고기업의 보고기간 말까지 환율이 유의적으로 변동한 경우에
는 그 영향을 반영한다.

4.2 해외종속기업의 연결회계

(1) 종속기업투자주식과 종속기업 자본의 상계제거

종속기업투자주식과 종속기업의 자본은 지배력 취득일의 환율을 적용한다. 자산 및 부채
의 장부금액과 공정가치가 다를 경우 장부금액과 공정가치 간의 차이금액에 대해서는 마
감환율을 적용한다. 영업권에 대해서도 마감환율을 적용한다. 장부금액과 공정가치 간의
차이금액과 영업권에 대해서 마감환율을 적용하는 경우 해당 연결조정분개를 하면서
외환차이가 발생하는데, 이 중에서 비지배지분에 해당하는 금액은 비지배지분에 배분한다.
그러나 비지배지분을 종속기업의 식별가능한 순자산 중 비지배지분의 비례적인 몫으
로 측정하는 경우는 영업권을 환산하면서 발생하는 외환차이는 전액 지배기업에 배
분한다.

(2) 공정가치와 장부금액 간의 차이조정

자산 또는 부채에 대한 공정가치와 장부금액 간의 차이를 조정하는 과정에서 자산
또는 부채 계정과 수익 또는 비용 계정이 동시에 발생한다. 예를 들어, 재고자산에
대한 공정가치와 장부금액 간의 차이를 조정하는 과정에서 매출원가가 발생한다. 이
때 재고자산, 즉 자산과 부채 계정은 마감환율을 적용하고 매출원가, 즉 수익과 비용 계정
은 거래일의 환율에 근접한 환율(예: 해당 기간의 평균환율)을 적용하여 환산한다. 이러한 과
정에서 외환차이가 발생하는데, 이 중에서 비지배지분에 해당하는 금액은 비지배지분에
배분한다.

(3) 내부거래와 미실현손익의 제거

내부거래로 인해서 보고기간 말 현재 지배기업과 해외종속기업 간에 존재하는 화
폐성 채권과 채무는 표시통화로 환산하는 과정에서 이미 마감환율을 적용할 것이므로, 해당
금액으로 상계제거하면 된다. 또한 지배기업과 해외종속기업 간에 수익과 비용의 내부
거래가 발생한 경우에는 거래일의 환율에 근접한 환율(예: 해당 기간의 평균환율)을 적용하여
환산한 금액으로 상계제거하면 된다.

한편, 국제회계기준에서는 내부거래로 인한 미실현손익을 제거할 때 어떤 환율을 적용할지에 대해 언급하지 않고 있다. 따라서 다음 (예 1)과 같이 두 가지 방법을 사용할 수 있다.

🗐 예 1 내부거래 및 미실현손익의 제거 시 적용 환율

지배기업인 A회사의 기능통화와 표시통화는 모두 원화이다. A회사가 20×1년 7월 1일에 취득원가 $100인 재고자산을 $120에 해외종속기업인 B회사에 판매하고, B회사는 해당 재고자산을 20×1년 말까지 외부에 판매하지 않고 보유하고 있다. 첫 번째 방법은 내부거래 및 미실현손익을 제거할 때 모든 계정에 내부거래일의 환율을 적용하여 환산하는 것이다. 두 번째 방법은 수익과 비용 계정은 각 거래일의 환율을 적용하고, 자산과 부채는 마감환율을 적용하는 방법이다. 일자별 환율은 다음과 같다.

20×1. 7. 1.	20×1.12.31.
₩1,180/US$	₩1,160/US$

각 방법에 따른 연결조정분개는 다음과 같다.

〈① 모든 계정에 내부거래일의 환율 적용〉

(차변) 매   출   141,600   (대변) 매 출 원 가   141,600
(차변) 매 출 원 가   23,600   (대변) 재 고 자 산   23,600*
  * 내부거래일의 환율을 적용한다. ($120 − 100) × ₩1,180 = ₩23,600

〈② 수익·비용 계정에 내부거래일의 환율, 자산·부채 계정에 마감환율 적용〉

(차변) 매   출   141,600   (대변) 매 출 원 가   141,600
(차변) 매 출 원 가   23,600   (대변) 재 고 자 산   23,200*
                          해 외 사 업 환 산 차 이   400
  * 마감환율을 적용한다. ($120 − 100) × ₩1,160 = ₩23,200

방법 ①과 ②의 차이점은 방법 ②에서는 해외사업환산차이를 별도로 인식하지만, 방법 ①에서는 그러한 차이가 발생하지 않는다. 또한 재고자산에 외부에 판매되었을 경우 전년도 미실현손익을 실현하는 연결조정분개를 할 때, 방법 ②에서는 이익잉여금과 매출원가 금액에서 차이가 발생한다. 따라서 본서에서는 내부거래로 인한 미실현손익을 제거할 때 모든 계정에 내부거래일의 환율을 적용하여 환산하는 방법을 사용한다.

연결조정분개과정에서 적용하는 환율을 요약·정리하면 다음 〈표 9-3〉과 같다.

☑ 표 9-3 연결조정분개과정에서 적용하는 환율

구 분		적용 환율
종속기업투자주식과 종속기업 자본의 상계제거	· 종속기업투자주식 · 종속기업자본	취득일 환율
	· 공정가치와 장부금액 간 차이 · 영업권	마감환율
공정가치와 장부금액 간의 차이조정	· 자산 · 부채 계정	마감환율
	· 수익 · 비용 계정	거래일 환율 (평균환율)
내부거래와 미실현손익의 제거	· 화폐성 채권 · 채무 계정	마감환율
	· 수익 · 비용 계정 · 내부미실현손익	거래일 환율 (평균환율)

📖 예제 9 해외종속기업의 연결회계

12월 말 결산법인인 A회사의 기능통화와 표시통화는 모두 원화이다. A회사는 20×1년 초에 미국 기업인 B회사의 보통주식 80%를 $100에 취득하여 지배기업이 되었다. 취득일 현재 다음의 B회사 자산을 제외한 모든 자산과 부채의 장부금액과 공정가치는 일치하였다. 해당 건물은 잔존가치 없이 남아 있는 내용연수 5년 동안 정액법으로 감가상각한다.

과 목	장부금액	공정가치
건 물	$30	$40

다음과 같은 내부거래가 발생하였다.

· A회사는 20×1년 7월 1일에 B회사에게 재고자산을 $50(매출기준)에 판매하였으며, B회사는 A회사로부터 매입한 재고자산 중 70%를 20×1년 중에, 나머지 30%를 20×2년 중에 외부에 판매하였다. A회사의 매출총이익률은 20%이다.

· 해당 내부거래로 인해서 20×1년 말 현재 A회사는 매출채권으로, B회사는 매입채무로 각각 $15를 인식하고 있다.

20×1년 말 A회사와 B회사의 재무제표는 다음과 같으며, A회사와 B회사의 이익잉여금은 당기순이익으로만 변동되었다. 단, A회사는 종속기업투자주식을 원가법으로 평가하고, 비지배지분을 종속기업의 식별가능한 순자산 중 비지배지분의 비례적인 몫으로 측정한다.

과 목	20×1년도	
	A회사	B회사
〈 포 괄 손 익 계 산 서 〉		
매 출	₩250,000	$100
매 출 원 가	(200,000)	(80)
기 타 수 익	50,000	-
기 타 비 용	(70,000)	(10)
당 기 순 이 익	₩30,000	$10

```
〈 재 무 상 태 표 〉
재  고  자  산        ₩40,000         $25
토            지         85,000          50
건      물 ( 순 액 )     60,000          28
종 속 기 업 투 자 주 식   111,000          -
기  타  자  산         44,000          27
자  산  총  계       ₩340,000         $130
부            채       ₩140,000         $35
자  본  금          100,000          50
자  본  잉  여  금     40,000          30
이  익  잉  여  금     60,000          15
부 채 및 자 본 총 계    ₩340,000         $130
```

일자별 환율은 다음과 같다.

20×1. 1. 1.	20×1. 7. 1.	20×1년 평균	20×1.12.31.
₩1,110/US$	₩1,180/US$	₩1,150/US$	₩1,160/US$

물음 ....

1. B회사의 재무제표를 A회사의 표시통화인 원화로 환산하시오.

2. 20×1년 말에 A회사가 해야 할 연결조정분개를 하고, 연결정산표를 작성하시오. 단, 영업권이 배분된 현금창출단위의 회수가능액이 장부금액보다 크다.

풀이 ....

1. B회사의 재무제표 환산

재무상태표

B회사　　　　　　　　　　　　　20×1년 12월 31일 현재

과　목	기능통화		환율	표시통화
재 고 자 산	$25	×	₩1,160	₩29,000
토 지	50	×	1,160	58,000
건 물 (순 액)	28	×	1,160	32,480
기 타 자 산	27	×	1,160	31,320
자 산 총 계	$130			₩150,800
부 채	$35	×	₩1,160	₩40,600
자 본 금	50	×	1,110	55,500
자 본 잉 여 금	30	×	1,110	33,300
이 익 잉 여 금	15			17,050❶
해 외 사 업 환 산 차 이				4,350❷
부 채 및 자 본 총 계	$130			₩150,800

　　❶ $5 × ₩1,110 + $10 × ₩1,150 = ₩17,050
　　❷ ₩150,800 − 146,450(점선 부분) = ₩4,350

포괄손익계산서

B회사   20×1년 1월 1일부터 20×1년 12월 31일까지

과 목	기능통화	환율	표시통화
매 출	$100 ×	₩1,150	₩115,000
매 출 원 가	(80) ×	1,150	(92,000)
기 타 수 익	- ×	1,150	-
기 타 비 용	(10) ×	1,150	(11,500)
당 기 순 이 익	$10		₩11,500
해 외 사 업 환 산 차 이			4,350
총 포 괄 이 익			₩15,850

2. 20×1년 말 연결조정분개

① 종속기업투자주식과 종속기업 자본의 상계제거

(차변)	자 본 금	55,500	(대변)	종 속 기 업 투 자 주 식	111,000
	자 본 잉 여 금	33,300		비 지 배 지 분	21,090❷
	이 익 잉 여 금	5,550			
	건 물	11,100❶			
	영 권	26,640❸			

❶ 우선, 지배력 취득일의 환율로 환산한다. 따라서 ($40 − 30) × ₩1,110 = ₩11,100

❷ ₩105,450(B회사 순자산의 공정가치(점선 부분)) × 20% = ₩21,090

❸ ₩111,000 + 21,090 − 105,450 = ₩26,640($24에 해당하는 금액)

② 공정가치와 장부금액 간의 차이조정 및 환산

(차변)	건 물	500❹	(대변)	감 가 상 각 누 계 액	2,320❺
	감 가 상 각 비	2,300❻		해 외 사 업 환 산 차 이	480

❹ $10 × (₩1,160 − 1,110) = ₩500

❺ $10 ÷ 5년 × ₩1,160 = ₩2,320

❻ $10 ÷ 5년 × ₩1,150 = ₩2,300

③ 영업권의 환산

(차변)	영 업 권	1,200❼	(대변)	해 외 사 업 환 산 차 이	1,200

❼ $24 × (₩1,160 − 1,110) = ₩1,200

④ 재고자산 내부거래 및 미실현이익의 제거

(차변)	매 입 채 무	17,400❽	(대변)	매 출 채 권	17,400
(차변)	매 출	59,000❾	(대변)	매 출 원 가	59,000
(차변)	매 출 원 가	3,540❿	(대변)	재 고 자 산	3,540

❽ $15 × ₩1,160 = ₩17,400

❾ $50 × ₩1,180 = ₩59,000

❿ $50 × 30% × 20% × ₩1,180 = ₩3,540

⑤ 종속기업의 당기순이익으로 인한 비지배지분 변동

(차변)	이 익 잉 여 금	1,840⓫	(대변)	비 지 배 지 분	1,840

⓫ (₩11,500 − 2,300(감가상각비)) × 20% = ₩1,840

⑥ 해외사업환산차이로 인한 비지배지분 변동

(차변) 해외사업환산차이　　966[12]　(대변) 비 지 배 지 분　　966

[12] (₩4,350 + 480) × 20% = ₩966. 비지배지분을 종속기업의 식별가능한 순자산 중 비지배지분의 비례적인 몫으로 측정하였으므로, 영업권을 환산하면서 발생하는 해외사업환산차이는 전액 지배기업에 배분한다.

· 20×1년도 연결정산표　　　　　　　　　　　　　　　　　　　　　　　　　　(단위: 원)

과　목	A회사	B회사	연결조정분개 차　변		연결조정분개 대　변		연결재무제표
〈포 괄 손 익 계 산 서〉							
매　　　　출	250,000	115,000	④	59,000			306,000
매 출 원 가	(200,000)	(92,000)	④	3,540	④	59,000	(236,540)
기 타 수 익	50,000	-					50,000
기 타 비 용	(70,000)	(11,500)	②	2,300			(83,800)
당 기 순 이 익	30,000	11,500		64,840[1]		59,000[1]	35,660
해외사업환산차이	-	4,350	⑥	966[1]	②	480[1]	5,064
					③	1,200[1]	
총 포 괄 이 익	30,000	15,850		65,806		60,680	40,724
〈재 무 상 태 표〉							
재 고 자 산	40,000	29,000			④	3,540	65,460
토　　　　지	85,000	58,000					143,000
건　물(순액)	60,000	32,480	①	11,100	②	2,320	101,760
			②	500			
종속기업투자주식	111,000	-			①	111,000	-
기 타 자 산	44,000	31,320			④	17,400	57,920
영 업 권			①	26,640			27,840
			③	1,200			
자 산 총 계	340,000	150,800					395,980
부　　　　채	140,000	40,600	④	17,400			163,200
자 본 금	100,000	55,500	①	55,500			100,000
자 본 잉 여 금	40,000	33,300	①	33,300			40,000
이 익 잉 여 금	60,000	17,050	①	5,550		59,000[1]	63,820
			⑤	1,840			
				64,840[1]			
해외사업환산차이	-	4,350		966[1]		1,680[1]	5,064
비 지 배 지 분					①	21,090	23,896
					⑤	1,840	
					⑥	966	
부 채 및 자 본 총 계	340,000	150,800		218,836		218,836	395,980

❶ 연결조정분개에서 반영한 손익합계 금액을 이익잉여금과 해외사업환산차이에도 각각 반영한다.

4.3 해외사업장의 처분

해외사업장을 처분하는 경우에는 기타포괄손익과 별도의 자본항목으로 인식한 해외사업환산차이는 해외사업장의 처분손익을 인식하는 시점에 자본에서 당기손익으로 재분류한다. 이때 비지배지분에 귀속되는 해외사업환산차이는 비지배지분을 제거하면서 자동적으로 제거된다.[7]

해외사업장에 대한 기업의 전체지분의 처분뿐만 아니라 다음의 부분적 처분의 경우에도 해외사업장의 처분으로 회계처리한다.

① 부분적 처분으로 해외사업장을 포함한 종속기업에 대한 지배력을 상실하는 경우
② 부분적 처분으로 해외사업장을 포함한 관계기업에 대한 유의적인 영향력이나 공동약정에 대한 공동지배력을 상실하는 경우

또한 해외사업장을 포함한 종속기업을 일부 처분 시 해외사업환산차이 중 비례적 지분을 그 해외사업장의 비지배지분으로 재귀속시킨다.

한편, 해외사업장의 손실 또는 투자자가 인식한 손상으로 인한 해외사업장의 장부금액에 대한 감액의 인식은, 해외사업장의 일부를 처분하는 경우에는 해당하지 않는다. 따라서 해외사업환산차이는 감액을 인식한 시점에 당기손익으로 재분류하지 아니한다.

해외사업장을 처분하면서 해외사업환산차이의 처리방법을 요약·정리하면 다음 〈표 9-4〉와 같다.

☑ 표 9-4 해외사업장 처분 시 해외사업환산차이의 처리방법

구 분		해외사업환산차이의 처리방법
해외사업장의 처분	지배력 상실	당기손익으로 재분류
	지배력 유지	비례적 지분을 비지배지분에 재귀속
해외사업장의 감액		당기손익으로 재분류하지 않음

---

7) 이러한 내용을 기준서에서는 다음과 같이 기술하고 있다. 해외사업장을 포함한 종속기업의 처분시 비지배지분에 귀속되는 그 해외사업장과 관련된 외환차이의 누계액은 제거하지만, 당기손익으로 재분류하지는 않는다(1021:48B).

📖 예제 10 해외종속기업의 처분

> 12월 말 결산법인인 A회사의 기능통화와 표시통화는 모두 원화이다. A회사는 20×1년 초에 미국
> 기업인 B회사의 보통주식 80%를 $100에 취득하여 지배기업이 되었다. 취득일 현재 B회사 모든
> 자산과 부채의 장부금액과 공정가치는 일치하였다.
>
> 20×1년 말 A회사와 B회사의 재무상태표는 다음과 같다. B회사의 20×1년 초 이익잉여금은 $5
> 이고, 20×1년 당기순이익은 $10이다. 단, A회사는 종속기업투자주식을 원가법으로 평가하고, 비
> 지배지분을 종속기업의 식별가능한 순자산 중 비지배지분의 비례적인 몫으로 측정한다.

과　　목	20×1.12.31.	
	A회사	B회사
종 속 기 업 투 자 주 식	₩111,000	-
기　　타　　자　　산	229,000	$130
자　　산　　총　　계	₩340,000	$130
부　　　　　　　채	₩140,000	$35
자　　본　　금	100,000	50
자　　본　　잉　　여　　금	40,000	30
이　　익　　잉　　여　　금	60,000	15
부 채 및 자 본 총 계	₩340,000	$130

> 일자별 환율은 다음과 같다.

20×1. 1. 1.	20×1년 평균	20×1.12.31.	20×2. 1. 1.
₩1,110/US$	₩1,150/US$	₩1,160/US$	₩1,160/US$

물음 ···

1. B회사의 재무제표를 A회사의 표시통화인 원화로 환산하시오.

2. 20×1년 말에 A회사가 해야 할 연결조정분개를 하고, 연결정산표를 작성하시오. 단, 영업권이 배
   분된 현금창출단위의 회수가능액이 장부금액보다 크다.

3. 20×2년 1월 1일에 A회사가 B회사의 보통주식 80%를 $110에 모두 처분한 경우, 연결재무제표
   에서 지배력을 상실한 종속기업을 제거하는 방법에 따라서 해야 할 분개를 하시오.

4. (물음 3)에서 별도재무제표에 지배력을 상실한 종속기업을 포함하지 않는 방법에 따라서 해야 할 분개를
   하시오. 단, A회사는 종속기업투자주식을 지분법으로 평가한다. 이때 종속기업투자주식은 ₩123,680,
   이익잉여금은 ₩69,200, 지분법기타포괄이익(해외사업환산차이)은 ₩3,480이다.

5. 위의 물음과 관계없이 20×2년 1월 1일에 A회사가 B회사의 보통주식 10%를 $15에 처분한 경
   우, 일부 처분한 종속기업투자주식과 비지배지분을 상계제거하는 연결조정분개를 하시오.

풀이 ···

1. B회사의 재무제표 환산

재무상태표

B회사	20×1년 12월 31일 현재		
과 목	기능통화	환율	표시통화
기 타 자 산	$130	× ₩1,160	₩150,800
자 산 총 계	$130		₩150,800
부 채	$35	× ₩1,160	₩40,600
자 본 금	50	× 1,110	55,500
자 본 잉 여 금	30	× 1,110	33,300
이 익 잉 여 금	15		17,050❶
해 외 사 업 환 산 차 이			4,350❷
부 채 및 자 본 총 계	$130		₩150,800

❶ $5 × ₩1,110 + $10 × ₩1,150 = ₩17,050

❷ ₩150,800 − 146,450(점선 부분) = ₩4,350

포괄손익계산서

B회사	20×1년 1월 1일부터 20×1년 12월 31일까지		
과 목	기능통화	환율	표시통화
당 기 순 이 익	$10	× ₩1,150	₩11,500
해 외 사 업 환 산 차 이			4,350
총 포 괄 이 익			₩15,850

2. 20×1년 말 연결조정분개

① 종속기업투자주식과 종속기업 자본의 상계제거

(차변) 자 본 금	55,500	(대변) 종 속 기 업 투 자 주 식	111,000
자 본 잉 여 금	33,300	비 지 배 지 분	18,870❶
이 익 잉 여 금	5,550		
영 업 권	35,520❷		

❶ ₩94,350(B회사 순자산의 공정가치(점선 부분)) × 20% = ₩18,870

❷ ₩111,000 + 18,870 − 94,350 = ₩35,520(($32에 해당하는 금액))

② 영업권의 환산

(차변) 영 업 권 1,600❸ (대변) 해 외 사 업 환 산 차 이 1,600

❸ $32 × (₩1,160 − 1,110) = ₩1,600

③ 종속기업의 당기순이익으로 인한 비지배지분 변동

(차변) 이 익 잉 여 금 2,300❹ (대변) 비 지 배 지 분 2,300

❹ ₩11,500 × 20% = ₩2,300

④ 해외사업환산차이로 인한 비지배지분 변동
(차변) 해 외 사 업 환 산 차 이　　870[5]　(대변) 비 지 배 지 분　　870

　[5] ₩4,350 × 20% = ₩870. 비지배지분을 종속기업의 식별가능한 순자산 중 비지배지분의 비례적인 몫으로 측정하였으므로, 영업권을 환산하면서 발생하는 해외사업환산차이는 전액 지배기업에 배분한다.

· 20×1년도 연결정산표　　(단위: 원)

과 목	A회사	B회사	연결조정분개 차 변		연결조정분개 대 변		연결재무제표
종 속 기 업 투 자 주 식	111,000	-			①	111,000	-
기 타 자 산	229,000	150,800					379,800
영 업 권			①	35,520			37,120
			②	1,600			
자 산 총 계	340,000	150,800					416,920
부 채	140,000	40,600					180,600
자 본 금	100,000	55,500	①	55,500			100,000
자 본 잉 여 금	40,000	33,300	①	33,300			40,000
이 익 잉 여 금	60,000	17,050	①	5,550			69,200
			③	2,300			
해 외 사 업 환 산 차 이	-	4,350	④	870	②	1,600	5,080
비 지 배 지 분					①	18,870	22,040
					③	2,300	
					④	870	
부 채 및 자 본 총 계	340,000	150,800		134,640		134,640	416,920

3. 연결재무제표에서 아래의 분개를 반영한 후, 즉 종속기업인 B회사를 제거한 후 재무제표는 다음과 같다.

〈지배력을 상실한 종속기업을 연결재무제표에서 제거〉
(차변) 현　　　　　금　127,600[1]　(대변) 자 산 (B 회 사)　150,800
　　　부 채 (B 회 사)　40,600　　　　　영　　업　　권　37,120
　　　해 외 사 업 환 산 차 이　5,080　　　　　투 자 주 식 처 분 이 익　7,400
　　　비 지 배 지 분　22,040

　[1] $110 × ₩1,160 = ₩127,600

· 20×2. 1. 1. 정산표　　(단위: 원)

과 목	연결재무제표	조정분개 차 변	조정분개 대 변	제거 후 재무제표
종 속 기 업 투 자 주 식	-			-
기 타 자 산	379,800	127,600	150,800	356,600
영 업 권	37,120		37,120	-
자 산 총 계	416,920			356,600
부 채	180,600	40,600		140,000

자 본 금	100,000			100,000
자 본 잉 여 금	40,000			40,000
이 익 잉 여 금	69,200		7,400❷	76,600
해 외 사 업 환 산 차 이	5,080	5,080		-
비 지 배 지 분	22,040	22,040		-
부 채 및 자 본 총 계	416,920	195,320	195,320	356,600

❷ 투자주식처분이익을 이익잉여금에 반영한다.

4. 별도재무제표에 지배력을 상실한 종속기업을 포함하지 않는 방법(지분법 적용)
〈지배력을 상실한 종속기업투자주식을 A회사의 별도재무제표에서 제거〉
(차변) 현   금   127,600   (대변) 종 속 기 업 투 자 주 식   123,680
        지 분 법 기 타 포 괄 이 익   3,480   투 자 주 식 처 분 이 익   7,400

· 20×2. 1. 1. 정산표   (단위: 원)

과 목	별도재무제표	조정분개 차 변	조정분개 대 변	제거 후 재무제표
종 속 기 업 투 자 주 식	123,680		123,680	-
기 타 자 산	229,000	127,600		356,600
자 산 총 계	352,680			356,600
부 채	140,000			140,000
자 본 금	100,000			100,000
자 본 잉 여 금	40,000			40,000
이 익 잉 여 금	69,200		7,400❶	76,600
지 분 법 기 타 포 괄 이 익	3,480	3,480		-
부 채 및 자 본 총 계	352,680	131,080	131,080	356,600

❶ 투자주식처분이익을 이익잉여금에 반영한다.

5. 일부 처분한 종속기업투자주식과 비지배지분의 상계
(차변) 종 속 기 업 투 자 주 식   13,875❶   (대변) 비 지 배 지 분   11,020❸
        투 자 주 식 처 분 이 익   3,525❷   자 본 잉 여 금   6,380
❶ ₩111,000 × (10% / 80%) = ₩13,875
❷ ($15 × ₩1,160) − 13,875 = ₩3,525
❸ 종속기업을 일부 처분 시 해외사업환산차이 중 비례적 지분을 그 해외사업장의 비지배지분으로 재귀속시킨다.
  따라서 (₩55,500 + 33,300 + 17,050 + **4,350**)(20×2년 초 종속기업 순자산의 공정가치) × 10% = ₩11,020

참고로 A회사가 B회사의 보통주식 10%를 $15에 처분하면서 다음과 같이 회계처리한다.

(차변) 현   금   17,400❹   (대변) 종 속 기 업 투 자 주 식   13,875
                                                투 자 주 식 처 분 이 익   3,525
❹ $15 × ₩1,160 = ₩17,400

4.4 해외사업장에 대한 순투자로 보는 화폐성항목

앞서 설명한 것처럼 내부거래로 인해서 보고기간 말 현재 지배기업과 해외종속기업 간에 존재하는 화폐성 채권과 채무는 마감환율을 적용하여 상계제거하며, 이러한 과정에서 발생하는 외환차이는 당기손익으로 인식한다.

해외사업장에 대한 순투자의 일부인 화폐성항목에서 생기는 외환차이는 보고기업의 별도재무제표나 해외사업장의 개별재무제표에서 당기손익으로 적절하게 인식한다. 그러나 보고기업과 해외사업장을 포함하는 **연결재무제표**에서는 이러한 외환차이를 처음부터 **기타포괄손익**(해외사업환산차이)**으로** 인식하고 관련 순투자의 처분시점에 자본에서 당기손익으로 재분류한다.

여기서 **해외사업장에 대한 순투자**(net investment in a foreign operation)란 해외사업장의 순자산에 대한 보고기업의 지분 해당 금액을 말한다. 기업이 해외사업장으로부터 수취하거나 해외사업장에 지급할 화폐성항목 중에서 예측할 수 있는 미래에 결제할 계획이 없고 결제될 가능성이 낮은 항목은 실질적으로 그 해외사업장에 대한 순투자의 일부이다. 이러한 화폐성항목에는 장기 채권이나 대여금은 포함될 수 있으나 매출채권과 매입채무는 포함되지 아니한다.

해외사업장으로부터 수취하거나 해외사업장에 지급할 화폐성항목을 보유하는 기업은 연결실체의 어떤 종속기업이든 가능하다. 예를 들어, 종속기업 A와 B를 소유한 기업이 있으며 종속기업 B는 해외사업장이다. 종속기업 A가 종속기업 B에게 자금을 대여하였으나 이 대여금이 예측할 수 있는 미래에 결제할 계획이 없고 결제될 가능성이 낮다면, 종속기업 A의 대여금은 종속기업 B에 대한 순투자의 일부가 된다. 종속기업 A가 해외사업장인 경우에도 이러한 관계는 똑같이 성립한다.

📖 **예제 11 해외사업장에 대한 순투자로 보는 화폐성항목**

12월 말 결산법인인 A회사의 기능통화와 표시통화는 모두 원화이다. A회사는 20×1년 초에 미국 기업인 B회사의 보통주식 80%를 취득하여 지배기업이 되었다.
일자별 환율은 다음과 같다.

20×1.7. 1.	20×1.12.31.
₩1,180/US$	₩1,160/US$

물음 ···

1. 20×1년 7월 1일에 A회사가 B회사에 $100를 대여하였다. 단, 대여금은 예측할 수 있는 미래에 회수할 계획이 없고 회수될 가능성도 낮다. 이와 관련하여 20×1년 7월 1일과 12월 31일에 A회사와 B회사가 각각 해야 할 개별회계처리 및 12월 31일에 해야 할 연결조정분개를 하시오.

2. 20×1년 7월 1일에 A회사가 B회사에 ₩118,000을 대여하였다. 단, 대여금은 예측할 수 있는 미래에 회수할 계획이 없고 회수될 가능성도 낮다. 이와 관련하여 20×1년 7월 1일과 12월 31일에 A회사와 B회사가 각각 해야 할 개별회계처리 및 12월 31일에 해야 할 연결조정분개를 하시오.

풀이 ···

1. A회사가 B회사에 $100를 대여한 경우
〈A회사 개별회계처리〉
① 20×1. 7. 1.
   (차변) 외 화 대 여 금   118,000[1] (대변) 현   금   118,000
   ❶ $100 × ₩1,180 = ₩118,000

② 20×1.12.31.
   (차변) 외 환 손 실   2,000[2] (대변) 외 화 대 여 금   2,000
   ❷ $100 × (₩1,160 − 1,180) = (−)₩2,000

〈B회사 개별회계처리〉
① 20×1. 7. 1.
   (차변) 현   금 $100 (대변) 차   입   금 $100

② 20×1.12.31.
   분개 없음

〈연결조정분개〉
   (차변) 차   입   금   116,000[3] (대변) 외 화 대 여 금   116,000
   (차변) 해 외 사 업 환 산 차 이   2,000[4] (대변) 외 환 손 실   2,000
   ❸ $100 × ₩1,160 = ₩116,000
   ❹ 지배기업인 A회사에서 발생한 해외사업환산차이이므로 지배기업에 전액 배분한다.

2. A회사가 B회사에 ₩118,000을 대여한 경우
〈A회사 개별회계처리〉
① 20×1. 7. 1.
   (차변) 대   여   금   118,000 (대변) 현   금   118,000

② 20×1.12.31.
   분개 없음

〈B회사 개별회계처리〉
① 20×1. 7. 1.
   (차변) 현   금 $100[1] (대변) 외 화 차 입 금 $100
   ❶ ₩118,000 ÷ ₩1,180/US$ = $100

② 20×1.12.31.
(차변) 외　환　손　실　　$1.724❷ (대변) 외　화　차　입　금　　$1.724
❷ (₩118,000 ÷ ₩1,180/US$) − (₩118,000 ÷ ₩1,160/US$) = (−)$1.724

〈연결조정분개〉
(차변) 외　화　차　입　금　118,000❸ (대변) 대　　　　여　　　금　118,000
(차변) 해 외 사 업 환 산 차 이　2,000❹ (대변) 외　환　손　실　2,000
(차변) 비　지　배　지　분　400❺ (대변) 해 외 사 업 환 산 차 이　400
❸ ($100 + 1.724) × ₩1,160 = ₩118,000
❹ $1.724 × ₩1,160 = ₩2,000
❺ 종속기업인 B회사에서 발생한 해외사업환산차이이므로 비지배지분에 20%를 배분한다.
　따라서 ₩2,000 × 20% = ₩400

📂 사례 1 HMM의 외화환산 공시

연결재무제표의 주석
20×1.1.1부터 20×1.12.31까지

2.4 외화환산

(1) 기능통화와 표시통화

연결회사는 연결재무제표에 포함되는 항목들을 영업활동이 이루어지는 주된 경제 환경에서의 통화('기능통화')를 적용하여 측정하고 있습니다. 연결회사의 기능통화는 미국달러화이며 연결재무제표는 대한민국 원화로 표시되어 있습니다.

(2) 외화거래와 보고기간 말의 환산

연결재무제표 작성에 있어서 해당 기업의 기능통화 외의 통화(외화)로 이루어진 거래는 거래일의 환율로 기록됩니다. 매 보고기간 말에 화폐성 외화항목은 보고기간 말의 환율로 재환산하고 있습니다. 한편 공정가치로 측정하는 비화폐성 외화항목은 공정가치가 결정된 날의 환율로 환산하지만, 역사적 원가로 측정되는 비화폐성 외화항목은 재환산하지 않습니다.

외환차이는 다음을 제외하고는 발생하는 기간의 당기손익으로 인식하고 있습니다.
· 미래 생산에 사용하기 위하여 건설중인 자산과 관련되고, 외화차입금에 대한 이자비용조정으로 간주되는 자산의 원가에 포함되는 외환차이
· 특정 외화위험을 회피하기 위한 거래에서 발생하는 외환차이
· 해외사업장과 관련하여 예측할 수 있는 미래에 결제할 계획도 없고 결제될 가능성도 없는 채권이나 채무로서 해외사업장순투자의 일부를 구성하는 화폐성항목에서 발생하는 외환차이. 이러한 외환차이는 기타포괄손익으로 인식하고 순투자의 전부나 일부 처분시점에서 자본에서 당기손익으로 재분류하고 있습니다.

(3) 표시통화로의 환산

연결회사는 기능통화를 적용한 연결재무제표를 다음의 방법으로 표시통화로 환산하고 있습니다.
· 자산과 부채는 보고기간말의 마감환율
· 수익과 비용은 해당 거래일의 환율
· 자본은 역사적 환율
· 환산에서 발생하는 외환차이는 기타포괄손익으로 인식

M&A in History ✈

Big 3 글로벌 해운사의 M&A

☑ 글로벌 해운사들의 M&A 현황

순위	기업명	M&A
1위	MSC(스위스)	볼로레 아프리카 로지스틱스, 로그인 로지스티카 르하브르항 컨터미널 등
2위	MAERSK(덴마크)	LF 로지스틱스, Visible SCM, HUUB, 세토나 등
3위	CMA CGM(프랑스)	세바 로지스틱스, 컨티넨탈 레일, Gefco 등

　주요 해운사들은 선박 외 내륙 운송, 항공기, 터미널 등 물류 분야로 투자 범위를 넓히고 있습니다. 자금력을 갖춘 빅 3의 최근 횡보를 보면 M&A와 투자를 통해 육·해·공을 아우르는 종합 물류 기업이 돼 경쟁사를 앞지르겠다는 야심이 보입니다. 선복량으로 승부를 보는 것이 아닌 운송과 보관 등의 영역까지 진출해 이른바 물류 전반의 시스템 end-to-end를 구축해 경쟁력을 제고하겠다는 전략이 해운업계 전반에 확산되고 있습니다.

MSC

　2022년 머스크를 제치고 1위 컨테이너 해운사가 된 MSC(물동량 기준) 역시 다른 글로벌 해운사와 마찬가지로 경쟁자들을 이기기 위해 종합 물류기업으로 외연을 확장하고 있습니다. MSC는 창립 이래 50년간 선대 확장을 통한 해운 위주의 투자와 성장에 주력해 왔습니다. 그러나 최근 해운업계에서 종합 물류 서비스 제공 경쟁이 치열해지면서 변화를 꾀하고 있다는 게 업계의 정론입니다.

MAERSK

　머스크는 사실상 종합 물류기업이 되겠다고 선언한 첫 해운사입니다. 수년간 해운을 넘어 육상과 항공 등 공급망 전체를 아우르는 '수직 통합'을 시도했습니다. M&A로 덩치를 키우며 최근 2년간 총 7곳의 물류 기업을 인수하며 종합 물류기업으로의 전환에 속도를 내는 중입니다. 2021년에는 특히 그 어느 때보다 가장 적극적인 면모를 보였습니다.

CMA CGM

세계 3위 해운사인 프랑스 CMA CGM도 두 해운사에게 질 수 없습니다. CMA CGM이 발표한 2021년 한해 순이익은 전년 대비 10배 이상입니다. 이러한 실적을 견인한 것은 해운뿐 아니라 해상·항공 포워딩이 있었습니다. CMA CGM은 물류 사업을 해운 사업에 못지않도록 키우기 위해 투자와 제휴를 확대하고 있습니다.

(TRADLINK 2022년 10월 26일)

Knowledge is Power! 📰

국제회계기준 도입 전·후에 해운사들의 영업실적과 외환손익 간의 관련성은?

　HMM, KSS해운, 대한해운, 팬오션은 우리나라 4대 해운사들이다. 국제회계기준 도입 이후에 이들 해운사의 기능통화는 미국달러이며, 표시통화는 원화이다. 즉, 이들 해운사의 영업활동이 이루어지는 주된 경제 환경하에서의 통화는 미국달러이다. HMM 등이 국제회계기준을 도입한 이후에 기능통화를 도입함으로써 영업실적과 외환손익 간의 관련성은 어떻게 변했을까?

　국제회계기준 도입 이전 기간은 HMM 등 4개 해운사의 재무자료가 모두 있는 2002년부터 2007년까지이다. HMM 등 일부 해운사가 국제회계기준 도입 이전인 2008년부터 기능통화를 사용하기 시작하였기 때문이다. IFRS 도입 이후 기간은 2013년부터 2018년까지이다. 2011년과 2012년은 국제회계기준 도입 정착기로 보아 제외하였다.

　국제회계기준 도입 이전과 이후에 해운사들의 영업실적과 외환손익 간의 관련성을 확인하기 위해 당기순이익률(당기순이익/매출액)과 외환손익률(외환손익/매출액)의 Pearson 상관관계를 분석하였다.

📈 해운사들의 영업실적과 외환손익 간의 상관관계

구　분	국제회계기준 도입 이전 Pearson 상관관계	국제회계기준 도입 이후 Pearson 상관관계
전체표본 (N=4개×6년도)	0.352	0.125

　<표>에서 보는 것처럼 국제회계기준 도입 이전에 HMM 등의 영업실적과 외환손익 간의 상관계수는 0.352이고 10% 수준에서 통계적으로 유의하였다. 그러나 국제회계기준 도입 이후에 영업실적과 외환손익 간의 상관계수는 0.125이고 통계적으로 유의하지도 않았다. 따라서 국제회계기준 도입 이후에, 특히 HMM처럼 기능통화로 미국달러를 사용하는 해운사들의 외환손익이 영업실적에 미치는 영향이 상당히 감소하였다는 것을 확인할 수 있다.

　위의 결과를 통해서 기능통화를 도입한 목적 중에 하나인 환율변동에 따라 영업실적의 왜곡현상을 상당부분 배제함으로써 실질적인 영업활동을 보다 충실하게 표시할 수 있게 되었다고 할 수 있다.

Summary & Check 🎯

⑤ 환율변동효과의 기초

- 환율을 표현할 때 외국의 통화를 기준으로 표현하는 방법을 **직접환율**(direct exchange rate)이라고 하고, 자국의 통화를 기준으로 표현하는 방법을 **간접환율**(indirect exchange rate)이라고 한다.

- **현물환율**(spot exchange rate)은 매매계약이 성립되는 즉시 외국의 통화를 이전하는 경우에 적용되는 환율이고, **선도환율**(forward exchange rate)은 미래에 서로 다른 통화를 교환하는 **선도계약**(forward contracts)에 적용되는 환율이다.

- 기업이 연결재무제표를 작성할 때 외국기업과 해당 국가의 화폐단위로 거래한 효과를 자국의 화폐단위로 환산해야 한다. 이때 최초 인식일 이후 환율변동이 발생하게 되며, 이러한 효과 또는 이로 인한 환율변동손익을 **환율변동효과**(the effects of changes in foreign exchange rates)라고 한다.

- **기능통화**(functional currency)란 기업의 영업활동이 이루어지는 주된 경제 환경하에서의 통화를 말하며, 기업이 회계시스템상에 회계처리하는 데 사용되는 통화이고, **표시통화**(presentation currency)란 기업이 재무제표를 표시하는 데 사용되는 통화를 말한다.

- **화폐성항목**(monetary items)의 본질적 특징은 확정되었거나 결정가능한 화폐단위의 수량으로 받을 권리나 지급할 의무라는 것이고, **비화폐성항목**(non-monetary items)의 본질적 특징은 확정되었거나 결정가능한 화폐단위의 수량으로 받을 권리나 지급할 의무가 없다는 것이다.

⑤ 기능통화를 이용한 회계처리

- 기능통화를 결정할 때, **주요지표**로 재화와 용역의 공급가격에 주로 영향을 미치는 통화인지, 재화와 용역의 공급가격을 주로 결정하는 경쟁요인과 법규가 있는 국가의 통화인지, 재화를 공급하거나 용역을 제공하는 데 드는 노무원가, 재료원가와 그 밖의 원가에 주로 영향을 미치는 통화인지 여부를 고려한다. 또한 **보조지표**로 재무활동(즉, 채무상품이나 지분상품의 발행)으로 조달되는 통화인지, 영업활동에서 유입되어 통상적으로 보유하는 통화인지 여부를 고려한다.

- 기능통화로 외화거래를 최초로 인식하는 경우에 거래일의 외화와 기능통화 사이의 현물환율을 외화금액에 적용하여 기록한다.

- 화폐성 외화자산과 부채는 보고기간 말에는 보고기간 말의 마감환율을 적용하여 환산하고, 보고기간 중에는 결제일의 현물환율로 환산하여 결제된다.

- 비화폐성 외화항목을 후속 측정할 때, 역사적원가로 측정하는 비화폐성 외화항목은 거래일의 환율로 환산하고, 공정가치로 측정하는 비화폐성 외화항목은 공정가치가 측정된 날의 환율로 환산한다.

- 자산 또는 부채 항목 중에는 둘 이상의 금액을 비교하여 장부금액이 결정되는 항목(예: 재고자산의 저가법)이 비화폐성항목이고 외화로 측정되는 경우에는 ① 그 금액이 결정된 날의 환율(즉, 역사적원가로 측정한 항목의 경우 거래일의 환율)로 적절하게 환산한 취득원가나 장부금액과 ② 그 가치가 결정된 날의 환율(예: 보고기간말의 마감환율)로 적절하게 환산한 순실현가능가치나 회수가능액을 비교하여 장부금액을 결정한다.

⑤ 기능통화로 작성된 재무제표의 환산

- 보고기업의 기능통화와 표시통화가 다른 경우에 기능통화로 작성된 재무제표를 표시통화로 환산해야 한다.
- 보고기업의 기능통화를 표시통화로 환산하면서 생기는 외환차이의 누계액은 해외사업장이 처분될 때까지 자본의 별도 항목(해외사업환산차이)으로 표시하고 기타포괄손익으로 인식한다.
- 실제 거래, 사건과 상황에 변화가 일어난 경우에만 기능통화를 변경할 수 있다. 기능통화가 변경되는 경우에는 새로운 기능통화에 의한 환산절차를 변경한 날부터 전진적용한다.

⑤ 해외종속기업의 연결

- 해외사업장의 재무제표를 환산할 때 자산과 부채는 마감환율로, 수익과 비용은 거래일의 환율에 근접한 환율(예: 해당 기간의 평균환율)을 적용하여 환산한다. 그리고 해외사업장의 재무제표를 환산하는 과정에서 생기는 외환차이는 기타포괄손익으로 인식한다.
- 해외사업장을 처분하는 경우에는 기타포괄손익과 별도의 자본항목으로 인식한 해외사업환산차이는 해외사업장의 처분손익을 인식하는 시점에 자본에서 당기손익으로 재분류한다.
- 해외사업장을 포함한 종속기업을 일부 처분 시 해외사업환산차이 중 비례적 지분을 그 해외사업장의 비지배지분으로 재귀속시킨다.
- 해외사업장의 손실 또는 투자자가 인식한 손상으로 인한 해외사업장의 장부금액에 대한 감액을 인식할 때, 해외사업환산차이는 감액을 인식한 시점에 당기손익으로 재분류하지 아니한다.
- 해외사업장에 대한 순투자(net investment in a foreign operation)란 해외사업장의 순자산에 대한 보고기업의 지분 해당 금액을 말하며, 보고기업과 해외사업장을 포함하는 연결재무제표에서는 이러한 외환차이를 처음부터 기타포괄손익(해외사업환산차이)으로 인식하고 관련 순투자의 처분시점에 자본에서 당기손익으로 재분류한다.

OX Quiz ✍️

1   'W1=US$0.001'로 표현하는 방법을 직접환율(direct exchange rate)이라고 하고, 'US$1= W1,000'으로 표현하는 방법을 간접환율(indirect exchange rate)이라고 한다.

2   기업이 기능통화로 회계처리하면 환율변동에 따른 영업실적의 왜곡현상을 배제하고, 실질적인 영업활동을 보다 충실하게 표시할 수 있게 된다.

3   비화폐성항목은 보고기간 말에 마감환율을 적용하여 환산해야 하지만, 화폐성항목은 그렇지 않다.

4   보고기업의 자금 지원 없이 해외사업장 활동에서의 현금흐름만으로 현재의 채무를 감당하기에 충분하다면 해외사업장의 기능통화가 보고기업의 기능통화와 같을 가능성이 높다.

5   일주일이나 한 달 동안 발생하는 외화거래에 대하여 해당 기간의 평균환율을 사용할 수 있다.

6   최초 인식시점의 환율과 보고기간 말의 마감환율의 차이 또는 최초 인식시점의 환율과 결제일의 현물환율의 차이로 인한 외환차이는 당기손익으로 인식한다.

7   비화폐성 외화항목을 보고기간 말에 환산할 때 역사적원가로 측정하는 비화폐성 외화항목과 공정가치로 측정하는 비화폐성 외화항목 모두 외환차이가 발생한다.

8   보고기업의 기능통화와 표시통화가 다른 경우에 기능통화로 작성된 재무제표를 표시통화로 환산하면서 생기는 외환차이는 당기손익으로 인식한다.

9   기능통화가 변경되는 경우에는 새로운 기능통화에 의한 환산절차를 변경한 날부터 전진적용한다.

10   해외사업장의 재무제표를 환산하는 과정에서 생기는 외환차이는 기타포괄손익으로 인식한다.

11 해외사업장과 보고기업의 보고기간 말이 다른 경우, 보고기업의 보고기간 말 현재로 해외사업장의 재무제표를 추가로 작성하지 않는다.

12 해외사업장을 처분하는 경우에는 기타포괄손익과 별도의 자본항목으로 인식한 해외사업환산차이는 해외사업장의 처분손익을 인식하는 시점에 자본에서 당기손익으로 재분류하지 아니한다.

13 보고기업과 해외사업장을 포함하는 연결재무제표에서는 해외사업장에 대한 순투자의 일부인 화폐성항목에서 생기는 외환차이를 처음부터 기타포괄손익으로 인식한다.

Multiple-choice Questions ⊞⊠⊟⊕

1   외화거래와 해외사업장의 운영을 재무제표에 반영하는 방법과 기능통화재무제표를 표시통화로 환산하는 방법에 관한 다음 설명 중 옳지 않은 것은? (단, 기능통화는 초인플레이션 경제의 통화가 아닌 것으로 가정한다)   (CPA 2018)

① 기능통화를 표시통화로 환산함에 있어 재무상태표의 자산과 부채는 해당 보고기간말의 마감환율을 적용한다.

② 기능통화를 표시통화로 환산함에 있어 포괄손익계산서의 수익과 비용은 해당 거래일의 환율을 적용한다.

③ 공정가치로 측정하는 비화폐성 외화항목은 공정가치가 측정된 날의 환율로 환산하며, 이 과정에서 발생하는 외환차이는 당기손익으로 인식한다.

④ 보고기업의 해외사업장에 대한 순투자의 일부인 화폐성항목에서 생기는 외환차이는 보고기업의 별도재무제표나 해외사업장의 개별재무제표에서 당기손익으로 인식한다.

⑤ 해외사업장을 처분하는 경우에 기타포괄손익으로 인식한 해외사업장관련 외환차이의 누계액은 해외사업장의 처분손익을 인식하는 시점에 자본에서 당기손익으로 재분류한다.

2   다음 중 기업회계기준서 제1021호 '환율변동효과'에서 사용하는 용어의 정의로 옳지 않은 것은?   (CPA 2021)

① 환율은 두 통화 사이의 교환비율이다.

② 외화는 회사 본사 소재지 국가 외에서 통용되는 통화이다.

③ 마감환율은 보고기간 말의 현물환율이다.

④ 표시통화는 재무제표를 표시할 때 사용하는 통화이다.

⑤ 현물환율은 즉시 인도가 이루어지는 거래에서 사용하는 환율이다.

3　기업회계기준서 제1021호 '환율변동효과'에 대한 다음 설명 중 옳지 않은 것은? (CPA 2023)

① 해외사업장의 취득으로 생기는 영업권과 자산·부채의 장부금액에 대한 공정가치 조정액은 해외사업장의 자산·부채로 본다. 따라서 이러한 영업권과 자산·부채의 장부금액에 대한 공정가치 조정액은 해외사업장의 기능통화로 표시하고 마감환율로 환산한다.

② 기능통화가 초인플레이션 경제의 통화인 경우 모든 금액(즉, 자산, 부채, 자본항목, 수익과 비용. 비교표시되는 금액 포함)을 최근 재무상태표 일자의 마감환율로 환산한다. 다만, 금액을 초인플레이션이 아닌 경제의 통화로 환산하는 경우에 비교표시되는 금액은 전기에 보고한 재무제표의 금액(즉, 전기 이후의 물가수준변동효과나 환율변동효과를 반영하지 않은 금액)으로 한다.

③ 보고기업의 해외사업장에 대한 순투자의 일부인 화폐성항목에서 생기는 외환차이는 보고기업의 별도재무제표나 해외사업장의 개별재무제표 및 보고기업과 해외사업장을 포함하는 재무제표에서 외환차이가 처음 발생되는 시점부터 당기손익으로 인식한다.

④ 기능통화가 변경되는 경우에는 새로운 기능통화에 의한 환산절차를 변경한 날부터 전진적용한다.

⑤ 재무제표를 작성하는 해외사업장이 없는 기업이나 기업회계기준서 제1027호 '별도재무제표'에 따라 별도재무제표를 작성하는 기업은 재무제표를 어떤 통화로도 표시할 수 있다.

4　기능통화가 원화인 ㈜한국이 20×1년 12월 31일 현재 보유하고 있는 외화표시 자산·부채 내역과 추가정보는 다음과 같다. (CPA 2017)

계정과목	외화표시금액	최초인식금액
단 기 매 매 증 권	$30	₩28,500
매 출 채 권	200	197,000
재 고 자 산	300	312,500
선 수 금	20	19,000

· 20×1년 말 현재 마감환율은 ₩1,000/$이다. 위 자산·부채는 모두 20×1년 중에 최초 인식되었으며, 위험회피회계가 적용되지 않는다.
· 단기매매증권은 지분증권으로 $25에 취득하였으며, 20×1년 말 공정가치는 $30이다.
· 20×1년 말 현재 재고자산의 순실현가능가치는 $310이다.

위 외화표시 자산·부채에 대한 기말평가와 기능통화로의 환산이 ㈜한국의 20×1년도 당기순이익에 미치는 영향(순액)은?

① ₩500 증가　　　② ₩1,000 증가　　　③ ₩2,000 증가

④ ₩3,500 증가　　　⑤ ₩4,500 증가

5   ㈜대한의 기능통화는 원화이다. ㈜대한은 20×1년 7월 1일에 은행으로부터 미화 1,000달러를 1년 만기로 차입하였다. 차입금의 표시이자율은 연 6%이며, 만기시점에 원금과 이자를 일시상환하는 조건이다. 차입기간 중 달러화 대비 원화의 환율변동내역은 다음과 같다.

(CPA 2018)

구 분	일자 또는 기간	환율(₩/$)
차 입 일	20×1. 7. 1.	1,100
평 균	20×1. 7. 1. ~ 20×1.12.31.	1,080
기 말	20×1.12.31.	1,050
평 균	20×2. 1. 1. ~ 20×2. 6.30.	1,020
상 환 일	20×2. 6.30.	1,000

㈜대한은 20×2년 6월 30일에 외화차입금의 원리금을 모두 상환하였다. ㈜대한의 20×2년도 포괄손익계산서에 당기손익으로 보고되는 외환차이(환율변동손익)는 얼마인가? (단, 이자비용은 월할 계산한다)

① ₩52,100 손실   ② ₩50,900 손실   ③ ₩50,000 이익

④ ₩50,900 이익   ⑤ ₩52,100 이익

6   ㈜대한(기능통화는 원화(₩)임)의 다음 외화거래 사항들로 인한 손익효과를 반영하기 전 20×1년 당기순이익은 ₩20,400이다.

(CPA 2021)

- ㈜대한은 20×1년 11월 1일에 재고자산 ¥500을 현금 매입하였으며 기말 현재 순실현가능가치는 ¥450이다. ㈜대한은 계속기록법과 실지재고조사법을 병행·적용하며 장부상 수량은 실제수량과 같았다.
- ㈜대한은 20×1년 1월 1일에 일본 소재 토지를 장기 시세차익을 얻을 목적으로 ¥2,000에 현금 취득하였으며 이를 투자부동산으로 분류하였다.
- 동 토지(투자부동산)에 대해 공정가치모형을 적용하며 20×1년 12월 31일 현재 공정가치는 ¥2,200이다.
- 20×1년 각 일자별 환율정보는 다음과 같다.

구분	20×1. 1. 1.	20×1.11. 1.	20×1.12.31.	20×1년 평균
환율(₩/¥)	10.0	10.3	10.4	10.2

- 기능통화와 표시통화는 모두 초인플레이션 경제의 통화가 아니다.
- 거래일을 알 수 없는 수익과 비용은 해당 회계기간의 평균환율을 사용하여 환산하며, 설립 이후 기간에 환율의 유의한 변동은 없었다.

위 외화거래들을 반영한 후 ㈜대한의 20×1년 포괄손익계산서상 당기순이익은 얼마인가?

① ₩23,750　　　　　　② ₩23,000　　　　　　③ ₩22,810

④ ₩21,970　　　　　　⑤ ₩21,930

7 유럽에서의 사업 확장을 계획 중인 ㈜대한(기능통화 및 표시통화는 원화(₩)임)은 20×1년 10월 1일 독일 소재 공장용 토지를 €1,500에 취득하였다. 그러나 탄소 과다배출 가능성 등 환경 이슈로 독일 주무관청으로부터 영업허가를 얻지 못함에 따라 20×2년 6월 30일 해당 토지를 €1,700에 처분하였다. 이와 관련한 추가정보는 다음과 같다. (CPA 2022)

> · 환율(₩/€) 변동정보
>
> | 일 자 | 20×1.10. 1. | 20×1.12.31. | 20×2. 6.30. |
> |---|---|---|---|
> | 환 율 | 1,600 | 1,500 | 1,550 |
>
> · 20×1년 12월 31일 현재 ㈜대한이 취득한 토지의 공정가치는 €1,900이다.

상기 토지에 대해 (1) 원가모형과 (2) 재평가모형을 적용하는 경우, ㈜대한이 20×2년 6월 30일 토지 처분 시 인식할 유형자산처분손익은 각각 얼마인가?

	(1) 원가모형	(2) 재평가모형
①	처분이익 ₩165,000	처분손실 ₩185,000
②	처분이익 ₩235,000	처분손실 ₩215,000
③	처분이익 ₩235,000	처분손실 ₩185,000
④	처분이익 ₩385,000	처분손실 ₩215,000
⑤	처분이익 ₩385,000	처분손실 ₩185,000

8　20×1년 초에 설립된 ㈜한국의 기능통화는 미국달러화($)이며 표시통화는 원화(₩)이다. ㈜한국의 기능통화로 작성된 20×2년 말 요약재무상태표와 환율변동정보 등은 다음과 같다.

(CPA 2017)

요약재무상태표

㈜한국　　　　　　　　　　　　　20×2. 12. 31. 현재　　　　　　　　　　(단위: $)

자　　　　　산	2,400	부　　　　　채	950
		자　본　금	1,000
		이 익 잉 여 금	450
자　산　총　계	2,400	부채및자본총계	2,400

· 자본금은 설립 당시의 보통주 발행금액이며 이후 변동은 없다.
· 20×1년과 20×2년의 당기순이익은 각각 $150와 $300이며, 수익과 비용은 연중 균등하게 발생하였다.
· 20×1년부터 20×2년 말까지의 환율변동정보는 다음과 같다.

구　분	기초(₩/$)	평균(₩/$)	기말(₩/$)
20×1년	900	940	960
20×2년	960	980	1,000

· 기능통화와 표시통화는 모두 초인플레이션 경제의 통화가 아니며, 위 기간에 환율의 유의한 변동은 없었다.

㈜한국의 표시통화로 환산된 20×2년 말 재무상태표상 환산차이(기타포괄손익누계액)는?

① ₩0
② ₩72,500
③ ₩90,000
④ ₩115,000
⑤ ₩122,500

9 ㈜대한은 20×1년 초 설립된 해운기업이다. 우리나라에 본사를 두고 있는 ㈜대한의 표시통화는 원화(₩)이나, 해상운송을 주된 영업활동으로 하고 있어 기능통화는 미국달러화($)이다. 기능통화로 표시된 ㈜대한의 20×1년 및 20×2년 요약 재무정보(시산표)와 관련 정보는 다음과 같다.   (CPA 2022)

· ㈜대한의 20×1년 및 20×2년 요약 재무정보(시산표)

계정과목	20×1년도 차변	20×1년도 대변	20×2년도 차변	20×2년도 대변
자 산	$3,000		$4,000	
부 채		$1,500		$2,300
자 본 금		1,000		1,000
이익잉여금		-		500
수 익		2,500		3,000
비 용	2,000		2,800	
합 계	$5,000	$5,000	$6,800	$6,800

· 20×1년 및 20×2년 환율(₩/$) 변동정보

구 분	기 초	연평균	기 말
20×1년	1,000	1,100	1,200
20×2년	1,200	1,150	1,100

· 기능통화와 표시통화는 모두 초인플레이션 경제의 통화가 아니며, 설립 이후 환율에 유의적인 변동은 없었다.
· 수익과 비용은 해당 회계기간의 연평균환율을 사용하여 환산한다.

㈜대한의 20×1년도 및 20×2년도 원화(₩) 표시 포괄손익계산서상 총포괄이익은 각각 얼마인가?

	20×1년	20×2년		20×1년	20×2년
①	₩600,000	₩120,000	②	₩600,000	₩320,000
③	₩800,000	₩70,000	④	₩800,000	₩120,000
⑤	₩800,000	₩320,000			

10 ㈜한국은 20×1년 초 미국에 지분 100%를 소유한 해외현지법인 ㈜ABC를 설립하였다. 종속기업인 ㈜ABC의 기능통화는 미국달러화($)이며 지배기업인 ㈜한국의 표시통화는 원화(₩)이다. ㈜ABC의 20×2년 말 요약재무상태표와 환율변동정보 등은 다음과 같다. (CPA 2020)

요약재무상태표			
㈜ABC	20×2. 12. 31. 현재		(단위: $)
자 산	3,000	부 채	1,500
		자 본 금	1,000
		이 익 잉 여 금	500
자 산 총 계	3,000	부채및자본총계	3,000

· 자본금은 설립 당시의 보통주 발행금액이며, 이후 변동은 없다.
· 20×2년의 당기순이익은 $300이며, 수익과 비용은 연중 균등하게 발생하였다. 그 외 기타 자본변동은 없다.
· 20×1년부터 20×2년 말까지의 환율변동정보는 다음과 같다.

구 분	기초(₩/$)	평균(₩/$)	기말(₩/$)
20×1년	800	?	850
20×2년	850	900	1,000

· 기능통화와 표시통화는 모두 초인플레이션 경제의 통화가 아니다. 수익과 비용은 해당 회계기간의 평균환율을 사용하여 환산하며, 설립 이후 기간에 환율의 유의한 변동은 없었다.

20×2년 말 ㈜ABC의 재무제표를 표시통화인 원화로 환산하는 과정에서 대변에 발생한 외환차이가 ₩100,000일 때, 20×1년 말 ㈜ABC의 원화환산 재무제표의 이익잉여금은 얼마인가?

① ₩30,000   ② ₩100,000   ③ ₩130,000

④ ₩300,000   ⑤ ₩330,000

11 ㈜대한(기능통화와 표시통화는 원화(₩))은 20×1년 1월 1일에 일본소재 기업인 ㈜동경(기능
통화는 엔화(¥))의 보통주 80%를 ¥80,000에 취득하여 지배력을 획득하였다. 지배력 획득일
현재 ㈜동경의 순자산 장부금액과 공정가치는 ¥90,000으로 동일하다. ㈜동경의 20×1년도
당기순이익은 ¥10,000이며 수익과 비용은 연중 균등하게 발생하였다. 20×1년 말 ㈜동경의
재무제표를 표시통화인 원화로 환산하는 과정에서 대변에 발생한 외환차이는 ₩19,000이다.
㈜동경은 종속회사가 없으며, 20×1년의 환율정보는 다음과 같다. (CPA 2019)

구분	20×1. 1. 1.	20×1.12.31.	20×1 평균
환율(₩/¥)	10.0	10.2	10.1

㈜대한은 ㈜동경 이외의 종속회사는 없으며 지배력 획득일 이후 ㈜대한과 ㈜동경 간의 내부
거래는 없다. 기능통화와 표시통화는 초인플레이션 경제의 통화가 아니며, 위 기간에 환율의
유의한 변동은 없었다. 20×1년 말 ㈜대한의 연결재무상태표상 영업권 금액과 비지배지분 금
액은 각각 얼마인가? (단, 연결재무제표 작성 시 비지배지분은 종속기업의 식별가능한 순자산
공정가치에 비례하여 결정한다)

	영업권	비지배지분		영업권	비지배지분
①	₩80,000	₩190,000	②	₩80,800	₩204,000
③	₩81,600	₩204,000	④	₩81,600	₩206,000
⑤	₩82,000	₩206,000			

Short-answer Questions

1   다음 〈공통자료〉를 토대로 물음에 답하시오.   (CPA 2015)

12월말 결산법인인 P사(표시통화 및 기능통화: ₩)는 20×1년 1월 1일 $310,000를 차입하여 S사(기능통화: $) 지분의 80%를 취득하였다. 비지배지분은 S사의 식별가능한 순자산공정가치에 비례하여 결정한다. 취득당시 S사 순자산 장부금액은 $300,000(자본금 $200,000, 이익잉여금 $100,000)이었다.

〈공통자료〉

1. 취득당시 공정가치와 장부금액의 차이가 발생한 항목은 다음과 같다.

항 목	장부금액	공정가치	비 고
재 고 자 산	$80,000	$85,000	20×2년 기중 전액 외부 판매

2. S사의 연도별 당기순이익과 배당금 지급 내역은 다음과 같다.

구 분	20×1년	20×2년
당 기 순 이 익	$40,000	$75,000
배 당 금 지 급 액	30,000	40,000

3. 환율정보

구 분	기 초	평 균	배당금지급시점	기 말
20×1년	1,000	1,100	1,070	1,050
20×2년	1,050	1,150	1,000	1,200

4. 내부거래 정보: 전액 현금거래이다.

거래일	20×2년 1월 1일
자산	재고자산
판매회사	S사
외부매입원가(장부금액)	$15,000
내부판매액	$20,000
내부거래이익	$5,000
매입회사	P사
외부판매여부	20×2년에 전액내부보유

5. P사와 S사의 20×2년 12월 31일 시산표는 다음과 같다.

차 변	P사(단위: ₩)	S사(단위: $)	대 변	P사(단위: ₩)	S사(단위: $)
현 금	80,000,000	75,000	외 상 매 입 금	240000,000	100,000
외 상 매 출 금	277,500,000	80,000	차 입 금	372,000,000	100,000
재 고 자 산	216,000,000	90,000	자 본 금	480,000,000	200,000
토 지	96,000,000	40,000	이익잉여금	385,500,000*	70,000
기 계 장 치	624,000,000	260,000	매 출	658,000,000	300,000
종속기업투자지분	310,000,000	-	배 당 금 수 익	32,000,000	-
매 출 원 가	368,000,000	160,000			
감 가 상 각 비	46,000,000	20,000			
외화환산손실	46,500,000	-			
잡 비	103,500,000	45,000			
합 계	2,167,500,000	770,000	합 계	2,167,500,000	770,000

(주*) 이 차입금은 전액 S사 취득을 위한 외화차입금이며, 외화환산손실은 전액 외화차입금의 환산과 정에서 발생하였다.

6. S사의 외화재무제표를 원화로 환산할 때 적용환율은 다음과 같다.

상 황	적용환율
내부거래제거시	내부거래 발생시 환율
배당금관련	배당금 지급시 환율
공정가치차이조정의 후속 회계처리시	해당 자산(부채)의 최초 취득시의 환율
기타 당기손익항목	평균환율

(물음 1) 20×1년 1월 1일 외화차입금 $310,000를 해외사업장순투자의 위험회피수단으로 지정하지 않았다고 가정하는 경우 20×2년 12월 31일 P사의 연결재무제표상 아래 항목의 금액을 구하시오. (단, 연결포괄손익계산서상 손실인 경우 금액 앞에 '(−)'를 표시하시오)

재무제표	계정과목	금액
	재고자산	①
연결재무상태표	영업권	②
	해외사업환산차이	③
	비지배지분	④
	외화환산이익	⑤
	당기순이익	⑥
연결포괄손익계산서	비지배지분순이익	⑦
	매출	⑧
	매출원가	⑨

(물음 2) 기준 개정으로 삭제

(물음 3) (물음 2)의 결과와 상관없이 20×2년에는 해당차입금이 해외사업장순투자와 관련한 위험회피효과의 조건을 충족한다고 가정한다. 20×2년 12월 31일 P사의 연결재무제표상 아래 항목의 금액을 구하시오. (단, 연결포괄손익계산서상 손실 혹은 기타포괄손익누계액의 잔액이 차변인 경우 '(−)'를 숫자 앞에 표시하시오)

재무제표	계정과목	금액
연결재무상태표	기타포괄손익누계액	①
연결포괄손익계산서	외화환산이익	②
	당기순이익	③

2 ㈜한국의 기능통화는 원화이다. 다음에 제시되는 물음은 각각 독립적이다. (단, 영향을 묻는 경우에는 금액 앞에 증가(+) 또는 감소(−)를 표기하고, 손익을 묻는 경우에는 금액 앞에 이익 (+) 또는 손실(−)을 표시하시오) (CPA 2017)

(물음 1) ㈜한국은 20×1년 11월 1일에 원가 ₩80,000인 상품을 $100에 수출하고, 수출대금은 20×2년 2월 28일에 전액 수령하였다. 동 거래가 ㈜한국의 20×1년 및 20×2년의 당기순이익에 미치는 영향을 각각 계산하시오. 일자별 환율정보는 다음과 같다.

20×1.11. 1.	20×1.12.31.	20×2. 2.28
₩1,010/$	₩1,040/$	₩1,020/$

20×1년 당기순이익에 미치는 영향	①
20×2년 당기순이익에 미치는 영향	②

(물음 2) ㈜한국은 20×1년 9월 1일에 외국시장에 상장되어있는 ㈜미국의 주식(A)을 $200에 취득하고 이를 매도가능금융자산으로 분류하였다. 20×1년 12월 31일 현재 A주식의 공정가치는 $220이며, 일자별 환율정보는 다음과 같다.

20×1. 9. 1.	20×1.12.31.
₩1,000/$	₩970/$

A주식의 후속측정(기말평가 및 기능통화환산)이 ㈜한국의 20x1년도 ③ 당기순이익과 ④ 기타포괄이익에 미치는 영향을 각각 계산하시오.

20×1년 당기순이익에 미치는 영향	③
20×1년 기타포괄이익에 미치는 영향	④

※ 다음은 (물음 3)과 (물음 4)에 대한 공통자료이다.

〈공통자료〉

· ㈜한국은 20×1년 1월 1일에 ㈜일본이 발행한 외화사채(B)를 ¥8,969에 취득하였다.
· 외화사채(B)정보는 다음과 같다.

액면금액	¥10,000
발행일	20×1년 1월 1일
만기일	20×3년 12월 31일 (만기 3년)
액면이자율	4% (매년말 지급조건)
취득시점의 시장(유효)이자율	8%
20×1년 말 현재 공정가치	¥9,400

· 환율정보는 다음과 같다.

20×1.1. 1.	20×1년 평균	20×1.12.31.
₩10/¥	₩11/¥	₩12/¥

(물음 3) ㈜한국이 위 외화사채(B)를 만기보유금융자산으로 분류한 경우, 동 사채와 관련하여 20×1년도 포괄손익계산서에 보고할 ⑤ 이자수익과 ⑥ 환율변동손익을 각각 계산하시오. (단, 외화기준 이자금액을 소수점 첫째자리에서 반올림하여 정수로 산출한 후에 기능통화 환산을 수행하시오)

이자수익	⑤
환율변동손익	⑥

(물음 4) ㈜한국이 위 외화사채(B)를 매도가능금융자산으로 분류한 경우, 동 사채와 관련하여 20×1년도 포괄손익계산서에 보고할 ⑦ 매도가능금융자산평가손익을 계산하시오. (단, 외화기준 이자금액을 소수점 첫째자리에서 반올림하여 정수로 산출한 후에 후속 측정을 수행하시오)

매도가능금융자산평가손익	⑦

(물음 5) ㈜한국은 20×2년 3월 초에 $300의 재고자산(원재료)을 구입할 계획이며, 예상생산량을 고려할 때 매입거래가 이루어질 것이 거의 확실하다. ㈜한국은 재고자산의 매입가격이 환율변동으로 인하여 상승할 위험을 대비하고자 20×1년 10월 1일에 다음과 같은 통화선도계약(C)을 체결하였다.

· 통화선도계약(C)정보

계약체결일	20×1년 10월 1일
계약기간	5개월(20×1.10.1.~20×2.2.28.)
계약조건	$300을 ₩1,010/$(통화선도환율)에 매입함

· 환율정보

일 자	현물환율(₩/$)	통화선도환율(₩/$)
20×1.10. 1.	1,000	1,010 (만기 5개월)
20×1.12.31.	1,025	1,040 (만기 2개월)
20×2. 2.28.	1,050	-

위 통화선도거래(C)가 위험회피요건을 충족한다고 할 때, ㈜한국이 통화선도계약 만기결제일 (20×2년 2월 28일)에 당기손익으로 인식할 ⑧ 파생상품평가손익(또는 파생상품거래손익)을 계산하시오. (단, 통화선도의 공정가치를 측정하는 경우 현재가치 할인효과는 반영하지 않는다)

파생상품평가손익(또는 파생상품거래손익)	⑧

3 ㈜대한은 20×1년 1월 1일 미국 현지 법인인 ㈜ABC의 보통주 80%를 $500에 취득하여 지배력을 획득하였다. 다음의 〈자료〉를 이용하여 물음에 답하시오. (CPA 2019)

〈자료〉

1. 취득 당시 ㈜ABC의 식별가능한 순자산 장부금액은 $600(자본금 $500, 이익잉여금 $100) 이며, 유형자산은 기계장치로만 구성되어 있다. 유형자산을 제외하고는 공정가치와 장부 금액이 일치하였다. 유형자산의 장부금액은 공정가치보다 $10 과소평가되어 있으며, 원 가모형을 적용하여 회계처리하고 있다. 지배력 획득일 현재 유형자산의 추정 잔존내용연 수는 5년, 정액법으로 감가상각한다.

2. ㈜대한은 ㈜ABC에 대한 투자주식을 원가법으로 회계처리하고 있으며, 비지배지분은 ㈜ ABC의 식별가능한 순자산 공정가치에 비례하여 결정한다.

3. 20×1년도 ㈜ABC의 재무제표는 다음과 같다.

재무상태표
20×1. 12. 31. 현재

현 금	$30	부 채	$50
매 출 채 권	170	자 본 금	500
재 고 자 산	200	이 익 잉 여 금	150
유 형 자 산 (순 액)	300		
자 산 총 계	$700	부 채 및 자 본 총 계	$700

포괄손익계산서
20×1.1.1. ~ 20×1.12.31.

매 출	$1,500
매 출 원 가	(1,200)
매 출 총 이 익	300
기 타 비 용	(250)
당 기 순 이 익	$50

4. ㈜대한의 기능통화와 표시통화는 원화이며, ㈜ABC의 기능통화와 표시통화는 US$이다. ㈜ABC의 수익과 비용은 연중 균등하게 발생하므로 편의상 평균환율을 적용하여 환산하고, 이익잉여금을 제외한 자본 항목은 해당 거래일의 환율을 적용하여 환산한다. 원화와 US$ 모두 초인플레이션 경제에서의 통화가 아니며, 중요한 환율변동은 없다고 가정한다. 환율정보는 다음과 같다.

구 분	기 초	평 균	기 말
20×0년	₩950/$	₩975/$	₩1,000/$
20×1년	₩1,000/$	₩1,050/$	₩1,100/$

(물음 1) 20×1년 12월 31일 ㈜대한의 연결재무제표상 아래 항목의 금액을 계산하시오.

연결재무제표	항목	금액
연결재무상태표	영업권	①
	해외사업환산차이*	②
	비지배지분	③
연결포괄손익계산서	비지배지분순이익	④

* 해외사업환산차이는 ㈜ABC의 재무제표를 ㈜대한의 표시통화로 환산하면서 발생하는 외환차이(기타포괄손익)이다.

(물음 2) 위 〈자료〉 4.의 환율정보와 아래 〈추가 자료〉를 이용하여 아래 〈요구사항〉에 답하시오.

〈추가 자료〉
1. ㈜대한은 20×0년 1월 1일에 미국에 새로운 지사를 설립할 목적으로 ㈜AY로부터 건물(P)을 $400에 매입하였다.
2. 건물(P)의 추정 내용연수는 10년, 추정 잔존가치는 ₩0, 정액법으로 감가상각한다. ㈜대한은 건물(P)에 대하여 재평가모형을 적용하며, 재평가모형의 회계처리는 감가상각누계액을 우선 상계하는 방법을 사용하고, 건물을 사용하는 기간 동안 재평가잉여금을 이익잉여금으로 대체한다.
3. 20×0년 말과 20×1년 말 건물(P)의 공정가치는 각각 $378와 $345이다.

〈요구사항〉
㈜대한의 건물(P)에 대한 회계처리와 관련하여 다음의 금액을 각각 계산하시오.

20×1년도에 인식할 감가상각비	①
20×1년도 말 재평가잉여금 잔액	②

(물음 3) 해외사업환산차이누계액은 다음과 같은 상황에서 각각 어떻게 회계처리되는지 간략히 서술하시오.
① ㈜대한이 ㈜ABC의 지분 65%를 처분하여 지배력을 상실하는 경우
② ㈜대한이 ㈜ABC의 지분 20%를 처분하였으나 계속 지배력을 보유하는 경우

4 대한민국 소재 기업인 ㈜대한(기능통화와 표시통화는 원화(₩))은 20×1년 초 일본에 소재하는 ㈜동경(기능통화는 엔화(¥))의 주식 80%를 ¥48,000에 취득하여 지배기업이 되었다. 다음의 〈자료〉를 이용하여 물음에 답하시오.

(CPA 2021)

〈자료〉

1. 다음은 ㈜대한과 ㈜동경의 20×1년 요약 별도(개별)재무제표이다.

계정과목	20×1년 ㈜대한	20×1년 ㈜동경
매출	₩1,000,000	¥60,000
(매출원가)	(700,000)	(30,000)
기타수익	200,000	10,000
(기타비용)	(300,000)	(20,000)
당기순이익	₩200,000	¥20,000
제자산	500,000	60,000
종속기업투자	480,000	-
토지	300,000	20,000
총자산	₩1,280,000	¥80,000
부채	780,000	10,000
자본금	300,000	40,000
이익잉여금	200,000	30,000
총부채와자본	₩1,280,000	¥80,000

2. 지배력 취득일 현재 토지를 제외한 ㈜동경의 순자산 장부금액은 공정가치와 일치한다. 지배력 취득일 현재 ㈜동경의 토지 공정가치는 ¥22,000이다.

3. ㈜대한은 종속기업투자에 따른 영업권 이외에 다른 영업권은 없다. 영업권에 대한 손상검토를 수행한 결과 손상징후는 없다.

4. ㈜대한의 제자산 중에는 20×1년 초 지분인수와 함께 ㈜동경에 무이자로 장기 대여한 ¥10,000이 포함되어 있다. 동 대여금은 예측할 수 있는 미래에 결제계획이나 결제될 가능성이 낮아서 사실상 ㈜동경에 대한 순투자의 일부를 구성한다.

5. ㈜대한의 ㈜동경에 대한 대여금에서 신용손실이 발생하거나 유의한 신용위험 변동에 따른 채무불이행 위험은 없는 것으로 판단하였다. 대여금 이외에 20×1년 중 ㈜대한과 ㈜민국 간의 내부거래는 없다.

6. 20×1년 일자별 환율(₩/¥)은 다음과 같다.

구분	20×1. 1. 1.	20×1.12.31.	20×1년 평균
환율(₩/¥)	10.0	10.3	10.2

7. 기능통화와 표시통화는 초인플레이션 경제의 통화가 아니며, 위 기간에 환율의 유의한 변동은 없었다. 연결재무제표 작성 시 비지배분은 종속기업의 식별가능한 순자산의 변동과 관련된 경우 순자산의 공정가치에 비례하여 배분한다.

(물음 1) ㈜동경의 재무제표를 ㈜대한의 표시통화로 환산하면서 발생하는 외환차이(기타포괄손익)금액을 계산하시오. 외환차이가 차변금액인 경우 해당 금액 앞에 (−)를 표시하시오.

외환차이(기타포괄손익)	①

(물음 2) ㈜대한의 ㈜동경에 대한 대여금에서 발생하는 외화환산차이에 대해 기업회계기준서 제1021호 '환율변동효과'에 따른 ㈜대한의 ① 별도(개별)포괄손익계산서와 ② 연결포괄손익계산서 상 표시방법에 대해 약술하시오.

별도(개별)포괄손익계산서	①
연결포괄손익계산서	②

(물음 3) ㈜대한의 20×1년도 연결재무제표에 표시되는 다음의 금액을 계산하시오. 염가매수차익이 발생하는 경우 괄호 안에 금액(예시: (1,000))을 기재하고, 외환차이가 차변금액인 경우에는 해당 금액 앞에 (−)를 표시하시오.

영업권(염가매수차익)	①
외환차이(기타포괄손익)	②

5 다음 물음에 답하시오. (CPA 2023)

(물음 1) ㈜대한은 20×1년 1월 1일에 외화표시 사채(액면금액 $50,000, 매년 말 액면금액의 3% 이자 지급, 만기일 20×5년 12월 31일)를 $45,671에 취득하여 FVOCI금융자산으로 분류하였다. 사채취득일 현재 유효이자율은 연 5%이고, 20×1년 12월 31일 현재 이 사채의 공정가치는 $48,000이다. ㈜대한의 기능통화는 원화(₩)이고, 환율정보는 다음과 같다.

20×1. 1. 1.	20×1 평균	20×1.12.31.
₩1,010/$	₩1,080/$	₩1,120/$

이때 동 FVOCI금융자산과 관련하여 20×1년에 발생한 이자수익과 외화이익(또는 손실) 및 FVOCI금융자산평가이익(또는 손실)을 계산하시오. 금액 계산 시 소수점 첫째 자리에서 반올림한다. (단, 외화손실 및 FVOCI금융자산평가손실이 발생하는 경우 금액 앞에 (−)를 표시하시오)

이자수익	①
외화이익(또는 손실)	②
FVOCI금융자산평가이익(또는 손실)	③

(물음 2) 해외사업장이 아닌 경우, 기업회계기준서 제1021호 「환율변동효과」에서 규정하고 있는 기능통화 결정시 고려해야 할 사항 중 두 가지를 기술하시오.

파생상품회계

학습목표

- 파생상품의 의의를 이해한다.
- 파생상품의 회계처리(단기매매목적, 공정가치위험회피, 현금흐름위험
  회피, 해외사업장순투자의 위험회피)에 대해 이해한다.
- 내재파생상품의 의의를 이해한다.

기업들이 파생상품(derivatives)을 이용하는 목적은 과거에는 가격변동위험을 회피
하기 위한 수단으로 이용하였으나, 최근에는 점차 새로운 수익창출의 수단으로 이용
하고 있다. 왜냐하면 파생상품에 투자하는 경우 기초변수에 투자하는 것보다 적은
금액으로 높은 수익률을 창출할 수 있기 때문이다.

본장에서는 K-IFRS 제1109호 '금융상품'에서 규정하고 있는 파생상품 및 내재파생
상품에 대한 개념과 파생상품의 목적에 따라 단기매매목적, 공정가치위험회피, 현금
흐름위험회피 및 해외사업장순투자의 위험회피에 대한 회계처리를 다루고 있다. 이
를 통해서 파생상품의 의의 및 파생상품에 대한 회계처리를 심도 있게 학습해 보자.

1. 파생상품의 기초

1.1 파생상품의 의의

파생상품(derivatives)이란 상품 가치의 기초가 되는, 즉 **기초변수**(underlying variables)의 가치에 의해 변동되는 금융상품을 말한다. 이때 기초변수로는 곡물이나 광물 등 일반상품이나 주식, 채권, 이자율, 환율 등 금융상품 모두 가능하다.

파생상품의 운용 목적은 크게 위험회피와 수익창출로 구분된다. 전통적으로 파생상품은 **기초변수의 가격변동위험을 회피하기 위한 수단**으로 개발되었다. 예를 들어, 옥수수를 경작하는 농부가 옥수수의 수확 시기에 공급과잉 등의 이유로 옥수수 가격이 폭락할 것으로 예상되는 경우 미리 정해진 가격에 미래에 수확할 옥수수를 판매하는 계약을 체결한다면, 농부는 옥수수의 가격변동위험을 회피할 수 있게 된다.

그러나 금융시장이 발전하고 다양한 금융상품이 개발되면서 파생상품은 **새로운 수익창출의 수단**으로 이용되고 있다. 예를 들어, KOSPI200의 계약단위는 1단위당 ₩250,000이고 400단위를 계약하면 ₩100,000,000이다. 어떤 투자자가 KOSPI200 지수가 오를 것이라고 예상하나 거액의 투자가 어려운 경우 KOSPI200 관련 파생상품을 이용할 수 있다. 만약 투자자가 원금의 20%로 KOSPI200 관련 파생상품에 투자한 경우 KOSPI200 지수가 20% 오른다면 투자한 원금의 100% 수익을 창출하게 되는 것이다.

1.2 파생상품의 종류

(1) 선도

선도(forward)란 미래 일정 시점에 미리 약정된 가격으로 계약상의 특정 대상을 사거나 팔기로 합의한 당사자 간의 계약을 말한다. 예를 들어, A회사가 미국기업으로부터 상품을 매입하고 3개월 후에 $10,000를 지급하는 계약을 하였다. 만약 3개월 후에 미국달러($) 환율이 오를 것이라고 예상되는 경우 A회사가 3개월 후에 $10,000를 $1당 ₩1,000에 매입하는 선도계약을 체결한다면, 3개월 후의 환율변동위험을 회피할 수 있게 된다.

선도계약의 특징은 장외 파생상품이라는 점이다. 즉, 거래소를 통하지 않고 거래당사자들이 직접 계약을 통해 거래하기 때문에 **거래가 표준화되어 있지 않다.** 또한 거래당사자들이 일정 시점에 약정된 가격으로 사거나 팔기로 계약만 했을 뿐 실제로 미래 시점이 되었을 때 당사자 중 한 명이 계약을 이행하지 않을 수도 있으며, 이를 계약불이행위험이라고 한다.

(2) 선물

선물(futures)이란 수량·규격·품질 등이 표준화되어 있는 특정 대상에 대하여 현재 시점에 결정된 가격으로 미래 일정 시점에 인도하거나 인수하기로 약정한 계약이다. 선물거래는 표준화된 선도거래이다. 즉, **선물거래는 조직화된 거래소에서 이루어지며, 거래단위가 표준화**되어 있다. 또한 **계약불이행위험을 없애기 위해서 증거금을 요구**한다.

선물거래가 선도거래와 다른 특징 중 하나는 **반대매매를 통해 중도청산이 가능하다**는 점이다. 예를 들어, A회사가 3개월 후에 $10,000를 $1당 ₩1,000에 매입하는 선물계약을 체결하였는데, 한 달 후에 선물환율이 $1당 ₩1,100으로 상승하였다. 이때 A회사는 만기까지 기다리지 않고 $10,000를 $1당 $1,100에 매도하는 선물계약을 체결함으로써 $1당 ₩100, 총 ₩1,000,000의 이익을 실현할 수 있다.

(3) 스왑

스왑(swap)이란 특정 기간에 발생하는 일정한 현금흐름을 다른 현금흐름과 교환하는 거래를 말하며, 고정금리와 변동금리를 교환하는 이자율스왑, 서로 다른 통화를 교환하는 통화스왑 등이 있다. 예를 들어, A회사와 B회사는 금융기관으로부터 자금을 차입하려고 한다. A회사는 변동금리를 선호하지만 현재 신용상태로 고정금리가 더 유리하고, B회사는 고정금리를 선호하지만 현재 신용상태로 변동금리가 더 유리하다. 이러한 상황에서 금융기관으로부터 A회사는 고정금리로 계약하고 B회사는 변동금리로 계약한 후에 두 기업이 이자율스왑을 체결한다면 A회사는 변동금리를, B회사는 고정금리를 각각 이용할 수 있게 된다.

스왑은 거래당사자들 간의 비교우위를 활용하여 비용을 절감하기 위해서 사용된다. 위에서 설명한 것처럼 A회사는 고정금리에서 비교우위가 있고 B회사는 변동금리에서 비교우위가 있기 때문에 스왑거래가 이루어진다. 반대로 A회사가 고정금리와 변동금리에 모두 비교우위가 있거나, B회사가 고정금리와 변동금리에 모두 비교우위가 있다면 스왑거래는 이루어지지 않는다.

(4) 옵션

옵션(option)이란 거래당사자들 간에 특정 기간에 미리 정해진 가격(행사가격)으로 상품이나 유가증권을 사거나 팔 수 있는 계약상 권리를 말한다. 옵션은 말 그대로 선택권이다. 따라서 옵션매입자는 자신에게 유리할 때에는 권리를 행사하고, 불리하면 권리를 포기할 수 있다.

옵션의 종류로는 콜옵션과 풋옵션이 있다. **콜옵션**(call option)은 특정 상품을 일정 기간에 매입할 수 있는 옵션이며, **풋옵션**(put option)은 특정 상품을 일정 기간에 매도할 수 있는 옵션이다. 옵션매입자 입장에서는 콜옵션은 특정 상품의 가격이 상승할 때 이익을 얻고, 풋옵션은 특정 상품의 가격이 하락할 때 이익을 얻을 수 있다.

옵션매도자는 옵션을 매도할 때 옵션매입자로부터 **옵션 프리미엄**(option premium)을 지급받는다. 옵션의 구조상 옵션매입자 입장에서 이익이 무한대이며, 반대로 옵션매도자 입장에서 손실이 무한대이므로 이러한 옵션구조 및 거래상황 등을 반영하여 옵션 프리미엄의 가치가 형성된다.

각 파생상품의 특징을 요약·정리하면 다음 〈표 10-1〉과 같다.

☑ 표 10-1 파생상품별 특징

파생상품	특 징
선도(forward)	·거래가 표준화되어 있지 않은 장외파생상품 ·계약불이행위험 존재
선물(futures)	·조직화된 거래소에서 거래단위가 표준화되어 있는 파생상품 ·계약불이행위험을 없애기 위해 증거금 요구 ·반대매매를 통해 중도청산 가능
스왑(swap)	·특정 기간에 발생하는 일정한 현금흐름을 다른 현금흐름과 교환 ·거래당사자들 간의 비교우위를 활용하여 비용을 절감하기 위해 사용
옵션(option)	·콜옵션은 특정 상품을 일정 기간에 매입할 수 있는 옵션 ·풋옵션은 특정 상품을 일정 기간에 매도할 수 있는 옵션 ·옵션매입자는 옵션매도자에게 옵션프리미엄 지급

1.3 파생상품의 요건

K-IFRS 제1109호 '금융상품'에서는 자산 또는 부채의 인식요건을 충족하고 다음의 세 가지 특성을 모두 가진 금융상품이나 기타 계약을 파생상품으로 정의하고 있다.

① 기초변수의 변동에 따라 가치가 변동한다. 기초변수는 이자율, 금융상품가격, 일반상품가격, 환율, 가격 또는 비율의 지수, 신용등급 또는 신용지수나 그 밖의 변수를 말한다. 다만, 비금융변수의 경우에는 계약의 당사자에게 특정되지 아니하여야 한다.
② 최초 계약 시 순투자금액이 필요하지 않거나 시장 요소의 변동에 비슷한 영향을 받을 것으로 예상되는 다른 유형의 계약보다 적은 순투자금액이 필요하다.
③ 미래에 결제된다.

(1) 기초변수의 변동에 따른 가치변동

파생상품으로 정의되기 위한 요건 중 하나는 파생상품의 가치가 기초변수의 변동에 따라 가치가 변동되어야 한다. 기초변수(underlying variables)는 이자율, 금융상품가격, 일반상품가격, 환율, 가격 또는 비율의 지수, 신용등급 또는 신용지수 등이다. 파생상품에 따른 기초변수는 다음 〈표 10-2〉와 같다.

☑ 표 10-2 파생상품별 기초변수(1109:B.2)

파생상품	기초변수
이자율선도, 이자율스왑, 국채옵션	이자율
통화선도, 통화선물, 통화스왑, 통화옵션	환율
일반상품선도, 일반상품선물, 일반상품스왑, 일반상품옵션	일반상품가격
지분선도, 지분스왑, 주식옵션	지분가격(타 기업의 지분)
신용스왑	신용등급, 신용지수 또는 신용가격
총수익스왑[1]	준거자산의 총공정가치 및 이자율

또한 파생상품의 정의에서 계약의 당사자에게 특정되지 아니한 비금융변수를 언급하고 있다. 이러한 비금융변수에는 특정 지역의 지진손실지수와 특정 도시의 기온지수 등이 포함된다. 계약의 당사자에게 특정된 비금융변수에는 계약 당사자의 자산을 소멸

---

1) 총수익스왑(TRS: total return swap)은 유가증권 등의 준거자산(reference asset)을 스왑매도인이 매입하고 준거자산의 가치 등락에 따른 보상과 위험은 스왑매수인에게 귀속시키는 파생상품이다. 여기서 준거자산이란 계약상 신용사건의 발생여부를 판단하는 기준이 되는 자산을 말한다.

되게 하거나 훼손하는 화재의 발생이나 미발생이 포함된다. 공정가치가 해당 자산의 시장가격(금융변수)의 변동뿐만 아니라 보유하고 있는 특정 비금융자산의 상태(비금융변수)를 반영한다면, 해당 비금융자산의 공정가치 변동은 소유자에게 특정되는 것이다. 예를 들면, 특정 자동차의 잔존가치를 보증함으로써 보증자가 해당 자동차의 물리적 상태의 변동위험에 익스포저된다면, 해당 잔존가치의 변동은 자동차 소유자에게 특정되는 것이다.

(2) 순투자금액이 필요하지 않거나 적은 순투자금액

파생상품으로 정의되기 위한 또 다른 요건 중 하나는 최초 계약 시 **순투자금액이 필요하지 않거나** 시장 요소의 변동에 비슷한 영향을 받을 것으로 예상되는 다른 유형의 계약보다 **순투자금액이 적어야 한다.** 앞서 언급한 선물계약 시 거래소에 납부하는 증거금은 거래이행을 보증하기 위한 담보이지 순투자금액이 아니다. 또한 옵션매입자가 옵션매도자에게 지급하는 옵션 프리미엄(option premium)은 옵션과 연계된 기초금융상품을 취득하는 데 필요한 투자금액보다 적은 금액이므로 파생상품 정의를 충족한다.

(3) 미래 결제

파생상품으로 정의되기 위해서는 해당 상품을 거래발생일에 결제하는 것이 아니라 **미래에 결제**해야 한다. 결제방법은 파생상품의 기초변수를 인도하여 총액으로 결제하거나, 현금 등으로 차액결제할 수 있다. 따라서 총액결제나 차액결제 등 결제방법과 상관없이 미래에 결제되어야 파생상품 정의를 충족한다.

1.4 파생상품거래의 목적

파생상품거래는 그 거래의 목적에 따라 **단기매매목적과 위험회피목적으로** 구분된다. 또한 위험회피목적의 파생상품거래의 경우 그 위험회피의 유형에 따라 **공정가치위험회피, 현금흐름위험회피 및 해외사업장순투자의 위험회피**로 구분할 수 있다. 다음 [그림 10-1]은 파생상품의 거래 목적과 위험회피 유형에 따른 분류를 보여준다.

● 그림 10-1 파생상품의 분류

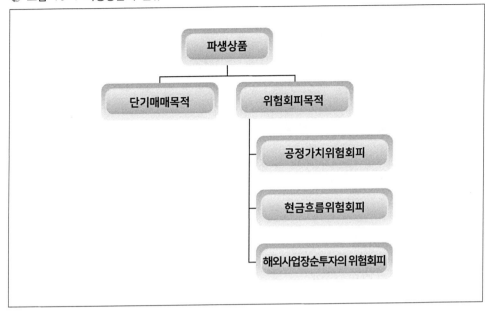

(1) 단기매매목적

K-IFRS 제1109호 '금융상품'에서는 위험회피목적의 파생상품을 제외한 모든 파생상품을 단기매매목적의 파생상품으로 규정하고 있다. 단기매매목적의 파생상품은 당기손익-공정가치 측정(FVPL) 금융상품으로 분류하여 매 보고기간 말의 공정가치로 측정하고 장부금액과의 차이를 당기손익으로 인식한다.

(2) 위험회피목적

위험회피목적의 파생상품은 위험회피대상항목의 공정가치 변동위험이나 미래현금흐름 변동위험 및 환산 관련 위험을 회피하기 위하여 위험회피수단으로 지정한 것이다.

1) 공정가치위험회피

특정 위험에 기인하고 당기손익에 영향을 줄 수 있는 것으로서, 인식된 자산이나 부채 또는 인식되지 않은 확정계약 또는 이러한 항목의 구성요소의 **공정가치변동 익스포저**[2]에 대한 위험회피를 말한다.

---

2) 익스포저(exposure)란 위험에 노출된 금액을 의미한다.

2) 현금흐름위험회피

특정 위험에 기인하고 당기손익에 영향을 줄 수 있는 것으로서, 인식된 자산이나 부채(예: 변동금리부 채무상품의 미래이자지급액의 전체나 일부) 또는 발생가능성이 매우 큰 예상거래의 현금흐름변동 익스포저에 대한 위험회피를 말한다.

3) 해외사업장순투자의 위험회피

해외사업장순투자를 지배기업의 표시통화를 환산하는 과정에서 환율변동으로 인해 발생하는 해외사업장순투자의 환산 관련 위험을 회피하는 것이다.

1.5 위험회피회계

(1) 위험회피회계의 의의

위험회피회계(hedge accounting)의 목적은 당기손익 또는 기타포괄손익에 영향을 미칠 수 있는 특정 위험으로 생긴 익스포저를 관리하기 위하여 **금융상품을 활용하는 위험관리 활동의 효과를 재무제표에 반영**하는 것이다. 이 접근법은 위험회피수단의 목적과 효과에 대한 이해를 보여주기 위하여 위험회피회계가 적용된 위험회피수단에 대한 정보를 전달하는 것을 목적으로 하고 있다.

예를 들어, 기업이 적극적인 위험관리 활동을 통하여 특정 자산이나 부채의 공정가치 변동위험을 회피하였으나, 일반적인 회계기준을 적용하는 경우에 기업의 위험관리 활동으로 인한 효과를 재무제표에 제대로 반영하지 못할 수도 있다. 따라서 위험회피대상과 위험회피수단에 대해 기존 회계처리방법과는 다른 회계처리방법을 적용해야 한다. 이러한 의미에서 위험회피회계를 **특수회계**(special accounting)라고 한다.

(2) 위험회피대상항목

1) 조건을 충족하는 위험회피대상항목

위험회피대상항목(hedged items)이란 공정가치나 미래현금흐름의 변동위험에 노출되어 있고, 그 변동위험을 회피하고자 하는 대상을 말한다. 재무상태표에 인식된 자산이나 부채, 아직 인식되지 않은 확정계약, 그리고 예상거래나 해외사업장순투자는 위험회피대상항목이 될 수 있다. 위험회피대상항목은 단일 항목 또는 항목의 집합이 될 수 있으며, 단일 항목의 구성요소나 항목 집합의 구성요소도 위험회피대상항목이 될 수 있다.

위험회피대상항목은 신뢰성 있게 측정할 수 있어야 하며, 위험회피대상항목이 예상거래(또는 예상거래의 구성요소)인 경우 그 거래는 발생가능성이 매우 커야 한다.

위험회피회계의 목적상 보고기업의 외부 당사자와 관련된 자산, 부채, 확정계약 또는 발생가능성이 매우 높은 예상거래만을 위험회피대상항목으로 지정할 수 있다. 연결실체 내의 개별기업 간의 거래는 연결실체 내의 개별기업의 개별재무제표나 별도재무제표에서 위험회피대상항목으로 지정할 수 있다. 그러나 연결실체 관점에서 이러한 거래는 내부거래로 제거되므로 연결재무제표에서는 위험회피대상항목으로 지정할 수 없다.

예외적으로 연결실체 내의 화폐성항목(예: 종속기업 사이의 지급채무와 수취채권)이 K-IFRS 제1021호 '환율변동효과'에 따라 연결재무제표에서 모두 제거되지 않는 외환손익에 노출되어 있다면, 그러한 항목의 외화위험은 연결재무제표에서 위험회피대상항목으로 지정할 수 있다. 또한 예상거래가 해당 거래를 체결한 기업의 기능통화가 아닌 통화로 표시되며 외화위험이 연결당기손익에 영향을 미친다면, 발생가능성이 매우 큰 연결실체 내 해당 예상거래의 외화위험은 연결재무제표에서 위험회피대상항목으로 지정할 수 있다.[3] 그러나 연결실체 내 예상거래의 외화위험이 연결당기손익에 영향을 미치지 않는다면, 그 연결실체 내 거래는 위험회피대상항목이 될 수 없다.[4]

사업결합에서 **사업을 취득하기로** 하는 확정계약은 위험회피대상항목이 될 수 없다. 다만, 외화위험에 대하여는 위험회피대상항목으로 지정할 수 있다. 그 이유는 외화위험이 아닌 다른 회피대상위험(예: 일반적인 사업위험)은 특정하여 식별할 수도 없고 측정할 수도 없기 때문이다.

지분법적용투자주식은 공정가치위험회피의 위험회피대상항목이 될 수 없다. 그 이유는 지분법은 투자주식의 공정가치 변동 대신에 피투자기업의 손익 중 투자기업의 몫을 당기손익으로 인식하기 때문이다. 이와 마찬가지로, **연결대상 종속기업에 대한 투자주식은 공정가치위험회피의 위험회피대상항목이 될 수 없다.** 그 이유는 연결은 투자주식의 공정가치 변동 대신에 종속기업의 손익을 당기손익으로 인식하기 때문이다. 해외사업장순투

---

3) 이러한 거래의 예로는 연결실체의 외부당사자에게 재고자산을 매도하기로 하는 경우에 연결실체 내 기업 간 재고자산에 대한 예상매출이나 예상매입을 들 수 있다. 마찬가지로, 유형자산을 제조하는 연결실체 내의 한 기업이 유형자산을 영업에 사용할 연결실체 내 다른 기업에게 유형자산을 매도하는 연결실체 내 예상거래도 연결당기손익에 영향을 미칠 수 있다. 예를 들면, 연결실체 내 예상거래가 매입기업의 기능통화가 아닌 통화로 표시된다면, 그 유형자산의 최초 인식 금액이 달라질 수 있고 매입기업은 그 유형자산을 감가상각하기 때문에 이러한 경우가 발생할 수도 있다.

4) 이러한 거래의 예로는 관련된 외부거래가 없는 경우의 연결실체 내 기업 간 로열티, 이자, 경영자문수수료의 지급을 들 수 있다.

자는 투자지분의 공정가치 변동에 대한 공정가치위험회피가 아니라 외화 익스포저에 대한 위험회피이므로 위험회피대상항목이 될 수 있다.

위험회피대상항목의 지정가능여부를 요약·정리하면 다음 〈표 10-3〉과 같다.

☑ 표 10-3 위험회피대상항목의 지정가능여부

구 분	지정가능	지정불가능
연결실체 내의 개별기업 간의 거래	• 개별재무제표 또는 별도재무제표에서 내부거래 • 외환손익이 모두 제거되지 않은 연결재무제표에서 외화위험 • 연결당기손익에 영향을 미치는 예상거래의 외화위험	• 연결재무제표에서 내부거래 • 연결당기손익에 영향을 미치지 않는 연결실체 내 예상거래의 외화위험
사업결합	• 확정계약 내에서 외화위험	• 확정계약 내에서 일반적인 사업위험
투자지분	• 해외사업장순투자의 외화위험	• 지분법적용투자주식 • 종속기업투자주식

2) 위험회피대상항목의 지정

위험회피관계에서 항목 전체나 항목의 구성요소를 위험회피대상항목으로 지정할 수 있다. 전체 항목은 항목의 모든 현금흐름 변동이나 모든 공정가치 변동을 말한다. 항목의 구성요소는 항목의 전체 공정가치 변동이나 현금흐름의 변동보다 적은 부분을 말한다.

항목의 구성요소를 위험회피대상항목으로 지정하기 위해서는 위험 구성요소는 금융항목이나 비금융항목의 **별도로 식별**할 수 있는 **구성요소**이어야 하며 위험 구성요소의 변동으로 인한 항목의 현금흐름이나 공정가치의 변동은 **신뢰성 있게 측정**할 수 있어야 한다.

(3) 위험회피수단

1) 조건을 충족하는 위험회피수단

위험회피수단(hedging instruments)이란 위험회피대상항목의 공정가치나 미래현금흐름의 변동위험을 회피하기 위해 지정한 파생상품 또는 비파생상품자산·부채를 말한다. 일부 발행한 옵션을 제외하고,[5] **당기손익-공정가치 측정(FVPL) 파생상품**이나 당기손

---

5) 기준서에서는 당기손익-공정가치 측정(FVPL) 파생상품(일부 발행한 옵션 제외)을 위험회피수단으

익-공정가치 측정(FVPL) 비파생금융자산·부채는 위험회피수단으로 지정할 수 있다. 다만, 당기손익-공정가치로 측정하도록 지정한 금융부채로서 신용위험의 변동으로 생기는 공정가치의 변동 금액을 기타포괄손익으로 표시하는 금융부채는 제외한다.

외화위험회피의 경우 비파생금융자산·부채의 외화위험 부분은 위험회피수단으로 지정할 수 있다. 다만, 공정가치의 변동을 기타포괄손익으로 표시하기로 선택한 지분상품의 투자는 제외한다.

한편, 분리하여 회계처리하지 않는 복합계약에 내재된 파생상품[6]은 별도의 위험회피수단으로 지정할 수 없다. 또한 자기지분상품은 해당 기업의 금융자산이나 금융부채가 아니므로 위험회피수단으로 지정할 수 없다.

위험회피회계의 목적상, 보고실체의 외부 당사자(보고하는 연결실체 또는 개별기업의 외부 당사자)와 체결한 계약만을 위험회피수단으로 지정할 수 있다.

위험회피수단의 지정가능여부를 요약·정리하면 다음 〈표 10-4〉와 같다.

☑ 표 10-4 위험회피수단의 지정가능여부

구 분	지정가능	지정불가능
공정가치위험회피	• FVPL파생상품 • FVPL비파생금융자산(부채)	• 신용위험의 변동으로 생기는 공정가치의 변동 금액을 기타포괄손익으로 표시하는 금융부채
외화위험회피	• 비파생금융자산(부채)의 외화위험	• 공정가치의 변동을 기타포괄손익으로 표시하기로 선택한 지분상품의 외화위험
기 타	• 보고실체의 외부 당사자와 체결한 계약	• 분리되지 않는 복합계약에 내재된 파생상품 • 자기지분상품

2) 외화회피수단의 지정

앞서 언급한 조건을 충족하는 금융상품은 전체를 위험회피수단으로 지정해야 한다.[7]

로 지정할 수 있는 상황을 한정하지 않는다. 발행한 옵션은 매입한 옵션(다른 금융상품에 내재된 매입한 옵션을 포함)을 상쇄하기 위해 위험회피수단으로 지정하는 경우(예: 중도상환할 수 있는 부채의 위험회피에 사용된 매도콜옵션)를 제외하고는 위험회피수단의 조건을 충족하지 못한다 (1109:B6.2의 4).

6) 본장 3절 '내재파생상품'에서 자세히 설명한다.

7) 다음의 경우에만 예외가 허용된다(1109:6.2.4).

그러나 발행한 옵션과 매입한 옵션이 결합된 파생상품이 지정일에 실질적으로 발행한 옵션인 경우에는 위험회피수단으로 지정할 수 없다(예외: 주석5 참조).

외화위험회피 외의 위험회피에서, 당기손익-공정가치 측정(FVPL) 비파생금융자산·부채를 위험회피수단으로 지정하는 경우에는 그 비파생금융상품 전체 또는 비례적 부분만을 지정할 수 있다. 비파생금융자산(부채)의 특정 부분만을 위험회피수단으로 지정하는 경우 전체의 공정가치변동 중에서 특정 부분만의 공정가치변동을 신뢰성 있게 측정하기 어렵기 때문이다.

위험회피수단과 위험회피대상항목이 되는 여러 위험 포지션을 특정하여 지정한다면 하나의 위험회피수단을 여러 가지 종류의 위험에 대한 위험회피수단으로 지정할 수 있다. 그러한 위험회피대상항목들은 여러 위험회피관계에 있을 수 있다.

(4) 위험회피회회계의 적용조건

다음의 조건을 모두 충족하는 위험회피관계에 대해서만 위험회피회계를 적용한다.

① 위험회피관계는 적격한 위험회피수단과 적격한 위험회피대상항목으로만 구성된다.
② 위험회피의 개시시점에 위험회피관계와 위험회피를 수행하는 위험관리의 목적과 전략을 공식적으로 지정하고 문서화한다.
③ 위험회피관계는 다음의 위험회피효과에 관한 요구사항을 모두 충족한다.
  ㉠ 위험회피대상항목과 위험회피수단 사이에 경제적 관계가 있다.
  ㉡ 신용위험의 효과가 위험회피대상항목과 위험회피수단의 경제적 관계로 인한 가치변동보다 지배적이지 않다.
  ㉢ 위험회피관계의 위험회피비율은 기업이 실제로 위험을 회피하는 위험회피대상항목의 수량과 위험회피대상항목의 수량의 위험을 회피하기 위해 기업이 실제 사용하는 위험회피수단의 수량의 비율과 같다.

---

① 옵션계약의 내재가치와 시간가치를 구분하여 내재가치의 변동만을 위험회피수단으로 지정하고 시간가치의 변동은 제외하는 경우
② 선도계약에서 선도요소와 현물요소를 구분하고 선도계약의 현물요소의 공정가치 변동만을 위험회피수단으로 지정하는 경우. 이와 비슷하게 외화 베이시스 스프레드는 분리하여 위험회피수단으로 지정하지 않을 수 있다
③ 전체 위험회피수단의 비례적 부분(예: 명목금액의 50%)을 위험회피관계에서 위험회피수단으로 지정하는 경우. 그러나 위험회피수단의 잔여 만기 중 일부 기간에서만 생긴 공정가치의 일부 변동을 위험회피수단으로 지정할 수 없다.

1) 적격성

위험회피관계는 조건을 충족하는 **적격한 위험회피수단과 위험회피대상항목으로만** 구성되어야 하며, 조건을 충족하는지 여부는 앞서 설명한 1.5절 (2) '위험회피대상항목'과 (3) '위험회피수단'을 참조한다.

2) 문서화

위험회피회계는 위험회피의 개시시점에 위험회피관계와 위험회피를 수행하는 위험관리의 목적과 전략을 공식적으로 지정하고 문서화해야 한다. 이 문서에는 위험회피수단, 위험회피대상항목, 회피대상위험의 특성과 위험회피관계가 위험회피효과에 대한 요구사항을 충족하는지를 평가하는 방법(위험회피의 비효과적인 부분의 원인 분석과 위험회피비율의 결정 방법 포함)이 포함되어야 한다.

3) 위험회피효과

위험회피효과는 위험회피수단의 공정가치나 현금흐름의 변동이 위험회피대상항목의 공정가치나 현금흐름의 변동을 상쇄하는 정도이다. 위험회피에 비효과적인 부분은 위험회피수단의 공정가치나 현금흐름의 변동이 위험회피대상항목의 공정가치나 현금흐름의 변동보다 더 크거나 더 작은 정도이다.

4) 위험회피대상항목과 위험회피수단 사이의 경제적 관계

경제적 관계가 존재한다는 것은 위험회피수단과 위험회피대상항목이 같은 위험, 즉 회피대상위험으로 인하여 일반적으로 반대 방향으로 변동하는 가치를 가지고 있다는 것을 의미한다.

5) 신용위험의 효과

신용위험의 효과는 위험회피수단과 위험회피대상항목 사이에 경제적 관계가 있더라도 상계의 정도는 일정하지 않을 수 있다는 것을 의미한다. 이것은 위험회피수단이나 위험회피대상항목의 신용위험의 변동이 매우 커서 신용위험이 경제적 관계로 인한 가치 변동(기초변수의 변동 효과)보다 영향이 지배적인 경우 발생할 수 있다. 지배적인지를 결정하는 규모의 수준은 기초변수의 변동이 유의적인 경우에도 신용위험으로부터의 손실(또는 이익)이 위험회피수단이나 위험회피대상항목의 가치에 기초변수의 변동이 미치는 영향을 압도하는 것을 말한다.[8]

6) 위험회피비율

　위험회피비율은 상대적인 가중치로 표현되는 위험회피대상항목과 위험회피수단 각각의 수량 사이의 관계를 말한다. 위험회피효과에 관한 요구사항에 따르면, 위험회피관계의 위험회피비율은 실제로 위험회피를 하는 위험회피대상항목의 수량과 기업이 그 수량을 위험회피하기 위해 사용하는 위험회피수단의 수량에 따른 위험회피비율과 같아야 한다.[9]

(5) 위험회피관계의 재조정과 위험회피비율의 변동

　재조정(rebalancing)은 이미 존재하는 위험회피관계의 위험회피대상항목이나 위험회피수단의 지정된 수량을 위험회피효과에 관한 요구사항에 부합하도록 위험회피비율을 유지하기 위하여 조정하는 것을 말한다. 재조정하는 시점에 위험회피관계에서 위험회피의 비효과적인 부분은 위험회피관계를 조정하기 전에 산정하여 즉시 당기손익으로 인식한다. 만일 위험회피관계에 대한 위험관리목적이 바뀌었다면 재조정하는 것이 아니라 그 위험회피관계에 대한 위험회피회계를 중단한다.

　위험회피관계를 재조정할 경우 위험회피비율은 다음의 〈표 10-5〉와 같은 방법으로 조정할 수 있다.

☑ 표 10-5 위험회피비율의 재조정

구　분	재조정 방법
위험회피대상항목 비율의 증가 또는 위험회피수단 비율의 감소	• 위험회피대상항목 수량 증가 또는 • 위험회피수단 수량 감소
위험회피대상항목 비율의 감소 또는 위험회피수단 비율의 증가	• 위험회피대상항목 수량 감소 또는 • 위험회피수단 수량 증가

---

8) 신용위험이 위험회피관계를 지배하는 예로는 담보가 없는 파생상품을 사용하여 일반상품가격위험에 대한 익스포저를 위험회피하는 경우를 들 수 있다. 파생상품의 거래상대방의 신용수준이 심각하게 낮아진다면 주로 일반상품가격변동에 따라 가치가 변동하는 위험회피대상항목과는 달리, 위험회피수단의 공정가치에는 일반상품가격의 변동효과보다 거래상대방의 신용수준의 변동효과가 더 크게 영향을 미칠 수 있다(1109:B6.4의 8).

9) 예를 들면, 위험회피대상항목의 익스포저 중 100% 미만(예: 85%)을 위험회피한다면 그 익스포저의 85%와 이 85%를 위험회피하기 위해 실제로 사용하는 위험회피수단의 수량에 따른 위험회피비율과 같은 위험회피비율을 사용하여 위험회피관계를 지정한다. 이와 비슷하게, 금융상품 40단위의 명목금액을 사용하여 익스포저를 위험회피한다면 40단위의 수량과 40단위로 실제로 위험회피를 하는 위험회피대상항목의 수량에 기초한 위험회피비율을 사용하여 위험회피관계를 지정한다(1109:B6.4의 9).

(6) 위험회피회계의 중단

위험회피관계가 적용조건을 충족하지 않는 경우에만 전진적으로 위험회피회계를 중단한다. 위험회피수단이 소멸·매각·종료·행사된 경우도 이에 해당한다. 또한 위험회피관계의 일부만이 적용조건을 더 이상 충족하지 못하는 경우에 일부 위험회피관계를 중단한다.

위험회피회계가 중단된 경우, 위험회피대상항목인 자산이나 부채, 확정계약과 위험회피수단이었던 파생상품에 대해서 일반회계를 적용한다. 또한 현금흐름위험회피회계에서 위험회피수단과 관련하여 기타포괄손익누계액으로 인식한 현금흐름위험회피적립금을 즉시 당기손익으로 인식한다.

2. 파생상품의 회계처리

2.1 단기매매목적의 파생상품

앞서 설명한 것처럼 위험회피목적의 파생상품을 제외한 모든 파생상품을 단기매매목적의 파생상품으로 규정하고 있다. 단기매매목적의 파생상품은 당기손익-공정가치 측정(FVPL) 금융상품으로 분류하여 매 보고기간 말의 공정가치로 측정하고 장부금액과의 차이를 당기손익으로 인식한다.

(예 1)을 통해서 단기매매목적 파생상품의 회계처리를 살펴보도록 하자.

▤ 예 1 단기매매목적 파생상품의 회계처리

A회사는 20×1년 7월 1일에 \$100를 수취하고, ₩110,000을 지급하는 통화선도계약을 체결하였다. 통화선도계약의 만기결제일은 20×2년 6월 30일이다. 20×1년 7월 1일 현재 선도환율(만기 20×2년 6월 30일)이 ₩1,100일 때, A회사가 결제일에 수취할 금액(\$100 × ₩1,100 = ₩110,000)과 지급할 금액(₩110,000)이 동일하므로 계약체결시점에 해야 할 회계처리는 없다.

〈계약체결 시〉

분개 없음

20×1년 12월 31일(보고기간 말) 현재 선도환율(만기 20×2년 6월 30일)이 ₩1,150일 때, A회사가 결제일에 수취할 금액이 ₩5,000(= \$100 × (₩1,150 − 1,100)) 증가하므로 **파생상품(자산)**과 **파생상품평가이익(당기손익)**을 인식한다.

〈보고기간 말〉

(차변) 파　생　상　품　5,000　(대변) 파생상품평가이익(PL)　5,000

20×2년 6월 30일 현재 현물환율이 ₩1,130일 때(만기이므로 현물환율과 선도환율이 동일함), A회사가 수취할 금액이 (-)₩2,000(= $100 × (₩1,130 - 1,150)) 감소하므로 **파생상품(자산)의 감소와 파생상품평가손실(당기손익)을 인식한다.** 또한 $100를 수취하고, ₩110,000을 지급함으로써 통화선도계약을 종료한다.

〈만기 시〉

(차변) 파생상품평가손실(PL)　2,000　(대변) 파　생　상　품　2,000
(차변) 현　　　　　금　113,000*　(대변) 파　생　상　품　3,000
　　　　　　　　　　　　　　　　　　　현　　　　　금　110,000

* $100 × ₩1,130 = ₩113,000

2.2 공정가치위험회피

앞서 설명한 것처럼 **공정가치위험회피**(fair value hedge)란 특정 위험에 기인하고 당기손익에 영향을 줄 수 있는 것으로서, 인식된 자산이나 부채 또는 인식되지 않은 확정계약 또는 이러한 항목의 구성요소의 **공정가치변동 익스포저에 대한 위험회피**를 말한다. 따라서 공정가치위험회피회계는 위험회피수단인 파생상품에서 발생한 손익을 이용하여 위험회피대상항목의 공정가치변동으로 발생한 손익을 상쇄하는 것이다.

공정가치위험회피는 자산·부채의 공정가치위험회피와 확정계약의 공정가치위험회피로 구분할 수 있다.

(1) 자산·부채의 공정가치위험회피

기업이 매각할 자산을 보유하고 있거나 상환할 부채를 부담하고 있는 경우 매각할 자산의 공정가치변동이나 상환할 부채의 공정가치변동으로 인한 위험에 노출된다. **자산·부채의 공정가치위험회피**는 이러한 자산·부채의 공정가치변동에 대한 위험을 회피하기 위해서 위험회피수단을 이용하는 것이다.

위험회피수단의 공정가치변동으로 인한 손익은 당기손익으로 인식한다. 다만, 위험회피대상항목이 공정가치변동을 기타포괄손익으로 표시하기로 선택한 지분상품인 경우 위험회피수단의 공정가치변동으로 인한 손익은 기타포괄손익으로 인식한다. 지분상품의 공정가치변동을 기타포괄손익으로 표시하기로 최초 인식시점에만 선택가능하며, 이후에 취소할 수 없기 때문이다.

 회피대상위험으로 인한 위험회피대상항목의 공정가치변동으로 인한 손익은 위험회피대상항목의 장부금액에서 조정하고 **당기손익으로 인식한다.** 위험회피대상항목이 기타포괄손익-공정가치 측정(FVOCI) 금융자산 또는 그 구성요소인 경우(채무상품)에는 회피대상위험으로 인한 위험회피대상항목의 손익은 당기손익으로 인식한다. 그러나 위험회피대상항목이 공정가치변동을 **기타포괄손익에 표시하기로 선택한 지분상품인 경우**에는 그 금액을 **기타포괄손익에 남겨둔다.**

 자산·부채의 공정가치위험회피에 대한 회계처리를 요약·정리하면 다음 〈표 10-6〉과 같다.

☑ 표 10-6 자산·부채의 공정가치위험회피 회계처리

구 분	위험회피대상항목의 변동	위험회피수단의 변동
FVOCI금융자산·부채(지분상품)를 제외한 금융자산·부채	당기손익	당기손익
FVOCI금융자산·부채(지분상품)	기타포괄손익	기타포괄손익

📖 예제 1 자산·부채의 공정가치위험회피 – 통화선도

12월 말 결산법인인 A회사는 20×1년 10월 1일에 상품 $1,000를 수출하고 대금은 6개월 후인 20×2년 3월 31일에 받기로 하였다. A회사는 수출대금의 환율변동위험을 회피하기 위하여 다음과 같은 조건의 통화선도계약을 체결하였다.
· 통화선도거래 계약체결일: 20×1년 10월 1일
· 계약기간: 6개월(20×1년 10월 1일~20×2년 3월 31일)
· 계약조건: $1,000를 통화선도환율 ₩1,200에 매도

환율자료는 다음과 같다. 단, 현재가치평가는 생략한다.

일 자	현물환율(₩/US$)	선도환율(₩/US$)
20×1.10. 1.	1,150	1,200(만기 6개월)
20×1.12.31.	1,130	1,170(만기 3개월)
20×2. 3.31.	1,120	-

물음 ....

A회사가 매출 및 통화선도계약과 관련하여 해야 할 분개를 하시오. 단, 통화선도계약은 차액결제를 가정한다.

풀이 ....

〈20×1.10. 1.〉

① 위험회피대상항목

(차변) 매 출 채 권 1,150,000❶ (대변) 매 출 1,150,000

  ❶ $1,000 × ₩1,150 = ₩1,150,000

② 위험회피수단

분개 없음❷

  ❷ 통화선도계약의 경우 계약체결시점에 공정가치가 '영(₩0)'이다.

〈20×1.12.31.〉

① 위험회피대상항목

(차변) 외 환 손 실 20,000❸ (대변) 매 출 채 권 20,000

  ❸ $1,000 × (₩1,130 − 1,150) = (−)₩20,000

② 위험회피수단

(차변) 파 생 상 품 30,000❹ (대변) 파생상품평가이익(PL) 30,000

  ❹ $1,000 × (₩1,200 − 1,170) = ₩30,000

〈20×2.3.31.〉

① 위험회피대상항목

(차변) 현 금 1,120,000❺ (대변) 매 출 채 권 1,130,000
      외 환 손 실 10,000

  ❺ $1,000 × ₩1,120 = ₩1,120,000

② 위험회피수단

(차변) 파 생 상 품 50,000❻ (대변) 파생상품평가이익(PL) 50,000
(차변) 현 금 80,000 (대변) 파 생 상 품 80,000

  ❻ $1,000 × (₩1,170 − 1,120) = ₩50,000

결과적으로 통화선도계약을 이용함으로써 매출채권을 계약일의 선도환율인 달러당 ₩1,200에 현금 회수한 것과 동일한 효과를 얻을 수 있다.

....

📖 **예제 2 자산·부채의 공정가치위험회피 – FVOCI금융상품(지분상품)**

12월 말 결산법인인 A회사는 20×1년 10월 1일에 ₩1,000,000에 취득한 지분상품을 FVOCI금 융자산으로 분류하였다. A회사는 지분상품의 시가가 하락할 위험을 회피하기 위해서 다음과 같은 조건의 지분상품선도계약을 체결하였다.

· 지분상품선도거래 계약체결일: 20×1년 10월 1일
· 계약기간: 6개월(20×1년 10월 1일~20×2년 3월 31일)
· 계약조건: 지분상품을 선도가격인 ₩980,000에 매도

지분상품의 가격자료는 다음과 같다. 단, 현재가치평가는 생략한다.

일　자	공정가치	선도가격
20×1.10. 1.	₩1,000,000	₩980,000(만기 6개월)
20×1.12.31.	990,000	975,000(만기 3개월)
20×2. 3.31.	950,000	-

물음 ···

A회사가 FVOCI금융자산 및 지분상품선도계약과 관련하여 해야 할 분개를 하시오. 단, 지분상품선도계약은 차액결제를 가정한다.

풀이 ···

〈20×1.10. 1.〉
① 위험회피대상항목
　(차변) F V O C I 금 융 자 산 1,000,000　(대변) 현　　　　　　금　1,000,000

② 위험회피수단
　분개 없음
　❶ 지분상품선도계약의 경우 계약체결시점에 공정가치가 '영(₩0)'이다.

〈20×1.12.31.〉
① 위험회피대상항목
　(차변) 금융자산평가손실(OCI)　10,000❷　(대변) F V O C I 금 융 자 산　10,000
　❷ ₩990,000 - 1,000,000 = (-)₩10,000

② 위험회피수단
　(차변) 파　생　상　품　5,000❸　(대변) 파생상품평가이익(OCI)　5,000
　❸ ₩980,000 - 975,000 = ₩5,000

〈20×2. 3.31.〉
① 위험회피대상항목
　(차변) 금융자산평가손실(OCI)　40,000❹　(대변) F V O C I 금 융 자 산　40,000
　(차변) 현　　　　　　금　950,000　(대변) F V O C I 금 융 자 산　950,000
　❹ ₩950,000 - 990,000 = (-)₩40,000

② 위험회피수단
　(차변) 파　생　상　품　25,000❺　(대변) 파생상품평가이익(OCI)　25,000
　(차변) 현　　　　　　금　30,000　(대변) 파　생　상　품　30,000
　❺ ₩975,000 - 950,000 = ₩25,000

결과적으로 지분상품선도계약을 이용함으로써 FVOCI금융자산을 계약일의 선도가격인 ₩980,000에 매도한 것과 동일한 효과를 얻을 수 있다.
또한 FVOCI금융자산(지분상품) 관련 기타포괄손익은 당기손익으로 재분류하지 않는다. 다만, 기준서에서는 위험회피수단인 파생상품 관련 기타포괄손익을 결제일 이후 어떻게 회계처리해야 하는지에 대한 명시적 언급을 하고 있지 않다.

📖 예제 3 자산 · 부채의 공정가치위험회피 - 재고자산

12월 말 결산법인인 A회사는 20×1년 10월 1일에 재고자산 100개를 개당 ₩15,000에 구입하였다. A회사는 재고자산의 시가가 하락할 위험을 회피하기 위해 다음과 같은 조건의 재고자산선도계약을 체결하였다.
· 재고자산선도거래 계약체결일: 20×1년 10월 1일
· 계약기간: 6개월(20×1년 10월 1일~20×2년 3월 31일)
· 계약조건: 재고자산 100개를 선도가격인 개당 ₩20,000에 판매

재고자산의 가격자료는 다음과 같다. 단, 현재가치평가는 생략한다.

일 자	시가(개당)	선도가격(개당)
20×1.10. 1.	₩21,000	₩20,000(만기 6개월)
20×1.12.31.	18,500	18,000(만기 3개월)
20×2. 3.31.	17,000	-

물음

A회사가 20×2년 3월 31일에 재고자산 100개를 외부로 시가에 판매한 경우 재고자산의 매입 · 매출 및 재고자산선도계약과 관련하여 해야 할 분개를 하시오. A회사는 모든 거래를 현금으로 결제하며, 재고자산을 실지재고조사법에 따라 회계처리한다. 단, 재고자산선도계약은 차액결제를 가정한다.

풀이

⟨20×1.10. 1.⟩
① 위험회피대상항목
　(차변) 재　고　자　산　 1,500,000**❶** (대변) 현　　　　　　　금　 1,500,000
　❶ ₩15,000 × 100개 = ₩1,500,000

② 위험회피수단
　분개 없음
　❷ 재고자산선도계약의 경우 계약체결시점에 공정가치가 '영(₩0)'이다.

⟨20×1.12.31.⟩
① 위험회피대상항목
　(차변) 재 고 자 산 평 가 손 실　 250,000**❹** (대변) 재　　고　　자　　산　 250,000
　❸ (₩18,500 - 21,000) × 100개 = (-)₩250,000

② 위험회피수단
　(차변) 파　생　상　품　 200,000**❸** (대변) 파생상품평가이익(PL)　 200,000
　❹ (₩20,000 - 18,000) × 100개 = ₩200,000

⟨20×2. 3.31.⟩
① 위험회피대상항목
　(차변) 재 고 자 산 평 가 손 실　 150,000**❺** (대변) 재　　고　　자　　산　 150,000

| (차변) | 현 | | 금 | 1,700,000❻ | (대변) | 매 | | 출 | 1,700,000 |
| (차변) | 매 출 원 | 가 | | 1,100,000 | (대변) | 재 고 자 산 | | | 1,100,000❼ |

　❺ (₩17,000 − 18,500) × 100개 = (−)₩150,000

　❻ ₩17,000 × 100개 = ₩1,700,000

　❼ ₩1,500,000 − 250,000 − 150,000 = ₩1,100,000

② 위험회피수단

| (차변) | 파 생 상 품 | 100,000❽ | (대변) | 파생상품평가이익(PL) | 100,000 |
| (차변) | 현 금 | 300,000 | (대변) | 파 생 상 품 | 300,000 |

　❽ (₩18,000 − 17,000) × 100개 = ₩100,000

결과적으로 재고자산선도계약을 이용함으로써 재고자산을 계약일의 선도가격인 개당 ₩20,000
에 판매한 것과 동일한 효과를 얻을 수 있다.

이자율스왑도 자산·부채의 공정가치위험회피 중 하나이다. 예를 들어, 고정이자 수취조
건의 대여금이 있거나 고정이자 지급조건의 차입금이 있는 경우 이자율의 변동에 따
라 대여금이나 차입금의 공정가치가 변동하는 위험에 노출된다. 고정이자 수취조건
의 대여금이 있는 경우 이자율이 상승하면 대여금의 공정가치는 하락하게 된다. 반
대로 고정이자 지급조건의 차입금이 있는 경우 이자율이 하락하면 차입금의 공정가
치는 상승하게 된다. 이러한 이자율변동으로 인한 위험을 회피하기 위해서 대여금에
대해서는 고정이자를 지급하고 변동이자를 수취하는 이자율스왑을 이용하거나 차입
금에 대해서는 고정이자를 수취하고 변동이자를 지급하는 이자율스왑을 이용함으로
써 해당 대여금이나 차입금에 대한 이자율변동으로 인한 공정가치 변동위험을 회피
할 수 있다.

자산·부채의 공정가치위험회피 회계처리방법과 마찬가지로 위험회피수단인 이자
율스왑의 공정가치변동으로 인한 손익은 **당기손익으로 인식**한다. 또한 이자율스왑으로
인해 수취하는 이자와 지급하는 이자를 순액으로 결제하므로 그 **순액을 이자수익 또는
이자비용에 가감**한다.

📖 예제 4 자산·부채의 공정가치위험회피 – 이자율스왑

12월 말 결산법인인 A회사는 20×1년 1월 1일에 만기가 20×3년 12월 31일인 ₩1,000,000을
고정이자율 10%로 차입하였다. 고정이자율 10%는 20×1년 1월 1일 현재 LIBOR 7%에 3%의
신용스프레드를 가산하여 결정하였으며, 매년 12월 31일에 이자를 지급한다.
한편, A회사는 이자율변동으로 인한 차입금의 공정가치 변동위험을 회피하기 위하여 20×1년 1
월 1일에 만기가 3년이며 계약금액 ₩1,000,000에 대하여 고정이자율 7%를 수취하고 LIBOR에

따른 변동이자율을 지급(전년도 말 LIBOR를 기준으로 당해연도 말에 지급)하는 이자율스왑계약을 체결하였다.

이자율스왑계약의 이자는 매년 12월 31일에 결제된다. 확정된 LIBOR와 이에 따른 차입금 및 이자율스왑의 공정가치는 다음과 같다.

일 자	LIBOR	이자율스왑 공정가치	차입금 공정가치
20×1. 1. 1.	7%	-	₩1,000,000
20×1.12.31.	9%	₩33,801	966,199
20×2.12.31.	8.5%	13,453	986,547

이자율스왑과 차입금의 공정가치는 무이표채권할인법(zero-coupon method)에 따라 다음과 같이 계산한다.

일 자	이자지급	이자수취	차이	할인율
20×1.12.31.	₩70,000	₩70,000	₩0	12%(LIBOR+3%)
20×2.12.31.	90,000	70,000	20,000	11.5%(LIBOR+3%)
20×3.12.31.	85,000	70,000	15,000	-

· 20×1년 말 이자율스왑 공정가치 $= \dfrac{₩20,000}{(1.12)} + \dfrac{₩20,000}{(1.12)^2} = ₩33,801$

· 20×2년 말 이자율스왑 공정가치 $= \dfrac{₩15,000}{(1.115)} = ₩13,453$

· 20×1년 말 차입금 공정가치 $= \dfrac{₩100,000}{(1.12)} + \dfrac{₩1,100,000}{(1.12)^2} = ₩966,199$

· 20×2년 말 차입금 공정가치 $= \dfrac{₩1,100,000}{(1.115)} = ₩986,547$

물음

1. A회사가 차입금 및 이자율스왑계약과 관련하여 해야 할 분개를 하시오. 단, 장기차입금의 유동성대체는 생략한다.

2. A회사가 20×2년 1월 1일 차입금 ₩1,000,000을 지급하는 조건으로 조기상환하게 되어 위험회피회계의 적용조건을 충족하지 못하게 되었다. 위험회피회계 전체를 중단하는 경우 A회사가 20×2년에 차입금 및 이자율스왑계약과 관련하여 해야 할 분개를 하시오.

풀이

1. 차입금 및 이자율스왑계약의 회계처리
〈20×1. 1. 1.〉
① 위험회피대상항목
　(차변) 현　　　　　　　　　금　1,000,000　(대변) 장 기 차 입 금　1,000,000

② 위험회피수단

　분개 없음

　　❶ 이자율스왑거래의 경우 수취하는 이자율과 지급하는 이자율이 모두 7%로 동일하므로 계약체결시점에 공정
　　가치가 '영(₩0)'이다.

〈20×1.12.31.〉

① 위험회피대상항목

　(차변) 이　자　비　용　　100,000❷　(대변) 현　　　　　　금　　100,000
　(차변) 장　기　차　입　금　　33,801❸　(대변) 차　입　금　평　가　이　익　　33,801

　　❷ ₩1,000,000 × 10% = ₩100,000
　　❸ ₩1,000,000 - 966,199 = ₩33,801

② 위험회피수단

　(차변) 파생상품평가손실(PL)　　33,801　(대변) 파　　생　　상　　품　　33,801

〈20×2.12.31.〉

① 위험회피대상항목

　(차변) 이　자　비　용　　100,000　(대변) 현　　　　　　금　　100,000
　(차변) 차　입　금　평　가　손　실　　20,348❹　(대변) 장　기　차　입　금　　20,348

　　❹ ₩966,199 - 986,547 = (-)₩20,348

② 위험회피수단

　(차변) 이　자　비　용　　20,000❺　(대변) 현　　　　　　금　　20,000
　(차변) 파　　생　　상　　품　　20,348　(대변) 파생상품평가이익(PL)　　20,348

　　❺ ₩1,000,000 × (9% - 7%) = ₩20,000

〈20×3.12.31.〉

① 위험회피대상항목

　(차변) 이　자　비　용　　100,000　(대변) 현　　　　　　금　　100,000
　(차변) 장　기　차　입　금　　986,547　(대변) 현　　　　　　금　　1,000,000
　　　　　차　입　금　상　환　손　실　　13,453

② 위험회피수단

　(차변) 이　자　비　용　　15,000❻　(대변) 현　　　　　　금　　15,000
　(차변) 파　　생　　상　　품　　13,453　(대변) 파생상품평가이익(PL)　　13,453

　　❻ ₩1,000,000 × (8.5% - 7%) = ₩15,000

결과적으로 이자율스왑계약을 이용함으로써 변동이자율로 차입한 것과 동일한 효과를 얻을 수 있다.

2. 위험회피회계의 중단 시 회계처리

〈20×2. 1. 1.〉

　(차변) 장　기　차　입　금　　966,199　(대변) 현　　　　　　금　　1,000,000
　　　　　차　입　금　상　환　손　실　　33,801

〈20×2.12.31.〉

공정가치위험회피회계가 중단되더라도 위험회피대상항목과 위험회피수단에 대해서 일반회계처리를 적용한다. 따라서 위험회피수단인 파생상품을 당기손익-공정가치 측정(FVPL) 항목으로 회계처리한다.

　(차변) 이　자　비　용　　20,000　(대변) 현　　　　　　금　　20,000
　(차변) 파　　생　　상　　품　　20,348　(대변) 파생상품평가이익(PL)　　20,348

(2) 확정계약의 공정가치위험회피

확정계약(firm commitment)이란 미래의 특정 시기에 거래대상의 특정 수량을 특정 가격으로 교환하기로 하는 구속력 있는 약정을 말한다. 확정계약의 공정가치위험회피는 현재 존재하는 확정계약의 공정가치변동에 대한 위험을 회피하기 위해서 위험회피수단을 이용하는 것이다.

확정계약은 미이행계약으로 재무제표에 인식되지 않는다. 그러나 확정계약체결 이후 공정가치변동에 따른 위험에 노출되므로 재무제표에 인식된 자산·부채와 경제적 실질이 동일하다. 따라서 확정계약의 공정가치변동에 대한 위험을 회피하기 위해서 파생상품을 이용하게 되면 공정가치위험회피로 분류된다.

자산·부채의 공정가치위험회피와 마찬가지로 위험회피수단의 공정가치변동으로 인한 손익은 당기손익으로 인식한다.

확정계약을 위험회피대상항목으로 지정하기 전까지 인식하지 않는다. 그러나 확정계약을 위험회피대상항목으로 지정한 경우 회피대상위험으로 인한 확정계약의 후속적인 공정가치 누적변동분은 자산이나 부채로 인식하고, 이에 상응하는 손익은 당기손익으로 인식한다. 이때 확정계약의 공정가치는 미래의 특정 시기에 이루어질 거래에 대한 예상손익의 변동을 반영해야 하므로 선도가격을 적용한다. 또한 확정계약을 이행한 결과로 인식하는 자산이나 부채의 최초 장부금액이 재무상태표에 인식된 위험회피대상항목의 공정가치 누적변동분을 포함하도록 조정한다.

확정계약의 공정가치위험회피 회계처리를 요약·정리하면 다음 〈표 10-7〉과 같다.

☑ 표 10-7 확정계약의 공정가치위험회피 회계처리

구　분	위험회피대상항목의 변동	위험회피수단의 변동
확정계약	·선도가격을 적용한 공정가치 누적변동분을 자산과 부채로 인식 ·이에 상응하는 손익을 당기손익으로 인식	당기손익

📖 예제 5 확정계약의 공정가치위험회피

12월 말 결산법인인 A회사는 20×1년 10월 1일에 원재료 100kg을 6개월 후인 20×2년 3월 31일에 kg당 ₩10,000에 구입하기로 확정계약을 체결하였다. A회사는 원재료의 가격변동위험을 회피하기 위하여 다음과 같은 조건으로 원재료를 매도하는 선도계약을 체결하였다.

· 원재료선도거래 계약체결일: 20×1년 10월 1일
· 계약기간: 6개월(20×1년 10월 1일~20×2년 3월 31일)
· 계약조건: 원재료 100kg을 kg당 ₩10,000에 매도

원재료의 가격자료 다음과 같다. 단, 현재가치평가는 생략한다.

일　자	현물가격(kg당)	선도가격(kg당)
20×1.10. 1.	₩11,000	₩10,000(만기 6개월)
20×1.12.31.	10,300	9,800(만기 3개월)
20×2. 3.31.	9,500	-

물음 ....

1. A회사가 확정계약 및 원재료선도계약과 관련하여 해야 할 분개를 하시오. 단, 원재료선도계약은 차액결제를 가정한다.

2. 위의 문제와 관계없이 A회사가 원재료선도계약을 체결하지 않고 확정계약을 이행하는 경우 A회사가 확정계약과 관련하여 해야 할 분개를 하시오. 단, 손실부담계약의 논리를 적용하지 않는다.

3. (물음 2)에서 손실부담계약의 논리를 적용할 경우 A회사가 확정계약과 관련하여 해야 할 분개를 하시오.

풀이 ....

1. 확정계약 및 원재료선도계약의 회계처리
〈20×1.10. 1.〉
① 위험회피대상항목
　분개 없음
　　❶ 미이행계약으로 계약체결시점에 해야 할 회계처리는 없다.

② 위험회피수단
　분개 없음
　　❷ 원재료선도계약의 경우 계약체결시점에 공정가치가 '영(₩0)'이다.

〈20×1.12.31.〉
① 위험회피대상항목
　(차변) 확 정 계 약 평 가 손 실　20,000❷ (대변) 확　　정　　계　　약　20,000
　　❷ (₩9,800 - 10,000) × 100kg = (-)₩20,000

② 위험회피수단
　(차변) 파　　생　　상　　품　20,000❸ (대변) 파생상품평가이익(PL)　20,000
　　❸ (₩10,000 - 9,800) × 100kg = ₩20,000

〈20×2. 3.31.〉
① 위험회피대상항목

(차변)	확정계약평가손실	30,000**❹**	(대변)	확 정 계 약	30,000
(차변)	확 정 계 약	50,000	(대변)	현 금	1,000,000**❺**
	원 재 료	950,000			

　　❹ (₩9,500 - 9,800) × 100kg = (-)₩30,000

　　❺ ₩10,000 × 100kg = ₩1,000,000

② 위험회피수단

| (차변) | 파 생 상 품 | 30,000**❻** | (대변) | 파생상품평가이익(PL) | 30,000 |
| (차변) | 현 금 | 50,000 | (대변) | 파 생 상 품 | 50,000 |

　　❻ (₩9,800 - 9,500) × 100kg = ₩30,000

결과적으로 원재료선도계약을 이용함으로써 원재료를 결제일의 현물가격인 kg당 ₩9,500에 구입한 것과 동일한 효과를 얻을 수 있다.

2. 손실부담계약의 논리를 적용하지 않는 경우 확정계약의 회계처리

〈20×1.10. 1.〉
　분개 없음

〈20×1.12.31.〉
　분개 없음

　　❶ 인식하지 않는 자산·부채의 공정가치변동을 회계처리하지 않는다.

〈20×2. 3.31.〉

| (차변) | 원 재 료 | 1,000,000 | (대변) | 현 금 | 1,000,000 |

3. 손실부담계약의 논리를 적용할 경우 확정계약의 회계처리

〈20×1.10. 1.〉
　분개 없음

〈20×1.12.31.〉

| (차변) | 확정계약평가손실 | 20,000 | (대변) | 손 실 충 당 부 채 | 20,000 |

〈20×2. 3.31.〉

(차변)	확정계약평가손실	30,000	(대변)	손 실 충 당 부 채	30,000
(차변)	손 실 충 당 부 채	50,000	(대변)	현 금	1,000,000
	원 재 료	950,000			

손실부담계약을 고려하는 하지 않는 경우와 마찬가지로 확정계약을 통해서 kg당 ₩10,000의 현금을 지급하지만, 원재료는 kg당 ₩9,500으로 회계처리한다.

2.3 현금흐름위험회피

앞서 설명한 것처럼 **현금흐름위험회피**(cash flow hedge)란 특정 위험에 기인하고 당기손익에 영향을 줄 수 있는 것으로서, 인식된 자산이나 부채(예: 변동금리부 채무상품의 미래이자지급액의 전체나 일부) 또는 발생가능성이 매우 큰 예상거래의 **현금흐름변동 익스포저**에 대한 위험회피를 말한다. 따라서 현금흐름위험회피회계는 위험회피수단인 파생상품에서 발생한 손익을 이용하여 위험회피대상항목에서 예상되는 미래현금흐름변동으로 발생한 손익을 상쇄하는 것이다.

현금흐름위험회피는 미래예상거래의 현금흐름위험회피와 자산·부채의 현금흐름 위험회피로 구분할 수 있다.

(1) 미래예상거래의 현금흐름위험회피

미래예상거래(forecast transaction)란 반드시 이행해야 하는 구속력은 없으나, 향후 발생할 것으로 예상되는 거래를 말한다. 미래예상거래의 현금흐름위험회피는 미래에 예상되는 거래로 인해 발생가능한 **현금흐름변동**의 위험을 회피하기 위해서 위험회피수단을 이용하는 것이다.

현금흐름위험회피회계에서 위험회피대상항목은 미래에 예상되는 거래로서 구속력이 없으므로 위험회피대상항목으로 지정된 경우에도 거래가 발생하기 전까지는 위험회피대상항목과 관련된 자산과 부채를 인식하지 않고, 관련손익도 인식하지 않는다.

위험회피수단으로 지정된 파생상품의 경우, 그 공정가치변동으로 인한 손익을 인식해야 할 것이다. 그러나 위험회피대상항목의 공정가치변동으로 인한 손익을 인식하지 않기 때문에 위험회피수단의 공정가치변동으로 인한 손익 중 위험회피에 **효과적인 부분**은 **현금흐름위험회피적립금**(cash flow hedge reserve)의 계정으로 기타포괄손익으로 인식하고 누계액은 자본항목으로 보고한다. 위험회피수단의 공정가치변동으로 인한 손익을 즉시 당기손익에 반영하지 않고 기타포괄손익으로 인식하는 이유는 위험회피대상항목이 재무제표에 인식되는 시점까지 이연시켜주기 위해서이다. 그리고 **위험회피에 비효과적인 부분**은 당기손익으로 인식한다.

미래예상거래의 현금흐름위험회피 회계처리를 요약·정리하면 다음 〈표 10-8〉과 같다.

☑ 표 10-8 미래예상거래의 현금흐름위험회피 회계처리

구　분	위험회피대상항목의 변동	위험회피수단의 변동
미래예상거래	인식하지 않음	· 효과적인 부분: 기타포괄손익 · 비효과적인 부분: 당기손익

여기서 위험회피수단의 공정가치변동으로 인한 손익 중 현금흐름위험회피적립금 (기타포괄손익)으로 인식하는 부분은 다음과 같이 계산한다.

> Min(① 위험회피수단의 손익누계액*,
>   ② 위험회피대상항목의 미래현금흐름의 현재가치(공정가치) 변동누계액*)
>
> * 절대금액 기준으로 계산한다.

(예 2)를 통해서 미래예상거래 현금흐름위험회피의 회계처리를 살펴보도록 하자.

📄 예 2 미래예상거래 현금흐름위험회피의 회계처리

A회사는 현금흐름위험회피를 위해 파생상품거래를 계약하였다. 만약 해당 거래로부터 파생상품 평가이익이 ₩12,000이고 위험회피대상항목의 현금흐름변동액의 현재가치가 ₩10,000인 경우, 파생상품평가이익 중 ₩10,000은 현금흐름위험회피에 효과적이고 나머지 ₩2,000은 비효과적 이다. 따라서 ₩10,000은 **현금흐름위험회피적립금**(기타포괄손익)으로 회계처리하고 ₩2,000은 **파생상품평가이익**(당기손익)으로 회계처리한다.

〈파생상품평가손익 > 미래현금흐름의 현재가치〉

(차변) 파 생 상 품	12,000	(대변) 현금흐름위험회피적립금	10,000
		파생상품평가이익(PL)	2,000

만약 해당거래로부터 파생상품평가이익이 ₩10,000이고 위험회피대상항목의 현금흐름변동액의 현재가치가 ₩12,000인 경우, 파생상품평가이익 ₩10,000 전액이 현금흐름위험회피에 효과적 이다. 따라서 ₩10,000 전액을 **현금흐름위험회피적립금**(기타포괄손익)으로 회계처리한다.

〈파생상품평가손익 < 미래현금흐름의 현재가치〉

(차변) 파 생 상 품	10,000	(대변) 현금흐름위험회피적립금	10,000

이때 **현금흐름위험회피적립금**(기타포괄손익)으로 인식해야 할 파생상품평가손익을 누적기준 으로 산정한다는 것에 유의해야 한다. 따라서 전기에 현금흐름위험회피에 비효과적이 라고 판단하여 당기손익으로 인식한 파생상품평가손익이 당기에는 효과적이라고 판 단하는 경우 전기에 당기손익으로 인식한 **파생상품평가손익**을 기타포괄손익으로 인식한다. 또한 상대계정에 동 금액을 당기손익으로 회계처리한다.

(예 3)을 통해서 미래예상거래 현금흐름위험회피를 누적기준으로 회계처리하는 것 에 대해서 살펴보도록 하자.

▤ 예 3 미래예상거래 현금흐름위험회피의 누적기준 회계처리

A회사는 현금흐름위험회피를 위해 20×1년 초에 파생상품거래를 계약하였다. 20×1년 말에 해당 거래로부터 파생상품평가이익이 ₩12,000이고 위험회피대상항목의 현금흐름변동액의 현재가치가 ₩10,000인 경우, 파생상품평가이익 중 ₩10,000은 현금흐름위험회피에 효과적이고 나머지 ₩2,000은 비효과적이다. 따라서 ₩10,000은 현금흐름위험회피적립금(기타포괄손익)으로 회계처리하고 ₩2,000은 파생상품평가이익(당기손익)으로 회계처리한다.

〈20×1년 말〉

(차변)	파 생 상 품	12,000	(대변)	현금흐름위험회피적립금	10,000
				파생상품평가이익(PL)	2,000

20×2년 말에 해당 거래로부터 파생상품평가이익으로 ₩10,000, 위험회피대상항목의 현금흐름변동액의 현재가치로 ₩12,000이 추가로 발생한 경우, 누적기준으로 파생상품평가이익과 현금흐름변동액의 현재가치가 ₩22,000으로 전액이 현금흐름위험회피에 효과적이다. 따라서 당기의 파생상품평가이익 ₩10,000분만 아니라 전기의 파생상품평가이익 중 비효과적인 부분 ₩2,000 역시 현금흐름위험회피적립금(기타포괄손익)으로 회계처리한다. 또한 전기의 비효과적인 부분을 현금흐름위험회피적립금(기타포괄손익)으로 회계처리하면서 상대계정에 당기손익으로 회계처리한다.

〈20×2년 말〉

(차변)	파 생 상 품	10,000	(대변)	현금흐름위험회피적립금	10,000
(차변)	파생상품평가손실(PL)	2,000	(대변)	현금흐름위험회피적립금	2,000

위험회피에 효과적인 현금흐름위험회피적립금(기타포괄손익)은 후속적으로 다음과 같이 회계처리된다.

① 비금융자산이나 비금융부채와 관련된 현금흐름위험회피

위험회피대상 예상거래로 인해 후속적으로 비금융자산이나 비금융부채를 인식하게 되거나, 비금융자산이나 비금융부채에 대한 위험회피대상 예상거래가 공정가치위험회피회계를 적용하는 확정계약이 된다면, 현금흐름위험회피적립금(기타포괄손익)에서 그 금액을 제거하고 관련 자산 또는 부채의 최초 원가나 그 밖의 장부금액에 그 금액을 직접 포함한다. 이것은 재분류조정이 아니며,10) 따라서 기타포괄손익에 영향을 미치지 않는다.

---

10) 재분류조정(reclassification adjustment)이란 당기나 과거 기간에 기타포괄손익으로 인식되었으나 당기손익으로 재분류된 금액을 말한다. K-IFRS 제1109호 '금융상품'에 따라 현금흐름위험회피나 옵션(또는 선도계약의 선도요소나 금융상품의 외화통화기준스프레드)의 시간가치의 회계처리로 인해 현금흐름위험회피적립금이나 지분의 별도구성요소에서 제거되어, 자산과 부채의 최초원가나 그 밖의 장부금액에 직접 포함되는 금액이 생길 때에는 재분류조정이 이루어지지 않는다. 그러한

이를 장부금액조정법(basis adjustment)[11]이라고 한다.

② ①이 적용되지 않는 현금흐름위험회피

위험회피대상 미래예상현금흐름이 당기손익에 영향을 미치는 기간(예: 이자수익이나 이자비용을 인식하는 기간이나 예상매출이 생긴 때)에 재분류조정으로 **현금흐름위험회피적 립금**(기타포괄손익)에서 당기손익에 재분류한다.

③ 미래기간에 회복되지 않을 것으로 예상되는 현금흐름위험회피적립금

현금흐름위험회피적립금(기타포괄손익)이 차손이며 그 차손의 전부나 일부가 미래 기간에 회복되지 않을 것으로 예상된다면, 회복되지 않을 것으로 예상되는 그 금액을 재 분류조정으로 즉시 당기손익으로 재분류한다.

현금흐름위험회피적립금(기타포괄손익)의 후속적인 회계처리를 요약·정리하면 다 음 〈표 10-9〉와 같다.

☑ 표 10-9 현금흐름위험회피적립금의 후속적인 회계처리

구 분	후속적인 회계처리
① 비금융자산이나 비금융부채와 관련된 현금흐름위험회피적립금	장부금액에서 직접 조정 (재분류조정 아님)
② 기타의 현금흐름위험회피적립금	재분류조정
③ 회복가능성이 낮은 현금흐름위험회피적립금	재분류조정(차손인 경우만)

(예 4)를 통해서 현금흐름위험회피적립금(기타포괄손익)의 후속적인 회계처리에 대 해서 살펴보도록 하자.

금액은 직접 자산이나 부채로 대체된다(1001:96).

11) 예상거래가 비금융자산이나 비금융부채를 인식하는 경우에 현금흐름위험회피적립금을 장부금액에 포함하지 않고 그대로 기타포괄손익에 둔다면 해당 비금융항목의 관련손익(예: 매출원가 또는 감 가상각비)을 인식할 때마다 현금흐름위험회피적립금 중 일부를 당기손익으로 재분류하는 등 회계 처리가 번거롭게 된다. 이러한 번거로움을 해소하기 위해서 처음부터 비금융항목의 장부금액에서 조정하는 것이다. 그러나 예상거래가 금융자산이나 금융부채를 인식하는 경우에는 현금흐름위험회 피적립금을 장부금액에서 조정하지 않는데, 그 이유는 장부금액을 조정하게 되면 예상거래의 결과 로 인식하는 금융항목의 최초 장부금액이 공정가치로 인식되지 않게 되어 국제회계기준에 위배되 기 때문이다.

🗐 예 4 현금흐름위험회피적립금의 후속적인 회계처리

(경우 1)

A회사는 20×2년 초에 원재료를 구입할 가능성이 매우 크기 때문에 원재료의 예상매입거래로 인한 현금흐름 변동위험을 회피하기 위해 20×1년 초에 파생상품거래를 계약하였다. 20×2년 초까지 발생한 파생상품평가이익 ₩20,000은 모두 효과적이었으며, 20×2년 초에 해당 원재료의 현물가격은 ₩120,000이다. 해당 예상매입거래로 인해 후속적으로 비금융자산인 원재료를 인식하게 되므로 현금흐름위험회피적립금(기타포괄손익)으로 회계처리한 ₩20,000은 원재료의 취득원가에서 조정하고, 원재료는 ₩20,000을 차감한 ₩100,000을 회계처리한다.

⟨20×2년 초⟩

(차변)	현금흐름위험회피적립금	20,000	(대변)	현 금	120,000
	원 재 료	100,000			

(경우 2)

A회사는 20×2년 초에 제품을 판매할 가능성이 매우 크기 때문에 제품의 예상판매거래로 인한 현금흐름 변동위험을 회피하기 위해 20×1년 초에 파생상품거래를 계약하였다. 20×2년 초까지 발생한 파생상품평가이익 ₩20,000은 모두 효과적이었으며, 20×2년 초에 해당 제품의 현물가격은 ₩120,000이다. 해당 예상판매거래로 인해 후속적으로 금융자산인 매출채권을 인식하게 되므로 현금흐름위험회피적립금(기타포괄손익)으로 회계처리한 ₩20,000은 당기손익으로 재분류하고, 매출채권은 ₩120,000을 회계처리한다.

⟨20×2년 초⟩

(차변)	현금흐름위험회피적립금	20,000	(대변)	파생상품평가이익(PL)	20,000
(차변)	매 출 채 권	120,000	(대변)	매 출	120,000

📖 예제 6 미래예상거래의 현금흐름위험회피 – 비금융항목

12월 말 결산법인인 A회사는 20×1년 10월 1일에 원재료 100kg을 6개월 후인 20×2년 3월 31일에 구입할 가능성이 매우 크다. A회사는 원재료의 현금흐름 변동위험을 회피하기 위하여 다음과 같은 조건으로 원재료를 매수하는 선도계약을 체결하였다.

· 원재료선도거래 계약체결일: 20×1년 10월 1일
· 계약기간: 6개월(20×1년 10월 1일~20×2년 3월 31일)
· 계약조건: 원재료 100kg을 kg당 ₩10,000에 매수

원재료의 가격자료는 다음과 같다. 단, 현재가치평가는 생략한다.

일 자	현물가격(kg당)	선도가격(kg당)
20×1.10. 1.	₩9,600	₩10,000(만기 6개월)
20×1.12.31.	11,300	10,800(만기 3개월)
20×2. 3.31.	11,500	-

물음 ···

A회사가 원재료의 예상매입 및 선도계약과 관련하여 해야 할 분개를 하시오. 단, 원재료선도계약은 차액결제를 가정한다.

풀이 ···

⟨20×1.10. 1.⟩
  분개 없음
  ❶ 원재료선도계약의 경우 계약체결시점에 공정가치는 '영(₩0)'이다.

⟨20×1.12.31.⟩
  (차변) 파 생 상 품   80,000 (대변) 현금흐름위험회피적립금   80,000❷
  ❷ Min(① ₩80,000, ② 170,000) = ₩80,000을 현금흐름위험회피적립금(기타포괄손익)으로 회계처리한다.
    ① 위험회피수단의 손익누계액 = (₩10,800 – 10,000) × 100kg = ₩80,000
    ② 위험회피대상항목의 공정가치 변동누계액 = (₩9,600 – 11,300) × 100kg = (–)₩170,000의 절대금액

⟨20×2. 3.31.⟩
  (차변) 파 생 상 품   70,000 (대변) 현금흐름위험회피적립금   70,000❸
  (차변) 현   금   150,000 (대변) 파 생 상 품   150,000
  (차변) 현금흐름위험회피적립금   150,000 (대변) 현   금 1,150,000❹
       원   재   료 1,000,000
  ❸ Min(① ₩150,000, ② 190,000) = ₩150,000 중에서 전년도에 인식한 ₩80,000을 차감한 ₩70,000만
    현금흐름위험회피적립금(기타포괄손익)으로 회계처리한다.
    ① 위험회피수단의 손익누계액 = (₩11,500 – 10,000) × 100kg = ₩150,000
    ② 위험회피대상항목의 공정가치 변동누계액 = (₩9,600 – 11,500) × 100kg = (–)₩190,000의 절대금액
  ❹ ₩11,500 × 100kg = ₩1,150,000

결과적으로 원재료선도계약을 이용함으로써 원재료를 계약일의 선도가격인 kg당 ₩10,000에 구입한 것과 동일한 효과를 얻을 수 있다.

···

📖 예제 7 미래예상거래의 현금흐름위험회피 – 금융항목

> 12월 말 결산법인인 A회사는 20×1년 10월 1일에 제품 100개를 6개월 후인 20×2년 3월 31일에 판매할 가능성이 매우 크다. A회사는 제품의 현금흐름 변동위험을 회피하기 위하여 다음과 같은 조건으로 제품을 매도하는 선도계약을 체결하였다.
> · 제품선도거래 계약체결일: 20×1년 10월 1일
> · 계약기간: 6개월(20×1년 10월 1일~20×2년 3월 31일)
> · 계약조건: 제품 100개를 개당 ₩10,000에 매도
>
> 제품의 가격자료는 다음과 같다. 단, 현재가치평가는 생략한다.

일 자	현물가격(개당)	선도가격(개당)
20×1.10. 1.	₩10,500	₩10,000(만기 6개월)
20×1.12.31.	10,200	9,800(만기 3개월)
20×2. 3.31.	9,500	-

물음 ....

A회사가 제품의 예상판매 및 선도계약과 관련하여 해야 할 분개를 하시오. 단, 모든 거래를 현금으로 결제하며, 제품선도계약은 차액결제를 가정한다.

풀이 ....

〈20×1.10. 1.〉
  분개 없음
  ❶ 제품선도계약의 경우 계약체결시점에 공정가치는 '영(₩0)'이다.

〈20×1.12.31.〉
  (차변) 파 생 상 품　20,000　(대변) 현금흐름위험회피적립금　20,000❷
  ❷ Min(① ₩20,000, ② 30,000) = ₩20,000을 현금흐름위험회피적립금(기타포괄손익)으로 회계처리한다.
    ① 위험회피수단의 손익누계액 = (₩10,000 − 9,800) × 100개 = ₩20,000
    ② 위험회피대상항목의 공정가치 변동누계액 = (₩10,200 − 10,500) × 100개 = (−)₩30,000의 절대금액

〈20×2. 3.31.〉
  (차변) 파 생 상 품　30,000　(대변) 현금흐름위험회피적립금　30,000❸
  (차변) 현　　　　금　50,000　(대변) 파 생 상 품　50,000
  (차변) 현금흐름위험회피적립금　50,000　(대변) 파생상품평가이익(PL)　50,000
  (차변) 현　　　　금　950,000　(대변) 매　　　　출　950,000❹
  ❸ Min(① ₩50,000, ② 100,000) = ₩50,000 중에서 전년도에 인식한 ₩20,000을 차감한 ₩30,000만 현금흐름위험회피적립금(기타포괄손익)으로 회계처리한다.
    ① 위험회피수단의 손익누계액 = (₩10,000 − 9,500) × 100개 = ₩50,000
    ② 위험회피대상항목의 공정가치 변동누계액 = (₩9,500 − 10,500) × 100개 = (−)₩100,000의 절대금액
  ❹ ₩9,500 × 100kg = ₩950,000

결과적으로 제품선도계약을 이용함으로써 제품을 계약일의 선도가격인 개당 ₩10,000에 판매한 것과 동일한 효과를 얻을 수 있다.

....

앞서 설명한 것처럼 확정계약은 공정가치 위험회피대상항목이다. 그러나 **확정계약의 외화위험을 회피하는 경우에는 공정가치위험회피와 현금흐름위험회피 중 하나를 선택하여 지정할 수 있다.**[12]

---

12) 확정계약의 외화위험회피에 공정가치위험회피회계 또는 현금흐름위험회피회계를 적용할 수 있다

(예제 8)을 통해서 확정계약을 공정가치위험회피로 지정한 경우와 현금흐름위험회피로 지정한 경우에 회계처리를 비교해 보자.

📖 예제 8 확정계약의 외화위험에 대한 공정가치위험회피와 현금흐름위험회피 비교

> 12월 말 결산법인인 A회사는 20×1년 10월 1일에 상품 $1,000를 6개월 후인 20×2년 3월 31일에 구입하기로 확정계약을 체결하였다. A회사는 구매대금의 환율변동위험을 회피하기 위하여 다음과 같은 조건의 통화선도계약을 체결하였다.
> · 통화선도거래 계약체결일: 20×1년 10월 1일
> · 계약기간: 6개월(20×1년 10월 1일~20×2년 3월 31일)
> · 계약조건: $1,000를 통화선도환율 ₩1,200에 매수
>
> 환율자료는 다음과 같다. 단, 현재가치평가는 생략한다.
>
> | 일 자 | 현물환율(₩/US$) | 선도환율(₩/US$) |
> |---|---|---|
> | 20×1.10. 1. | 1,150 | 1,200(만기 6개월) |
> | 20×1.12.31. | 1,210 | 1,230(만기 3개월) |
> | 20×2. 3.31. | 1,250 | - |

물음

1. A회사는 환율변동에 따라 공정가치가 변동되는 위험을 회피하기 위해서 확정계약과 통화선도계약을 공정가치위험회피 관계로 지정하였다. A회사가 확정계약 및 통화선도계약과 관련하여 해야 할 분개를 하시오. 단, 통화선도계약은 차액결제를 가정한다.

2. (물음 1)과 관계없이 A회사는 환율변동에 따라 현금흐름이 변동되는 위험을 회피하기 위해서 확정계약과 통화선도계약을 현금흐름위험회피 관계로 지정하였다. A회사가 확정계약 및 통화선도계약과 관련하여 해야 할 분개를 하시오. 단, 통화선도계약은 차액결제를 가정한다.

풀이

1. 확정계약의 공정가치위험회피 회계처리
〈20×1.10. 1.〉
① 위험회피대상항목
   분개 없음
   ❶ 미이행계약으로 계약체결시점에 해야 할 회계처리는 없다.

(1039:87). 문단 87에 의하면 확정계약의 외화위험에 대한 위험회피는 선택적으로 현금흐름위험회피로 회계처리할 수 있다(1039:AG104). IASB는 외화위험이 위험회피대상항목의 현금흐름과 공정가치 모두에 영향을 미치므로, 확정계약의 외화위험에 대한 위험회피는 공정가치위험회피나 현금흐름위험회피로 다뤄질 수 있다는 점을 분명히 했다. 따라서 예상거래가 확정계약이 된 경우에도 예상거래의 외화현금흐름위험회피를 공정가치위험회피로 재지정할 필요는 없다(1039:BC154).

② 위험회피수단
　분개 없음
　❷ 통화선도계약의 경우 계약체결시점에 공정가치가 '영(₩0)'이다.

〈20×1.12.31.〉
① 위험회피대상항목
　(차변)　확 정 계 약 평 가 손 실　　30,000❸　(대변)　확　　정　　계　　약　　30,000
　❸ $1,000 × (₩1,200 − 1,230) = (−)₩30,000

② 위험회피수단
　(차변)　파　　생　　상　　품　　30,000❹　(대변)　파생상품평가이익(PL)　　30,000
　❹ $1,000 × (₩1,230 − 1,200) = ₩30,000

〈20×2. 3.31.〉
① 위험회피대상항목
　(차변)　확 정 계 약 평 가 손 실　　20,000❺　(대변)　확　　정　　계　　약　　20,000
　(차변)　확　　정　　계　　약　　50,000　(대변)　현　　　　　　　　금　1,250,000❻
　　　　　상　　　　　　　품　1,200,000
　❺ $1,000 × (₩1,230 − 1,250) = (−)₩20,000
　❻ $1,000 × ₩1,250 = ₩1,250,000

② 위험회피수단
　(차변)　파　　생　　상　　품　　20,000❼　(대변)　파생상품평가이익(PL)　　20,000
　(차변)　현　　　　　　　　금　　50,000　(대변)　파　　생　　상　　품　　50,000
　❼ $1,000 × (₩1,250 − 1,230) = ₩20,000

2. 확정계약의 현금흐름위험회피 회계처리
〈20×1.10. 1.〉
　분개 없음

〈20×1.12.31.〉
　(차변)　파　　생　　상　　품　　30,000　(대변)　현금흐름위험회피적립금　　30,000❶
　❶ Min(① ₩30,000, ② 60,000) = ₩30,000을 현금흐름위험회피적립금(기타포괄손익)으로 회계처리한다.
　　① 위험회피수단의 손익누계액 = $1,000 × (₩1,230 − 1,200) = ₩30,000
　　② 위험회피대상항목의 공정가치 변동누계액 = $1,000 × (₩1,150 − 1,210) = (−)₩60,000의 절대금액

〈20×2. 3.31.〉
　(차변)　파　　생　　상　　품　　20,000　(대변)　현금흐름위험회피적립금　　20,000❷
　(차변)　현　　　　　　　　금　　50,000　(대변)　파　　생　　상　　품　　50,000
　(차변)　현금흐름위험회피적립금　　50,000　(대변)　현　　　　　　　　금　1,250,000
　　　　　상　　　　　　　품　1,200,000
　❷ Min(① ₩50,000, ② 100,000) = ₩50,000 중에서 전년도에 인식한 ₩30,000을 차감한 ₩20,000만 현
　　금흐름위험회피적립금(기타포괄손익)으로 회계처리한다.
　　① 위험회피수단의 손익누계액 = $1,000 × (₩1,250 − 1,200) = ₩50,000
　　② 위험회피대상항목의 공정가치 변동누계액 = $1,000 × (₩1,150 − 1,250) = (−)₩100,000의 절대금액

(예제 8)에서 확정계약의 외화위험에 대해 공정가치위험회피 또는 현금흐름위험회피를 선택한 경우 20×1년 재무제표에 미치는 영향을 비교하면 다음 〈표 10-10〉과 같다.

☑ 표 10-10 확정계약의 외화위험에 대한 공정가치위험회피와 현금흐름위험회피 비교

구 분	자산	부채	당기손익	기타포괄손익
공정가치위험회피	파생상품 (₩30,000)	확정계약 (₩30,000)	파생상품평가이익 (₩30,000) 확정계약평가손실 (₩30,000)	-
현금흐름위험회피	파생상품 (₩30,000)	-	-	현금흐름위험회피적 립금(₩30,000)

(2) 자산·부채의 현금흐름위험회피

앞서 설명한 것처럼 자산·부채의 공정가치위험회피 중 하나가 이자율스왑이다. 이때는 고정이자 수취조건의 대여금이 있거나 고정이자 지급조건의 차입금이 있는 경우 이자율의 변동에 따라 대여금이나 차입금의 공정가치가 변동하는 위험에 노출될 수 있다. 그러나 변동이자 수취조건의 대여금이 있거나 변동이자 지급조건의 차입금이 있는 경우에는 이자율의 변동에 따라 미래에 수취하는 이자나 지급하는 이자가 변동하는 현금흐름 변동위험에 노출될 수 있다. 이러한 이자율변동으로 인한 위험을 회피하기 위해서 대여금에 대해서는 변동이자를 지급하고 고정이자를 수취하는 이자율스왑을 이용하거나 차입금에 대해서는 변동이자를 수취하고 고정이자를 지급하는 이자율스왑을 이용함으로써 해당 대여금이나 차입금에 대한 이자율변동으로 인한 현금흐름 변동위험을 회피할 수 있다.

자산·부채의 공정가치위험회피 회계처리방법과 마찬가지로 위험회피수단인 이자율스왑의 현금흐름변동으로 인한 손익은 **당기손익으로 인식**한다. 또한 이자율스왑으로 인해 수취하는 이자와 지급하는 이자를 순액으로 결제하므로 그 **순액을 이자수익 또는 이자비용에 가감**한다.

자산·부채의 공정가치위험회피와 현금흐름위험회피를 비교하면 다음 〈표 10-11〉과 같다.

☑ 표 10–11 자산·부채의 현금흐름위험회피 및 공정가치위험회피의 비교(차입금 기준)

구 분	위험회피대상항목	위험회피수단
공정가치위험회피	고정이자 지급조건의 차입금	고정이자를 수취하고 변동이자를 지급하는 이자율스왑
현금흐름위험회피	변동이자 지급조건의 차입금	변동이자를 수취하고 고정이자를 지급하는 이자율스왑

📖 예제 9 자산·부채의 현금흐름위험회피 – 이자율스왑

12월 말 결산법인인 A회사는 20×1년 1월 1일에 만기가 20×3년 12월 31일인 차입금 ₩1,000,000을 변동이자율로 차입하였다. 변동이자율은 LIBOR에 3%의 신용스프레드를 가산하여 결정되며, 매년 12월 31일에 이자를 지급한다(전년도 말 LIBOR를 기준으로 당해연도 말에 지급).

한편, A회사는 이자율변동으로 인한 차입금의 현금흐름 변동위험을 회피하기 위하여 20×1년 1월 1일에 만기가 3년이며 계약금액 ₩1,000,000에 대하여 고정이자율 7%를 지급하고 LIBOR에 따른 변동이자율을 수취(전년도 말 LIBOR를 기준으로 당해연도 말에 수취)하는 이자율스왑계약을 체결하였다.

이자율스왑계약의 이자는 매년 12월 31일에 결제된다. 확정된 LIBOR와 이에 따른 차입금 및 이자율스왑의 공정가치는 다음과 같다.

일 자	LIBOR	이자율스왑 공정가치	차입금 공정가치
20×1. 1. 1.	7%	-	₩1,000,000
20×1.12.31.	6.5%	₩8,736	1,000,000
20×2.12.31.	6%	9,174	1,000,000

이자율스왑과 차입금의 공정가치는 무이표채권할인법(zero-coupon method)에 따라 다음과 같이 계산한다.

일 자	이자지급	이자수취	차이	할인율
20×1.12.31.	₩70,000	₩70,000	₩0	9.5%(LIBOR+3%)
20×2.12.31.	70,000	65,000	5,000	9.0%(LIBOR+3%)
20×3.12.31.	70,000	60,000	10,000	-

· 20×1년 말 이자율스왑 공정가치 $= \dfrac{₩5,000}{(1.095)} + \dfrac{₩5,000}{(1.095)^2} = ₩8,736$

· 20×2년 말 이자율스왑 공정가치 $= \dfrac{₩10,000}{(1.09)} = ₩9,174$

· 20×1년 말 차입금 공정가치 $= \dfrac{₩95,000}{(1.095)} + \dfrac{₩1,095,000}{(1.095)^2} = ₩1,000,000$

> · 20×2년 말 차입금 공정가치 = $\dfrac{₩1,090,000}{(1.09)}$ = ₩1,000,000

물음 ....

1. A회사가 차입금 및 이자율스왑계약과 관련하여 해야 할 분개를 하시오. 단, 장기차입금의 유동성대체는 생략하고, 매년 말 이자율스왑의 위험회피효과는 효과적이라고 가정한다.

2. A회사가 20×2년 1월 1일 차입금 ₩1,000,000을 지급하는 조건으로 조기상환하게 되어 위험회피회계의 적용조건을 충족하지 못하게 되었다. 위험회피회계 전체를 중단하는 경우 A회사가 20×2년에 차입금 및 이자율스왑계약과 관련하여 해야 할 분개를 하시오.

풀이 ....

1. 차입금 및 이자율스왑계약의 회계처리
⟨20×1. 1. 1.⟩
① 위험회피대상항목
　(차변) 현　　　　　　　　　금　1,000,000　(대변) 장　기　차　입　금　1,000,000

② 위험회피수단
　분개 없음
　❶ 이자율스왑계약의 경우 수취하는 이자율과 지급하는 이자율이 모두 7%로 동일하므로 계약체결시점에 공정가치가 '영(₩0)'이다.

⟨20×1.12.31.⟩
① 위험회피대상항목
　(차변) 이　　자　　비　　용　100,000❷　(대변) 현　　　　　　　　금　100,000
　❷ ₩1,000,000 × 10% = ₩100,000

② 위험회피수단
　(차변) 현금흐름위험회피적립금　8,736　(대변) 파　　생　　상　　품　8,736

⟨20×2.12.31.⟩
① 위험회피대상항목
　(차변) 이　　자　　비　　용　95,000❸　(대변) 현　　　　　　　　금　95,000
　❸ ₩1,000,000 × 9.5% = ₩95,000

② 위험회피수단
　(차변) 이　　자　　비　　용　5,000❹　(대변) 현　　　　　　　　금　5,000
　(차변) 현금흐름위험회피적립금　438❺　(대변) 파　　생　　상　　품　438
　❹ ₩1,000,000 × (7% − 6.5%) = ₩5,000
　❺ 20×2년 말 현금흐름위험회피적립금 잔액은 ₩9,174이다. 따라서 ₩438(= ₩9,174 − 8,736)을 추가로 회계처리한다.

〈20×3.12.31.〉

① 위험회피대상항목

(차변) 이　　자　　비　　용　90,000**❻**　(대변) 현　　　　　　　금　90,000
(차변) 장　기　차　입　금 1,000,000　(대변) 현　　　　　　　금 1,000,000

　　❻ ₩1,000,000 × 9% = ₩90,000

② 위험회피수단

(차변) 이　　자　　비　　용　10,000**❼**　(대변) 현　　　　　　　금　10,000
(차변) 파　　생　　상　　품　9,174　(대변) 현금흐름위험회피적립금　9,174

　　❼ ₩1,000,000 × (7% − 6%) = ₩10,000

결과적으로 이자율스왑계약을 이용함으로써 고정이자율로 차입한 것과 동일한 효과를 얻을 수 있다.

2 위험회피회계의 중단 시 회계처리

〈20×2. 1. 1.〉

(차변) 장　기　차　입　금 1,000,000　(대변) 현　　　　　　　금 1,000,000

현금흐름위험회피회계가 중단되더라도 위험회피대상항목과 위험회피수단에 대해서 일반회계처리를 적용한다. 위험회피수단과 관련하여 기타포괄손익누계액으로 인식한 **현금흐름위험회피적립금을 즉시 당기손익으로 인식**하고, 위험회피수단인 파생상품을 당기손익-공정가치 측정(FVPL)항목으로 회계처리한다.

(차변) 파생상품평가손실(PL)　8,736　(대변) 현금흐름위험회피적립금　8,736

〈20×2.12.31.〉

(차변) 이　　자　　비　　용　5,000　(대변) 현　　　　　　　금　5,000
(차변) 파생상품평가손실(PL)　438　(대변) 파　　생　　상　　품　438

2.4 해외사업장순투자의 위험회피

(1) 해외사업장순투자 위험회피의 의의

제9장 4.1절 '해외사업장의 환산'에서 설명한 것처럼 **해외사업장**(foreign operation)이란 보고기업과 다른 국가에서 또는 다른 통화로 영업활동을 하는 종속기업, 관계기업, 공동약정이나 지점을 말한다. 해외사업장의 기능통화가 보고기업의 표시통화가 다르다면 해외사업장의 재무제표를 보고기업의 표시통화로 환산한 후에 연결이나 지분법을 적용하여 보고기업의 연결재무제표에 반영한다. 해외사업장의 재무제표를 보고기업의 표시통화로 환산하는 방법은 **자산과 부채는 마감환율**로, **수익과 비용은 거래일의 환율에 근접한 환율**(예: 해당 기간의 평균환율)을 적용하여 환산한다. 그리고 해외사업장의 재무제표를 환산하는 과정에서 생기는 **외환차이는 기타포괄손익**으로 인식한다.

이처럼 해외사업장의 재무제표를 보고기업의 표시통화로 환산하는 과정에서 환율변동위험이 발생한다. 따라서 해외사업장순투자의 위험회피는 위험회피수단인 파생상품을 이용하여 해외사업장의 환율변동위험을 회피하는 것이다.

(2) 해외사업장순투자의 위험회피회계

해외사업장순투자의 위험회피(K-IFRS 제1021호 '환율변동효과'에 따라 해외사업장순투자의 일부로 회계처리하는 화폐성항목의 위험회피 포함)는 다음과 같이 현금흐름위험회피와 비슷하게 회계처리한다.

> ① 위험회피수단의 손익 중 위험회피에 효과적인 것으로 결정된 부분은 기타포괄손익으로 인식한다.
> ② 위험회피수단의 손익 중 위험회피에 비효과적인 부분은 당기손익으로 인식한다.

위험회피수단의 손익 중 위험회피에 효과적인 부분은 **외화환산적립금**(foreign currency translation reserve)으로 기타포괄손익에 인식하고, 해외사업장을 처분하거나 일부를 처분할 때 **재분류조정**으로 자본에서 당기손익으로 재분류한다. 이때 위험회피에 효과적인 부분은 다음과 같이 계산한다.

> Min(① 위험회피수단의 손익누계액*, ② 해외사업환산차이 누계액*)
>
> * 절대금액 기준으로 계산한다.

📖 예제 10 해외사업장순투자의 위험회피

12월 말 결산법인인 A회사의 기능통화와 표시통화는 모두 원화이다. A회사는 20×1년 초에 $100를 차입하여, 미국기업인 B회사의 보통주식 100%를 $100에 취득하여 지배기업이 되었다. 취득일 현재 다음의 B회사의 모든 자산과 부채의 장부금액과 공정가치는 일치하였다.
20×1년 말 A회사와 B회사의 재무제표는 다음과 같으며, A회사와 B회사의 이익잉여금은 당기순이익으로만 변동되었다. 단, A회사는 종속기업투자주식을 원가법으로 평가한다.

과 목	20×1년도	
	A회사	B회사
〈 포 괄 손 익 계 산 서 〉		
매 출	₩300,000	$100
외 환 손 실	(5,000)	-

기　타　비　용	(265,000)	(90)
당　기　순　이　익	₩30,000	$10
〈 재　무　상　태　표 〉		
종　속　기　업　투　자　주　식	111,000	-
기　타　자　산	229,000	$130
자　산　총　계	₩340,000	$130
외　화　차　입　금	₩116,000	-
기　타　부　채	24,000	$35
자　본　금	140,000	80
이　익　잉　여　금	60,000	15
부　채　및　자　본　총　계	₩340,000	$130

일자별 환율은 다음과 같다.

20×1.1.1.	20×1년 평균	20×1.12.31.
₩1,110/US$	₩1,150/US$	₩1,160/US$

물음

1. B회사의 재무제표를 A회사의 표시통화인 원화로 환산하시오.

2. A회사가 외화차입금을 해외사업장의 위험회피수단으로 지정하지 않은 경우, 20×1년 말에 A회사가 해야 할 연결조정분개를 하고, 연결정산표를 작성하시오. 단, 영업권이 배분된 현금창출단위의 회수가능액이 장부금액보다 크다.

3. (물음 2)와 관계없이 A회사가 외화차입금을 해외사업장의 위험회피수단으로 지정한 경우, 20×1년 말에 A회사가 해야 할 연결조정분개를 하고, 연결정산표를 작성하시오. 단, 영업권이 배분된 현금창출단위의 회수가능액이 장부금액보다 크다.

풀이

1. B회사의 재무제표 환산

재무상태표

B회사　　20×1년 12월 31일 현재

과　목	기능통화		환율	표시통화
기　타　자　산	$130	×	₩1,160	₩150,800
자　산　총　계	$130			₩150,800
기　타　부　채	$35	×	₩1,160	₩40,600
자　본　금	80	×	1,110	88,800
이　익　잉　여　금	15			17,050❶
해　외　사　업　환　산　차　이				4,350❷
부　채　및　자　본　총　계	$130			₩150,800

❶ $5 × ₩1,110 + $10 × ₩1,150 = ₩17,050
❷ ₩150,800 - 146,450(점선 부분) = ₩4,350

포괄손익계산서

B회사   20×1년 1월 1일부터 20×1년 12월 31일까지

과 목	기능통화		환율	표시통화
매 출	$100	×	₩1,150	₩115,000
기 타 비 용	(90)	×	1,150	(103,500)
당 기 순 이 익	$10			₩11,500
해 외 사 업 환 산 차 이				4,350
총 포 괄 이 익				₩15,850

2. 외화차입금을 해외사업장의 위험회피수단으로 지정하지 않은 경우
〈20×1년 말 연결조정분개〉
① 종속기업투자주식과 종속기업 자본의 상계제거

(차변) 자   본   금   88,800   (대변) 종 속 기 업 투 자 주 식   111,000
       이 익 잉 여 금   5,550
       영   업   권   16,650❶

❶ ₩111,000 - 94,350(B회사 순자산의 공정가치(점선 부분)) = ₩16,650($15에 해당하는 금액)

② 영업권의 환산

(차변) 영   업   권   750❷   (대변) 해 외 사 업 환 산 차 이   750
❷ 마감환율과 지배력 취득일의 환율 간의 차이를 인식한다.
   $15 × (₩1,160 - 1,110) = ₩750

· 20×1년도 연결정산표   (단위: 원)

과 목	A회사	B회사	연결조정분개 차 변	연결조정분개 대 변	연결재무제표
〈포 괄 손 익 계 산 서〉					
매 출	300,000	115,000			415,000
외 환 손 실	(5,000)	-			(5,000)
기 타 비 용	(265,000)	(103,500)			(368,500)
당 기 순 이 익	30,000	11,500			41,500
해외사업환산차이	-	4,350		② 750❶	5,100
총 포 괄 이 익	30,000	15,850		750	46,600
〈재 무 상 태 표〉					
종속기업투자주식	111,000	-		① 111,000	-
기 타 자 산	229,000	150,800			379,800
영 권			① 16,650		17,400
			② 750		
자 산 총 계	340,000	150,800			397,200
외 화 차 입 금	116,000	-			116,000
부 채	24,000	40,600			64,600

자 　본 　금	140,000	88,800	① 88,800		140,000
이 익 잉 여 금	60,000	17,050	① 5,550		71,500
해외사업환산차이	-	4,350		750❶	5,100
부 채 및 자 본 총 계	340,000	150,800	111,750	111,750	397,200

❶ 연결조정분개에서 반영한 손익 합계 금액을 해외사업환산차이에도 반영한다.

3. 외화차입금을 해외사업장의 위험회피수단으로 지정한 경우
〈20×1년 말 연결조정분개〉
① 종속기업투자주식과 종속기업 자본의 상계제거

(차변) 자 　　　 본 　　　 금	88,800	(대변) 종 속 기 업 투 자 주 식	111,000
이 　 익 　 잉 　 여 　 금	5,550		
영 　　　 업 　　　 권	16,650		

② 영업권의 환산

(차변) 영 　　　 업 　　　 권	750	(대변) 해 외 사 업 환 산 차 이	750

③ 외환차이의 외화환산적립금으로 대체

(차변) 외 화 환 산 적 립 금	5,000❶	(대변) 외 　 환 　 손 　 실	5,000

　❶ Min(① ₩5,000(외환손실), ② 5,100(해외사업환산차이)) = ₩5,000
　　① 위험회피수단의 손익누계액 = $100(외화차입금) × (₩1,160 − 1,110) = ₩5,000

· 20×1년도 연결정산표　　　　　　　　　　　　　　　　　　　　　　　　(단위: 원)

과 목	A회사	B회사	연결조정분개 차 변	연결조정분개 대 변	연결재무제표
〈 포 괄 손 익 계 산 서 〉					
매 　　　　　 출	300,000	115,000			415,000
외 　 환 　 손 　 실	(5,000)	-		③ 5,000	-
기 　 타 　 비 　 용	(265,000)	(103,500)			(368,500)
당 기 순 이 익	30,000	11,500		5,000❶	46,500
해외사업환산차이	-	4,350		② 750❶	5,100
외 화 환 산 적 립 금			③ 5,000❶		(5,000)
총 포 괄 이 익	30,000	15,850	5,000	5,750	46,600
〈 재 무 상 태 표 〉					
종속기업투자주식	111,000	-		① 111,000	-
기 　 타 　 자 　 산	229,000	150,800			379,800
영 　　　 업 　　　 권			① 16,650		17,400
			② 750		
자 　 산 　 총 　 계	340,000	150,800			397,200
외 　 화 　 차 　 입 　 금	116,000	-			116,000
부 　　　　　 채	24,000	40,600			64,600
자 　　　 본 　　　 금	140,000	88,800	① 88,800		140,000

이 익 잉 여 금	60,000	17,050	①	5,550	5,000❶	76,500
해외사업환산차이	-	4,350			750❶	5,100
외 화 환 산 적 립 금				5,000❶		(5,000)
부 채 및 자 본 총 계	340,000	150,800		116,750	116,750	397,200

❶ 연결조정분개에서 반영한 손익 합계 금액을 이익잉여금과 해외사업환산차이 및 외화환산적립금에도 각각 반영한다.

....

3. 내재파생상품

3.1 내재파생상품의 의의

내재파생상품(embedded derivatives)은 파생상품이 아닌 주계약을 포함하는 복합계약(hybrid contracts)[13]의 구성요소로, 복합계약의 현금흐름 중 일부를 독립적인 파생상품의 경우와 비슷하게 변동시키는 효과를 가져온다. 예를 들면, 취득자의 입장에서 전환사채의 경우 주계약은 채무상품이고 내재파생상품은 주식전환콜옵션이다.[14]

내재파생상품은 내재파생상품이 포함되지 않았을 경우의 계약에 따른 현금흐름의 전부나 일부를 특정된 이자율, 금융상품가격, 일반상품가격, 환율, 가 격 또는 비율의 지수, 신용등급이나 신용지수 또는 그 밖의 변수에 따라 변동시킨다. 이때 해당 변수가 비금융변수인 경우는 계약의 당사자에게 특정되지 않아야 한다. 특정 금융상품에 부가되어 있더라도, 계약상 해당 금융상품과는 독립적으로 양도할 수 있거나 해당 금융상품과는 다른 거래상대방이 있는 파생상품은 내재파생상품이 아니며, 별도의 금융상품이다.

3.2 복합계약의 회계처리

복합계약(hybrid contracts)이란 주계약에 파생상품이 결합된 금융상품을 말한다. 복합계약 전체를 하나의 금융상품으로 회계처리할지, 아니면 주계약과 내재파생상품을

---

[13] K-IFRS 제1109호 '금융상품'에서 'hybrid contract'를 '복합상품' 또는 '복합계약'으로 혼용해서 번역하고 있어, 이를 '복합계약'으로 일관성 있게 서술하였다.

[14] 발행자의 입장에서 전환사채는 부채와 자본의 성격을 동시에 가지고 있는 복합금융상품(compound instruments)이다.

분리해서 회계처리할지 결정할 때, 복합계약의 주계약이 K-IFRS 제1109호 '금융상품'의 적용범위에 포함되는 자산이라면 복합계약 전체를 하나의 금융자산으로 회계처리한다.

　　그러나 복합계약의 주계약이 K-IFRS 제1109호 '금융상품'의 적용범위에 포함되는 자산이 아닌 주계약을 포함하는 경우(예: 리스계약, 보험계약 등)에는 다음을 모두 충족하는 경우에만 내재파생상품을 주계약과 분리하여 파생상품으로 회계처리한다.

> ① 내재파생상품의 경제적 특성 · 위험이 주계약의 경제적 특성 · 위험과 밀접하게 관련되어 있지 않다.
> ② 내재파생상품과 조건이 같은 별도의 금융상품이 파생상품의 정의를 충족한다.
> ③ 복합계약의 공정가치변동을 당기손익으로 인식하지 않는다(당기손익-공정가치 측정(FVPL) 금융부채에 내재된 파생상품은 분리하지 아니한다).

　　내재파생상품의 분리요건을 살펴보면, ① 내재파생상품과 주계약의 경제적 특성 · 위험과 밀접하게 관련되어 있지 않아야 분리가능하다. ② 내재파생상품이 파생상품의 정의를 충족해야만 파생상품으로 인식하여 회계처리할 수 있다. ③ 복합계약 전체의 공정가치변동을 당기손익으로 인식한다면 내재파생상품을 별도로 분리할 실익이 없어진다.

　　주계약과 분리해야 하는 내재파생상품을 취득시점이나 그 이후의 재무보고일에 주계약과 분리하여 측정할 수 없는 경우에는 복합계약 전체를 당기손익-공정가치 측정(FVPL) 항목으로 지정한다. 계약조건에 기초하여 내재파생상품의 공정가치를 신뢰성 있게 산정할 수 없는 경우에는 복합상품의 공정가치와 주계약의 공정가치의 차이를 내재파생상품의 공정가치로 산정한다. 이 방법으로 내재파생상품의 공정가치를 산정할 수 없는 경우에도 복합계약 전체를 당기손익-공정가치 측정(FVPL) 항목으로 지정한다.

　　복합계약의 회계처리를 요약 · 정리하면 다음 〈표 10-12〉와 같다.

📈 표 10-12 복합계약의 회계처리

구　분		복합계약의 회계처리
K-IFRS 제1109호가 적용되는 자산		복합계약 전체를 하나의 금융자산으로 회계처리
K-IFRS 제1109호가 적용되지 않는 자산	• 분리요건을 모두 충족하는 경우	주계약과 내재파생상품을 분리하여 회계처리
	• 분리요건을 충족하지 않는 경우 • 내재파생상품의 공정가치를 산정할 수 없는 경우	복합계약 전체를 FVPL 항목으로 지정

📂 사례 1 포스코홀딩스의 파생상품 공시

연결재무제표의 주석

20×1.1.1부터 20×1.12.31까지

3. 유의적인 회계정책

· · ·

(16) 파생금융상품
파생상품은 최초 인식시 계약일의 공정가치로 측정하며, 후속적으로 매 보고기간 말의 공정가치로 측정하고 있습니다. 파생상품의 공정가치 변동으로 인한 평가손익은 각각 아래와 같이 인식하고 있습니다.

1) 위험회피회계
연결실체는 이자율위험과 환율위험을 회피하기 위하여 통화스왑, 통화선도, 상품선물 등의 파생상품계약을 체결하고 있습니다. 회피대상위험으로 인한 자산 또는 부채, 확정계약의 공정가치의 변동(공정가치위험회피), 발생가능성이 매우 높은 예상거래 또는 확정거래의 환율변동위험(현금흐름위험회피)을 회피하기 위하여 일부 파생상품을 위험회피수단으로 지정하고 있습니다.
연결실체는 위험회피관계의 개시시점에 위험회피관계, 위험관리목적과 위험회피전략을 공식적으로 지정하고 문서화를 수행하고 있습니다. 또한 이 문서에는 위험회피수단, 위험회피대상항목 및 위험회피관계의 개시시점과 그 후속기간에 회피대상위험으로 인한 위험회피대상항목의 공정가치 또는 현금흐름의 변동을 위험회피수단이 상쇄하는 효과를 평가하는 방법 등을 포함하고 있습니다.

① 공정가치위험회피
위험회피수단으로 지정되고, 공정가치위험회피회계의 적용요건을 충족한 파생상품의 공정가치변동은 당기손익으로 인식하고 있으며, 회피대상위험으로 인한 위험회피대상항목의 공정가치변동도 당기손익으로 인식하고 있습니다. 위험회피수단의 공정가치변동과 회피대상위험으로 인한 위험회피대상항목의 공정가치변동은 위험회피대상항목과 관련된 연결포괄손익계산서의 같은 항목에 인식됩니다. 공정가치위험회피회계는 연결실체가 더 이상 위험회피관계를 지정하지 않거나 위험회피수단이 소멸, 매각, 청산 또는 행사되거나 공정가치위험회피회계의 적용요건을 더 이상 충족하지 않을 경우 중단됩니다. 회피대상위험으로 인한 위험회피대상항목의 장부금액 조정액은 위험회피회계가 중단된 날부터 상각하여 당기손익으로 인식하고 있습니다.

② 현금흐름위험회피
위험회피수단으로 지정되고 현금흐름위험회피회계의 적용요건을 충족한 파생상품의 공정가치변동분 중 위험회피에 효과적인 부분은 자본으로 처리하며, 위험회피에 비효과적인 부분은 당기손익으로 인식하고 있습니다. 현금흐름위험회피회계는 연결실체가 더 이상 위험회피관계를 지정하지 않거나 위험회피수단이 소멸, 매각, 청산, 행사되거나, 현금흐름위험회피회계의 적용요건을 더 이상 충족하지 않을 경우 중단됩니다. 현금흐름위험회피회계의 중단시점에서 자본으로 인식한

파생상품의 누적평가손익은 향후 예상거래가 발생하는 보고 기간에 걸쳐 당기손익으로 인식하고 있습니다. 다만, 예상거래가 더 이상 발생하지 않을 것이라 예상되는 경우에는 자본으로 인식한 파생상품의 누적평가손익은 즉시 당기손익으로 인식하고 있습니다.

2) 기타 파생상품
위험회피수단으로 지정하지 않은 모든 파생상품은 공정가치로 측정하며, 공정가치 변동으로 인한 평가손익은 당기손익으로 인식합니다.

M&A in History

CME(Chicago Mercantile Exchange) Group

CME그룹은 미국 선물 거래규모의 96% 이상을 차지하고 있으며 미국 4대 주요 파생상품 거래소인 시카고상업거래소(CME), 시카고상품거래소(CBOT: Chicago Board of Trade), 뉴욕상업거래소(NYMEX: New York Mercantile Exchange), 뉴욕상품거래소(COMEX: Commodity Exchange)를 자회사로 두고 있다.

CME그룹의 전신은 1871년 버터, 달걀, 육류 및 농축산물 매매를 위해 설립한 시카고물품거래소다. 이후 1898년 시카고물품거래소의 지부로 낙농업자들이 버터 · 달걀위원회를 개설하면서 거래품목이 늘어나기 시작했고, 1919년 142명의 회원이 중심이 돼 시카고상업거래소(CME)로 개명했다.

CME에서는 1960년대 초반까지는 농축산물이 주로 거래됐으나 1961년 냉동돼지 선물이 상장되면서 상품이 다양화되기 시작했다. 이후 CME는 1972년 5월 국제통화시장(IMM) 개설로 통화선물거래를 개시하는 등 최초로 금융선물거래를 시작했다. 1982년에는 S&P500지수에 대한 선물계약 도입에 이어 1983년에는 선물 · 옵션을 상장했다. 2000년에 기업공개(IPO)를 실시했으며 2002년 뉴욕증권거래소(NYSE)에 상장했다.

이후 2007년 CME는 미국 내 2위 거래소인 CBOT 인수전에서 대륙간 원유선물거래소인 인터컨티넨탈익스체인지(ICE)와의 경쟁끝에 인수금 113억 달러(약 12조 6,000억원)에 CBOT를 인수했다. CBOT 인수를 통해 지주회사 체제로 변모하게 됐으며 2008년에는 NYMEX와 COMEX를 연달아 인수했다.

이로써 CME그룹은 미국의 4대 주요 파생상품거래소를 모두 소유하게 돼 개별주식 · 주가지수 · 금리 · 외환 · 농산물 · 에너지 · 금속 등 파생상품시장의 모든 거래를 제공할 수 있게 됐다. CME그룹은 2012년 이후 한국거래소(KRX)를 제치고 거래량 기준 파생상품 시장 세계 1위를 유지하고 있으며 2021년 4월 기준 CME그룹의 시가총액은 736억 3,800만 달러(약 82조 2,980억원)에 달한다.

2017년 12월에는 가상자산 비트코인 선물을 정식 출시했다. CME 비트코인 선물 지수는 크라켄(Kraken), 지닥스(GDAX), 잇빗(itBit), 비트스탬프(Bitstamp) 등 4개 가상자산거래소의 비트코인 가격을 기반으로 산출된다.

(Digital Today 2021년 4월 7일)

Knowledge is Power! 📰

어떤 기업들이 파생상품거래를 통해서 이득을 볼까?

파생상품을 이용할 것으로 기업들은 주로 수출을 많이 하는 기업이다. 기업가치 상위 10개 기업 중에서 NAVER를 제외한 삼성전자, LG에너지솔루션, SK하이닉스 등의 기업들이 파생상품을 이용하고 있다.

그렇다면 파생상품을 이용하는 기업들은 파생상품을 이용함으로써 이득을 보고 있는지, 아니면 손해를 보고 있는지 확인해 보았다. 분석기간은 2011년부터 2022년까지로 하였다. 파생상품평가손익은 파생상품평가이익에서 파생상품평가손실을 뺀 후에 매출액으로 나눈 값이다. 현금흐름위험회피적립금의 순액의 평균은 '영(₩0)에 가깝기 때문에 분석에서 제외하였다.

🌑 파생상품평가손익 추세

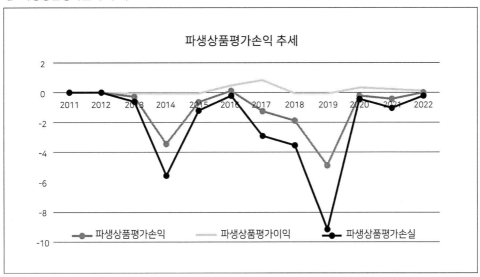

<그림>에서 보는 것처럼 파생상품을 이용함으로써 평균적으로 이득보다는 손해를 본다는 것을 알 수 있다. 파생상품평가이익을 보고하는 기업수와 파생상품평가손실을 보고하는 기업수가 매해 비슷하다는 것을 고려한다면 파생상품을 이용하면서 큰 손실을 볼 수 있다는 것을 보여준다.

그러나 큰 파생상품평가손실을 보고한 기업들을 살펴보면 외부와 계약한 파생상품에 의한

손실이 아니라, 일부 신생 코스닥기업들이 전환사채 또는 전환우선주에 대한 전환권을 내재파생상품으로 회계처리하면서 이로 인한 평가손실을 파생상품평가손실로 보고하였다.

또한 매출액과 파생상품평가손익 간의 상관관계를 분석한 결과, 상관계수가 0.139로 1% 수준에서 통계적으로 유의하였다(표본수=7,363 기업-연도수). 따라서 매출액이 큰 기업일수록 파생상품평가이익을 보고하고 있으며, 파생상품을 적절히 관리하고 있다는 것을 알 수 있다.

Summary & Check 🎯

⑤ **파생상품의 기초**

- **파생상품**(derivatives)이란 상품의 가치가 그 상품의 기초가 되는, 즉 **기초변수**(underlying variables)의 가치에 의해 변동되는 금융상품을 말한다.

- 전통적으로 파생상품은 기초변수의 가격변동위험을 회피하기 위한 수단으로 개발되었다. 그러나 금융시장이 발전하고 다양한 금융상품이 개발되면서 **파생상품**은 새로운 수익창출의 수단으로 이용되고 있다.

- **선도**(forward)란 미래 일정 시점에 미리 약정된 가격으로 계약상의 특정 대상을 사거나 팔기로 합의한 당사자 간의 계약을 말한다.

- **선물**(futures)이란 수량·규격·품질 등이 표준화되어 있는 특정 대상에 대하여 현재 시점에 결정된 가격에 의해 미래 일정 시점에 인도하거나 인수하기로 약정한 계약이다.

- **스왑**(swap)이란 특정 기간에 발생하는 일정한 현금흐름을 다른 현금흐름과 교환하는 거래를 말한다.

- **옵션**(option)이란 거래당사자들 간에 특정 기간에 미리 정해진 가격(행사가격)으로 상품이나 유가증권을 사거나 팔 수 있는 계약상 권리를 말한다.

- 자산 또는 부채의 인식요건을 충족하고 세 가지 특성(① 기초변수의 변동에 따른 가치변동, ② 순투자금액이 필요하지 않거나 적은 순투자금액, ③ 미래 결제)을 모두 가진 금융상품이나 기타 계약을 파생상품으로 정의하고 있다.

- 파생상품거래는 그 거래의 목적에 따라 **단기매매목적, 위험회피목적 및 해외사업장순투자 위험회피목적**으로 구분된다.

- **위험회피회계**(hedge accounting)의 목적은 당기손익 또는 기타포괄손익에 영향을 미칠 수 있는 특정 위험으로 생긴 익스포저를 관리하기 위하여 **금융상품을 활용하는 위험관리 활동의 효과를 재무제표에 반영**하는 것이다.

- **위험회피대상항목**(hedged items)이란 공정가치나 미래현금흐름의 변동위험에 노출되어 있고, 그 변동위험을 회피하고자 하는 대상을 말한다.

- **위험회피수단**(hedging instruments)이란 위험회피대상항목의 공정가치나 미래현금흐름의 변동위험을 회피하기 위해 지정한 파생상품 또는 비파생상품자산(부채)을 말한다.

- ① 적격성, ② 문서화, ③ 위험회피효과, ④ 위험회피대상항목과 위험회피수단 사이의 경제적 관계, ⑤ 신용위험의 효과, ⑥ 위험회피비율의 조건을 모두 충족하는 위험회피관계에 대해서만 위험회피회계를 적용한다.

- **재조정**(rebalancing)은 이미 존재하는 위험회피관계의 위험회피대상항목이나 위험회피수단의 지정된 수량을 위험회피효과에 관한 요구사항에 부합하도록 위험회피비율을 유지하기 위하여 조정하는 것을 말한다.

- 위험회피관계가 적용조건을 충족하지 않는 경우에만 전진적으로 위험회피회계를 중단한다. 위험회피수단이 소멸·매각·종료·행사된 경우도 이에 해당한다.

ⓢ 파생상품의 회계처리

- 위험회피목적의 파생상품을 제외한 모든 파생상품을 단기매매목적의 파생상품으로 규정하고 있다.

- 단기매매목적의 파생상품은 당기손익-공정가치 측정(FVPL) 금융상품으로 분류하여 매 보고기간 말의 공정가치로 측정하고 장부금액과의 차이를 당기손익으로 인식한다.

- 공정가치위험회피(fair value hedge)란 특정 위험에 기인하고 당기손익에 영향을 줄 수 있는 것으로서, 인식된 자산이나 부채 또는 인식되지 않은 확정계약 또는 이러한 항목의 구성요소의 공정가치변동 익스포저에 대한 위험회피를 말한다.

- 현금흐름위험회피(cash flow hedge)란 특정 위험에 기인하고 당기손익에 영향을 줄 수 있는 것으로서, 인식된 자산이나 부채(예: 변동금리부 채무상품의 미래이자지급액의 전체나 일부) 또는 발생가능성이 매우 큰 예상거래의 현금흐름 변동 익스포저에 대한 위험회피를 말한다.

- 현금흐름위험회피에서 위험회피수단의 공정가치변동으로 인한 손익 중 위험회피에 효과적인 부분은 현금흐름위험회피적립금(cash flow hedge reserve)의 계정으로 기타포괄손익으로 인식하고 누계액은 자본항목으로 보고한다. 그리고 위험회피에 비효과적인 부분은 당기손익으로 인식한다.

- 현금흐름위험회피적립금(기타포괄손익)이 차손이며 그 차손의 전부나 일부가 미래 기간에 회복되지 않을 것으로 예상된다면, 회복되지 않을 것으로 예상되는 그 금액을 재분류조정으로 즉시 당기손익으로 재분류한다.

- 해외사업장순투자의 위험회피에서 위험회피수단의 손익 중 위험회피에 효과적인 것으로 결정된 부분은 외화환산적립금(foreign currency translation reserve)으로 기타포괄손익에 인식하고, 비효과적인 부분은 당기손익으로 인식한다.

ⓢ 내재파생상품

- 내재파생상품(embedded derivatives)은 파생상품이 아닌 주계약을 포함하는 복합계약(hybrid contracts)의 구성요소로, 복합계약의 현금흐름 중 일부를 독립적인 파생상품의 경우와 비슷하게 변동시키는 효과를 가져온다.

- 복합계약(hybrid contracts)이란 주계약에 파생상품이 결합된 금융상품을 말한다.

- 복합계약의 주계약이 K-IFRS 제1109호 '금융상품'의 적용범위에 포함되는 자산이라면 복합계약 전체를 하나의 금융자산으로 회계처리한다.

- 복합계약의 주계약이 K-IFRS 제1109호 '금융상품'의 적용범위에 포함되는 자산이 아닌 주계약을 포함하는 경우(예: 리스계약, 보험계약 등)에는 세 가지 요건(① 내재파생상품과 주계약의 비관련성, ② 내재파생상품의 파생상품 정의 충족, ③ 복합계약의 공정가치변동을 당기손익으로 인식하지 않음)을 모두 충족하는 경우에만 내재파생상품을 주계약과 분리하여 파생상품으로 회계처리한다.

OX Quiz 🖋

1   파생상품의 기초변수는 금융상품만 가능하다.

2   선도계약의 특징은 장내 파생상품이기 때문에 거래가 표준화되어 있지 않다.

3   선물거래의 특징은 반대매매를 통해 중도청산이 가능하다는 점이다.

4   스왑은 거래당사자들 간의 비교우위를 활용하여 비용을 절감하기 위해서 사용된다.

5   옵션매입자는 옵션을 매입할 때 옵션매도자로부터 옵션프리미엄을 지급받는다.

6   파생상품으로 정의되기 위해서 비금융변수의 경우에는 계약의 당사자에게 특정되지 아니하여
    야 한다.

7   파생상품으로 정의되기 위해서는 해당 상품을 거래발생일에 결제하는 것이 아니라 미래에결
    제해야 하며, 총액결제되어야만 한다.

8   위험회피대상항목은 단일 항목 또는 항목의 집합이 될 수 있으나, 단일 항목의 구성요소나 항
    목 집합의 구성요소는 위험회피대상항목이 될 수 없다.

9   위험회피회계의 목적상 보고기업의 외부 당사자와 관련된 자산, 부채, 확정계약 또는 발생가
    능성이 매우 높은 예상거래만을 위험회피대상항목으로 지정할 수 있다.

10 연결실체 내의 개별기업 간의 거래는 연결실체 내의 개별기업의 개별재무제표나 별도재무제
    표에서 위험회피대상항목으로 지정할 수 있다.

11 사업결합에서 사업을 취득하기로 하는 확정계약은 위험회피대상항목이 될 수 없기 때문에 외
    화위험에 대해서도 위험회피대상항목으로 지정할 수 없다.

12 지분법적용투자주식과 연결대상 종속기업에 대한 투자주식은 공정가치위험회피의 위험회피대상항목이 될 수 없다.

13 당기손익-공정가치로 측정하도록 지정한 금융부채로서 신용위험의 변동으로 생기는 공정가치의 변동 금액을 기타포괄손익으로 표시하는 금융부채나 공정가치의 변동을 기타포괄손익으로 표시하기로 선택한 지분상품의 투자는 위험회피수단에서 제외한다.

14 하나의 위험회피수단을 여러 가지 종류의 위험에 대한 위험회피수단으로 지정할 수 없다.

15 경제적 관계가 존재한다는 것은 위험회피수단과 위험회피대상항목이 같은 위험, 즉 회피대상위험으로 인하여 일반적으로 반대 방향으로 변동하는 가치를 가지고 있다는 것을 의미한다.

16 재조정하는 시점에 위험회피관계에서 위험회피의 비효과적인 부분은 위험회피관계를 조정하기 전에 산정하여 즉시 당기손익으로 인식한다.

17 위험회피수단의 공정가치변동으로 인한 모든 손익은 당기손익으로 인식한다.

18 현금흐름위험회피에서 위험회피수단의 공정가치변동으로 인한 손익 중 위험회피에 효과적인 부분은 당기손익으로 인식하고, 비효과적인 부분은 기타포괄손익으로 인식한다.

19 확정계약의 외화위험을 회피하는 경우에는 공정가치위험회피와 현금흐름위험회피 중 하나를 선택하여 지정할 수 있다.

20 해외사업장순투자의 위험회피에서 위험회피수단의 손익 중 위험회피에 효과적인 것으로 결정된 부분은 기타포괄손익으로 인식하고, 비효과적인 부분은 당기손익으로 인식한다.

21 주계약과 분리해야 하는 내재파생상품을 취득시점이나 그 후의 재무보고일에 주계약과 분리하여 측정할 수 없는 경우에는 복합계약 전체를 기타포괄손익-공정가치 측정(FVOCI) 항목으로 지정한다.

Multiple-choice Questions ⊞

1   위험회피회계에 관하여 옳지 않은 설명은?   (CPA 2017)

① 위험회피의 개시시점에 위험회피관계, 위험관리목적 및 위험관리전략을 공식적으로 지정하고 문서화하였다면 사후적인 위험회피결과와 관계없이 위험회피회계를 적용할 수 있다.

② 위험회피관계의 유형은 공정가치위험회피, 현금흐름위험회피, 해외사업장순투자의 위험회피로 구분한다.

③ 공정가치위험회피회계를 적용하는 경우 회피대상위험으로 인한 위험회피대상항목의 손익은 당기손익으로 인식한다.

④ 현금흐름위험회피회계를 적용하는 경우 위험회피수단의 손익 중 위험회피에 효과적인 부분은 기타포괄손익으로 인식한다.

⑤ 해외사업장순투자의 위험회피회계를 적용하는 경우 위험회피수단의 손익 중 위험회피에 비효과적인 부분은 당기손익으로 인식한다.

2   기업회계기준서 제1109호 '금융상품'에 대한 다음 설명 중 옳지 않은 것은?   (CPA 2019)

① 인식된 자산이나 부채, 인식되지 않은 확정계약, 예상거래나 해외사업장순투자는 위험회피대상항목이 될 수 있다. 이 중 위험회피대상항목이 예상거래(또는 예상거래의 구성요소)인 경우 그 거래는 발생가능성이 매우 커야 한다.

② 사업결합에서 사업을 취득하기로 하는 확정계약은 외화위험을 제외하고는 위험회피대상항목이 될 수 없다. 그러나 지분법적용투자주식과 연결대상 종속기업에 대한 투자주식은 공정가치위험회피의 위험회피대상항목이 될 수 있다.

③ 해외사업장순투자의 위험회피에 대한 회계처리 시, 위험회피수단의 손익 중 위험회피에 효과적인 것으로 결정된 부분은 기타포괄손익으로 인식하고 비효과적인 부분은 당기손익으로 인식한다.

④ 현금흐름위험회피가 위험회피회계의 적용조건을 충족한다면 위험회피대상항목과 관련된 별도의 자본요소(현금흐름위험회피적립금)는 (가)위험회피 개시 이후 위험회피수단의 손익 누계액과 (나)위험회피 개시 이후 위험회피대상항목의 공정가치(현재가치) 변동 누계액 중 적은 금액(절대금액 기준)으로 조정한다.

⑤ 외화위험회피의 경우 비파생금융자산이나 비파생금융부채의 외화위험 부분은 위험회피수단으로 지정할 수 있다. 다만, 공정가치의 변동을 기타포괄손익으로 표시하기로 선택한 지분상품의 투자는 제외한다.

3   파생상품 및 위험회피회계에 대한 다음 설명 중 옳은 것은?   (CPA 2020)

① 현금흐름위험회피에서 위험회피수단의 손익은 기타포괄손익으로 인식한다.

② 기업은 위험회피관계의 지정을 철회함으로써 자발적으로 위험회피회계를 중단할 수 있는 자유로운 선택권을 이유에 상관없이 가진다.

③ 확정계약의 외화위험회피에 공정가치위험회피회계 또는 현금흐름위험회피회계를 적용할 수 있다.

④ 해외사업장순투자의 위험회피는 공정가치위험회피와 유사하게 회계처리한다.

⑤ 고정금리부 대여금에 대하여 고정금리를 지급하고 변동금리를 수취하는 이자율스왑으로 위험회피하면 이는 현금흐름위험회피 유형에 해당한다.

4   기업회계기준서 제1109호 '금융상품'에 따른 위험회피회계에 대한 다음 설명 중 옳지 않은 것은?   (CPA 2022)

① 위험회피회계의 목적상, 보고실체의 외부 당사자와 체결한 계약만을 위험회피수단으로 지정할 수 있다.

② 일부 발행한 옵션을 제외하고, 당기손익-공정가치 측정 파생상품은 위험회피수단으로 지정할 수 있다.

③ 인식된 자산이나 부채, 인식되지 않은 확정계약, 예상거래나 해외사업장순투자는 위험회피대상항목이 될 수 있다. 다만, 위험회피대상항목이 예상거래인 경우 그 거래는 발생가능성이 매우 커야 한다.

④ 공정가치위험회피회계의 위험회피대상항목이 자산을 취득하거나 부채를 인수하는 확정계약인 경우에는 확정계약을 이행한 결과로 인식하는 자산이나 부채의 최초 장부금액이 재무상태표에 인식된 위험회피대상항목의 공정가치 누적변동분을 포함하도록 조정한다.

⑤ 위험회피수단을 제공하는 거래상대방이 계약을 미이행할 가능성이 높더라도(즉, 신용위험이 지배적이더라도) 위험회피대상항목과 위험회피수단 사이에 경제적 관계가 있는 경우에는 위험회피회계를 적용할 수 있다.

5 기업회계기준서 제1109호 '금융상품'에 대한 다음 설명 중 옳지 않은 것은?   (CPA 2023)

① 외화위험회피의 경우 비파생금융자산이나 비파생금융부채의 외화위험 부분은 위험회피수단으로 지정할 수 있다. 다만, 공정가치의 변동을 기타포괄손익으로 표시하기로 선택한 지분상품의 투자는 제외한다.

② 연결실체 내의 화폐성항목이 기업회계기준서 제1021호 '환율변동효과'에 따라 연결재무제표에서 모두 제거되지 않는 외환손익에 노출되어 있다면, 그러한 항목의 외화위험은 연결재무제표에서 위험회피대상항목으로 지정할 수 있다.

③ 위험회피관계가 위험회피비율과 관련된 위험회피 효과성의 요구사항을 더는 충족하지 못하지만 지정된 위험회피관계에 대한 위험관리의 목적이 동일하게 유지되고 있다면, 위험회피관계가 다시 적용조건을 충족할 수 있도록 위험회피관계의 위험회피비율을 조정해야 한다.

④ 단일 항목의 구성요소나 항목 집합의 구성요소는 위험회피대상항목이 될 수 있다.

⑤ 사업결합에서 사업을 취득하기로 하는 확정계약은 위험회피대상항목이 될 수 있다. 다만, 외화위험에 대하여는 위험회피대상항목으로 지정할 수 없다.

6 ㈜한국은 20×2년 2월 28일에 $500의 상품수출을 계획하고 있으며 판매대금은 미국달러화 ($)로 수취할 것이 예상된다. ㈜한국은 동 수출과 관련된 환율변동위험에 대비하기 위해 20×1년 11월 1일에 다음과 같은 통화선도계약을 체결하였다.   (CPA 2017)

· 계약기간: 20×1년 11월 1일~20×2년 2월 28일(만기 4개월)
· 계약내용: 계약만기일에 $500를 ₩1,050/$(선도환율)에 매도하기로 함
· 환율정보:

일 자	현물환율(₩/$)	통화선도환율(₩/$)
20×1.11. 1.	1,060	1,050(만기 4개월)
20×1.12.31.	1,040	1,020(만기 2개월)
20×2. 2.28.	1,000	-

㈜한국이 위 통화선도계약을 (가) 위험회피수단으로 지정한 경우, 또는 (나) 위험회피수단으로 지정하지 않은 경우에 수행하여야 할 각각의 회계처리에 관하여 옳은 설명은? (단, 파생상품에 대한 현재가치 평가는 고려하지 않는다)

① (가)의 경우 ㈜한국은 통화선도거래에 대해 공정가치위험회피회계를 적용해야 한다.

② (나)의 경우 ㈜한국은 통화선도 계약체결일에 현물환율과 선도환율의 차이인 ₩5,000을 통화선도(부채)로 인식한다.

③ (가)의 경우 ㈜한국이 20×1년도에 당기손익으로 인식하는 파생상품평가손익은 ₩10,000 이익이다.

④ (나)의 경우 ㈜한국이 20×1년도에 당기손익으로 인식하는 파생상품평가손익은 ₩15,000 손실이다.

⑤ ㈜한국이 20×1년 말 재무상태표에 계상하는 통화선도(자산) 금액은 (가)의 경우와 (나)의 경우가 동일하다.

7 ㈜대한은 20×2년 3월말에 미화 100달러의 재고자산(원재료)을 구입할 계획이며, 예상 생산량을 고려할 때 구입거래가 이루어질 것이 거의 확실하다. ㈜대한은 원재료 매입에 관한 환율 변동위험을 회피하고자 20×1년 10월 1일에 다음과 같은 통화선도계약을 체결하고, 이에 대해 위험회피회계를 적용(적용요건은 충족됨을 가정)하였다.   (CPA 2018)

- 계약기간: 20×1년 10월 1일~20×2년 3월 31일(만기 6개월)
- 계약내용: 계약만기일에 미화 100달러를 ₩1,110/$(선도환율)에 매입하기로 함
- 환율정보:

일 자	현물환율(₩/$)	통화선도환율(₩/$)
20×1.10. 1.	1,100	1,110(만기 6개월)
20×1.12.31.	1,110	1,130(만기 3개월)
20×2. 3.31.	1,130	-

㈜대한은 예상한 대로 20×2년 3월말에 원재료를 미화 100달러에 매입하여 보유하고 있다. 통화선도계약 만기일에 ㈜대한이 당기손익으로 보고할 파생상품손익은 얼마인가? (단, 현재시점의 현물환율이 미래시점의 기대현물환율과 동일한 것으로 가정하며, 현재가치평가는 고려하지 않는다)

① ₩2,000 손실   ② ₩1,000 손실   ③ ₩0

④ ₩1,000 이익   ⑤ ₩2,000 이익

8 ㈜대한은 제조공정에서 사용하는 금(원재료)을 시장에서 매입하고 있는데, 향후 예상매출을 고려할 때 금 10온스를 20×2년 3월 말에 매입할 것이 거의 확실하다. 한편 ㈜대한은 20×2년 3월 말에 매입할 금의 시장가격 변동에 따른 미래현금흐름 변동위험을 회피하기 위해 20×1년 10월 1일에 다음과 같은 금선도계약을 체결하고, 이에 대해 위험회피회계를 적용(적용요건은 충족됨을 가정)하였다.   (CPA 2020)

> · 계약기간: 6개월(20×1.10. 1.~20×2. 3.31.)
> · 계약조건: 결제일에 금 10온스의 선도계약금액과 결제일 시장가격의 차액을 현금으로 수수함(금선도계약가격: ₩200,000/온스)
> · 금의 현물가격, 선도가격에 대한 자료는 다음과 같다.
>
> | 일 자 | 현물가격(₩/온스) | 선도가격(₩/온스) |
> | --- | --- | --- |
> | 20×1.10. 1. | 190,000 | 200,000(만기 6개월) |
> | 20×1.12.31. | 195,000 | 210,000(만기 3개월) |
> | 20×2. 3.31. | 220,000 | - |
>
> · 현재시점의 현물가격은 미래시점의 기대현물가격과 동일하며, 현재가치평가는 고려하지 않는다.

㈜대한은 예상과 같이 20×2년 3월 말에 금(원재료)을 시장에서 매입하여 보유하고 있다. 금선도계약 만기일에 ㈜대한이 당기손익으로 인식할 파생상품평가손익은 얼마인가?

① ₩50,000 손실   ② ₩100,000 손실   ③ ₩0

④ ₩50,000 이익   ⑤ ₩100,000 이익

9 ㈜대한은 20×1년 9월 1일에 옥수수 100단위를 ₩550,000에 취득하였다. 20×1년 10월 1일에 ㈜대한은 옥수수 시가하락을 우려하여 만기가 20×2년 3월 1일인 선도가격(₩520,000)에 옥수수 100단위를 판매하는 선도계약을 체결하여 위험회피관계를 지정하였으며, 이는 위험회피회계 적용요건을 충족한다. 일자별 옥수수 현물가격 및 선도가격은 다음과 같다.   (CPA 2021)

일 자	옥수수 100단위 현물가격	옥수수 100단위 선도가격
20×1.10. 1.	₩550,000	₩520,000(만기 5개월)
20×1.12.31.	510,000	480,000(만기 2개월)
20×2. 3. 1.	470,000	-

자산에 대한 손상 징후에 따른 시가 하락은 고려하지 않는다. 파생상품평가손익 계산 시 화폐의 시간가치는 고려하지 않는다. 20×2년 3월 1일에 수행하는 회계처리가 포괄손익계산서상 당기순이익에 미치는 순효과는 얼마인가?

① ₩50,000 이익   ② ₩45,000 손실   ③ ₩30,000 이익

④ ₩30,000 손실   ⑤ ₩10,000 이익

10 ㈜대한은 20×1년 1월 1일 ₩500,000(3년 만기, 고정이자율 연 5%)을 차입하였다. 고정이자율 연 5%는 20×1년 1월 1일 한국은행 기준금리(연 3%)에 ㈜대한의 신용스프레드(연 2%)가 가산되어 결정된 것이다. 한편, ㈜대한은 금리변동으로 인한 차입금의 공정가치 변동위험을 회피하고자 다음과 같은 이자율스왑계약을 체결하고 위험회피관계를 지정하였다(이러한 차입금과 이자율스왑계약 간의 위험회피관계는 위험회피회계의 적용 요건을 충족한다).

(CPA 2022)

- 이자율스왑계약 체결일: 20×1년 1월 1일
- 이자율스왑계약 만기일: 20×3년 12월 31일
- 이자율스왑계약 금액: ₩500,000
- 이자율스왑계약 내용: 매년 말 연 3%의 고정이자를 수취하고, 매년 초(또는 전년도 말)에 결정되는 한국은행 기준금리에 따라 변동이자를 지급

차입금에 대한 이자지급과 이자율스왑계약의 결제는 매년 말에 이루어지며, 이자율스왑계약의 공정가치는 무이표채권할인법으로 산정된다. 전년도 말과 당년도 초의 한국은행 기준금리는 동일하며, 연도별로 다음과 같이 변동하였다.

20×1. 1. 1.	20×1.12.31.	20×2.12.31.
연 3%	연 2%	연 1%

㈜대한이 상기 거래와 관련하여 20×1년도에 인식할 차입금평가손익과 이자율스왑계약평가손익은 각각 얼마인가? (단, 단수차이로 인해 오차가 있다면 가장 근사치를 선택한다)

	차입금	이자율스왑계약		차입금	이자율스왑계약
①	평가이익 ₩9,708	평가손실 ₩9,708	②	평가손실 ₩9,708	평가이익 ₩9,708
③	₩0	₩0	④	평가이익 ₩9,430	평가손실 ₩9,430
⑤	평가손실 ₩9,430	평가이익 ₩9,430			

11 ㈜대한은 전기차용 배터리를 생산 및 판매하는 회사이다. ㈜대한은 20×2년 3월 말에 100개의 배터리를 국내 전기차 제조사들에게 판매할 가능성이 매우 높은 것으로 예측하였다. ㈜대한은 배터리의 판매가격 하락을 우려하여 20×1년 12월 1일에 선도계약을 체결하고, 이를 위험회피수단으로 지정하였다. 관련 정보는 다음과 같다. (CPA 2023)

- 선도거래 계약기간: 20×1년 12월 1일~20×2년 3월 31일(만기 4개월)
- 선도거래 계약내용: 결제일에 100개의 배터리에 대해 선도거래 계약금액(개당 ₩12,000)과 시장가격의 차액이 현금으로 결제된다.
- 현물가격 및 선도가격 정보:

일 자	현물가격(개당)	선도가격(개당)
20×1.12. 1.	₩13,000	₩12,000(만기 4개월)
20×1.12.31.	12,500	11,300(만기 3개월)
20×2. 3.31.	10,500	-

- 배터리의 개당 제조원가는 ₩10,000이고, 판매와 관련하여 다른 비용은 발생하지 않는다.

예측과 같이, ㈜대한은 20×2년 3월 말에 배터리를 판매하였다. ㈜대한이 위 거래에 대해 현금흐름위험회피회계를 적용하는 경우 ㈜대한의 20×2년도 당기순이익에 미치는 영향은 얼마인가? (단, 파생상품 평가손익 계산 시 화폐의 시간가치는 고려하지 않으며, 배터리 판매가 당기순이익에 미치는 영향은 포함한다)

① ₩0 (영향 없음) ② ₩130,000 증가 ③ ₩150,000 증가

④ ₩180,000 증가 ⑤ ₩200,000 증가

Short-answer Questions

1　다음 상황별 물음에 답하시오.　　　　　　　　　　　　　　　　　　　　(CPA 2016)

〈공통 자료〉

㈜한국은 20×1년 10월 1일에 미국에 있는 종속기업 ㈜NY에 US$1,000을 대여하였다. 동일자에 ㈜한국은 동 대여금과 관련된 환율변동위험을 회피하기 위하여 다음과 같은 통화선도계약을 체결하는 방안을 고려하고 있다.

· 계약기간: 6개월 (20×1.10. 1~20×2. 3.31)
· 계약조건: US$1,000을 ₩1,150/US$(통화선도환율)에 매도
· 환율에 대한 정보는 아래와 같다.

일 자	현물환율 (₩/US$)	통화선도환율 (₩/US$)
20×1.10. 1.	₩1,120	₩1,150(만기 6개월)
20×1.12.31.	₩1,080	₩1,100(만기 3개월)

㈜한국의 기능통화 및 표시통화는 원화(₩)이며, ㈜NY의 기능통화는 미국 달러화(US$)이다.

아래의 세 가지 독립적인 각 상황에 대하여, 20×1년 ㈜한국의 연결재무제표에 계상될 (1) 당기순이익과 (2) 기타포괄이익의 금액을 아래 답안 양식에 따라 각각 원화(₩)로 제시하시오. 모든 상황에 대하여, ㈜한국과 ㈜NY 모두 20×1년 중 위 대여 및 통화선도 거래와 관련된 것을 제외한 다른 당기손익 및 기타포괄손익 항목은 없었다고 가정한다. 이자와 현재가치 평가는 고려하지 않는다. 손실의 경우에는 금액 앞에 '(−)'를 표시하고, 해당 금액이 없는 경우에는 '0'으로 표시하시오.

〈㈜한국의 연결재무제표〉

	(1) 당기순이익	(2) 기타포괄이익
(상황 1)	①	②
(상황 2)	③	④
(상황 3)	⑤	⑥

(상황 1) ㈜한국은 위 대여금을 예측할 수 있는 미래에 회수할 계획이 없고 회수될 가능성도 낮다. 즉, 동 대여금을 ㈜NY에 대한 순투자로 본다. 또한, ㈜한국은 〈공통 자료〉에 제시된 통화선도계약을 체결하지 않았다.

(상황 2) ㈜한국은 위 대여금을 20×2년 3월 31일에 회수할 예정이다. 즉, 동 대여금을 ㈜NY에 대한 순투자로 보지 않는다. 또한, ㈜한국은 〈공통 자료〉에 제시된 통화선도계약을 체결하지 않았다.

(상황 3) ㈜한국은 위 대여금을 20×2년 3월 31일에 회수할 예정이다. 즉, 동 대여금을 ㈜NY에 대한 순투자로 보지 않는다. 한편 ㈜한국은 대여금과 관련된 환율변동위험을 회피하기 위하여 〈공통 자료〉에 제시된 통화선도계약을 20×1년 10월 1일에 체결하였다.

2   ㈜대한은 금가공 업체이며 금 매입 시세의 변동성위험에 노출되어 있다. ㈜대한과 주채권은행은 신용관리를 위해 매 회계연도 말 기준으로 부채비율(총부채÷총자본)이 1.50을 초과하지 않을 것을 요구하는 부채약정을 맺고 있다.

20×1년 9월 1일에 ㈜대한은 생산에 투입할 원재료인 금 100온스(oz)를 온스당 $1,200에 매입하는 확정계약을 체결했으며 실제 금 인수일은 20×2년 3월 1일이다. 계약일로부터 인수일까지 6개월 동안 ㈜대한은 향후 $당 원화 환율의 상승(원화 평가절하)을 예상했다. 이에 금 매입 확정계약의 외화위험을 회피하기 위해 20×1년 9월 1일에 $120,000를 $당 ₩1,100에 매수하는 통화선도계약을 체결했다. 계약체결일 현재의 현물환율(₩/$)은 ₩1,060이고 통화선도환율(₩/$)은 ₩1,100이다. 선도거래 관련 결산회계처리 효과를 반영하기 직전 ㈜대한의 총 부채는 ₩16,000,000이고, 총 자본은 ₩14,000,000이다.   (CPA 2018)

(물음 1) 위 제시된 자료와 관계없이 한국채택국제회계기준(K-IFRS)상 확정계약(위험회피대상)의 외화위험에 적용할 수 있는 위험회피회계에는 무엇이 있는지 모두 제시하시오.

(물음 2) 20×1년 9월 1일에 ㈜대한이 선택할 가능성이 더 큰 위험회피회계는 무엇인지 이유와 함께 간략하게 설명하시오.

(물음 3) 20×1년 12월 31일 만기 2개월을 앞둔 상황에서 예상대로 현물환율(₩/$)은 ₩1,110으로, 통화선도환율(₩/$)은 ₩1,150으로 상승했다.

20×1년 12월 31일 결산·마감 후 (물음 2)에 따라 선택한 위험회피회계와 선택하지 않은 위험회피회계별로 ㈜대한의 부채비율을 계산하시오. (단, 부채비율은 소수점 아래 셋째자리에서 반올림하여 둘째자리까지 표시하시오. 예: 5.608은 5.61로 표시)

구 분	부채비율(총부채÷총자본)
선택한 위험회피회계	①
선택하지 않은 위험회피회계	②

3 ㈜대한은 20×1년 11월 1일에 보유하고 있는 재고자산의 시가가 하락할 위험을 회피하기 위해 동 재고자산을 다음과 같은 조건으로 판매하는 선도계약을 체결하였다. (CPA 2019)

> · 계약기간: 20×1년 11월 1일부터 20×2년 3월 1일까지
> · 계약조건: 20×2년 3월 1일이 만기인 선도가격에 재고자산 100개를 판매

다음은 ㈜대한의 재고자산 100개에 대한 시가와 선도가격이다. (단, 재고자산 100개의 원가는 ₩35,000이다)

일 자	시 가	선도가격 (만기 20×2.3.1.)
20×1.11. 1.	₩51,000	₩50,000
20×1.12.31.	48,750	48,000
20×2. 3. 1.	47,000	-

㈜대한은 20×2년 3월 1일에 재고자산 100개를 외부로 시가에 판매하였다.

(물음) 상기 위험회피거래와 관련하여 ㈜대한이 20×1년과 20×2년에 인식할 다음의 항목을 계산하시오. (단, 위험회피 적용요건을 모두 충족하며, 파생상품평가손익 계산 시 현재가치 적용은 생략한다. 손실의 경우에는 (−)를 숫자 앞에 표시하시오)

연 도	항 목	금 액
20×1년도	파생상품평가손익	①
	재고자산평가손익	②
20×2년도	파생상품평가손익	③
	재고자산평가손익	④
	매출총손익	⑤

4 다음의 각 물음은 독립적이다. (CPA 2020)

(물음 1) 다음의 〈자료 1〉을 이용하여 〈요구사항〉에 답하시오.

〈자료 1〉

1. ㈜대한은 차입금의 시장이자율 변동에 따른 위험을 회피하기 위한 위험회피회계 요건을 충족하여 위험회피회계를 적용하였다.
2. 차입금 정보
 · 차입일: 20×1년 1월 1일(만기 3년)
 · 차입금액: ₩10,000
 · 차입금리: 차입일의 LIBOR(연 5%)에 연 1%의 신용위험을 가산하여 결정된 연 6% 고정 금리조건이며 매년 말에 이자지급 조건이다.
3. 이자율스왑 정보(지정된 위험회피수단)
 · 계약체결일: 20×1년 1월 1일(만기 3년)
 · 계약금액: ₩10,000
 · 계약내용: 연 5% 고정이자를 수취하고 변동이자율 LIBOR를 지급하며, 매년 말에 이자를 정산하고 이를 결정하는 LIBOR는 매년 초 확정된다.
 · 장기차입금과 이자율스왑의 공정가치는 무이표채할인법에 의하여 산정하며 이자율스왑의 공정가치는 다음과 같다.

일 자	LIBOR	이자율스왑 공정가치(₩)
20×1. 1. 1.	5%	-
20×1.12.31.	6%*	(181)
20×2.12.31.	3%	192

 * 20×1.12.31.과 20×2. 1. 1.의 LIBOR는 동일함

〈요구사항 1〉

차입금과 이자율스왑 관련 거래가 ㈜대한의 20×1년 부채와 20×2년 자산에 미치는 영향을 계산하시오. 단, 감소하는 경우 (−)를 숫자 앞에 표시하시오.

20×1년 부채에 미치는 영향	①
20×2년 자산에 미치는 영향	②

〈요구사항 2〉

㈜대한은 20×2년 1월 1일 차입금액 ₩10,000을 지급하는 조건으로 조기상환하게 되어 위험회피회계의 적용조건을 충족하지 못하게 되었으며 위험회피회계 전체를 중단한 경우, 차입금과 이자율스왑 관련 거래가 ㈜대한의 20×1년과 20×2년 당기순이익에 미치는 영향을 계산하시오. 단, 감소하는 경우 (−)를 숫자 앞에 표시하시오.

20×1년 당기순이익에 미치는 영향	①
20×2년 당기순이익에 미치는 영향	②

(물음 2) 다음의 〈자료 2〉를 이용하여 〈요구사항〉에 답하시오.

〈자료 2〉

1. ㈜민국은 확정계약의 외화위험회피를 위한 위험회피회계 요건을 충족하여 현금흐름위험
   회피회계를 적용하였다.
2. 확정계약 정보
   · 기계장치를 $2,000에 취득하는 계약이다.
   · 계약체결일: 20×1년 12월 1일
   · 인도일(대금지급일): 20×2년 3월 31일
3. 통화선도 및 환율정보(지정된 위험회피수단)
   · 계약체결일: 20×1년 12월 1일
   · 계약내용: $2,000를 달러당 ₩1,080에 매수하는 계약이며 만기 청산 시 차액결제된다.
   · 만기일: 20×2년 3월 31일
   · 동 거래와 관련된 환율정보는 다음과 같다.

일 자	현물환율(₩/$)	통화선도환율(₩/$)
20×1.12. 1.	1,070	1,080(만기 4개월)
20×1.12.31.	1,130	1,110(만기 3개월)
20×2. 3.31.	1,100	-

〈요구사항 1〉

확정계약과 통화선도 관련 거래가 ㈜민국의 20×1년 기타포괄이익과 20×2년 자산에 미치는 영향을 계산하시오. 단, 감소하는 경우 (−)를 숫자 앞에 표시하시오.

20×1년 기타포괄손익에 미치는 영향	①
20×2년 자산에 미치는 영향	②

〈요구사항 2〉

㈜민국이 20×2년 1월 1일 확정계약의 해지로 인하여 위험회피회계의 적용조건을 충족하지 못하게 되었으며 위험회피회계 전체를 중단한 경우, 확정계약과 통화선도 관련거래가 ㈜민국의 20×1년과 20×2년 당기순이익에 미치는 영향을 계산하되, 감소하는 경우 (−)를 숫자 앞에 표시하시오. 단, 기타포괄손익으로 인식한 현금흐름위험회피적립금누계액을 당기손익으로 재분류하는 경우에 해당한다.

20×1년 당기순이익에 미치는 영향	①
20×2년 당기순이익에 미치는 영향	②

5 다음의 각 물음은 독립적이다.   (CPA 2022)

대한민국 소재 기업인 ㈜대한은 12월 말 결산법인이다. 답안을 작성할 때 당기순이익이나 기타포괄이익 등이 감소하는 경우 금액 앞에 (−)를 표시하시오.

(물음 1) ㈜대한은 20×1년 11월 30일 미국으로부터 상품 $200을 수입하고 수입일의 환율을 적용하여 매입채무를 인식하였다. ㈜대한은 동 수입 거래대금을 3개월 후에 미국달러($)로 지급하기로 하였다. 회사의 재무담당자는 환율변동위험에 대비하기 위해 3개월 후에 $200을 ₩1,230/$에 매입하는 통화선도계약을 체결하였다. 위의 거래들이 ㈜대한의 20×1년 및 20×2년의 당기순이익에 미치는 영향을 각각 계산하시오. (단, 통화선도의 현재가치 평가는 생략한다)

일 자	현물환율	선도환율*
20×1.11.30.	₩1,200/$	₩1,230/$
20×1.12.31.	₩1,250/$	₩1,270/$
20×2. 2.28.	₩1,300/$	-

* 선도환율은 만기가 20×2년 2월 28일이다.

20×1년도 당기순이익에 미치는 영향	①
20×2년도 당기순이익에 미치는 영향	②

(물음 2) ㈜대한은 20×3년 3월 31일에 $300의 상품을 해외로 수출할 계획이며, 거래대금은 미국달러($)로 수령하려고 한다. ㈜대한은 위의 수출과 관련된 환율변동위험에 대비하기 위해 20×2년 9월 30일에 6개월 후 $300을 ₩1,380/$에 매도하는 통화선도계약을 체결하였다. 다음의 〈요구사항〉에 답하시오.

〈요구사항 1〉

㈜대한이 이 통화선도계약을 위험회피수단으로 지정(요건충족 가정)한 경우 이 통화선도 계약이 ㈜대한의 20×2년과 20×3년의 기타포괄이익과 당기순이익에 미치는 영향을 각각 계산하시오. (단, 상품의 수출로 인한 매출인식과 위험회피적립금의 재분류조정에 따른 영향은 고려하지 않는다. 통화선도의 현재가치 평가는 생략한다)

일 자	현물환율	선도환율*
20×2. 9.30.	₩1,400/$	₩1,380/$
20×2.12.31.	₩1,380/$	₩1,350/$
20×3. 3.31.	₩1,340/$	-

* 선도환율은 만기가 20×3년 3월 31일이다.

20×2년도 당기순이익에 미치는 영향	①
20×2년도 기타포괄손익에 미치는 영향	②
20×3년도 당기순이익에 미치는 영향	③
20×3년도 기타포괄손익에 미치는 영향	④

〈요구사항 2〉

㈜대한은 20×3년 3월 31일에 $300의 상품이 예정대로 수출되어 매출을 인식하였다. 이에 따라 위험회피적립금을 재분류조정하려 한다. 이 재분류조정이 20×3년도 당기순이익에 미치는 영향을 계산하시오. (단, 매출인식의 영향은 고려하지 않는다)

20×3년도 당기순이익에 미치는 영향	①

(물음 3) ㈜대한은 20×0년 말에 상품(취득가액 CNY5,000)을 외상으로 매입하였으나, 20×1년 말까지 매입대금을 상환하지 못하였다. ㈜대한의 기능통화는 달러화($)이고 표시통화는 원화(₩)라고 가정한다. 환율자료는 다음과 같다.

일 자	환율($/CNY)	환율(₩/$)
20×0.12.31.	$0.23/CNY	₩1,200/$
20×1.12.31.	$0.20/CNY	₩1,250/$

20×1년 말에 ㈜대한이 재무제표를 작성하면서 외화표시 매입채무를 표시통화로 환산할 경우 당기순이익, 기타포괄이익 그리고 총포괄이익에 미치는 영향을 각각 계산하시오.

20×1년도 당기순이익에 미치는 영향	①
20×1년도 기타포괄손익에 미치는 영향	②
20×1년도 총포괄이익에 미치는 영향	③

부록 1   가치계산표

목돈의 미래가치(원리금)

$$F_n = (1+r)^n$$

기간	1%	2%	3%	4%	5%	6%	7%	8%	9%	10%
1	1.0100	1.0200	1.0300	1.0400	1.0500	1.0600	1.0700	1.0800	1.0900	1.1000
2	1.0201	1.0404	1.0609	1.0816	1.1025	1.1236	1.1449	1.1664	1.1881	1.2100
3	1.0303	1.0612	1.0927	1.1249	1.1576	1.1910	1.2250	1.2597	1.2950	1.3310
4	1.0406	1.0824	1.1255	1.1699	1.2155	1.2625	1.3108	1.3605	1.4116	1.4641
5	1.0510	1.1041	1.1593	1.2167	1.2763	1.3382	1.4026	1.4693	1.5386	1.6105
6	1.0615	1.1262	1.1941	1.2653	1.3401	1.4185	1.5007	1.5869	1.6771	1.7716
7	1.0721	1.1487	1.2299	1.3159	1.4071	1.5036	1.6058	1.7138	1.8280	1.9487
8	1.0829	1.1717	1.2668	1.3686	1.4775	1.5938	1.7182	1.8509	1.9926	2.1436
9	1.0937	1.1951	1.3048	1.4233	1.5513	1.6895	1.8385	1.9990	2.1719	2.3579
10	1.1046	1.2190	1.3439	1.4802	1.6289	1.7908	1.9672	2.1589	2.3674	2.5937
11	1.1157	1.2434	1.3842	1.5395	1.7103	1.8983	2.1049	2.3316	2.5804	2.8531
12	1.1268	1.2682	1.4258	1.6010	1.7959	2.0122	2.2522	2.5182	2.8127	3.1384
13	1.1381	1.2936	1.4785	1.6651	1.8856	2.1329	2.4098	2.7196	3.0658	3.4523
14	1.1495	1.3195	1.5126	1.7317	1.9799	2.2609	2.5785	2.9372	3.3417	3.7975
15	1.1610	1.3459	1.5580	1.8009	2.0789	2.3966	2.7590	3.1722	3.6425	4.1772
16	1.1726	1.3728	1.6047	1.8730	2.1829	2.5404	2.9522	3.4259	3.9703	4.5950
17	1.1843	1.4002	1.6528	1.9479	2.2920	2.6928	3.1588	3.7000	4.3276	5.0545
18	1.1961	1.4282	1.7024	2.0258	2.4066	2.8543	3.3799	3.9960	7.7171	5.5599
19	1.2081	1.4568	1.7535	2.1068	2.5270	3.0256	3.6165	4.3157	5.1417	6.1159
20	1.2202	1.4859	1.8061	2.1911	2.6533	3.2701	3.8697	4.6610	5.6044	6.7275
21	1.2324	1.5157	1.8603	2.2788	2.7860	3.3996	4.1406	5.0388	6.1088	7.4002
22	1.2447	1.5460	1.9161	2.3699	2.9253	3.6035	4.4304	5.4365	6.6586	8.1403
23	1.2572	1.5769	1.9736	2.4647	3.0715	3.8197	4.7405	5.8715	7.2579	8.9543
24	1.2697	1.6084	2.0328	2.5633	3.2251	4.0489	5.0724	6.3412	7.9111	9.8497
25	1.2824	1.6406	2.0938	2.6658	3.3864	4.2919	5.4274	6.8485	8.6231	10.835
26	1.2953	1.6734	2.1566	2.7725	3.5557	4.5494	5.8074	7.3964	9.3992	11.918
27	1.3082	1.7069	2.2213	2.8834	3.7335	4.8223	6.2139	7.9881	10.245	13.110
28	1.3213	1.7410	2.2879	2.9987	3.9201	5.117	6.6488	8.6271	11.167	14.421
29	1.3345	1.7758	2.3566	3.1187	4.1161	5.4184	7.1143	9.3173	12.172	15.863
30	1.3478	1.8114	2.4273	3.2434	4.3219	5.7435	7.6123	10.063	13.268	17.449
40	1.4889	2.2080	3.2620	4.8010	7.0400	10.286	14.974	21.725	31.409	45.259
50	1.6446	2.6916	4.3839	7.1067	11.467	18.420	29.457	46.902	74.358	117.39
60	1.8167	3.2810	5.8916	10.520	18.679	32.988	57.946	101.26	176.03	304.48

기간	12%	14%	15%	16%	18%	20%	24%	28%	32%	36%
1	1.1200	1.1400	1.1500	1.1600	1.1800	1.2000	1.2400	1.2800	1.3200	1.3600
2	1.2544	1.2996	1.3225	1.3456	1.3924	1.4400	1.5376	1.6384	1.7424	1.8496
3	1.4049	1.4815	1.5029	1.5609	1.6430	1.7280	1.9066	2.0972	2.3000	2.5155
4	1.5735	1.6890	1.7490	1.8106	1.9388	2.0736	2.3642	2.6844	3.0360	3.4210
5	1.7623	1.9254	2.0114	2.1003	2.2878	2.4883	2.9316	3.4360	4.0075	4.6526
6	1.9738	2.1950	2.3131	2.4364	2.6996	2.9860	3.6352	4.3980	5.2899	6.3275
7	2.2107	2.5023	2.6600	2.8262	3.1855	3.5832	4.5077	5.6295	6.9826	8.6054
8	2.4760	2.8526	3.0590	3.2784	3.7589	4.2998	5.5895	7.2058	9.2170	11.703
9	2.7731	3.2519	3.5179	3.8030	4.4355	5.1598	6.9310	9.2234	12.166	15.917
10	3.1058	3.7072	4.0456	4.4114	5.2388	6.1917	8.5944	11.806	16.060	21.647
11	3.4785	4.2262	4.6524	5.1173	6.1759	7.4301	10.657	15.112	21.199	29.439
12	3.8960	4.8179	5.3503	5.9360	7.2876	8.9161	13.215	19.343	27.983	40.037
13	4.3635	5.4924	6.1528	6.8858	8.5994	10.699	16.386	24.759	36.937	54.451
14	4.8871	6.2613	7.0757	7.9875	10.147	12.839	20.319	31.691	48.757	74.053
15	5.4736	7.1379	8.1371	9.2655	11.974	15.407	25.196	40.565	64.359	100.71
16	6.1304	8.1372	9.3576	10.748	14.129	18.488	31.243	51.923	84.954	136.97
17	6.8660	9.2765	10.761	12.468	16.672	22.186	38.741	66.461	112.14	186.28
18	7.6900	10.575	12.375	14.463	19.673	26.623	48.039	85.071	148.02	253.34
19	8.6128	12.056	14.232	16.777	23.214	31.948	59.568	108.89	195.39	344.54
20	9.6463	13.743	16.367	19.461	27.393	38.338	73.864	139.38	257.92	468.57
21	10.804	15.668	18.822	22.574	32.324	46.005	91.592	178.41	340.45	637.26
22	12.100	17.861	21.645	26.186	38.142	55.206	113.57	228.36	449.39	866.67
23	13.552	20.362	24.891	30.376	45.008	66.247	140.83	292.30	593.20	1178.7
24	15.179	23.212	28.625	35.236	53.109	79.497	174.63	374.14	783.02	1603.0
25	17.000	26.462	32.919	40.874	62.669	95.396	216.54	478.90	1033.6	2180.1
26	19.040	30.167	37.857	47.414	73.949	114.48	268.51	613.00	1364.3	2964.9
27	21.325	34.390	43.535	55.000	82.260	137.37	332.95	784.64	1800.9	4032.3
28	23.884	39.204	50.066	63.800	102.97	164.84	412.86	1004.3	2377.2	5483.9
29	26.750	44.693	57.575	74.009	121.50	197.81	511.95	1285.6	3137.9	7458.1
30	29.960	50.950	66.212	85.850	143.37	237.38	634.82	1645.5	4142.1	10143.
40	93.051	188.88	267.86	378.72	750.38	1469.8	5455.9	19427.	66521.	*
50	289.00	700.23	1083.7	1670.7	3927.4	9100.4	46890.	*	*	*
60	897.60	2595.9	4384.0	7370.2	20555.	56348.	*	*	*	*

* $F_n > 99,999$.

목돈의 현재가치

$$P = \frac{1}{(1+r)^n}$$

기간	1%	2%	3%	4%	5%	6%	7%	8%	9%	10%
1	.9901	.9804	.9709	.9615	.9524	.9434	.9346	.9259	.9174	.9091
2	.9803	.9612	.9426	.9246	.9070	.8900	.8734	.8573	.8417	.8264
3	.9706	.9423	.9151	.8890	.8638	.8396	.8163	.7938	.7722	.7513
4	.9610	.9238	.8885	.8548	.8227	.7921	.7629	.7350	.7084	.6830
5	.9515	.9057	.8626	.8219	.7835	.7473	.7130	.6806	.6499	.6209
6	.9420	.8880	.8375	.7903	.7462	.7050	.6663	.6302	.5963	.5645
7	.9327	.8706	.8131	.7599	.7107	.6651	.6227	.5835	.5470	.5132
8	.9235	.8535	.7894	.7307	.6768	.6274	.5820	.5403	.5019	.4665
9	.9143	.8368	.7664	.7026	.6446	.5919	.5439	.5002	.4604	.4241
10	.9053	.8203	.7441	.6756	.6139	.5584	.5083	.4632	.4224	.3855
11	.8963	.8043	.7224	.6496	.5847	.5268	.4751	.4289	.3875	.3505
12	.8874	.7885	.7014	.6246	.5568	.4970	.4440	.3971	.3555	.3186
13	.8787	.7730	.6810	.6006	.5303	.4688	.4150	.3677	.3262	.2897
14	.8700	.7579	.6611	.5775	.5051	.4423	.3878	.3405	.2992	.2633
15	.8613	.7430	.6419	.5553	.4810	.4173	.3624	.3152	.2745	.2394
16	.8528	.7284	.6232	.5339	.4581	.3936	.3387	.2919	.2519	.2176
17	.8444	.7142	.6050	.5134	.4363	.3714	.3166	.2703	.2311	.1978
18	.8360	.7002	.5874	.4936	.4155	.3503	.2959	.2502	.2120	.1799
19	.8277	.6864	.5703	.4746	.3957	.3305	.2765	.2317	.1945	.1635
20	.8195	.6730	.5537	.4564	.3769	.3118	.2584	.2145	.1784	.1486
21	.8114	.6598	.5375	.4388	.3589	.2942	.2415	.1987	.1637	.1351
22	.8034	.6468	.5219	.4220	.3418	.2775	.2257	.1839	.1502	.1228
23	.7954	.6324	.5067	.4057	.3256	.2618	.2109	.1703	.1378	.1117
24	.7876	.6217	.4919	.3901	.3100	.2470	.1971	.1577	.1264	.1015
25	.7798	.6095	.4776	.3751	.2953	.2330	.1842	.1460	.1160	.0923
26	.7720	.5976	.4637	.3604	.2812	.2198	.1722	.1352	.1064	.0839
27	.7644	.5859	.4502	.3468	.2678	.2074	.1609	.1252	.0976	.0763
28	.7568	.5744	.4371	.3335	.2551	.1956	.1504	.1159	.0895	.0693
29	.7493	.5631	.4243	.3207	.2429	.1846	.1406	.1073	.0822	.0630
30	.7419	.5521	.4120	.3083	.2314	.1741	.1314	.0994	.0754	.0573
35	.7059	.5000	.3554	.2534	.1813	.1301	.0937	.0676	.0490	.0356
40	.6717	.4529	.3066	.2083	.1420	.0972	.0668	.0460	.0318	.0221
45	.6391	.4102	.2644	.1712	.1113	.0727	.0476	.0313	.0207	.0137
50	.6080	.3715	.2281	.1407	.0872	.0543	.0339	.0213	.0134	.0085
55	.5785	.3365	.1968	.1157	.0683	.0406	.0242	.0145	.0087	.0053

기간	12%	14%	15%	16%	18%	20%	24%	28%	32%	36%
1	.8929	.8772	.8696	.8621	.8475	.8333	.8065	.7813	.7576	.7353
2	.7972	.7695	.7561	.7432	.7182	.6944	.6504	.6104	.5739	.5407
3	.7118	.6750	.6575	.6407	.6086	.5787	.5245	.4768	.4348	.3975
4	.6355	.5921	.5718	.5523	.5158	.4823	.4230	.3725	.3294	.2923
5	.5674	.5194	.4972	.4761	.4371	.4019	.3411	.2910	.2495	.2149
6	.5066	.4556	.4323	.4104	.3704	.3349	.2751	.2274	.1890	.1580
7	.4523	.3996	.3759	.3538	.3139	.2791	.2218	.1776	.1432	.1162
8	.4039	.3506	.3269	.3050	.2660	.2326	.1789	.1388	.1085	.0854
9	.3606	.3075	.2843	.2630	.2255	.1938	.1443	.1084	.0822	.0628
10	.3220	.2697	.2472	.2267	.1911	.1615	.1164	.0847	.0623	.0462
11	.2875	.2366	.2149	.1954	.1619	.1346	.0938	.0662	.0472	.0340
12	.2567	.2076	.1869	.1685	.1372	.1122	.0757	.0517	.0357	.0250
13	.2292	.1821	.1625	.1452	.1163	.0935	.0610	.0404	.0271	.0184
14	.2046	.1597	.1413	.1252	.0985	.0779	.0492	.0316	.0205	.0135
15	.1827	.1401	.1229	.1079	.0835	.0649	.0397	.0247	.0155	.0099
16	.1631	.1229	.1069	.0980	.0708	.0541	.0320	.0193	.0118	.0073
17	.1456	.1078	.0929	.0802	.0600	.0451	.0258	.0150	.0089	.0054
18	.1300	.0946	.0808	.0691	.0508	.0376	.0208	.0118	.0068	.0039
19	.1161	.0829	.0703	.0596	.0431	.0313	.0168	.0092	.0051	.0029
20	.1037	.0728	.0611	.0514	.0365	.0261	.0135	.0072	.0039	.0021
21	.0926	.0638	.0531	.0443	.0309	.0217	.0109	.0056	.0029	.0016
22	.0826	.0560	.0462	.0382	.0262	.0181	.0088	.0044	.0022	.0012
23	.0738	.0491	.0402	.0329	.0222	.0151	.0071	.0034	.0017	.0008
24	.0659	.0431	.0349	.0284	.0188	.0126	.0057	.0027	.0013	.0006
25	.0588	.0378	.0304	.0245	.0160	.0105	.0046	.0021	.0010	.0005
26	.0525	.0331	.0264	.0211	.0135	.0087	.0037	.0016	.0007	.0003
27	.0469	.0291	.0230	.0182	.0115	.0073	.0030	.0013	.0006	.0002
28	.0419	.0255	.0200	.0157	.0097	.0061	.0024	.0010	.0004	.0002
29	.0374	.0224	.0174	.0135	.0082	.0051	.0020	.0008	.0003	.0001
30	.0334	.0196	.0151	.0116	.0070	.0042	.0016	.0006	.0002	.0001
35	.0189	.0102	.0075	.0055	.0030	.0017	.0005	.0002	.0001	*
40	.0107	.0053	.0037	.0026	.0013	.0007	.0002	.0001	*	*
45	.0061	.0027	.0019	.0013	.0006	.0003	.0001	*	*	*
50	.0035	.0014	.0009	.0006	.0003	.0001	*	*	*	*
55	.0020	.0007	.0005	.0003	.0001	*	*	*	*	*

* $P < 0.001$

정상연금의 미래가치

$$FA_n = \sum_{t=1}^{n}(1+r)^{n-t} = \frac{(1+r)^n - 1}{r}$$

기간	1%	2%	3%	4%	5%	6%	7%	8%	9%	10%
1	1.0000	1.0000	1.0000	1.0000	1.0000	1.0000	1.0000	1.0000	1.0000	1.0000
2	2.0100	2.0200	2.0300	2.0400	2.0500	2.0600	2.0700	2.0800	2.0900	2.1000
3	3.0301	3.0604	3.0909	3.1216	3.1525	3.1836	3.2149	3.2464	3.2781	3.3100
4	4.0604	4.1216	4.1836	4.2465	4.3101	4.3746	4.4399	4.5061	4.5731	4.6410
5	5.1010	5.2040	5.3091	5.4163	5.5256	5.6371	5.7507	5.8666	5.9847	6.1051
6	6.1520	6.3081	6.4684	6.6330	6.8019	6.9753	7.1533	7.3359	7.5233	7.7156
7	7.2135	7.4343	7.6625	7.8983	8.1420	8.3938	8.6540	8.9228	9.2004	9.4872
8	8.2857	8.5830	8.8923	9.2142	9.5491	9.8975	10.260	10.637	11.028	11.436
9	9.3685	9.7546	10.159	10.583	11.027	11.491	11.978	12.488	13.021	13.579
10	10.462	10.950	11.464	12.006	12.578	13.181	13.816	14.487	15.193	15.937
11	11.567	12.169	12.808	13.486	14.207	14.972	15.784	16.645	17.560	18.531
12	12.683	13.412	14.192	15.026	15.917	16.870	17.888	18.977	20.141	21.384
13	13.809	14.680	15.618	16.627	17.713	18.882	20.141	21.495	22.953	24.523
14	14.947	15.974	17.086	18.292	19.599	21.015	22.550	24.215	26.019	27.975
15	16.097	17.293	18.599	20.024	21.579	23.276	25.129	27.152	29.361	31.772
16	17.258	18.639	20.157	21.825	23.657	25.673	27.888	30.324	33.003	35.950
17	18.430	20.012	21.762	23.698	25.840	28.213	30.840	33.750	36.974	40.545
18	19.615	21.412	23.414	25.645	28.132	30.906	33.999	37.450	41.301	45.599
19	20.811	22.841	25.117	27.671	30.539	33.760	37.379	41.446	46.018	51.159
20	22.019	24.297	26.870	29.778	33.066	36.786	40.995	45.762	51.160	57.275
21	23.239	25.783	28.676	31.969	35.719	39.993	44.865	50.423	56.765	64.002
22	24.472	27.299	30.537	34.248	38.505	43.392	49.006	55.457	62.873	71.403
23	25.716	28.845	32.453	36.619	41.430	46.996	53.436	60.893	69.532	79.543
24	26.973	30.422	34.426	39.083	44.502	50.816	58.177	60.765	76.790	88.497
25	28.243	32.030	36.459	41.646	47.727	54.865	63.249	73.106	84.701	98.347
26	29.526	33.671	38.553	44.312	51.113	59.156	68.676	79.954	93.324	109.18
27	30.821	35.344	40.710	47.084	54.669	63.706	74.484	87.351	102.72	121.10
28	32.129	37.051	42.931	49.968	58.403	68.528	80.698	95.339	112.97	134.21
29	33.450	38.792	45.219	52.966	62.323	73.640	87.347	103.97	124.14	148.63
30	34.785	40.568	47.575	56.085	66.439	79.058	94.461	113.28	136.31	164.49
40	48.886	60.402	75.401	95.026	120.80	154.76	199.64	259.06	337.88	442.59
50	64.463	84.579	112.80	152.67	209.35	290.34	406.53	573.77	815.08	1163.9
60	81.670	114.05	163.05	237.99	353.58	533.13	813.52	1253.2	1944.8	3034.8

기간	12%	14%	15%	16%	18%	20%	24%	28%	32%	36%
1	1.0000	1.0000	1.0000	1.0000	1.0000	1.0000	1.0000	1.0000	1.0000	1.0000
2	2.1200	2.1400	2.1500	2.1600	2.1800	2.2000	2.2400	2.2800	2.3200	2.3600
3	3.3744	3.4396	3.4725	3.5056	3.5724	3.6400	3.7776	3.9184	4.0624	4.2096
4	4.7793	4.9211	4.9934	5.0665	5.2154	5.3680	5.6842	6.0156	6.3624	6.7251
5	6.3528	6.6101	6.7424	6.8771	7.1542	7.4416	8.0484	8.6999	9.3983	10.146
6	8.1152	8.5355	8.7537	8.9775	9.4420	9.9299	10.980	12.136	13.406	14.799
7	10.089	10.730	11.067	11.414	12.142	12.916	14.615	16.534	18.696	21.126
8	12.300	13.233	13.727	14.240	15.327	16.499	19.123	22.163	25.678	29.732
9	14.776	16.085	16.786	17.519	19.086	20.799	24.712	29.369	34.895	41.435
10	17.549	19.337	20.304	21.321	23.521	25.959	31.643	38.593	47.062	57.352
11	20.655	23.045	24.349	25.733	28.755	32.150	40.238	50.398	63.122	78.998
12	24.133	27.271	29.002	30.850	34.931	39.581	50.895	65.510	84.320	108.44
13	28.029	32.089	34.352	36.786	42.219	48.497	64.110	84.853	112.30	148.47
14	32.393	37.581	40.505	43.672	50.818	59.196	80.496	109.61	149.24	202.93
15	37.280	43.842	47.580	51.660	60.965	72.035	100.82	141.30	198.00	276.98
16	42.753	50.980	55.717	60.925	72.939	87.442	126.01	181.87	262.36	377.69
17	48.884	59.118	65.075	71.673	87.068	105.93	157.25	233.79	347.31	514.66
18	55.750	68.394	75.836	84.141	103.74	128.12	195.99	300.25	459.45	700.94
19	63.440	78.969	88.212	98.603	123.41	154.74	244.03	385.32	607.47	954.28
20	72.052	91.025	102.44	115.38	146.63	186.69	303.60	494.21	802.86	1298.8
21	81.699	104.77	118.81	134.84	174.02	225.03	377.46	633.59	1060.8	1767.4
22	92.503	120.44	137.63	157.41	206.34	271.03	469.06	812.00	1401.2	2404.7
23	104.60	138.30	159.28	183.60	244.49	326.24	582.63	1040.4	1850.6	3271.3
24	118.16	158.66	184.17	213.98	289.49	392.48	723.46	1332.7	2443.8	4450.0
25	133.33	181.87	212.79	249.21	342.60	471.98	898.09	1706.8	3226.8	6053.0
26	150.33	208.33	245.71	290.09	405.27	567.38	1114.6	2185.7	4260.4	8233.1
27	169.37	238.50	283.57	337.50	479.22	681.85	1383.1	2798.7	5624.8	11198.0
28	190.70	272.89	327.10	392.50	566.48	819.22	1716.1	3583.3	7425.7	15230.3
29	214.58	312.09	377.17	456.30	669.45	984.07	2129.0	4587.7	9802.9	20714.2
30	241.33	356.79	434.75	530.31	790.95	1181.9	2640.9	5873.2	12941.	28172.3
40	767.09	1342.0	1779.1	2360.8	4163.2	7343.9	22729.	69377.	*	*
50	2400.0	4994.5	7217.7	10436.	21813.	45497.	*	*	*	*
60	7471.6	18535.	29220.	46058.	*	*	*	*	*	*

* $FA_n > 999,999$.

정상연금의 현재가치

$$PA_n = \sum_{t=1}^{n} \frac{1}{(1+r)^t} = \frac{1 - \dfrac{1}{(1+r)^n}}{r} = \frac{1}{r} - \frac{1}{r(1+r)^n}$$

기간	1%	2%	3%	4%	5%	6%	7%	8%	9%
1	0.9901	0.9804	0.9709	0.9615	0.9524	0.9434	0.9346	0.9259	0.9174
2	1.9704	1.9416	1.9165	1.8861	1.8594	1.8334	1.8080	1.7833	1.7591
3	2.9410	2.8839	2.8286	2.7751	2.7232	2.6730	2.6243	2.5771	2.5313
4	3.9020	3.8077	3.7171	3.6299	3.5460	3.4651	3.3872	3.3121	3.2397
5	4.8534	4.7135	4.5797	4.4518	4.3295	4.2124	4.1002	3.9927	3.8897
6	5.7955	5.6014	5.4172	5.2421	5.0757	4.9173	4.7665	4.6229	4.4859
7	6.7282	6.4720	6.2303	6.0021	5.7864	5.5824	5.3893	5.2064	5.0330
8	7.6517	7.3255	7.0197	6.7327	6.4632	6.2098	5.9713	5.7466	5.5348
9	8.5660	8.1622	7.7861	7.4353	7.1078	6.8017	6.5152	6.2469	5.9952
10	9.4713	8.9826	8.5302	8.1109	7.7217	7.3601	7.0236	6.7101	6.4177
11	10.3676	9.7868	9.2526	8.7605	8.3064	7.8869	7.4987	7.1390	6.8052
12	11.2551	10.5753	9.9540	9.3851	8.8633	8.3838	7.9427	7.5361	7.1607
13	12.1337	11.3484	10.6350	9.9856	9.3936	8.8527	8.3577	7.9038	7.4869
14	13.0037	12.1062	11.2961	10.5631	9.8986	9.2950	8.7455	8.2442	7.7862
15	13.8651	12.8493	11.9379	11.1184	10.3797	9.7122	9.1079	8.5595	8.0607
16	14.7179	13.5777	12.5611	11.6523	10.8378	10.1059	9.4466	8.8514	8.3126
17	15.5623	14.2919	13.1661	12.1657	11.2741	10.4773	9.7632	9.1216	8.5436
18	16.3983	14.9920	13.7535	12.6593	11.6896	10.8276	10.0591	9.3719	8.7556
19	17.2260	15.6785	14.3238	13.1339	12.0853	11.1581	10.3356	9.6036	8.9501
20	18.0456	16.3514	14.8775	13.5903	12.4622	11.4699	10.5940	9.8181	9.1285
21	18.8570	17.0112	15.4150	14.0292	12.8212	11.7641	10.8355	10.0168	9.2922
22	19.6604	17.6580	15.9369	14.4511	13.1630	12.0416	11.0612	10.2007	9.4424
23	20.4558	18.2922	16.4436	14.8568	13.4886	12.3034	11.2722	10.3711	9.5802
24	21.2434	18.9139	16.9355	15.2470	13.7986	12.5504	11.4693	10.5288	9.7066
25	22.0232	19.5235	17.4131	15.6221	14.0939	12.7834	11.6536	10.6748	9.8266
26	22.7952	20.1210	17.8768	15.9828	14.3752	13.0032	11.8258	10.8100	9.9290
27	23.5596	20.7069	18.3270	16.3296	14.6430	13.2105	11.9867	10.9352	10.0266
28	24.3164	21.2813	18.7641	16.6631	14.8981	13.4062	12.1371	11.0511	10.1161
29	25.0658	21.8444	19.1885	16.9837	15.1411	13.5907	12.2777	11.1584	10.1983
30	25.8077	22.3965	19.6004	17.2920	15.3725	13.7648	12.4090	11.2578	10.2737
35	29.4086	24.9986	21.4872	18.6646	16.3742	14.4982	12.9477	11.6546	10.5668
40	32.8347	27.3555	23.1148	19.7928	17.1591	15.0463	13.3317	11.9246	10.7574
45	36.0945	29.4902	24.5187	20.7200	17.7741	15.4558	13.6055	12.1084	10.8812
50	39.1961	31.4236	25.7298	21.4822	18.2559	15.7619	13.8007	12.2335	10.9617
55	42.1472	33.1748	26.7744	22.1086	18.6335	15.9905	13.9399	12.3186	11.0140

기간	10%	12%	14%	15%	16%	18%	20%	24%	28%	32%
1	0.9091	0.8929	0.8772	0.8696	0.8621	0.8475	0.8333	0.8065	0.7813	0.7576
2	1.7355	1.6901	1.6467	1.6257	1.6052	1.5656	1.5278	1.4568	1.3916	1.3315
3	2.4869	2.4018	2.3216	2.2832	2.2459	2.1743	2.1065	1.9813	1.8684	1.7663
4	3.1699	3.0373	2.9137	2.8550	2.7982	2.6901	2.5887	2.4043	2.2410	2.0957
5	3.7908	3.6048	3.4331	3.3522	3.2743	3.1272	2.9906	2.7454	2.5320	2.3452
6	4.3553	4.1114	3.8887	3.7845	3.6847	3.4976	3.3255	3.0205	2.7594	2.5342
7	4.8684	4.5638	4.2883	4.1604	4.0386	3.8115	3.6046	3.2423	2.9370	2.6775
8	5.3349	4.9676	4.6389	4.4873	4.3436	4.0776	3.8372	3.4212	3.0758	2.7860
9	5.7590	5.3282	4.9464	4.7716	4.6065	4.3030	4.0310	3.5655	3.1842	2.8681
10	6.1446	5.6502	5.2161	5.0188	4.8332	4.4941	4.1925	3.6819	3.2689	2.9304
11	6.4951	5.9377	5.4527	5.2337	5.0286	4.6560	4.3271	3.7757	3.3351	2.9776
12	6.8137	6.1944	5.6603	5.4206	5.1971	4.7932	4.4392	3.8514	3.3868	3.0133
13	7.1034	6.4235	5.8424	5.5831	5.3423	4.9095	4.5327	3.9124	3.4272	3.0404
14	7.3667	6.6282	6.0021	5.7245	5.4675	5.0081	4.6106	3.9616	3.4587	3.0609
15	7.6061	6.8109	6.1422	5.8474	5.5755	5.0916	4.6755	4.0013	3.4834	3.0764
16	7.8237	6.9740	6.2651	5.9542	5.6685	5.1624	4.7296	4.0333	3.5026	3.0882
17	8.0216	7.1196	6.3729	6.0472	5.7487	5.2223	4.7746	4.0591	3.5177	3.0971
18	8.2014	7.2497	6.4674	6.1280	5.8178	5.2732	4.8122	4.0799	3.5294	3.1039
19	8.3649	7.3658	6.5504	6.1982	5.8775	5.3162	4.8435	4.0967	3.5386	3.1090
20	8.5136	7.4694	6.6231	6.2593	5.9288	5.3527	4.8696	4.1103	3.5458	3.1129
21	8.6487	7.5620	6.6870	6.3125	5.9731	5.3837	4.8913	4.1212	3.5514	3.1158
22	8.7715	7.6446	6.7429	6.3587	6.0113	5.4099	4.9094	4.1300	3.5558	3.1180
23	8.8832	7.7184	6.7921	6.3988	6.0442	5.4321	4.9245	4.1371	3.5592	3.1197
24	8.9847	7.7843	6.8351	6.4338	6.0726	5.4509	4.9371	4.1428	3.5619	3.1210
25	9.0770	7.8431	6.8729	6.4641	6.0971	5.4669	4.9476	4.1474	3.5640	3.1220
26	9.1609	7.8957	6.9061	6.4906	6.1182	5.4804	4.9563	4.1511	3.5656	3.1227
27	9.2372	7.9426	6.9352	6.5135	6.1364	5.4919	4.9636	4.1542	3.5669	3.1233
28	9.3066	7.9844	6.9607	6.5335	6.1520	5.5016	4.9697	4.1566	3.5679	3.1237
29	9.3696	8.0218	6.9830	6.5509	6.1656	5.5098	4.9747	4.1585	3.5687	3.1240
30	9.4269	8.0552	7.0027	6.5660	6.1772	5.5168	4.9789	4.1601	3.5693	3.1242
35	9.6442	8.1755	7.0700	6.6166	6.2153	5.5386	4.9915	4.1644	3.5708	3.1248
40	9.7791	8.2438	7.1050	6.6418	6.2335	5.5482	4.9966	4.1659	3.5712	3.1250
45	9.8628	8.2825	7.1232	6.6543	6.2421	5.5523	4.9986	4.1664	3.5714	3.1250
50	9.9148	8.3045	7.1327	6.6605	6.2463	5.5541	4.9995	4.1666	3.5714	3.1250
55	9.9471	8.3170	7.1376	6.6636	6.2482	5.5549	4.9998	4.1666	3.5714	3.2150

부록 2 한국채택국제회계기준과 국제회계기준 목록 비교

	한국채택국제회계기준		국제회계기준
	재무보고를 위한 개념체계		Conceptual Framework for Financial Reporting
제1101호	한국채택국제회계기준의 최초채택	IFRS 1	First-time Adoption of International Financial Reporting Standards
제1102호	주식기준보상	IFRS 2	Share-based Payment
제1103호	사업결합	IFRS 3	Business Combinations
제1104호	보험계약	IFRS 4	Insurance Contracts
제1105호	매각예정비유동자산과 중단영업	IFRS 5	Non-current Assets Held for Sale and Discontinued Operations
제1106호	광물자원의 탐사와 평가	IFRS 6	Exploration for and Evaluation of Mineral Resources
제1107호	금융상품: 공시	IFRS 7	Financial Instruments : Disclosures
제1108호	영업부문	IFRS 8	Operating Segments
제1109호	금융상품	IFRS 9	Financial Instruments
제1110호	연결재무제표	IFRS 10	Consolidated Financial Statements
제1111호	공동약정	IFRS 11	Joint Arrangements
제1112호	타 기업에 대한 지분의 공시	IFRS 12	Disclosure of Interests in Other Entities
제1113호	공정가치 측정	IFRS 13	Fair Value Measurement
제1114호	규제이연계정	IFRS 14	Regulatory Deferral Accounts
제1115호	고객과의 계약에서 생기는 수익	IFRS 15	Revenue from Contracts with Customers
제1116호	리스	IFRS 16	Leases
제1001호	재무제표 표시	IAS 1	Presentation of Financial Statements
제1002호	재고자산	IAS 2	Inventories
제1007호	현금흐름표	IAS 7	Statement of Cash Flows

한국채택국제회계기준		국제회계기준	
제1008호	회계정책, 회계추정의 변경 및 오류	IAS 8	Accounting Policies, Changes in Accounting Estimates and Errors
제1010호	보고기간후사건	IAS 10	Events after the Reporting Period
제1012호	법인세	IAS 12	Income Taxes
제1016호	유형자산	IAS 16	Property, Plant and Equipment
제1019호	종업원급여	IAS 19	Employee Benefits
제1020호	정부보조금의 회계처리와 정부지원의 공시	IAS 20	Accounting for Government Grants and Disclosure of Government Assistance
제1021호	환율변동효과	IAS 21	The Effects of Changes in Foreign Exchange Rates
제1023호	차입원가	IAS 23	Borrowing Costs
제1024호	특수관계자공시	IAS 24	Related Party Disclosures
제1026호	퇴직급여제도에 의한 회계처리와 보고	IAS 26	Accounting and Reporting by Retirement Benefit Plans
제1027호	별도재무제표	IAS 27	Separate Financial Statements
제1028호	관계기업과 공동기업에 대한 투자	IAS 28	Investments in Associates and Joint Ventures
제1029호	초인플레이션 경제에서의 재무보고	IAS 29	Financial Reporting in Hyperinflationary Economies
제1032호	금융상품: 표시	IAS 32	Financial Instruments: Presentation
제1033호	주당이익	IAS 33	Earnings per Share
제1034호	중간재무보고	IAS 34	Interim Financial Reporting
제1036호	자산손상	IAS 36	Impairment of Assets
제1037호	충당부채, 우발부채, 우발자산	IAS 37	Provisions Contingent Liabilities and Contingent Assets
제1038호	무형자산	IAS 38	Intangible Assets
제1039호	금융상품: 인식과 측정	IAS 39	Financial Instruments: Recognition and Measurement
제1040호	투자부동산	IAS 40	Investment Property
제1041호	농림어업	IAS 41	Agriculture

한국채택국제회계기준		국제회계기준	
제2101호	사후처리 및 복구관련 충당부채의 변경	IFRIC 1	Changes in Existing Decommissioning, Restoration and Similar Liabilities
제2102호	조합원 지분과 유사 지분	IFRIC 2	Members' Shares in Co-operative Entities and Similar Instruments
제2105호	사후처리, 복구 및 환경정화를 위한 기금의 지분에 대한 권리	IFRIC 5	Rights to Interests arising from Decommissioning, Restoration and Environmental Rehabilitation Funds
제2106호	특정 시장에 참여함에 따라 발생하는 부채: 폐전기·전자제품	IFRIC 6	Liabilities arising from Participating in a Specific Market-Waste Electrical and Electronic Equipment
제2107호	기업회계기준서 제1029호 '초인플레이션 경제에서의 재무보고'에서의 재작성 방법의 적용	IFRIC 7	Applying the Restatement Approach under IAS 29 Financial Reporting in Hyperinflationary Economies
제2110호	중간재무보고와 손상	IFRIC 10	Interim Financial Reporting and Impairment
제2112호	민간투자사업	IFRIC 12	Service Concession Arrangements
제2114호	기업회계기준서 제1019호: 확정급여자산한도, 최소적립요건 및 그 상호작용	IFRIC 14	IAS 19 - The Limit on a Defined Benefit Asset, Minimum Funding Requirements and their Interaction
제2116호	해외사업장순투자의 위험회피	IFRIC 16	Hedges of a Net Investment in a Foreign Operation
제2117호	소유주에 대한 비현금자산의 분배	IFRIC 17	Distributions of Non-cash Assets to Owners
제2119호	지분상품에 의한 금융부채의 소멸	IFRIC 19	Extinguishing Financial Liabilities with Equity Instruments
제2120호	노천광산 생산단계의 박토원가	IFRIC 20	Stripping Costs in the Production Phase of a Surface Mine

한국채택국제회계기준		국제회계기준	
제2121호	부담금	IFRIC 21	Levies
제2122호	외화 거래와 선지급·선수취 대가	IFRIC 22	Foreign Currency Transactions and Advance Consideration
제2123호	법인세 처리의 불확실성	IFRIC 23	Uncertainty over Income Tax Treatments
		SIC-7	Introduction of the Euro
제2010호	정부지원: 영업활동과 특정한 관련이 없는 경우	SIC-10	Government Assistance - No Specific Relation to Operating Activities
제2025호	법인세: 기업이나 주주의 납세지위 변동	SIC-25	Income Taxes—Changes in the Tax Status of an Entity or its Shareholders
제2029호	민간투자사업: 공시	SIC-29	Service Concession Arrangements: Disclosures
제2032호	무형자산: 웹 사이트 원가	SIC 32	Intangible Assets - Web Site Costs

INDEX
색인

김용식

경영학박사, 서강대학교
한국공인회계사
세무사
미국공인회계사
現, 한성대학교 교수
　　한성대학교 미래경영연구원장
　　정부 및 서울시청 각 부처 회계직 공무원 인사위원
　　한국회계정보학회 부회장
　　한국회계정책학회 부회장
　　한국관리회계학회 이사
前, Clark University(미국 매사추세츠 주) 방문교수
　　Deloitte 안진회계법인
　　서울시청 재무과
　　중부지방국세청 국세심사위원
　　금융감독원 감독기관 경영평가위원
　　식품의약품안전처 산하기관 경영평가위원

K-IFRS 고급회계

초판발행　　　2024년 3월 9일

지은이　　　　김용식
펴낸이　　　　안종만 · 안상준

편 집　　　　전채린
기획/마케팅　　박부하
표지디자인　　Benstory
제 작　　　　고철민 · 조영환

펴낸곳　　　　(주) **박영사**
　　　　　　　서울특별시 금천구 가산디지털2로 53, 210호(가산동, 한라시그마밸리)
　　　　　　　등록 1959. 3. 11. 제300-1959-1호(倫)

전 화　　　　02)733-6771
f a x　　　　02)736-4818
e-mail　　　　pys@pybook.co.kr
homepage　　www.pybook.co.kr
ISBN　　　　979-11-303-1898-1　93320

copyright©김용식 2024, Printed in Korea

정 가　　　37,000원